TRAUMZIEL USA

Blick über die abendlich erleuchtete Pennsylvania Avenue auf das Kapitol – das Wahrzeichen Washingtons.

Brückenschlag für eine der schönsten Straßen der Welt: Der Highway 1 führt an der kalifornischen Küste entlang über die Bixby Creek Bridge.

TRAUMZIEL USA

NEW YORK · DAS NEUE ENGLAND · FLORIDA
DER TIEFE SÜDEN · CHICAGO · ROUTE 66
GRAND CANYON · KALIFORNIEN

Fotos Christian Heeb

INHALT

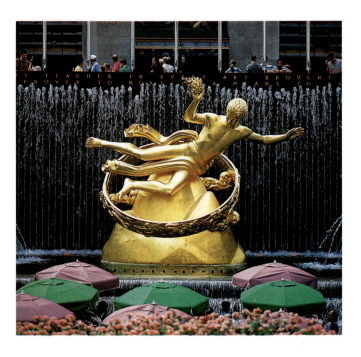

NEW YORK 14
NEW YORK – HAUPTSTADT DES AMERIKANISCHEN TRAUMS 22
Jörg von Uthmann

Endstation Sehnsucht	27
Der Schmelztiegel arbeitet noch	30
Ausverkauf des Himmels: Wolkenkratzer in Manhattan	*34*
Ein Staatsanwalt wird Bürgermeister	37
Tummelplätze der Bohème	38
Der Washington Square	*45*
Die leichte Muse in der «Blechtopf-Gasse»	47
Ellis Island: Die Insel der Tränen	*52*
Zwei ungleiche Schwestern	55
Pressehauptstadt Amerikas	57
Eine Musik geht um die Welt: Jazz aus Harlem	*58*
Die Freiheit und ihr Preis	64
Amerika wie aus dem Bilderbuch: Long Island	*66*
Falsche Propheten	71

PLANEN · REISEN · GENIESSEN
Großer Reiseführer von *Marc Fest*

Inhaltsverzeichnis	*76*
Das Plaza Hotel	*80*
Maler der Einsamkeit: Edward Hopper	*84*
Der lange Weg zu Gott: Juden in New York	*89*
Eine Straße wird zur Bühne: Der Broadway	*93*
Auf alter Route in die Neue Welt	*98*

DAS NEUE ENGLAND 104
DIE ALTE WELT DER NEUEN WELT 112
Klaus Viedebantt

Die reine Lehre der Puritaner	114
Die folgenreichste Tea Party der Weltgeschichte	115
Geschäfte, Politik und Katastrophen: Die Schicksale der Kennedys	*116*
Wirtschaftswunder mit Fisch und Faden	124
Die Erfindungen der «genialen Yankees»	124
Studieren an Amerikas Elite-Universitäten	*130*
Saisonzuschlag dreimal im Jahr	135
Literarische Pilgerstätten	136
Ein Festival für Musikfreunde	140
Säuberlich genähte Entenfüße im Schlamm	140
Quellen des Reichtums: Aus der Geschichte der Fischerei, des Walfangs und des Seehandels	*145*
Wohnen im «Salzkasten»: Haustypen und Baustile aus vier Jahrhunderten	*151*
Heile Welt der Kleinstadt: Der Maler Norman Rockwell	*156*
Herzensdamen fürs Holzhacken	160

PLANEN · REISEN · GENIESSEN
Großer Reiseführer von *Klaus Viedebantt*

Inhaltsverzeichnis	*166*
Von Clambake und Boston Beans: Spezialitäten der neuenglischen Küche	*174*
Der süße Saft der Ahornbäume: Maple Syrup und Maple Sugar	*179*
Stadt der Hexen und reichen Kaufleute: Aus Salems Vergangenheit	*183*
Wo Tom Sawyer und Huckleberry Finn zur Welt kamen: Sehenswürdigkeiten in Connecticut	*184*
Die Vanderbilts und ihre Nachbarn: Ein Ausflug nach Rhode Island	*188*

FLORIDA 194
LA FLORIDA – DAS LAND DER BLUMEN 202
Thomas Jeier

Inseln mit abenteuerlicher Vergangenheit	202
Geometrische Formen, zarte Farben:	
Art déco in Miami Beach	*206*
Florida taucht aus dem Wasser	213
Die Everglades, das «Meer aus Gras»	216
Das «Goldene Zeitalter» der Piraten	*219*
Auf der Suche nach ewiger Jugend	220
Unter verschiedenen Flaggen	222
Die Seminolenkriege	230
Andrew, Lili und Genossen: Hurrikane in Florida	*235*
Die Suche nach der Hauptstadt	238
Die «Redneck Riviera»	238
Europäer an der Westküste	243
Der Weg ins 20. Jahrhundert	244
Die Sumpflandschaft der Everglades	*248*
Der Mann und das Meer: Ernest Hemingway	
auf Key West	*254*

PLANEN · REISEN · GENIESSEN
Großer Reiseführer von *Thomas Jeier*

Inhaltsverzeichnis	*256*
«Schwimmendes Las Vegas»	*260*
Der Weg zu den Sternen: Das Kennedy	
Space Center am Cape Canaveral	*263*
Mickey Mouse und Co.: Vergnügungsparks	
in Florida	*269*
Kampf mit dem Alligator: Zu Besuch bei den	
Seminolen	*278*

DER TIEFE SÜDEN 284
DER GUTE KAMPF GEGEN EINEN SCHLECHTEN RUF 292
Rudolf Walter Leonhardt

Louisiana: Das von den Franzosen gekauften Land	292
Eine der schönsten Städte Amerikas: New Orleans	299
Mississippi: Wo der Süden am tiefsten ist	302
Die Schlösser des Südens: Plantagenvillen am Mississippi	*307*
Der Krieg, der Nordamerika vereinigt hat	*314*
Unterwegs auf dem Natchez Trace Parkway	314
Erinnerungen an Krieg und Sklavenzeit	319
Mississippi-Romantik	*320*
Alabama: Der Sieg der Sonne	322
Der Neue Süden	333
Nicht nur Jazz: Musik im Tiefen Süden	*334*
Schwarzes Leid, weiße Pracht	*344*

PLANEN · REISEN · GENIESSEN
Großer Reiseführer von *Axel Pinck*

Inhaltsverzeichnis	*346*
Der Mond von Alabama	*351*
«We are really cooking»: Kreolische und	
Cajun-Küche in New Orleans	*359*
Vom Taugenichts zum Nobelpreisträger:	
Der Schriftsteller William Faulkner	*368*

CHICAGO — 374
DIE STADT DER BREITEN SCHULTERN — 382
Friedrich Mielke

Von der Copper Culture zum Computer — 384
Seit die Häuser zum Himmel wachsen — *392*
Schmelztiegel Chicago — 397
Leben im Loop — 399
Es begann mit Picasso: Skulpturen im Loop — *400*
Detektiv in Seidenstrümpfen — *406*
Keine weiße Weste — *410*
Chicago literarisch — 415
Nichts für Vegetarier — *416*
Singing the Blues — 422
Die «zweite Stadt» — 427
Ein Goethe im Park — 427
Die Megalopolis im Mittelwesten — 429

PLANEN · REISEN · GENIESSEN
Großer Reiseführer von *Manfred Braunger*

Inhaltsverzeichnis — *436*
Auf kriminellen Spuren — *441*
Es geht um Milliarden — *443*
Chicagos «starke Seiten»: Zwei Magazine machen von sich reden — *451*
Ein begehbares Herz: Wissenschaft zum Anfassen — *453*
Reise in die Vergangenheit: Indianische Kultur im Tal des Illinois River — *458*

ROUTE 66 — 464
ROUTE 66 – EINE AMERIKANISCHE ODYSSEE — 472
Horst Schmidt-Brümmer

Truck Stops und Maisfelder: Illinois — 476
Big Prairie Country: Missouri und Kansas — 477
Zeichen am Wegesrand: Die Route 66 als Bilderbuch — *485*
Chronik der Route 66: Eine Straße wird zum Denkmal — *490*
Geburtsland der Route 66: Oklahoma — 493
Wo der Wilde Westen beginnt: Texas — 496
Land der Verzauberung: New Mexico — 502
Hot Dogs und Enchiladas: Eine Reise durch Amerikas Küchen — *504*
Hymnen auf die Route 66: Der Highway in Literatur, Musik und Fernsehen — *510*
Wundersame Steinwelten: Arizona — 515
Spurensuche: Auf der Route 66 durch Indian Country — *516*
Geisterstädte und Glitzermetropolen: Kalifornien — 520

PLANEN · REISEN · GENIESSEN
Großer Reiseführer von *Horst Schmidt-Brümmer*

Inhaltsverzeichnis — *526*
Nostalgie zwischen zwei Buchdeckeln — *530*
Fanclubs für eine Straße — *531*
Will Rogers: Nationalheld von Oklahoma — *539*
Der Oklahoma Land Run: Wie der 46. Bundesstaat der USA entstand — *541*
Trails & Transport: Vor- und Nachfahren der Route 66 — *548*

GRAND CANYON 554

PANORAMA DER ERDGESCHICHTE –
GRAND CANYON 562
Helmut Friedrich

Entdeckung und Erforschung der großen Schlucht 562
Colorado River – ein Strom in der Wüste 565
Zähmung eines Flusses 566
*Jagd durch die Stromschnellen: River Rafting
im Grand Canyon* 573
Die Nutzung der Wasserkraft 576
*Slickrock Canyons: Geheimnisvolle Welten
im Fels* 581
Ein Naturwunder wird überflutet 583
Mythen und Legenden um den Grand Canyon 586
Leben in einer Oase: Der Havasu Canyon 592
Flora und Fauna 594
Saurier im Grand Canyon? 600
Frühjahrsputz im Grand Canyon 602
*Fahrt ins Unbekannte: Der Entdecker
John Wesley Powell* 607
Eine Wanderung in die Erdvergangenheit 608

PLANEN · REISEN · GENIESSEN
Großer Reiseführer von *Helmut Friedrich*

Inhaltsverzeichnis 616
Der Grand Canyon in Zahlen 620
*Auf dem Weg in die Tiefe: Wanderungen
zum Colorado River* 622
Rettung bei Vorauskasse 624
*Ein zu Stein gewordener Regenbogen:
Das Rainbow Bridge National Monument* 635
Im Hausboot auf dem Lake Powell 636

KALIFORNIEN 644
GANZ NAH DEM IRDISCHEN PARADIES 652
Gunther Barth

Die Magie des Wassers und des Goldes 652
Die Verwandlung der Wüste in blühende Gärten 658
*San Francisco: Die Geschichte der Stadt am
Goldenen Tor* 662
Der lange Weg zum gelebten Kosmopolitismus 666
*Mythos Yosemite: Die Faszination der
kalifornischen Nationalparks* 674
Schatten über dem Paradies 676
Gold in Kalifornien: Eine Nation im Aufbruch 681
Der «Goldene Berg»: Traumziel der Glücksritter 682
*Der «Apostel von Kalifornien»: Junípero
Serras Missionen* 684
Die neue Wirklichkeit 689
Traumfabrik Hollywood: Ein Dorf macht Karriere 696

PLANEN · REISEN · GENIESSEN
Großer Reiseführer von *Gunther Barth*

Inhaltsverzeichnis 706
Auf dem Highway 1 nach Süden 710
*Von Sushi bis Designer-Pizza: Die neue
kalifornische Küche* 714
Das «Wine Country»: Napa und Sonoma Valley 719
High-Tech-Industrie in Kalifornien 726

ANHANG
Übersichtskarte 734
Register 736
Text- und Bildnachweis 742
Impressum 744

Eine Landschaft von archaischer Schönheit offenbart sich beim Blick vom Mesa Arch im Canyonlands National Park, Utah.

Motorradfahrerträume: Mit der Harley-Davidson durch die endlosen Weiten des amerikanischen Kontinents.

FOLGENDE WAHRHEITEN
ERACHTEN WIR ALS SELBSTVERSTÄNDLICH:
DASS ALLE MENSCHEN GLEICH GESCHAFFEN
SIND; DASS SIE VON IHREM SCHÖPFER MIT
GEWISSEN UNVERÄUSSERLICHEN RECHTEN
AUSGESTATTET SIND; DASS DAZU LEBEN,
FREIHEIT UND DAS STREBEN NACH GLÜCK
GEHÖREN ...

(AUS DER AMERIKANISCHEN
UNABHÄNGIGKEITSERKLÄRUNG VOM 4. JULI 1776)

Die gelassene Atmosphäre einer Kleinstadt attestierte schon der Schriftsteller Henry James dem Greenwich Village.

TRAUMZIEL AMERIKA

NEW YORK

Text Jörg von Uthmann · Marc Fest

Von der hölzernen Promenade der Brooklyn Bridge genießen Spaziergänger einen atemberaubenden Ausblick auf die Skyline von Manhattan.

Panorama eines Hochgebirges aus Glas, Stahl und Beton: Wie glitzernde Monolithen ragen die Wolkenkratzer Manhattans in den Nachthimmel.

Im Central Park scheint die Stadt mit ihrem schrillen Lärm, ihrer Hektik und der ewigen Jagd nach dem Dollar Lichtjahre entfernt.

NEW YORK – HAUPTSTADT DES AMERIKANISCHEN TRAUMS

Der Central Park ist New Yorks gigantische Freiluftturnhalle, wo man im Schweiße seines Angesichts gegen die Pfunde kämpft, die die Arbeit am Computer-Terminal beschert. Mit Walkman ausgerüstet, zieht hier eine Rollerblade-Fahrerin selbstvergessen ihre Kreise.

«Amerika gibt es gar nicht», behauptet einer der Charaktere in Alain Resnais' Film «Mon Oncle d'Amérique», «Ich weiß es, denn ich habe es gesehen.» Das gleiche läßt sich von New York sagen. Wer die vielen, einander kraß widersprechenden Urteile über New York hört, hat Mühe zu glauben, daß von derselben Stadt die Rede ist. Für den einen ist New York die Weltstadt schlechthin, aufregend, pulsierend, betäubend wie ein Rauschgift. Der andere sieht dagegen nur Verfall, Verslummung, Zusammenbruch des Straßenverkehrs und Obdachlose, die in Hauseingängen oder über U-Bahn-Schächten schlafen. Für den einen ist New York das intellektuelle und künstlerische Mekka der Welt mit den tonangebenden Galerien, den glanzvollsten Theatern und den einflußreichsten Zeitungen. Der andere sieht nur nackten Materialismus am Werk und eine Unterhaltungsindustrie, die jederzeit bereit ist, um des schnöden Mammons willen ihr ohnehin niedriges Niveau noch weiter zu senken. Für den einen ist New York Trendsetter und Geschmacksbarometer, für den anderen ein abschreckendes Beispiel, das es auf keinen Fall nachzuahmen gilt.

Das Bemerkenswerte an diesen widersprüchlichen Urteilen ist: Sie treffen alle zu. New York ist, was die Philosophen des Mittelalters die *coincidentia oppositorum* nannten, das Zusammenfallen der Gegensätze; es war ihre Definition von Gott. New York ist wie der sprichwörtliche Wald, aus dem herausschallt, was man in ihn hineinruft. Wer es darauf anlegt, findet für jedes seiner Vorurteile, mit denen er angereist ist, überzeugende Beweise. Wer die großen Metropolen haßt, kann hier sämtliche ihrer Krankheitssymptome studieren. Wer sich dagegen in seiner Provinz langweilt, kann sich in New York all jenen Ekstasen hingeben, die er zu Hause so schmerzlich vermißt. New York ist bewunderter Leitstern und gehaßtes Sündenbabel zugleich – nicht anders als Rom zur Kaiserzeit und Paris im «großen Jahrhundert» Ludwigs XIV. Obwohl niemand schonungsloser Selbstkritik übt als die New Yorker, sind sie doch insgeheim davon überzeugt, in der Hauptstadt der Welt zu leben. Und damit haben sie wahrscheinlich sogar recht.

Daß New York zur größten und bedeutendsten amerikanischen Stadt aufstieg, folgte durchaus keinem Naturgesetz. In der Kolonialzeit und den ersten Jahrzehnten der Unabhängigkeit waren ihr andere Städte weit voraus. Die wichtigsten Schauplätze des Tauziehens, das schließlich zum Krieg und zur Unabhängigkeit führen sollte, waren Boston und Philadelphia. In Boston kam es am 17. September 1773 zur entscheidenden Provokation, die als «Boston Tea Party» in die Geschichte einging: Unter den Augen eines begeistert applaudierenden Publikums überfielen als Indianer verkleidete Kolonisten drei Schiffe der «East India Company» und warfen 342 Kisten Tee ins Meer. In Philadelphia traten 1774 und 1775 Vertreter der Kolonien zusammen und beschlossen, der britischen Krone die Stirn zu bieten. Am 4. Juli 1776 wurde

Eine Oase des Lichts in den Straßenschluchten von Lower Manhattan war der Wintergarten des World Financial Centers. Er wurde beim Einsturz der WTC-Türme am 11. September 2001 schwer beschädigt und wird derzeit wiederaufgebaut. Im Herbst 2002 soll die großzügig gestaltete Glasgalerie erneut in altem Glanz erstrahlen.

Neonreklamen prägen das nächtliche Gesicht des Times Square. Seit der Jahrhundertwende liegt hier das Zentrum des New Yorker Theaterlebens.

Die St. Patrick's Cathedral sieht aus wie eine Miniaturausgabe des Kölner Doms. Sie entstand in den Jahren 1858 bis 1878, ihre Türme kamen erst 1888 hinzu. Als größte Kathedrale der Vereinigten Staaten bietet sie 2500 Besuchern Platz – auch müden Touristen, die dem Trubel der Fifth Avenue für eine Weile entfliehen wollen.

Eine Uhr im Art-déco-Stil ziert die Fassade des Helmsley Building und bildet einen reizvollen Kontrast zu den futuristischen Wolkenkratzern der Park Avenue. Der verspielte Zuckerbäckerpalast ist das einzige Gebäude, das eine Avenue überspannt.

Die New Yorker sind flexibel und haben Talent zur Improvisation. Wenn es schnell gehen muß, kann man die Mittagspause auch mal bei einem kleinen Snack auf den Stufen des General Post Office verbringen.

Wahrzeichen des Rockefeller Center ist die goldene Prometheus-Statue an der Lower Plaza. Je nach Jahreszeit wacht sie über kaffeetrinkende Sonnenanbeter oder über Schlittschuhläufer, die auf der Eisbahn ihre Pirouetten drehen.

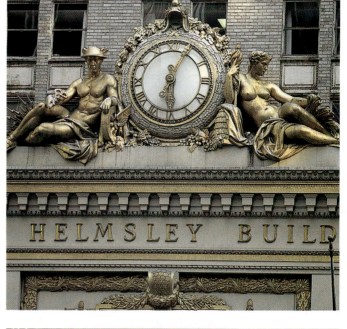

in Philadelphia die feierliche Erklärung unterzeichnet, mit der sich die Amerikaner von England lossagten. Als der Krieg vorüber und gewonnen war, wurde New York zwar für sechs kurze Jahre (1784–1790) Landeshauptstadt. Doch dann zogen Präsident und Kongreß nach Philadelphia und von dort nach Washington weiter.

Immerhin – auch New York blieb nicht mit ganz leeren Händen zurück. Zur Tilgung der Schulden aus dem Unabhängigkeitskrieg gab der Kongreß Staatsanleihen im Wert von 80 Millionen Dollar aus. Um die Bedingungen für den Handel mit diesen Papieren festzulegen, kamen 24 Makler zusammen. Sie trafen sich unter einer Platane *(buttonwood)* in jener Straße, in der einst die Stadtmauer *(wall)* zum Schutz gegen die Überfälle der Indianer gestanden hatte – der Wall Street. Am 17. Mai 1792 gaben sie sich eine Satzung, «Buttonwood Agreement» genannt, und begründeten damit die New Yorker Wertpapierbörse. Sie ist heute nicht nur die bedeutendste Börse der Vereinigten Staaten, sondern der ganzen Welt.

Eine zweite Trumpfkarte, die die New Yorker mit Geschick ausspielten, war ihr Hafen. Aber Häfen hatten auch Boston, Baltimore, Charleston und Savannah. Um die Konkurrenz zu überflügeln, setzten die New Yorker alles daran, die Verkehrsverbindungen ins Landesinnere zu verbessern. Zwei Jahrzehnte lang dauerten die ungeheuer aufwendigen Bauarbeiten am Erie-Kanal, der den Anschluß an das Gebiet der Großen Seen herstellen sollte. Als der Kanal im Oktober 1825 eröffnet wurde, war New Yorks Vorsprung nicht mehr einzuholen.

ENDSTATION SEHNSUCHT

Im Hafen trafen nicht nur Güter ein, sondern auch Menschen. Der junge Staat mit seinen riesigen Landreserven lockte aus ganz Europa Einwanderer an (siehe Seite 52). Nicht alle zogen in den Westen weiter. Zwischen 1825 und 1855 stieg die Einwohnerzahl New Yorks um das Dreifache. In dieser Zeit wanderte ein Viertel der irischen Bevölkerung nach Amerika aus. Ihnen folgten in den fünfziger Jahren die Deutschen: Mehr als eine halbe Million deutscher Einwanderer betraten zwischen 1852 und 1854 amerikanischen Boden. Viele von ihnen waren Republikaner, die sich nach der gescheiterten Revolution von 1848/49 in ihrer Heimat nicht mehr sicher fühlten. Anfang der achtziger Jahre schwoll der Menschenstrom aus Europa erneut zu einer riesigen Welle an. Statt aus Irland, Skandinavien und Deutschland kamen die meisten Einwanderer jetzt aus Italien und Rußland. Zwischen 1881, als die Pogrome einsetzten, und dem Ersten Weltkrieg flohen mehr als zwei Millionen russische Juden nach Amerika. Die meisten von ihnen ließen sich auf der Lower East Side nieder. Damals gab es rund um die Orchard Street nicht weniger als 500 Synagogen und

New York macht seinem Ruf als «Schmelztiegel der Nationen» alle Ehre: Die Vielfalt an Rassen und Bevölkerungsgruppen, die in dieser Stadt zusammenleben, ist wirklich auf der ganzen Welt einzigartig.

ebenso viele koschere Restaurants. Unweit davon, in Little Italy, wo schon Mozarts Librettist Lorenzo da Ponte seine Tage als Italienisch-Lehrer beschlossen hatte, wimmelte es von *trattorie* und *ristoranti* und wenig später auch von einer kaum geringeren Anzahl *mafiosi*.

Diese drei Elemente – die Banken und Börsen, die vorzüglichen Verkehrsverbindungen und die Vielfalt der Einwanderer aus aller Welt – prägen New York bis heute.

Natürlich war der Aufstieg kein geradliniger Weg. Es gab Widerstände und Rückschläge. Mit dem Verschwinden der Passagierdampfer und den Veränderungen in der Frachtschiffahrt büßte Manhattan seine einst überragende Bedeutung als Hafenstadt fast vollständig ein. Die großen Container-Schiffe legen heute in Brooklyn, Staten Island und Port Elizabeth (New Jersey) an. Die einst so belebten Piers verfallen. In den sechziger Jahren entschloß sich die Stadt, zumindest den historischen Kern des alten Hafens zu retten. Der Bezirk zwischen Brooklyn Bridge und John Street wurde unter Denkmalschutz gestellt und saniert. Heute ist der «South Street Seaport» ein beliebtes Ausflugsziel für Einheimische und Touristen. Mit etwas Phantasie kann sich auch der Ortsfremde vorstellen, «wie es einst gewesen». Wer will, kann sogar mit einem authentischen Schoner in See stechen.

Der stetige Zustrom neuer Einwanderer wurde von den Ortsansässigen keineswegs immer mit Begeisterung begrüßt. Anders als Deutschland verstanden sich die Vereinigten Staaten zwar von Anfang an als Einwanderungsland, und gerade in New York war der Anteil von Bewohnern, die im Ausland geboren waren, stets besonders hoch. Dies schloß jedoch in Perioden wirtschaftlicher Not massive Proteste nicht aus, die sich bis zur Gewaltanwendung steigern konnten. Während der deutsch-irischen Einwanderungswelle entstanden rechts-

Wer die Augen offenhält, stößt in New York an jeder Straßenecke auf Kunst. Hier hat ein junger Maler sein Atelier in den Central Park verlegt, dessen üppig wucherndes Grün ihn zu erstaunlich abstrakten Kompositionen inspiriert.

Für viele New Yorker ist der Central Park ein zweites Zuhause: Man kann hier radeln, reiten, picknicken, an kostenlosen Konzerten teilnehmen oder sich mit Freunden zu einer Jam-Session treffen.

radikale Parteien wie die 1841 in New Orleans gegründete «American Republican Party». Ihre Anhänger wurden allgemein «Know-nothings» genannt, weil sie, nach ihren politischen Zielen befragt, stets nur ausweichende Antworten gaben. Ihr Sprecher in New York war der Maler Samuel Morse, der heute vor allem als Erfinder des Morse-Apparats bekannt ist. Zweimal bewarb er sich um das Amt des Bürgermeisters, zweimal fiel er durch. 1882 setzten die Nativisten das erste Einwanderungsverbot durch: Es richtete sich gegen die Chinesen. 1916, gegen Ende des großen Immigrationsschubes von Ostjuden und Italienern, machte ein gewisser Madison Grant den Vorschlag, die Einwanderung nur Angehörigen der nordischen Rasse zu gestatten; er forderte das Verbot von Mischehen und die Zwangssterilisation von sogenannten «Minderrassigen». Grant war ein Extremist, doch keineswegs ein isolierter Einzelfall: Sein Buch «The Passing of the Great Race» erschien immerhin mit einem Vorwort des ehemaligen Präsidenten «Teddy» Roosevelt.

Am Gegenstand der Einwanderung entzünden sich auch heute noch heiße Diskussionen. Doch anders als in Kalifornien, wo ein fremdenfeindliches Volksbegehren das andere jagt, sieht man die Sache in New York mit Gelassenheit. Die Verse auf dem Sockel der Freiheitsstatue («Gib mir deine Müden, deine Armen, deine geduckten Massen, die sich nach Freiheit sehnen...») sind nicht nur jedem Schulkind geläufig; sie werden von der Mehrheit der New Yorker durchaus als moralische Verpflichtung empfunden. Das Museum of Immigration auf Ellis Island (siehe Seite 53), wo zwischen 1892 und 1954 17 Millionen Einwanderer zum ersten Mal amerikanischen Boden betraten, eroberte nach seiner Eröffnung im Jahr 1990 sofort die Herzen der Einheimischen. Vor dem Hauptgebäude des Museums, wo man einen prachtvollen

Durch ihre Präsenz im Stadtbild verhindern die New Yorker «Cops» nicht nur so manchen Überfall. Auch Touristen, die sich verlaufen haben, finden hier jederzeit einen «Freund und Helfer».

Die St. Paul's Chapel am Broadway ist New Yorks ältestes Bauwerk, das einen frappierenden Kontrast zu den Riesentürmen des World Trade Centers im Hintergrund bildete. In den Monaten nach dem 11. September 2001 war sie ein oft besuchter Ort der Stille für Rettungskräfte und Aufräumarbeiter von «Ground Zero».

Blick auf die Südspitze Manhattans genießt, erhebt sich eine «Ehrenwand» (Wall of Honor): Die alte Strandmauer wurde mit Kupfertafeln bedeckt, auf der jeder Amerikaner zum Preis von 100 Dollar den Namen eines Vorfahren eingravieren lassen kann, der über Ellis Island ins Land kam. Die Tafeln waren im Handumdrehen voll, so daß neue angebracht werden mußten. Auch für denjenigen, der hier keine Ahnen zu verewigen hat, ist das Museum ein geeigneter Ort der Kontemplation über völkische Identität, Multikulturalismus und den menschlichen Drang nach Freiheit und Selbstverwirklichung.

DER SCHMELZTIEGEL ARBEITET NOCH

Völkische Identität und Multikulturalismus sind Schlagwörter, die selbstverständlich auch in Amerika diskutiert werden. Lange Zeit war es üblich, vom amerikanischen *melting pot* zu sprechen, dem Schmelztiegel, in dem die Einwanderer trotz ihrer unterschiedlichen Herkunft über kurz oder lang zu echten Amerikanern werden. Das Schlagwort entstammt dem gleichnamigen Theaterstück von Israel Zangwill, das 1909 am Broadway uraufgeführt wurde. «Amerika», heißt es dort, «ist Gottes großer Schmelztiegel, wo alle Völker Europas ineinander aufgehen.» David Dinkins, der erste schwarze Bürgermeister New Yorks, schwärmte hingegen vom «großartigen Mosaik», über das er von 1990 bis 1993 herrschte. Dabei konnte er auf die letzte Volkszählung von 1990 verweisen, die einige bedeutsame Veränderungen ans Licht brachte. Zum erstenmal, seit die Manhattan-Indianer die Insel, die heute ihren Namen trägt, dem holländischen Gouverneur Peter Minnewit für 60 Gulden verkauften, sind die von Europäern abstammenden *Caucasians* in der Minderheit. Von den 7,3 Millionen Einwohnern der Stadt stellen sie nur noch 3,1 Millionen – weniger als die Schwarzen und Latinos (zusammen 3,7 Millionen).

Bedeutet dies, daß sich auch der Charakter New Yorks ändert, daß sich die Metropole am Hudson, wie ängstliche Gemüter befürchten, in einen lateinamerikanischen Moloch von der Art São Paulos oder Mexico Citys verwandelt? Das ist wenig wahrscheinlich. Natürlich ist New York in ständigem Wandel begriffen. Das eine Viertel erlebt einen Boom, das andere verfällt: Vom deutschen Charakter der 86. Straße ist fast nichts mehr geblieben; die Italiener in Little Italy werden von den Chinesen – die seit 1965 wieder einwandern dürfen – nach und nach verdrängt. Es kann einem durchaus passieren, daß man eine Hose zur Reinigung bringt, und wenn man sie abholen will, ist nicht nur die Reinigung verschwunden, sondern das ganze Haus, und der Neubau, der an seiner Stelle entsteht, nähert sich bereits dem Richtfest. Doch ist es gerade die Kontinuität im Wandel, die New York

Eine Institution der Stadt ist «Russian Tea Room», der 1927 als Treffpunkt russischer Emigranten diente. Heute gehen hier sowohl Yorker als auch Touristen der beliebten Freizeitbeschäftigung des «celebrity watching» nach der Ausschau nach Stars.

Die West 42nd Street wurde einst als «movie street of the world» gefeiert. Sogar ein Musical wurde der mythenumwobenen Theatermeile gewidmet. Liebhaber der Baukunst werden sich einen Spaziergang entlang der East 42nd Street nicht entgehen lassen: Hier reihen sich architektonische Prunkstücke wie das Grand Central Terminal und das elegante Chrysler Building aneinander.

Sie scheinen alle Straßen der Stadt zu beherrschen: die berühmten «Yellow Cabs», die gelblackierten New Yorker Taxis.

AUSVERKAUF DES HIMMELS

Wolkenkratzer in Manhattan

Wenn es ein gemeinsames Kennzeichen für Amerika und das 20. Jahrhundert gibt, so ist es der Wolkenkratzer – die Erfüllung eines Menschheitstraums seit den Tagen des Turmbaus zu Babel. 1894 wurde in Chicago der erste «skyscraper» errichtet – fünf Jahre später zog New York nach.

Wolkenkratzer sind das architektonische Symbol Manhattans – auch wenn die ersten Hochhäuser Amerikas Ende des vergangenen Jahrhunderts in Chicago entstanden, noch aus Ziegelsteinen gemauert. Die New Yorker zögerten anfänglich, eine Neuerung gerade aus Chicago zu übernehmen – am Hudson ist man von jeher skeptisch gegenüber allem, was aus Chicago, der «Second City», kommt. Erst als die New Yorker den Titel des höchsten Gebäudes der Welt, den damals der 1873 errichtete elfstöckige Bau der New York Times trug, an Chicago gehen sahen, wurden sie mobil – zumal sie erkannten, welche Vorteile der Bau von Hochhäusern mit sich brachte. Während bei konventionellen Stein- und Ziegelbauten die unteren Mauern um so dicker sein mußten, je mehr Stockwerke darauf entstehen sollten, war das beim Stahlskelettbau nicht nötig. Theoretisch kann damit in jeder Höhe gebaut werden. Auch die New Yorker hatten schon einige Erfahrungen mit dieser Bauart gesammelt, allerdings nur mit Gußeisen. Die wenige Jahrzehnte später folgenden Stahlskelettbauten ermöglichten es nicht nur, Höhen zu erreichen, von denen Architekten vorher nicht einmal zu träumen wagten. Sie erlaubten es auch, den begrenzten und daher teuren Baugrund Manhattans auf möglichst einträgliche Weise zu nutzen.

Eine wichtige Voraussetzung für den Bau von Wolkenkratzern war neben der Stahlskelettbauweise die Erfindung des Fahrstuhls. Sie ist dem Mechaniker Elisha Otis zu verdanken, der 1857 im Haughwout Store den ersten Personenaufzug installierte. New Yorks ersten Wolkenkratzer, das zwölfstöckige *Bayard Building* an der Bleecker Street, konzipierte 1897 der berühmte Chicagoer Architekt Louis Sullivan. Der bis heute andauernde Wettstreit um den höchsten Büroturm begann mit dem markanten *Flatiron Building*, das Daniel Burnham 1902 am Madison Square erbaute. 1909 setzte das *Life Insurance Building* an der Madison Avenue neue Maß-

Links oben und unten: Bei seiner Reportage über die Bauarbeiten am Empire State Building im Jahr 1930 gelangen dem Fotografen Lewis Hine einzigartige Bilder.

Oben: Kathedralen des Kommerzes – das Equitable Building, das Bank of Manhattan Building und das City Bank Farmers Trust Building (Foto um 1930).

Oben: Ein Bild, das Geschichte machte – beim Bau der ersten Wolkenkratzer leisteten die sogenannten Ironworkers Pionierarbeit in schwindelnder Höhe (Foto von 1932).

Rechts oben: Wie der Bug eines Schiffes ragt das Flatiron Building in den New Yorker Himmel. Mit 72 Metern war das 1902 erbaute Hochhaus jahrelang das höchste Gebäude der Welt (Foto von 1903).

Rechts unten: Die Hafenbehörden von New York und New Jersey ließen das World Trade Center erbauen, um internationale Handelsgesellschaften in den Südzipfel von Manhattan zu locken. Nachdem die Geschäftswelt sich mehr und mehr nach Midtown verlagert hatte, waren Arbeitsplätze dort rar geworden (Foto von 1970).

stäbe, doch bereits 1913 brach das neugotische *Woolworth Building* von Cass Gilbert (241 Meter) auch diesen Höhenrekord.

Das wuchtige *Equitable Building* am Broadway tauchte nach seiner Fertigstellung im Jahr 1915 die ganze Umgebung in Schatten. In der Bevölkerung brach ein derart heftiger Protest los, daß die Stadtväter sich veranlaßt sahen, 1916 mit der Zoning Resolution das erste Baugesetz des Landes zu verabschieden. Es schrieb vor, daß die oberen Geschosse von Hochhäusern in ganz bestimmten Abständen zurückgesetzt werden mußten, um genügend Licht in die Straßenfluchten zu lassen. Bis 1961 erfuhr diese Flächennutzungsordnung 2500 Ergänzungen, erst dann wurde ein neues Auflagenwerk verabschiedet, welches zwei dicke Bände füllt. Eine Folge der Zoning Resolution waren die für New York so typischen setbacks – ein Beispiel dafür ist das elegante *Chrysler Building* (319 Meter), welches das Woolworth Building als höchstes Gebäude der Welt entthronte. 1931, nicht einmal ein Jahr später, übernahm das *Empire State Building* (381 Meter) diesen Ehrentitel. Erst 1970 wurde es vom *World Trade Center* (411 Meter) übertrumpft.

«Gigantisch langweilig» nannten Kritiker die beiden kolossalen Zwillingstürme des World Trade Center, in denen 50000 Menschen arbeiteten. Mehr als sechzig Restaurants, Geschäfte, Banken, Bars, Cafés und Büros machten den Komplex zu einer Stadt in der Stadt. Vom Aussichtsdeck hatte man nicht nur einen grandiosen Blick über das Häusermeer der Stadt; bei guter Sicht konnte man sogar die Erdkrümmung erkennen. 1993 war die Ladengalerie im Untergeschoß Ziel eines Bombenanschlags, bei dem sechs Menschen ums Leben kamen. Der strukturelle Schaden am Gebäude hielt sich dank einer dezentralen Statik in Grenzen. Ganz anders am 11. September 2001, als Terroristen zwei vollgetankte Passagierflugzeuge in die Türme lenkten: Die so ausgelöste Brandkatastrophe war dermaßen verheerend, dass sie die Bauwerke schließlich zum Einstürzen brachte. Mehr als 2800 Menschen wurden in den Tod gerissen.

Die Bauweise des World Trade Center ließ ein neues Baugesetz erkennen, das 1961 erlassen wurde und seither dafür sorgt, daß zwischen den Hochhäusern öffentliche Plätze angelegt werden. New Yorks Politiker hatten erkannt, daß die bisherigen Vorschriften immer noch nicht genug Raum

und Luft zwischen den Türmen ließen. Dieser Erkenntnis war das *Seagram Building* vorausgegangen, das Ludwig Mies van der Rohe und Philip Johnson 1958 errichteten – eine Ikone des Hochhausbaus. Erstmals ließen die Baumeister hier Raum für eine Plaza, die – sehr zum Gefallen der New Yorker – einen stattlichen Teil der Grundfläche freiließ. Die Stadtväter griffen die Idee in Form einer neuen Bauverordnung auf: Wer unten Platz ließ, durfte oben höher bauen. Aus diesem Grund wurde im 1977 fertiggestellten *Citicorp Center* an der

Lexington Avenue nicht nur ein Atrium mit Restaurants und Geschäften, sondern sogar eine U-Bahn-Station untergebracht.

Die Plaza-Bauweise ist ein Kennzeichen der postmodernen Hochhausgeschichte, der letzten von bislang vier Phasen. Die erste stand unter dem Motto Nützlichkeit. Die frühen Hochhäuser nutzten die neuen statischen Möglichkeiten hauptsächlich für das Aufeinanderstapeln von Büroräumen. Daß viele dieser Bauten dennoch ästhetisch ansprechend sind, ist ihren Baumeistern und dem Zeitgeschmack zu verdanken. Die zweite Phase ist die historistische, in die Elemente der zeitgenössischen Kunst einflossen. Sie brachte einige der schönsten Wolkenkratzer New Yorks hervor. Danach entstanden die Klassiker des International Style, der relativ unauffällig und wenig stilprägend blieb – vielleicht auch, weil es nur wenige finanzstarke Bauherren gab. Seit den achtziger Jahren wachsen wieder Bauten in den New Yorker Himmel, die mit historischen Formen und spielerischen Details das erstarkte Selbstbewußtsein der Wirtschaft verkünden. Individualität wird wieder großgeschrieben, wirkt jedoch in manchen Fällen, wie bei Philip Johnson's *AT&T Building*, etwas aufgesetzt. *Marc Fest*

Ein Art-déco-Kunstwerk aus rostfreiem Stahl: die unverwechselbare Spitze des Chrysler Building. Der Architekt Van Alen hielt ihr Aussehen geheim, bis das Manhattan Company Building seines Konkurrenten Severance mit 281 Meter Höhe eingeweiht war. Erst dann ließ er in einer Blitzaktion die 60 Meter hohe Stahlspitze installieren, die dem Chrysler Building den Höhenrekord sicherte.

Der Times Square entfaltet seinen eigentümlichen Zauber erst bei Nacht. Leuchtreklamen in Riesenformat wollen uns weismachen, Coca-Cola, Videorekorder und Designerunterwäsche seien die wahren Segnungen unserer Zivilisation.

auszeichnet. Je mehr New York sich ändert, desto mehr bleibt es sich treu. Vom ethnic revival, der Rückbesinnung auf die nationalen Wurzeln, von der in den sechziger Jahren so viel die Rede war, spricht heute keiner mehr. Der Wahlspruch «E Pluribus Unum» (Aus vielen wird eines), den wir auf amerikanischen Münzen finden, hat nichts von seiner Gültigkeit eingebüßt. Der Schmelztiegel funktioniert nach wie vor. In einer Welt, die insgesamt immer amerikanischer wird, wäre das Gegenteil auch verwunderlich.

EIN STAATSANWALT WIRD BÜRGERMEISTER

Die Wahl Rudolph Giulianis zum Bürgermeister war keine Selbstverständlichkeit. Giuliani ist Republikaner, und in New York herrschen traditionell die Demokraten. Ihr Dauerregiment im Rathaus hatte Folgen, die auch der deutschen Lokalpolitik nicht ganz fremd sind – Korruption und Ämterpatronage. In New York erreichte die Mißwirtschaft allerdings Dimensionen, die in Deutschland kaum vorstellbar wären. Tammany Hall, das Hauptquartier der demokratischen Partei, wurde zum Inbegriff für den Mißbrauch politischer Macht. Ihren Höhepunkt erreichte die Korruption unter William Marcy Tweed, der New York zwischen 1856 und 1871 nahezu uneingeschränkt regierte und daher allgemein «The Boss» genannt wurde. Wie viele öffentlichen Mittel der «Tweed Ring» in die eigene Tasche leitete, weiß niemand; die Schätzungen schwanken zwischen 30 und 200 Millionen Dollar. Das System war einfach: Öffentliche Aufträge erhielt nur, wer den «Ring» kräftig geschmiert hatte.

Auch nach dem Sturz von Tweed, der 1878 im Gefängnis starb, gehörten die «Handsalben» weiterhin zum politischen Alltag. Als eine Kommission sich 1932 anschickte, dem populären Bürgermeister «Jimmy» Walker genauer auf die Finger zu sehen, setzte er sich mit seiner Geliebten nach Europa ab. Übler erging es Donald Manes, dem Bezirksbürgermeister des Stadtteils Queens: Nachdem herausgekommen war, daß er Bußgelder veruntreut und dabei fette Gewinne eingestrichen hatte, stürzte er sich im Frühjahr 1989 in ein Küchenmesser.

Rudolph Giuliani sagte nach seiner Amtsübernahme 1994 nicht nur der Korruption den Kampf an, sondern auch der Mafia. Als Kind hatte er miterlebt, wie sein Großvater, ein Zigarrenhändler, mehrere Läden schließen mußte, weil er sich weigerte, der Unterwelt «Schutzgelder» zu zahlen. Als Staatsanwalt fand er Gelegenheit, sich zu revanchieren: Er brachte nicht nur die Bankiers Ivan Boesky und Michael Milken, die mit der Weitergabe vertraulicher Informationen Millionen verdient hatten, hinter Schloß und Riegel, sondern auch die Oberhäupter von vier der fünf New Yorker Mafia-Familien. Ganz sauber ist

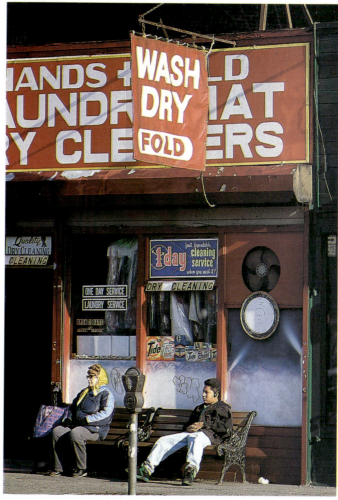

In Greenwich Village ist die Hektik der Millionenstadt vergessen. Hier lebt es sich ein bißchen gelassener als in den geschäftigen Straßen von Midtown Manhattan, wo man im ständigen Wettlauf mit der Uhr allenfalls ein Unentschieden erreicht.

Das Museum of Modern Art, von den New Yorkern liebevoll MOMA genannt, ist ein Tempel der modernen Kunst. Alles, was seit der Jahrhundertwende in der Kunstwelt Rang und Namen hat, ist hier mit Hauptwerken vertreten.

der Augiasstall freilich noch lange nicht. Als sich Giuliani anschickte, den kriminellen Zwischenhandel auf dem Fulton Fish Market auszuheben, kam es zu einer Serie von mysteriösen Bränden, denen, wie es der Zufall wollte, wertvolles Beweismaterial zum Opfer fiel.

Dagegen kann sich New York glücklich schätzen, daß – anders als in den meisten amerikanischen Großstädten – die historische Innenstadt (downtown) nicht verödet und zu einem Tummelplatz von Tippelbrüdern, Drogenhändlern und sonstigen schrägen Vögeln verkommen ist. Doch die Vitalität des alten Banken- und Börsenviertels erlitt einen grauenvollen Rückschlag, als am 11. September 2001 zwei von Terroristen gekaperte Flugzeuge in die Türme des World Trade Centers rasten – die mit 411 Metern höchsten Gebäude der Metropole. Die oberen Stockwerke gingen in einem riesigen Feuerball auf, der die Stahlkonstruktionen zum Schmelzen brachte und beide Türme einstürzen ließ. Fast 3000 Menschen kamen dabei um. Es war Rudolph Giulianis besonnenem Krisenmanagement zu verdanken, dass die Stadt in den Tagen nach der Terrorattacke nicht im Chaos versank. Als Giulianis Amtszeit im Dezember 2001 endete, wurde er von den New Yorkern als Held verabschiedet.

TUMMELPLÄTZE DER BOHÈME

Als die New Yorker 1812 am Nordende der damaligen Siedlung ihr Rathaus einweihten, prunkte die Vorderseite mit einer opulenten Marmorfassade. Für die Rückseite hatten die sparsamen Stadtväter nur billigen Sandstein bewilligt – in der Annahme, es werde sie doch niemand zu Gesicht bekommen. Diese Annahme erwies sich als falsch. New York dehnte sich rasch nach Norden aus. Die Gegend zwischen Canal und Houston Street, die heute

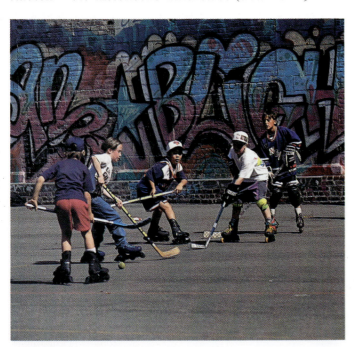

Graffiti sind eines der Wahrzeichen New Yorks – keine öffentliche Fläche ist vor ihnen sicher. Ursprünglich radikaler Ausdruck einer Ghettokultur, sind die Spraywerke inzwischen anerkannte Kunst und werden in Galerien zum Verkauf angeboten.

Im American Museum of Natural History könnte man einen ausgedehnten Urlaub verbringen, ohne auch nur ein einziges Exponat zweimal gesehen zu haben – eine spannende Zeitreise zu den Ursprüngen unserer Welt.

New Yorks Künstler lassen sich allerhand einfallen, um ihre Werke unters Volk zu bringen: Sie begegnen dem Dilemma der Anonymität, indem sie einfach die gesamte City zur gigantischen öffentlichen Galerie umfunktionieren.

SoHo heißt, war in der ersten Hälfte des 19. Jahrhunderts der am dichtesten besiedelte Teil Manhattans – mit vornehmen Villen, Hotels und teuren Restaurants, aber auch Etablissements von zweifelhaftem Ruf. Nach der Jahrhundertmitte zog die elegante Welt weiter nordwärts. Ihren Platz namen Lagerhäuser und Fabriken ein. Damals wurde in SoHo Architekturgeschichte geschrieben: Zwar eiferten die Fassaden der neuen Häuser äußerlich historischen Vorbildern nach; montiert waren sie jedoch aus gußeisernen Fertigteilen. Die Eisenbauweise ermöglichte es, große Flächen zu überspannen und hatte außerdem noch einen Vorteil: Es brannte nicht so schnell. Die New Yorker, die nach zwei großen Feuern innerhalb von nur zehn Jahren (1835 und 1845) gebrannte Kinder waren, wußten dies zu schätzen. In den Jahren 1860 bis 1890 entstanden im heutigen SoHo mehr Gußeisen-Bauten als irgendwo sonst auf der Welt. Daher wurde das Viertel als *Cast-Iron-District* unter Denkmalschutz gestellt.

Als der Zweite Weltkrieg zu Ende ging, waren die meisten Kleinbetriebe eingegangen. Viele der dekorativen Gebäude mit ihren charakteristischen Feuerleitern standen leer und verkamen. Dies war der Augenblick, in dem die Künstler SoHo entdeckten: Greenwich Village, ihre traditionelle Bleibe, war vielen zu teuer geworden. Die Lagerhallen und Speicher *(lofts)* von SoHo dagegen boten viel Platz für wenig Geld und erwiesen sich als ideale Ateliers. Den Künstlern folgten die Galeristen. SoHo wurde zum Hauptquartier der amerikanischen Avantgarde und ist es, trotz Mietenexplosion und Luxussanierung *(gentrification)*, bis heute geblieben.

Greenwich Village – oder, wie die New Yorker sagen: «The Village» – hat dennoch viel von seinem künstlerischen Flair bewahrt. Wie Schwabing in München und der Montmartre in Paris lockt es besonders am Abend

Ein Hort der Stille, umtost vom Brausen der Stadt: Auf dem kleinen Friedhof der Trinity Church suchen die Angestellten des Financial District während der Mittagspause ein wenig Ruhe und Entspannung.

Patrouillierende Polizisten wachen darüber, daß die Idylle des Central Park nicht gestört wird. Trotzdem: Nach Einbruch der Dunkelheit sollte man sich hier nicht aufhalten.

Der Central Park eröffnet immer neue, überraschende Perspektiven. Wasserflächen bilden Kontrapunkte zu Felsen und Vegetation. Auch der Zufall wurde in die Gestaltung einbezogen – noch heute kann man sich im Central Park hoffnungslos verirren.

Einheimische und Touristen an, die sich zwanglos und preiswert amüsieren wollen. Da der westliche Teil 1969 unter Denkmalschutz gestellt wurde, ist der historische Charakter des Viertels – halb dörflich, halb subversiv – weitgehend intakt geblieben. Die New York University am Washington Square (siehe Seite 45), mit 35000 Studenten und 5000 Professoren Amerikas größte Privatuniversität, sorgt dafür, daß das Village nicht verkrustet, sondern mit immer neuen Generationen von Jungakademikern bevölkert wird. Die «Village Voice», das Sprachrohr der Beat-Generation, muß zwar mächtig kämpfen, um zu überleben, doch hält es die blaue Blume der politischen Romantik mannhaft in die Höhe.

Als New York noch Nieuw Amsterdam hieß und den Holländern gehörte, wuchs dort, wo heute das Village ist, der beste Tabak der Kolonie. Später bauten sich wohlhabende Patrizier – weit außerhalb der Stadt – hier ihre Landhäuser. Während der Pocken- und Gelbfieber-Epidemie, die New York 1822 heimsuchte, bot der Vorort vielen Familien Zuflucht. Das Dorf bekam allmählich städtische Züge, wovon Straßennamen wie «Bank Street» oder «Commerce Street» noch heute zeugen. Um die Mitte des 19. Jahrhunderts begann der Zuzug von Malern und Schriftstellern. Hauptquartier der ersten amerikanischen Malerschule, der «Hudson River School», war ein inzwischen abgerissenes Ateliergebäude in der 10. Straße. In den *roaring twenties* wurde das Village zum Inbegriff eines Lebensstils, der den Tabus der gutbürgerlichen Gesellschaft selbstsicher trotzte. Mochte der Kongreß auch den Ausschank und Genuß von Alkohol verbieten – im Village sorgten zahllose illegale Mondscheinkneipen *(speakeasies)* dafür, daß die New Yorker ihren Durst nicht mit Coca-Cola zu löschen brauchten. Und die Durstigen kamen in hellen Scharen: John Dos Passos, Theodore Dreiser, Edward Hopper, Diego Rivera, Alexander Calder und viele andere ließen sich in der Nähe der hochprozentigen Quellen nieder. Auch als die Prohibition längst aufgehoben war, blieb das Viertel bei den Außenseitern, den Unangepaßten und nicht zuletzt den Jazzmusikern populär: Die besten Jazzkeller New Yorks sind längst nicht mehr in Harlem zu finden, sondern im Village.

Kein Wunder, daß sich hier in den sechziger Jahren ein wichtiges Kapitel der «sexuellen Revolution» abspielte. Die alljährliche «Gay Pride Parade» am letzten Sonntag im Juni erinnert daran, daß erst mit dem «Stonewall-Aufstand» im Juni 1969 die Emanzipation der Homosexuellen richtig in Gang kam. Mit der Aufhebung der Prohibition hatte die Polizei ihre wichtigste Nebeneinnahme verloren – die Schweigegelder der *speakeasies*. Statt dessen hielt sie sich nun an den *gay bars* schadlos, wo sie, um ihren Forderungen Nachdruck zu verleihen, in regelmäßigen Abständen Razzien veranstaltete. Am 28. Juni 1969 war das «Stonewall Inn» am Sheridan Square

Im Gegensatz zu den öffentlichen Parks in Europa, die aus privaten Gärten in Feudalbesitz entstanden waren, sollte der Central Park von Anfang an ein Park für alle sein. Mit seiner Mischung aus Sportanlagen, Vergnügungszentren und idyllischer Natur berücksichtigt er die Freizeitbedürfnisse aller Schichten.

Warten auf den nächsten Bus: Unterbrechungen ihres hektischen Alltags nehmen die New Yorker nur ungern in Kauf.

Am Washington Square ist immer etwas los, allein schon wegen der Studenten der New York University, deren Einrichtungen den Süd- und Ostrand des Platzes einnehmen. In der warmen Jahreszeit dient der geschichtsträchtige Platz zudem als Freilichtbühne für Straßenmusiker, Jongleure und Artisten.

Unter den Schachspielern in der Südwestecke des Parks verbirgt sich so mancher Profi.

DER WASHINGTON SQUARE

Am Puls des Greenwich Village

Das «people watching» am Washington Square gehört zu den aufregendsten und schönsten Nebenbeschäftigungen in New York und ist noch dazu völlig kostenlos.

Das Herz des Village schlägt am Washington Square: Nirgendwo sonst ist das heiter-gelassene Lebensgefühl des Künstlerviertels deutlicher spürbar. An schönen Tagen tummelt sich hier halb New York: Skateboard-Fahrer und Inline-Skater führen ihre Kunststücke vor, Frisbees schwirren durch die Luft, es wird gesungen und musiziert. Menschentrauben umlagern Feuerschlucker und Pantomimen, Anwohner führen ihre vierbeinigen Lieblinge aus, auf dem Rasen lagern Penner und junge Leute. Die Südwestecke des Parks ist das Revier der *chess hustlers* – Schachprofis, die Passanten zum Spiel auffordern und dafür ein geringes Entgelt erwarten. Egal, ob man sich mitten ins Getümmel stürzt oder sich auf einer sonnigen Parkbank dem *people watching* hingibt: Langweilig ist es auf dem Washington Square nie.

In der Vergangenheit ging es hier nicht immer so lustig zu: Während der großen Gelbfieber- und Cholera-Epedemie Anfang des 19. Jahrhunderts wurden auf dem Gelände mehr als 22 000 Tote in Massengräbern verscharrt – ihre Gebeine verhinderten viele Jahrzehnte später den Bau eines Highways, der den Charakter des Village unweigerlich zerstört hätte. Gleichzeitig diente der Platz als öffentliche Hinrichtungsstätte – die große Ulme im nordwestlichen Teil der Anlage wurde lange Zeit als Galgen mißbraucht. 1826 legt die Stadtverwaltung das ehemalige Sumpfgelände trocken und machte daraus eine Aufmarschfläche für Militärparaden. In den folgenden Jahren entwickelte sich der Washington Square zum Zentrum eines eleganten Wohnviertels. Reiche New Yorker Kaufleute ließen sich in seinem Umkreis imposante Wohnhäuser errichten.

Am Nordende des Platzes erhebt sich der Washington Arch. Er wurde von 1889 bis 1892 nach Plänen des Architekten Stanford White errichtet. Mit dem Triumphbogen aus weißem Marmor feierten die New Yorker damals den hundertsten Jahrestag der Amtseinführung ihres ersten Präsidenten. Der Künstler Marcel Duchamp drang 1916 mit ein paar Freunden in das Innere des Bauwerks ein und kletterte die 116 Stufen bis zur Spitze empor, um von dort mit Flaggen und chinesischen Laternen die unabhängige «Republik von Bohemia» auszurufen. Soldaten verhafteten den Scherzbold.

In dem Art-déco-Haus an der Fifth Avenue Nummer 1 lebte einst der Fotograf Robert Mapplethorpe, den schmucklosen Bau mit der Nummer 2 auf der gegenüberliegenden Straßenseite bewohnt New Yorks Ex-Bürgermeister Ed Koch. An der Straße entlang der Nordseite des Parks, schlicht «The Row» genannt, stehen elegante Townhäuser im Greek-Revival-Stil, zwischen 1830 und 1840 erbaut. Dahinter verlaufen die Washington Mews und die MacDougal Alley, zwei idyllische Privatstraßen mit Atelierwohnungen und Kulturinstituten. Die malerischen Häuschen waren früher Stallungen und Wohnungen für die Dienstboten der vornehmen Herrschaften von «The Row».

Die Gebäude an der Süd- und Ostseite des Parks gehören zur New York University, der größten amerikanischen Privat-Universität. Das große rote Gebäude an der Südwestecke des Parks beherbergt die Bibliothek. Es sind vor allem die 35 000 Studenten und 5000 Professoren der Universität, die das Village und die Gegend um den Washington Square mit Leben erfüllen. Oft kann man Studenten der Filmfakultät dabei beobachten, wie sie auf dem Platz mit wenig Ausrüstung und viel Engagement ihre ersten cineastischen Meisterwerke fabrizieren. Aber auch ohne die angehenden Regisseure fühlt man sich auf dem Washington Square wie in einem Film.

Marc Fest

Für Unterhaltung ist am Washington Square immer gesorgt.

Ein beliebter Treffpunkt der New Yorker Gourmets ist das Delikatessengeschäft «Balducci»: Das Familienunternehmen hat sich über Generationen hinweg mit frischen Spezialitäten aus aller Welt einen guten Namen gemacht.

an der Reihe. Diesmal aber geschah etwas Unerhörtes: Statt sich widerstandslos in ihr Schicksal zu fügen, setzten sich die Gäste zur Wehr. Mit Flaschen, Gläsern und Aschenbechern zwangen sie die Polizei zum Rückzug. Auch nachdem Verstärkung eingetroffen war, räumten sie keineswegs das Feld, sondern verhöhnten die «Tactical Patrol Force», die ihnen im Kampfanzug mit gezogener Waffe gegenüberstand. Was als Routineaktion geplant war, artete zu einem Medienzirkus aus, der die Welt darauf aufmerksam machte, daß es außer den Schwarzen noch eine andere Minderheit gab, die um ihre Rechte kämpfte. Heute lassen es sich selbst gutkonservative Politiker nicht nehmen, in der «Gay Pride Parade» mitzumarschieren.

Mit den Künstlern hat auch ein großer Teil der Homosexuellen das Village verlassen, jedoch in nördlicher Richtung. Wie so oft hatten die *gays* ein sicheres Gespür für neue Trends und registrierten vor allen anderen, daß Chelsea – auf der Westseite zwischen 14. und 34. Straße – nach einer Periode des Niedergangs wieder im Kommen ist. Chelsea ist heute das Viertel, das sich am rasantesten ändert. Seine majestätischen, seit Jahrzehnten leerstehenden Einkaufspaläste öffnen einer nach dem andern wieder ihre Tore, und inzwischen sieht sich auch so mancher Galerist, der dem Zeitgeist auf der Spur bleiben will, in Chelsea nach einer neuen Bleibe um.

Die Filmemacher und Sänger werden dagegen kaum nach Chelsea zurückkehren. Daß die Anfänge des amerikanischen Films nicht in Hollywood, sondern in New York liegen, ist heute so gut wie vergessen. Die frühesten Western wurden in New Jersey gedreht. Im Jahr 1914 verwandelte der ungarische Immigrant Adolph Zukor eine leerstehende Kaserne in der 26. Straße in das Studio seiner «Famous Players Film Company». Die «berühmten

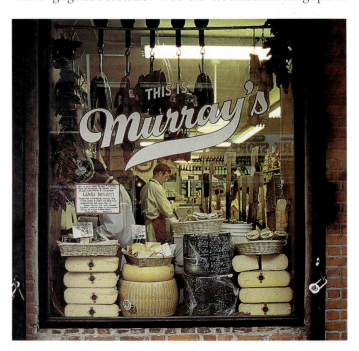

Im Einkaufsparadies New York gibt es wahrscheinlich nichts, was nicht irgendwo käuflich zu erwerben wäre – sei es nun chinesischer Tee, indische Gewürze oder frischer italienischer Käse.

Auf den exotischen Märkten von Chinatown kaufen nicht nur Chinesen ein. Auf engstem Raum werden die Meeresspezialitäten direkt aus den Kisten angeboten, in denen sie vom Fischmarkt hierher transportiert wurden.

Ob eßbare Blumen oder ofenfrisches Brot mit dem Emblem des Hauses – das Traditionsgeschäft «Balducci» läßt sich für seine anspruchsvolle Kundschaft immer etwas Besonderes einfallen.

Schauspieler» fand er in den Theatern am Broadway. Zwei Jahre tat er sich mit dem aus Warschau eingewanderten Handschuhmacher Samuel Gelbfisz (der sich später Goldwyn nannte) und dessen Schwiegervater Jesse Lasky zusammen. Aus diesem Triumvirat ging schließlich «Paramount» hervor, eine der Säulen von Hollywood, wohin die Filmindustrie wegen der günstigen klimatischen Bedingungen bald ihre Studios verlegte.

DIE LEICHTE MUSE IN DER «BLECHTOPF-GASSE»

Um die gleiche Zeit trat zwei Häuserblocks weiter nördlich Jacob Gerschowitz, der Sohn einer aus Rußland eingewanderten Familie, als *plugger* in den Dienst eines Musikverlages. Die 28. Straße war damals die geräuschvollste Straße New Yorks: Hier lag der Feldherrnhügel der leichten Muse. In jedem Haus drängten sich Verleger, Agenten, Arrangeure und eben die *pluggers* – Pianisten, deren Aufgabe es war, der Kundschaft neue Schlager schmackhaft zu machen. Wenn in der warmen Jahreszeit die Fenster offenstanden, addierten sich die miteinander wetteifernden Klänge zu einer Geräuschkulisse, die an den Lärm zusammenstürzender Blechtöpfe erinnerte, weshalb die Straße den Namen «Tin Pan Alley» erhielt. Der junge Gerschowitz machte sich bald selbständig. Der Erfolg seines Songs «Swanee», von dem mehr als zwei Millionen Schallplatten verkauft wurden, zeigte ihm, daß er es nicht nötig hatte, für die Musik anderer Leute zu werben. Ungefähr zur gleichen Zeit legte er sich einen Künstlernamen zu – George Gershwin.

Mag auch der Film an die Westküste gezogen und die «Blechtopf-Gasse» inzwischen von koreanischen Händlern übernommen worden sein – New York ist weiter-

hin die Hauptstadt des amerikanischen Theaters (siehe Seite 93). In der zweiten Hälfte des 19. Jahrhunderts war der Union Square das Herz des Theaterdistrikts. An der 14. Straße, wo heute das Hauptquartier von ConEdison steht – das Unternehmen, das die New Yorker mit Licht und Wärme versorgt –, prunkte damals die Academy of Music, bis zur Eröffnung der Metropolitan Opera im Jahr 1883 das führende Opernhaus Amerikas. Südlich davon, an der Kreuzung von Broadway und Prince Street, stand «Niblo's Garden», das größte Theater der Stadt. Hier wurde 1866 «The Black Crook» uraufgeführt, eine bunte Mischung aus Melodram, Gesang, Tanz und atemberaubenden Bühneneffekten, die beim Publikum sofort einschlug. «Ein Spektakel dieser Art hat es im amerikanischen Theater bisher nicht gegeben», konstatierte der Kritiker der «Times». Das Musical war geboren.

Heute konzentrieren sich die Musical-Theater in der Gegend um den Times Square. Von den einstigen 80 Theatern ist allerdings nicht einmal die Hälfte übriggeblieben, und auch diese Hälfte wird nur selten voll genutzt. Film und Fernsehen haben auch in Amerika einen guten Teil der künstlerischen Energien vom Theater abgezogen. Wer Dialoge schreiben kann, verdingt sich lieber in Hollywood, wo für publikumswirksame Drehbücher siebenstellige Honorare gezahlt werden. Auch die Metropolitan Opera residierte acht Jahrzehnte lang in der Nähe des Times Square, bis sie 1966 in ihre neue Behausung am Lincoln Center umzog.

Daß New York schon seit sehr langer Zeit auch ein Zentrum der klassischen Musik ist, will vielen hochnäsigen Europäern nicht in den Kopf. Aber es ist so: Die New Yorker Philharmoniker sind erheblich älter als die Berliner Philharmoniker. Den Abonnenten der Metropolitan Opera mögen die exotischen Einfälle europäischer Regisseure entgehen; dafür werden sie durch musikalische Spitzenleistungen entschädigt – wobei zu bemerken ist, daß sowohl die Philharmoniker wie die Oper Privatunternehmen sind, die von der öffentlichen Hand nur ein Trinkgeld beziehen. In den sechziger Jahren suchten beide eine neue Unterkunft – die Oper, weil die Technik des Hauses überholt war, das Orchester, weil sein altes Quartier, die Carnegie Hall, abgerissen und durch einen Wolkenkratzer ersetzt werden sollte.

Das Abreißen ist eine New Yorker Spezialität. Während die Deutschen davor zurückschrecken, selbst die ärgsten Bausünden der Vergangenheit zu beseitigen, kennen die Amerikaner derartige Hemmungen nicht. Bevor der Denkmalschutz der Zerstörungswut in den Arm fiel, gab sich New York alle zwei Generationen ein neues Gesicht. Das vornehmste Hotel der Stadt, das «Waldorf Astoria», mußte, obgleich erst 32 Jahre alt, dem Empire State Building weichen. Die prächtigen Stadtpaläste der Millionäre an der Fifth Avenue machten, von wenigen

Das East Village mit seinen anheimelnden Backsteinfassaden vermittelt Besuchern das angenehme Gefühl, weit weg von New York und doch mitten in New York zu sein.

Häuserreihen unter alten Bäumen und kleine Vorgärten mit schmiedeeisernen Gittern: In manchen Straßen des Village fühlt man sich in einen feinen Londoner Vorort versetzt.

Das Village, einst ein Dorado der Bohème, zählt nach wie vor zu den lebendigsten Vierteln New Yorks. Verrücktheit und Kreativität gehen hier eine glückliche Verbindung ein.

Ein typischer Straßenzug in Manhattan: Cast Iron-Architektur und das Zick-Zack der Feuerleitern, die früher einmal Bauvorschrift waren und heute unsportlichen Einbrechern das Fassadenklettern ersparen.

Freizeit-Mix aller Schichten und Nationalitäten: Im Central Park treffen Welten aufeinander, die unterschiedlicher nicht sein könnten.

Links: Während der Überfahrt verwandelte sich der amerikanische Traum für viele Einwanderer zunächst in einen Alptraum. Die Reise dauerte drei Wochen und kostete in der billigsten Klasse 1910 etwa 15 Dollar. Häufig wurden Hunderte von Passagieren in winzigen Verliesen unterhalb der Wasserlinie zusammengepfercht (Foto um 1900).

Unten: Alle Immigranten mußten sich bei ihrer Ankunft in den USA einer ärztlichen Untersuchung unterziehen. Besonders gefürchtet war der «eye man», ein Beamter, der die Einwanderer nach Trachoma untersuchte. Schon der Verdacht auf diese schwere Form der Bindehautentzündung reichte, um nach Europa zurückgeschickt zu werden (Foto um 1920).

ELLIS ISLAND
Die Insel der Tränen

Ellis Island ist für viele New Yorker ein Ort der Erinnerung: Zwischen 1892 und 1954 wurden 16 Millionen Einwanderer aus aller Welt durch dieses Auffanglager geschleust. Ihre Nachkommen stellen heute 40 Prozent der Bevölkerung der USA.

Die Freiheitsstatue, ein Geschenk der französischen Regierung, wollten die New Yorker zunächst gar nicht haben: Die Franzosen hatten die Bedingung gestellt, daß die Stadt den Sockel finanzierte, auf dem Miss Liberty stehen sollte, und dieser Sockel kostete genauso viel wie die Lady selbst. 1876 wurde im Madison Park der fackelhaltende Arm der Statue ausgestellt, um die Spendenbereitschaft zu erhöhen – der gewünschte Erfolg blieb jedoch aus. 100 000 Dollar fehlten noch, als Miss Liberty 1885 auf dem damaligen Bedloe's Island ankam. Rettung kam schließlich von Joseph Pulitzer, der in seiner Zeitung «The World» eine großangelegte Spendenkampagne startete. Binnen eines halben Jahres brachte er den fehlenden Betrag zusammen. Am 28. Oktober 1886 wurde das Denkmal von Präsident Cleveland enthüllt. Die Freiheitsstatue ist 46 Meter hoch und 225 Tonnen schwer, für das Gesicht soll der Bildhauer Frédéric Auguste Bartholdi seine Mutter als Modell genommen haben. Das Stahlgerüst im Innern stammt von Gustave Eiffel, dem Schöpfer des Eiffelturms. Nicht gut, aber jedem Amerikaner vertraut ist das Gedicht auf dem Sockel, mit dem Miss Liberty die «heimatlosen, sturmgebeugten» Einwanderer begrüßt. Zu Tausenden fuhren sie um die Jahrhundertwende in überfüllten Schiffen an dem Denkmal vorbei, um wenig später auf Ellis Island die nervenaufreibende Aufnahmeprozedur zu durchlaufen. Mochte Miss Liberty auch die «Müden, Armen und Geduckten» willkommen heißen – in dem 1892 eröffneten Einwanderungszentrum auf Ellis Island ging es vor allem darum, Kranke und Schwache auszusieben und nur die Gesunden und Arbeitsfähigen ins Land zu lassen. Zuerst wurde den Neuankömmlingen eine Nummer an die Kleidung geheftet. Dann ging es im Gänsemarsch in die Registry Hall, wo sie sich einer medizinischen Untersuchung unterziehen mußten. Mit einem Stück Kreide wurden die einer Krankheit verdächtigen Fremden markiert: Ein großes «H» bedeutete Herzschwäche, «S» stand für Senilität. Gefürchtet war «X», das Zeichen für Geisteskrankheit. Die größte Angst hatten die Einwanderer jedoch vor den sogenannten eye men: Sie untersuchten die Neuankömmlinge auf Trachoma, eine damals noch unheilbare Infektionskrank-

Alle Bilder: Am 1. Januar 1892 wurde die Aufnahmestation auf Ellis Island eröffnet. Der Ansturm von Zehntausenden aus der Alten Welt zwang die Bundesregierung, das Einwanderungsverfahren, das bis dahin jedem einzelnen Staat überlassen war, zentral zu regeln. Eine Neugliederung und Zentralisierung der zuständigen Institutionen sowie eine strenge Einwanderungskontrolle waren die Folge – Ellis Island wurde zum Vorzimmer des «Gelobten Landes» (Fotos aus der Zeit um die Jahrhundertwende).

heit, die zur Blindheit führte. Ein «E» verurteilte Augenkranke zur Rückkehr nach Europa. Die Kosten für die Reise mußten die Schiffsgesellschaften tragen.

Nach bestandenem Gesundheitstest mußte man nur noch seinen Namen nennen, einige Frage beantworten, und schon war man im Land der unbegrenzten Möglichkeiten. Das Einwanderungsquiz hielt aber so manchen Fallstrick bereit: Auf die Frage «Haben Sie in den Vereinigten Staaten bereits einen Job in Aussicht?» antworteten viele Immigranten mit «ja», nicht wissend, daß der US-Kongreß Absprachen über Arbeitsverhältnisse vor der Einwanderung bereits 1885 verboten hatte. Über 16 Millionen Menschen durchliefen von 1892 bis 1954 die Behördenschleusen von Ellis Island – allein im Rekordjahr 1907 wurden fast 1,3 Millionen Neuankömmlinge registriert. Vierzig Prozent aller Amerikaner haben Vorfahren, die in Ellis Island an Land gingen. Jene zwei Prozent der Neuankömmlinge, die nach Europa zurückgeschickt wurden, waren Analphabeten, Vorbestrafte, politisch Radikale und Kranke, darunter Kinder von nicht einmal zehn Jahren. So mancher hoffnungsvolle Einwanderer, dem die Aufnahme verweigert wurde, ertrank bei dem verzweifelten Versuch, Manhattan schwimmend zu erreichen. Andere Unerwünschte nahmen sich lieber das Leben, als in die Alte Welt zurückzukehren. Ellis Island war deshalb nicht nur die «Insel der Hoffnung», sondern für viele auch die «Insel der Tränen».

Sich verschärfende Einwanderungsgesetze schlossen mit den Jahren immer mehr Gruppen von der Immigration aus: Polygamisten, Prostituierte, Anarchisten, Chinesen (1882), Japaner (1907) und Analphabeten (1917). Besonders die amerikanischen Gewerkschaften beklagten sich immer lautstärker über einwandernde Süd- und Mitteleuropäer, die die Löhne nach unten drückten. Eine Quotenregelung begrenzte daher ab 1921 die Einwandererzahl auf festgelegte Kontingente. Von 1924 an übernahmen die Konsulate in Europa den Ausleseprozeß. Im Jahr 1932 war die Zahl der Immigranten, denen die Einreise verweigert wurde, zum ersten Mal größer als die Zahl derer, die bleiben durften. 1954 mußte Ellis Island seine Tore schließen.

Hin und wieder ist die Insel auch für andere Zwecke benutzt worden: Im Zweiten Weltkrieg wurden hier sogenannte Staatsfeinde interniert, während der McCarthy-Ära diente die Insel als Strafanstalt für mutmaßliche Kommunisten. Die Sowjetunion verglich Ellis Island in ihrer Propaganda gern mit einem Konzentrationslager.

Am 10. September 1990 eröffnete auf Ellis Island das für 156 Millionen Dollar restaurierte Einwanderungsmuseum. Sein Kernstück bildet der Registry room, die große Halle, in der die nervösen Ankömmlinge auf Herz und Nieren geprüft wurden. Besonders eindrucksvoll ist die Ausstellung «Treasures from Home» (Schätze aus der Heimat) mit Erinnerungsstücken und Gebrauchsgegenständen vieler Einwanderer. Vor dem Hauptgebäude erhebt sich der «Wall of Honor», eine dreißig Meter lange Begrenzungsmauer zum Meer. Sie trägt die Namen von 500 000 Immigranten – allerdings nur von jenen, deren Nachfahren diese Ehre hundert Dollar wert war. *Marc Fest*

Ecke Lexington Avenue, East 42th Street: Werbung kann gar nicht groß genug sein. Das gilt vor allem für New York, wo ohnehin schon alles größer ist als sonstwo auf der Welt. Daran hat auch der Anschlag vom 11. September nichts geändert

«We are everywhere!» Der Kampfruf, mit dem die Schwulenbewegung in ihren Anfängen auf die Straße ging, beschreibt heute treffend den New Yorker Alltag, denn schwule Männer und Frauen sind tatsächlich überall anzutreffen.

Den besten Einstieg ins schwule New York können Fremde sich zur Gay-Pride-Woche verschaffen. Das Festival geht zurück auf die Stonewall-Rebellion von 1969 und zieht jedes Jahr mehr als 100 000 Besucher an.

Die Christopher Street im West Village ist als Inbegriff des homosexuellen New York bekannt. Man(n) führt ein friedliches Nebeneinander mit neugierigen Touristen, alteingesessenen Schriftstellern und Schauspielern.

Ausnahmen abgesehen, Geschäfts- und Wohnhäusern Platz. Der «Madison Square Garden», New Yorks größte Halle, hat im Lauf seiner hundertjährigen Geschichte zweimal den Standort gewechselt und bereitet sich soeben auf den dritten Umzug vor. Da Manhattan inzwischen vom Battery Park bis zum Harlem River bebaut ist, bleibt den *developers* auch gar nichts anderes übrig, als die Abrißbirne in Gang zu setzen. Sowenig daran zu zweifeln ist, daß ihr in der Vergangenheit so manche Perle zum Opfer fiel, so muß man doch anerkennen, daß das Bewußtsein, nicht für die Ewigkeit zu bauen, den Entschluß zu kühnen Projekten erleichtert.

Glücklicherweise gehörte die Carnegie Hall zu den Perlen, die der Denkmalschutz vor dem Abriß rettete. Als der neue Konzertsaal im Lincoln Center 1962 fertig wurde, gab es betretene Gesichter. Die Akustik erwies sich als hart und trocken. Auch klagten die Musiker, sie könnten sich gegenseitig nicht hören. Gastorchester weigerten sich, in dem unwirtlichen Eisschrank aufzutreten. Erst ein Totalumbau im Jahr 1976 behob die schlimmsten Mängel. Nach dem spendablen Herrn, der den Umbau bezahlte, heißt der Saal seitdem Avery Fisher Hall. Mit der hervorragenden Resonanz der Carnegie Hall kann er sich jedoch nicht entfernt messen.

ZWEI UNGLEICHE SCHWESTERN

Obgleich die Architekturkritiker dem Lincoln Center schlechte Zensuren erteilten, haben die Künste hier festen Fuß gefaßt. Darüber hinaus hat das Kulturzentrum das ganze Viertel vor einem bösen Schicksal bewahrt. In den fünfziger Jahren, als ein halbe Million Puertoricaner nach New York strömten, sah es so aus, als werde die Upper West Side ebenso heruntergekommen wie Harlem. Leonard Bernsteins «West Side Story» gibt einen zutreffenden Eindruck von den Slums, die sich damals zwischen Central Park und Hudson breitmachten. Ursprünglich war das Musical auf der Lower East Side angesiedelt und hieß dementsprechend «East Side Story». Aber dann entschlossen sich Bernstein und seine Librettisten, ihre Geschichte dorthin zu verlegen, wo die aktuellen Konflikte zwischen Alteingesessenen und Neueinwanderern ausgetragen wurden. Daß sich die Upper West Side nach diesem Tief wieder fing und heute eine begehrte Adresse ist, verdankt sie nicht zuletzt dem Lincoln Center, das eine ganze Serie von Neubauten in seiner Nachbarschaft nach sich zog.

Upper West Side und Upper East Side unterscheiden sich nicht nur geographisch voneinander. Beide haben ihre spezifische «Duftmarke». Anders als in Berlin und London gilt der Westen nicht als feiner, sondern es verhält sich gerade umgekehrt. Treffender ist der Vergleich mit der *rive droite* und der *rive gauche* in Paris. Östlich des Central Park wohnt das Geld, westlich davon der

Die massige Stahlkonstruktion der Queensboro Bridge überspannt den East River und schlägt dabei einen weiten Bogen über Roosevelt Island, wo Ende der siebziger Jahre mit der Schaffung einer Park- und Wohnstadt begonnen wurde.

Geist – das behaupten jedenfalls die dort Ansässigen. Natürlich spielt es auch eine Rolle, daß das Leben auf der Upper East Side teurer ist als auf der entgegengesetzten Seite des Parks. Das war nicht immer so: Als man 1857 mit der Anlage des Central Park begann, mußten zunächst einmal die *squatter* vertrieben werden, die dort in selbstgezimmerten Hütten hausten – hauptsächlich frisch eingewanderte Deutsche und Iren. Nach der Eröffnung des Parks in den siebziger Jahren begann sich auch der nördliche Teil der Fifth Avenue mit herrschaftlichen Anwesen zu füllen, deren Besitzer der Blick ins Grüne anzog. Gleichzeitig wurde die Eisenbahn auf der Fourth Avenue, der heutigen Park Avenue, unter die Erde verlegt – ein Projekt, bei dem «Boss» Tweed wieder einmal kräftig absahnte, das jedoch seinen Zweck erreichte, nämlich die Gegend aufzuwerten und die *upper crust* in diesen Teil der Stadt zu locken. Von den Palästen, die sich die Reichen damals bauten, sind, wie erwähnt, nur eine Handvoll übriggeblieben. Doch braucht der Bemittelte in den Apartment-Häusern, die an ihre Stelle traten, auf keinen Komfort zu verzichten. Wer den Luxus liebt, kann auf der Upper East Side das Leben in vollen Zügen genießen. Hier findet er die schicksten Boutiquen, die erlesensten Antiquitätenläden und die teuersten Kunstgalerien. Und die meisten Museen: Auf der «Museumsmeile» zwischen der Frick Collection und dem Museum of the City of New York hat der Kunstfreund die Auswahl zwischen einem Dutzend Sammlungen, einige darunter – wie das Metropolitan Museum of Art oder das Guggenheim Museum – Institute von Weltrang.

Der Samstagsbummel auf der Madison Avenue, an der die Boutiquen sich reihen wie Perlen auf einer Schnur, gehört zu den Lieblingsvergnügungen der New Yorker. Die Madison Avenue steht als Begriff aber noch für etwas

Überall in New York stößt man auf Musiker und Artisten, die sich in der Hoffnung, einmal berühmt zu werden, schlecht und recht durchs Leben schlagen.

Mehrspurige Schnellstraßen, Hochbahnkonstruktionen und nichtssagende Häuschen mit kleinen Vorgärten prägen das Bild von Queens, dem flächenmäßig größten «borough» der Stadt. Nicht ganz zu Unrecht nennen die New Yorker das Viertel ihr «Schlafzimmer».

In den Straßen von Manhattan pulsiert das Leben. Hier hat es jeder eilig, und alle Menschen scheinen dringend etwas Wichtiges erledigen zu müssen.

anderes – die Werbung. Manhattan ist in der glücklichen Lage, keine Schornstein-Industrien zu besitzen. Die Transport-Engpässe auf der Insel legten es nahe, Fabriken in die äußeren Stadtteile und ins benachbarte New Jersey zu verlegen. Nur die umweltfreundliche Bekleidungsindustrie siedelte sich im Garment District zwischen der 30. und 40. Straße an. Weit bedeutsamer ist jedoch das Dienstleistungsgewerbe, dem vier von zehn New Yorkern ihren Arbeitsplatz verdanken. Einer seiner Hauptzweige ist das *advertising*. Wer noch nicht wußte, daß die Werbung das Schmieröl der kapitalistischen Wirtschaft ist, bemerkt es spätestens beim Betrachten des amerikanischen Fernsehens: Das Programm wird alle zehn Minuten durch Werbespots unterbrochen. Dafür brauchen die Amerikaner aber auch keine Grundgebühren zu zahlen.

PRESSEHAUPTSTADT AMERIKAS

Auch die drei großen Fernseh-Networks CBS, NBC und ABC haben ihren Sitz in New York. New York ist die Pressehauptstadt der Vereinigten Staaten. Von den sechs auflagenstärksten Tageszeitungen des Landes erscheinen hier drei – das «Wall Street Journal», die «New York Times» und die «Daily News». Von den zwanzig größten Wochen- und Monatszeitschriften werden zehn in New York gedruckt. Diese Vorrangstellung haben sich die

New Yorker allerdings auch schwer erkämpft. Einen der folgenreichsten Siege errang John Peter Zenger, ein Drucker, der 1710 aus der Pfalz eingewandert war. In New York gab er das «Weekly Journal» heraus, das wegen seiner kritischen Art der Berichterstattung den Zorn des königlichen Gouverneurs Cosby erregte. Der erboste Würdenträger ließ mehrere Ausgaben des Blattes öffentlich verbrennen und, als das nicht half, den imperti-

EINE MUSIK GEHT UM DIE WELT

Jazz aus Harlem

Harlem entstand um die Jahrhundertwende als Wohnviertel für den gehobenen Mittelstand; aufgrund überzogener Grundstücksspekulationen fielen jedoch sehr bald die Mietpreise, und Zehntausende von Schwarzen aus dem Süden der USA ließen sich, angezogen von den Verheißungen des Schmelztiegels New York, in den leerstehenden Häusern des Viertels nieder. Wenig begeistert von der neuen Nachbarschaft, zogen die Weißen im Umfeld allmählich fort, und 1910 war Harlem fast ausschließlich von Schwarzen bewohnt.

In den zwanziger Jahren erlebte das Viertel eine Glanzzeit, die heute als «Harlem Renaissance» bezeichnet wird. Blues und Ragtime, der reichlich fließende Schnaps zur Zeit der Prohibition und Striptease-Shows mit viel schwarzer Haut machten die neighborhood zur Attraktion für Weiße. Schriftsteller wie Langston Hughes gaben dem erwachenden schwarzen Selbstbewußtsein Ausdruck. Doch zum Mekka dieser Ghettokultur wurde Harlem durch den Jazz.

Geboren wurde er in New Orleans, weiterentwickelt in Chicago, den großen Durchbruch schaffte der Jazz aber erst im Harlem der zwanziger Jahre. Musikergrößen wie Duke Ellington, Count Basie und Louis Armstrong elektrisierten im «Cotton Club» und im legendären «Apollo Theater» ihre Zuhörer. Bessie Smith, Billie Holiday, Ella Fitzgerald und andere Gesangsstars wurden hier entdeckt. Jazz aus Harlem war bald nicht nur in sämtlichen Theatern und Nachtclubs von New York zu hören, sondern auch im Radio. Sogenannte «race labels» eröffneten schwarzen Sängern erstmals den Zugang zur Schallplattenindustrie.

Kultfigur des Jazz: Ella Fitzgerald (1918–1996).

In den «Roaring Twenties» war Harlem eine Welt, in der die Sänger so lebten, wie sie in ihren Liedern sangen. Die Jazzlokale waren rund um die Uhr geöffnet, die Tanzsäle vibrierten im Charleston-Rhythmus, und der Schnaps floß in Strömen – sogar zur Zeit der Prohibition.

Heutzutage befinden sich die meisten Jazzclubs nicht mehr in Harlem, sondern im Greenwich Village; der berühmteste unter ihnen, das «Blue Note» an der West 3rd Street, nennt sich ganz unbescheiden «Jazz Capital of the World». Mit etwas Glück kann man hier Größen wie Dave Brubeck, Ray Charles und Lionel Hampton live erleben. Weniger bekannte Künstler sind während der sogenannten after-hours zwischen 0.30 und 4 Uhr zu hören.

Eines aber gibt es nach wie vor nur in Harlem: die legendären «Amateur Nights» im 1993 wiedereröffneten Apollo Theater. Aus ganz Amerika reisen jeden Mittwoch hoffnungsvolle Showtalente an, um sich auf der Bühne einem für seine Unbestechlichkeit bekannten Publikum zu stellen – die große Bewährungsprobe für den schwarzen Nachwuchs. Ella Fitzgerald gewann 1934 den großen Preis des Apollo, auch Sarah Vaughan und Sammy Davis jr. traten hier zum ersten Mal öffentlich auf. Otis Redding, James Brown und Michael Jackson wurden während einer «Amateur Night» im Apollo entdeckt und begeistert umjubelt. Weniger talentierten Musikern kann es dagegen passieren, daß das Publikum schon nach wenigen Takten in ohrenbetäubendes Buhen ausbricht – wer sich dann uneinsichtig zeigt, wird von einem sogenannten Executor mit sanfter Gewalt von der Bühne geführt.

Marc Fest

Gilt als Wegbereiter des Bebop: Charlie «Bird» Parker (1920–1955).

Die Trompete wurde sein Markenzeichen: Louis Armstrong (1900–1971).

Harlems schwarze Mittelschicht liebt das «dressing up» zur Sonntagsmesse. Die Straßen des Viertels sind an diesem Tag voll mit vornehm gekleideten Menschen. So mancher läßt es sich nicht nehmen, gleich zwei Gottesdienste zu besuchen – am Morgen und am Abend.

Straßen wie die Lenox Avenue zeugen davon, daß Harlem schon einmal bessere Zeiten gesehen hat.

Die Straßen von Greenwich Village sind zu jeder Tageszeit voller Leben. Einheimische wissen die Ferienatmosphäre des Viertels ebenso zu schätzen wie Touristen aus allen Teilen der Welt. Zu den beliebtesten Flaniermeilen gehört die Bleecker Street: Originelle Restaurants und Kneipen wechseln sich hier mit Jazzclubs, kleinen Theatern und Boutiquen ab.

Harlem hat mehr zu bieten als eine legendäre Jazzvergangenheit und eine deprimierende Ghettogegenwart. Anders als die South Bronx oder East New York in Brooklyn ist das Viertel Zentrum einer eigenständigen, facettenreichen und lebendigen schwarzen Kultur, von der auch heute noch wichtige Impulse für Schwarze in den USA und in der ganzen Welt ausgehen.

nenten Ruhestörer verhaften. Doch Zenger ließ sich nicht einschüchtern. Durch die Tür der Gefängniszelle diktierte er seiner Frau, was er selbst nicht schreiben durfte. 1735 wurde er wegen «aufrührerischer Verleumdung» vor Gericht gestellt, doch das Gericht sprach ihn frei. Das Urteil wurde von den Zuschauern mit einer *standing ovation* begrüßt. Die begeisterten New Yorker feierten den Sieg mit Böllerschüssen. Sie hatten die fundamentale Bedeutung des Urteils richtig erkannt: Im Zenger-Prozeß war der Grundsatz der Pressefreiheit erstmals mit Erfolg verteidigt worden – mehr als ein halbes Jahrhundert bevor ihn die Verfassung ausdrücklich verbürgte.

Das 19. Jahrhundert war erfüllt vom Kampf der seriösen Zeitungen gegen die *penny papers*, denen es nicht um objektive Berichterstattung ging, sondern um Knüller, mit denen sie die Konkurrenz übertrumpfen konnten. Mit der Wahrheit nahmen sie es nicht so genau. Ihre Devise war die des Redakteurs Münzer in Erich Kästners Roman «Fabian»: «Meldungen, deren Unwahrheit nicht oder erst nach Wochen festgestellt werden kann, sind wahr.» Gegen Ende des Jahrhunderts erhielt der skrupellose Sensationsjournalismus auch den Namen, der ihm seither anhaftet – *yellow press*. Er kam auf, als sich die beiden Matadoren der Massenpresse, William Randolph Hearst und Joseph Pulitzer, um den Zeichner der überaus erfolgreichen Comic-Serie «The Yellow Kid» stritten – mit dem Ergebnis, daß das «gelbe Kind» sowohl in Hearsts «Journal» wie auch in Pulitzers «World» auftauchte. Die Spannungen zwischen den USA und Spanien wegen Kuba wurden von beiden Zeitungen bewußt angeheizt. Hearst ließ keine Gelegenheit aus, sie durch zutreffende oder frei erfundene Nachrichten zu schüren. In der Hoffnung auf einen baldigen Kriegsausbruch schickte er den bekannten Wildwestmaler Frederic Remington als Berichterstatter nach Kuba. Als Remington dort alles ruhig fand und seine Rückkehr ankündigte, kabelte Hearst zurück: «Bitte dableiben. Sie liefern die Bilder, ich liefere den Krieg». Nachdem der Krieg wunschgemäß ausgebrochen war, erschien Hearsts Blatt mit der triumphierenden Schlagzeile: «How Do You Like The Journal's War?» Im April 1905 rief die Zeitung in kaum verhüllter Form dazu auf, Präsident McKinley zu beseitigen. Fünf Monate später erlag er den Kugeln eines Meuchelmörders.

Unter diesen Umständen war es ein höchst riskantes Unterfangen, als Adolph Ochs, der Sohn jüdischer Einwanderer aus Fürth, 1896 die respektable, aber nahezu bankrotte «New York Times» erwarb und ankündigte, nur das zu veröffentlichen, was sich für anständige Leute schickte – «All the News That's Fit to Print», wie die Titelseite noch heute verspricht. Aber siehe da, das Wagnis glückte. Als die «Times» 1996 den hundertsten Jahrestag ihrer Wiedergeburt mit *pomp and circumstances* feierte, hatte sie nicht nur die Epidemie des Zeitungssterbens

Reich war Long Island schon, bevor der Jet-Set aus der Stadt mit seinen Millionen kam. Wohlhabende Bauern ziehen auf dem fruchtbaren Land Gemüse für den Markt von New York.

glanzvoll überlebt; sie wurde auch von der Konkurrenz als erste Zeitung des Landes anerkannt. Damit ist keineswegs gesagt, daß die «Times» frei von Fehlern wäre. Ihre Moskau Korrespondenten wurden in den zwanziger und dreißiger Jahren nicht müde, Stalin zu preisen, und rechtfertigten sogar die Schauprozesse. Maos brutale Umerziehungslager nannte der Peking-Korrespondent Harrison Salisbury «eine Mischung aus Jugendlager und katholischem Erholungsheim». Bis heute ist die «Times» für die *political correctness* des Tages anfällig geblieben. Daß ein Mörder schwarz ist, kann der Leser vielleicht einem Bild entnehmen; im Text steht es nicht. Die Berichterstattung über Deutschland ist dagegen erfreulich objektiv. Von der Fixierung auf den Holocaust hat sich die «Times» weitgehend gelöst – was man nicht von jeder amerikanischen Zeitung sagen kann.

DIE FREIHEIT UND IHR PREIS

Nach diesem Abstecher in die Welt der Medien noch einmal zurück zur Upper East Side: Um die 100. Straße herum wandelt sich der Charakter des Viertels radikal. Wir verlassen die Welt der Reichen und betreten eine andere, in der Luxus ein Fremdwort ist – den spanischen Teil von Harlem. Das eigentliche Harlem auf der Westseite ist die schwarze Hauptstadt Amerikas. Mögen sich die Schwarzen seit den sechziger Jahren auch de jure niederlassen können, wo sie wollen, de facto hat sich an der Rassentrennung wenig geändert: Neun von zehn New Yorker *African Americans* leben in rein oder überwiegend schwarzen Vierteln. Von den Weißen wird Harlem aus gutem Grund gemieden: Viele Straßen sind zu Slums heruntergekommen, und die darin herumlungernden Bewohner machen keinen sonderlich vertrauen-

Im mondänen East Hampton zeigt der Patriotismus Flagge: Hier gehört es zum guten Ton, im Vorgarten seines Hauses das Sternenbanner zu hissen.

Kleine Fluchten: Nur zweieinhalb Stunden sind es per Zug zu den Buchten, Dünen, Kiefernwäldern und idyllischen Fischerdörfchen, für die Long Island berühmt ist.

Ruhe vor dem Sturm: Während in den Sommermonaten Blechlawinen aus den Schiffsbäuchen quellen, geht es in der Nebensaison recht beschaulich zu.

erweckenden Eindruck. Anstelle der Jazzmusiker zur Zeit der «Harlem Renaissance» (siehe Seite 68) beherrschen heute Banden von Drogenhändlern die nächtliche Szene. In der Aids-Statistik sind die Fixer von Harlem auf dem besten Wege, die Homosexuellen im Village zu überrunden. Von zehn Kindern wachsen vier ohne Vater auf. Der Prozentsatz der arbeitslosen Jugendlichen ist doppelt so hoch wie bei ihren weißen Altersgenossen.

Die an umfassende Sozialleistungen gewöhnten Europäer sind immer wieder erstaunt, daß es den Amerikanern nichts ausmacht, mit so krassen gesellschaftlichen Gegensätzen zu leben. Aber sie tun es. Das Mißtrauen gegenüber dem Wohlfahrtsstaat sitzt tief; behördliche Eingriffe in die persönliche Freiheit sind den Amerikanern zuwider. Auch Personalausweise und polizeiliche Meldepflicht sind in den Vereinigten Staaten unbekannt und erst recht natürlich das deutsche Ladenschlußgesetz: Wenn es der Regierung in Washington einfiele, die Öffnungszeiten der Geschäfte zu regeln, würde sie sofort aus dem Amt gefegt. Der Kunde hat den Nutzen davon: Fast alle Läden sind am Samstagnachmittag geöffnet, Lebensmittelgeschäfte, Buchhandlungen und die meisten Kaufhäuser sogar an Sonntagen. Wen noch zu später Stunde der Hunger überfällt, findet in seiner Nachbarschaft garantiert einen – meist koreanischen – *grocer*, der ihm rund um die Uhr frisches Obst, Milch und Bier verkauft. Da sie vom Staat weniger erwarten als die Europäer, zahlen die Amerikaner auch weniger Steuern. Natürlich hat diese Lebensphilosophie ihren Preis. Die Kehrseite der Freiheit sind die Slums von Harlem, Bedford-Stuyvesant und der South Bronx.

Daß Bedford-Stuyvesant und die South Bronx zu New York gehören, nehmen die Bewohner Manhattans kaum wahr. Dem überzeugten *Manhattanite* sind die 1898

Hauptvertreter der Beat Generation: Jack Kerouac (1922–1969).

Schrieb «Frühstück bei Tiffany»: Truman Capote (1924–1984).

Überflog als erster den Atlantik: Charles Lindbergh (1902–1974).

Autor des «Großen Gatsby»: F. Scott Fitzgerald (1896–1940).

AMERIKA WIE AUS DEM BILDERBUCH
Long Island

Seit dem letzten Jahrhundert wird New Yorks grüner Vorgarten von Künstlern und Schriftstellern als Sommerrefugium geschätzt: Die frische Dauerbrise und das Rauschen des Atlantik bieten beste Voraussetzungen für Musenküsse.

Als «schmale, wilde Insel» beschrieb der amerikanische Schriftsteller F. Scott Fitzgerald Long Island in den zwanziger Jahren. Mit seiner Frau Zelda verbrachte er zwischen 1922 und 1924 mehrere Monate an der Nordküste, die ihren Spitznamen «Gold Coast» nicht wegen der Farbe des Sandes trägt, sondern wegen der reichen Leute, die sich hier um die Jahrhundertwende majestätische Sommersitze erbauen ließen. Ausschweifende Parties mit mehr als 1500 geladenen Gästen waren keine Seltenheit. Oft wurde dabei allein für die Beleuchtung soviel Energie verbraucht, daß die Elektrizitätswerke vorgewarnt werden mußten. In seinem berühmten Roman «Der Große Gatsby» beschreibt Scott Fitzgerald den Lebensstil der millionenschweren Playboys: «Am Wochenende wurde der Rolls Royce zu einem Omnibus, der die Partygäste von morgens um neun bis spät nach Mitternacht zwischen der Stadt und der Insel hin- und herchauffierte.» Heutzutage können auch Touristen die einstigen Partystätten der Superreichen in Augenschein nehmen, zum Beispiel das Anwesen von F. W. Woolworth mit seinen prächtigen Gartenanlagen und seiner zwei Millionen Dollar teuren Marmortreppe oder den Landsitz von William K. Vanderbilt II. in Centerport: Um das Eingangsportal besonders repräsentativ zu gestalten, orderte der Eisenbahnbaron Säulen aus den Ruinen des antiken Karthago.

Fitzgerald war nicht der einzige Literat mit einem Faible für Long Island: Der berühmte amerikanische Dichter Walt Whitman wurde 1819 in der kleinen Ortschaft Huntington geboren, sein bekanntes Werk «Leaves of Gras» («Grashalme») ist ein Loblied auf die «Insel der salzigen Küsten,

Gartenfest auf dem Anwesen «The Chimneys» bei Sands Point (Foto von 1934).

des Windes». James Fenimore Cooper lebte Anfang des 19. Jahrhunderts in Sag Harbor und schilderte das Milieu in seinen Werken «The Spy» und «The Sea Lions». John Steinbeck schrieb Mitte der zwanziger Jahre auf Long Island seinen Roman «The Winter of our discontent». Weltbekannte Autoren zog es immer wieder auf die Insel, unter ihnen Norman Mailer, Truman Capote und Jack Kerouac. Das «Guerney's Inn» in Montauk ist der Schauplatz einer nach dem Ort benannten Liebesgeschichte von Max Frisch. Maler wie Willem de Kooning, Roy Lichtenstein und Robert Rauschenberg richteten sich in den Hamptons Ateliers ein und machten Long Island zu einem Mekka für moderne Kunst. In der Nähe von Sands Point steht die «Falaise» (Steilküste), ein von Harry Guggenheim erbautes Anwesen im normannischen Stil. Hierher zog sich der berühmte Flieger Charles Lindbergh nach der Entführung und Ermordung seines Kindes zurück, um den Zudringlichkeiten der Presse zu entgehen.

Ausflügler sollten die Insel am besten an einem Werktag und per Mietwagen erkunden. Über den Long Island Expressway erreicht man die «Hamptons», eine Reihe mondäner Ortschaften im Süden, die mit West Hampton Beach und Quogue beginnen und sich über South Hampton, Bridgehampton und East Hampton bis Amagansett und Montauk Point erstrecken. Der Hauptort der «Hamptons» ist das elegante South Hampton; mit seinen exklusiven Boutiquen und Antiquitätengeschäften erinnert es ein wenig an Westerland auf Sylt. Die Wahrscheinlichkeit, hier auf Prominenz aus Film und Fernsehen zu treffen, ist beträchtlich. Ein Dorf wie aus dem Bilderbuch ist auch das kleinere East Hampton mit seinem anheimelnden Stadtkern im Kolonialstil. Die schönsten Strände von Long Island liegen im Süden. New York am nächsten ist der Jones Beach, etwas weiter entfernt liegt der Robert Moses State Park auf Fire Island, einer den Hamptons vorgelagerten Nehrung. Einige der Strände auf Fire Island, Cherry Grove und Fire Pine Islands, werden hauptsächlich von Homosexuellen frequentiert, sie sind nur mit einer Fähre zugänglich. Unter den Stränden der Hamptons sind die Main Beach in East Hampton und die Atlantic Avenue Beach in Amagansett am beliebtesten.

Marc Fest

An der Nordküste von Long Island ist man nicht nur einige Meilen, sondern stellenweise auch einige Jahrhunderte von einem sehr großen Teil Amerikas entfernt: Die Häuser tragen Plaketten der Historical Society und werden so blitzblank gehalten wie damals, als sie erbaut wurden.

Im Hafen von Greenport gehen nicht nur Fischkutter, sondern auch Freizeitkapitäne vor Anker.

Das Hudson Valley ist für die New Yorker eine Zuflucht vor dem aufreibenden und gnadenlos schnellen Alltag der Betonstadt. Wann immer es die Zeit erlaubt, drängt es die Menschen hinaus.

Long Island ist das beliebteste Naherholungsgebiet der New Yorker. Es gibt kaum eine Sportart, der man hier nicht nachgehen kann. Auch wer sein Handicap verbessern will, kommt voll und ganz auf seine Kosten.

Ein Stück Heimat in der Fremde: In der Nähe des kleinen Ortes Lexington in den Catskills errichteten Einwanderer aus der Ukraine eine Holzkirche, die russischen Bautraditionen verpflichtet ist.

eingemeindeten Stadtteile Brooklyn, Queens, Bronx und Staten Island ebenso fremd wie das Riesengebirge oder die Quellen des Jangtsekiang. Wenn er dort nicht gerade eine Großmutter wohnen hat, setzt er in diese exotischen Gegenden niemals einen Fuß. Erst zur letzten Ruhe muß er, da die Friedhöfe Manhattans überfüllt sind, seine geliebte Insel verlassen. «Nur die Toten kennen Brooklyn», spottete der Dichter Thomas Wolfe, der dort vier sehr lebendige Jahre verbrachte. In umgekehrter Richtung gelten allerdings andere Spielregeln. Täglich strömen Millionen von *bridge-and-tunnel people* nach Manhattan, um dort zu arbeiten, einzukaufen und sich zu amüsieren.

Auch dem Touristen entgeht wenig, wenn er die äußeren Stadtteile vernachlässigt. Wer Zeit hat, sollte immerhin einen Spaziergang über die Brooklyn Bridge, New Yorks schönste Brücke, nach Brooklyn Heights machen. Nach der *Greater Consolidation* von 1898 kam das elegante Viertel aus der Mode, entging aber glücklicherweise dem Abriß. Noch heute stammen 600 Häuser – gut die Hälfte des Baubestands – aus der Zeit vor dem Bürgerkrieg. In den zwanziger Jahren entdeckten die Schriftsteller das malerische und zugleich erschwingliche Viertel. Außer Thomas Wolfe wohnten hier W. H. Auden, Arthur und Henry Miller, Truman Capote und Norman Mailer. 1965 wurde der gesamte Bezirk unter Denkmalschutz gestellt und erfreut sich heute bei erfolgreichen Enddreißigern, denen die Upper East Side zu öde oder zu teuer ist, großer Beliebtheit. Dem Besucher bietet Brooklyn Heights die seltene Gelegenheit, das Aroma des alten New York in konzentrierter Form zu schnuppern. Von der Uferpromenade hat er überdies einen unvergeßlichen Blick auf Downtown Manhattan.

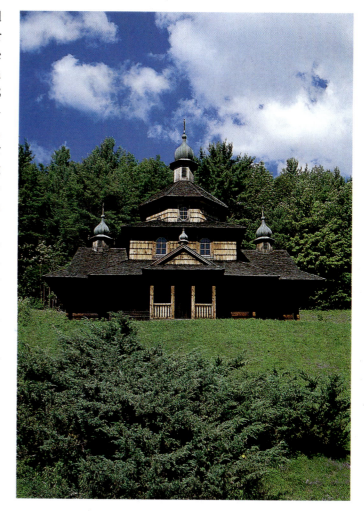

FALSCHE PROPHETEN

Als eine Zeitung irrtümlich meldete, Mark Twain sei gestorben, kabelte er aus Europa an die Nachrichtenagentur «AP»: «Die Berichte von meinem Tod sind stark übertrieben.» Das gleiche gilt von New York. In den Medien ist es inzwischen fast schon zum Allgemeinplatz geworden, der Stadt unter Hinweis auf die Schlaglöcher, die Raubüberfälle, die Drogenabhängigen, die Arbeits- und Obdachlosen den unweigerlichen Untergang zu prophezeien. Doch der Todeskandidat beharrt darauf, fröhlich weiterzuleben. Was die Unheilspropheten unterschätzen, ist die Vitalität und Zähigkeit dieser Vielvölkerstadt und ihre Kraft, sich immer wieder zu erneuern. «New York ist eine häßliche Stadt, eine dreckige Stadt», schrieb John Steinbeck vor einem halben Jahrhundert. «Der Verkehr ist Wahnsinn, der Wettbewerb mörderisch, und mit den Politikern kann man Kinder erschrecken. Aber da ist noch etwas: Wenn man einmal in New York gelebt hat, ist keine andere Stadt mehr gut genug.»

Mit seinen sauberen Stränden, den schmucken Häusern und berühmten Grundstücksbesitzern ist East Hampton das Beverly Hills der Ostküste. Immer mehr Hollywoodstars kommen auf den Geschmack.

Schnittige Motorjachten sind bei Manhattans Jet-Set als Statussymbol genauso gefragt wie ein Ferienhaus in den «Hamptons».

Während der Sommermonate locken die ausgedehnten Sandstrände von Long Island Scharen von New Yorkern an die Atlantikküste.

NEW YORK: PLANEN·REISEN·GENIESSEN

INHALT			
	Anreise · Unterwegs in New York	80	Maler der Einsamkeit – Edward Hopper 84
USA-Karte · Daten · Fakten · Zahlen 76	Das Plaza Hotel	80	Der lange Weg zu Gott – Juden in New York 89
Karte von New York 77	Übernachten	81	Frühstück bei Tiffany 91
Maße und Zahlen auf einen Blick 78	Delis, Diners und Coffee Shops	81	Eine Straße wird zur Bühne – der Broadway 93
Karte der Umgebung von New York 79	Einkaufen und Souvenirs	81	
Mit dem Mietwagen unterwegs 79	Feiertage und Feste	81	Museen 95
Auskunft 79	Am Abend · Sport	82	Sehenswertes im Staat New York 96
Klima und Reisezeit 79	Karte des Stadtteils Brooklyn	83	Karte von Long Island 97
	Sehenswertes in New York	83	Auf alter Route in die Neue Welt 98

DATEN · FAKTEN · ZAHLEN

Geographie. New York liegt im Südosten des gleichnamigen Staates an der Mündung des Hudson River in den Atlantik; die Upper New York Bay bildet einen natürlichen Hafen. Das 827 Quadratkilometer große Stadtgebiet setzt sich aus fünf «boroughs» (Bezirken) zusammen, von denen Manhattan mit nur 57 Quadratkilometern der kleinste ist und in der Zahl der Bewohner erst an dritter Stelle steht. Die übrigen Stadtteile sind Brooklyn, die Bronx, Queens und Staten Island. Nur die Bronx ist mit dem Festland verbunden, alle anderen boroughs sind Inseln, wobei Brooklyn und Queens zu dem sich fast 200 Kilometer in nordöstlicher Richtung erstreckenden Long Island gehören.

Bevölkerung und Sprachen. Nirgendwo auf der Erde findet man ein bunteres Völkergemisch als im Schmelztiegel New York: Noch immer kommen die Einwanderer in Scharen, allein in den letzten zehn Jahren fast eine Million Menschen. Dabei wird die Hautfarbe im Durchschnitt immer dunkler: Die letzte Volkszählung von 1990 ergab, daß die von den Europäern abstammenden, hellhäutigen Caucasians erstmals seit Stadtgründung in der Minderheit sind. Von den insgesamt 7,3 Millionen Einwohnern stellen sie nur noch 3,1 Millionen. Rund 28 Prozent der Bevölkerung sind Schwarze, 24 Prozent Hispanics, 7 Prozent kommen aus Asien und von den Pazifikinseln. Sie leben nach Volksgruppen getrennt in sogenannten neighborhoods, ethnischen Vierteln, deren Einwohner unter sich bleiben und ihre kulturellen Wurzeln pflegen. Die größten neighborhoods sind Chinatown und Little Italy. Aber auch andere Nationalitäten haben ihre eigenen Bezirke – die Polen und Ukrainer im East Village, die Ungarn, Deutschen und Tschechen auf der Lower East Side, die Dominikaner und Kubaner in Washington Heights. In Jackson Heights haben viele Kolumbianer eine neue Heimat gefunden. New Yorks Bewohner sprechen mehr als 80 Sprachen. Amtssprache ist Englisch, Spanisch nimmt den zweiten Platz ein – bedingt durch die Einwanderer aus Puerto Rico, der Karibik und Südamerika. In den neigborhoods wird die Sprache des jeweiligen Herkunftslands gesprochen. Viele New Yorker haben so das Glück, zweisprachig aufzuwachsen.

Hier gibt es immer etwas zu sehen: Der Washington Square ist die große Freilichtbühne der Village-Bewohner.

Rechte Seite: Wegen der quadratischen Struktur des Straßennetzes fällt die Orientierung in Manhattan relativ leicht: Die Nord-Süd-Achsen sind die Avenues, die ebenso fortlaufend durchnumeriert sind wie die Streets, die von West nach Ost verlaufen.

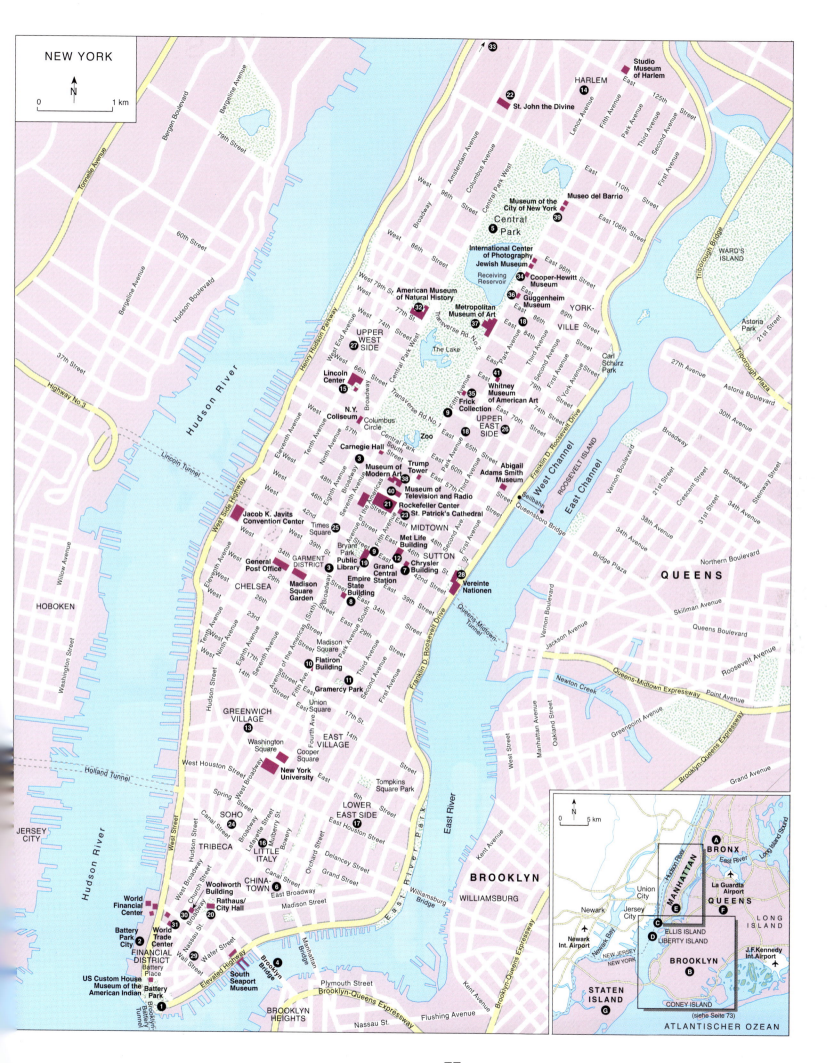

WAS ZÄHLT IN DEN USA:
Maße und Zahlen auf einen Blick

Zeit

New York gehört zur Zeitzone Eastern Standard Time.
Mitteleuropa ist New York sechs Stunden voraus.
a.m. bei Zeitangaben = vormittags; p.m. = nachmittags

Maße

1 inch = 2,5 Zentimeter   1 pint = ca. 0,5 Liter
1 foot = ca. 30 Zentimeter   1 quart = ca. 0,95 Liter
1 yard = ca. 91 Zentimeter   1 gallon (Benzin) = ca. 3,8 Liter
1 mile = ca. 1,6 Kilometer   1 pound = ca. 450 Gramm

In den USA werden die Maße auf das metrische System umgestellt, derzeit sind beide Systeme in Gebrauch.

Elektrizität

Die Netzspannung beträgt überall in den USA 110 Volt; deutsche Stecker passen nicht, man braucht einen Adapter.

Geld

Ein Dollar hat 100 Cent. Münzen gibt es zu 1 Cent, 5 Cent (Nickel), 10 Cent (Dime), 25 Cent (Quarter) und 50 Cent (Half Dollar). Sämtliche Dollarnoten sind gleich groß und grüngrau, also leicht verwechselbar. Größere Beträge werden in den USA fast immer mit Kreditkarte bezahlt.

Kleidergrößen

Anzüge	US	36	38	40	42	44	46	48		
	D	46	48	50	52	54	56	58		
Hemden	US	14	14,5	15	15,5	16	16,5	17	17,5	18
	D	36	37	38	39	40	41	42	43	44
Kleider	US	28	30	32	34	36	38	40	42	
	D	36	38	40	42	44	46	48	50	
Schuhe	US	5,5	6	7	7,5	8,5	9	9,5	11	12,5
	D	36	37	38	39	40	41	42	44	46

Telefonieren

Telefonnummern in den USA bestehen aus einem dreistelligen *Area Code* und einer siebenstelligen Rufnummer. Für internationale Gespräche wählt man die Kennzahl des Landes (01149 für Deutschland, 01143 für Österreich, 01141 für die Schweiz). Nicht immer kann man direkt wählen, oft muß der Operator vermitteln (0 wählen).

Klima

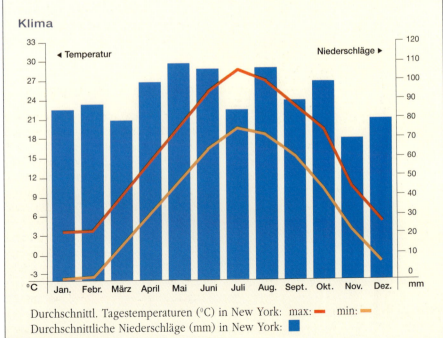

Durchschnittl. Tagestemperaturen (°C) in New York: max: — min: —
Durchschnittliche Niederschläge (mm) in New York: ■

Nirgendwo sonst in der Welt präsentieren sich Gesichter so vieler Schattierungen und Rassen wie in New York. Nirgends haben Menschen weniger Furcht, sich so zu geben, wie sie sind. New York hat gelernt, tolerant zu sein – hier kann jeder nach seiner Fasson selig werden.

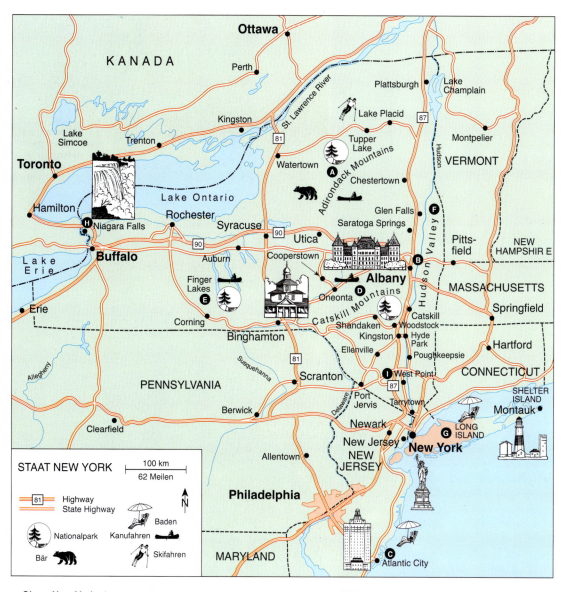

MIT DEM MIETWAGEN UNTERWEGS

Zum Mieten eines Wagens genügt der nationale Führerschein, das Mindestalter des Fahrers beträgt 21 Jahre. Ist der Fahrer jünger als 25, verlangen viele Firmen eine zusätzliche Gebühr. Obwohl es in allen größeren Städten Mietwagenfirmen gibt, empfiehlt es sich dringend, schon von zu Hause aus zu buchen: Die Angebote sind generell günstiger, und zudem sind meist die Haftpflicht- und die (in den USA teure) Vollkaskoversicherung sowie eine unbegrenzte Meilenzahl im Preis inbegriffen. Achtung: Viele Firmen berechnen einen Aufpreis, wenn man den Mietwagen nicht am Ausgangsort abgibt. Wer nicht – wie üblich – mit Kreditkarte bezahlt, muß eine Kaution hinterlegen. Bei der Übernahme des Wagens sollte man sich kurz einweisen lassen. Das Straßennetz ist meist sehr gut ausgebaut und klar beschildert. Die Höchstgeschwindigkeit beträgt innerhalb von Ortschaften 30 Meilen (48 km) pro Stunde. Das generelle Tempolimit von 55 Meilen (89 km) pro Stunde auf State Highways wurde 1995 aufgehoben. Je nach Bundesstaat sind nun bis zu 75 Meilen (121 km) pro Stunde erlaubt. Insgesamt ist das Autofahren in den USA sehr viel entspannter als in Europa; angesichts der niedrigeren Geschwindigkeiten und der oft enormen Entfernungen sollte man sich die Tagesziele nicht zu hoch stecken.

Oben: New York, das ist nicht nur Manhattan, die Bronx, Brooklyn, Staten Island oder Queens. Zum Big Apple gehört auch das Umland, das malerische Long Island, die grünen Catskills und das liebliche Tal des Hudson River.

Rechts: Am Straßenrand geparkte Luxuskarossen mit Chauffeur sind auf der Fifth Avenue ein häufiger Anblick. Die Prachtstraße ist die Vorzeigeadresse der New Yorker Geschäftswelt.

Wirtschaft. New York ist das wirtschaftliche und kulturelle Zentrum der USA, weltweit gehört es zu den wichtigsten Handels- und Finanzplätzen. Neben dem Dienstleistungssektor spielen die Medien, die Textilindustrie und der Tourismus eine bedeutende Rolle. Nach fast drei Jahrhunderten kontinuierlichem Wachstums stand New York City 1975 kurz vor dem Bankrott. Ein übertenertes soziales Netz, die Stadtflucht vieler wohlhabenden, weißen Angestellten nach den Rassenunruhen der sechziger Jahre und unnachgiebige Gewerkschaften hatten die Stadt an den Rand des wirtschaftlichen Ruins gebracht. Selbst für die Müllabfuhr und für das Trinkwasser fehlten die finanziellen Mittel. Präsident Ford verweigerte jede Bundeshilfe; die «Hauptstadt der Welt» drohte zu verslummen. In letzter Minute gewährte das Weiße Haus dann doch noch einen 2,3 Milliarden-Dollar-Kredit – nicht zuletzt aus Furcht vor den weltweiten Auswirkungen eines Zusammenbruchs des globalen Finanzzentrums. Während der Amtsjahre des populären Bürgermeisters Ed Koch erlebte New York einen Boom; neue Wolkenkratzer wie der Trump Tower und das AT&T-Building wurden gebaut. Koch hinterließ indes ein

zwiespältiges Erbe: Während an der Wall Street unvorstellbare Reichtümer angehäuft wurden, lebten einer Untersuchung aus dem Jahr 1985 zufolge 23 Prozent aller New Yorker unterhalb der Armutsgrenze.

AUSKUNFT

Den umfangreichen «Big Apple Visitors Guide», einen Veranstaltungskalender und weitere informative Broschüren verschickt das Fremdenverkehrsbüro NYC & Company, 810 Seventh Avenue, New York, NY 10019, Tel. 001/212/4841200. Auch vor Ort ist man dort bei der Klärung sämtlicher touristischer Fragen behilflich. Kleinere Auskunftskioske stehen am Times Square, an der Grand Central Station und in der Wall Street. Über das aktuelle Veranstaltungsprogramm informiert die Freitagsausgabe der «New York Times», nützlich sind auch die Wochenzeitschriften «Village Voice», «New York Magazine» und «Time Out».

KLIMA UND REISEZEIT

Das Wetter in New York ist so extrem wie die Stadt selber: In den Sommermonaten Juli und August wird es oft unerträglich heiß und schwül, Temperaturen von über 30 Grad sind keine Seltenheit. Der Winter dagegen ist kalt und schneereich, im Januar sinken die Temperaturen unter 0 Grad. Der nahe Atlantik sorgt dafür, daß Orkane, Schneestürme und spektakuläre Wetterumschwünge fast über Nacht eintreten können. Von seiner besten Seite zeigt sich New York im September und Oktober – die Temperaturen bewegen sich dann um 20 Grad, und im benachbarten New England liefern die bunt verfärbten Laubbäume das spektakuläre Schauspiel des «Indian Summer».

ANREISE

Touristen benötigen für einen Aufenthalt bis zu neunzig Tagen kein Visum, aber einen bei der Einreise noch mindestens drei Monate gültigen Reisepaß. Neben Gegenständen des persönlichen Gebrauchs dürfen 200 Zigaretten, 1 Liter Alkohol und Geschenke bis zum Wert von 100 Dollar zollfrei eingeführt werden. Die Einfuhr von Pflanzen und frischen Lebensmitteln ist strengstens untersagt. Non-Stop-Flüge von Mitteleuropa nach New York

dauern etwa acht Stunden. Der Zeitunterschied zur MEZ beträgt sechs Stunden. Die meisten Maschinen aus Übersee landen auf dem John F. Kennedy International Airport in Queens oder auf dem Newark International Airport in New Jersey. Von JFK verkehrt der *Carey Coach Express Bus* zur Grand Central Station und zum Port Authority Bus Terminal an der 42nd Street/Ecke 8th Avenue. Von Newark fährt der *Olympia Trails Express Bus* zur Grand Central Station und zur Pennsylvania Station an der 31st Street/Ecke 8th Avenue. Eine weitere Verbindung besteht zum World Financial Center in Lower Manhattan. Minibusse der Gesellschaft *Gray Line* bringen Passagiere zu jeder gewünschten Adresse in Midtown Manhattan. Die Fahrzeit beträgt jeweils eine knappe Stunde.

UNTERWEGS IN NEW YORK

Im autofreundlichen Amerika gehört New York zu den wenigen Städten, in denen man auf einen fahrbaren Untersatz besser verzichtet – zwischen 8 und 18 Uhr herrscht Verkehrschaos, Parkplätze sind knapp und sündhaft teuer. Schneller kommt voran, wer es den New Yorkern nachtut und entweder die eigenen Füße, die U-Bahn oder die allgegenwärtigen *Yellow Cabs* benutzt.

Die U-Bahn ist das schnellste und preiswerteste Verkehrsmittel in New York. Es gibt *local trains* und *express trains* – letztere halten nur an bestimmten, auf den U-Bahn-Plänen durch ein Rechteck gekennzeichneten Stationen. Den Zugang zu den Bahnsteigen ermöglicht eine Metallmünze *(token)*, die an jeder Haltestelle verkauft wird. Die Subway verkehrt bis auf wenige Ausnahmen rund um die Uhr; wer nachts fährt, sollte sich innerhalb der Video-überwachten *off hour waiting areas* aufhalten.

DAS PLAZA HOTEL

Als Kulisse zahlloser Hollywood-Produktionen ist das Luxushotel am Central Park auch denen bekannt, die sich seine Zimmerpreise nicht leisten können. Der Prunkbau im Stil der französischen Renaissance wurde 1907 nach Plänen von Henry H. Hardenbergh erbaut und ging 1988 in den Besitz von Donald Trump über. Schlug das teuerste Zimmer im Eröffnungsjahr noch mit 25 Dollar zu Buche, so kostet eine Übernachtung im «Plaza» inzwischen mindestens 175 Dollar. Für die luxuriöse Presidential Suite muß man stolze 15 000 Dollar pro Tag hinblättern. Doch auch New-York-Besucher mit knapperem Budget sollten sich nicht scheuen, einen Blick in das Foyer und die daran anschließende, legendäre Oak Bar zu werfen. Der holzgetäfelte Raum mit seinen acht Meter hohen Decken und dunklen Wandgemälden vermittelt die Atmosphäre eines englischen Clubs. Hinter der Lobby öffnet sich der Palm Court, ein Eßbereich im Stil eines großen Wintergartens. Sonntags trifft sich hier der New Yorker Jet-Set zum Brunch.

Busse verkehren in ost-westlicher Richtung *(crosstown)* entlang der Streets und bedienen in nordsüdlicher Richtung *(uptown* und *downtown)* die Avenues. Sie halten alle zwei bis drei Blocks. Fahrpläne mit einer schematischen Darstellung des Streckenverlaufs hängen an den gelb markierten Haltestellen aus. Fahrgäste sollten ein *token* oder

Mitte: Dampfschwaden quillen aus den U-Bahnschächten, in den Straßenschluchten scheint es zu kochen: Straßenszene in Midtown Manhattan.

Links oben: Feste Ladenschlußzeiten gibt es in New York nicht. Wen zu später Stunde der Hunger überfällt, der findet in seiner Nachbarschaft garantiert einen Grocer, der ihm rund um die Uhr Lebensmittel verkauft.

Links unten: Amerikanische Eßgewohnheiten, ganz wie sie dem Klischee entsprechen. Für den kleinen Hunger zwischendurch stehen an fast jeder Straßenecke Donut- und Hot-Dog-Stände bereit

Rechts oben: New York ist für seine luxuriösen Shopping Malls bekannt, überdachte Einkaufswelten, die keinen Käuferwunsch offenlassen.

Rechts unten: Die Mulberry Street, Schauplatz von Mafiathrillern wie «Der Pate», ist die letzte geschlossene Bastion der Sizilianer in New York. Neben südländischem Flair und buntem Treiben auf offener Straße findet man hier an jeder Ecke italienische Spezialitäten.

passend abgezähltes Kleingeld bereithalten, da der Fahrer nicht wechselt. Auf Verlangen händigt er ein *transfer ticket* aus, mit dem man einmal umsteigen kann.

Die gelb lackierten, weit sichtbaren *Yellow cabs* sind nicht mit Funk ausgestattet – es ist daher üblich, sie vom Bürgersteig aus heranzuwinken. Ein freies Taxi ist an der eingeschalteten Beleuchtung auf dem Dach zu erkennen. Die Tarife sind im Vergleich zu Deutschland günstig – die Mautgebühren für Brücken und Tunnels werden allerdings zusätzlich berechnet, und der Fahrer erwartet ein Trinkgeld von 15 Prozent.

ÜBERNACHTEN

Die New Yorker Hotels sind bekanntermaßen die teuersten in den USA. Wer hier einigermaßen gepflegt nächtigen will, muß mindestens 75 Dollar pro Nacht hinblättern. Messen, Kongresse und Geschäftsreisende sorgen dafür, daß alle Häuser stets gut belegt sind. Frühzeitige Reservierung ist deshalb dringend anzuraten, und nicht selten bekommt man bei Vorausbuchung erstaunlich günstige Angebote. Ein Unterkunftsverzeichnis enthält der von NYC & Company herausgegebene «Official NYC Guide». Übernachtungspreise werden in den USA meist pro Zimmer angegeben und nicht pro Person, das Frühstück ist nicht inbegriffen. Auf die Nettopreise kommen Übernachtungssteuern von bis zu zwanzig Prozent. Am preisgünstigsten logiert man in einer der Jugendherbergen oder YMCA-Hostels. Bed & Breakfast-Unterkünfte in Privatwohnungen bieten darüber hinaus die Gelegenheit, Menschen kennenzulernen und einen Blick hinter die Kulissen zu werfen.

DELIS, DINERS UND COFFEE SHOPS

Ob Sushi, indische Curries oder Blinis mit Kaviar, ob preiswert oder exklusiv, ob Souterrain oder in luftiger Höhe: New York bietet etwas für jeden Geschmack und Geldbeutel. Für den kleinen Hunger zwischendurch stehen an fast jeder Ecke Donut- und Hot-Dog-Stände bereit. Eine typisch amerikanische Institution sind die *Delis*, Feinkostläden, in denen man am Tresen oder im angeschlossenen Restaurant eine Mahlzeit zu sich nehmen kann. Für einen späten Imbiß sind die chromblitzenden *Diners* beliebte Anlaufstationen – ursprünglich Billigrestaurants in ausrangierten Eisenbahnspeisewagen, heute Ikonen des American Way of Life. Wer im Gegensatz zu den meisten New Yorkern morgens nicht in Eile ist, genehmigt sich ein Frühstück mit Hash Browns, Toast und Muffins in einem *Coffee Shop*; in der Regel kann man hier zum Nulltarif beliebig oft seine Kaffeetasse nachfüllen lassen. Mittags essen die Amerikaner am liebsten Sandwiches oder Salate. Viele Restaurants bieten *Lunch Specials* für weniger als 8 Dollar – eine preiswerte Möglichkeit, die unterschiedlichsten nationalen Küchen kennenzulernen. In den meisten Lokalen ist Tischreservierung vorab zu empfehlen. Der Gast wartet am Eingang, bis ihm ein Platz zugewiesen wird. In gehobenen Restaurants gilt ein dress code, das heißt, Herren sollten Jackett und Krawatte tragen. Das Trinkgeld ist im Rechnungsbetrag nicht inbegriffen – erwartet wird ein Aufschlag von etwa 15 Prozent.

EINKAUFEN UND SOUVENIRS

New York ist das Einkaufsparadies schlechthin – was es hier nicht gibt, gibt es auch nirgendwo sonst. Die exklusivsten Geschäftsadressen sind die Fifth Avenue und die Madison Avenue – alles, was Rang und Namen hat, ist hier vertreten. Überdimensionalen Nobelboutiquen gleichen die Kaufhäuser «Macy's», «Bloomingdale's» und «Saks Fifth Avenue». In der 47th Street konzentrieren

sich Juweliere und Diamantenhändler, exklusiver geht es bei «Tiffany» (siehe Seite 91) und «Cartier» an der Fifth Avenue zu. Zu den besten Quellen für Mitbringsel gehören die *gift shops* der Museen. Die meisten Galerien und Trendboutiquen sind in SoHo zu finden. Antiquitätenliebhaber werden im Greenwich Village und auf der 3rd Avenue fündig. Die größte Auswahl an Schallplatten und CDs führt «Tower Records» am Broadway/Ecke 4th Street. Typisch für New York sind die vielen Kuriositätenläden – vom «New York Firefighter's Friend» mit seinen Feuerwehrutensilien bis hin zu «Little Rickie» mit seiner enormen Auswahl an Elvis-Presley-Uhren und -Lampen. Vorsicht in den Elektronikläden um den Times Square und an der Canal Street: Wer hier nicht genau weiß, was er will, läßt sich von den wortgewandten Verkäufern als Schnäppchen andrehen, was in Wirklichkeit ein Ladenhüter ist.

FEIERTAGE UND FESTE

Nationale Feiertage sind New Year's Day (1. Januar), Martin Luther King jr. Day (3. Montag im Januar), President's Day (3. Montag im Februar), Memorial Day (letzter Montag im Mai), Independence Day (4. Juli), Labor Day (1. Montag im September), Columbus Day (2. Montag im Oktober), Veteran's Day (11. November), Thanksgiving Day (4. Donnerstag im November) und Christmas (25. Dezember). Aber ganz egal, wann man nach New York kommt: irgendein Festival steht immer gerade an. Die genauen Termine erfährt man beim *Convention & Visitors' Bureau*.

Auf Anfang Februar fällt das *Chinese New Year*, das in Chinatown mit Feuerwerken und farbenprächtigen Drachenparaden begangen wird. Am 17. März, dem *St. Patrick's*

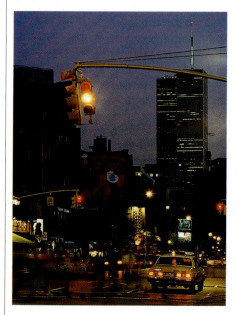

Day, feiern die irischen Einwanderer ihren Schutzpatron mit einem Umzug auf der Fifth Avenue. Hauptschauplatz der alljährlich am Ostersonntag stattfindenden *Easter Parade* ist die St. Patrick's Cathedral, ihr Motto lautet: Winter ade! Mit der *Lesbian & Gay Pride Day Parade* am letzten Sonntag im Juni erinnern die Homosexuellen an den «Stonewall-Aufstand» von 1969. Unter dem Motto *Shakespeare in the Park* finden von Ende Juni bis Anfang September kostenlose Shakespeare-Vorführungen im Central Park statt.

Am 4. Juli, dem amerikanischen *Unabhängigkeitstag*, wird auf dem East River ein riesiges Feuerwerk veranstaltet. Vom 19. September an feiern New Yorks Italiener zehn Tage lang die *Festa di San Gennaro* – der Schutzpatron von Neapel wird unter einem Regen von Dollarscheinen durch die Straßen getragen. Mit der *Steuben Parade* am dritten Samstag im September ehren die Deutsch-Amerikaner den preußischen Hauptmann Friedrich Wilhelm von Steuben. Seinem militärischen Drill verdankte die amerikanische Armee den Sieg im Unabhängigkeitskrieg. Am letzten Sonntag im Oktober fällt der Startschuß zum *New York Marathon*: Der Lauf beginnt an der Verrazano Bridge und endet bei der «Tavern on the Green» im Central Park. *Macy's Thanksgiving Parade* zieht am dritten Donnerstag im November mit gasgefüllten Riesenballons den Broadway entlang. Mit der *Tree Lightning Ceremony* im Rockefeller Center beginnt in New York die Weihnachtszeit. Ihren Höhepunkt bildet das *Christmas Spectacular* in der Radio City Music Hall, eine Weihnachtsshow, bei der die berühmten Rockettes die Beine schwingen. Das *Neue Jahr* begrüßen viele New Yorker traditionell auf dem Times Square. Während die letzten Minuten des alten Jahres auslaufen, gleitet ein riesiger illuminierter Ball auf den Times Tower herab.

AM ABEND

Ob Disko, Cocktailbar oder Musikclub: Keine andere Stadt bietet Nachtschwärmern mehr Abwechslung als New York. Die Szene befindet sich ständig in Bewegung. Was gestern noch eine leere Fabrikhalle in TriBeCa war, kann heute ein *Hot Spot* der Reichen und Schönen sein – um schon morgen wieder zu verstauben. Was gerade «in» ist, erfährt man aus der inzwischen kostenlos erhältlichen «Village Voice» und dem «New Yorker».

Die meisten Clubs befinden sich im East Village, in SoHo, TriBeCa oder im Greenwich Village. Meistens gibt es einen Türsteher, der entscheidet, wer über die Schwelle darf und wer nicht. Geöffnet wird im allgemeinen um 22 Uhr, geschlossen um 4 Uhr; es gilt jedoch die unausgesprochene Regel, sich nicht vor Mitternacht blicken zu lassen.

Bars sind gute Anlaufpunkte, um mit New Yorkern ins Gespräch zu kommen. Während der *happy hour* (zwischen 17 und 19 Uhr) gibt es Drinks zu verbilligten Preisen, manchmal wird sogar ein Snack dazu gereicht. Ein relativ neues Phänomen sind die *Sports Bars* mit ihren riesigen TV-Displays, auf denen man bei einem Bier Football-, Baseball- und andere Spiele verfolgen kann.

In den *cocktail lounges*, besonders in Midtown Manhattan und auf der Upper West Side, muß man damit rechnen, für einen Drink mehr als zehn Dollar zu bezahlen. Dafür kann man hier nach prominenten Gesichtern Ausschau halten und dem Klatsch der High Society lauschen.

SPORT

Die meisten Amerikaner sind sportbesessen, und die New Yorker machen da keine Ausnahme, zumal sie im Football und Baseball gleich mit jeweils zwei Profiteams in der höchsten Liga vertreten sind. Das Baseball-Team der «Mets» ist im Shea Stadium in Queens zu Hause, die «Yankees» spielen im

Mitte: Bei hereinbrechender Abenddämmerung verwandelt sich New York in ein Meer von gleißenden Lichterketten und Neonreklamen, über dem bis zum 11. September 2001 die beiden Türme des World Trade Centers thronten.

Links oben: Greenwich Village ist das New Yorker Gegenstück zu Schwabing und zum Montmartre. Am Abend zeigt es sich von seiner farbigsten Seite.

Links unten: Die Subway ist New Yorks schnellstes und bequemstes Verkehrsmittel. Nach acht Uhr sollte man allerdings bestimmte Linien nicht mehr benutzen.

Rechts: Effektvoll inszenierte Straßenkunst vor dem Credit Lyonnais Building.

Unten: Brooklyn, vor der Eingemeindung die viertgrößte Stadt der USA, hat mehr zu bieten als die berühmte Brücke, die es mit Manhattan verbindet.

Yankee Stadium in der South Bronx. Im Giants Stadium im Nachbarstaat New Jersey hecheln die erfolgreichen «Giants» und die eher vom Pech verfolgten «Jets» dem Eierleder hinterher. Jedes Jahr im September werden auf den Tenniscourts von Flushing Meadows in Queens die weltberühmten US Open Championships ausgetragen. Auch der New York Marathon, der alljährlich am dritten oder vierten Sonntag in Oktober stattfindet, erreichte im Lauf weniger Jahre internationalen Ruhm: Was 1970 mit 127 Läufern und vier Runden um den Central Park begann, zieht heute etwa 25 000 Sportler und mehr als zwei Millionen Zuschauer aus der ganzen Welt an. Wer sich selbst sportlich betätigen will, dem bietet der Central Park eine Fülle von Möglichkeiten: Hier kann man joggen, radfahren, Roll- und Schlittschuhfahren, reiten und Tennis spielen.

SEHENSWERTES IN NEW YORK

Ziffern und Buchstaben im Kreis verweisen auf die Karte auf Seite 77, kursive Seitenzahlen am Ende eines Abschnitts auf Abbildungen.

Battery Park ①. Der kleine Park an der Südspitze Manhattans bietet einen einzigartigen Ausblick auf die Hudson Bay und die Freiheitsstatue. Ein Denkmal erinnert an den Florentiner Kaufmann Giovanni da Verrazano, der im April 1524 als erster Europäer Manhattan sichtete. Das *Castle Clinton* am Nordende des Parks wurde ursprünglich als Festung erbaut; von 1855 bis 1892 diente es als Einwanderungszentrum, durch das mehr als sieben Millionen Immigranten ins «gelobte Land» geschleust wurden.

Battery Park City ②. Auf dem Erdaushub, der beim Bau des World Trade Center in den Hudson gekippt wurde, entstand in den achtziger Jahren eine extravagante Wohnlandschaft mit Grünanlagen, Spielplätzen, Jachthafen, einem neuen jüdischen Museum und New Yorks einziger Uferpromenade. Ihr Kernstück bildet das von Cesar Pelli entworfene *World Financial Center*, vier polierte Glas- und Granitkolosse als Schaltzentrale der US-Hochfinanz. Zu Füßen der Bürotürme liegt der *Winter Garden*, eine eindrucksvolle Glasgalerie mit Geschäften, Cafés und riesigen Palmen, die bei der Terrorattacke am 11. September 2001 stark beschädigt wurde. Die Erneuerung des Glasdachs und des marmornen Interieurs wird voraussichtlich im Herbst 2002 abgeschlossen sein. *23*

Broadway ③. Siehe Seite 93. *90*

The Bronx Ⓐ. Während der Alltag in der South Bronx von Armut und Kriminalität geprägt ist und ganze Straßenzüge ausgebrannter Häuser keine Seltenheit sind, gibt es im Norden, am Harlem River, durchaus auch idyllische Alleen mit gepflegten Einfamilienhäusern. Hauptattraktion der Bronx ist der *Zoo*: Die *World of Birds* beherbergt über hundert tropische Vogelarten; in der *World of Darkness* wird durch einen optischen Trick das Tageslicht in nächtliches Dämmerlicht verwandelt, wodurch der Besucher die Tiere im Wachzustand beobachten kann.

Brooklyn Ⓑ. Vielen echten Manhattanites erscheint das benachbarte Brooklyn genauso fern wie Australien. Dabei ist es nur ein Katzensprung über den East River, wo Holländer um 1650 eine Siedlung gründeten und nach der kleinen Stadt Breuckelen in der Nähe von Utrecht benannten. Heute ist

Brooklyn der bevölkerungsreichste Stadtteil von New York City. Für den Besucher lohnt ein Spaziergang durch *Brooklyn Heights*, eine bei Künstlern und Intellektuellen beliebte Wohngegend mit viktorianischen Villen und baumbestandenen Straßen. Von der Uferpromenade genießt man einen atemberaubenden Blick auf die Skyline von Lower Manhattan. Das Gelände des *Prospect Park* umfaßt den sehenswerten *Brooklyn Botanic Garden* und das *Brooklyn Museum* mit Abteilungen ägyptischer, nahöstlicher und orientalischer Kunst. An der Atlantikküste locken der Vergnügungspark von *Coney Island* und das *New York Aquarium*. *92*

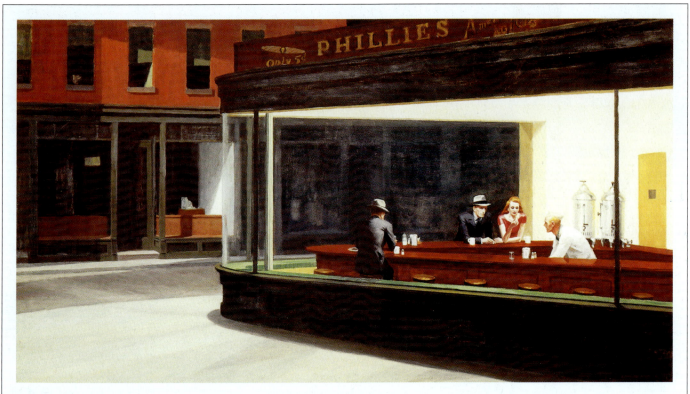

MALER DER EINSAMKEIT

Edward Hopper

Von der amerikanischen Malerei vor dem Zweiten Weltkrieg weiß man in Europa wenig. Namen wie Winslow Homer, George Inness oder Thomas Eakins sind selbst für Kunstinteressierte böhmische Dörfer. Auch unter der «Hudson River School» oder der «Ashcan School» kann sich, von ein paar wenigen Spezialisten abgesehen, niemand etwas vorstellen.

Die große Ausnahme ist Edward Hopper. Spätestens seit 1981, als Düsseldorf die vom Whitney Museum ausgerichtete Retrospektive über den Atlantik holte, ist sein Name auch in Deutschland ein Begriff. In Amerika sind seine ausgestorbenen Straßen, tristen Restaurants, leeren Theater und verdächtig stillen Häuser geradezu nationale Embleme. Die Kritik hat Hopper zum Maler der großstädtischen Isolation abgestempelt: Immer wieder hat er Menschen dargestellt, die allein in der Eisenbahn oder auf dem Sofa sitzen oder in einem Coffee Shop leeren Blickes vor sich hinstarren. Wenn er mehrere Personen ins Bild bringt, scheinen sie nichts miteinander gemein zu haben; das Gespräch stockt, jeder hängt seinen eigenen Gedanken nach.

Nach Mustern für seine freudlosen Szenen brauchte Hopper nicht lange zu suchen. Obgleich er und seine Frau Jo am Washington Square wohnten, mieden sie ängstlich jeden Kontakt zur geselligen Welt des Village. Auch die beiden Eheleute hatten sich wenig zu sagen: Während Edward schweigend arbeitete oder las, vertraute Jo ihre Verzweiflung einem Tagebuch an: «Er liest die ganze Zeit, liest, während ich versuche, mit ihm zu reden, löst Kreuzworträtsel, erweitert seinen Horizont, denkt schweigend über sich nach, nimmt auf andere überhaupt keine Rücksicht.» Über den Geiz des kinderlosen Ehepaares, ihre abgetragenen Kleider und schrottreifen Autos sind zahllose Anekdoten im Umlauf.

Dabei war Hopper durchaus kein Menschenfeind – bei aller Tristesse enthalten sich seine Bilder jeder Anklage. Sie haben nichts Aggressives, im Gegenteil: Über der Banalität seiner Alltagsszenen liegt eine geheimnisvolle, fast surreale Poesie. Die Mittel, mit denen Hopper diesen Effekt erzielte, sind überraschend simpel. Auffällig ist seine Vorliebe für starke Farbkontraste, Schlagschatten und nächtliche Szenen. Die Figuren, die seine Bilder bevölkern, wirken sonderbar starr und erinnern mehr an Puppen als an Menschen.

Rein technisch gesehen, war Hopper ein weit besserer Zeichner als Maler. Bevor seine Gemälde Käufer fanden, hielt er sich als Illustrator über Wasser. Für das eigentümliche Mißverhältnis zwischen technischer Unbeholfenheit und künstlerischer Wirkung hat der Kritiker Clement Greenberg vielleicht die beste Formel gefunden: «Für das, was Hopper macht, sollte man eine neue künstlerische Kategorie einführen. Seine Mittel sind epigonal, armselig und unpersönlich. Aber sein Sinn für Komposition reicht aus, um uns einen Blick in den derzeitigen Zustand des amerikanischen Lebens tun zu lassen, den unsere Literatur nicht bietet – und das, obwohl es sich dabei um einen durchaus literarischen Vorgang handelt. Hopper ist ein schlechter Maler. Aber wenn er ein besserer Maler wäre, dann wäre er vermutlich kein so großer Künstler.»

Jörg von Uthmann

Edward Hopper (1882–1967).

Der Maler Edward Hopper gilt als Chronist der amerikanischen Zivilisation. In seinen kühlen, realistischen Bildern zeigt er die Anonymität und Vereinsamung des Menschen in der Großstadt.

Oben: «Nighthawks» (Nachtschwärmer, 1942, Öl auf Leinwand, Chicago Art Institute). Unten: «Zimmer in New York» (1932, Öl auf Leinwand, Sammlung F. M. Hall, Lincoln, Nebraska, Sheldon Memorial Art Gallery).

Eine der einfachsten Übungen in New York ist es, ein Taxi anzuhalten: Man stellt sich einfach in Fahrtrichtung an den Straßenrand, streckt den Arm in die Höhe, und schon rast eines der allgegenwärtigen «Yellow Cabs» herbei.

Ein Stück Mittelalter im Norden von Manhattan: In den «Cloisters» ist die ganze europäische Baugeschichte des 12. bis 15. Jahrhunderts präsent.

Eine Besonderheit Manhattans ist die Gußeisen-Bauweise. Sie wurde erstmals 1848 vom Architekten James Bogardus angewandt. Anfangs versuchte man mit der Cast-Iron-Architektur Steinbauten zu imitieren. Das Gußeisen wurde mit Farbe übertüncht, die mit Sand vermischt war.

DER LANGE WEG ZU GOTT

Juden in New York

Die New Yorker Juden bilden die größte jüdische Gemeinde der Welt. Auf Besucher aus Mittel- und Osteuropa wartet in der Metropole am Hudson die Begegnung mit einer Kultur, die in ihren Heimatländern fast völlig verschwunden ist.

«Jew York» – in der Hitze des Wahlkampfs kann einem Politiker solch ein fatales Wort schon mal entschlüpfen. Der schwarze Präsidentschaftskandidat Jesse Jackson sorgte 1984 für Schlagzeilen, als er New York «hymietown» nannte (von Chaim, einem hebräischen Vornamen). Auch Louis Farrakhan, der Wortführer der radikalen «Nation of Islam», läßt keine Gelegenheit aus, gegen den Einfluß der Juden in New York zu polemisieren.

Noch heute sieht man viele orthodoxe Juden in der Kleidung des 18. Jahrhunderts.

Die Beziehungen zwischen Schwarzen und Juden sind gespannt – was insofern verwunderlich ist, als die Bürgerrechtsbewegung der sechziger Jahre, die den Schwarzen zur Gleichberechtigung verhalf, gerade von Juden unterstützt wurde.

Die Tatsache, daß die Juden in New York prominent vertreten sind, ist allerdings nicht zu bestreiten. Da bei den amtlichen Volkszählungen nicht nach der Religion gefragt wird und die Definition, wer Jude ist, schwankt, gibt es über ihre Zahl nur Schätzungen. Wenn man von einem Anteil von 20 bis 25 Prozent an der New Yorker Gesamtbevölkerung ausgeht, dürfte man der Wahrheit allerdings ziemlich nahe kommen. Zwölf Jahre lang – von 1977 bis 1989 – wurde die Stadt von einem jüdischen Bürgermeister regiert, dem schlagfertigen Demokraten Ed Koch, Sohn polnischer Einwanderer aus der Bronx.

Wie Koch ist die große Mehrheit der New Yorker Juden vollkommen assimiliert und religiös indifferent. Zur Synagoge gehen die meisten allenfalls an hohen Feiertagen. Die Zahl der Mischehen mit christlichen Partnern liegt inzwischen bei über fünfzig Prozent – was die Organisationen, denen die «jüdische Identität» – und ganz nebenbei auch die jüdische Spendenfreudigkeit – am Herzen liegt, mit nicht geringer Besorgnis erfüllt. Das Bemühen, eine solche «jüdische Identität» zu stiften, ist einer der maßgeblichen Gründe für die vielen Holocaust-Museen, die überall in den USA aus dem Boden sprießen. Interessanterweise besitzt New York, die amerikanische Stadt mit den meisten Juden, noch kein Holocaust-Museum. Doch soll diese Lücke in absehbarer Zeit geschlossen werden.

Die orthodoxen Chassidim mit ihren schwarzen Kaftanen, Hüten und Schläfenlocken sind nur eine kleine Minderheit. Man begegnet ihnen vor allem auf der 47th Street, der Straße der Diamantenhändler. Nach Manhattan kommen sie nur, um ihre Geschäfte zu tätigen – abends fahren sie zurück nach Brooklyn in ihre Ghettos. Die Orthodoxen von New York lassen sich in zwei Gruppen unterteilen: Die Satmar – so genannt wegen ihrer Herkunft aus der rumänischen Stadt Satu Mare – leben in Williamsburg. Die Gefolgsleute des aus Weißrußland eingewanderten «Lubawitscher Rebben» haben sich in Crown Heights angesiedelt. Beide Gruppen werden seit einigen Jahren von Diadochenkämpfen geschüttelt: Nach dem Tod ihrer Wunderrabbiner Joel Teitelbaum und Menachem Schneerson konnten sie sich nicht auf einen Nachfolger einigen. Zwischen den Anhängern der konkurrierenden Prätendenten kommt es immer wieder zu gewalttätigen Auseinandersetzungen.

Gleichzeitig bilden die orthodoxen Enklaven einen fruchtbaren Nährboden für den Rechtsextremismus in Israel. Die jüdischen Siedler im Westjordanland und im Gaza-Streifen werden nicht nur von Brooklyn aus finanziert, sondern erhalten von dort auch immer wieder Nachschub. Sowohl der Rabbiner Meir Kahane, der in Israel unermüdlich die Vertreibung der Araber aus den «befreiten» Gebieten predigte, als auch der Arzt Baruch Goldstein, der im Februar 1994 in Hebron dreißig betende Araber erschoß, stammten aus den jüdischen Ghettos in Brooklyn.

Jörg von Uthmann

Das Gesetz verbietet den Chassidim, ihre Bärte zu schneiden und den Kopf unbedeckt zu lassen.

Brooklyn Bridge ④. Von Dichtern als «Stahlharfe» besungen und von zahllosen Malern auf Leinwand gebannt – unter den Brücken, die Manhattan mit dem Festland und den anderen Stadtteilen *(boroughs)* verbinden, ist die Brooklyn Bridge nicht nur die älteste, sondern unbestritten auch die schönste. Bei ihrer Einweihung im Jahr 1883 wurde die Brooklyn Bridge als «achtes Weltwunder» gefeiert: Mit ihren 83 Metern hohen, neugotischen Pfeilern und ihrer Spannweite von 486 Metern Länge war sie damals die längste und höchste Hängebrücke der Welt. Ihr Bau stand allerdings unter keinem guten Stern: Der aus Thüringen stammende Ingenieur John Roebling war das erste von 27 Todesopfern, das die Brücke forderte. Sein Sohn Washington führte die Bauarbeiten zu Ende. Auf dem für Fußgänger reservierten Mittelstreifen der Brücke genießt man einen unvergeßlichen Blick auf Manhattan.

Central Park ⑤. New Yorks «grüne Lunge» ist vier Kilometer lang und 800 Meter breit und damit größer als das Fürstentum Monaco; mehrere Millionen Fuhren Geröll und Sand wurden herangekarrt, um das ursprüngliche Sumpfgelände in eine Parklandschaft mit Wiesen, Teichen und bewaldeten Hügeln zu verwandeln. Nach zwanzig Jahren Wühlarbeit unter der Leitung der Gartenarchitekten Frederick L. Olmstedt und Calvert Vaux wurde die Anlage 1876 eröffnet. An schönen Tagen tummeln sich hier Jogger, Radfahrer, Rollschuhläufer und Sonnenanbeter. Absoluter Favorit der Parkbesucher ist der *Central Park Zoo*; auf der Freilichtbühne des *Delacorte Theater* werden im Sommer Shakespeare-Stücke und Musicals aufgeführt. *22/23, 24, 28, 29, 40, 41, 50/51, 90/91*

Chinatown ⑥. Quirlige Geschäftigkeit und exotische Gerüche erfüllen die engen Straßen südlich der Canal Street, in denen heute etwa 100 000 Chinesen leben. Die Straßenschilder und U-Bahnstationen tragen chinesische Schriftzüge, an den Zeitungsständen liegen chinesische Magazine aus, selbst die Telefonzellen haben kleine Pagodendächer. Pulsierende Schlagader des Viertels ist die *Mott Street*, neben einem buddhistischen Tempel befinden sich hier zahlreiche Geschäfte mit einem umfangreichen Angebot chinesischer Waren. Besonders zu empfehlen ist ein gemütlicher Dim-Sum-Brunch in einem der kleinen, oft sehr authentischen Lokale Chinatowns. *47*

Chrysler Building ⑦. Mit 319 Metern war der elegante Art-déco-Bau an der Ecke Lexington Avenue/42nd Street bei seiner Fertigstellung im Jahr 1930 das höchste Gebäude der Welt – allerdings nur ein paar Monate lang, dann lief ihm das Empire State Building diesen Rang ab. Oberhalb des 50. Stockwerks recken acht stilisierte Stahladler ihre Köpfe in die New Yorker Luft; an der dreißigsten Etage imitieren dekorative Elemente Autoreifen mit metallenen Radkappen; die Ecksegmente spielen auf den Kühlergrill des «Mercury»-Modells von Chrysler an. In der dreißig Tonnen schweren, silbernen Gebäudespitze ließ sich der Automobil-Tycoon und stolze Bauherr Walter Percy Chrysler (1875–1940) ein luxuriöses Privatapartment einrichten. *36*

Ellis Island Ⓒ. Siehe Seite 52.

Empire State Building ⑧. Stolze 380 Meter ragt das Empire State Building an der Fifth Avenue/Ecke 34th Street in den New Yorker Himmel – damit war es von 1931 bis 1970, als es vom World Trade Center entthront wurde, das höchste Gebäude der Welt. Die Gebäudespitze war ursprünglich als Ankerplatz für Zeppeline vorgesehen, fand als solcher jedoch nie Verwendung. Wegen der Weltwirtschaftskrise kam die Vermietung des Neubaus zunächst nur schleppend voran, bei der Einweihung am 1. Mai 1931 standen drei Viertel der Räume leer. Heute arbeiten hier 20 000 Menschen, und 35 000

Besucher lassen sich täglich von den Liften in den 86. oder 102. Stock tragen, um den großartigen Panoramablick zu genießen.

Fifth Avenue ⑨. New Yorks Prachtboulevard teilt Manhattan in Ost und West und bildet mangels großer Plätze das Zentrum der Stadt. Sein südlichster Punkt ist der *Washington Square Park* mit seinem bunten Gemisch aus Studenten, Bettlern, Müßiggängern und Jongleuren. So richtig exklusiv wird es erst ein paar Kilometer weiter nördlich: Zwischen Empire State Building und Plaza Hotel reihen sich weltbekannte Namen

Links: Broadway-Musicals sind noch vor der Freiheitsstatue und dem Empire State Building die Touristenattraktion New Yorks.

Unten: An Wochentagen ist der Washington Square Pausenhof für die Studenten der New York University, die hier schon 1834 gegründet wurde.

Oben: Selbst nach Massenspektakeln sind die Rasenflächen des Central Park immer sauber. Fast jeder Quadratmeter befindet sich unter der Obhut freiwilliger «Paten». Die riesige Liegewiese Sheep Meadow wird von einer Interessengemeinschaft betreut, in der jeder Mitglied werden kann.

Rechts: Die USA sind weltweit das Land mit der höchsten Kriminalitätsrate, und auch in New York ist das Verbrechen ein unrühmlicher Bestandteil des Alltags. Die Zahl der Straftaten ging aber erheblich zurück, nachdem Tausende Polizisten neu eingestellt und viel mehr «Cops» auf Fußstreife geschickt wurden.

FRÜHSTÜCK BEI TIFFANY

Der Film mit Audrey Hepburn in der Hauptrolle hat das Juweliergeschäft an der Fifth Avenue weltberühmt gemacht: Im Abendkleid steigt sie frühmorgens aus einem «Yellow Cab» und bestaunt die glitzernden Kostbarkeiten im Schaufenster – in der einen Hand einen Becher mit dampfendem Kaffee, in der anderen ein Stück Danish pastry. Im Innern des Artdéco-Palasts wird auf vier Etagen nicht nur Schmuck, sondern auch Silber, Porzellan und Kristall verkauft. Internationale Star-Designer tragen mit ihren Entwürfen zum Ruf des Hauses bei. Am oberen Ende der Preisskala steht der legendäre «Diamond-Engagement»-Ring für eine Million Dollar; nicht ganz so teuer ist Paloma Picassos «Love-and-Kisses»-Ring in Sterling-Silber. Tiffany bietet auch eine Auswahl durchaus erschwinglicher Kleinigkeiten. Alle tragen das berühmte Tiffany-Emblem und werden in der klassischen blauen Box verpackt.

wie «Tiffany», «Cartier» und «Trump». Auch die *St. Patrick's Cathedral*, das *Rockefeller Center* und die *Public Library* liegen in diesem Abschnitt. Auf der Höhe des Central Park wird die Fifth Avenue zur «Millionaires' Row», New Yorks feinster Adresse. Die *Frick Collection* an der 70th Street bildet den Auftakt zur «Museumsmeile» der Stadt. *79*

Flatiron Building ⑩. Bereits kurz nach seiner Fertigstellung im Jahr 1902 erhielt der Wolkenkratzer den volkstümlichen Namen «Flatiron» – Bügeleisen. Die dreieckige Form war durch die Lage bedingt: Der Architekt Daniel H. Burnham konnte das spitzwinklige Grundstück an der Ecke Broadway/Fifth Avenue nicht anders bebauen. Das Flatiron Building markiert einen Wendepunkt in der Architekturgeschichte: Es gehört zu den ersten Hochhäusern in Stahlskelettbauweise.

Freiheitsstatue Ⓓ. Siehe Seite 52.

Gramercy Park ⑪. New Yorks einziger Privatpark verdankt seinen Namen dem «Krom Moerasje», dem «kleinen, krummen Moor», wie die niederländischen Siedler einen früher hier verlaufenden morastigen Bach nannten. Schlüssel für das Eingangstor besitzen nur die Bewohner der angrenzenden Backsteinvillen oder die Gäste des nostalgischen «Gramercy Park Hotel». Im Park erinnert ein Denkmal an den legendären Schauspieler Edwin Booth, dessen Bruder John Wilkes sich einen Namen machte, indem er Präsident Lincoln erschoß.

Grand Central Station ⑫. Mit der Grand Central Station setzte der Eisenbahnmagnat William K. Vanderbilt sich und der gesamten Familie ein Denkmal. Der prächtige Bau im Beaux-Arts-Stil wurde 1913 fertiggestellt. Von deutschen Bahnhöfen unterscheidet ihn, daß der Zweck des Gebäudes weder von außen noch von innen zu erkennen ist: Die Bahnsteige sind im Untergeschoß versteckt. Besonders eindrucksvoll

ist die unter Denkmalschutz stehende Schalterhalle, an deren hohem Deckengewölbe 2500 Glühbirnen den winterlichen Sternenhimmel darstellen. Heute halten in Grand Central keine Fernzüge mehr, sondern nur noch Pendlerzüge aus dem Norden. Das Gewimmel während der Rush-hour ist jedoch noch immer ein Erlebnis. *102/103*

Greenwich Village ⑬. «The Village», wie es von den Einheimischen genannt wird, war bis in die sechziger Jahre das Eldorado der Bohème. Heute ist es eine teure Wohngegend mit viktorianischen Häusern und baumbestandenen Straßen, die keine Nummern, sondern – wie in Europa – Namen tragen. Herzstück des Viertels ist der *Washington Square* (siehe Seite 45) mit seinen Jongleuren, Feuerschluckern, und Studenten – an den belebten Platz grenzen die Gebäude der New York University. Straßencafés, Boutiquen und Galerien machen das Village zu einem Paradies für Fußgänger. Am Abend locken zahllose Bars, Restaurants und die besten Jazzclubs der Stadt zur Einkehr. Sehenswert Straßen, in denen noch viel vom Flair der Vergangenheit spürbar ist, sind die *Washington Mews* und die *MacDougal Alley*. *37, 38, 44, 48, 62, 76, 88, 93, 104*

Harlem ⑭. Der Stadtteil nördlich des Central Park gilt als «Schwarze Hauptstadt Amerikas». Er hat zwei Gesichter: Verrufenes Ghetto einerseits und Ausdruck einer lebendigen Kultur andererseits. Seine Glanzzeit erlebte Harlem in den zwanziger Jahren, als Louis Armstrong, Count Basie und Duke Ellington im «Cotton Club» oder in «Small's

Paradise» spielten (siehe Seite 58). Die Sehenswürdigkeiten des Viertels, in dem heute Slums überwiegen, schaut man sich am besten im Rahmen einer geführten Tour an: Neben der *Abyssinian Baptist Church* und dem *Schomburg Center* lohnt das legendäre *Apollo Theater* einen Besuch. *59, 60/61, 63*

Lincoln Center ⑮. 1959 legte Präsident Eisenhower den Grundstein für den Riesenkomplex auf der Upper West Side, der schon bald zum musikalischen Zentrum New Yorks wurde: Neben der *Metropolitan Opera* und dem *New York State Theater* beherbergt er das *Vivian Beaumont Theater* und die *Avery Fisher Hall*, in der die New Yorker Philharmoniker auftreten. Nördlich der 65th Street schließlich befindet sich die *Alice Tully Hall*, der Saal für Kammermusik-Konzerte, im selben Gebäude ist auch die *Juilliard School of Music* untergebracht, Amerikas bedeutendstes Konservatorium.

Little Italy ⑯. In dem Bezirk zwischen der Houston Street im Norden und der Canal Street im Süden siedelten sich schon im vorigen Jahrhundert vorwiegend Italiener an. Noch heute verkaufen an der *Mulberry Street* viele Läden frische Pasta, knuspriges Holzofenbrot und italienischen Käse. Am belebtesten zeigt die Straße sich in der zweiten Septemberhälfte, wenn die American Italians die dem Stadtpatron von Neapel gewidmete Festa di San Gennaro feiern. *81*

Lower East Side ⑰. Die Lower East Side ist das traditionelle Einwandererviertel Manhattans: Ende des 19. Jahrhunderts siedelten sich hier Tausende von osteuropäischen Juden an, später wurde ihr Platz von Chinesen, Schwarzen und Puertoricanern eingenommen. Bis in die Gegenwart hat sich die Gegend den in SoHo und im Greenwich Village so erfolgreichen Renovierungstrends widersetzt – arrivierte New Yorker kommen gerne vorbei, um sich am Duft des Subversiven zu erfrischen. Das *Lower East Side Tenement Museum* dokumentiert die Geschichte des Einwandererviertels.

Manhattan Ⓔ. Eigentlich ist Manhattan nur einer der fünf boroughs der Stadt. Für die meisten Menschen aber, und nicht nur für seine 1,5 Millionen Einwohner, ist Manhattan gleichbedeutend mit New York. Den Sehenswürdigkeiten des Stadtteils sind daher eigene Stichpunkte zugeordnet.

Park Avenue ⑱. New Yorks breiteste und architektonisch eindruckvollste Straße war bis 1904 von Schienensträngen durchzogen, die erst nach der Elektrifizierung der Bahn unter der Erde verschwanden. An ihrer Stelle entstand ein großzügig bepflanzter Boulevard, den repräsentative Bürohäuser, Hotels und Luxusapartments säumten. Zu den wenigen Überbleibseln der einstigen Pracht gehören der 1918 im Renaissancestil erbaute *Racquet and Tennis Club* (Nr. 370) oder das berühmte *Waldorf Astoria Hotel* (Nr. 310). Heute dominieren moderne Wolkenkratzer wie das *Lever House* und das von Mies van der Rohe und Philip Johnson entworfene *Seagram Building* (Nr. 375), zwei Schlüsselbauten des «International Style». *27*

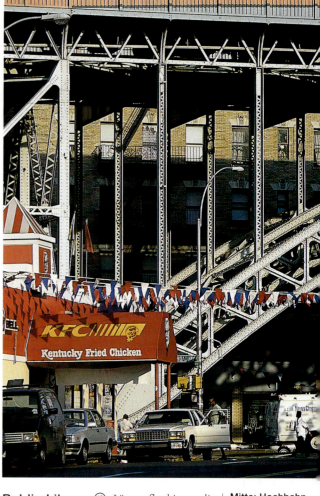

Public Library ⑲. Löwen flankieren die Freitreppe des prächtigen Beaux-Arts-Baus, auf der an sonnigen Tagen Hochbetrieb herrscht: Angestellte aus den umliegenden Büros verzehren hier ihr Lunch-Paket und lassen sich dabei von Straßenmusikanten, Feuerschluckern und Jongleuren unterhalten. Zu den Kostbarkeiten der Bibliothek gehören eine Gutenberg-Bibel und ein von Präsident Jefferson geschriebener Entwurf der Unabhängigkeitserklärung. Die bibliophilen Schätze werden in Wechselausstellungen der Öffentlichkeit zugänglich gemacht.

Queens Ⓕ. Die meisten Reisenden lernen New Yorks flächenmäßig größten Stadtteil nur auf der Fahrt zum Flughafen kennen: Sowohl der internationale *John F. Kennedy Airport* als auch der *La Guardia Airport* liegen hier. Der Fluglärm der startenden oder landenden Jets nervt nicht nur die Anwohner, sondern alljährlich im September auch die Tennisprofis bei den US Open Championships in *Flushing Meadows*. Zur Zeit des Stummfilms war Queens das Zentrum der Filmindustrie – das *American Museum of the Moving Image* hält diese Zeit lebendig. *57*

Rathaus (City Hall) ⑳. Während sich die New Yorker Geschäftswelt vor allem in Midtown angesiedelt hat, finden sich die Verwaltungseinrichtungen der Stadt in Downtown, wo die Besiedlung Manhattans ihren

Mitte: Hochbahntrasse über die 125. Straße, Harlems Haupteinkaufsstraße. In der zwanziger Jahren reihten sich hier Tanzpaläste und berühmte Musikclubs, darunter das legendäre «Apollo Theater» aneinander.

Links oben: In Crown Heights in Brooklyn haben die Lubawitscher Chassidim ihr Hauptquartier, jene Juden, die an Feiertagen den «Streimel», den mit Pelz besetzten Hu tragen, und die Tracht des polnischen «Schtetl».

Links unten: In Manhattan herrsch den ganzen Tag Verkehrschaos. Stoßstange an Stoßstange quäle sich die Autos durch endlose Häuserschluchter Wer Zeit sparen will, benutzt die U-Bahn oder nimmt sich ein Taxi.

Unten: An sonnigen Tagen findet auf dem Washington Square ein regelrechter Freiluftzirkus statt. Es wimmelt von Feuerschluckern, Pantomimen und Musikern. Das Publikum setzt sich zusammen aus Anwohnern, neugierigen Touristen und Studenten der New York University, die den Platz als ihren Vorgarten benutzen.

Anfang nahm. Die heutige City Hall, von 1803 bis 1812 im sogenannten Federal Style erbaut, ist bereits das dritte Rathaus der Stadt. Das erste wurde im Jahr 1653 von der holländischen Kolonialregierung errichtet und stand in der Pearl Street Nr. 71, gegenüber dem Fraunces Tavern Block.

Rockefeller Center ㉑. Zwischen der Fifth und der Sixth Avenue und zwischen der 47th und der 52nd Street erstreckt sich New Yorks größter zusammenhängender Wolkenkratzer-Komplex. Neben unzähligen Büros sind hier Restaurants, Geschäfte, Ausstellungsräume und Fernsehstudios untergebracht. Herzstück des Ensembles ist die *Lower Plaza* mit der vergoldeten Prometheus-

EINE STRASSE WIRD ZUR BÜHNE
Der Broadway

1886 wurde das heute vergessene Theaterstück «The Black Crook» uraufgeführt, eine bunte Mischung aus Melodram, Gesang, Tanz und atemberaubenden Bühneneffekten, die beim Publikum einschlug wie eine Bombe. Das Broadway-Musical war geboren und sollte fortan ein Symbol für New Yorks Theaterleben werden.

Das Musical «A Chorus Line» läßt seit 15 Jahren die Theaterkassen klingeln.

Der Broadway, das ist nicht nur ein Synonym für das New Yorker Musical, sondern, was oft vergessen wird, auch eine bemerkenswerte Straße. Rebellisch ignoriert er das strenge Schachbrettmuster der Straßen von Manhattan, das die Orientierung selbst für Neulinge relativ leicht macht, und schlägt eine Diagonale vom Battery Park im Süden bis zur Upper West Side. Die spitzen Winkel, die er dabei mit den rechtwinklig verlaufenden Streets und Avenues bildet, inspirierten Architekten und Stadtplaner zu höchst kreativen Lösungen.
Als Metapher verkörpert der Broadway vor allem die bunt schillernde Theaterwelt New Yorks – seine aufwendigen Musicals und spektakulären Uraufführungen sind zum Inbegriff kommerzieller Unterhaltung geworden. Neben dem Londoner Westend findet man hier die dichteste Konzentration von Bühnen auf der ganzen Welt.
Tatsache ist jedoch, daß von 34 sogenannten Broadway-Theatern nur sieben wirklich am Broadway liegen. Die restlichen konzentrieren sich auf ein knapp zehn Blocks umfassendes Areal nördlich des Times Square. Das älteste noch genutzte Theater ist das «Lyceum»; im «St. James Theater» wurde 1943 das Musical «Oklahoma» uraufgeführt, das die schöpferische Tiefphase der dreißiger Jahren beendete. Im «Shubert Theater» hatte Barbra Streisand 1962 ihr Bühnendebüt. Seit 15 Jahren läuft dort auch der Kassenschlager «A Chorus Line» – nach über 6000 Vorstellungen noch immer ein Renner in der Publikumsgunst.
Broadway-Theater ist für viele gleichbedeutend mit Musical; in der Anfangszeit vereinigte diese amerikanischste aller Shows vielerlei Einflüsse in sich – von der Operette über die komische Oper bis hin zum Varieté. In den zwanziger Jahren schufen Künstler wie George Gershwin, Cole Porter und Irving Berlin die ersten Broadway-Klassiker. Das Musical «Show Boat» (1927), gilt bis heute als Archetyp seines Genres. Die Glanzzeit des Broadway waren die vierziger und fünfziger Jahre, als ein Erfolg den nächsten jagte: «Annie get your gun» (1946), «Kiss Me, Kate» (1948), «The King and I» (1951) und «My Fair Lady» (1956).
Ende der siebziger Jahre gingen den amerikanischen Komponisten die Ideen aus. Seither hilft man sich, wie in den Anfangstagen des Broadway, mit Importen aus Europa über die Runden. Musicals wie «Evita», «Cats» und «The Phantom of the Opera» verschlingen Millionenetats und sind mit immensem technischen Aufwand verbunden – Experimente können sich die Produzenten bei solchen Summen nicht erlauben.
Die großen Broadway Musicals sind aufwendig inszeniert, richten sich aber am Massengeschmack aus; die Eintrittskarten kosten zwischen vierzig und hundert Dollar. Als preiswerter und anspruchsvoller gelten die Theater «Off-Broadway», die es als Alternative zu den großen Spielstätten schon in den zwanziger Jahren gab. Experimentelle und avantgardistische Stücke sind auf den Bühnen «Off-off-Broadway» zu sehen – hier darf und muß man mit Überraschungen rechnen. *Marc Fest*

statue – im Winter eine Eisbahn, im Sommer ein Gartencafé. Dahinter ragt das 206 Meter hohe *RCA Building* in den Himmel. Der *Rainbow Room*, ein Aussichtsrestaurant auf der 65. Etage, bietet einen unvergeßlichen Blick auf das Häusermeer Manhattans. Auch wenn gerade keine Veranstaltung auf dem Programm steht, sollte man die *Radio City Music Hall* besichtigen: Mit 6200 Sitzplätzen ist sie der größte Theatersaal der Welt. *27*

St. John the Divine ㉒. Die größte gotische Kathedrale der Welt steht nicht in Europa, sondern am Südrand von Harlem. Allerdings ist die Kirche, an der seit 1892 gebaut wird, noch immer zu einem Drittel unvollendet – am Querschiff und an den Portaltürmen wird bis heute gebaut. In St. John werden nicht nur Gottesdienste abgehalten, das Gotteshaus dient auch als Veranstaltungsort für Ausstellungen und Konzerte. Höhepunkt des Kirchenjahrs ist das *Animal Blessing* im Oktober: Von der Maus bis zum Elefanten werden Tiere sämtlicher Gattungen öffentlich gesegnet.

St. Patrick's Cathedral ㉓. St. Patrick ist Sitz der Erzdiözese von New York und zugleich die größte katholische Kathedrale der USA – 2500 Gläubige finden in der Mutterkirche der irischen Einwanderer Platz. Der 1888 fertiggestellte Bau orientiert sich am Vorbild der französischen Hochgotik; für die 101 Meter hohen Türme stand der Kölner Dom Pate. Zur Zeit ihrer Erbauung galt die Kathedrale als gewaltiges Bauwerk; heute steht sie im Schatten der benachbarten Wolkenkratzer, zu denen sie einen reizvollen Kontrast bildet. Der St. Patrick's Day (17. März) wird in der Namenskirche des irischen Nationalheiligen mit einem feierlichen Hochamt begangen. *26*

SoHo ㉔. In den sechziger Jahren wichen viele Künstler, die die Mieten im Greenwich Village nicht mehr bezahlen konnten, in die leerstehenden Fabriken und Lagerhallen des Bezirks SOuth of HOuston Street aus. In ihrem Gefolge kamen Avantgarde-Galerien, trendige Boutiquen und ausgefallene Restaurants. Obwohl die Künstler inzwischen nach TriBeCa weitergezogen sind, residieren auf dem West Broadway, SoHos belebter Hauptstraße, noch immer zahlreiche angesehene Galerien. Eine Besonderheit des Viertels ist der *Cast Iron District* mit seinen denkmalgeschützten Gußeisenbauten. In der *Greene Street* stehen einige besonders gut erhaltene Exemplare dieser konstruktiven Vorläufer der Skelettbauweise. *95*

Staten Island ⑥. Staten Island ist der am dünnsten besiedelte Stadtteil New Yorks und für Touristen nur deshalb interessant, weil man mit der Fähre übersetzen und den fantastischen Blick auf die Freiheitsstatue genießen kann. Die Überfahrt ist sensationell billig, die Schiffe verkehren rund um die Uhr, und man ist im Handumdrehen wieder in Manhattan. Wer dennoch länger bleiben und etwas über die Insel erfahren will, sollte die *Historic Richmondtown* besuchen: 29 historische Bauten veranschaulichen den amerikanischen Alltag im 18. und frühen 19. Jahrhundert.

Times Square ㉕. Obgleich in den letzten Jahrzehnten etwas schmuddelig geworden, ist das Glitzer-Dreieck an der Kreuzung von Broadway und 42nd Street Pflichtprogramm für jeden New York-Besucher – besonders am Abend. Auf riesigen Reklametafeln locken makellose Körper in Designerunterwäsche; Weltunternehmen wie AT&T und Coca-Cola werben auf tennisplatzgroßen TV-Displays um die Aufmerksamkeit der Menschenströme, hektisch blinkende Neonlichter kündigen die neueste Inszenierung eines Broadway-Theaters an. Seinen Namen verdankt der berühmte Platz der «New York Times», der großen Tageszeitung, die hier von 1904 an residierte, bis sie 1963 in die 43rd Street umzog. *24/25, 37, 94/95, 100/101*

Upper East Side ㉖. Die Upper East Side ist Manhattans nobelste Wohn- und Einkaufsgegend: Teure Restaurants und exklusive Boutiquen erfüllen die gehobenen Bedürfnisse der hier Lebenden, unter ihnen Filmstars wie Liza Minelli, Woody Allen und Montgomery Clift. *Yorkville*, die Gegend zwischen Lexington und York Avenue, war in der ersten Hälfte dieses Jahrhunderts hauptsächlich von deutschen Einwanderern bewohnt. Noch heute erinnern die Namen einiger Cafés, Restaurants und Geschäfte an der 86th Street an ihre frühere Kundschaft.

Upper West Side ㉗. Bis vor dreißig Jahren war die Upper West Side eine der übelsten Gegenden Manhattans – 1961 wurde hier die West Side Story gedreht. Heute ist der Bereich zwischen 65th und

Links: Das Whitney Museum zeugt vom Kunstverstand und Mäzenatentum einer reichen Amerikanerin, die selbst Künstlerin war. 1930 gegründet, widmet es sich ausschließlich der amerikanischen Kunst des 20. Jahrhunderts.

Unten: Wie schon im Wilden Westen sorgen in den Straßen von Manhattan noch heute berittene «Cops» für Ruhe und Ordnung.

Mitte: Der Times Square ist einer der belebtesten Verkehrsschnittpunkte der Stadt. Beim TKTS-Schalter am nördlichen Ende des Platzes werden verbilligte Theater- und Musicalkarten verkauft.

Rechts oben: Im Wechselspiel von Licht und Schatten nehmen die Fassaden des Cast Iron District in SoHo immer wieder neue, faszinierende Formen an.

Rechts unten: Ein Museum ganz besonderer Art ist «The Cloisters». Nur einen Katzensprung von Manhattan entfernt, fühlt man sich hier in eine mittelalterliche Klosteranlage versetzt.

85th Street ein Wohnviertel für zahlungskräftige junge Leute. Luxuriöse Apartmenthäuser säumen den Central Park West; in einem der schönsten, dem *Dakota Building*, drehte Roman Polanski 1968 seinen Thriller «Rosemary's Baby». Das Dakota war auch die letzte Adresse des Ex-Beatle John Lennon: 1980 wurde er vor dem Eingang von einem Verrückten niedergeschossen.

Vereinte Nationen ㉘. Daß die 1945 in San Francisco gegründete United Nations Organization New York zum Hauptquartier wählte, ist John D. Rockefeller Jr. zu verdanken: Er kaufte das Grundstück am East River und schenkte es der UNO. Der Hochhauskomplex, der hier von 1949 bis 1953 nach Plänen von Le Corbusier und Oskar Niemeyer entstand, hat die Ausmaße einer Kleinstadt. Im *General Assembly Building* tagt von September bis Dezember die UN-Vollversammlung; im *Conference Building* tritt der Sicherheitsrat zusammen; das 39 Stockwerke hohe *Secretariat Building* ist Sitz der UN-Verwaltung und des Generalsekretärs. Die einzelnen Bauten können im Rahmen einer Führung besichtigt werden.

Wall Street ㉙. Die Wall Street ist ein Synonym für New Yorks Finanzviertel, Börsen und Banken säumen hier in dichter Reihe Straßenschluchten, in die kaum ein Sonnenstrahl dringt. Ihren Namen verdankt die Straße einem hölzernen Schutzwall, den die holländischen Siedler zur Abwehr der Indianer errichteten. An der Kreuzung Wall Street/Nassau Street steht das *Federal Hall Memorial*. Es erinnert an George Washington, der an dieser Stelle seinen Amtseid als Präsident der Vereinigten Staaten ablegte. Gegenüber liegt die *New York Stock Exchange*, größte Wertpapierbörse der Welt und Schauplatz des Börsenkrachs vom 29. Oktober 1929, der als «Schwarzer Freitag» in die Geschichte einging. Von der Besuchergalerie aus kann man das hektische Treiben im Hauptsaal beobachten. *105*

Woolworth Building ㉚. Das Hochhaus am Broadway/Ecke Park Place ist der Höhepunkt jener Phase der amerikanischen Architekturgeschichte, in der moderne Konstruktionstechniken mit populären historischen Stilen verknüpft wurden. F. W. Woolworth ließ die neugotische «Kathedrale des Kommerzes» mit ihren Maßwerkbrüstungen und Erkern sich selbst und seiner Kaufhauskette zum Ruhm erbauen. Bei seiner Einweihung im Jahr 1913 war das Woolworth Building mit 241 Metern das höchste Gebäude der Welt, 1930 lief ihm jedoch das Chrysler Building diesen Rang ab.

World Trade Center ㉛. Siehe Seite 35.

MUSEEN

American Museum of Natural History ㉜. Die Sammlung des größten naturkundlichen Museums der Welt umfaßt mehr als 30 Millionen Objekte – vom Saurier-Skelett bis zum «Star of India», dem größten Saphir der Welt. Besonders eindrucksvoll sind die Hall of Ocean Life im Erdgeschoß und der Saal der afrikanischen Säugetiere im 1. Stock. Die Hall of Mexico and Central America enthält eine hervorragende Sammlung präkolumbianischer Artefakte. Im benachbarten *Hayden-Planetarium* wird Besuchern der Sternenhimmel erläutert. *39*

The Cloisters ㉝. Die von John D. Rockefeller gestiftete Anlage im Norden Manhattans wurde aus Elementen südfranzösischer und spanischer Klöster des 12. bis 15. Jahrhunderts zusammengefügt. Sie beherbergt die mittelalterliche Sammlung des Metropolitan Museum of Art, darunter die berühmten Einhorn-Tapisserien aus dem späten 15. Jahrhundert. Von der Terrasse genießt man einen herrlichen Blick über den Hudson. *86/87, 95*

Cooper-Hewitt-Museum ㉞. In dem 1897 gegründeten Museum findet man alles, was unter den Oberbegriff Design fällt: Die Sammlung umfaßt Textilien, Möbel, Schmuck, Glas, Keramik, Zeichnungen, Drucke und Tapeten. Untergebracht ist sie im ehemaligen Stadtpalais des Stahlmagnaten Andrew Carnegie, der hier von 1901 bis zu seinem Tod 1919 wohnte.

Frick Collection ㉟. 1935 wurde das Stadthaus des Industriellen und begeisterten Kunstsammlers Henry Clay Frick in ein Museum verwandelt. Mit seinen Pflanzen, den Springbrunnen und dem stimmungsvollen Innenhof bildet es einen Gegenpol zur hektischen Betriebsamkeit der Fifth Avenue. Die intime Atmosphäre des Hauses bewirkt, daß man sich zwischen den Werken Rembrandts, Vermeers, Tizians und Goyas nicht wie in einem Museum, sondern vielmehr als Gast fühlt.

Guggenheim Museum ㊱. In Frank Lloyd Wrights bis heute heiß umstrittenem monumentalen «Schneckenhaus» gibt es weder Trennwände noch Abteilungen: Der Besucher fährt man mit dem Aufzug nach oben und spaziert auf einer spiralförmigen Rampe von einem Bild zum nächsten langsam wieder abwärts. Neben Werken von Picasso, Chagall, Léger und Klee besitzt das Guggenheim Museum die umfassendste Kandinsky-Sammlung der Welt.

Metropolitan Museum of Art ㊲. Das Flaggschiff der New Yorker Museumsszene wird von Kennern knapp «Metropolitan» genannt. Seine enormen Bestände umfassen mehr als drei Millionen Exponate, sie gestatten eine Reise durch die Kultur- und Kunstgeschichte der Welt. Highlights, die man sich auf keinen Fall entgehen lassen sollte, sind die Antikensammlung, die Sammlung ägyptischer und ostasiatischer Kunst, das Kunsthandwerk und der amerikanische Flügel.

Museum of Modern Art (MOMA) ㊳. In dem 1929 gegründeten Museum für moderne Kunst sind alle Stilrichtungen des ausgehenden 19. und 20. Jahrhunderts mit Hauptwerken vertreten – angefangen mit Van Goghs «Sternennacht» bis hin zu Picassos «Demoiselles d'Avignon». Weitere Schwerpunkte der Sammlung liegen auf den Bereichen Design, Grafik und Fotografie. In der *Cinemathek* werden zweimal täglich Klassiker der Filmgeschichte gezeigt. *38*

Museum of the City of New York ㊴. Dioramen, Kostüme, Möbel und Gebrauchsgegenstände vermitteln auf anschauliche Weise die Geschichte der Stadt New York. Von besonderem Interesse ist die Spielzeuggalerie mit einer Sammlung alter Puppenhäuser und das Schlafzimmer John D. Rockefellers aus seinem Haus an der 54th Street.

Museum of Television and Radio ㊵. Ein Mekka für «Couchpotatoes:» Aus 25 000 Fernsehsendungen, 15 000 Radioprogrammen und 10 000 Werbespots kann sich hier jeder sein persönliches Programm zusammenstellen. Im hauseigenen Kino werden neben Retrospektiven auch Filmreihen zu bestimmten Themen gezeigt.

Whitney Museum of American Art ㊶. Das 1931 von Gertrude Vanderbilt Whitney gegründete Museum hat es sich zur Aufgabe gemacht, die Entwicklung der amerikanischen Gegenwartskunst zu dokumentieren. Alle wichtigen Namen sind hier vertreten,

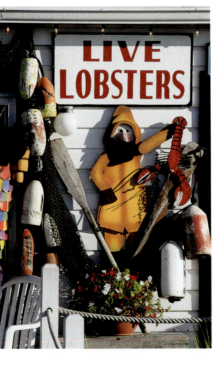

seien es Georgia O'Keeffe, Jackson Pollock oder Andy Warhol. Berühmt ist das Whitney für seine Sammlung von Werken Edward Hoppers (siehe Seite 84). *94*

SEHENSWERTES IM STAAT NEW YORK

Buchstaben im Kreis verweisen auf die Karte auf Seite 79, kursive Seitenzahlen am Ende eines Abschnitts auf Abbildungen.

Adirondack State Park Ⓐ. Die Adirondack Mountains sind das letzte Stück Wildnis im Bundesstaat New York und zugleich das größte Naturschutzgebiet im Osten der USA. Schroffe Gipfel und dichte Wälder laden zu Wandertouren ein, in den weitverzweigten Seen tummeln sich Biber. Höchste Erhebung ist mit 1629 Metern der *Mt. Marcy*. Im Winter sind die Adirondacks ein ideales Skigebiet – in *Lake Placid*, dem touristischen Zentrum der Region, fanden schon zweimal (1932 und 1980) Olympische Winterspiele statt.

Albany Ⓑ. Die Stadt am Hudson wurde 1609 von holländischen Siedlern als Pelzhandelsfort gegründet. Mit nur 100 000 Einwohnern ist Albany heute Hauptstadt des Bundesstaates New York. Das *State Capitol* an der Empire State Plaza gehört zu den wenigen amerikanischen Regierungssitzen, die nicht dem Vorbild des Kapitols in Washington D.C. nachempfunden sind: Von 1865 bis 1899 erbaut, erinnert der Bau an ein französisches Renaissance-Schloß.

Mitte: Die kolossalen Wassermassen, die auf der rund ein Kilometer breiten Kammlinie der Niagarafälle 55 Meter tief herabstürzen, beeindrucken jährlich Millionen von Besuchern.

Links oben: Keine andere Stadt der Welt hat so viele Küstenkilometer wie New York, und jeder Strand hat seine besondere Beschaffenheit. Wer es gern ruhig hat, sollte sich zum östlichen Ende von Long Island aufmachen.

Links unten: Bei einer Fahrt entlang der Küste von Long Island stößt man immer wieder auf kleine Seafood-Restaurants, die ihre Gäste mit frischen Meeresfrüchten und köstlichem Hummer verwöhnen.

Rechts oben: Long Island ist eine lange, schmale Halbinsel, die sich östlich von Queens fast 200 Kilometer weit in den Atlantik erstreckt. An ihrer Küste findet man Fleckchen von einzigartiger Schönheit.

Rechts unten: Long Island ist für die New Yorker, was der Wannsee für die Berliner ist – eine Badegelegenheit direkt vor der Haustür. An den langen Sandstränden der Halbinsel tummelt sich im Sommer die ganze Stadt.

Atlantic City ©. Um die Jahrhundertwende war Atlantic City der eleganteste Badeort der Vereinigten Staaten, heute säumen luxuriöse Spielkasinos die acht Kilometer lange, hölzerne Uferpromenade. Nicht weniger als 30 Millionen Amerikaner versuchen hier alljährlich bei Blackjack, Roulette und Bakkarat ihr Glück. Der berühmte *Boardwalk* und Donald Trumps monumentale Spielhalle «Taj Mahal» lohnen den Trip ins «Las Vegas des Ostens», selbst wenn man nicht von der Spielleidenschaft besessen ist. Im September findet in der *Convention Hall* am Meer die Wahl zur «Miss America» statt.

Catskill Mountains ⒟. Die urwüchsige Landschaft zwischen Delaware und Hudson River ist ein Paradies für Wanderer: Ausgedehnte Kiefernwälder, rauschende Bäche

Zwar nicht am preiswertesten, aber sicherlich am stilvollsten gelangt man an Bord des Luxusliners «Queen Elizabeth II» nach New York. Der Höhepunkt der Reise ist seit jeher die Ankunft im erwachenden New York, wenn die Morgensonne die Skyline in ein sanftes Licht taucht.

und malerische Dörfer sorgen für die schönsten Postkarten-Idyllen im Bundesstaat New York. In den Catskills und in den benachbarten Adirondack Mountains spielen die Lederstrumpf-Geschichten von James Fenimore Cooper, der sich nach einer Europareise bei *Cooperstown* am Lake Otsego niederließ. Das verträumte Nest *Woodstock* ist bekannt für seine Künstlerkolonie und seine zahlreichen Galerien. Straßencafés laden dazu ein, sich dem «People Watching» hinzugeben, dem Beobachten von Passanten. Das legendäre Rockfestival von 1969 verdankt dem Ort zwar seinen Namen, fand aber neunzig Kilometer entfernt statt. *71*

Finger Lakes Ⓔ. Die idyllische Seenlandschaft war einst Jagdgebiet der Irokesen-Indianer. Sie entstand in der Eiszeit, als geschmolzene Gletscher ihre Spuren in Form von langgestreckten, fingerähnlichen Seen hinterließen. Zu den spektakulärsten Ausflugszielen gehören die *Watkins Glen-Wasserfälle* an der Südspitze des *Lake Seneca* und die *Genesee Gorge* im *Letchworth State Park*, eine tiefeingeschnittene Klamm, die man auch den «Grand Canyon des Ostens» nennt. Der Schriftsteller Mark Twain verbrachte von 1870 an viele Sommer in der Nähe von *Elmira* auf der Farm seiner Schwägerin und arbeitete dort an seinen Romanen «Die Abenteuer des Tom Sawyer» und «Huckleberry Finn's Abenteuer».

Hudson Valley Ⓕ. Die Seen- und Gebirgslandschaft an der Grenze zum Nachbarstaat Vermont verwandelt sich im Herbst in ein Feuerwerk aus Farben. In den buntbelaubten Wäldern wird das Wandern, Kanufahren, Klettern oder Radfahren zu einem unvergeßlichen Erlebnis. Schon die Maler der Hudson River School waren von der reizvollen Landschaft am Hudson River angetan, und der New Yorker Geldadel ließ sich hier prächtige Landsitze erbauen. In *Tarrytown* liegt *Sunnyside*, das Haus von Washington Irving – er war der erste amerikanische Schriftsteller, der auch in Europa Beachtung fand. Einen Kilometer weiter nördlich wartet *Lyndhurst*, der Landsitz des Eisenbahnkönigs

AUF ALTER ROUTE IN DIE NEUE WELT

Schiff der Schiffe, Superlativ an Technik, Schnelligkeit und Ausstattung nennen Technikanbeter die «Queen Elizabeth II». Der 1969 in Dienst genommene Luxusliner hält als einziges großes Passagierschiff den Transatlantikverkehr aufrecht. Von April bis Dezember dampft die «QE2» regelmäßig zwischen Europa und Amerika hin und her – eine Kleinstadt für sich mit acht Bars, vier Schwimmbädern, Fitneßeinrichtungen, Kasino, Einkaufszentrum und der einzigen schwimmenden Außenstelle des weltberühmten Londoner Kaufhauses «Harrod's». Prominente wie Meryl Streep, Jeremy Irons oder Art Buchwalt unterhalten die Passagiere mit Gastlesungen. Fünf Tage dauert die Überfahrt vom britischen Southampton, bis schließlich am Horizont die Skyline von New York auftaucht – ein unvergeßlicher Anblick. Wer es sich leisten kann, besteigt am Ende der Reise die Concorde und fliegt in nur vier Stunden mit Überschallgeschwindigkeit nach Europa zurück.

Jay Gould, auf Besucher. In der kleinen Stadt *Hyde Park* nördlich von Poughkeepsie können das imposante *Vanderbilt Mansion* und das *Geburtshaus des Präsidenten Franklin D. Roosevelt* besichtigt werden. *70*

Long Island Ⓖ. Siehe Seiten 64, 65, 66, 67, 68/69, 70, 71, 72/73, 74/75, 96, 97

Niagara Falls Ⓗ. Eine Touristenattraktion ersten Ranges sind die Niagarafälle im äußersten Nordwesten des Bundesstaates New York. Die 350 Meter breiten *American Falls* liegen in den USA, während die über 900 Meter breiten *Horseshoe Falls* auf kanadischem Territorium eine tosende, halbrunde Arena bilden. Mit wasserdichter Kleidung ausgerüstet, kann man den Anblick des gewaltigen Naturschauspiels von der Talsohle des Niagara-Flusses aus genießen und sogar hinter die Wassermassen treten. Ein feuchtes Vergnügen ist auch die Bootsfahrt mit der «Maiden of the Mist» bis zur tosenden Gischt der Horseshoe Falls. *96/97*

West Point Ⓘ. Etwa 75 Kilometer nördlich von Manhattan liegt die legendäre Militärakademie West Point. Hier wird seit 1802 Amerikas militärische Elite ausgebildet und auf Gehorsam, Ehre und Vaterland gedrillt. Beim Thayer Gate am Südeingang gibt es ein *Visitor Center*, das über die Ausbildung der Kadetten informiert. Im *West Point Museum* kann man anschließend Waffen, Uniformen und andere Kriegstrophäen bewundern – darunter einen Panzer aus dem ersten Weltkrieg, die «Gentleman's Pistols» von George Washington und Napoleons Degen. Jeden Sonntag findet in der *West Point Chapel* ein öffentlicher Gottesdienst statt.

In New York hängt an fast jeder Hauswand ein Brett mit Korb, denn Basketball ist Volkssport – besonders bei den Schwarzen. Am Rand dieses Spielfelds in Greenwich Village haben sich fachkundige Zuschauer eingefunden, die das Spiel interessiert verfolgen.

Ein Platz ändert sein Gesicht: Ehrgeizige Sanierungspläne sehen die Neubebauung von 75 Grundstücken rund um den Times Square vor.

Denkmal für die Vanderbilts und die Eisenbahnen, die sie reich machten: Grand Central Station.

Zu Füßen der Wolkenkratzer: der Turm des Old State House im Herzen von Boston.

TRAUMZIEL AMERIKA

DAS NEUE ENGLAND

Text Klaus Viedebantt

Sonniger Herbsttag in Wolfeboro am Lake Winnipesaukee, New Hampshire.

«Fall Foliage»: das Farbenspiel der herbstlichen Wälder, hier in New Hampshire.

Der «Brick Store» in Bath, New Hampshire.

DIE ALTE WELT DER NEUEN WELT

Buntbemalte Lockenten und andere in Heimarbeit hergestellte Holztiere bringen den Farmern von New Hampshire ein paar zusätzliche Dollars in ihre nicht allzu üppig gefüllte Kasse. Auf den Böden des amerikanischen Nordostens wachsen selten große Ernten.

Eine kleine, weiße Holzkirche mit steilem Turm, umgeben von Bäumen in flammendbunten Farben – dieses Bild trägt fast jeder Amerikaner in sich. Er würde diese Szene sofort im Neuen England lokalisieren, vermutlich irgendwo in Vermont, New Hampshire oder Massachusetts. Aber für die – weißen – Amerikaner symbolisiert dieses Bild mehr. Es ist *Hometown America* und steht auch für ungetrübte Kindheitstage, für friedvolle Erinnerungen und eine Epoche, in der man vermeintlich noch Zeit füreinander hatte. Das zierliche Gotteshaus im Herbstwald dient zugleich auch als ein Symbol für Thanksgiving, das Erntedankfest im Herbst, zu dem man traditionell zu seiner Familie zurückkehrt und in der Kirche dem Herrn für ein gutes Jahr dankt.

Warum genießen die kleinen Staaten im Nordosten der USA, die in Wirklichkeit natürlich ihren Anteil an Kriminalität, Verkehrschaos, Berufsstreß und Finanzproblemen der USA haben, solch ein Heile-Welt-Image? Es dürfte eine verklärte Vorstellung von der Alten Welt sein, die sich in dieser Haltung niederschlägt. Die Küsten rings um Plymouth waren – nach denen in Virginia – die ersten in der Neuen Welt, die von britischen Auswanderern besiedelt wurden. Die strikte Moral der Pilgerväter und ihrer puritanischen Nachfolger prägte das Gewissen der Nation, dies ist heute noch spürbar. Ähnlich wirksam war die unterstellte kulturelle und intellektuelle Überlegenheit der Neuengländer; auch diese wirkt heute noch nach, nicht nur im ausgeprägten Selbstbewußtsein der Bewohner im Nordosten. Schließlich, und das ist eine jüngere Entwicklung, wird den Erbstücken der Alten Welt ein besonderer, liebenswürdiger Charme beigemessen. Nirgendwo in Amerika findet man mehr Antiquariate als im Dunstkreis von Boston, nirgendwo mehr guterhaltene ländliche Kaufmannsläden, mehr alte, sorgsam gepflegte Dörfer als zwischen Vermont und Cape Cod. Daß manches von dem alten Glanz – zumindest auf dem Land – nur erhalten blieb, weil die Bürger sich auf den kargen Böden nicht genug Wohlstand für Neuanschaffungen erwerben konnten, steht auf einem anderen Blatt.

Kein Landstrich der Vereinigten Staaten ist stärker von seiner Geschichte geprägt worden als die drei Staaten des Neuen Englands, nirgendwo zwischen Pazifik und Atlantik wird dies auch heute noch so sehr spürbar. Mag das kleine Tempelchen in Plymouth, das über dem schlichten Felsbrocken errichtet wurde, auf dem die Pilgerväter 1620 an Land gingen, für Europäer etwas bemüht pathetisch erscheinen – Amerikaner sehen hier ihre Herkunft würdig repräsentiert. Weiße Amerikaner, sollte man einschränken, denn die indianischen Ureinwohner im Nordosten haben verständlicherweise einen anderen Blickwinkel, auch wenn Pilger und Indianer anfangs gut miteinander auskamen. Etwa die Hälfte der Auswanderer kam im ersten, für die Europäer ungewohnt harten Winter in Neuengland zu Tode. Ohne die Hilfe der Einheimischen wäre wahrscheinlich auch die andere

Das mächtige Tor an der Atlantic Avenue ist das Wahrzeichen des Hafens von Boston, eines der umschlagreichsten Häfen der Vereinigten Staaten. Es verbindet die Stadt mit der Rowe's Wharf, deren Kais über zweihundert Jahre alt sind, aber auch heute, im Zeitalter der Container-Schiffahrt, noch benutzt werden.

Clapboard Houses wie dieses in Provincetown, dem vielbesuchten Badeort an der Spitze der Halbinsel Cape Cod, sind typisch für die Staaten Neuenglands; die Außenverkleidung aus überlappenden schmalen Holzbrettern, «clapboards» genannt, wurde zu einer in ganz Nordamerika geschätzten Bauweise.

Hälfte der Neulinge umgekommen, ohne ihre Anleitung hätten sie nie gelernt, wie man Mais und Kürbisse anbaut und wie man daraus nahrhafte Gerichte zubereitet.

Der Stein von Plymouth war durchaus nicht das erste Stück Amerika, auf das die Pilgrim Fathers traten. Das erste Land, das sie berührten, war Cape Cod. Am 11. November 1620 sichtete der Ausguck der «Mayflower» diesen sandigen Streifen im Nordatlantik, nach knapp zwei Monaten auf rauher See ein ersehnter Anblick. Doch die 101 Neuankömmlinge merkten bald, daß die schmale Halbinsel kein geeigneter Platz für eine Siedlung darstellte. Jenseits der Bucht gründeten sie – 13 Jahre nach der Virginia Colony – am 21. Dezember ihre Plimoth Plantation, eine selbstverwaltete englische Kolonie, deren Grundlage der «Mayflower Compact» war. Der Vertrag verpflichtete die Siedler, sich gerechte und für jedermann gleiche Gesetze zu geben. Noch auf Cape Cod unterzeichneten ihn 41 Männer, entgegen landläufiger Meinung durchaus nicht nur Pilgerväter. Die religiösen Flüchtlinge stellten nur ein gutes Drittel der neuen Siedler. Alle anderen kamen in die Neue Welt, weil sie sich dort gute Handelsgeschäfte oder auch nur ein freiheitlicheres, besseres Leben versprachen.

DIE REINE LEHRE DER PURITANER

Der Vorhut folgten bald weitere Gruppen von Siedlern: 1629 entstand Salem, 1630 gründete John Winthrop die Stadt Boston. Die Puritaner, so genannt, weil sie im Mutterland die anglikanische Kirche von vermeintlich glaubensfeindlichen Dingen «reinigen» *(to purify)* wollten, drückten dem Leben in Neuengland schnell ihren Stempel auf. Sie ließen neben ihrer Bibelauslegung keine abweichenden Meinungen zu, deshalb kam es bald zu Abspaltungen. 1635 stieß eine solche Gruppe auf der

Wegen der salzig-feuchten Seewinde des Küstenklimas erfordern die Häuser ständige Pflege: in Manchester by the Sea, einem kleinen Seebad nördlich von Salem, Massachusetts.

Im Hochsommer ist Nantucket Island fest in der Hand der Touristen: Hier trifft man viele Tagesbesucher, die mit der Fähre übersetzen und die Insel dann mit gemieteten Fahrrädern erkunden.

Provincetown, das touristische Zentrum auf Cape Cod, wird viel von Dauergästen besucht, die mit dem Personal, oft College-Studenten, schon vertraut sind.

Suche nach Religionsfreiheit erstmals ins Inland vor und etablierte im Connecticut Valley die Hartford Colony. Wer geglaubt hatte, mit der Gründung von Harvard College 1636 käme mehr geistige Freiheit in die Massachusetts Bay Colony, sah sich getäuscht. Einige Jahre später begann die Verfolgung der Baptisten und der Quäker, die in Nachbargebiete, vor allem in die liberale Rhode Island Colony, auswichen. Die Hexenprozesse der Jahre 1692/93 in Salem waren ein Auswuchs dieses Klimas der Intoleranz und geistigen Unterdrückung.

Auch das in den ersten Jahren gute Verhältnis mit den Indianern kam bald zu einem Ende. 1637 zerstörten Puritaner eine Siedlung der Pequots auf Block Island, um einen tödlichen Überfall auf zwei englische Händler zu rächen. Krieger der Pequots ermordeten nun ihrerseits zahlreiche einsam lebende Siedler. Daraufhin schloß sich eine Siedlermiliz mit den Narragansett-Indianern, den traditionellen Feinden der Pequots, zusammen und rottete den Stamm der Pequots fast völlig aus. Es folgten weitere, nicht minder blutige Kriege mit anderen Indianerstämmen, die sich gegen die zunehmende Verdrängung von den wenigen guten Böden der Region zur Wehr setzten. Spätestens 1763, nach dem Ende des Krieges gegen die miteinander verbündeten Franzosen und Indianer, waren die Ureinwohner im Neuen England aus fast allen angestammten Lebensräumen vertrieben.

DIE FOLGENREICHSTE TEA PARTY DER WELTGESCHICHTE

Ein neues und stolzeres Kapitel im Geschichtsbuch der Region schloß sich an: Die Amerikanische Revolution, der Kampf um die Unabhängigkeit, der wie kein anderes historisches Ereignis das amerikanische Selbstverständnis formte. Auslöser war im Jahr 1765 der «Stamp Act» des britischen Parlaments. Diese erste direkte Steuer in

GESCHÄFTE, POLITIK UND KATASTROPHEN

Die Schicksale der Kennedys

Zu den berühmtesten Familien Amerikas gehört der Kennedy-Clan. Von armen irischen Einwanderern gegründet, brachte er starke Frauen und bedeutende Männer hervor, besaß zeitweise großen Einfluß im Staat und erlebte eine Serie von Tragödien.

Es sah nicht nach einer großen Saga aus, was am 20. März 1849 in Liverpool begann: Unter Hunderten hungernder Iren, die sich einschifften, waren die jungen Leute Patrick Kennedy und Bridget Murphy. Beide überlebten Ruhr und Cholera im Laderaum. Sie heirateten in Boston. Bridget brachte drei Töchter und zwei Söhne zur Welt, von denen aber einer schon bald nach der Geburt starb. Paddy, der Vater, fiel 1858 der Tuberkulose zum Opfer. Bridget brachte die Familie als Dienstmagd durch – mit ihr begann die Geschichte der beein-

Mitglieder der Familie Kennedy: 1 Joe junior; 2 Robert und John F.; 3 Erinnerung an die Sommerferien am Strand von Cape Cod – Joe und Rose mit acht ihrer neun Kinder; 4 Edward; 5 Rose im Jahr 1979; 6 John F. und Jacqueline 1960 in Hyannis Port.

druckenden Kennedy-Frauen. Sie schaffte es, sich einen kleinen Kurzwarenladen zusammenzusparen und ihrem Sohn Patrick Joseph eine Kneipe zu kaufen. P. J., wie er nur genannt wurde, stieg in den Schnapsgroßhandel ein. Die Ehe mit einer Tochter aus Bostons besten Kreisen trug bei zum Erfolg seiner Kandidatur für einen Sitz im Senat von Massachusetts. Politik und Geschäfte – diese Kombination sollte die Kennedys nicht mehr loslassen. Schon gar nicht, als P. J.s Sohn Joe die Tochter eines demokratischen Parteifreundes, Rose Fitzgerald, heiratete. Rose, die 1995 im Alter von 104 Jahren starb, führte ein streng katholisches Zuhause und ignorierte, wie die Kennedy-Männer draußen agierten: mit wenig feinen, bisweilen wohl ungesetzlichen Mitteln. Sie schwieg auch zu den weithin bekannten Liebschaften ihres Mannes.

Joe, der zeitweise der Botschafter der USA in London war, begründete das riesige Vermögen der Kennedys. Rose gebar ihm neun Kinder. Der älteste Sohn, Joe junior, sollte Amerikas erster katholischer Präsident werden, das hatte der machtbewußte Vater beschlossen. Doch als Joe junior 1944 als Pilot im Geheimeinsatz über dem Ärmelkanal umkam – 1948 starb auch seine Schwester Kathleen bei einem Flugzeugabsturz –, mußte der zweitälteste John Fitzgerald, genannt Jack, für diese Aufgabe getrimmt werden. Der Höhepunkt der Kennedy-Saga

ist bekannt: John Fitzgerald heiratete die bezaubernde Jacqueline Bouvier, wurde 1960 zum Präsidenten eines neuen, jungen Amerikas gewählt und erwies sich als großer Staatsmann. Kennedy, der im Krieg Kameraden heldenhaft gerettet hatte, der als politischer Autor den Pulitzer-Preis erhalten hatte, der als Vater den Verlust zweier Kinder beklagen mußte, war als Ehemann ein Abbild seines Vaters.

Der Präsident wurde 1963 in Dallas unter nie völlig geklärten Umständen ermordet. Nun sollte nach Wunsch des Clans der nächstjüngere Bruder, Robert Francis, die Karriere fortsetzen. Robert hatte gute Aussichten, zum Präsidenten gewählt zu werden. Aber 1968 wurde auch er erschossen. Edward Moore, der dritte Bruder, sollte nun antreten. »Ted« verspielte jedoch seine Chancen, als er 1969 an einer Brücke auf der Insel Chappaquiddick bei Martha's Vineyard den Wagen ins Wasser steuerte und dabei eine attraktive Wahlhelferin umkam, während Kennedy sich rettete.

In der Generation von Joes Enkeln zeichnete sich kein potentieller Präsident mehr ab, statt dessen gab es neue Tragödien. Teds Sohn Edward junior verlor durch Knochenkrebs ein Bein. David, ein Sohn von Robert Kennedy, starb an einer Überdosis Drogen. Präsidentensohn John F. Kennedy junior und seine Frau kamen 1999 beim Absturz mit ihrem Privatflugzeug ums Leben. Der politische Einfluß der Kennedys hat nachgelassen, auch wenn Ted immer noch als Senator Massachusetts in Washington vertritt. Für die Wahlen holt sich der Demokrat schon mal die Unterstützung von Arnold Schwarzenegger. Der starke Mann aus Hollywood ist zwar Republikaner, aber verheiratet mit Maria Shriver und die ist als Teds Nichte eine Kennedy.

Ein Blick zu den Nachbarn in Rhode Island (siehe auch Seite 188): «Cottages», Hütten, nannten die Superreichen des 19. Jahrhunderts ihre prächtigen Sommerhäuser in Newport am Atlantik.

Oben: Beechwood, zuletzt im Besitz der Familie Astor, ist für seinen riesigen Ballsaal berühmt.

Unten: Das Marble House der Vanderbilts. Der Marmor für seine Innenausstattung wurde aus aller Welt herbeitransportiert.

In Boston: Blick über den Charles River auf den 241 Meter hohen John Hancock Tower.

Vor Provincetown: In der großen Bucht von Cape Cod lassen sich bei Ebbe weite Wattwanderungen unternehmen.

Was den Pilgervätern ihren Aufenthalt auf Cape Cod rasch verleidete, zieht heute Hunderttausende von Touristen an: die ausgedehnten Dünenstrände der weit ins Meer ragenden Halbinsel. Der Race Point Beach (oben) oder die National Seashore (unten) sind ideal für den Sommerurlaub. Aber für die Siedler, die Getreide und Gemüse zum Überleben brauchten, war der Sand ungeeignet.

Weiß ist vor allem auf den Inseln Nantucket und Martha's Vineyard alljährlich die Farbe der Feriensaison. Insbesondere die «summer people» vom Festland, die jedes Jahr im Mai ihre teuren Ferienhäuser beziehen, legen Wert auf diese Tradition. – Hier in Nantucket Town.

den 13 amerikanischen Kolonien, die eine Steuermarke *(stamp)* auf allen Beurkundungen, aber auch auf allen Papiererzeugnissen forderte, führte zu einer Protestbewegung, die von Samuel Adams geleitet wurde. Der spätere Revolutionsführer gründete mit John Hancock, Paul Revere und anderen in Boston die «Sons of Liberty». Die Geheimorganisation dieser «Söhne der Freiheit» sollte zur Keimzelle der Unabhängigkeit werden. 1770 floß beim Boston Massacre erstmals Blut: Als etwa sechzig Bürger in Boston britische Soldaten bedrängten, schossen diese in die Menge; fünf Zivilisten kamen dabei um. Der «Stamp Act» war zwar inzwischen zurückgenommen worden, aber nun erregte eine neue Steuer der Krone die Gemüter in Amerika, die Abgabe auf den beliebten Tee. Wieder erklang die Parole: »No taxation without representation!», keine Steuer ohne eine gewählte Vertretung der amerikanischen Kolonisten im britischen Parlament. Die Boston Tea Party am 16. Dezember 1773 machte Geschichte: Eine Gruppe Bostoner Bürger, die sich notdürftig als Indianer verkleidet hatten, enterte nachts im Hafen ein britisches Schiff und warf seine Ladung, 342 Kisten Tee, ins Wasser.

Das war das Zeichen zur offenen Rebellion, so verstand es auch König Georg III. Er sandte zusätzliche Truppen über den Atlantik, sie sollten schleunigst die Schießpulverdepots in Concord, etwa 25 Kilometer westlich von Boston, besetzen, um die Lager vor dem Zugriff der Aufrührer zu schützen. Als im April 1775 die britischen Rotröcke auf Concord vorrückten, waren die Rebellen bereits gewarnt. Paul Revere hatte auf seinem nächtlichen Ritt, den Henry Wadsworth Longfellow (siehe Seite 136) mit einem Gedicht unsterblich machte, die Minutemen alarmiert, die revolutionäre Freiwilligenmiliz, die «binnen einer Minute in Waffen» war. Um der Wahrheit die Ehre zu geben: Revere geriet in eine britische Patrouille, andere mußten seine Mission fortsetzen. Aber das Ziel der Rebellen war erreicht, als am 19. April in Lexington siebzig bewaffnete Minutemen den Truppen des Königs entgegentraten. Als ein Schuß fiel, feuerten die etwa siebenhundert Briten eine Salve ab, der acht Amerikaner zum Opfer fielen. Die Briten marschierten weiter nach Concord; dort kam es zu einem weiteren Gefecht, bei dem 95 Amerikaner und 273 Briten starben. Ein hoher Blutzoll, aber die Amerikaner konnten ihren ersten, moralisch äußerst wichtigen Sieg erringen. Wenig später, am 17. Juni, kam es zu einem weiteren schweren Gefecht vor den Toren von Boston: In der Schlacht um Bunker Hill (die im wesentlichen am benachbarten Breed's Hill ausgefochten wurde) versuchten die Briten, ein Bollwerk der Amerikaner zu stürmen, dabei erlitten sie starke Verluste. Die Amerikaner mußten sich nach zwei Attacken zwar mangels Munition zurückziehen, aber auch dieses Gefecht stärkte ihr Selbstbewußtsein.

Eine andere wichtige Militäraktion auf dem Weg in die Unabhängigkeit hatte bereits am 10. Mai tief im Inneren von Vermont stattgefunden: Eathan Allen hatte Vermonts Revolutionsmiliz, die «Green Mountain Boys», heimlich über den Lake Champlain geführt und überraschend das britische Fort Ticonderoga (im heutigen Staat New York) gestürmt. Die Waffen und Vorräte, die dabei in ihre Hände fielen, halfen General George Washington (1732–1799) im Jahr 1776, die Briten endgültig aus Boston zu vertreiben. Im selben Jahr unterzeichneten am 4. Juli, dem offiziellen Geburtstag der USA, Vertreter der

13 Kolonien die «Declaration of Independence», die Unabhängigkeitserklärung. Der Unabhängigkeitskrieg endete 1781, die Vereinigten Staaten wurden 1783 im Frieden von Versailles international anerkannt. 1788, ein Jahr vor dem Zusammentritt des ersten amerikanischen Kongresses, traten Massachusetts als sechster und New Hampshire als neunter Staat der Union bei; der damals schon unabhängige Staat Vermont, der bereits eine eigene Währung hatte, folgte erst 1791 als 14. Staat.

Alle drei Staaten stellten der Union später Präsidenten. Der zweite Präsident der USA, John Adams, kam 1797 aus Massachusetts, sein Sohn John Quincy Adams folgte ihm 1825 als sechster Präsident ins Weiße Haus. Auch der 35. Präsident (1961) stammt aus Massachusetts: John F. Kennedy. New Hampshire stellte 1853 den

14. Präsidenten, Franklin Pierce. Aus Vermont stammen Chester A. Arthur, der 1881 als 21., und Calvin Coolidge, der 1923 als 30. Präsident nach Washington zog.

WIRTSCHAFTSWUNDER MIT FISCH UND FADEN

Der politischen und militärischen folgte die industrielle Revolution. Und wieder waren Boston und das Land rings um Amerikas erste Großstadt die Wegbereiter. Die Region war ursprünglich durch die See zu Reichtum

gekommen (siehe Seite 145). Vor allem die scheinbar unerschöpflichen Fischbestände vor der Küste bescherten Wohlstand, der für die Puritaner als äußeres Zeichen des Erwähltseins durch Gott galt.

Mit dem Fischfang entwickelte sich eine florierende Schiffsbaubranche und die Jagd auf Wale – ein einträgliches Geschäft, solange das Öl der Meeressäuger die Lampen der Welt erleuchtete. Doch nachdem 1859 die erste Ölquelle in den USA angebohrt worden war, wurden die «Tranfunzeln» schnell durch die helleren Petroleumlampen ersetzt; der Walfang verlor an Bedeutung.

Zu jener Zeit hatte aber die industrielle Revolution den Nordosten Amerikas bereits grundlegend verändert. In New Hampshire und Massachusetts entstanden die ersten Textilfabriken der neuen Welt. Diese durch Wasserkraft angetriebenen *mills* verarbeiteten die Baumwolle aus dem Süden zu Stoffen aller Art. Nirgendwo läßt sich diese Epoche, die zur Industrialisierung führte und die USA zur größten Wirtschaftsmacht der Erde werden ließ, besser nachvollziehen als in Lowell, wo die *mills* in einem Nationalpark erhalten wurden. Dort wird auch sichtbar, welche soziale Veränderung die Fabriken mit sich brachten. Teilweise unmenschliche Arbeitsbedingungen führten zu ersten Zusammenschlüssen von Industriearbeitern, schließlich zur Entstehung von Gewerkschaften.

Groß waren deren Möglichkeiten anfangs allerdings nicht, drängten doch Mitte des 19. Jahrhunderts Einwanderer aus Europas Armenhäusern, beispielsweise aus Irland, Italien, Deutschland und Portugal, ins «gelobte Land Amerika». Sie waren bereit, jeden Job für jedes Entgelt anzunehmen. Die Einwanderung veränderte vor allem die Städte, insbesondere Boston, wo die katholischen Iren und, mit Abstrichen, auch die Italiener bald ähnlich einflußreich wurden wie die angestammte britisch-protestantische Kaste. Letztere stellt aber bis heute die Spitze der Gesellschaft, die sogenannten «Boston Brahmins», die tonangebenden «Brahmanen» der Stadt (indische Würdenträger standen für den Namen Pate).

DIE ERFINDUNGEN DER «GENIALEN YANKEES»

Die rasche Entwicklung der Textilindustrie wäre nicht möglich gewesen, hätte nicht Eli Whitney 1793 eine mechanische Spinnmaschine für Baumwolle so weiterentwickelt, daß sie die industrielle Produktion ermöglichte. Der Konstrukteur erhielt einige Jahre später von der Bundesregierung den Auftrag, Gewehre zu entwickeln, die in Massenproduktion herzustellen sind. Sein Verfahren mit den bereits zuvor erfundenen, aber von ihm verbesserten standardisierten Einzelteilen legte den Grundstein für Amerikas Waffenindustrie, für die Colts und Winchesters aus Neuengland. Whitneys System ließ sich aber auch für viele andere Wirtschaftszweige abwandeln. Whitney war ein Zögling der Universität Yale. Diese Hochschule sowie Harvard, das Massachusetts Institute of Technology und zahlreiche andere Universitäten haben den Ruf der «genialen Yankees» mitbegründet und bis heute fortgeschrieben, obwohl viele dieser Tüftler und Erfinder im Nordosten ohne höhere Bildung zu ihren Innovationen kamen. Beispiele für die akademischen Genies sind die Harvard-Absolventen Edwin Herbert Land, der Vater der Polaroidkamera, und Howard H. Aiken, der für IBM den Computer entwickelte. Zur zweiten Kategorie gehören der Bauernsohn Elias Howe, der die erste Nähmaschine erfand, oder der Landarbeiter Earl Tupper aus Berlin, New Hampshire, dessen praktische Plastikbehälter unter dem Markennamen «Tupperware» bekannt sind.

In Nantucket, dem Hauptort der gleichnamigen Insel. Typisch für die stilvollen älteren Häuser ist der kleine Dachbalkon. Er wird «Widow's Walk» genannt, weil früher Witwen dort angeblich ihrer Männer gedachten, die auf See umgekommen waren

Mit der «Mayflower» kamen die ersten Pilgerväter 1620 nach Plymouth; ein Nachbau des Schiffes (oben) ist heute nahe der Stelle vertäut, an der die Einwanderer damals ihre erste dauerhafte Siedlung anlegten. Wie diese in etwa aussah, zeigt die Plimoth Plantation am südlichen Stadtrand (unten). Schiff und Farm sind Teile eines «lebenden Museums», in dem das Personal in historischen Kostümen den Alltag der Pilgrim Fathers nachspielt.

Lebendige Vergangenheit: in der Plimoth Plantation.

Bis heute verträumt und beschaulich: der abgeschiedene, stille Landstrich der Berkshires in Massachusetts.

Oben: Im nostalgischen Drugstore, einem beliebten Treffpunkt der Kleinstadt Lee.

Unten: Im Hancock Shaker Village bei Pittsfield wird noch wie einst gewebt, auch wenn die Glaubensgemeinschaft der Shaker hier seit 1960 ausgestorben ist – heute ist die Siedlung ein Museumsdorf, das einen eindrucksvollen Einblick in das strenge Leben dieser Sekte vermittelt.

Bilder aus Lee, der Stadt, die im 19. Jahrhundert durch ihre fünf Papierfabriken zu Wohlstand gekommen war. Vor allem öffentliche Bauten und Kaufmannshäuser wurden aus «red bricks» errichtet. Auch diese roten Ziegel sind ein englisches Erbe; die ersten wurden per Schiff in die Neue Welt gebracht.

Oben: Das Gerichtsgebäude.

Unten: Einer der zahlreichen Antiquitätenläden der Stadt.

Was ist ein Yankee? Der Schriftsteller Ambrose Bierce (1842–1914) hat auch für diese Frage eine seiner bissigen Definitionen parat: «In Europa ein Amerikaner. In den nördlichen Staaten unserer Union ein Neuengländer. In den nördlichen Staaten ist das Wort unbekannt (siehe: Damyank).» Natürlich ist es nicht wahr, daß man in den Südstaaten nur vom «verdammten Yank» spricht, aber es stimmt schon, daß dieses Wort im Süden generell für den Nordstaatler gebraucht wird, während im Rest der Welt jeder Amerikaner ein Yankee ist. Für die Neuengländer ist die Sache klar: Ein Yankee ist, wer in den sechs Staaten geboren wurde, möglichst in einer Familie, die schon seit einem Dutzend Generationen hier ansässig ist. Yankees sind niemals *summer people*, sie sind immer *townspeople*, selbst wenn sie irgendwo in der Welt leben und nur in den Ferien nach Hause, nach Neuengland, kommen. *Summer people* sind die Sommerhausbesitzer (auch wenn sie zum Skiurlaub anreisen), *townspeople* sind die Einheimischen. Daß diese «Sommerleute» bisweilen yankeehafter agieren als die Ortsansässigen, steht auf einem anderen Blatt. Woher das Wort «Yankee» stammt, ist ebenso ungeklärt wie dessen geographische oder sonstige Abgrenzungen. Ein Lager verweist auf indianische Begriffe in verschiedenen Stammessprachen, die dort «Fremder», «Engländer» oder gar «Feigling» bedeuten, ein anderes sieht die Herkunft im Niederländischen: Weil die Neuengländer den Holländern etwa in Neu-Amsterdam, dem jetzigen New York, Käse verkauften, nannten diese die Händler jeweils «Jan Kaas». Hale fügt dieser Theorie nur hinzu: «Vielleicht sollten wir dankbar sein, daß sie damals kein Pumpernickel verkauften.»

Es ist, bei allem Zweifel an dieser Erklärung, durchaus denkbar, daß damals schon ein reger Handel mit Käse und anderen Molkereiprodukten getrieben wurde. Andere Formen der bäuerlichen Nutzung dieses felsigen Landes (Granit und Marmor sind ein gutes Geschäft für Vermont und New Hampshire, den «Granite State») waren nicht sehr einträglich. Das gilt auch heute noch. Neben der Geflügelzucht ist die Milchproduktion der ertragreichste Zweig der Landwirtschaft in Massachusetts, New Hampshire und insbesondere im «Green Mountain State» Vermont, wo vor einigen Jahren noch mehr Kühe als Menschen gezählt wurden. Eine Spezialität der Küstenregionen rings um Cape Cod ist der Anbau von *cranberries*. Nirgendwo in der Welt werden mehr der roten Beeren geerntet als in Massachusetts, Preiselbeeren sind ein unverzichtbarer Bestandteil des traditionellen Truthahn-Festessens am Thanksgiving Day. Eine weitere Besonderheit der nördlichen Landesteile von Vermont und New Hampshire ist das *sugaring*, das Anzapfen des Zuckerahorns im späten Winter. Auch in einigen Regionen von Massachusetts wird auf diese Weise Maple Syrup, Ahornsirup, gewonnen (siehe Seite 179).

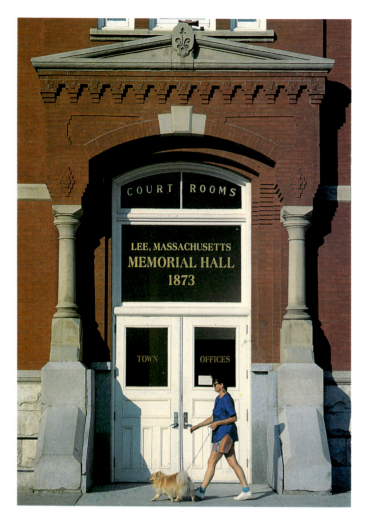

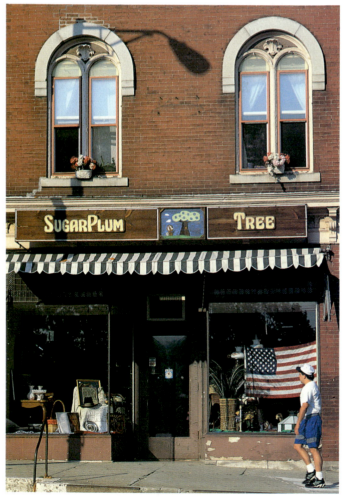

Das Bildungswesen blickt in Neuengland auf eine große Tradition zurück. Den puritanischen Siedlern lag die Erziehung besonders am Herzen. So ist es nicht verwunderlich, daß im Nordosten der USA einige der renommiertesten Universitäten liegen, darunter das 1636 gegründete Harvard.

STUDIEREN AN AMERIKAS ELITE-UNIVERSITÄTEN

«Tritt ein, um Weisheit zu erwerben», heißt es auf einer Wand im Harvard Yard, jener gepflegten Grünfläche, die das Zentrum der ältesten, reichsten und wohl auch angesehensten Universität Amerikas bildet. Von hier aus sind es nur ein paar Schritte zum Denkmal jenes Herrn, auf dessen Sockel steht: «John Harvard – Founder – 1638.» Für eine Institution, deren Motto *Veritas* (lateinisch «Wahrheit») lautet, ist an diesem Monument erstaunlich viel

In Harvard: Turm der Memorial Church (oben); das Radcliffe College (unten).

falsch. Der dargestellte Herr ist nicht Harvard, sondern ein namenloser Student – als das Denkmal 1888 geschaffen wurde, wußte niemand mehr, wie Harvard ausgesehen hatte. Das Datum ist auch falsch, denn die Hochschule wurde bereits 1636 vom Gerichtshof der Massachusetts Bay Colony eingesetzt. Harvard war also auch nicht der Gründer; der Geistliche hat dem Lehrbetrieb nur seine Bibliothek und seine Anteile an einem Pub vermacht. Billiger ist wohl selten ein Mann zu Weltruhm gelangt. Harvard Yard in Bostons Nachbarstadt Cambridge ist umstanden von traditionsreichen Backsteinhäusern, an denen sich teilweise Efeustränge hochranken. *Ivy* heißt Efeu auf Englisch, und «Ivy League» werden acht Universitäten im Nordosten der USA genannt, die nicht nur als traditionsreich, sondern auch als besonders gut gelten. Deshalb ging um 1980 ein Proteststurm durch die Gazetten, als Harvard die meisten Efeupflanzen abhacken wollte, um die historischen Fassaden zu schützen. Harvard hatte die passende Antwort: Die «Ivy League» hat mit Efeu nichts zu tun; *ivy* bedeutet, amerikanisch ausgesprochen, die römische Ziffer IV, also vier. Diese vier, später acht Universitäten veranstalten im Herbst ein großes Football-Turnier. Dennoch, der Efeu hat inzwischen dieselbe Bedeutung wie der Lorbeer an europäischen Hochschulen, weil «Ivy-League»-Universitäten wie Dartmouth in New Hampshire, Yale oder Princeton meist auf den vorderen Plätzen in der Bewertung der Unis lagen. Die guten Plazierungen sind nicht nur aus psychologischen Gründen wichtig, sie haben auch direkte wirtschaftliche Auswirkungen. Zwar kostet ein Studienjahr in den USA gut 13 000 Euro an Gebühren (in Harvard sind es mehr als 15 000 Euro). Aber da die Studenten an den privaten Elite-Universitäten nach Eignung und nicht nach Zahlungskraft ausgewählt werden, erhält die Mehrzahl Stipendien. Auch der Lehrbetrieb und die Einrichtungen verschlingen viel Geld – in Harvard beispielsweise kommen auf 17 000 Studenten ebensoviele Angestellte. Deshalb sind die Universitäten auf weitere Einkünfte angewiesen, die im wesentlichen aus Zinsen und Spenden stammen. Harvard hat ein Vermögen von mehr als fünf Milliarden Dollar, meist angelegt in Aktien, Renten und Immobilien; die anderen Nobel-Unis besitzen weniger; ihr Kapital liegt aber auch im Milliardenbereich.

Die Spenden und Erbschaften kommen hauptsächlich von den *alumni*, den ehemaligen Absolventen. Wer zu Wohlstand gekommen ist, wird in Amerika von seiner einstigen Alma mater regelmäßig angeschnorrt. Das gilt nicht nur für die «Ivy League», aber für sie besonders, denn ihre Absolventen bringen es im Leben meist zu

Die Memorial Church ist den in den Weltkriegen gefallenen Studenten gewidmet.

Mit Begeisterung werden Sportwettkämpfe verfolgt: Football-Turnier in Harvard.

etwas. Auch hier ist Harvard wieder vorn: Sechs Präsidenten und 33 Nobelpreisträger haben hier ihre Ausbildung beendet. Für sie und Tausende anderer *alumni* gilt, was ebenfalls an der Wand im grünen Hof von Harvard steht: «Tritt hinaus, um deinem Land und deinesgleichen besser zu dienen.»

Rote Ziegel und weiße Fensterrahmen – Inbegriff des konservativen Baustils der offiziellen Gebäude in Neuengland. Hier die 1636 gegründete Harvard University, die fast einhundertfünfzig Jahre älter ist als die Vereinigten Staaten. Der ausgedehnte Campus am Ufer des Charles River, gegenüber von Boston, lohnt eine Besichtigung.

Im Hafen des bekannten Fischerorts Gloucester, Massachusetts.

Bostons ältestes öffentliches Gebäude: das Old State House aus dem Jahr 1713. Bis zur Fertigstellung des heutigen State House (1798) diente es als Regierungssitz. Danach wurde es lange Zeit als Warenlager genutzt, bis die private Vereinigung «Bostonian Society» das Gebäude 1881 erwarb und in ein Museum zur Stadt- und Revolutionsgeschichte umwandelte.

Boston kann mit einer großen Vielfalt attraktiver Museen aufwarten. Der Welt der Wissenschaft und Technik ist das Museum of Science im Science Park am Charles River gewidmet. Zu den besonders interessanten Sehenswürdigkeiten gehören etwa die Anlage zur Erzeugung künstlicher Blitze (oben) und die naturgetreue Nachbildung eines sechs Meter langen Tyrannosaurus (unten).

SAISONZUSCHLAG DREIMAL IM JAHR

Alle drei Staaten pflegen getreu ihrer industriellen Tradition weiterhin die Textilfabrikation; auch Metallverarbeitung, Maschinenbau und Chemie sorgen für Arbeitsplätze. Dem hohen Bildungsniveau und dem dichten Hochschulnetz der Region ist es zu verdanken, daß sich zahlreiche Computer- und Elektronikunternehmen sowie Spezialisten für Weltraum- und Medizintechnologie in Massachusetts und seinen Nachbarstaaten niedergelassen haben. Eine gute Position haben die Staaten des Neuen Englands auch im Dienstleistungssektor. Boston ist seit alters ein Zentrum der Versicherungsbranche. Das Geschäft der Banken hat sich zwar nach New York verlagert, dafür ziehen Massachusetts und New Hampshire immer mehr Einrichtungen der Erziehung und Ausbildung an, gewiß eine Auswirkung der prestigeträchtigen Universitäten in beiden Ländern (siehe Seite 130). Wegen seiner Wachstumschancen noch attraktiver ist ein anderer Dienstleistungszweig: der Tourismus. Er hat durchaus Tradition in den drei Staaten; schon im 19. Jahrhundert suchten die Großstädter der Ostküste Erholung in den Bergen oder an den Stränden. Der Frühling ist für Neuengland zwar keine geeignete Reisezeit, da er reichlich Matsch und Regenwetter bringt, aber ansonsten kann sich der Nordosten nicht beklagen. Heute gehört Neuengland zu den wenigen Regionen in Amerika, die dreimal im Jahr volle Hotels melden und Saisonzuschlag fordern können: Im (allerdings moskitoreichen) Sommer, zur Laubfärbung im Herbst und, zumindest für die Skiorte, im Winter. Insofern stimmt nicht mehr, was der Schriftsteller Joseph Wood Krutch 1949 behauptete: «Das Schlimmste, was man gegen Neuengland vorbringen kann, ist nicht sein Puritanismus, sondern sein Februar.»

Was Wintersportler begeistert, gerät weniger sportiven Neuengländern bisweilen zur Last. «Massachusetts hat ein gutes Klima», schrieb der offensichtlich frierende Poet und Philosoph Ralph Waldo Emerson (1803–1882) in sein Journal, «aber es braucht ein wenig Kohle.» Mit dem in Concord geborenen Emerson entstand erstmals eine eigene Literatur in Neuengland und Amerikas erste eigenständige Philosophie, der Transzendentalismus. Er geht aus von einer mythischen Einheit zwischen Gott, den Menschen und aller Natur – eine liberale Lehre, die zu puritanischen Zeiten keine Chance gehabt hätte. Emerson warb erfolgreich für transzendentale Gedanken, die er auf Vortragsreisen durch ganz Amerika populär machte. Daraus entwickelte sich eine Bewegung zurück zur Natur, die Concord zum ersten literarischen Zentrum Amerikas machte. Der Dichter Henry David Thoreau (1817–1862) lebte für zwei Jahre in der Abgeschiedenheit eines Blockhauses am Walden Pond bei Concord.

LITERARISCHE PILGERSTÄTTEN

Der Faneuil Hall Marketplace in Boston bietet im Sommer ein buntes Bild. Das Warenangebot auf diesem alten Marktplatz im Zentrum der Stadt ist allerdings inzwischen mehr auf Touristen als auf die «Bostonians» zugeschnitten.

Eine andere Form des vermeintlich einfachen Lebens in der Natur erprobten damals die Schriftsteller Margaret Fuller (1810–1850), Nathaniel Hawthorne (1804–1864) und andere Intellektuelle in einer Landkommune, der Brook Farm unweit von Boston. Das Experiment auf der knapp 70 Hektar großen Milchviehfarm hielt immerhin fast neun Jahre, wenn auch nicht alle Teilnehmer dort so lange blieben. Hawthorne, der zeitweise auch in Concord lebte, schlug die literarische Brücke von den Transzendentalisten zurück in die geistig enge Welt der Puritaner mit seinen Novellen «The Scarlet Letter» und «The House of the Seven Gables», heute amerikanische Klassiker. Hawthorne wurde überdies zu einem der Gründer einer typisch amerikanischen Literaturform, der Kurzgeschichte. In Concord gründete Amos Bronson Alcott (1799–1888) eine philosophische Schule, die sich vor allem mit den Lehren der Transzendentalisten beschäftigte. Alcotts Tochter Louisa May (1832–1888) schrieb im «Orchard House», das die Familie zwischen 1858 und 1877 bewohnte, den autobiographischen Roman «Little Women», ein wichtiges Werk der amerikanischen Frauenliteratur. Das «Orchard House» und das nur wenige Meter entfernte Heim Hawthornes, «The Wayside», sind heute ebenso literarische Pilgerstätten in Concord wie Thoreaus Waldhütte. Auch das Haus mit den sieben Giebeln in Salem, das für Hawthornes Novelle als Vorbild diente, ist heute ein literarisches Museum. Hawthorne beeinflußte den bekanntesten Romancier Neuenglands, den ehemaligen Seemann Herman Melville (1819–1891), dessen «Moby Dick» in den Berkshires im Westen von Massachusetts entstand und zu Weltruhm kam. Auch Robert Frost (1874–1963), der eine Generation später in New Hampshire und Vermont lebte, steht mit seinen Naturgedichten in geistiger Verbindung mit den Transzendentalisten.

Zu den meistgelesenen Dichtern Amerikas gehört bis zum heutigen Tag Henry Wadsworth Longfellow (1807 bis 1882), der in Harvard lehrte. Sein Zeitgenosse John Greenleaf Whittier (1807–1892), in der Nähe von Newburyport geboren, verschrieb sich einer weiteren Idee, die in Neuengland starke Wurzeln hat: dem Abolitionismus. Unter diesem Begriff sammelten sich die Gegner der Sklaverei; der Dichter und Journalist Whittier war eine der führenden Stimmen dieser Bürgerrechtsbewegung. Die literarische Beat Generation, die Auftakt zu einer neuen, weltweiten Jugendkultur werden sollte, ist in New York entstanden. Aber ihr führender Kopf, Jack Kerouac (1922–1969), stammte aus Lowell in Massachusetts, einer damals nicht sehr attraktiven Stadt, der er sich dennoch zeitlebens verbunden fühlte. Sein Buch «On the Road» wurde zur Kultlektüre für eine ganze Generation.

Zu den besten Adressen in Boston gehört das Viertel Beacon Hill, wo hinter schlichten Fassaden in eleganten Appartements die «Familien des alten Geldes» wohnen.

Boston – alte Hafenstadt mit großer Vergangenheit, moderne Metropole und wirtschaftliches Zentrum Neuenglands.

Oben: Wo heute Privatyachten anlegen, machten einst die Segler mit Waren aus allen Kontinenten fest. Der Nachbau der «Beaver» erinnert an diese Tage. Auf dem Schiff fand 1773 die legendäre Boston Tea Party als Auftakt zum Unabhängigkeitskrieg statt.

Unten: Heute ist der Hafen nicht zuletzt ein Anziehungspunkt für Hummer- und Fischliebhaber.

Herbstliche Laubfärbung in Alton, einem Dorf am Südende des Lake Winnipesaukee, New Hampshire.

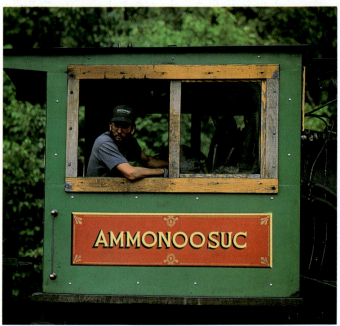

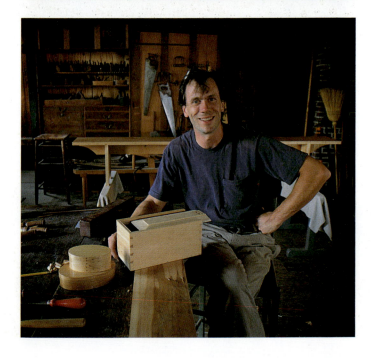

EIN FESTIVAL FÜR MUSIKFREUNDE

Anders als in der Literatur und Philosophie, hat das Neue England in den übrigen Künsten keine epochemachenden Leistungen vorzuweisen. Amerikas Musikszene kennt keine neuenglischen Komponisten von Rang, allerdings ein Orchester mit großem Namen: das Boston Symphony Orchestra. Es wurde 1881 dank der Spende eines Mäzens in Boston gegründet. In jüngerer Zeit erhielt es einen Ableger, die Boston Pops, die in symphonischem Stil Popmusik, etwa Titel der Beatles, mit stattlichem musikalischem Pomp darbieten. In den Sommermonaten spielen die Boston Pops zu mehreren Konzerten an der Charles River Esplanade unter freiem Himmel auf. Die Symphoniker gastieren dann in Tanglewood im Westen von Massachusetts. Ihr Sommerfestival ist eines der renommiertesten seiner Art in den Vereinigten Staaten, es zieht jährlich mehr als dreihunderttausend Menschen in die Hügellandschaft der Berkshires. Das Festival wurde 1934 ursprünglich für die New Yorker Philharmoniker gegründet, aber bereits zwei Jahre darauf übernahmen die Kollegen aus Boston die Festwochen in ihrem Heimatstaat.

Die Malerei hatte in der puritanischen Epoche nur eine praktische Bedeutung: man benötigte Porträts der Würdenträger. Sonstige bildnerische Kreativität war nicht gefragt. Folglich hat sich auch die Porträtkunst besonders gut entwickelt. John Singleton Copley (1738–1815) und Gilbert Stuart (1755–1828) waren die ersten amerikanischen Meister dieser Kunstrichtung, ihre wichtigsten Werke hängen im Museum of Fine Arts in Boston. Ein Jahrhundert später wurde Grandma Moses (1860–1961) zu einer Berühmtheit; die naiven Bilder der Anna Mary Robertson Moses erfreuten sich rund um die Welt reger Nachfrage. Nach ihrem Tod ist ihr Stern allmählich verblaßt. Den bekanntesten Namen unter den Malern des Neuen England trägt – neben Norman Rockwell (siehe Seite 156) – jedoch Samuel Finley Breese Morse (1791–1872), ein guter Porträtist, der seine Berühmtheit allerdings als Erfinder des Morseapparates erlangte.

SÄUBERLICH GENÄHTE ENTENFÜSSE IM SCHLAMM

Die ländlichen Szenen von Grandma Moses, die erst im hohen Alter zu malen begann, sind sicherlich weniger der hohen Kunst als dem Kunsthandwerk zuzuordnen. Auf diesem Feld der Volkskunst haben die Bürger des Neuen England, vielfach begabte Handwerker, einst erstaunliche Leistungen vollbracht, die teilweise noch heute den Geschmack der Amerikaner prägen. Das gilt vor allem für die Quilts, jene Decken aus Stoffresten, die in allen Formen und Farben denkbar sind. Wie fast jedes

Für Sammler gibt es in diesem Laden für Antikes und «Kuriosa» in Littleton, New Hampshire, viele Entdeckungen zu machen.

Fast ebenso berühmt wie Berg selbst ist die Zahnradbahn Mount Washington Cog Railway, die seit 1869 Touristen auf den 1917 Meter hohen Gipfel bringt und dabei Steigungen von bis zu 37 Prozent überwindet.

Der junge Handwerker Hancock Shaker Village bei Pittsfield läßt die vielgerühmte Tischlerkunst dieser Glaubensgruppe wieder aufleben. Der Stil der schlichten, funktionalen Möbel und Gebrauchsgegenstände findet heute wieder viele Freunde.

Bei Walpole, New Hampshire. Die sonnengereiften Kürbisse sind nicht nur wegen ihres guten Aromas weltweit berühmt, sondern auch durch beliebten «pumpkin people», Kürbispuppen, die im Herbst vor den Häusern aufgestellt werden und natürlich durch ihre Verwendung als Gespensterköpfe in der Halloween-Nacht im November.

Auf dem Campus des Dartmouth College in Hanover, New Hampshire. Die 1769 ursprünglich als Indianerschule gegründete Universität gehört heute zum Kreis der renommierten acht neuenglischen Elite-Hochschulen.

Viele der Bed-and-Breakfast-Unterkünfte Neuenglands befinden sich in historischen Gebäuden. – Hier in North Conway, New Hampshire.

Das Whaling Museum in New Bedford zeigt eine hervorragende Sammlung zur Geschichte des einst so bedeutenden Walfangs. Im Vordergrund ein Original-Walfangboot; das Mutterschiff, die «Lagoda», ist ein Nachbau in halber Größe.

QUELLEN DES REICHTUMS

Aus der Geschichte der Fischerei, des Walfangs und des Seehandels

Der detaillierte Fahrt- und Ladeauftrag für Kapitän John Touzell anno 1727 endet: «So wünsche ich Dir eine ertragreiche Reise, übergebe Dich dem Schutz des allmächtigen Gottes und bleibe Dein Freund und Arbeitgeber Sam'll Brown.» Der Reeder aus Salem fügte noch ein Postskriptum hinzu: «Bring einige Orangen und Limonen mit.» Handelsmänner wie Brown und Touzell, gottesfürchtig und dennoch mit allen Wassern gewaschen, sorgten für den Wohlstand des Neuen Englands. Denn der konnte in den ersten Jahrhunderten nur aus dem Meer kommen. Das Land war urwaldhaft überwuchert, und wo es gerodet wurde, brachte es nur karge Ernten.

Den Lebensunterhalt mußten die ersten Siedlergenerationen Neuenglands auf dem Meer suchen. So wurden der Fang von Kabeljau und Wal sowie der Seehandel zur Grundlage der Wirtschaft. Die Routen der Yankee Traders reichten bis ins ferne China, und an der Küste entwickelte sich der Schiffbau zu hoher Meisterschaft.

schon bald spezielle Schiffe entwarf: die sagenhaften Clipper. Diese Drei- und Viermaster, die elegantesten Großsegler aller Zeiten, waren nur im Hinblick auf hohe Geschwindigkeit konstruiert. Sie hatten zwar ein Drittel weniger Laderaum als vergleichbare Handelsschiffe, aber Clipper wie die berühmte «Flying Cloud» brachen einen Streckenrekord nach dem anderen, bis sie von Dampfern verdrängt wurden.

Zur selben Zeit ging eine andere Epoche zu Ende: Mit der Entdeckung der Erdölquellen wurde Waltran als Brennstoff für Lampen überflüssig. Bis dahin hatte der Walfang Millionenvermögen geschaffen, vor allem auf Nantucket und in New Bed-

Walfang vor der amerikanischen Küste. Vom Ruderboot aus muß das riesige Tier mit der Harpune erlegt werden (Lithographie, um 1870).

Das war eine unerfreuliche Überraschung für die Siedler. Für sie war die Überfahrt von England meist die erste Erfahrung auf See – und an weiteren hatten sie wahrlich kein Interesse. Aber die zweite Generation besann sich darauf, daß vor der Küste einige der fischreichsten Fanggründe der Welt lagen. Sie bauten sich Kutter und fuhren hinaus. Nun erwiesen sich die dichten Wälder als Vorteil: Überall an den Flußmündungen fand sich genug Holz, um Schiffe zu bauen. So entstand eine blühende Werftenwirtschaft; bis heute gilt diese Küste als eine der wenigen, wo man den Holzschiffbau noch in Perfektion lernen kann. Erst entstanden kräftige Fischerboote, dann Handelsschiffe für die Routen in die Karibik und ins Mutterland.

Viel hatten die Händler in Boston, Salem, Gloucester und Portsmouth nicht zu bieten. Getrockneter Kabeljau, Stockfisch, war die einzige Ware, die reichlich vorhanden war. Aber sie war gefragt in des Königs karibischen Kolonien – als billiges Essen für die Sklaven in den Plantagen. Dafür erhielten die Kaufleute Zucker und Melasse, Dinge, die wiederum in England begehrt waren. Dort konnten die Händler dann all die Gegenstände kaufen, die im Neuen England erwünscht waren, von Tee bis zum Silbergeschirr. Ein profitabler Dreieckshandel. Das große Geld verdienten die Yankees allerdings erst, nachdem sie ihre Handelsroute nach China eröffnet hatten. Der Seeweg führte um das gefürchtete Kap Hoorn, eine lange, gefährliche Reise, für die man

ford. Als die leicht versandenden Zufahrten nach Nantucket für die immer größeren Walfänger zu unsicher wurden, entwickelte sich New Bedford zur Walfang-Hauptstadt der Welt. Kein Wunder, daß Herman Melville seinen Roman «Moby Dick» teilweise in New Bedford spielen ließ. In jener Zeit hatten die Einwohner dieser Stadt das höchste Pro-Kopf-Einkommen Amerikas. Die Harpune, so sagte Melville, habe New Bedford erschaffen. Beinahe wäre es aber auch mit dem Ende des Walfangs untergegangen, hätten nicht vorausschauende Bürger sein zerfallendes Zentrum vor dem Abriß gerettet. Heute ist die Kommune stolz auf die «Walfänger-Altstadt» – und lebt zum Teil wieder von den Walen: Tausende buchen jährlich Walbeobachtungsfahrten.

volkstümliche Kunsthandwerk entstanden auch die Quilts aus den Bedürfnissen des Alltags: In den Winternächten reichten die meist dünnen englischen Wolldecken der neuen Siedler nicht aus, um die beißende Kälte abzuhalten. Deshalb applizierten die Siedlerfrauen zusätzliche Stoffteile auf die Bettdecken. Im Gegensatz dazu stehen die Pieced Quilts, die aus *pieces*, aus einzelnen kleinen Stoffteilen, zusammengenäht werden. Das Zusammensetzen und -nähen der einzelnen Stoffteile geschah oft bei gemeinsamen Treffen; manche dieser Decken hatten eine besondere Bedeutung, etwa die Wedding Quilts zur Hochzeit oder die Freedom Quilts, die jungen Männern als Zeichen ihrer neuen Freiheit zum 21. Geburtstag geschenkt wurden. Dabei gibt es durchaus bestimmte Muster, die oft merkwürdige Namen wie «Broken Dish» («zerbrochener Teller») oder «Duck's Foot in the Mud» («Entenfuß im Schlamm») tragen. *Quilting* wird heute in den meisten nördlichen Regionen der USA betrieben, gute Quilts mit kreativen Mustern erzielen Preise von 200 Dollar und mehr. Jeweils im Juli veranstaltet Northfield in Vermont ein dreitägiges Quilt-Festival.

An der Küste von Massachusetts und New Hampshire hat auch die Schnitzkunst eine lange Tradition. Zimmerleute, die sich nicht nur auf Masten und Planken, sondern auch auf den Umgang mit dem Schnitzmesser verstanden, schufen in den Häfen die zweitwichtigsten Seemannsbräute, die Galionsfiguren. Laien hingegen schnitzten meist die *scrimshaws*, die heute sehr wertvoll geworden sind. *Scrimshaws* sind eingeritzte oder eingeschnittene Bilder in Walknochen oder Stoßzähne von Walrössern, die von Seeleuten auf den langen Fahrten über die Weltmeere angefertigt wurden. In der Regel stellen sie Szenen aus dem maritimen Leben dar, hin und wieder gibt es auch «pikante» Darstellungen. Seltener sind Szenen von der Jagd, diese wurden meist als Auftragsarbeiten für Jäger angefertigt, die mit dem elfenbeinartigen Schmuck ihre Waffen verzieren wollten.

Unter Jägern stehen Massachusetts, New Hampshire und Vermont hoch im Kurs, sind doch die Wälder dieser drei Staaten dicht besiedelt mit Rehwild (*white-tailed deer*), Schwarzbären und Elchen. Letztere dürfen allerdings nur mit besonderen Lizenzen gejagt werden; für Bären gelten noch weiter gehende Schutzregelungen. «Die wissen offensichtlich sogar, wann die Jagdsaison beginnt», sagte der Wirt eines Country Inn im Norden von New Hampshire, nachdem – zur Verblüffung der Gäste – gerade eine Bärin mit ihrem fast erwachsenen Nachwuchs durch den Garten des kleinen Hotels getrottet war. «Sobald die Jagd eröffnet ist, verschwinden die Gesellen wie auf ein geheimes Kommando in den Wäldern. Aber einige Monate später sind sie wieder zur Stelle, gerade bei Restaurants, wo die Abfälle verlockend riechen. Wir haben sogar einen Bären, der nur bei einem

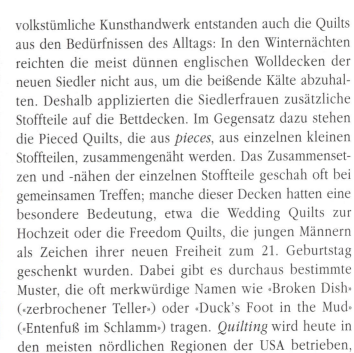

Neuengland, Ferienziel für Wanderer und Naturfreunde: in den herbstlichen Bergen von Massachusetts.

In den Green Mountains von Vermont kann der Winter früh seinen Einzug halten, wie hier an der Imitation einer Kürbispuppe, des fröhlichen Symbols der Herbstmonate, zu sehen ist.

Der alte Briefkasten von Robert Frost (1874–1963): Erinnerung an die Sommeraufenthalte des naturverbundenen Dichters in seinem Haus in New Hampshires Bergen bei Franconia.

Der Herbst ist eine betriebsame Zeit für die Farmer. Auf den Märkten, wie hier bei Walpole (oben), bieten sie ihre Oktoberernte, vor allem die leuchtendorangen Kürbisse, an. Daheim auf ihren Farmen, hier ein Bauernhaus bei Randolph (unten), geht die Arbeit weiter: Haus und Stallungen müssen für schneereiche Monate winterfest gemacht werden.

Die Hauptstraße von North Conway, New Hampshire, im Weihnachtsschmuck.

Die gediegenen Bauten in Portsmouth erinnern daran, daß dieser einzige Seehafen New Hampshires bis 1808 auch zugleich die Hauptstadt des Staates war. Mehrere der eindrucksvollen Kaufmannshäuser, die zahlreiche Touristen anziehen, wurden inzwischen aufwendig restauriert.

Die Schlichtheit ländlicher Holzbauten prägt seit der Zeit der Pilgerväter den Charakter der neuenglischen Architektur. Daneben setzte sich seit dem 18. Jahrhundert eine Tendenz zu aufwendigerer, schmuckreicher Gestaltung durch, es entstanden viele elegante und prunkvolle Gebäude.

WOHNEN IM «SALZKASTEN»

Haustypen und Baustile aus vier Jahrhunderten

«Ah, bauen! Bauen! Das ist die edelste Kunst unter den Künsten», schwärmte 1882 Henry Wadsworth Longfellow in einem Gedicht. Neuenglands größter Poet seiner Zeit mußte nur um sich schauen, um gute Beispiele für fast alle Stilrichtungen der frühen amerikanischen Architektur zu finden. Die ersten Häuser bauten die Pilgerväter natürlich so, wie sie das aus England gewohnt waren: einfache,

Typische Kirche in Stratford, Vermont.

oft doppelstöckige Holzhäuser mit Eckpfeilern und einem zentralen Kamin, der alle Räume heizte und um den sich die Treppe herumschlang. Wegen der schneereichen Winter hatten die Häuser steile Dächer, wegen der Kälte eine Außenschicht von hölzernen Schindeln oder – noch typischer – übereinanderragende schmale Bretter, die *clapboards* genannt werden. Als diese Häuser zu klein wurden, erhielten sie auf einer Längsseite ein *lean-to*, einen einstöckigen Anbau. Das Dach wurde auf dieser Seite einfach tiefer hinuntergezogen, deshalb wirkten die Häuser wie übergroße Salzkästen aus Großmutters Küche, eckig und mit pultartig schrägem Deckel. Diese Saltbox-Houses waren nach Ansicht des englischen Stararchitekten Norman Foster «das erste original amerikanische Design».

Die schlichte Grundkonstruktion, aus der die Saltboxes hervorgingen, erlaubte auch aufwendigere Gebäude, etwa die stilvollen georgianischen Häuser, wie sie ab 1700 all-

Der halbrunde Portikus ist ein Merkmal des föderalistischen Stils: Bürgerhäuser in Wiscasset (oben) und Lenox (unten).

mählich in Mode kamen, oder die Bauten im föderalistischen Stil, der um 1780 begann und das Neue England besonders prägte. Wie die georgianischen hatten auch die föderalistischen Gebäude elegant ausgewogene Fassaden mit schmucken Portalen und für damalige Verhältnisse großen Fenstern. Der föderalistische Stil, so genannt, weil ihn viele Regierungsangehörige bevorzugten, hatte ein flacheres Dach und wirkte insgesamt leichter im Entwurf. Die Baumeister benutzten mehr runde und ovale Formen; typisch sind halbrunde Fenster über den Türen. Das Harrison Gray Otis House in Boston ist ein gutes Beispiel für diesen Stil und einen der größten - Baumeister seiner Zeit: Charles Bulfinch (1763–1844). Er, ein *Bostonian*, war der erste in Amerika geborene Architekt von Rang; seine bekanntesten Werke sind das State House in seiner Heimatstadt und das Kapitol in Washington. Auch Samuel McIntire, der vorwiegend in Salem tätig war, hat bedeutende föderalistische Gebäude mit liebevoll gestalteten Details hinterlassen.

Wie stark aber trotz solch eigenständiger Entwicklungen die amerikanische Architektur von der europäischen abhängig war, zeigte vor allem das 19. Jahrhundert. In schneller Folge wechselten Stilrichtungen wie die neogriechische, deren Wegbereiter Asher Benjamin aus Boston wurde, und neogotische, Neorenaissance und Neoromanik – Henry Hobson Richardson, der Erbauer der Trinity Church in Boston, gilt als größter Baumeister dieses Stils – und schließlich die schnörkelreichen viktorianischen Bauweisen.

Nachdem Walter Gropius im Jahr 1937 aus Nazi-Deutschland geflohen war, entwickelte er in Harvard mit Zeitgenossen wie Ludwig Mies van der Rohe und Marcel Breuer den Bauhausstil mit amerikanischen Akzenten weiter; Bostons Vorort Lincoln ist der Beweis. Heute hat Boston drei Hochschulen für Architektur und, wie die Architektenkammer vermutet, mehr ausgebildete Baumeister als jede andere Stadt Amerikas. Dennoch: Neue, ihre Zeit prägende Baustile sind aus dem Neuen England schon seit geraumer Zeit nicht mehr hervorgegangen. Dafür erfreut sich der klassische Neuenglandstil mit seinen Clapboard-Houses ungebrochener Beliebtheit.

Charles Bulfinch entwarf das 1798 fertiggestellte neoklassizistische State House in Boston.

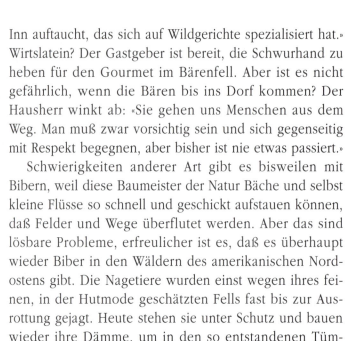

In Wolfeboro, einem der hübschesten Orte am Ufer des Lake Winnipesaukee, haben sich viele Bürger aus Boston ihre Sommerhäuser gebaut.

Inn auftaucht, das sich auf Wildgerichte spezialisiert hat.» Wirtslatein? Der Gastgeber ist bereit, die Schwurhand zu heben für den Gourmet im Bärenfell. Aber ist es nicht gefährlich, wenn die Bären bis ins Dorf kommen? Der Hausherr winkt ab: «Sie gehen uns Menschen aus dem Weg. Man muß zwar vorsichtig sein und sich gegenseitig mit Respekt begegnen, aber bisher ist nie etwas passiert.»

Schwierigkeiten anderer Art gibt es bisweilen mit Bibern, weil diese Baumeister der Natur Bäche und selbst kleine Flüsse so schnell und geschickt aufstauen können, daß Felder und Wege überflutet werden. Aber das sind lösbare Probleme, erfreulicher ist es, daß es überhaupt wieder Biber in den Wäldern des amerikanischen Nordostens gibt. Die Nagetiere wurden einst wegen ihres feinen, in der Hutmode geschätzten Fells fast bis zur Ausrottung gejagt. Heute stehen sie unter Schutz und bauen wieder ihre Dämme, um in den so entstandenen Tümpeln ihre höhlendurchzogenen Bauten anzulegen. Bibersiedlungen sind bei Wanderungen leicht zu erkennen: Wo in Ufernähe säuberlich benagte Stümpfe kleinerer Bäume aus dem Boden ragen, sind die Tauchkünstler mit den Paddelschwänzen nicht weit. Und wo ihre Dämme aufgeschichtet sind, finden rings um die Teiche zahllose andere Tiere eine Heimat. Beispielsweise jene zwei Bewohner der neuenglischen Wälder, zu denen man besser Abstand hält: die *porcupines* und die *skunks*. Die Stachelschweine tragen lange Stacheln gegen ihre Feinde, vor allem gegen Füchse; die Stinktiere erwehren sich aller Gegner mit einer bestialisch riechenden Flüssigkeit, die sie aus einer Körperdrüse sprühen. Kleidungsstücke, die einmal in diesen Strahl geraten sind, kann man eigentlich nur noch verbrennen.

Die Chancen, auf Wanderungen einem *skunk* zu begegnen, sind allerdings recht gering, denn Stinktiere gehen erst nach Einbruch der Dunkelheit auf Nahrungssuche. Das Tierleben ist auch seltener der Grund für Touren auf den ausgedehnten Wanderrouten, die sich durch die drei Staaten und darüber hinaus ziehen. Eher ist es die Pflanzenwelt, die in den Bergen von Vermont und New Hampshire alpinen Charakter hat, an der Küste aber von der salzhaltigen Meeresluft geprägt ist. Eine Besonderheit im Neuen England sind die Marsch- und Sumpflandschaften, ein Erbe der Eiszeit, die auf dem felsigen Untergrund mehr Wasser zurückgelassen hat, als der Boden aufnehmen kann. Der feuchte Boden läßt eine besondere Vielfalt an Pflanzen wachsen, eine Vegetation, die zarte Schönheiten wie Jack-in-the-Pulpit oder den Lady's Slipper (Frauenschuh) blühen läßt. Der «Jack-in-der-Kanzel» erhielt seinen Namen, weil die Blume aussieht, als stünde ein kleiner Prediger in einer überdachten Kirchenkanzel. Die Lady's-Slipper-Orchidee sieht wirklich aus wie der zarte, von Bändern umgebene Schuh einer zierlichen Dame.

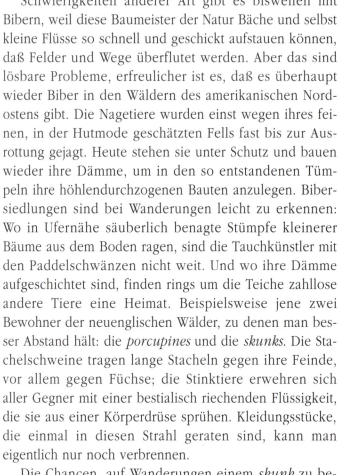

Im Hügelland der Berkshires kann man noch heute jene Ruhe genießen, die die Glaubensgemeinschaft der Shaker im Hancock Village (Bildhintergrund) fand.

Sheriff in Woodstock, Vermont, dem Staat mit der geringsten Kriminalitätsrate in den USA.

Winter in Vermont – hier in Hyde Park, einer der kleinen Ortschaften dieses ruhigen Staates.

Im Winter macht der kleine Ort Whitefield in New Hampshire seinem Namen alle Ehre.

Humor und die Liebe zum Unspektakulären kennzeichnen das Werk Norman Rockwells, der als Illustrator, Karikaturist und Maler den Alltag der Menschen seiner Umgebung schilderte. In Stockbridge erinnert ein Museum an ihn.

HEILE WELT DER KLEINSTADT

Der Maler Norman Rockwell

Er malte Lausbuben und fröhlich-freche Mädchen mit Sommersprossen, schüchtern verliebte Teenager, Handwerker und klatschfreudige Kleinstadtbewohner. Familie und Arbeitswelt waren seine Themen; mit ihren Motiven wurde Norman Rockwell Amerikas mit Abstand bekanntester Maler. Sein Stil war bis ins kleine, vorzüglich beobachtete Detail realistisch, seine Ausdrucksformen waren bisweilen pathetisch, meist aber humoristisch. Er war ein exzellenter Illustrator, und mehr hat die Kunstkritik nie in ihm gesehen. Erst als Rockwell 1978 im Alter von 84 Jahren starb, würdigte ihn die «New York Times» auf ihrer Titelseite ausdrücklich als Künstler.

«Rockwell Country» war immer die heile Welt der Kleinstadt; seine Kritiker sprachen von einer «Sentimentalität mit dem Vorschlaghammer». Das hat Rockwell ebensowenig gestört wie die mangelnde Anerkennung als Künstler: «Ich male in dieser Art, weil das die Art ist, aus der ich gemacht bin.» Rockwell wurde 1894 in New York City geboren. Er hatte schon früh genaue Vorstellungen, was er werden wollte: Illustrator. Mit 15 ging er von der Schule ab und wechselte zur Design- und Kunstakademie. Wenige Monate später hatte Rockwell seinen ersten Auftrag, eine Weihnachtskarte – noch als Teenager heuerte er beim Pfadfindermagazin als Verantwortlicher für die optische Gestaltung an. Berühmt wurde die Zusammenarbeit Rockwells mit der Illustrierten «Saturday Evening

Norman Rockwell (1894–1978) beim Selbstporträt für sein Bild «Die Schwatzbasen».

Das Rockwell Museum in Stockbridge präsentiert das Werk des Künstlers.

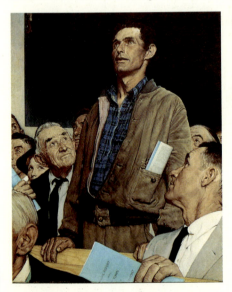

Das 1943 entstandene Gemälde «Redefreiheit» aus dem Zyklus «Four Freedoms».

Post». Im Mai 1916 erschien das erste Titelbild von Rockwell, insgesamt sollten es 321 werden. Das letzte war die Wiederholung eines Titels von 1960: Im Dezember 1963 erschien ein Porträt von John F. Kennedy; der Präsident war im Monat zuvor erschossen worden. Für die Zeitschrift war die Zusammenarbeit ein sicherer Gewinn, mit einem Rockwell-Titel wurden automatisch etwa 75 000 Exemplare mehr verkauft als sonst. Weniger bekannt als die Arbeiten in Magazinen und Zeitungen sind die Zeichnungen, die Rockwell zu Hunderten für Werbeanzeigen gemacht hat. Die meisten sind vermutlich für immer verloren.

Dennoch hat das Norman-Rockwell-Museum in Stockbridge, Massachusetts, mehr als hunderttausend Exponate sammeln können, darunter über fünfhundert Gemälde. 172 davon sind großformatige Ölbilder. In Stockbridge hat Rockwell die letzten 25 Jahre seines Lebens gewohnt und gearbeitet; schon zu seinen Lebzeiten besuchten jährlich Tausende die Kleinstadt in den Berkshires, um die Welt des Malers, dessen Modelle meist Nachbarn, Freunde oder Familienangehörige waren, zu erleben. Das Museum an der Main Street war schon seit langem zu eng, als 1994, zum hundertsten Geburtstag des Künstlers, am Stadtrand ein neues eröffnet wurde. Umgerechnet fast 7 Millionen Euro hat der Neubau gekostet, zuviel für die Stiftung, die das künstlerische Erbe Rockwells verwaltet. Doch unter den unzähligen Bewunderern des Malers war einer mit gut gefüllten Taschen: Der Regisseur Steven Spielberg spendete gemeinsam mit dem Medienkonzern Time-Warner eine große Summe. Spielberg lernte Rockwells Malerei als Pfadfinder kennen, heute besitzt er mehrere Originale des Künstlers und sagt: «Meine Liebe zu Norman Rockwell war in vielen meiner Filme offenkundig – ‹E. T.› hat viele Bilder, die von Rockwell-Momenten inspiriert wurden.»

Rockwell hat im Zweiten Weltkrieg eine Rede von Präsident Franklin Roosevelt (1882–1945) zu den «vier Freiheiten» der Bürger in vier Bilder umgesetzt. Sie reisten durch die USA, um für die Zeichnung von Kriegsanleihen zu werben – mit großem Erfolg. 1977 revanchierte sich das Weiße Haus mit Amerikas höchstem Zivilorden, der Presidential Medal of Freedom. Für den Patrioten Rockwell die hohe Anerkennung einer Arbeit, von der er sagt: «Ich male das Leben, wie ich wünschte, daß es wäre.»

Im Norman Rockwell Museum bei Stockbridge, Massachusetts. In diesem kleinen Ort in den Berkshires hat der Karikaturist und Maler 25 Jahre lang gelebt und gearbeitet (siehe auch linke Seite).

Wer das Rockwell Museum besichtigt, sollte einen Abstecher ins nahe Chesterwood (bei Glendale) machen, das einstige Studio und Wohnhaus des Bildhauers Daniel Chester French. Nach den Modellen links im Bild fertigte French das Monument für Abraham Lincoln in Washington an.

Leckereien nach alter Art offeriert der nostalgische Country Store in Weston, Vermont.

HERZENSDAMEN FÜRS HOLZHACKEN

Zartheit und Zierlichkeit sind sicherlich weniger wichtige Kriterien, wenn Neuengländer über die Damen ihrer Herzen sprechen. Die Wunschpartnerin muß Holz hacken können, heißt es im Hinterland, sie muß einen Fischerkahn steuern können, sagt man an der Küste. Das ist natürlich mit Sinn für Ironie zu nehmen, denn auch im Neuen England gibt es selbstverständlich die üblichen Frühlingsgefühle mit Liebesgeflüster und Balzritualen.

Bezeichnend ist aber, daß man in diesen Landstrichen der USA seine Gefühle nicht vor sich herträgt. Solche Zurückhaltung ist zum Teil durch das harsche Leben auf wenig fruchtbarem Grund, ebenso aber durch das puritanische Erbe geprägt. Es fordert noch heute zu einer ständigen Gewissensprüfung auf. Der Schriftsteller und langjährige Redakteur des «Yankee»-Magazins Judson Hale zitiert seinen Onkel mit der Lebensweisheit: «Das Neuengland-Gewissen hindert uns nicht daran, irgend etwas zu tun. Es verhindert nur, daß wir es genießen.»

Besucher der Neuenglandstaaten werden diese Charakterzüge kaum erkennen, ihnen wird jedoch womöglich die lakonische Wortkargheit mancher Einheimischer auffallen. Daraus haben sich zahlreiche Witze entwickelt, die immer mit einem Touristen beginnen, der nach dem Weg fragt. So zum Beispiel an einer Straßengabelung, an der zwei Wegweiser ohne Meilenangaben nach Middlebury in Vermont weisen. «Macht es einen Unterschied, welche Strecke ich wähle?» fragt der Fremde den Farmer. Der schaut ihn ausgiebig an, dann dreht er sich um und sagt im Abgehen: «Nicht für mich.»

Nahe der Küste in New Hampshire hätte ein Fischer wahrscheinlich ebenso reagiert, aber es hätte gewiß ganz anders geklungen, denn selbst auf dem vergleichsweise kleinen Terrain der Neuenglandstaaten gibt es Dutzende von Dialekten. Sprachforscher unterscheiden drei größere Dialektgebiete an der Küste, in der Landesmitte und in den westlichen Regionen. Hinzu kommt die spezifische Boston-Betonung, ein typischer Akzent der Oberklasse. Es ist die Sprache der «Brahmanen», der bereits erwähnten Aristokraten des alten Geldes. In ihren Kreisen verschluckt man meist den Buchstaben «r», der Satz «Park the car in the yard» («Parken Sie das Auto im Hof») lautet in den noblen Stadtteilen Beacon Hill oder Back Bay so: «Pahk the cah in the yahd». Dafür fügen die *proper Bostonians* manchen Worten ohne «r» ein solches an, eine Idee *(idea)* klingt deshalb wie «idear». Die nasale Aussprache teilen sich die *Bostonians* mit den meisten ihrer neuenglischen Nachbarn. Zur Erklärung zitierte Rudyard Kipling (1865–1936) seinen neuenglischen Schriftstellerkollegen: «Oliver Wendell Holmes sagt, die Yankee-Schulmeisterinnen, der Apfelwein und der gesalzene Kabeljau der Ostküstenstaaten seien verantwortlich für das, was er einen nasalen Akzent nennt.» Viele Neuengländer beklagen allerdings, daß ihr unverwechselbares Idiom angesichts der sprachlichen Gleichmacherei in Filmen und im Fernsehen mehr und mehr verschwindet.

Wenn man den Neuengländern ihre Wortkargheit noch durchgehen läßt, so gilt ihre näselnde Aussprache doch auch als Zeichen des Hochmuts – eine nicht in jedem Fall grundlose Unterstellung. Gerade die ersten Siedler und ihre Nachfahren hielten sich für auserwählt, vom Herrn selbst über den gefährlichen Ozean geleitet zu werden. In einem Text von 1692 heißt es: «Die Neuengländer sind das Volk Gottes, dort angesiedelt, wo zuvor das Territorium des Teufels war.» Heute hat sich der Glaube an den direkten Auftrag durch den Herrn und die sich dadurch zwangsläufig ergebende Überlegenheit gegenüber dem Rest der amerikanischen Landsleute verloren. Aber Spuren solchen Selbstbewußtseins schimmern immer noch durch, wie eine kleine Geschichte zeigt, die der zeitgenössische Autor Erik Erikson in einer soziologischen Studie festhielt: Ein Neuengländer arbeitete in seinem Garten, als ein Passant anhielt und ihm zu dem gratulierte, was Gott und er zu solch einem sichtlich lobenswerten Ergebnis gestaltet hätten. «Ja, antwortete der Mann, «aber Sie hätten das mal sehen sollen, als Gott hier noch allein verantwortlich war!»

Der Speisesaal in Robert Todd Lincolns einstigem Ferienhaus Hildene in Manchester, Vermont. Das großzügige, noch original eingerichtete Landhaus dieses Sohnes von Abraham Lincoln wird heute als Museum geführt.

Noch bis 1975 nutzte die Familie Lincoln das Haus Hildene in Manchester, Vermont, als Sommerdomizil. Der zwischen Taconic Range und Green Mountains schön gelegene Landsitz beeindruckt durch seine Eleganz und Gediegenheit.

Gewitterstimmung in Burlington, der größten Stadt Vermonts.

Blick vom Mount Equinox bei Manchester, Vermont.

DAS NEUE ENGLAND: PLANEN·REISEN·GENIESSEN

INHALT

USA-Karte · Daten · Fakten · Zahlen	166
Übersichtskarte: Das Neue England	167
Maße und Zahlen auf einen Blick	168
Karte mit Routenvorschlägen · Auskunft	169
Mit dem Mietwagen unterwegs	169
Anreise	170
Reisen im Neuen England	170
Unterkünfte für jeden Geschmack	170
Hot breakfast und Himmelbett	170
Einkaufen und Souvenirs	171
Feste und Feiertage	171
Sportmöglichkeiten zu jeder Jahreszeit	171
Zu Fuß durch Neuengland	171
Der «Freiheitspfad» in Boston	172
Stadtplan von Boston	172
Sehenswerte Orte und Landschaften	172
Karte von Cape Cod	173
Von Clambake und Boston Beans: Spezialitäten der neuenglischen Küche	174
Der süße Saft der Ahornbäume: Maple Syrup und Maple Sugar	179
Stadt der Hexen und reichen Kaufleute: Aus Salems Vergangenheit	183
Wo Tom Sawyer und Huckleberry Finn zur Welt kamen: Sehenswürdigkeiten in Connecticut	184
Foliage Hotline – das Laubfärbungstelefon	187
Die Vanderbilts und ihre Nachbarn: Ein Ausflug nach Rhode Island	188

Ein Holzsteg führt zum Old Harbor Museum im Naturschutzgebiet Cape Cod National Seashore, das 1961 geschaffen wurde und eine Fläche von 11 000 Hektar einnimmt. Die ursprüngliche Landschaft an der Ostküste der Halbinsel Cape Cod ist mit ihren Dünen, Marschen, Felsklippen und Wäldern besonders abwechslungsreich.

DATEN · FAKTEN · ZAHLEN

Lage und Größe. Die Bundesstaaten Massachusetts, New Hampshire und Vermont sind das Herzland der Region Neuengland im Nordosten der USA. Im Süden grenzen sie an zwei weitere Neuenglandstaaten, an Rhode Island und Connecticut (siehe Seite 184 und 188), im Osten an den Staat New York, im Norden an die kanadische Provinz Quebec und an den sechsten der Neuenglandstaaten, Maine.
Vermont ist ein Inlandstaat, New Hampshire und Massachusetts reichen im Osten bis an den Atlantik.
Massachusetts ist 21 386 Quadratkilometer, New Hampshire 24 032 Quadratkilometer groß; Vermont mißt 24 900 Quadratkilometer Fläche. Die beiden Küstenstaaten sind von feinsandigen Stränden gesäumt; hinter der relativ schmalen Atlantischen Küstenebene und einem hügeligen Vorland erheben sich die Appalachen, eine Bergkette, die in Kanada beginnt und im Süden in Alabama endet. In New Hampshire steigt das Mittelgebirge am Mount Washington auf 1917 Meter an.
Die meisten Menschen leben entlang der Küste, vor allem in der Region um Boston, die die Heimat für gut zwei Millionen Menschen ist. Insgesamt haben die drei Staaten rund 7,7 Millionen Bürger. Massachusetts trägt mit mehr als sechs Millionen Einwohnern die mit Abstand größte Zahl bei, New Hampshire hat 1,1 Millionen und Vermont knapp 600 000 Bewohner.

Politik und Verwaltung. Wie in allen amerikanischen Bundesstaaten steht auch in Massachusetts, New Hampshire und Vermont ein Gouverneur an der Staatsspitze. Er wird ebenso direkt gewählt wie die Mitglieder der jeweiligen Staatsparlamente. Auch verschiedene lokale Ämter werden durch Wahl besetzt, etwa die Position des Sheriffs. Die Hauptstädte der drei Staaten sind Boston (Massachusetts), Concord (New Hampshire) und Montpelier (Vermont).

Wirtschaft. Das Image der drei Neuenglandstaaten ist geprägt von ländlich-idyllischen Bildern und – für die Küstenstaaten – von kleinen Fischerhäfen. Darüber wird oft vergessen, daß in dieser Region die Industrialisierung Amerikas begann, insbeson-

Neben dieser Karte vom Neuen England mit allen wichtigen Sehenswürdigkeiten im Überblick finden Sie eine Karte mit Routenvorschlägen auf Seite 169, einen Stadtplan von Boston auf Seite 172 und eine Detailkarte von Cape Cod auf Seite 173.

dere in der Textil- und Schuhindustrie. Diese Branchen haben heute geringere Bedeutung, wesentlich wichtiger sind inzwischen die Firmen für Elektronik und Kommunikationstechnik. Sie werden ergänzt durch eine breit gefächerte kommerzielle Forschung und Entwicklung. Auch das Dienstleistungsgewerbe ist überproportional vertreten, vor allem mit Versicherungen und Banken, aber auch im Bereich Erziehung und Bildung. An der Küste ist der früher wichtige Schiffbau stark zurückgegangen, auch die Fischerei, einst mit besten Fanggründen gesegnet, leidet unter der Überfischung der letzten Jahre. Die Küstenregionen stützen sich wirtschaftlich inzwischen auf den Tourismus, vom ihm profitieren die bergigen Inlandsgebiete noch stärker, weil sie nach der sommerlichen Hauptsaison im Herbst mit der Laubfärbung eine besondere Attraktion bieten und im Winter als Ski-

WAS ZÄHLT IN DEN USA:
Maße und Zahlen auf einen Blick

Zeit
Das Neue England gehört zur Zeitzone Eastern Standard Time; Mitteleuropa ist Boston sieben Stunden voraus.

Maße
1 inch = 2,5 Zentimeter   1 pint = ca. 0,5 Liter
1 foot = ca. 30 Zentimeter   1 quart = ca. 0,95 Liter
1 yard = ca. 91 Zentimeter   1 gallon (Benzin) = ca. 3,8 Liter
1 mile = ca. 1,6 Kilometer   1 pound = ca. 450 Gramm

In den USA werden die Maße auf das metrische System umgestellt, derzeit sind beide Systeme in Gebrauch.

Elektrizität
Die Netzspannung beträgt überall in den USA 110 Volt; deutsche Stecker passen nicht, man braucht einen Adapter.

Geld
Ein Dollar hat 100 Cent. Münzen gibt es zu 1 Cent, 5 Cent (Nickel), 10 Cent (Dime), 25 Cent (Quarter) und 50 Cent (Half Dollar). Sämtliche Dollarnoten sind gleich groß und grüngrau, also leicht verwechselbar. Größere Beträge werden in den USA fast immer mit Kreditkarte bezahlt.

Kleidergrößen

Anzüge	US	36	38	40	42	44	46	48	
	D	46	48	50	52	54	56	58	
Hemden	US	14	14,5	15	15,5	16	16,5	17	17,5	18
	D	36	37	38	39	40	41	42	43	44
Kleider	US	28	30	32	34	36	38	40	42	
	D	36	38	40	42	44	46	48	50	
Schuhe	US	5,5	6	7	7,5	8,5	9	9,5	11	12,5
	D	36	37	38	39	40	41	42	44	46

Telefonieren
Telefonnummern in den USA bestehen aus einem dreistelligen *Area Code* und einer siebenstelligen Rufnummer. Für internationale Gespräche wählt man die Kennzahl des Landes (01149 für Deutschland, 01143 für Österreich, 01141 für die Schweiz). Nicht immer kann man direkt wählen, oft muß der Operator vermitteln (0 wählen).

Klima

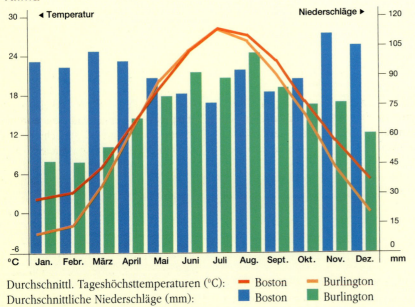

Durchschnittl. Tageshöchsttemperaturen (°C): ─ Boston ─ Burlington
Durchschnittliche Niederschläge (mm): ▮ Boston ▮ Burlington

Temperatur

°F	°C
110	43,3
105	37,6
90	32,2
80	28,7
70	21,1
60	15,5
50	10,0
40	4,0
32	0
30	-1,1
20	-6,6
10	-12,2
0	-17,8

Die schönsten Routen durch das Neue England beginnen alle in Boston. Mit der Fähre geht es auf Route 1 (275 km) zunächst zum Cape Cod. Von Hyannis Port im Süden dieser Halbinsel sind Abstecher zu den Ferieninseln Nantucket und Martha's Vineyard möglich. Zurück geht es entlang der Küste über das Museumsdorf Plimoth Plantation bei Plymouth.

Auf Route 2 (250 km) kann man die Küste Neuenglands im Norden von Boston erkunden.

Route 3 (600 km) führt tief nach New Hampshire hinein. Vorbei am Lake Winnipesaukee geht es bis zum White Mountain National Forest.

Quer durch Massachusetts und Vermont führt Route 4 (1000 km): Über Brattleboro und Woodstock geht es bis nach Burlington. Am Rand des Green Mountain National Forest entlang fährt man zurück in die Berkshires und schließlich wieder nach Boston.

1 Herbststimmung in den Green Mountains, Vermont.

2 Auf dem Sunset Lake in der Nähe von Brookfield, Vermont.

3 Fast immer von Wolken umhüllt: der Gipfel des Mount Washington in den White Mountains, New Hampshire.

4 Bei Whitefield (White Mountains).

5 Die Straße auf den Mount Washington, den höchsten Gipfel Neuenglands.

revier für Boston und New York beliebt sind. Im Landesinneren spielt auch die Landwirtschaft noch eine große Rolle, insbesondere für Milchprodukte und mit der Gewinnung des berühmten Maple Syrup aus dem Stamm der Ahornbäume (siehe Seite 179).

Klima und Reisezeit. Der Nordosten der USA ist für seine deutlich unterschiedenen Jahreszeiten bekannt. Die Winter sind lang, oft sehr kalt und meist schneereich, haben aber viele sonnige Tage. An den Küsten ist die Wintersaison durch die ausgleichende Wirkung des Meeres milder und schneeärmer, dafür ist es oft neblig. In der Weihnachtszeit finden zahlreiche Veranstaltungen statt, viele Häuser und kleine Hotels präsentieren sich festlich geschmückt. Der Frühling kommt im Inneren des Landes erst spät im März oder April, dann allerdings mit Macht. Die Monate Juni bis August zeigen sich häufig als Bilderbuchsommer. September und Oktober sind relativ sonnenreich, eine gute Reisezeit nicht zuletzt wegen der Mitte bis Ende September einsetzenden Laubfärbung, die Tausende von Touristen anzieht (siehe Seite 187).

AUSKUNFT

In den deutschsprachigen Ländern: In Deutschland unterhalten die Neuenglandstaaten unter dem Namen «Discover New England» ein Informationsbüro in der Roonstr. 21, 90429 Nürnberg, Tel. 0911/9 26 91 13, Fax 0911/9 26 93 01. Allgemeine Informationen über die Vereinigten Staaten sind erhältlich beim Visit USA Committee Germany e.V., Postfach 5825, 65048 Wiesbaden, Tel. 06 11/9 54 58 80, Fax 06 11/9 54 59 97.

Im Neuen England: Auskünfte erteilen die staatlichen Touristikorganisationen Massachusetts Office of Travel & Tourism, 10 Park Plaza, Boston, MA 02116, Tel. 617/9 73 85 00; New Hampshire Office of Travel & Tourism Development, 172 Pembroke Road, Concord, NH 03302-0856, Tel. 603/2 71 68 70; Vermont Department of Tourism and Marketing, 6 Balwin St., Montpelier, VT 05633, Tel. 802/8 28 32 37 (die Telefon-Vorwahl für die USA ist 001). Hinzu kommen in allen touristischen Zentren lokale Informationsstellen, so beispielsweise auch auf dem Flughafen und in der Innenstadt von Boston. Natürlich finden sie auch entsprechende Informationen im Internet.

MIT DEM MIETWAGEN UNTERWEGS

Wer vom Boston Logan International Airport aus die Region bereisen will, bucht sein Auto am besten gleich ab Flughafen. Zum Mieten eines Wagens genügt der nationale Führerschein, das Mindestalter des Fahrers beträgt 21 Jahre. Ist der Fahrer jünger als 25, verlangen viele Firmen eine zusätzliche Gebühr. Obwohl es in allen größeren Städten (vor allem in Flughäfen und Hotels) Mietwagenfirmen gibt, empfiehlt es sich dringend, den Wagen schon zu Hause zu buchen: Die Angebote sind generell günstiger, und zudem sind fast immer Haftpflicht- und die (in den USA teure) Vollkaskoversicherung sowie eine unbegrenzte Meilenzahl im Preis inbegriffen. Achtung: Viele Firmen berechnen einen Aufpreis («Drop-off-Charge»), wenn man den Wagen nicht am Ausgangspunkt abgibt. Ein Staatenwechsel innerhalb der USA ist problemlos; wer allerdings mit seinem Mietwagen nach Mexiko oder Kanada fahren möchte, braucht dazu eine schriftliche Genehmigung der Verleihfirma.

Wenn Sie nicht – wie üblich – mit Kreditkarte bezahlen, müssen Sie auf jeden Fall eine größere Geldsumme hinterlegen. Das Straßennetz ist meist sehr gut ausgebaut und klar beschildert, es gibt Interstate Highways (Autobahnen), US-Highways (Fernstraßen) und State Highways (Landstraßen). Die Verkehrsregeln entsprechen weitgehend den europäischen; auffälligster Unterschied: Das Rechtsabbiegen an roten Ampeln ist erlaubt. Die Höchstgeschwindigkeit beträgt innerhalb von Ortschaften 30 Meilen (48 km/h) pro Stunde. Auf den Highways sind je nach der individuellen bundesstaatlichen Regelung bis zu 75 Meilen (121 km/h) erlaubt. Angesichts der etwas niedrigeren Geschwindigkeiten und der oft enormen Entfernungen sollte man sich die Tagesziele nicht zu hoch stecken.

ANREISE

Der wichtigste internationale Flughafen der Region ist der Logan Airport in Boston. Innerhalb des amerikanischen Flugnetzes werden auch Worcester in Massachusetts, Manchester in New Hampshire und Burlington in Vermont von größeren Fluglinien angesteuert. Darüber hinaus haben alle größeren Orte Landepisten für Kleinflugzeuge. Eisenbahnreisende finden tägliche Verbindungen auf dem «Northeast Corridor» der Bahngesellschaft Amtrak zwischen Washington, New York und Boston. Greyhound-Busse verkehren zwischen New York und Boston. Touristen benötigen für einen Aufenthalt bis zu 90 Tagen kein Visum, aber einen noch mindestens drei Monate gültigen Paß.

REISEN IM NEUEN ENGLAND

Bahn. Der Großraum Boston hat ein gutes Regionalbahnnetz. Ansonsten sind die Neuenglandstaaten eher Auto- als Bahnland.

Bus. Die Überlandbusse der Greyhound-Linie steuern von Boston aus alle touristischen Zentren der Region an. In Massachusetts hat die Firma «Peter Pan Bus Lines» ein Busnetz aufgebaut. Hinzu kommen diverse lokale und regionale Anbieter.

Flugzeug. Angesichts der relativ geringen Entfernungen in den Staaten des Neuen Englands bieten nur einige lokale Luftfahrtunternehmen Flugverbindungen an.

Mietwagen und Wohnmobil. Die meisten Touristen aus Übersee erkunden das Neue England in Mietwagen (siehe Seite 169), die am Flughafen Boston erhältlich sind. Das Straßennetz ist eng und gut, für das verkehrsreiche Boston empfiehlt es sich aber, das Auto stehen zu lassen, wenn man die Innenstadt besichtigen will. In den Neuenglandstaaten sind wegen der vielen guten Unterkunftsmöglichkeiten Wohnmobile weniger populär als in anderen Regionen der USA, doch man bekommt sie in der Regel (am besten schon zu Hause buchen!).

UNTERKÜNFTE FÜR JEDEN GESCHMACK

Die größeren *Hotel- und Motelketten* sind in Massachusetts, New Hampshire und Vermont flächendeckend vertreten, das Angebot reicht vom Fünfsternehaus bis zum schlichten Motel am Stadtrand. Die Preise beziehen sich meistens auf ein Doppelzimmer; oft ist es so groß, daß auch noch ein Kind mit übernachten kann. Das Frühstück ist – ausgenommen *Bed-and-Breakfast-Angebote* – nicht im Preis inbegriffen. Hilfreich sind die Broschüren der Hotelketten mit kleinen Karten. Eine Spezialität der Region sind die kleineren, meist in historischen Häusern untergebrachten *Inns*. In allen touristischen Gebieten gibt es *Campingplätze*. Die Zahl der *Jugendherbergen* ist geringer, sie bieten aber genügend preiswerte Unterkünfte. Auskunft: American Youth Hostels, 733 15th Street, Washington, D.C. 20005, Tel. 202/7 83 61 61.

HOT BREAKFAST UND HIMMELBETT

Das Frühstück ist so unterschiedlich wie die Übernachtungspreise, es reicht vom üppigen *Hot Breakfast* mit Eiern und Schinken bis zum schlichten *European Breakfast* mit Orangensaft, Gebäck und Kaffee. Die Preise in manch edlem *Bed and Breakfast* entsprechen denen von Luxushotels; einfachere Herbergen, in denen sich mehrere Gäste ein Bad teilen müssen, sind entsprechend preiswerter. Die Palette der Bed-and-Breakfast-Unterkünfte ist vielfarbig – gemeinsam ist den meisten Adressen jedoch, daß sich dort eines der typischen, idyllischen Neuengland-Holzhäuser mit familiärer Gastlichkeit findet. Viel Ähnlichkeit haben auch die Zimmer, die angeboten werden: Betten mit vier hohen Pfosten, häufig auch mit Himmeldach, und schöne Quilts als Tagesdecken, mit jenem bunten Stoffrestemuster, das ein Teil der amerikanischen Folklore geworden ist. Fast überall im Neuen England gibt es solche Bed-and-Breakfast-Häuser und Country Inns; die regionalen Touristikbüros haben ihre Anschriften.

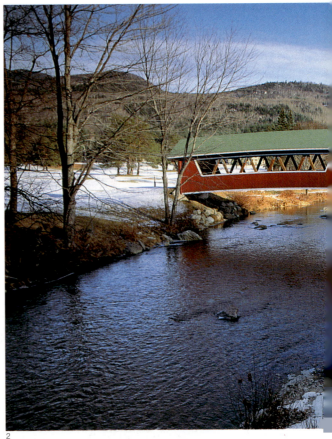

1 Vor allem Antiquitätenläden und Geschenkboutiquen, Galerien und Cafés finden sich in der Charles Street, der wichtigsten Einkaufsstraße des Bostoner Viertels Beacon Hill.

2 Überdachte Holzbrücken sind charakteristisch für die Neuenglandstaaten. Das Dach soll die Brücke vor Wind und Wetter schützen. – Bei Jackson, New Hampshire.

3 und 4 Von vielen Häfen an der Atlantikküste aus – hier in Gloucester, Massachusetts – kann man Walbeobachtungsfahrten unternehmen. Mit etwas Glück läßt sich dabei dann etwa das Schwanzfloss eines Buckelwals erspähen.

ker behaupten, manche Artikel würden von Anfang an für diese vermeintlichen Fabrikläden produziert. New Bedford in Massachusetts und North Conway in New Hampshire haben solche Outlets.

Außerhalb der touristischen Zentren sind die Läden meist nur zwischen 9 Uhr und 17 Uhr geöffnet. Auf dem Land schließen viele Geschäfte und auch Banken schon um 16 Uhr. In den touristischen Zentren kann man in der Saison auch abends einkaufen, dasselbe gilt für die Factory Outlets oder die Shopping-Center bei den Städten. Die Lebensmittel-Supermärkte am Rand der Städte sind oft bis in die Nacht geöffnet.

FESTE UND FEIERTAGE

Die Staaten des Neuen Englands sind zwar heute noch geprägt von den ersten puritanischen Siedlern, aber mit späteren Einwanderern, etwa den katholischen Iren und Italienern, wuchs auch die Lust am Feiern. So mangelt es heute nicht an Anlässen. Das Jahr beginnt mit Festen in den Skidörfern, bekannt ist das *Schlittenhunderennen* Mitte Februar in Laconia. Der Frühling meldet sich mit dem *Boston Marathon* am dritten Montag im April. Am selben Tag wird in Concord und Lexington in historischen Uniformen der *Patriot's Day* zelebriert.

Der Sommer ist reich an Kulturprogrammen. Die bekanntesten sind das *Theater Festival* in Williamstown (Juni–August), das *Music Festival* in Marlboro (Juli/August), das *Mozart Festival* in Burlington (Juli/August) und vor allem das berühmte *Music Festival* in Tanglewood mit Konzerten des Boston Symphony Orchestra (Juli/August). Der Herbst ist von folkloristischen Veranstaltungen geprägt. Die *Eastern States Exposition* Mitte September in West Springfield ist die größte Messe in Neuengland, zu ihr gehören unter anderem eine Pferdeschau und ein nachgebautes altes Dorf. Ein ähnlich buntes Programm bieten das *Northeast Kingdom Foliage Festival*, das sechs Dörfer im nordöstlichen Vermont Ende September/Anfang Oktober ausrichten, oder das *Fall Foliage Festival* in Warner, New Hampshire. In der Halloween-Woche Ende Oktober richtet Salem seine *Haunted Happenings* aus, «gruselige» Veranstaltungen mit Anklängen an die Stadtgeschichte, und am vierten Donnerstag im November, am Thanksgiving Day, feiert das Museumsdorf Plimoth Plantation ein traditionelles Erntedankfest.

SPORTMÖGLICHKEITEN ZU JEDER JAHRESZEIT

Dank ihrer Küsten können Massachusetts und New Hampshire alle *Wassersportarten* anbieten, in Vermont sind diese auf die Seen beschränkt. Das Bergland ermöglicht *Klettertouren* und *Wanderungen* auf zahlrei-

ZU FUSS DURCH NEUENGLAND

Amerikas längster Wanderweg, der gut 3250 Kilometer lange Appalachian Trail, führt durch Massachusetts, Vermont und New Hampshire. Der markierte Pfad beginnt tief unten im Süden der USA, in Georgia. Er endet zur Zeit im nördlichen Neuengland, in Maine, soll aber verlängert werden bis ins kanadische Quebec. Auskunft und Kartenmaterial sind erhältlich bei der «Appalachian Trail Conference», P.O. Box 807, Harpers Ferry, West Virginia 25425, Tel. 304/5 35 63 31.

In Vermont zweigt ein anderer Wanderweg ab, der über 400 Kilometer lange Long Trail. Verschiedene Landgasthäuser entlang dieser Route haben sich zusammengeschlossen und bieten ein Reiseprogramm an, das den Wanderern den Gepäcktransport abnimmt und auch Übernachtungen garantiert. Auskunft: «Country Inns along the Trail», P.O. Box 59, Montgomery, VT 05470, Tel. 802/3 26 20 72.

chen Pfaden (siehe auch Seite 171). Alle drei Neuenglandstaaten haben gute *Jagdgründe* und *Angelplätze*, für die man aber staatliche Jagd- oder Angelscheine benötigt. Wo sie jeweils erhältlich sind, erfährt man in der Regel am besten im lokalen General Store oder in anderen Geschäften, die Angelköder verkaufen. Steigender Beliebtheit erfreut sich das *Fahrradfahren*, in einigen Urlaubsgebieten gibt es schon Radwegnetze, in anderen sind diese geplant.

In den drei Staaten Massachusetts, New Hampshire und Vermont gibt es 36 ausgewiesene *Skigebiete* für Lang- und Abfahrtslauf. In allen Skigebieten läßt sich die Ausrüstung leihen. Die Pisten sind nach vier Kategorien unterteilt: Ein grüner Kreis markiert einfache Strecken, ein blaues Viereck etwas schwierigere, ein schwarzes Karo schwere Strecken und schließlich ein Doppelkaro jene Pisten, auf die sich nur Experten wagen sollten. Diese Wertungen stehen aber jeweils nur in Relation zu den anderen Pisten im selben Skirevier, sie sind also kein einheitlicher Maßstab für alle 36 Gebiete.

5 Das Neue England bietet hervorragende Möglichkeiten für einen sportlichen Urlaub: Blick vom Gipfel des Mount Greylock (1064 m), dem höchsten in Massachusetts.

6 Die zahlreichen Flüsse und Seen der Region sind ideal für Wasserwanderungen mit dem Kanu. Hier am Ufer des Deerfield River in den Berkshires, Massachusetts. Parallel zum Fluß verläuft der Mohawk Trail, ein reizvoller Wanderweg, der einem alten Indianerpfad folgt.

In der sommerlichen Hochsaison, an den Wochenenden im Indian Summer und zu besonderen Veranstaltungen sind Unterkünfte aller Kategorien stark gebucht, Reservierungen sind zu empfehlen.

EINKAUFEN UND SOUVENIRS

Zu den beliebtesten und wirklich original neuenglischen Mitbringseln gehören Maple Syrup und Konfekt, das aus diesem süßen Ahornsaft gemacht wird (siehe Seite 179). Allenthalben finden sich Antikläden. Die Waren, die sie anbieten, sind zwar nur noch selten Schnäppchen, aber Freunde der amerikanischen Alltagskultur finden dort manch interessantes Stück. Eine amerikanische Spezialität sind Factory Outlets, Läden, in denen die Überproduktion bestimmter Markenwaren mit Nachlaß verkauft wird. Kriti-

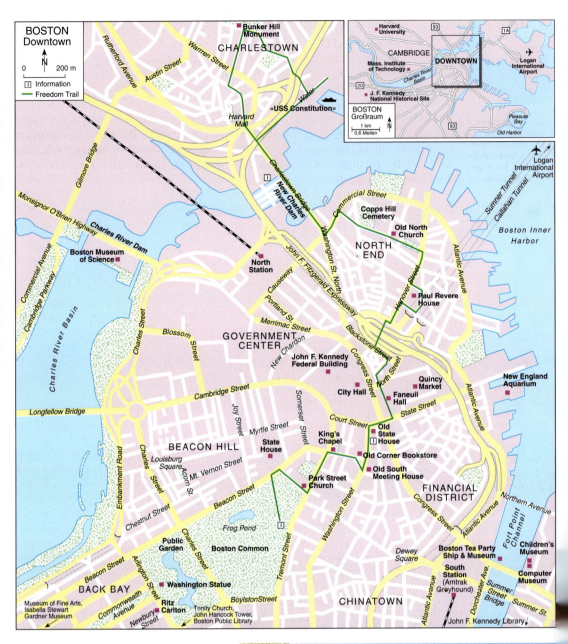

DER «FREIHEITSPFAD» IN BOSTON

Eine rote Linie schlängelt sich fünf Kilometer durch Boston; sie führt den Besucher zielsicher zu allen Stationen des Freedom Trail, zur Geschichte vom Anfang der amerikanischen Revolution. Der Weg beginnt am Informationspavillon im Common, führt vorbei am State House und an Kirchen, in denen vor mehr als zweihundert Jahren flammende Reden gegen die Briten oder später gegen die Sklaverei gehalten wurden, vorbei an alten Friedhöfen, auf denen beispielsweise Samuel Adams, der Anführer der Boston Tea Party, oder die Eltern des Staatsmanns und Universalgenies Benjamin Franklin ihre letzte Ruhe fanden, und zu Baudenkmälern wie Franklins Geburtshaus, dem Haus des legendären Revolutionshelden Paul Revere oder zum Old State House, auf dessen Balkon 1776 die Unabhängigkeitserklärung verlesen wurde. Zur Faneuil Hall sind es nur ein paar Schritte; die Restaurants und Souvenirstände in und vor den historischen Markthallen sind in den Sommermonaten bei Einheimischen wie Touristen gleichermaßen als Treffpunkt beliebt. Der Freedom Trail führt weiter nach Charlestown und auf den Bunker Hill.

Neben diesem roten gibt es auch noch einen schwarzen Pfad, den Black Heritage Trail zu den wichtigsten historischen Stätten der schwarzen Amerikaner. Dieser Weg ist allerdings nicht auf dem Pflaster aufgemalt. Aber beim National Park Service am Old State House sind entsprechende Karten erhältlich.

SEHENSWERTE ORTE UND LANDSCHAFTEN

Ziffern im Kreis verweisen auf die Karte auf Seite 167, kursive Seitenzahlen am Ende eines Abschnitts auf Abbildungen.

MASSACHUSETTS

Amherst ①. Die kleine Stadt im Pioneer Valley wird von gleich drei Universitäten geprägt. Die große University of Massachusetts ist wenig attraktiv, einen sehenswerten Campus hat hingegen das *Amherst College*. In Amherst wurden Noah Webster (1758 bis 1843), der Begründer des gleichnamigen Wörterbuchs, und die Schriftstellerin Emily Dickinson (1830–1886) geboren. Ihr *Homestead* in der Main Street gehört nun dem College und kann – in der Regel nachmittags – besichtigt werden.

Boston ②. Massachusetts' Hauptstadt ist eine der ältesten Städte Nordamerikas und entsprechend reich an historischen Sehenswürdigkeiten. Rund 750 000 Menschen leben an der Mündung des Charles River in die Massachusetts Bay, gut 550 000 in Boston selbst. Die Stadt, einst ein industrielles Zentrum, ist heute eher für Versicherungen, Banken und andere Dienstleistungen bekannt. Berühmt ist sie für ihre Hochschulen,

3 Blick vom 1861 angelegten Public Garden, dem ersten botanischen Garten Amerikas, auf die Wolkenkratzer von Boston.

1 Die Mount Vernon Street im Bostoner Stadtteil Beacon Hill.

2 Die 1824 errichtete Markthalle Quincy Market in Boston. Hier boten einst die Bauern ihre Erzeugnisse an; heute dominieren schicke Boutiquen, Bars und Delikatessengeschäfte.

insbesondere für Harvard und das Massachusetts Institute of Technology jenseits des Flusses in Cambridge. Das grüne Herz der Metropole trägt den Namen *Boston Common*: ein großer Park im Zentrum, an den sich der *Public Garden* mit seinen Booten in Form von Schwänen anschließt. Westlich der Parks liegen entlang der stattlichen Commonwealth Avenue einige der besten Adressen. Die parallele Newbury Street gilt als die feinste Einkaufsstraße, sie ist dank des ehrwürdigen Hotels «Ritz Carlton», der vielen Restaurants und Straßencafés zugleich ein beliebter Treffpunkt. Weiter westwärts liegt der Stadtteil Back Bay mit der Boston Public Library und der 1872 bis 1877 errichteten *Trinity Church*, einem Werk des Architekten Henry Hobson Richardson. Unmittelbar gegenüber streben die Glasfronten des 241 Meter hohen *John Hancock Tower* in den Himmel, den der Architekt Ieoh Ming Pei entworfen hat. Die oberste, die sechzigste Etage des Wolkenkratzers bietet den besten Blick über Boston.

Die touristischen Zentren der Stadt sind jedoch der historische Kern und das alte Viertel Beacon Hill unmittelbar am Boston Common. Die alten, meist ziegelroten Bauten an engen Gassen und zwischen kleinen Gärten sind als Anschrift begehrt und entsprechend teuer. Beacon Hill geht über in das Regierungsviertel, das überragt wird von der goldenen Kuppel des *State House* von 1798. Es wurde von Charles Bulfinch entworfen, dem Erbauer des Kapitols in Washington. Montags bis freitags gibt es Führungen durch das State House. Es grenzt im Osten an den alten Stadtkern am Hafen, der gut durch den Freedom Trail (siehe Seite 172) erschlossen ist. Südlich der Kais im Hafen liegt an der Mündung des Fort Point Channel die «Beaver II» neben dem Boston Tea Party Museum. Auf dem Nachbau eines Handelsschiffes kann man nachvollziehen wie der amerikanische Unabhängigkeitskrieg mit der Versenkung von Teepaketen im Hafen von Boston begann.

Die Stadt hat zahlreiche weitere Museen, darunter ein zweites, noch eindrucksvolleres Schiff: In Charlestown, jenseits des Charles River, hat die «USS Constitution» dauerhaft festgemacht. Das mehrfach restaurierte Kriegsschiff von 1797, genannt «Old Ironside», liegt an historischer Stelle, denn es sind nur ein paar Schritte zu einem weiteren Nationaldenkmal, dem 67 Meter hohen

Obelisken des *Bunker Hill Monument*. In der Nähe fand eine der ersten Schlachten des amerikanischen Unabhängigkeitskrieges statt. Das bedeutendste Kunstmuseum Bostons ist das *Museum of Fine Arts* am westlichen Stadtrand, das dank der Gaben reicher und weitgereister Bostonians eine eindrucksvolle Sammlung amerikanischer, europäischer und asiatischer Kunst zeigen kann. Das *Isabella Stewart Gardner Museum* ist nicht nur wegen seiner europäischen Kunstwerke, sondern auch wegen seines schönen Innenhofs besuchenswert. Kinder lieben das wissenschaftliche *Children's Museum*, Erwachsene das *Boston Museum of Science*. Das *Computer Museum* beeindruckt auch Besucher, die sonst vor derlei Geräten zurückschrecken. Museum und Denkmal zugleich ist die eindrucksvolle, von Ieoh Ming Pei erbaute *John F. Kennedy Library*. Sie liegt etwas außerhalb, erlaubt einen weiten Blick über den Hafen und ist eine der meistbesuchten Sammlungen in Boston. Kennedys Geburtshaus im Stadtteil Brookline kann ebenfalls besichtigt werden. Auch das historische Cambridge, seine *Harvard University* und der Campus des *Massachusetts Institute of Technology* bergen zahlreiche Museen. *113, 118/119, 130, 131, 135, 151, 170, 176/177*

Cape Cod ③. Die südlich von Boston wie ein 110 Kilometer langer Enterhaken in den Atlantik ragende Halbinsel ist die Heimstatt zahlreicher Künstler und eines der beliebtesten Sommerferienziele in den USA. Fast 500 Kilometer Sandstrände erklären diese Popularität. Die schönsten Abschnitte liegen an der National Seashore entlang der gesamten Ostküste und an der Spitze. Das Salt Pond Visitor Center des Nationalparks am Rande des kleinen Ortes Eastham erklärt die eiszeitliche Entstehung der Landschaft, ihr Tier- und Pflanzenleben und ihre Ge-

4 In Provincetown, dem Hauptort von Cape Cod. Das knapp 77 Meter hohe Pilgrim Memorial Monument ist der gotischen Torre del Mangia in Siena nachempfunden.

5 Auch wenn Cape Cod eines der beliebtesten Urlaubsziele in den USA darstellt, lassen sich hier noch, vor allem außerhalb der Sommersaison, einsame und ruhige Plätze finden.

schichte: Auf Cape Cod gingen die Pilgerväter 1620 an Land, ehe sie sich fünf Wochen später in Plymouth endgültig ansiedelten. «The Cape» ist ein hochentwickeltes Urlaubsgebiet mit einem reichen touristischen Angebot, von geführten Fahrradtouren über Rundflüge und eine Eisenbahntour bis zu Schiffsfahrten zur Walbeobachtung zwischen April und Oktober.

Falmouth im Süden ist eine der ältesten Städte der Region, auf der nahen Landspitze *Woods Hole* ist ein ozeanographisches Institut beheimatet, das ein Museum und ein kleines Aquarium betreibt. *Sagamore* und *Sandwich* sind Zentren der Glasbläserei, in Sagamore kann man bei diesem alten Handwerk zuschauen, in Sandwich zeigt das Glass Museum die Geschichte dieses Gewerbes. Bei Sandwich bietet der ausgedehnte Park der *Heritage Plantation* mehre-

Aus englischen und indianischen Traditionen hat sich in Neuengland eine eigene Küche entwickelt, die zu Recht besondere Berühmtheit genießt. Ganz oben auf der Speisekarte stehen fangfrischer Fisch, Hummer und Meeresfrüchte aus dem Atlantik. Auch Wild ist sehr beliebt, und zum Nachtisch gibt es köstliche Kuchen.

VON CLAMBAKE UND BOSTON BEANS
Spezialitäten der neuenglischen Küche

«Obwohl ich hungrig war, habe ich nur wenig heruntergekommen», berichtete im Jahr 1704 ein Reisender, dem man ein New England Boiled Dinner vorgesetzt hatte. Das Traditionsgericht besteht im wesentlichen aus Pökelfleisch und Kohl, es wird lange durchgekocht und je nach Region oder Familie mit Karotten, Kartoffeln und weiteren Zutaten bereichert. Daß dieses und manch andere Gerichte am Herd der puritanischen ersten Siedler nicht gerade zu Gaumenfesten gerieten, ist durchaus vorstellbar.

Heutzutage, fast dreihundert Jahre später, hat das Neue England jedoch eine hohe kulinarische Reputation. Zahlreiche Restaurants und Inns der Region werden in New York und Washington als Geheimtips gehandelt. Zunehmend gibt es auch Küchenchefs, die sich bewußt auf die saisonalen Gaben der Natur und die kulinarische Geschichte Neuenglands besinnen.

Die Staaten im Nordosten lagen einst vor den besten Fischgründen der Welt; dies und indianische Traditionen haben bis heute die Küche dieser Region geprägt. Fischgerichte und Krustentiere sind auf fast allen Karten zu finden, meist in sehr guter Qualität. Das gilt vor allem für die Hummer, die schlicht in Salzwasser gekocht und nur mit heißer Butter verspeist werden. Hummer sind vergleichsweise preiswert, wenn auch nicht mehr billig wie einst, als das Krustentier als Armeleuteessen galt. *Cod*, zu deutsch Kabeljau, gab es zwar auch millionenfach. Aber er galt dennoch als etwas Besonderes. Ihn konnte man nämlich im Gegensatz zum Hummer zu Trockenfisch verarbeiten. Getrockneter Kabeljau war denn auch eines der wichtigsten Exportgüter der neuenglischen Küste, er ging nach Europa oder als billiges Essen für die Sklaven in die Karibik.

Neuenglische Spezialitäten: Clam Chowder, eine Muschelsuppe (oben). – Boston Baked Beans (Mitte). – Hummer und Taschenkrebs, Delikatessen aus dem Meer (unten).

Berühmt ist der indianische Clambake. Dabei werden Steine erhitzt, in eine Erdgrube gelegt und mit Seetang bedeckt, darüber werden die *clams* (Venus- oder Quahogmuscheln), Maiskolben und Kartoffeln geschichtet, und wieder kommt Tang darüber. Das Ganze wird mit einer Plane abgedeckt und so eine Stunde lang gebacken. Muscheln sind auch die wichtigste Zutat für den Clam Chowder, eine dicke würzige Suppe. Eine Spezialität auf allen Fischkarten ist *scrod*, ein Begriff, der in Lexika kaum zu finden ist. Unter *scrod* verstehen die Neuengländer tagesfangfrischen Fisch gleich welcher Art. Ein ehrlicher Küchenchef wird unter diesem Namen immer nur das Beste anbieten, das er im Morgengrauen auf dem Fischmarkt erwerben konnte. Woher der Name stammt, ist ungeklärt, in Boston sagt man, es sei eine Abkürzung für *sacred cod*.

Ebenso historische Gründe hat die Neigung zu Wild, die noch aus den Tagen der ersten Siedler und Trapper stammt. Fleisch war allerdings ein Festtagsgericht, alltags gab es oft Bohnen, insbesondere in Boston, das seither den Spitznamen «Beantown» trägt. Die berühmten Boston Baked Beans sind nicht nur mit Bauchspeck angereichert, sondern auch mit Melasse gesüßt, dem Reststoff bei der Rumherstellung aus Zuckerrohr, den die Siedler einst als billigen Süßstoff aus den karibischen Kolonien erhielten. Die Bohnen werden traditionell zu Boston Brown Bread gegessen; dieses dunkle Brot enthält ebenfalls etwas Melasse. Und zum Nachtisch speist man im Neuen England seit mehr als dreihundertfünfzig Jahren einen Kuchen mit Kürbismus, das mit Ahornsirup gesüßt ist, oder Indian Pudding, einen Auflauf aus Maismehl und Melasse. Er wurde nicht von Indianern erfunden, sondern ist nach dem *indian corn*, dem Mais, benannt. Es darf natürlich auch ein Apfelkuchen sein, denn der All American Apple Pie, das typischste Gericht für das ganze große Land, ist, so heißt es in Neuengland gerne, natürlich auch in dieser geschichtsträchtigen Landschaft zum ersten Mal gebacken worden. Aber das behaupten die Nachfahren der ersten britischen Siedler in Virginia ebenso.

ren Museen Platz, darunter Sammlungen für alte Autos und Zinnsoldaten. Die bekanntesten Orte auf Cape Cod sind *Hyannis* und *Hyannis Port*, wo die Kennedys ihr Sommerquartier beziehen. Ihr Haus läßt sich am besten vom Ausflugsdampfer aus sehen. In Hyannis entsteht ein John-F.-Kennedy-Museum, das bisher vornehmlich Fotos des Präsidenten zeigt. *Yarmouth Port* hat einen mehr als hundert Jahre alten, aber immer noch betriebenen Country Store. Das Cape Cod Museum of Natural History im schmucken Ort *Brewster* organisiert auch geführte Wanderungen durch das nahe Wildnisgebiet. Der Leuchtturm von *Chatham* an der Südostecke der Halbinsel bietet einen schönen Blick auf die gleichnamige hübsche Stadt und die vorgelagerte Vogelschutzinsel Monomy Island. Kurz hinter Eastham sind die Fundamente und ein Modell der einstigen *Marconi Station* zu besichtigen. Dort sandte der Erfinder der drahtlosen Signalübertragungen, der Italiener Guglielmo Marconi, 1903 seine erste Funkbotschaft von Amerika nach Europa. *Provincetown* an der Spitze der Halbinsel ist der trubelige Hauptort von Cape Cod. Er wird überragt vom knapp 77 Meter hohen Pilgrim Memorial Monument; der Turm nach italienischem Vorbild (Palazzo Pubblico in Siena) kann erklommen werden und bietet einen weiten Blick über Cape Cod. *114, 115, 121, 122, 134, 136, 137, 166, 173*

Für die Seeleute und Walfänger, die einst Nantucket von der See her ansteuerten, waren die Leuchtfeuer der Insel wegen der tückischen Sandbänke besonders wichtig. Der Leuchtturm am Brant Point Beach erleichtert auch heute noch die Einfahrt in den Nantucket Harbor, einen großen Naturhafen, an dem auch der Hauptort der Insel liegt.

Boston – amerikanische Metropole mit nordeuropäischem Flair. Blick vom Charles River auf die Stadt.

«The Flume», eine enge Schlucht im Franconia Notch State Park, durch die ein schmaler Wanderpfad führt. Er gehört zu einem gut drei Kilometer langen Rundweg, einer der meistbegangenen Routen in den Bergen von New Hampshire

Wer es entdeckt hat, daß der Stamm der Ahornbäume einen zuckrigen Saft enthält, ist ungewiß: vielleicht waren es Indianer, vielleicht französische Seefahrer – oder die Eichhörnchen.

DER SÜSSE SAFT DER AHORNBÄUME

Maple Syrup und Maple Sugar

Sogar ein Likör wird aus Ahornsaft gebraut: Northern Comfort (oben). – Von selbst tropft das süße Naß in die kleinen Eimer (unten).

«When the wind's in the west, the sap runs best» («Wenn der Wind im Westen bläst, läuft der Saft am besten»), so beginnt ein altes neuenglisches Volkslied, das allerdings außerhalb von Vermont und New Hampshire kaum noch bekannt ist. Die beiden Staaten sind die Zentren der Maple-Sugar-Farmer in Neuengland; in den anderen vier Staaten wird der Zucker aus den Ahornbäumen nur noch in geringem Umfang gewonnen. Dennoch ist er in ganz Neuengland als ortstypisch anerkannt und als Souvenir beliebt. Auch in zahlreichen Rezeptsammlungen der Region erscheint der süße Saft. Er ist relativ teuer, weil er nur sehr zeit- und arbeitsintensiv zu gewinnen ist. Unter den Ahornsorten der Welt liefern nur wenige genug süßen Saft, um daraus Sirup oder gar Maple Sugar zu gewinnen. Vor allem der Sugar Maple ist als Saftproduzent geschätzt, in geringerem Maß gilt das auch für den Red Maple, den Silver Maple und einige andere Arten. Voraussetzung für eine lohnende Saftproduktion sind kalte Winternächte und sonnige Tage, Wetterverhältnisse, wie sie zwischen Februar und April für die Neuenglandstaaten typisch sind.

Dann werden die Bäume angezapft; es sollen nicht mehr als zwei Zapfstellen pro Baum sein. Früher hat man ein Röhrchen in den Stamm gehämmert und einen kleinen Metalleimer unter die Zapfstelle gehängt. Mit dem Pferdeschlitten ging es dann täglich durch den Wald, die Eimerchen wurden in einen großen Bottich geleert. Der Saft, der meist ein bis zwei Prozent Zucker enthält (einige wenige Bäume bringen es sogar auf zehn Prozent), wird im *sugarhouse* über dem Holzfeuer eingekocht, bis aus der wäßrigen, klaren Flüssigkeit ein zäher Sirup geworden ist. Für einen Liter Sirup benötigt man etwa dreißig bis vierzig Liter Saft. Zur Gewinnung von Zucker muß der Sirup noch weiter eingekocht werden.

Von Baum zu Baum geht es durch den Ahornwald, um die Eimer zu leeren. – In Vermont.

Das Verfahren, das sich über Stunden hinzieht, bedarf ständiger Aufmerksamkeit, damit nicht die ganze Pfanne anbrennt.

Die kleinen Metalleimer finden sich heute noch in Museen und solchen Ahornhainen, die für den Tourismus genutzt werden. In kommerziellen Gärten werden die Zapfstellen heutzutage mit einem speziellen Bohrgerät in den Baum versenkt, und die kleinen Eimerchen sind durch Plastikschläuche ersetzt, durch die der Saft in größere Sammelbehälter läuft. Schließlich wird er durch Verdunstung eingedickt und gefiltert. Man unterscheidet verschiedene Qualitätsgrade des Sirups. In den USA sind sie nach ihrer Farbe benannt: Light, Medium und Dark Amber. Kanada kennt überdies noch den hellen Syrup Extra Light. Vermont hat seine eigene Einteilung: Fancy entspricht etwa Light, Grade A gibt es sowohl als Medium wie als Dark Amber. Der sehr dunkle Grade-B-Syrup dient vor allem zum Kochen.

Die Anfänge des *sugaring* liegen im Verborgenen. Eine indianische Legende berichtet von einem Medizinmann namens Gluscapi, den es ärgerte, daß seine Leute nur faul unter den Bäumen lagen, aus denen damals noch dicker, süßer Sirup heraustropfte. Er führte den Bäumen Wasser zu, verdünnte so den Sirup und zwang die Leute zur Sammelarbeit. In Kanada preist man die Eichhörnchen als Entdecker des Zuckersaftes. Sie nagten die Bäume an und knabberten am nächsten Tag die Zuckerkruste ab. Als die Indianer das beobachteten, begannen auch sie, den süßen Saft einzusammeln. Eine dritte These nennt frühe französische Seefahrer als Entdecker des Ahornsafts: Bereits 1557 berichtete André Thevet von den süßen Bäumen, die vermutlich beim Holzfällen entdeckt wurden. Im Gegensatz zu den Indianern, die keine Eisentöpfe hatten, konnten die Franzosen den Saft zu Sirup eindicken. Zweihundert Jahre später organisierten die Quäker in Amerika die erste halbkommerzielle Gewinnung von Maple Syrup. Damit konnten sie auf den karibischen Zucker verzichten, der durch Sklavenarbeit, die sie ablehnten, gewonnen wurde, und so für deren Freiheit eintreten: «a sweet fight for freedom».

Im «Zuckerhaus» wird der Saft eingekocht, bis schließlich ein zäher Sirup entsteht.

Concord ④. Die kleine Stadt ist das Ziel Tausender historisch oder literarisch interessierter Touristen: An der (nachgebauten) *North Bridge* kam es am 19. April 1775 zum zweiten Kampf zwischen Briten und aufständischen Amerikanern. Das *Battle Road Visitor Center* bei der Brücke und ein Teil des *Minute Man National Historical Park* erinnern an den Beginn des Unabhängigkeitskrieges (weitere Teile befinden sich in den Ortschaften Lexington und Lincoln). Ein Jahrhundert später war Concord der literarisch-philosophische Nabel der USA. Die Dichter und Denker Ralph Waldo Emerson (1803–1882), Henry David Thoreau (1817 bis 1862), Nathaniel Hawthorne (1804 bis 1864), Margaret Fuller (1810–1850) und Amos Bronson Alcott (1799–1888) gehörten zu den Geistesgrößen, die Concord zu ihrer Heimat machten. Emerson, Hawthorne und einige andere sind auf dem *Sleepy Hollow Cemetery* begraben – ein Pilgerziel wie das *Ralph Waldo Emerson House*, Hawthornes

Haus *The Wayside* oder der nahe See *Walden Pond*, an dessen Ufer Thoreau seine berühmt gewordene Hütte hatte errichten lassen. Das *Concord Museum* erläutert nicht nur die wichtigen Epochen der Stadtgeschichte, es überrascht auch mit einer guten kunsthandwerklichen Sammlung. *95*

Deerfield ⑤. Die Kleinstadt im Connecticut Valley war die erste in Amerika, deren historische Bauten aus dem 18. Jahrhundert planmäßig bewahrt und restauriert wurden. Ein gutes Dutzend dieser Häuser steht Besuchern offen, die Organisation «Historic Deerfield» bietet auch geführte Touren an. In drei Häusern sind sehenswerte Sammlungen für Silberwaren, Textilien und Möbel untergebracht.

Fall River ⑥. Die Attraktion der Stadt ist unübersehbar: In der *Battleship Cove* haben die mächtigen Schlachtschiffe «Massachusetts» und «Joseph P. Kennedy» sowie das U-Boot «Lionfish» dauerhaft als Museumsschiffe festgemacht. Das *Marine Museum at Fall River* ergänzt die grauen Giganten mit einer attraktiven Sammlung auch zur zivilen Schiffahrt, unter anderem mit dem weltgrößten Modell der «Titanic». Die Stadt bietet überdies eine bizarre Unterkunft: In dem Haus, in dem 1892 die Eltern von Lizzie Borden ermordet wurden, hat man 1995 ein Bed and Breakfast eingerichtet. Lizzie Borden war seinerzeit nach einem Sensationsprozeß freigesprochen worden.

Hancock Shaker Village ⑦. Die heute fast ausgestorbene christliche Glaubensgemeinschaft der Shaker, so benannt nach ihren Gebetstänzen, hatte bis Mitte des letzten Jahrhunderts mehrere Gemeinden in Amerika. Die Shaker lebten in zölibatären Großfamilien, die Waisenkinder adoptierten, abseits anderer Siedlungen zusammen. Rechte und Pflichten waren zwischen den Geschlechtern gleichmäßig verteilt. Berühmt wurden die Shaker für ihre schlichte, ästhetische und qualitätvolle Architektur, für ihre heute als Sammlerstücke gesuchten Möbel und funktionalen Erfindungen. Das Hancock Shaker Village bei Pittsfield ist heute Museum. *128, 140, 152*

Holyoke ⑧. Das Zentrum der Papierindustrie ist Ziel von Bahn- und Sportfreunden. Erstere schätzen die *Dampfeisenbahn*, die am Heritage State Park abfährt, letztere die *Volleyball Hall of Fame*, ein kleines Museum für diese Sportart. Unter demselben Dach einer früheren Fabrik befindet sich auch ein *Museum für Kinder*.

Lexington ⑨. Am 19. April 1775 kam es auf dem *Green*, dem Dorfanger, von Lexington zum ersten Gefecht zwischen Briten und aufständischen Amerikanern, den Minutemen. Die Stätte ziert heute ein Minuteman-Denkmal. Die restaurierte *Buckman Tavern*, der Sammelpunkt der Aufständischen, kann besichtigt werden. Am Ortseingang liegt das der amerikanischen Geschichte gewidmete *Museum of Our National History*.

Lowell ⑩. Das 1826 als Stadt anerkannte Lowell war die erste Industriesiedlung Amerikas. Sie nutzte die Energie eines nahen Wasserfalls und mit Hilfe von Kanälen den Charles River als Transportweg. Lowell war im 19. Jahrhundert das bedeutendste Baumwollzentrum des Landes. An diese Zeit erinnert der *Lowell National Historical and Heritage State Park*. Zum Angebot dieses Nationalparks gehört eine kombinierte Trambahn- und Bootsfahrt zu den einstigen Baumwollfabriken.

Marblehead ⑪. Der ehemalige Handelshafen ist heute bei Sportbootkapitänen sehr beliebt. Aus den großen Tagen des Seehandels stammt das *Jeremiah Lee Mansion*, eines der eindrucksvollen Herrenhäuser der Region. Es ist ausgestattet mit Möbeln und Erinnerungsstücken aus aller Welt.

Martha's Vineyard ⑫. Vier Ortschaften liegen auf der Insel vor Cape Cod, die eines der beliebtesten Ferienziele im Nordosten der USA ist. Die Fähren von New Bedford, Woods Hole, Falmouth, Hyannis Port und Nantucket legen in *Vineyard Haven* und in *Oak Bluffs* an. In Oak Bluffs begannen vor mehr als einhundertfünfzig Jahren die Sommertreffen der Methodisten, aus dem einstigen Zeltlager entstanden um 1900 zahl-

1 Die Kirche von Lexington. Der kleine Ort etwa eine halbe Autostunde nordwestlich von Boston erlangte als Austragungsort der ersten Schlacht des amerikanischen Unabhängigkeitskampfes landesweite Berühmtheit.

2 Der Hafen von Nantucket, dem Hauptort der gleichnamigen Insel. Um 1800 war er der bedeutendste Walfanghafen der Welt.

bindung nach Hyannis Port auf Cape Cod. Der Ort Nantucket pflegt seine hübschen alten Häuser und Pflastersteinstraßen. Die erste große Zeit der Insel, die erste Hälfte des 19. Jahrhunderts, in der Nantucket Zentrum des Walfangs war, ruft das *Whaling Museum* in Erinnerung. *115, 124, 175*

New Bedford ⑭. Noch größere Bedeutung hatte der Walfang für den Hafen von New Bedford auf dem Festland. Das eindrucksvolle *New Bedford Whaling Museum* schildert die Zeit Mitte des 19. Jahrhunderts, als New Bedford «the whaling capital of the world» («die Walfang-Hauptstadt der Welt») war. Aus jener Zeit stammt auch der *Seamen's Bethel*, eine Kapelle, die der Walfänger und Autor Hermann Melville in seinem Roman «Moby Dick» beschrieb. *144*

Newburyport ⑮. Die Kleinstadt unweit der Mündung des Merrimack River war einst bekannt für die hier gebauten Segelboote und ein bedeutender Handelshafen. Der frühere Wohlstand wird erkennbar an den eleganten Häusern an der High Street und dem fotogen restaurierten Market Square District. Im *Custom House* wurde ein Seefahrtsmuseum eingerichtet. Ein Damm führt nach Plum Island, wo das *Park River National Wildlife Refuge* vor allem die Vogelfreunde begeistert.

3 Das Berkshire Museum in Pittsfield zeigt Gemälde und Plastiken europäischer und amerikanischer Künstler.

4 In der Nähe von Pittsfield ließ sich Ende des 18. Jahrhunderts eine Gruppe der Shaker nieder, einer um 1754 in England gegründeten Glaubensgemeinschaft. Heute ist das Hancock Village, in dem bis 1960 Shaker lebten, ein Museum, in dem man sich mit ihrer Lebensweise vertraut machen und die schlichte Schönheit und Zweckmäßigkeit ihrer Häuser, Möbel und Gerätschaften bewundern kann.

5 Stolz präsentiert ein junger Fischer seinen Fang, einen riesigen Hummer. – In Rockport am Cape Ann.

reiche kleine viktorianische Holzhäuser rings um den Tabernacle, die Kirche. Die Insel *Chappaquiddick* ist nur einen Steinwurf von Martha's Vineyard entfernt, lockt mit schönen Stränden, Tierschutzgebieten und dichten, ursprünglichen Wäldern.

Nantucket Island ⑬. Neben Martha's Vineyard liegt die ebenso populäre Ferieninsel Nantucket, beide sind von der Prominenz der Ostküste sehr geschätzt, aber auch Ziel Tausender von Tagesgästen. Beide Inseln sind durch Schiffe miteinander verbunden, außerdem hat Nantucket eine Fährver-

Old Sturbridge Village ⑯. Im Jahr 1946 entstand dieses Freilichtmuseum, das seither ständig mit Originalgebäuden aus Neuengland erweitert wird. Die Gebäude stammen aus dem 18. und 19. Jahrhundert, das älteste geht auf das Jahr 1704 zurück. Die Häuser sind entsprechend ihrer früheren Nutzung eingerichtet, etwa als Pfarrhaus, Druckwerkstatt, Schmiede, Mühle oder Bank. Auf einer Farm bestellen Männer und Frauen in Kostümen nach alter Art die Felder und füttern die Tiere.

Pittsfield ⑰. Das Zentrum der hügeligen Landschaft der Berkshires beherbergt das *Berkshire Museum*, das auch lebende Tiere der Region vorstellt. In der Bibliothek, dem *Berkshire Athenaeum*, ist ein Raum mit Erinnerungsstücken dem Schriftsteller Herman Melville (1819–1891) gewidmet. Am Rand der Stadt kann *Arrowhead* besichtigt werden, das Haus, in dem Melville von 1850 bis 1863 lebte und unter anderem seinen Roman «Moby Dick» (1851) schrieb.

Plymouth ⑱. An der Stelle dieses Ortes gründeten die Pilgerväter ihre erste Siedlung in Amerika. Am *Plymouth Rock*, einem inzwischen von einem Säulentempelchen geschützten Felsen, sollen sie im Jahr 1620 an Land gegangen sein. Plymouth lebt heute vom Tourismus. Das *Pilgrim Hall Museum* zeigt noch originale Besitztümer der religiösen Flüchtlinge aus England. Im *Plymouth National Wax Museum* sind mit lebensgroßen Wachsfiguren historische Szenen

nachgestellt. Sehenswert ist im Hafen die Nachbildung der «Mayflower», des Schiffs der Pilgrim Fathers. Ebenso attraktiv ist die *Plimoth Plantation* am Stadtrand: In dem rekonstruierten Dorf erteilen kostümierte Bewohner Auskunft zur Lebensart ihrer Vorfahren; ein Pfad führt zu einem nachempfundenen Indianercamp. In Plymouth sind historische Häuser zu besichtigen. Am Ortsausgang kann man in der *Cranberry World* lernen, wie die für Neuengland wirtschaftlich bedeutenden Preiselbeeren angebaut und verarbeitet werden. *125, 126/127*

Quincy ⑲. Der Stadt am Südrand von Boston verdanken die Vereinigten Staaten zwei Präsidenten: John Adams (1735–1826) war der zweite und sein Sohn John Quincy Adams (1767–1848) der sechste Präsident der USA. Die Geburtshäuser der beiden können ebenso besichtigt werden wie das spätere Wohnhaus der Familie. Die Präsidenten sind in der *United First Parish Church* begraben.

Rockport ⑳. «Motif number one» nennt jedermann den roten Fischerschuppen an der Hafeneinfahrt von Rockport, weil ihn alljährlich Tausende von Malern auf Papier oder Leinwand bannen. Der hübsche, in der

Saison etwas überlaufene Fischerort liegt an der Spitze von *Cape Ann*, einer in den Atlantik ragenden Halbinsel. An der Zufahrt, beim Ferienort *Magnolia*, lohnt ein Stopp beim *Hammond Castle Museum*, das der Erfinder und Kunstsammler John Hays Hammond zwischen 1926 und 1929 bauen ließ. Die größte Stadt der Halbinsel ist *Gloucester*, der älteste Hafen der USA. Unweit von Rockport hat eine Familie in einer Wohnsiedlung ein Haus fast ausschließlich aus Altpapier erbaut. *181, 195*

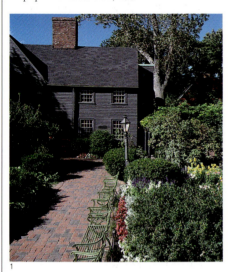

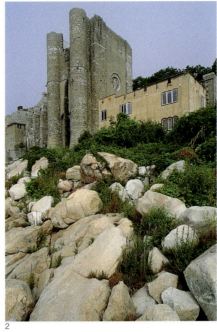

Salem ㉑. Eine hübsche Stadt mit einem häßlichen Fleck in ihrer Geschichte und einer unansehnlichen industriellen Umgebung: Salem wurde 1626 gegründet; 1692 begann in der puritanischen Stadt ein Hexenwahn, der zur Einkerkerung von über einhundertfünfzig und zur Hinrichtung von 19 Menschen, überwiegend Frauen, führte. Begonnen hatte alles mit Voodoo-Erzählungen einer Sklavin aus Haiti, die bei einigen jungen Mädchen die Phantasie entzündeten. Beendet wurde der Spuk erst, als auch die Frau des Gouverneurs beschuldigt wurde, eine Hexe zu sein. Das *Salem Witch Museum* schildert die Hysterie, einige andere Häuser werden ebenfalls «hexenmäßig» ausgeschlachtet (siehe Seite 183).

Salems historische Bedeutung zeigt sich jedoch vor allem am alten Hafen, der heute als *Salem Maritime National Historic Site* unter Schutz steht. Schiffe aus Salem haben im Unabhängigkeitskrieg die Amerikaner mit Waffen und Proviant versorgt, zugleich haben die Seeleute aus Salem rund vierhundert britische Schiffe gekapert oder geplündert. Später öffneten Großsegler aus Salem den Seeweg nach China und begründeten den Handel mit Asien, der Wohlstand nach Salem brachte. Die Peabodys waren eine der Handelssippen, die damals zu immensem Reichtum kamen. 22 Kapitäne hinterließen der Stadt ihre Schätze. Das *Peabody Museum* mit asiatischer Kunst, seehistorischen, archäologischen und ethnologischen Exponaten gilt als eine der großen Sammlungen Amerikas. Einen ähnlichen Rang nimmt das *Essex Institute* mit seiner kunsthandwerklichen Ausstellung ein. Salem hat als Geburtsort von Nathaniel Hawthorne auch literarische Bedeutung. Seine berühmteste Novelle, «The Scarlet Letter», spielt teilweise in Salem, und das Vorbild für den Roman «The House of the Seven Gables» kann in Salem besichtigt werden. Zum selben Komplex gehören heute mehrere andere historische Gebäude, darunter das umgesetzte *Geburtshaus* des Dichters.

Springfield ㉒. Die relativ große Stadt am Connecticut River, bekannt durch ihre alljährliche Herbstmesse, hat zwar eine Reihe von Museen und Kunstsammlungen. Aber viele Besucher kommen vor allem wegen der Waffensammlung im *Springfield Armory* oder wegen der *Naismith Memorial Basketball Hall of Fame*, einem Museum ausschließlich für diesen Sport, der 1891 von dem Kanadier James Naismith am Springfield College erfunden wurde.

Stockbridge ㉓. Die letzten 25 Jahre seines Lebens, von 1953 bis 1978, lebte und arbeitete der Maler und Illustrator Norman Rockwell (siehe Seite 156) in Stockbridge. Sein Museum an der Hauptstraße des Städtchens war schon seit Jahren zu klein für die zahlreichen Besucher, deshalb wurde im Jahr 1994 ein großzügiges neues *Norman Rockwell Museum* vier Kilometer außerhalb der Stadt, im Housatonic River Valley, eröffnet. Nahe bei Stockbridge liegt ein weiteres Künstlermuseum, Chesterwood, das einstige Studio und Wohnhaus des Bildhauers Daniel Chester French (1850–1931). Sein bekanntestes Werk ist der sitzende Abraham Lincoln im Lincoln Memorial der amerikanischen Hauptstadt Washington. *156, 157*

Williamstown ㉔. Die idyllisch gelegene kleine Kolonial- und Collegestadt in den Berkshires birgt im *Sterling and Francine*

Clark Art Institute eine der attraktivsten privaten Kunstsammlungen Amerikas. Die Kollektion, die in einem Gebäude aus weißem Marmor untergebracht ist, reicht von der Renaissance bis in die klassische Moderne. Interessant ist die gemeinsame Präsentation zweier amerikanischer Künstler des späten 19. Jahrhunderts: Frederic Remington (1861 bis 1909) malte die Cowboys und den Westen, Winslow Homer (1836–1910), die Seeleute und den Nordosten.

1 Durch Nathaniel Hawthornes gleichnamigen Roman berühmt geworden: das «House of the Seven Gables» in Salem. Das 1668 errichtete Kapitänshaus mit den sieben Giebeln besitzt ein geheimes Treppenhaus, das man erst 1886 zufällig bei Renovierungsarbeiten entdeckte.

2 Ins Mittelalter zurückversetzt fühlt man sich im Hammond Castle Museum: Nicht nur die Gemälde und Möbel, die hier gezeigt werden, stammen aus dieser Zeit, auch das Gebäude selbst ist einer Ritterburg nachempfunden – selbst die Zugbrücke fehlt nicht.

3 und 4 Im Sterling and Francine Clark Art Institute in Williamstown. Dieses Museum verdankt seinen Weltruhm der Sammelleidenschaft eines Ehepaars, das zwischen dem Ersten Weltkrieg und 1956 herausragende Gemälde, Plastiken und Kunsthandwerk aus mehreren Epochen zusammentrug.

STADT DER HEXEN UND REICHEN KAUFLEUTE

Aus Salems Vergangenheit

Die tragischen Hexenprozesse am Ende des 17. Jahrhunderts verliehen Salem traurige Berühmtheit. Im Widerspruch zu diesem düsteren Aspekt der Geschichte steht das reizvolle Stadtbild: Vor allem den durch den Seehandel reich gewordenen Kaufleuten verdankt Salem seine eindrucksvollen historischen Bauten.

Das Custom House war Sitz der Zollbehörde.

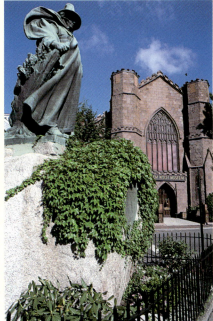

Blick auf das Salem Witch Museum; im Vordergrund das Denkmal des Stadtgründers.

Die greise Rebecca Nurse trat aufrecht vor die Richter: «In dieser Angelegenheit bin ich unschuldig wie ein ungeborenes Kind.» Es ging um ihr Leben, denn die Anklage lautete auf Hexerei. In der Bibel heißt es: «Ihr sollt der Hexe, die in eurem Kreise Schädliches tut, nicht das Leben erhalten.» Die 71 Jahre alte Mrs. Nurse, eine der angesehensten Frauen im Dorf, sollte eine Hexe sein? Niemand in Salem Village wollte es so recht glauben. Aber hatte nicht die karibische Sklavin des Geistlichen Samuel Parris gestanden, dessen Töchter und die Nachbarskinder in schwarzer Magie geschult zu haben? Hatten die Kinder nicht mit ihren schrecklichen Schreien und Verrenkungen bewiesen, daß sie vom Teufel besessen waren?

Die Frauen, die von den Kindern des Priesters der Hexerei bezichtigt wurden, schmachteten 1692 bereits im Kerker. Die ersten Todesurteile waren schon gefällt. Anne Putnam, eines der vermeintlich verhexten Kinder, hatte den anklagenden Finger auf Rebecca Nurse gerichtet. Die Putnams und ihre Verwandten, die Holtons, hatten damals einen Streit über ein Grundstück mit der Familie Nurse. So hatte die Hexenklage einen verdächtigen Beigeschmack. Aber das war nichts Ungewöhnliches in der Hysterie, die Salem Village und Salem Harbor durchzog. So mancher nutzte diese Wochen, um seine privaten Fehden unter dem Zeichen des rechten Glaubens zu seinen Gunsten zu entscheiden. Diesmal ging die Rechnung nicht auf, die Richter sprachen Mrs. Nurse frei. Doch kaum war der Spruch verkündet, fielen Anne Putnam und ihre Freundinnen zu Boden und begannen zu zucken. Unter diesen vermeintlichen Zeichen des Satans revidierten die Richter ihr Urteil und ließen die alte Dame als Hexe hängen.

Das Haus der Rebecca Nurse, 1678 erbaut, kann ebenso besichtigt werden wie der kleine, nicht weit entfernt gelegene Familienfriedhof. Auf ihm haben die Angehörigen die Gehängte damals bestattet, nachdem sie den Leichnam heimlich aus einem Grab in ungeweihter Erde exhumiert hatten. Die Mehrzahl der Besucher läßt Danvers, wie Salem Village heutzutage heißt, aber links liegen und konzentriert sich auf die Stadt, die rings um den Hafen entstanden ist. Das ist schade, denn der gut sechs Kilometer entfernte Vorort Danvers, der bisweilen auch Old Salem genannt wird, hat mehr zu bieten als dieses historische Gebäude. Auch das um dieselbe Zeit entstandene Wohnhaus der Familie Holton, verwaltet von den «Daughters of the American Revolution», und zwei weitere Privathäuser können besichtigt werden.

Salems Attraktionen überstrahlen das alte Salem Village; der Hafen brachte soviel Geld in die Stadt, daß sich Kaufleute und Behörden prächtige Bauten leisten konnten. Sie und die Exponate im Peabody Museum wie im Essex Institute sind die Zeugen jener großen Zeit, da die Segelschiffe der Kaufleute, der Yankee Traders, die Ozeane durchquerten. Vom historischen Hafen, der einst tief in die Stadt hineinreichte, sind, nachdem der South River aufgefüllt wurde, nur die Kaianlagen vor dem Custom House erhalten geblieben. Der aus dem Asienhandel erwachsene Wohlstand zeigt sich von seiner schönsten Seite in der Chestnut Street. Hier sind Häuser im föderalistischen Stil und an Palladio erinnernde Portale (siehe auch Seite 151) zu einem der bedeutendsten Architekturensembles Amerikas zusammengewachsen. Die meisten dieser klassischen Bauten entstanden zwischen 1800 und 1820; sie befinden sich in Privatbesitz; allein das Haus des «Stephen Phillips Memorial Trust» (Nr. 17) kann besichtigt werden. Dafür wartet das Essex Institute gleich mit sieben historischen Häusern auf, die Besuchern offenstehen.

«Vernehmung einer Hexe», Gemälde von T. H. Matteson (1853, Essex Institute, Salem).

WO TOM SAWYER UND HUCKLEBERRY FINN ZUR WELT KAMEN

Sehenswürdigkeiten in Connecticut

Mystic Seaport, die exakte Nachbildung eines Hafenstädtchens des 19. Jahrhunderts.

Lange Sandstrände an einer ausgedehnten Küste, der ländliche Charme des Inlands und eine der besten Universitäten der USA: Wer in Neuengland unterwegs ist, sollte nicht versäumen, die landschaftlichen Schönheiten Connecticuts kennenzulernen.

Connecticut, mit einer Fläche von 12 973 Quadratkilometern der drittkleinste Staat der USA (nach Rhode Island und Delaware), ist der südlichste der sechs Neuenglandstaaten. Entlang seiner buchtenreichen Küste gibt es zahlreiche Familienbadeorte. Die meistbesuchte Attraktion liegt ebenfalls am Meer: der *Mystic Seaport* bei dem gleichnamigen Dorf am Mystic River. Dieses Freilichtmuseum besteht aus mehr als sechzig alten Gebäuden, die größtenteils aus Orten entlang der Küste umgesetzt wurden. So entstand eine kleine Hafenstadt, wie sie im 19. Jahrhundert ausgesehen haben mag. Unter den größeren und kleineren Schiffen dieses Hafens ragt ein mächtiger Dreimast-Walfänger, die «Charles W. Morgan», hervor. Auf den Schiffen und an Land werden regelmäßig alte seemännische und handwerkliche Tätigkeiten vorgeführt. In der Nähe von Mystic Seaport liegt das *Mystic Marinelife Aquarium*, in dem neben Fischen aller Art auch Seehunde und Pinguine zu beobachten sind.

Die zweite Attraktion des Staates ist das *Mark Twain House* am Rand der Hauptstadt Hartford. Der Schriftsteller, dessen bürgerlicher Name Samuel Clemens war, ließ das giebelreiche viktorianische Haus im Jahr 1874 erbauen. Er lebte dort mit seiner Familie bis 1891. In dieser Zeit entstanden unter anderem «Die Abenteuer des Tom Sawyer» (1876) und «Die Abenteuer des Huckleberry Finn» (1884). Auf demselben Grundstück ist auch das schlichtere Heim seiner Schriftstellerkollegin Harriet Beecher Stowe zu besichtigen. Die Autorin von «Onkel Toms Hütte» (1852) wohnte von 1873 bis zu ihrem Tod 1896 in dem ebenfalls viktorianisch verzierten Haus.

Die Industriestadt New Haven könnte sich vermutlich nur geringen touristischen Interesses erfreuen, gäbe es in ihrem Stadtgebiet nicht eine der renommiertesten Hochschulen Amerikas, die *Yale University*. Dank der Studenten hat New Haven ein reges Kulturleben mit mehreren Theatern und Galerien. Sehenswert ist vor allem die *Yale Art Gallery*. Die zweite Station der Touristen beim Bummel über den Campus ist meist das *Yale Center for British Art*, eine einst private Sammlung, zu der Bilder von Thomas Gainsborough, William Turner und John Constable gehören. Bücherfreunde lassen die *Beinecke Rare Book Library* mit ihrem Schatz seltener Bücher und Handschriften nicht aus. Das Wahrzeichen der Universität ist ihr 67 Meter hoher neogotischer Turm, der *Harkness Tower*.

Das vielbesuchte *Connecticut Valley* läßt sich per Schiff, mit dem Auto oder, zumindest zwischen Essex und Chester, mit der Eisenbahn erkunden. Sie hat in Chester An-

Hier entstanden Mark Twains berühmteste Romane: das Haus des Dichters in Hartford.

schluß an die Fähre über den Connecticut River, mit der man das *Gillette Castle* erreichen kann. Der Schauspieler William Gillette ließ das Gebäude 1914 bis 1919 nach den Vorbildern der Burgen am Rhein erbauen. Heute gehört das eigenwillige Bauwerk, von dessen Höhe sich schöne Blicke über den Fluß bieten, dem Staat.

NEW HAMPSHIRE

Bretton Woods ㉕. Millionen Dollar haben die Besitzer, lokale Geschäftsleute, in die Restaurierung des mächtigen Mount *Washington Hotels* investiert. Es präsentiert sich jetzt wieder in dem Zustand, in dem es sich 1944 befunden hatte, als hier, in den White Mountains, eine bedeutende internationale Weltwirtschafts- und Finanzkonferenz stattfand. Mit der «Bretton Woods Conference» wurde der Dollar zur internationalen Leitwährung, auch die spätere Weltbank wurde in der Bergluft geboren. Heute tragen viele Zimmertüren kleine Messingschilder mit den Namen jener prominenten Konferenzteilnehmer, die damals in den jeweiligen Räumen wohnten. *192/193*

Concord ㉖. Das auffallendste Gebäude der relativ kleinen Hauptstadt von New Hampshire ist das *State House* mit seiner stattlichen Kuppel. Erbaut im Jahr 1819, ist es das älteste Prlamentsgebäude, das noch für diesen Zweck genutzt wird. Im *New Hampshire Historical Society Museum* hat die «Concord Coach» einen Ehrenplatz: Vor der Erfindung des Autos galt sie als die beste Kutsche Amerikas. Das *Planetarium* wird als das modernste des Landes gerühmt, es ist nach Christa McAuliffe benannt, der Lehrerin und Astronautin, die 1986 beim Challenger-Unglück umkam. Etwa 25 Kilo-

1 Winter in den White Mountains. Dieser höchste Gebirgszug Neuenglands erstreckt sich im Norden von New Hampshire und reicht bis ins benachbarte Maine. Sanft gerundete Bergkuppen, breite Täler und tief eingeschnittene Pässe prägen das Landschaftsbild.

meter nördlich der Stadt bietet das im 18. Jahrhundert gegründete *Canterbury Shaker Village* mit 23 alten Gebäuden einen Einblick in das einstige Leben der Religionsgruppe der Shaker (siehe auch Seite 180).

Cornish City ㉗. Der kleine Ort am Connecticut River ist bekannt für seine vier *überdachten Brücken*. Eine von ihnen ist Rekordträgerin: Die längste überdachte Brücke der USA verbindet den Ort mit Windsor im Nachbarstaat Vermont.

Franconia Notch ㉘. Für einige Kilometer wird die Interstate 93 zu einer schmalen Staatsstraße. Das enge Tal der Franconia Notch erlaubte keine breite Straße, wenn man die Schönheit der Schlucht nicht mit dem Dampfhammer ruinieren wollte. Die bekannteste Sehenswürdigkeit ist der *Old Man of the Mountains*, ein mächtiger Felsvorsprung hoch am Berg, der an das Gesicht eines Mannes erinnert. Am besten läßt er sich vom Profile Lake im Tal aus erkennen. In der Nähe führt eine Kabinen-Seilbahn auf den 1280 Meter hohen *Cannon Mountain*, eines der Skireviere der Region. Neben der Talstation schildert das *New England Ski Museum* die Geschichte dieser Sportart in den White Mountains und andernorts. In einem nahegelegenen Visitor Center wird die Entstehung der Bergregion erläutert, dort beginnt auch eine Reihe von Wanderwegen.

Hampton Beach ㉙. Der bekannteste Badeort an der nur knapp 30 Kilometer langen Küste von New Hampshire hat zwei insgesamt rund sechs Kilometer lange Strände – in der Hauptsaison ein trubeliges Urlaubsziel. Der andere Hauptstrand ist *Rye Beach*. Im nahegelegenen *Odiorne Point State Park* fanden auch ein Naturmuseum und ein ökologisches Science Center Platz.

Hanover ㉚. Die gepflegte Kleinstadt am Connecticut River ist weniger bekannt als ihr größter Arbeitgeber, das *Dartmouth College*. Es gilt als eine der besten Universitäten Amerikas. Dank der Hochschule hat die Stadt ein reges kulturelles Leben. *141*

Isles of Shoals ㉛. Die Gruppe der neun Inseln im Atlantik ist aufgeteilt zwischen den Staaten New Hampshire und Maine. Die bekanntesten Inseln sind *Appledore*, einst ein beliebter Künstlertreffpunkt, heute der Standort meeresbiologischer Forschungsinstitute, und *White Island* mit seinem Leuchtturm. Die Boote zu den Inseln gehen im Hafen von Portsmouth ab.

Kancamagus Highway ㉜. Die gut 50 Kilometer lange, gut ausgebaute Bergstraße durch die White Mountains verbindet die Franconia Notch mit der Pinkham und der Crawford Notch. Im Sommer erschließt die schöne Route zahlreiche Wandergebiete, im Winter verschiedene Skireviere. Einer der beliebtesten Pfade führt von der Straße auf den 1059 Meter hohen *Mount Chocorua*.

Lake Winnipesaukee ㉝. Der größte See in New Hampshires Lake Region ist gut 185 Quadratkilometer groß und hat eine Küstenlinie von etwa 456 Kilometer Länge. Über zweihundert mit Bäumen bestandene Inseln liegen in dem See, der im Sommer ein beliebtes Urlaubsgebiet ist. Die bekanntesten Ferienorte sind *Alton Bay*, *Weirs Beach*, *Meredith* und *Wolfeboro*, wo noch Zinn nach alten Techniken verarbeitet wird. *Moultonborough* ist die nächstgelegene Ortschaft zum *Castle in the Clouds*, dem einstigen Heim des mit Maschinen für die Schuhindustrie reich gewordenen Millionärs Thomas Plant. Das Haus auf einem Gipfel der Ossipee Mountains bietet einen weiten Blick über den See und die Berge. *106/107, 108/109*

Mount Monadnock ㉞. Der Name des 965 Meter hohen und alleinstehenden Berges wird auf der zweiten Silbe betont. Sein Gipfel ist einer der meistbestiegenen der Welt; entsprechend groß ist der Andrang an

2 In den White Mountains.

3 Eine mit ihren zierlichen Bögen besonders hübsche Holzbrücke findet sich im kleinen Dorf Stark, New Hampshire.

4 Das State House in Concord. Der ruhige Ort ist seit dem Jahr 1808 Hauptstadt von New Hampshire.

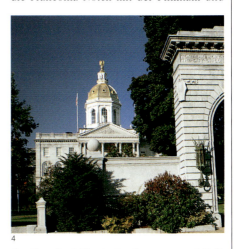

schönen Wochenenden. Der Grund: Er ist der einzige Platz, von dem aus man alle sechs Neuenglandstaaten sehen kann. Der Gipfel ist Teil eines Staatsparks, den nahezu fünfzig Wanderwege durchziehen. Die nahegelegene, den im Krieg gefallenen Soldaten gewidmete *Cathedral of the Pines* ist eine im Sommer oft genutzte Gebetsstätte mit Blick auf die Kiefernwälder und den Berg. Ihr Altar wurde aus Steinen errichtet, nach anhaltenden Bürgerprotesten wurde es jedoch als Freilichtmuseum restauriert. Heute sind rund zwanzig der 42 Gebäude aus verschiedenen Epochen für Besucher offen, die Spannbreite reicht von einer Taverne aus dem 18. Jahrhundert bis zu einem Geschäft aus der Zeit des Zweiten Weltkriegs. Der Erfolg von Strawberry Banke hat auch zur Restaurierung anderer historischer Bauten in der einst reichen Stadt geführt. *150*

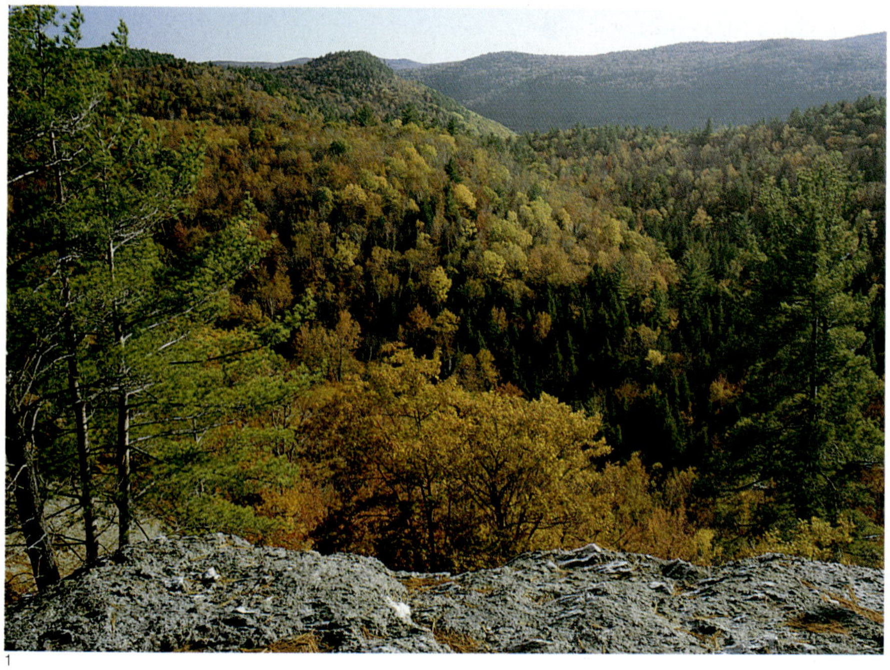

1

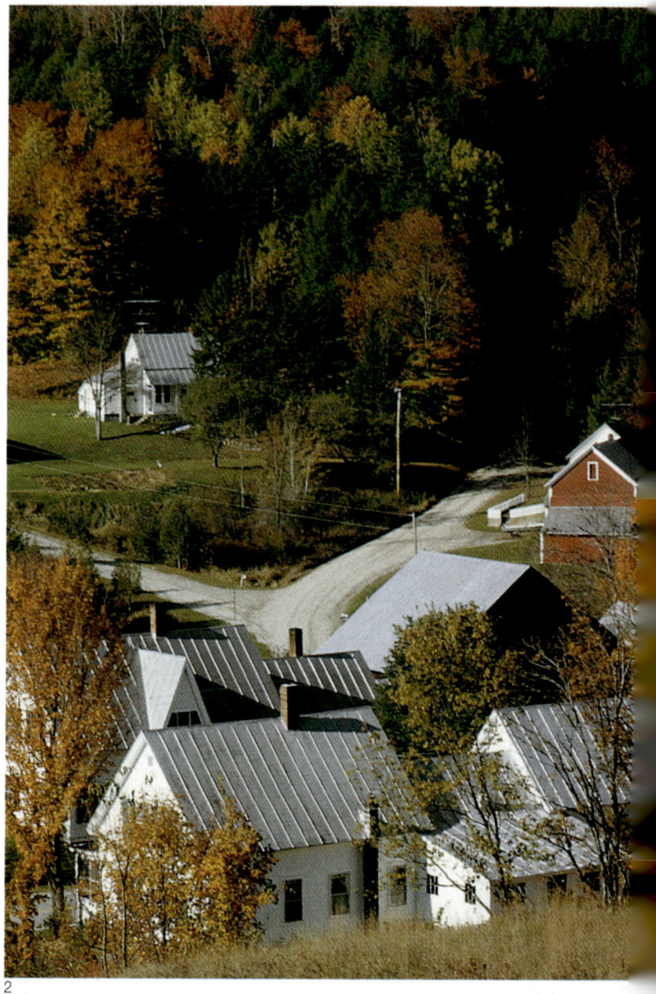

2

die aus allen US-Staaten zusammengetragen sowie von Präsidenten und hohen Militärs mitgebracht wurden.

Mount Washington ㉟. Der 1917 Meter hohe Mount Washington ist der höchste Punkt in Neuengland. Auf seinem oft vernebelten Gipfel herrscht subarktisches Klima, er ist deshalb ein beliebter Ort für naturwissenschaftliche Forschungen. Ein Gipfelmuseum informiert über Klima und Wetter. Auf den Berg führen eine Straße und die *Mount Washington Cog Railway*, eine 1869 erbaute Dampfzahnradbahn, die bis zu 37 Prozent Steigung überwindet, seinerzeit ein technisches Wunder. *140, 168, 169*

North Conway ㊱. Die Kleinstadt bietet Zugang zu Wander- und Skirevieren. Sie hat zwei touristische Attraktionen, die knapp 18 Kilometer lange *Conway Scenic Railroad* und *Heritage New Hampshire*, eine Art überdachtes und gut gemachtes Mini-Disneyland zur Geschichte des Staates, im nahen Dorf Glen. *142/143, 148/149*

Portsmouth ㊲. Der einzige Seehafen in New Hampshire lebt heute vornehmlich vom Tourismus und einer – von Schließung bedrohten – Marinewerft. Hauptattraktion der Kleinstadt ist *Strawberry Banke*, ein Altstadtviertel am historischen Kai. Es sollte in den fünfziger Jahren abgerissen werden,

VERMONT

Barre ㊳. Das Zentrum der amerikanischen Granitindustrie in den Green Mountains präsentiert sich Besuchern mit dem *Rock of Ages Quarry*, einer fast 150 Meter tiefen Grube, in der mit mächtigen Geräten tonnenschwere Granitbrocken freigeschlagen werden. Im *Craftsmen Center* kann man beobachten, wie das Gestein bearbeitet wird, auf dem *Hope Cemetery* sieht man viele der fertigen Werke, kunstvoll bearbeitete Grabskulpturen.

Bennington ㊴. Die Industriestadt im Südwesten von Vermont war im Befreiungskrieg wichtig. Hier sammelten sich 1775 die Green Mountain Boys vor der erfolgreichen Erstürmung des britischen Fort Ticonderoga am Lake Champlain. Hier begann 1777 auch die siegreiche Attacke auf die Briten im benachbarten Staat New York, die als »Battle of Bennington« in die Geschichte einging. Ein 93 Meter hoher *Obelisk* erinnert an die Schlacht, zu deren Spitze, zu der ein Aufzug führt, hat man einen schönen Blick auf das teilweise restaurierte Old Bennington mit seiner *Old First Church*, einer typischen Neuenglandkirche. Auf dem Friedhof liegt der Poet Robert Frost (1874–1963) unter seinem selbstgewählten Motto »I had a lover's quarrel with the world« begraben. Im *Heimatmuseum* und im benachbarten

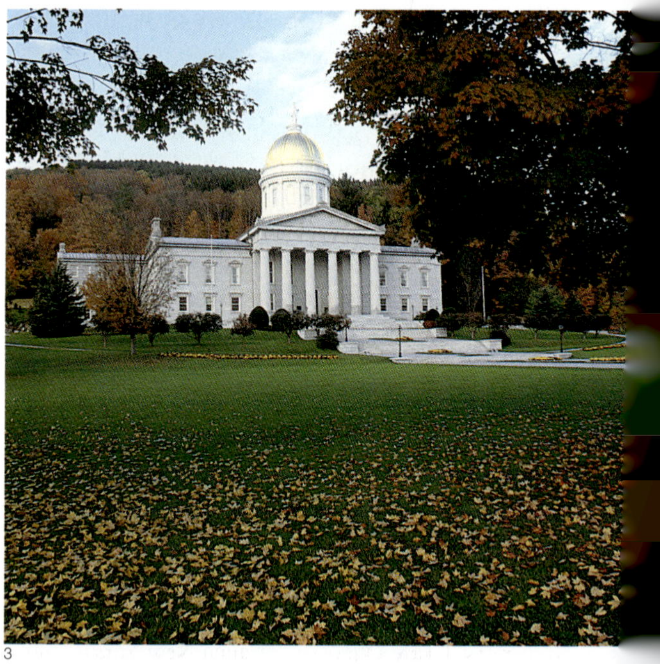

3

Schulhaus sind Bilder von Grandma Moses (1860–1961) zu sehen. Die Farmersfrau, die in Bennington zur Schule gegangen war und erst mit 72 Jahren zu malen begann, hatte mit ihrer naiven Malerei einfacher ländlicher Szenen weltweiten Erfolg.

Brattleboro ㊵. Die Kleinstadt am Connecticut River war 1724 die erste Siedlung in Vermont. Heute ist sie das industrielle Zentrum im Süden des Staates. Das *Heimatmu-*

3 **Das 1857 erbaute State Hous in Montpelier, de Hauptstadt Vermonts. Seine dor sche Säulenhalle stammt noch vor einem durch eine Brand weitgehen zerstörten Vorgä gerbau und wurd in den neuen Ent wurf einbezogen**

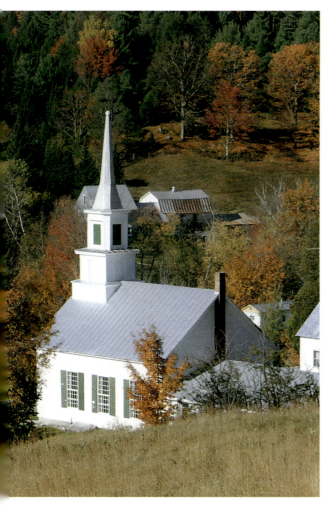

1 Herbstliche Farbenpracht in den Green Mountains von Vermont. Wenn ab Mitte September die Laubverfärbung einsetzt, pilgern Scharen von «leaf peepers», «Blätterguckern», in Neuenglands Wälder.

2 Kleine Häuser rings um die weißgestrichene Holzkirche mit ihrem spitzen Turm – das typische Bild der Dörfer im Neuen England. – Blick auf Waits River, Vermont.

4 und 5 Beschaulich-verträumtes Vermont: Villa in Brandon (oben); in Graniteville (unten).

seum im einstigen Bahnhof der Union Railroad schildert die Entwicklung des Ortes und seiner Orgelfabrik, die einst die größte der Welt war.

Burlington ㊶. Die größte Stadt Vermonts hat vor allem durch die Studenten der Staatsuniversität kulturelle Impulse erhalten. Die Lage am Lake Champlain und dessen gute Transportmöglichkeiten machten die Stadt bereits bald nach der Gründung im Jahr 1763 zu einem Wirtschaftszentrum. Der für Touristenfahrten nachgebaute Raddampfer «Spirit of Ethan Allen» läßt diese Epoche aufleben. Etwa acht Kilometer außerhalb der Stadt hat das *Shelburne Museum* in einem ausgedehnten Park 37 verschiedene alte Häuser zusammengetragen. Die nahegelegenen *Shelburne Farms* demonstrieren den Besuchern die landwirtschaftliche Arbeit; ihr Park wurde angelegt von Frederick Law Olmsted, der auch New Yorks Central Park und Bostons Public Garden schuf. Auf dem rund 200 Kilometer langen *Lake Champlain*, dem größten Amerikas nach den Great Lakes zwischen den USA und Kanada, verkehren mehrere Fähren, die auch an einigen der Inseln anlegen. 162/163

Manchester ㊷. Das Sommer- und Winter-Urlaubszentrum hat sich Robert Todd Lincoln für sein Ferienhaus *Hildene* ausgesucht. Dieser älteste Sohn des Präsidenten Abraham Lincoln war ein erfolgreicher Geschäftsmann. Bis 1975 nutzte die Familie Lincoln das Urlaubsdomizil. Seither ist es öffentlich zugänglich. Manchester beherbergt ferner eine der ältesten amerikanischen Fabriken für Angelausrüstungen. Das erklärt, warum hier das *American Museum of Fly Fishing* entstand.

Marlboro ㊸. Die kleine Stadt im Süden Vermonts ist vor allem durch ihr sommerliches Musikfestival bekannt geworden; es wurde lange Jahre von dem spanischen Musiker und Dirigenten Pablo Casals geleitet. Im Herbst veranstaltet der Ort überdies das New England Bach Festival. Das *Luman Nelson New England Wildlife Museum* zeigt ausgestopfte Tiere der Region.

Middlebury ㊹. Die Kleinstadt am Westhang der Green Mountains ist ein Zentrum der Kunsthandwerker und Folkloreartisten, dazu tragen das *Vermont Folklife Center* und das *Vermont State Craft Center* bei. Das private *Sheldon Museum*, 1882 gegründet, war das Vorbild für viele lokalhistorische Museen in Neuengland. Pferdefreunde streben zur *Morgan Horse Farm*. Hier begann der Lehrer Justin Morgan vor gut zweihundert Jahren die Zucht der starken und dennoch schnellen Pferde, die seither das «Staatstier» Vermonts sind. Middlebury ist auch ein Ausgangspunkt für Fahrten in den *Green Mountain National Forest* mit den Pässen Middlebury und Brandon Gap.

Montpelier ㊺. Vermonts Hauptstadt, mit 8300 Einwohnern die kleinste ihrer Art in den Vereinigten Staaten, hat dennoch ein prächtiges *State House* mit weithin funkelnder vergoldeter Kuppel. Auf deren Spitze steht Ceres, die Göttin des Ackerbaus, obwohl Montpelier durch die Granitgruben reich geworden ist. Das *Vermont Museum* ist der Geschichte des Staates und seiner Menschen gewidmet. Eine beliebte Sehenswürdigkeit ist nahe der Stadt die *Ben and Jerry's Ice Cream Factory*.

Northeast Kingdom ㊻. Die Region im Nordosten des Staates ist besonders zur Zeit der Laubfärbung im Herbst ein vielbesuchtes Gebiet, hier entsteht ein Großteil der Fotos, die weiße Holzkirchen vor flammend bunten Wäldern zeigen. Das gilt insbesondere für *Peacham*, das gemeinsam mit fünf anderen Dörfern eine Woche lang das Northeast Kingdom Foliage Festival (Ende September/Anfang Oktober) ausrichtet. Zu den weiteren Attraktionen der Region gehören der *Lake Willoughby*, ein von Bergen umstandener Eiszeitsee, und die kleine Stadt *St. Johnsbury*, die von dem durch den Bau von Präzisionswaagen reich gewordenen Industriellen Thaddeus Fairbanks geprägt wurde. Das Fairbanks Museum and Planetarium, das heimatkundlichen und naturwissenschaftlichen Themen gewidmet ist, wurde von der Familie eingerichtet.

Plymouth ㊼. In dem Dorf in Mittelvermont wurde Calvin Coolidge (1872 bis 1933), der dreißigste Präsident der USA, geboren. Sein bescheidenes *Geburtshaus*, sein *Wohnhaus* und andere mit ihm verbundene Gebäude können besichtigt werden.

4

5

FOLIAGE HOTLINE – DAS LAUBFÄRBUNGSTELEFON

Die Farben kommen mit den kühleren Nächten – im Zusammenspiel mit warmen, sonnigen Tagen lösen sie in den Blättern eine chemische Reaktion aus, die sie bunt werden läßt – vom Norden her, denn in Kanadas Wäldern beginnt die Laubfärbung. Wenn das Farbenspiel südwärts wandert und etwa Mitte bis Ende September die Neuenglandstaaten erreicht, schalten diese ihre «Fall Foliage Hotline»: Unter deren Telefonnummern erfahren die Touristen, wie der Stand des Naturschauspiels ist bzw. in welcher Region sich der Höhepunkt der Verfärbung gerade befindet. Innerhalb der USA kann man in Massachusetts und New Hampshire die gebührenfreien Nummern 1/800/227 MASS (alle Ziffertasten amerikanischer Telefone tragen auch Buchstaben) oder 1/800/2 62 66 60 wählen. Die internationalen Hotline-Nummern sind während der amerikanischen Bürostunden besetzt, sie lauten für Massachusetts: Vorwahl USA (001), dann 617/2 27 32 01, für New Hampshire: Vorwahl USA, dann 603/2 71 26 66, für Vermont: Vorwahl USA, dann 802/8 28 32 39.

Proctor ㊽. Die Kleinstadt ist das Zentrum der Marmorgewinnung in Neuengland. Vermont *Marble Exhibit* heißt eine Ausstellung an der Main Street, die der Marmorverarbeitung und den verschiedenen Marmorarten aus aller Welt gewidmet ist. Südlich der Stadt liegt *Wilson Castle*, ein luxuriöses Heim im Stil des 19. Jahrhunderts, das besichtigt werden kann.

Quechee ㊾. Das Dorf unweit der Grenze zu New Hampshire ist berühmt durch seine *Quechee Gorge*, eine etwa 1,5 Kilometer lange Schlucht, die während der Eiszeit entstand. Eine Glasbläserei, eine Töpferei und verschiedene Läden profitieren von den vielen Touristen, die zur Schlucht streben.

Rutland ㊿. Die größte Stadt im Zentrum von Vermont ist einerseits durch die Marmorgruben, andererseits durch die Skigebiete der Umgebung begünstigt. Das *Norman Rockwell Museum* östlich der Stadt zeigt nur Drucke und keine Originale des Künstlers. Mit dem gleichnamigen Museum in Stockbridge kann es nicht konkurrieren.

Stowe ㊿. Da das Tal am Fuß des Mount Mansfield und des Spruce Peak im Winter schneereich ist und sich der Schnee lange hält, hat sich Stowe zum Wintersportzentrum der Ostküste entwickelt. Im Sommer ist der Ort ein Ziel für Bergwanderer. Hier hat die österreichische Familie Trapp, die als Familienchor und schließlich durch den Film «Sound of Music» bekannt wurde, ein Ferienhotel errichtet.

Weston ㊾. Ein *Benediktinerkloster* lädt Besucher zu seinen Gottesdiensten und in seinen Park ein. Bekannter ist der kleine Ort im südlichen Vermont für seinen *Vermont Country Store*, der auch ein Versandgeschäft betreibt und viele nostalgische Produkte anbietet. *158/159*

Windsor ㊾. Die Geburtsstätte von Vermont war eine Taverne, in der sich 1777 Grundbesitzer zur Gründung einer neuen Republik trafen. Sie trägt heute, an eine andere Stelle umgesetzt, den Namen *Old Constitution House*. Dort sind auch Museumsstücke aus den letzten beiden Jahrhunderten zu sehen. Im *American Precision Museum* stellt sich die feinmechanische Industrie dar, die im 19. Jahrhundert in Windsor heimisch war.

Woodstock ㊾. In der Umgebung des wohlgepflegten typischen Neuengland-Städtchens liegen einige Skireviere. Seine meistbesuchte Attraktion ist die *Billings Farm*, ein moderner Betrieb, der aber auch ein *Museum* unterhält; eindrucksvoll wird dort die bäuerliche Arbeit im ausgehenden 19. Jahrhundert demonstriert. *153*

Innenräume der Sommerresidenz The Elms in Newport: das noble Speisezimmer (oben); der weitläufige Wintergarten (unten).

DIE VANDERBILTS UND IHRE NACHBARN

Ein Ausflug nach Rhode Island

Die Hafenstadt Newport im Staat Rhode Island ist für die prächtigen Sommerresidenzen berühmt, die sich Amerikas Industriebarone des 19. Jahrhunderts nach dem Vorbild französischer Schlösser errichten ließen. Aber auch die Liebhaber von Kolonialarchitektur sowie Segel- und Tennisfans kommen hier auf ihre Kosten.

Rhode Island, mit 3144 Quadratkilometer Fläche der kleinste der fünfzig amerikanischen Staaten, ist touristisch dennoch ein Schwergewicht. Das verdankt «Little Rhody» der Stadt Newport und ihren Palästen aus der «Goldenen Epoche» im späten 19. Jahrhundert. Damals entschlossen sich einige der reichsten Männer Amerikas, auf der Insel, die dem Staat den Namen gab, Sommerhäuser zu errichten. Die Vanderbilts und ihre Nachbarn nannten ihre Urlaubsquartiere neckisch *cottages*, auch wenn diese «Hütten» bis zu siebzig Zimmer haben und es an Prunk fast mit den Schlössern des bausüchtigen Königs Ludwig II. aufnehmen können. Heute kann oder will sich kein Millionär mehr derlei Pracht leisten. Deshalb darf das touristische Volk die noblen Bauten hoch über dem Steilufer durchstreifen, gegen entsprechendes Salär und nur in geführten Gruppen.

The Breakers und *Marble House* sind unter den Palazzi auf der Klippe die eindrucksvollsten. Beide wurden von Richard Morris Hunt errichtet, Bauherren waren Cornelius Vanderbilt und sein Vater William. Die Familie, die mit Schiffahrts- und Eisenbahnlinien zu einem ungeheuren Vermögen gekommen war, sparte für die Ferien an nichts: William, der Sohn des legendären Konzerngründers, ließ in Marble House unter anderem einen funkelnden Saal einrichten, der zu Recht *Gold Ballroom* heißt. Cornelius Vanderbilt II. gelang es, mit The Breakers das väterliche Anwesen an Prachtentfaltung zu übertreffen. Dagegen fallen die Sommerhäuser der benachbarten Magnaten, genannt *The Elms, Belcourt Castle, The Astors' Beechwood, Rosecliff, Kingscote* und *Château-sur-Mer*, ein wenig bescheidener aus. Etwas abseits liegt die *Hammersmith Farm*, ein stattliches Sommerhaus auf dem Gelände einer Farm, die noch in Betrieb ist. Das Anwesen gehörte der Mutter von Jacqueline Bouvier, die dort 1953 John F. Kennedy heiratete.

Aber auch der alte Kolonialhafen Newport, inzwischen ein Zentrum des Segelsports an der Ostküste, ist einen Bummel wert. Zu den Sehenswürdigkeiten gehören die schmuckreiche Touro Synagogue von 1763, das erste jüdische Gotteshaus in Amerika, die hübsche Trinity Church, das Old Colony House von 1739 und die Redwood Library von 1748. Zwischen dem Hafen und den Herrenhäusern auf der Klippe liegt eine Pilgerstätte für Sportfans, die International Tennis Hall of Fame, in deren Museum alle großen Namen und Ereignisse rings um die kleine Filzkugel verewigt sind. Natürlich gehört auch ein klassischer Rasentennisplatz zu der Anlage. Aber auch die Segler haben ihre Sammlung in Newport, das Museum of Yachting.

Am Ufer des Concord River in Massachusetts fand 1775 die erste Schlacht des amerikanischen Unabhängigkeitskrieges statt. Heute fließt der kleine Fluß durch eine geruhsame Landschaft, die zum Wasserwandern mit Kanus einlädt.

Hochsommertag am Echo Lake in den White Mountains, Vermont.

Das Mount Washington Hotel in Bretton Woods vor dem mächtigen Berg, dem es seinen Namen verdankt.

Gewitterstimmung in den Everglades.

TRAUMZIEL AMERIKA

FLORIDA

Text Thomas Jeier

Vor der Südspitze Floridas erstreckt sich die Inselkette der Keys. Im Bild Islamorada.

Am Victoria Drive in Dunedin. Der 1870 gegründete Ort zählt zu den schönsten Küstenstädten Floridas.

Schutz vor der karibischen Sonne bietet diese Veranda in Key West.

LA FLORIDA – DAS LAND DER BLUMEN

Ein Straßenmusikant in der Altstadt von St. Augustine. Das historische Viertel der 1565 gegründeten Stadt gehört zu den touristischen Highlights an der Ostküste.

Der Sänger und Schriftsteller Jimmy Buffett singt von Margaritaville. Einem verwunschenen Ort irgendwo in Florida, wo die Luft nach Salz und Tang riecht und die Palmen im sanften Abendwind rauschen. Ein Haus am Strand, pastellfarben und ganz aus Holz gebaut. Auf dem Herd kochen die Shrimps, und im Cocktailmixer ist noch Margarita, aber der verflixte Salzstreuer ist nirgendwo zu finden. «Wastin' away in Margaritaville.» Sich hängenlassen, in den Tag hinein leben – eine Stimmung, die einen außer in Florida vielleicht noch in der Karibik, auf den Bahamas oder auf Kuba befällt, aber in Florida wurde der Song zur Hymne. Seit 1977, als er zum ersten Mal erklang, gehört er zum Repertoire aller Bands und Barsänger im «Sunshine State». «Margaritaville ist ein Ort der Phantasie. Ich hatte viele Angebote, diesen Mythos greifbar zu machen», sagt Jimmy Buffett, «aber ich habe immer abgelehnt. Ich glaube an Mythen. Wenn Leute, die nur auf Profit aus sind, einen solchen Mythos in die Hände bekommen, verträgt sich das nicht. Margaritaville bedeutet für jeden etwas anderes, und so soll es auch bleiben.»

Margaritaville ist überall in Florida. Mitten im Touristentrubel, in kleinen Küstendörfern und auf vorgelagerten Inseln. In einer einsamen Bucht und am Strand von Fort Lauderdale. Auf Shell Island, der verlassenen Insel vor Panama City, und auf Sanibel Island, dem exklusiven Urlaubsziel im Golf von Mexiko. Sogar in Miami, nur muß man dort etwas länger suchen. Margaritaville, der geheimnisvolle Ort, wo die Menschen ihre Träume leben.

Die meisten Urlauber finden ihn auf den Keys, der 180 Kilometer langen Inselkette, die sich südlich von Miami bis nach Key West erstreckt. Dort hat Jimmy Buffett sein «Margaritaville Café» und seinen Andenkenladen, und im Hafen liegt immer noch sein Hausboot. Auf den Keys, da leben sie seinen Song. Jeden Tag und jede Nacht. Sich treiben lassen, die Sonne genießen, den Alltag vergessen und mit den Pelikanen über das Meer schweben. Kaum hat man das Häusermeer von Miami hinter sich, beginnt eine Traumwelt, und die Sonne zerfließt im Meer wie flüssiges Silber. «Wastin' away in Margaritaville …»

INSELN MIT ABENTEUERLICHER VERGANGENHEIT

Die spanischen Eroberer hatten andere Sehnsüchte – sie träumten von goldenen Schätzen und wertvollen Edelsteinen. Als Juan Ponce de León 1513 als erster Weißer vor den Keys ankerte, diktierte er seinem Schreiber, daß diese Inseln wohl kaum einen Besuch wert seien. Moskitoverseuchte Sümpfe, undurchdringliche Mangrovendickichte und gefährliche Korallenriffe hielten die Spanier davon ab, an Land zu gehen. Auch die Piraten, die in versteckten Buchten auf die schwer mit Gold beladenen spanischen Galeeren warteten, gründeten keine dauerhafte Siedlung auf den Keys. Erst im 19. Jahrhundert, als man die strategisch günstige Lage und den wirtschaftlichen Wert der

Miami Beach ist wieder «in»: Seinen Ruf als billiger Alterssitz für amerikanische Rentner hat es endgültig abgelegt. Zahlreiche neue Hotels, Clubs und Restaurants zeigen, daß die Stadt an Floridas Ostküste ein attraktives Urlaubsziel ist.

In den Universal Studios, einem Vergnügungspark in der Nähe von Orlando, erinnern viele Gebäude an berühmte amerikanische Filme. In «Mel's Drive-In», Kulisse in dem Kultfilm «American Graffiti» von George Lucas, werden die fünfziger Jahre wieder lebendig.

Inseln erkannte, ließen sich dort Siedler nieder. Sie pflanzten Limonen und Ananas an und errichteten sogar eine Fabrik, in der Ananassaft in Dosen abgefüllt wurde. In einer anderen Fabrik, der «Shark Factory» auf Big Pine Key, wurden Haie abgehäutet, die Haut nach New Jersey geschickt und dort zu Leder, dem sogenannten «Shagreen», verarbeitet. Bereits 1822 wurde Key West zu einem bedeutenden Flottenstützpunkt der US-Navy. Die Insel liegt nur 145 Kilometer von Havanna entfernt und war vor allem während des Kalten Krieges ein strategisch wichtiger Punkt für mögliche militärische Operationen gegen Kuba.

Neben Fischern zog Key West im 19. Jahrhundert in erster Linie Abenteurer und Gauner an. Das Ausschlachten der zahlreichen, vor der Küste gestrandeten Schiffe wurde zum «Lieblingssport» der «Conchs» (sprich «Konks»), wie die Bewohner der Keys nach den dort zu findenden Krustentieren schon damals genannt wurden. Piraten lotsten schwerbeladene Frachtschiffe auf die Riffe, töteten die Besatzung und raubten die Ladung. In der Zeit von 1820 bis 1860 entwickelte sich Key West zur größten und reichsten Stadt von Florida. Viele der eleganten, weiß oder hellblau gestrichenen Villen der einstigen Piraten und späteren Handelskapitäne kann man besichtigen.

Die Zukunft der Keys und ihre Entwicklung zu einem der bedeutendsten Touristenziele der Vereinigten Staaten begann 1905, als der exzentrische Millionär Henry Flagler

Im Art-déco-Viertel von Miami Beach. Die meisten der architektonisch einzigartigen Häuser wurden in den dreißiger Jahren errichtet und befinden sich in dem langgezogenen Rechteck zwischen Fifth Street, Alton Street, Indian Creek und Ocean Drive.

Ein Blickfang in Miami Beach – das von blauem Neonlicht beleuchtete Colony Hotel. Hier, am Ocean Drive, hämmern nachts Dance- und Techno-Klänge aus Bars und offenen Wagenfenstern und vermischen sich mit den lebensfrohen Rhythmen der Karibik-Bands.

Stilgerecht bewegt man sich im Art-déco-Viertel von Miami Beach mit liebevoll gepflegten alten Straßenkreuzern.

beschloß, seine Eisenbahn von Miami nach Key West zu verlängern. Der unternehmungslustige Mann träumte von einem Paradies für wohlhabende Urlauber, das man nur mit seiner Eisenbahn erreichen konnte. Er ließ die kleinen Inseln durch Brücken verbinden und Schienen legen, und tatsächlich dampften im Januar 1912 die ersten Züge nach Süden. Doch Flaglers Traum dauerte nicht lange: Im Jahr 1935 stürmte ein gewaltiger Hurrikan über die Keys, zerstörte die Brücken und zerrte die Schienen ins Wasser. Ein ganzer Zug stürzte ins Meer und wurde von den Trümmern einer Brücke begraben. Henry Flagler sah sich gezwungen, den Eisenbahnverkehr einzustellen.

Die amerikanische Regierung war hartnäckiger. Sie hatte dem Treiben des reichen Unternehmers interessiert zugesehen und beschloß, einen Highway über die Inseln zu bauen. Schon 1938 wurde der Overseas Highway, eine Verlängerung des berühmten Highway One, dem Verkehr übergeben und als «The Highway That Goes to Sea» vorgestellt. 113 Meilen Asphalt führen seitdem über 43 Brücken bis nach Key West und verbinden die Keys mit dem amerikanischen Festland. Key West wurde zum südlichsten Urlaubsort der USA und für viele Abenteurer und Globetrotter zum Sprungbrett in die Karibik.

Während des Zweiten Weltkriegs fuhren olivgrüne Armee-Trucks über den Overseas Highway. Die Regierung hatte die U-Boot-Flotte nach Key West verlegen lassen und

GEOMETRISCHE FORMEN, ZARTE FARBEN

Art déco in Miami Beach

Im Jahr 1983 lief die Krimiserie «Miami Vice» zum ersten Mal im amerikanischen Fernsehen. Das Publikum war begeistert. Von Sonny Crockett und Ricardo Tubbs, den lässigen Polizisten in den Designer-Klamotten, von ihrem Ferrari und den Art-déco-Häusern, der unverwechselbaren, exotischen Kulisse der späteren Kultserie. Nachdem ein verheerender Hurrikan große Schäden in Miami Beach hinterlassen hatte, orientierten sich viele Architekten beim Neuaufbau an der «Exposition Internationale des Arts Décoratifs et Industriels Modernes», die 1925 in Paris stattgefunden hatte. «Art déco» wurde zum Sammelbegriff verschiedener Kunstströmungen der zwanziger und dreißiger Jahre. In Miami Beach gab man der Stilrichtung eine eigene Ausprägung, die auch «Art déco tropical» genannt wird: Häuser mit Bullaugen und Reelings wirken wie Ozeandampfer, und oft verbirgt sich hinter den streng geometrischen, fast stromlinienförmigen Fassaden ein verspieltes Interieur mit Flamingo-, Meerjungfrauen- und Blumenornamenten. Ebenfalls charakteristisch sind abgerundete Ecken, steinerne «Augenbrauen» über den Fenstern, Glasziegelfassaden und farbige Neonbeleuchtung.

«Zuerst befürchteten wir, daß die Serie dem Image unserer Stadt schaden würde», sagte Stacy Morgan, der damals noch im Fremdenverkehrsamt von Miami tätig war, «aber das Gegenteil trat ein. Die Serie wurde so erfolgreich und hatte so viele Zuschauer, daß Miami immer beliebter wurde und immer mehr Touristen anzog. Im Winter, wenn es in Chicago und im Nordosten bitterkalt ist, sah man im Fernsehen, daß in Miami die Sonne scheint und die Leute unter Palmen am Strand sitzen. Das brachte die Leute nach Miami Beach. Die Serie gab der Stadt ein neues Image.»

Ende der siebziger Jahre noch vom Abriß bedroht, ist das Art-déco-Viertel heute eine der bekanntesten Sehenswürdigkeiten von Miami Beach. Den Anstoß zum Erhalt der in ihrem Architekturstil einzigartigen Häuser gab unter anderem eine Krimiserie.

Oben: Ein Oldtimer vor dem Crescent Hotel. – Rechts und unten: Streng geometrische Formen bestimmen das innere und äußere Erscheinungsbild der Art-déco-Häuser in Miami Beach.

Im Fernsehen sah Miami sehr attraktiv aus, die Stadt war abenteuerlich, glamourös und international. Das entsprach durchaus der Wirklichkeit, nur das äußere Erscheinungsbild hinkte in den achtziger Jahren noch hinterher. In der Innenstadt wurde zwar emsig gebaut und bunte Wolkenkratzer schossen aus dem Häusermeer, aber das Art-déco-Viertel in South Beach, dem südlichen Stadtviertel von Miami Beach, mußte für jede Szene in «Miami Vice» mit Farbe aufgepeppt werden. Viele Häuser sollten sogar abgerissen werden, und die Bürger haben es der jungen Barbara Capitman zu verdanken, daß sich die Stadtväter anders besannen. Sie warf sich buchstäblich vor die anrückenden Bulldozer und machte so auf den drohenden Abriß aufmerksam.

Nun wurden die Bemühungen der schon 1978 gegründeten «Miami Design Preservation League» plötzlich ernstgenommen. Zwar war das Art-déco-Viertel bereits 1979 im National Register of Historic Places aufgenommen worden, doch ist damit kein strenger Denkmalschutz verbunden: Es wurden weiterhin zahlreiche Abrißgenehmigungen erteilt. Erst nach «Miami Vice» verpaßte man in hektischer Betriebsamkeit South Beach das Image, das die Krimiserie verbreitete. Viele der etwa 800 Art-déco-Hotels und -appartementhäuser wurden

aufwendig restauriert, und buntes Neonlicht verdrängte die düsteren Straßenlampen. Die verschnörkelten Ornamente wurden geputzt, und zwischen den vielen Grünpflanzen stehen jetzt kleine Tischchen mit gußeisernen Füßen und lindgrüne Rattansessel. In den Straßencafés und auf den Terrassen trifft sich die trendbewußte Jugend und eifert Sonny Crockett nach.

Miami Beach wie im Fernsehen. Die Stadt wurde einer gründlichen Verjüngungskur unterworfen und lockt jetzt die jungen Leute an. Eine Fernsehserie hat einem Stadtbild zu neuer Attraktivität verholfen. Die Denkmalschützer sind zufrieden und unterstützen die unerwartete Publicity mit Art-déco-Festen, einem Oldtimer-Autokorso und einer eigenen Zeitung.

Das exklusive Marlin Hotel, vor dessen Eingang stets ein rosa Cadillac geparkt ist, gehört zu den schönsten Art-déco-Gebäuden in Miami Beach. Was man nicht vermuten würde: In dem denkmalgeschützten Haus ist auch ein Tonstudio untergebracht, das bei amerikanischen Rockmusikern sehr beliebt ist.

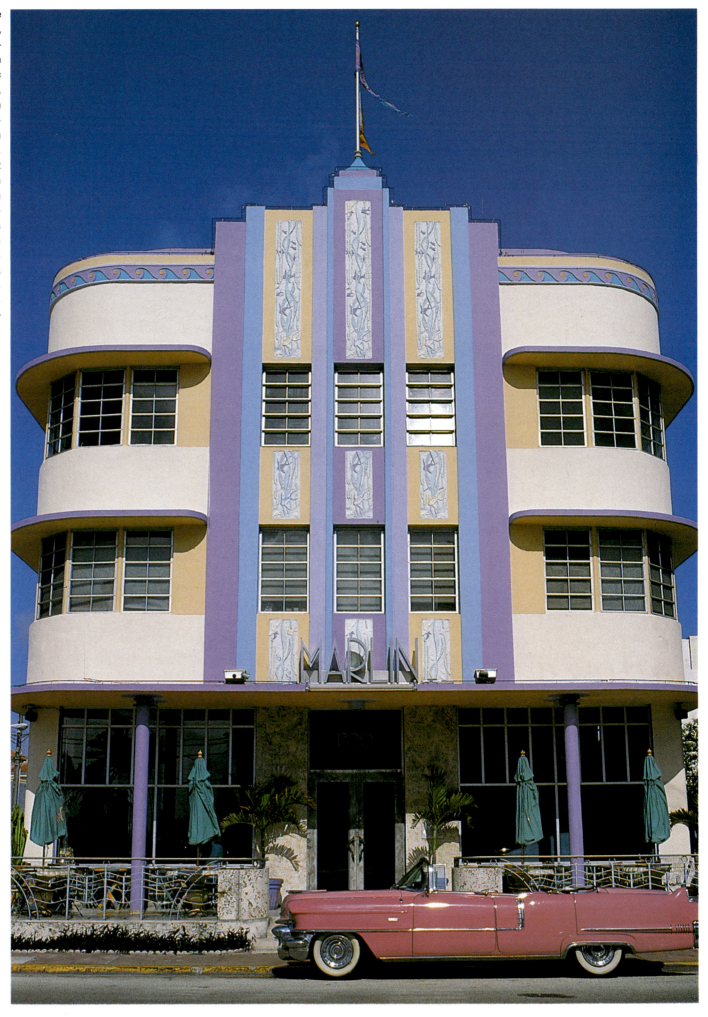

Ein Traumstrand aus der Vogelperspektive: Parasailing am St. Petersburg Beach.

Dieser Fluß gab der Stadt ihren Namen: Aus dem indianischen Wort «Mayaime» («Großes Wasser») wurde Miami.

Miami hat ein modernes Nahverkehrsnetz: Mit dem Metromover, einer computergesteuerten Hochbahn, erreicht man alle wichtigen Punkte der Innenstadt, und die ebenso futuristische Metrorail, eine schnelle Vorortbahn, verbindet das Zentrum mit den Außenbezirken.

Eine Magnetschwebebahn transportiert die Besucher auf dem weitläufigen Gelände von Walt Disney World. Mit ihr gelangt man auch zum «Raumschiff Erde», dem Wahrzeichen des Epcot Center. In dem 55 Meter hohen, kugelförmigen Gebäude wird die Entwicklungsgeschichte der Menschheit gezeigt – von den Höhlenmenschen der Steinzeit bis in die Gegenwart.

hier einen Stützpunkt eingerichtet. Nach dem Krieg kamen die Urlauber zurück, und kilometerlange Autokarawanen zogen nach Süden. Über eine Million Touristen werden jedes Jahr auf den Keys gezählt. Sie genießen das milde Klima, die karibischen Drinks und die lockere Lebensart, die auch Schriftsteller wie Ernest Hemingway (siehe Seite 254) und Tennessee Williams nach Key West zog.

Seinen fröhlichen Charakter hat sich Key West bis heute bewahrt. Obwohl der Kommerz teilweise unvorstellbare Ausmaße angenommen hat und während der Hochsaison kaum noch Platz für die Einheimischen bleibt, zieht es noch immer Künstler, Aussteiger und Abenteurer auf die Insel. Wenn sich allabendlich alles am Mallory Square trifft, um den Sonnenuntergang zu feiern, ist die Welt wieder in Ordnung. In der sanften Abendluft hängt der Duft von tropischen Früchten, Pelikane kreisen über dem Wasser oder faulenzen auf Holzpflöcken, weiße Jachten kehren von Ausflügen in die Karibik zurück. Am Brückengeländer lehnen Angler und hängen ihren Gedanken nach. Jimmy Buffett singt von den Cheeseburgern, die es nur im Paradies gibt, die Menschen lachen, und der rhythmische Klang der karibischen Steel Drums weht über das Meer.

FLORIDA TAUCHT AUS DEM WASSER

Vor mehreren hundert Millionen Jahren spuckten Vulkane Magma aus dem Erdinneren ins Urzeitmeer und schufen so die «Grundlage» des heutigen Florida. Über die folgenden Jahrmillionen versanken die entstandenen Berge wieder im warmen Ozeanwasser: Schicht um Schicht legten sich Meeresablagerungen darauf. Diese mächtigen Kalk- und Sandsteinschichten, auch «Florida Aquifer» genannt, reichen bis in eine Tiefe von 4000 Metern, erst dort beginnt das Grundgestein. Vor ungefähr 20 Millionen Jahren – also «kürzlich» – sank der Meeresspiegel. Florida erhob sich aus dem Wasser, und nach und nach siedelten sich auf dem von Sümpfen und Seen bedeckten Land Pflanzen und Tiere aus dem Norden und dem tropischen Süden an. Sein endgültiges Gesicht bekam der spätere «Sunshine State» während der Eiszeiten vor ungefähr 1,5 Millionen Jahren. Der Meeresspiegel schwankte, und ein großer Teil des Wassers wurde von den Gletschern im Norden aufgesogen. Dadurch verdoppelte sich die Größe Floridas. Der freigelegte Meeresboden war Wind und Wetter ausgesetzt, heftige Stürme lagerten Sand ab und formten das Land.

Vergnügungsparks wie Walt Disney World, Sea World und die Universal Studios lockten zahlreiche Investoren nach Orlando, und riesige Hotelpaläste, Büro- und Einkaufszentren schossen aus dem Boden. Im Bild das moderne Hochhaus der Sun Bank in der Downtown.

Als vor ungefähr 12 000 Jahren die Gletscher schmolzen, floß das Wasser zum Teil zurück, und die starken Strömungen verteilten die angeschwemmten Sandmassen. Wiederum fegten Wind und Regen über das Land und bewirkten, daß Florida flach wie ein Billardtisch wurde. In dem warmen, seichten Wasser wuchsen Kalksteinkomplexe heran, auf denen sich in den Everglades eine üppige

Im Swan and Dolphin Resort, einer exklusiven Hotelanlage in Walt Disney World, kann man «märchenhaft» gut übernachten.

Pflanzenwelt ansiedelte. Der Intracoastal Waterway, eine Kette von Lagunen, Seen und natürlichen Kanälen, grub sich in die Erde. In einem tiefer gelegenen Landstrich sammelte sich das Wasser und bildete den fast 2000 Quaratkilometer großen Lake Okeechobee. In ausgedehnten Marschen und Sumpflandschaften entwickelte sich ein buntes und artenreiches Pflanzen- und Tierleben.

DIE EVERGLADES, DAS «MEER AUS GRAS»

Einen guten Eindruck von der ursprünglichen Landschaft Floridas bekommt man in den Everglades, einem riesigen Sumpfgebiet im Süden (siehe auch Seite 248). «Pay-hay-okee», «Meer aus Gras», nannten die Indianer dieses Land. Sie hätten keinen treffenderen Namen finden können. Wenn der Wind über das hüfthohe Jamaica Sawgrass streicht und die Gräser sich neigen, gleicht das Land einem stürmischen Meer, dessen Wellen vom Wind aufgewühlt werden. Der Ozean aus Gras erstreckt sich bis zum Horizont, nur von Hammocks, kleinen Bauminseln, unterbrochen. Mehr als 2000 Pflanzenarten wurden von den Botanikern in den Everglades registriert, von prachtvollen Orchideen bis zum widerstandsfähigen Schneidgras, dem Jamaica Sawgrass. Auf den Hammocks bilden Mahagonibäume, Weiden und Gumbo-Limbo-Bäume ein undurchdringliches Dickicht. Die Luftwurzeln der Strangler Fig, der «Würgefeige», schlingen sich um die Bäume dieses kleinen Dschungels und nehmen ihnen Licht und Wasser.

In den höher gelegenen Pinelands gedeihen vor allem Kiefern und Zwergpalmen. Am Ufer der Seen und entlang der Kanäle haben sich Mangroven festgesetzt. Die üppige Vegetation und das feuchte Klima bieten ideale Futter- und Brutbedingungen für Vögel, und man findet dort so seltene Arten wie den Löffelreiher, das Purpurteichhuhn und den Anhinga, den Schlangenhalsvogel. Wenn das Wasser während der trockenen Wintermonate zurückweicht, versammeln sie sich an Tümpeln, Teichen und Alligatorenlöchern, wo es immer ausreichend Nahrung gibt. In den Baumkronen nisten Truthahngeier, Waldstörche und der seltene Weißkopf-Seeadler, das Wappentier der USA.

Im Dickicht der Sümpfe leben Waschbären, Luchse, Flußotter, Schildkröten und Kraniche. Unzählige Insekten schwirren durch die Luft. Alligatoren dösen regungslos in der Sonne, werden aber blitzschnell lebendig, wenn sie Hunger bekommen und nach einem fetten Fisch schnappen. Der kräftige Schwanz, der wie eine Peitsche durch das Wasser fegt, und die vielen scharfen Zähne können auch dem Menschen durchaus gefährlich werden.

Ein Teil der Everglades wurde bereits 1947 zum Nationalpark erklärt. Heute umfaßt das Gebiet 5661 Quadratkilometer, nicht einmal die Hälfte der Sümpfe, und reicht vom Tamiami Trail im Norden bis zur Florida Bay und von

Das Wahrzeichen des Magic Kingdom in Walt Disney World ist das Aschenputtel-Schloß, das dem deutschen Schloß Neuschwanstein nachempfunden wurde. Walt Disney World öffnete am 1. Oktober 1971 seine Pforten und wird jährlich von über 25 Millionen Menschen besucht.

Zum Schloß von Aschenputtel führt die Main Street USA, die Hauptstraße einer typischen amerikanischen Kleinstadt um die Jahrhundertwende. Über das Kopfsteinpflaster rattern – außer Kinderwagen – Oldtimer, Pferdebahnen und alte Omnibuss...

Die Typhoon Lagoon in Walt Disney World ist ein riesiger Wasserpark mit einem Wellenbad, mehreren Sandstränden, acht Rutschbahnen und vielen anderen Attraktionen. Auf dem künstlich angelegten Castaway Creek kann man sich, umgeben von tropischer Vegetation, in großen Schwimmreifen treiben lassen.

Willkommen im Columbia Restaurant in Ybor City, dem kubanischen Viertel in Tampa. Hinter der wunderschönen Kachelfassade befinden sich elf Speisesäle, in denen exzellente spanisch-kubanische Gerichte serviert werden.

Die schwarze Totenkopfflagge flattert im Wind. Tollkühne Männer mit wilden Schreien auf den Lippen, die Säbel und Messer kampfbereit in den Händen. Das Donnern der Geschütze, brennende Schiffe, überall Flammen und beißender Rauch. Dann die fröhlichen Lieder der siegreichen Freibeuter, Unmengen von Rum, schöne Frauen und Mädchen und das Klimpern von schweren Goldmünzen. Die Welt der Piraten, wie wir sie aus Filmen und Büchern kennen, ist von der historischen Realität nicht weit entfernt. So war es wirklich, vor allem in der Karibik, auf den Bahamas und vor den Küsten Floridas, dem «Königreich» der Piraten.

Ihr «Goldenes Zeitalter» dauerte von 1690 bis 1725, aber auch vorher und nachher gab es Freibeuter, die mit ihren Schiffen den Golf von Mexiko und die Karibik durchstreiften und es in erster Linie auf die spanischen Galeeren abgesehen hatten, die schwer beladen mit Schätzen aus der Neuen Welt auf dem Heimweg waren. Oft hatten sie sich von selbstherrlichen und grausamen Kapitänen der Handelsmarine losgesagt und suchten nun im Kreis gleichgesinnter Männer eine freiere, glücklichere Zukunft. Der Feind schreckte sie nicht – sie hatten der ganzen Welt den Kampf angesagt und verwandelten die Meere zeitweise in einen wilden Kriegsschauplatz, der nur das Gesetz des Stärkeren kannte.

Ein Vorgeplänkel zu den jahrzehntelangen Auseinandersetzungen zwischen Engländern, Franzosen und Spaniern (siehe Seite 222 ff.) waren die Überfälle der Piraten, die auf den Bahamas und in den zahlreichen Buchten des westlichen Florida ihre bevorzugten Verstecke hatten und die geplünderten Waren an die amerikanischen Kolonien verkauften. Diese waren durch die sogenannten Navigation Acts an das englische Mutterland gebunden und durften nur englische Waren von englischen Schiffen kaufen. Dieses Monopol förderte aber königliche Preistreiberei, die durch den Handel mit den Piraten unterlaufen werden konnte.

DAS «GOLDENE ZEITALTER» DER PIRATEN

Die Inseln und Buchten Floridas dienten jahrhundertelang den Piraten als Schlupfwinkel. Heute ranken sich um diese Zeit viele Legenden, und noch immer suchen Taucher nach versunkenen Goldschätzen.

Piraten entern spanische Galeeren (Kupferstich von J. Lamsvelt).

Über das Leben dieser kühnen Gestalten kursieren vor allem an der Westküste von Florida merkwürdige Geschichten. Auf Sanibel und Captiva Island erzählt man sich die Legende von José Gaspar. Der berühmte Pirat, den alle Gasparilla nannten, hatte um 1800 die vielen Inseln vor der Lee Island Coast als sicheres Versteck ausgemacht. Nachdem er im Jahr 1785 auf einem spanischen Schiff eine Meuterei ausgelöst hatte, setzte sich Gasparilla ab und lebte fortan als Pirat. Allein von 1785 bis 1795 soll er 36 Schiffe ausgeraubt haben. Auf Captiva Island ließ Gasparilla die schönen Töchter wohlhabender Kaufleute in Ketten legen. Für ein hohes Lösegeld wurden sie an ihre Familien zurückgegeben. Häßliche Frauen ließ er angeblich den Haien vorwerfen, mit den hübschen vergnügte er sich, bis sie verkauft oder tot waren.

Eine der Gefangenen war die mexikanische Prinzessin Joseffa. Gasparilla war verrückt nach ihr und betete sie an, aber das Mädchen wollte nichts mit ihm zu tun haben. In seiner Wut griff Gasparilla nach dem Säbel und trennte ihr den Kopf vom Rumpf. Die Prinzessin rächte sich und erschien dem Piraten als Geist. Sie ließ ihm keine Ruhe mehr, tauchte in seinen Träumen auf und erschien nachts zwischen den Segeln. Es nutzte auch nichts, daß Gasparilla eine Insel nach ihr benannte: Useppa Island. Der Pirat wußte schließlich keinen anderen Ausweg mehr, als sich eine Ankerkette um die Füße zu binden und ins Meer zu springen. Heute gehört Useppa Island einigen Millionären, die sich dort teure Villen gebaut haben. Gelegentlich, so erzählen die Leute, stört das Lachen eines Mädchens ihre Ruhe.

Ein Teil der Schätze, die die Piraten einst erbeuteten, liegt heute im Mel Fisher Museum in Key West. Der bekannte Schatztaucher hat seine Glasvitrinen mit funkelndem Gold und wertvollen Edelsteinen gefüllt – den Schätzen der Piratenschiffe, die vor der Küste von Florida in Hurrikanen sanken und nach denen zahlreiche Taucher noch immer unermüdlich suchen.

Am Pier von St. Petersburg wetteifern zahlreiche Bars, Restaurants und Boutiquen um die Gunst der Urlauber.

Key Largo im Osten bis zum Golf von Mexiko. Eine 60 Kilometer lange Asphaltstraße führt in den Park hinein und endet in Flamingo, einer kleinen Siedlung am Meer. Markierte Trails und ausgebaute Pfade führen die Besucher zu landschaftlich interessanten Punkten.

AUF DER SUCHE NACH EWIGER JUGEND

Die spanischen Eroberer hatten für die Naturschönheiten Floridas wenig Sinn. Die Sümpfe waren für Ponce de León ein Hindernis auf der Suche nach der Insel Bimini und dem sagenumwobenen Jungbrunnen. Auf Puerto Rico hatten ihm Eingeborene von dem «Wasser, das aus der Erde kommt» erzählt, das jedem, der es trank, ein langes Leben und ewige Jugend schenken würde. Der Edelmann dachte an die unermeßlichen Reichtümer, die man mit einem solchen Brunnen verdienen konnte, und ging am 27. März 1513 vor der Küste des nördlichen Florida vor Anker. Undurchdringliche Vegetation erschwerte die Landung, und im Landesinneren warteten endlose Sumpfgebiete und dichte Urwälder. Die Sonne brannte unbarmherzig vom Himmel. Die Spanier lagerten auf einem muschelübersäten Küstenstreifen und mußten Feuer anzünden, um wenigstens einigermaßen gegen die blutgierigen Moskitos geschützt zu sein. Ponce de León und seine Männer hielten es nur wenige Tage aus. Sie fanden Wasser, das aus der Erde kam, aber nicht jünger machte, und als sie in die Sümpfe vordrangen und das Dickicht mit Säbeln zerteilten, entdeckten sie exotische Tiere und prachtvolle Blumen, aber keine goldenen Schätze. Enttäuscht kehrten sie um. Heute, über vierhundert Jahre später, ist der angebliche Jungbrunnen für geschickte Kaufleute von St. Augustine zu einer lukrativen Einnahmequelle geworden.

Bunte Schilder mit exotischen Motiven schmücken viele Autos in Florida, das sich selbst gern als «die Karibik der USA» bezeichnet.

Im Cabrio von Strand zu Strand: Am Clearwater Beach heißt das Motto «Fun» – Spaß haben, das Radio auf volle Lautstärke drehen und sich die Meeresluft um die Nase wehen lassen …

Bevor Ponce de León auf sein Schiff zurückkehrte, nahm er das Land für die spanische Krone in Besitz. Da die Spanier an Ostern zum ersten Mal das blühende Land betreten hatten, wurde es nach dem spanischen Osterfest «Pascua Florida» benannt. Am Ufer errichtete Ponce de León ein Kreuz aus Muschelsteinen, das man heute neben der legendären Quelle der immerwährenden Jugend besichtigen kann. Der bloße Anblick der besonders großen und kräftigen Eingeborenen hielt Ponce de León davon ab, eine weitere Expedition ins Landesinnere zu starten, da er fürchtete, daß Auseinandersetzungen zu viele Todesopfer fordern würden. Desillusioniert kehrte der Edelmann nach Spanien zurück und empfahl seinem König, andere Untertanen in das neue Land zu schicken.

Während der nächsten 50 Jahre versuchten sechs weitere Expeditionen, das Blumenland zu erobern. Sie scheiterten jedoch an der unerträglichen Hitze, dem Widerstand der Eingeborenen oder der Unfähigkeit ihrer Kommandanten. Erst den Franzosen gelang es schließlich, sich dauerhaft an der Ostküste Floridas festzusetzen. Im Jahr 1564 errichteten sie den Militärstützpunkt Fort Caroline an der Mündung des St. John River. Sie hatten rechtzeitig die strategische Bedeutung eines beinahe uneinnehmbaren Forts im karibischen Raum erkannt.

Sonnenbrillen sind in Florida sehr gefragt. Selbst dieses Reklameschwein eines Barbecue-Grills in St. Petersburg Beach kommt nicht ohne aus.

Die Spanier ahnten die Absicht der Franzosen und dachten über Gegenmaßnahmen nach. Ihre Schiffe wurden immer öfter von französischen Soldaten beschossen, und es war abzusehen, wann die Eindringlinge den Spaniern den Krieg erklären und die Herrschaft in der Karibik an sich reißen würden. Darauf wollte König Philipp II. nicht warten. Er befahl Don Pedro Menéndez de Avilés, einem seiner fähigsten Offiziere und Seefahrer, in Florida eine dauerhafte Siedlung zu errichten und diesen Teil der Neuen Welt endgültig für die spanische Krone zu sichern.

Walt Disneys Figuren werden hier lebendig: Minnie und ihre Freunde tauchen überall in Magic Kingdom auf, schreiben Autogramme und posieren f[ür] Erinnerungsfotos.

Don Pedro Menéndez de Avilés fuhr mit 600 ausgesuchten Soldaten und hoffnungsvollen Siedlern nach Westen. Die Bauern hatte er schamlos belogen: Das Land sei leicht zugänglich und einfach zu bestellen, und feindliche Eingeborene gäbe es auch nicht. Am 8. September 1565 ging der Edelmann mit wehenden Fahnen und unter Fanfarenstößen und Artilleriefeuer an Land. Die verzweifelten Klagen der mitgereisten Bauern, die anstelle eines fruchtbaren Paradieses eine undurchdringliche Sumpflandschaft vorfanden, überhörte er geflissentlich. Er zwang sie, den Soldaten beim Bau einer Siedlung zu helfen, und benannte diese nach dem Heiligen, an dessen Ehrentag er zum ersten Mal die Küste gesichtet hatte: St. Augustine. Damit hatte er 1565 die erste dauerhafte europäische Siedlung auf nordamerikanischem Boden gegründet. Die Besiedlung der Neuen Welt durch Weiße hatte begonnen.

Fünfundvierzig Jahre später, als die Pilgerväter in Neuengland bei Plymouth Rock an Land gingen, war St. Augustine bereits eine blühende Stadt. Es gab ein Fort, eine Kirche, eine Schule, ein Krankenhaus mit sechs Betten, einen Fischmarkt und mehr als hundert Werkstätten, Läden und Wohnhäuser. Zumindest in den spanischen Geschichtsbüchern wird St. Augustine als erste Hauptstadt der USA geführt. Mehr als zwei Jahrhunderte lang wehte die spanische Flagge über der Stadt, aber auch, als Engländer und Franzosen die Herrschaft in Florida übernahmen, blieb die Stadt bestehen. «Siempre fiel ciudad» wurde sie von den Spaniern genannt, «die Stadt, die immer treu ist». Seinen ursprünglichen Charakter hat St. Augustine bis heute nicht verloren – in der Altstadt spürt man noch immer spanischen Charme und südländische Lebensart.

UNTER VERSCHIEDENEN FLAGGEN

Insgesamt aber wurde Florida für die spanischen Eroberer zu einem einzigen Desaster. Es gab keine goldenen und silbernen Schätze wie in Mexiko oder Peru, und die Eingeborenen setzten sich heftig gegen die weißen Eindringlinge zur Wehr. Ein dauerhafter Fluch schien auf dem Land zu liegen. Ponce de León wurde durch einen Indianerpfeil getötet. Pánfilo de Narváez ging über Bord und rettete sich mit letzter Kraft vor dem Ertrinken. Hernando de Soto starb drei Jahre nach seiner erfolglosen Florida-Expedition am Mississippi, und Luís Cancer de Barbastro, ein Dominikanerpater, wurde am Ufer der Tampa Bay von Indianern ermordet, als er sein Kruzifix erhob.

Don Pedro Menéndez de Avilés erging es nicht besser. Sein Sohn ertrank 1563 vor der Küste von Florida. Die Ernte der Bauern war wenig ertragreich. Es gelang Menéndez de Avilés zwar, das französische Fort Caroline an der Mündung des St. John River zu zerstören und die Eindringlinge zu vertreiben, aber auf dem offenen Meer waren die Spanier dem Feind hilflos ausgeliefert. Die Bürger von

Ein stilecht gekleideter Angestellter i[n] Magic Kingd[om]. Hier kann ma[n] in verschiedenen Themenparks wie Frontierland (Wilder West[en]), Adventurelan[d] (Abenteuerla[nd]) und Tomorro[w]land (Zukunf[ts]land) Zeit und Raum vergessen.

Wer nicht auffällt, wird übersehen: Im Touristenzentrum Orlando versuchen die zahllosen Hotels, Motels und Restaurants mit phantasievollen Figuren und Fassaden die Aufmerksamkeit der Passanten zu wecken.

Eine typisch amerikanische Einrichtung sind die Diners: Imbisse in Form eines «Speisewagens», an deren langen Theken man schnell und günstig essen kann. Im Bild der Pelican Diner in St. Petersburg.

Das «Don CeSar», eines der feudalsten Strandhotels an Floridas Westküste, wurde 1928 erbaut.

«El Sol Cigars», eine alte Zigarrenfabrik in Tampa. Die größte Stadt an Floridas Westküste entwickelte sich ab 1886 zu einem wichtigen Zentrum der Tabakindustrie, als der kubanische «Zigarrenkönig» Vicente Martínez Ybor hier seine erste Fabrik eröffnete.

Im Winter kommen die «Snowbirds» nach Florida. Die sonnenhungrigen Rentner fliehen mit ihren Wohnmobilen vor der Kälte der nördlichen Bundesstaaten und genießen das ganzjährig milde Klima des «Sunshine State» – wie hier in einem Diner am Gulf Boulevard in St. Petersburg Beach.

Am Strand von St. Petersburg Beach fällt das Warten auf den Drink nicht schwer: Den spielenden Kindern im Sand zusehen, die Jetski-Artisten auf dem Wasser beobachten und karibischen Klängen lauschen ...

Evander Preston entwirft und fertigt in seinem Studio in St. Petersburg Beach Designer-Schmuck – er ist einer der vielen Künstler, die sich dazu entschlossen haben, im «Sunshine State» zu leben und zu arbeiten.

St. Augustine hatten ihre Stadt befestigt, waren jedoch viel zu schwach, um sich gegen einen ernsthaften Angriff zu wehren. Das wußten auch die Piraten. 1586 überfielen Sir Francis Drake und seine Männer St. Augustine, ein knappes Jahrhundert später, 1668, plünderten John Davis und seine Crew die Stadt und ermordeten 60 Bürger.

Die spanischen Missionare waren erfolgreicher. Sie errichteten außerhalb von St. Augustine eine Mission und nannten sie «Nombre de Dios», «Name Gottes». Die Kirche steht heute noch. Vor allem den Franziskanern, die im Jahr 1575 nach Florida kamen, gelang es, ein weitverzweigtes Netz von Missionen in der Kolonie aufzubauen. Beinahe 30 000 Eingeborene wurden zum christlichen Glauben bekehrt. Über hundert Jahre hielten es die Franziskaner in der Wildnis aus. Sie nahmen unmenschliche Strapazen auf sich, um das Wort Gottes in den Sümpfen zu verkünden, und kapitulierten erst vor den Engländern, die zu Beginn des 18. Jahrhunderts nach Florida kamen und die Mission «Nombre de Dios» zerstörten.

Dies war aber der einzige Sieg, den die Engländer zu dieser Zeit verbuchen konnten. Sie scheiterten an einer Festung, die 1672 von den Spaniern zum Schutz von St. Augustine erbaut worden war. Das Castillo de San Marcos stand wie ein Fels in der Brandung und wurde nie erobert. Ihre Feuertaufe erlebte die Festung im Jahr 1702, als James Moore und seine Soldaten gegen die Mauern anrannten. Die Bürger von St. Augustine verschanzten sich dahinter, mußten aber hilflos mitansehen, wie die englischen Soldaten ihre Stadt plünderten und niederbrannten. Nachdem die Engländer abgezogen waren, bauten die Spanier ihre Stadt wieder auf und verstärkten das Fort. Knapp 40 Jahre später scheiterten auch der britische General James Oglethorpe und seine Soldaten an dem Castillo, obwohl sie die Mauern fast einen Monat lang beschossen.

Die englische Flagge wehte erst 20 Jahre später über dem Fort. Im Siebenjährigen Krieg besiegten die Engländer eine starke Allianz von Franzosen, Spaniern und den meisten Indianerstämmen der Großen Seen. Bis 1763 wurde gekämpft. Der Frieden von Paris besiegelte schließlich das Schicksal der Spanier und Franzosen, die weite Gebiete in Nordamerika an den Erzfeind verloren. Die Spanier mußten Florida abgeben, und die Franzosen durften nur in Louisiana bleiben, das sie später an Spanien abtraten. England regierte von der Ostküste bis zum Mississippi.

Während des amerikanischen Unabhängigkeitskrieges, aus dem sich die Siedler von Florida in weiser Voraussicht herausgehalten hatten, wurde die neue Kolonie zum Zufluchtsort für königstreue Flüchtlinge. Sie verschanzten sich in St. Augustine oder ließen sich am Ufer des St. Johns River nieder. Sie mußten 1783 erneut den Spaniern weichen, die sich auf die Seite der Amerikaner geschlagen und Baton Rouge in Louisiana, Mobile in Alabama und Pensacola in Florida erobert hatten. Der Friedensvertrag legte

227

Zu den Höhepunkten von Sea World, dem größten Wasserpark der Welt, gehören die Shows mit den gelehrigen Delphinen.

Der relativ kleine Gatorland Zoo bei Orlando erfreut sich großer Beliebtheit: Hier sind rund 5000 Alligatoren zu sehen, ferner Zebras, Tapire und Strauße.

Wer bei den Shows in Sea World in der ersten Reihe sitzt, muß damit rechnen, von mächtigen Wassern und anderen Meeresbewohnern naßgespritzt zu werden.

fest, daß die Spanier auch in das östliche Florida zurückkehren durften. Über dem Castillo de San Marcos wurde erneut die spanische Flagge gehißt. Diesmal dauerte die Herrschaft nur 37 Jahre. Der Druck der amerikanischen Siedler wurde immer stärker, und der spanische König verlor die Lust an «La Florida». Am 10. Juni 1821 wehte das amerikanische Sternenbanner über dem Fort.

DIE SEMINOLENKRIEGE

Für die meisten Indianer bedeutete die weiße Besiedlung Floridas den Untergang. Die spanischen Eroberer, aber auch Siedler aus England und Frankreich brachten Krankheiten aus der Alten in die Neue Welt, und ganze Dörfer wurden durch Seuchen dahingerafft. Von den Apalachee-Indianern und den Timucua im nördlichen Florida überlebten nur wenige Familien, andere Stämme wie die Calusa, Ais und Tekesta starben aus. Die Soldaten und Bauern betrachteten die Eingeborenen als Wilde, die einer Besiedlung durch zivilisierte Völker im Weg standen, und selbst die Missionare, die bei ihnen lebten, brachten wenig Verständnis für die andere Lebensart der Indianer auf.

Vornehmlich die Engländer versklavten Tausende von Eingeborenen, um mit ihrer Hilfe die Spanier in die Knie zu zwingen, und massakrierten grausam Männer, Frauen und Kinder, wenn sie ihre Befehle mißachteten.

Seltsamerweise waren gerade die Spanier dafür verantwortlich, daß die indianische Bevölkerung im 18. Jahrhundert wieder anwuchs. Sie holten neue Familien aus dem späteren Georgia und Alabama und siedelten sie im Norden ihrer Kolonie an. Ihre Motive waren rein militärischer Natur: Die Indianer sollten einen menschlichen Schutzwall gegen die englischen Siedler bilden und eine Ausdehnung der britischen Kolonien verhindern. Diese Indianer gehörten zu den Creek, einem «zivilisierten Volk», das ein eigenes Alphabet kannte, aber schon damals den Weg des weißen Mannes ging – die Häuptlinge waren zu der Einsicht gelangt, daß man nur so überleben konnte. Mit den Creek kamen die Angehörigen zahlreicher anderer Stämme und später auch entlaufene Sklaven, sogenannte Maroons, die in den Wäldern und Sümpfen von Florida ein neues Leben beginnen wollten. Die Creek nannten dieses Völkergemisch «simi-noli». Aus diesem Wort, das «Flüchtlinge» bedeutet, wurde die Bezeichnung «Seminolen».

Die Seminolen entwickelten sich zu einem eigenständigen Volk, das sich schnell den neuen Gegebenheiten anpaßte und lernte, in den Sümpfen zu überleben. William Bartram, ein Wissenschaftler aus Philadelphia, der diese Indianer als einer der ersten Weißen besuchte, schrieb über das Seminolendorf Cuscowilla: «Es gab ein großes Versammlungshaus und ungefähr dreißig Hütten. Hinter jeder Hütte war ein Garten mit Tabak, Mais und Bohnen. In Cuscowilla gab es ein Feld, das dem ganzen Stamm gehörte.»

Der «Miracle Strip», die «Zaubermeile» von Panama City, wird von zahlreichen kleinen Vergnügungsparks, Restaurants und Läden gesäumt. Vor allem Familien zieht es an die preiswerten Strände des Panhandle, des «Pfannenstiels» im Norden Floridas.

Am Clearwater Beach bei St. Petersburg kann man in zahlreichen Shops «coole» T-Shirts und bunt bedruckte Karibikhemden kaufen.

Am Clearwater Beach, einem der belebtesten Strände an Floridas Golfküste. Die kilometerlangen Sandstrände werden vor allem am Wochenende von jungen Leuten besucht. Von den Hotelterrassen dröhnt Rockmusik über das Meer.

Im März des Jahres 1813 kam es zu den ersten Auseinandersetzungen zwischen den Seminolen und der amerikanischen Armee, die entschlossen war, die Siedler bei ihrem Landraub zu unterstützen. Immer mehr Farmer strömten nach Süden und vertrieben die letzten Engländer und Spanier aus dem Land. Ihre Abneigung gegen die Seminolen hatte mehrere Gründe: Sie waren «Wilde» und mußten schon deshalb verschwinden. Sie behinderten die Siedler bei ihrem weiteren Vordringen. Sie hatten sich während des Unabhängigkeitskrieges auf die Seite der Engländer geschlagen. Und sie nahmen schwarze Sklaven auf, die von den Plantagen im Norden entflohen waren.

Andrew Jackson, ein besonders rücksichtsloser und grausamer Offizier, wurde mit 30 000 Soldaten nach Florida geschickt. Er hatte den Befehl, die entlaufenen Sklaven einzufangen und alle Indianer, die sich gegen sein Vorgehen auflehnten, mit Waffengewalt niederzuzwingen. Der General überfiel die Dörfer der Creek und Seminolen, ließ die Familien zusammentreiben und abschlachten und die Häuser und Felder verbrennen. Er drang sogar in die letzten spanischen Bastionen vor und scherte sich keinen Deut um bestehende Verträge. Die Spanier gaben auf und verließen Florida, die Indianer unterschrieben nach diesem Ersten Seminolenkrieg 1817 einen Vertrag, der den USA einen großen Teil ihres Landes zusicherte.

Bald darauf wurde Andrew Jackson zum Präsidenten der USA gewählt. Der notorische Indianerhasser, dessen Konterfei die heutige Fünfzig-Dollar-Note ziert, formulierte die «Indian Removal Act», die eine Deportation aller Indianer ins ferne Oklahoma durchsetzen sollte. Die Creek beugten sich dem Befehl und machten sich auf den langen «Trail of Tears» («Weg der Tränen»). Vor allem schwache Frauen und Kinder, Alte und Kranke kamen während des entbehrungsreichen Marsches ums Leben.

Braunpelikan beim Fort De Soto Park. Das Naturschutzgebiet mit Sandstränden, Naturlehrpfaden und Picknickplätzen erstreckt sich südlich von St. Petersburg über fünf Inseln in der Bucht von Tampa.

Fütterung im Suncoast Seabird Sanctuary. In diesem 1971 von R. T. Heath gegründeten Vogelschutzgebiet werden verletzte Vögel gepflegt und, sofern möglich, wieder in die Freiheit entlassen.

Dunedin, ein von schottischen Kaufleuten gegründeter Ort an Floridas Westküste, lebt heute vom Tourismus.

Die Seminolen weigerten sich, den Creek nach Oklahoma zu folgen, und wurden in einen zweiten Krieg verwickelt. Er begann am 28. Dezember 1835, als 108 Soldaten unter Major Francis L. Dade von aufgebrachten Seminolen überfallen und bis auf drei Mann getötet wurden. Der Anführer der Indianer hieß Osceola und wird noch heute von den Seminolen verehrt (siehe auch Seite 278). Er war ein sehr gebildeter Mann von imposanter Erscheinung, immer elegant gekleidet, redegewandt und von einem Gerechtigkeitssinn besessen, der ihn rücksichtslos gegen die amerikanischen Eindringlinge vorgehen ließ. Als gewiefter Taktiker und intelligenter Stratege führte er drei Generäle und 40 000 Soldaten sieben Jahre lang an der Nase herum. Er lockte sie immer tiefer in die Sümpfe hinein, stellte ihnen ausgeklügelte Fallen und schlug erbarmungslos zu, wenn die Soldaten am verwundbarsten waren. Nur gemeiner Verrat machte seine Gefangennahme möglich. Als er im Jahr 1838 im Militärgefängnis von Charleston in South Carolina an Malaria gestorben war, widmeten ihm sogar die Zeitungen in Washington einen respektvollen Nachruf.

Auch dieser Zweite Seminolenkrieg, der bis 1842 in Florida tobte, brachte keine Entscheidung. Colonel Zachary Taylor und seine Soldaten fanden sich in den schwülen und moskitoverseuchten Sümpfen nicht zurecht und wurden durch die Guerilla-Taktik des Feindes zermürbt, so wie 130 Jahre später die US-Armee in Vietnam. Der Krieg verschlang die damals unglaubliche Summe von 20 Millionen Dollar und kostete 1500 Soldaten das Leben. Der Widerstand der Indianer wurde nicht gebrochen. Einige hundert Seminolen wurden gefangengenommen und ins Exil geschickt, der Großteil der Indianer blieb in Florida und zog sich in die Sümpfe zurück. 1855 kam es zum Dritten Seminolenkrieg. Billy Bowlegs, der neue Häuptling und

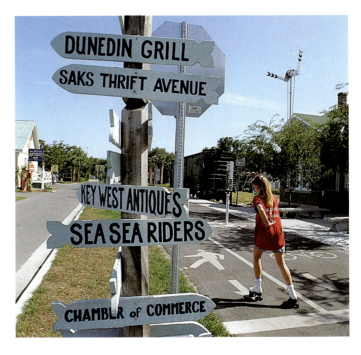

Im Rocket Garden des Kennedy Space Center sind maßstabgetreue Modelle von Raketen zu bewundern. Eine Bustour (siehe Seite 73) führt zu den nur wenige Kilometer entfernten Originalen und ihren Abschußrampen auf Cape Canaveral.

ANDREW, LILI UND GENOSSEN

Hurrikane in Florida

Auch wenn die tropischen Wirbelstürme durch das hochentwickelte Frühwarnsystem viel von ihrem Schrecken verloren haben, ganz berechenbar sind Hurrikane trotz modernster Technik nicht.

Im August 1992 tobte der Hurrikan Andrew über dem Süden von Florida. Der Tropensturm brach mit ungestümer Gewalt über das Festland herein, entwurzelte Palmen und Sträucher, deckte Häuser ab, wirbelte Wohnmobile und Autos durch die Luft. Homestead, eine kleine Siedlung südlich von Miami, wurde fast dem Erdboden gleichgemacht. Wochenlang glich Südflorida einem Kriegsschauplatz. Armee und Nationalgarde riegelten das Gebiet mit gepanzerten Fahrzeugen ab, das Rote Kreuz kümmerte sich um Flüchtlinge und Obdachlose, und die Polizei ging gegen Plünderer vor. Noch fatalere Auswirkungen hatte der namenlose Hurrikan, der am Labor Day des Jahres 1935 über die Keys fegte, einen ganzen Zug von den Schienen riß und über 400 Menschen tötete.

Die «Hurricane Season» dauert in Florida von Juni bis November, die wirklich starken Wirbelstürme brausen aber nur in den Monaten August und September auf den «Sunshine State» zu. Sie entstehen vor der afrikanischen Küste, bilden über dem warmen Wasser der Karibik Wirbel von ungeheurer Zerstörungskraft und ziehen dann nach Nordwesten. Mit Windgeschwindigkeiten von bis zu 300 Kilometern pro Stunde gefährden sie das Festland von North Carolina bis Mexiko.

«Zu fürchten braucht man diese Stürme heute nicht mehr», sagt Bob Case, ein Experte des National Hurricane Center in Coral Gables, «aber respektieren muß man sie. Wenn man die nötigen Vorsichtsmaßnahmen trifft, kann nichts passieren.» Für das rechtzeitige Erkennen eines Hurrikans sorgen drei meteorologische Institute in den USA: das National Meteorological Center in Washington, D. C., das Severe Storm Center in Kansas City, das besonders gefährdete Gebiete bestimmt und zunächst eine «Hurricane Watch», eine Ankündigung, später eine «Hurricane Warning» ausspricht, und das National Hurricane Center in Coral Gables, das den Golf von Mexiko, die Karibik und den Atlantischen Ozean beobachtet. Der Standort eines Hurrikans wird stündlich und in kritischen Situationen auch öfter über Fernsehen und Radio bekannt gegeben, die Evakuierungsstraßen sind genau markiert, und in jedem Ort gibt es Unterkünfte für schutzbedürftige Bürger. «Man sitzt gemütlich in der Sonne, und plötzlich kommt ein Hurrikan – so etwas

Eine Satellitenaufnahme des Hurrikans Gladys 240 Kilometer vor Florida.

gibt es nicht mehr. Die Menschen werden rechtzeitig gewarnt. Wir haben Satelliten, Flugzeuge und Radar. Hurrikane kommen nicht mehr so überraschend wie 1900, als 6000 Menschen getötet wurden. Wir reden schon über einen Wirbelsturm, wenn er entsteht» – erläutert Bob Case.

Namen bekommen die Hurrikane, damit man sie leichter bestimmen kann. Dies ist vor allem dann wichtig, wenn mehrere Wirbelstürme gleichzeitig auftauchen.

Touristen beruhigt der Experte des National Hurricane Center: «Alle Radiostationen melden einen Hurrikan rechtzeitig. Wenn man sich vor der Küste oder auf einer Insel aufhält, sollte man auf das Festland zurückkehren und eine feste Unterkunft suchen. Es bleibt immer genügend Zeit, einem Hurrikan aus dem Weg zu gehen.»

5. Juni 1995: Der Hurrikan Allison fegt über Florida und macht diese Brücke bei Apalachicola zeitweise unpassierbar.

Daytona Beach ist ein beliebter Badeort an der Ostküste Floridas.

Erbe des großen Osceola, verwickelte die Amerikaner in einen dreijährigen Konflikt, ehe er sich mit einer größeren Geldsumme bestechen ließ und einer Deportation seines Volkes zustimmte. Nicht alle Seminolen folgten ihm. Einige hundert blieben in den Sümpfen und überlebten in ihren entlegenen Dörfern. Im 20. Jahrhundert kam es zur friedlichen Koexistenz mit den weißen Siedlern. Die Seminolen begannen einen regen Handel und tauschten Alligatorenhäute und Wild gegen Munition und Lebensmittel. Erst in den fünfziger Jahren kam es zur offiziellen Anerkennung des Stammes durch die amerikanische Regierung.

DIE SUCHE NACH DER HAUPTSTADT

Bereits im Jahr 1822 wurde Florida zum Territorium der USA erklärt. Ein Gouverneur und ein dreizehnköpfiger Rat sollten die Geschicke des Landes leiten. In den Tavernen, aber auch im Parlament wurde erbittert darüber gestritten, ob St. Augustine oder Pensacola zur Hauptstadt erklärt werden sollte. Als man sich nicht einigen konnte, wurden zwei Männer ausgeschickt, der eine mit einem Boot von Pensacola, der andere zu Pferd von St. Augustine, um einen neuen Platz für die Regierung zu finden. Sie trafen sich an einem Ort, der mitten in den Eichenwäldern des nördlichen Florida lag. Dort hatte Hernando de Soto, der spanische Eroberer, bereits im 16. Jahrhundert gelagert und angeblich im Jahr 1539 die erste Weihnacht auf amerikanischem Boden gefeiert. Die Apalachee-Indianer nannten den Ort «Tallahassee», das bedeutet «Alte Stadt». Am 8. November 1824 tagte das Territorial Council zum ersten Mal in einem hierfür hastig errichteten Blockhaus.

Tallahassee wuchs zu einer stattlichen Siedlung heran und blieb auch nach 1845 der Regierungssitz, als Florida zum 27. Bundesstaat der USA ernannt wurde. Eine Metropole wie Miami oder Orlando wurde die Hauptstadt bis heute nicht. Mit ihren romantischen Backsteinhäusern und von Eichen überschatteten Straßen würde sie eher in den «Tiefen Süden» nach Alabama oder Georgia passen.

Tallahassee steht für das ländliche Florida im Panhandle, dem «Pfannenstiel» im Norden des Staates. In den abgelegenen Dörfern schießen keine Hotels aus dem Boden, der Highway führt durch scheinbar menschenleeres Weideland, und das Magic Kingdom von Disney World (siehe Seite 269) und der Daytona Beach sind weit entfernt. Sogenannte Crackers, die von den ersten Siedlern abstammenden weißen «Ureinwohner» des Staates, sitzen auf einer schattigen Veranda und lassen sich von der Abendsonne verwöhnen. Ein besonders stilvolles Beispiel ist Seaside, die pastellfarbene Mustersiedlung am Golf von Mexiko. Alle Gebäude sind im viktorianischen Stil erbaut und erinnern an das Florida der Jahrhundertwende. Sogar während der Hochsaison strahlt dieser Ort beschauliche Ruhe aus.

DIE «REDNECK RIVIERA»

Das bunte Leben und der Trubel warten gleich nebenan, in Panama City und Pensacola. Der schneeweiße Strand und Vergnügungsparks, preiswerte Motels, Einkaufszentren, Minigolfplätze und Wasserrutschbahnen locken vor allem Familien mit Kindern an die «Redneck Riviera». «Rednecks» ist der Spitzname für die hart arbeitenden Country Boys und Country Girls aus dem amerikanischen Süden, die sich für Country Music, Pickup-Trucks und Fast-food begeistern und (fast) alle einen roten Nacken («red neck») haben, weil ihnen bei der Arbeit ständig die Sonne darauf brennt. Ehrliche und einfache Leute, die mit der Schickeria von Palm Beach nichts zu tun haben wollen und lieber an der preiswerten Golfküste Urlaub machen.

Auch der «Pfannenstiel» wurde zuerst von den Spaniern erobert. Don Tristán de Luna y Arellano ging bereits 1559 mit 500 Soldaten und 1000 Siedlern an Land und errichtete ein notdürftiges Lager, das zumindest von den Leuten in Pensacola als erste europäische Siedlung auf amerikanischem Boden gepriesen wird. Das Dorf wurde von einem Hurrikan weggefegt, aber 1698 wieder aufgebaut, um die Golfküste gegen die Franzosen zu verteidigen. 1719 gelang es den Franzosen aber dennoch, den spanischen Stützpunkt zu erobern. Das Lilienbanner wehte nur zwei Jahre über Pensacola. Die Spanier eroberten den Ort zurück und

Hübsche Meerjungfrauen erwarten die Besucher im Vergnügungspark Weeki Wachee Spring etwa 70 Kilometer nördlich von Tampa.

Eines der für Nordflorida typischen Holzhäuser mit umlaufender Veranda. Die meisten Gebäude stehen wie dieses auf Stelzen, um gegen Flutwellen und Sturmschäden geschützt zu sein.

Quicklebendig spaziert eine Kundin durch den weit aufgerissenen Rachen eines Hais aus diesem originellen Souvenirladen in Tallahassee.

Das Unterwasser-Ballett der Meerjungfrauen in Weeki Wachee Spring, einem Vergnügungspark bei Tampa.

Schiffe sind auf den Keys genauso wichtig wie Autos. Motorboote vor einem Luxushotel auf Key Largo.

Im Jachthafen von Islamorada warten Captain Tom Gallaher und seine Kollegen auf Touristen, die ihre Boote chartern. Die Keys sind ein Paradies für Hochseefischer und Angler.

Überall in Florida werben Hotels und Restaurants mit auffälligen Figuren und Ornamenten. Diese steinerne Lady, eine Mischung aus Freiheitsstatue und Meerjungfrau, schmückt den Eingang eines Hotels in Miami Beach.

Auf Kundenfang geht dieser Hai für ein Restaurant auf Key Largo. Im Jahr 1948 wurde die Insel durch den Film «Key Largo» mit Humphrey Bogart weltweit bekannt.

mußten ihn 1763, nach dem Frieden von Paris, an England abtreten. 1781 besiegte Bernardo de Galvez die Engländer und ließ erneut die spanische Flagge hissen. Die endgültigen Besitzer waren die Amerikaner, die 1821 nach Pensacola kamen und die Stadt gleich zweimal eroberten. Eine fünfte Flagge wehte 1861, kurz nach dem Ausbruch des amerikanischen Bürgerkriegs, über der Stadt: Die konföderierte Armee der Südstaaten nahm die Siedlung ein. Das Militär blieb bis heute präsent und machte Pensacola zu einem der wichtigsten Marinestützpunkte der USA.

EUROPÄER AN DER WESTKÜSTE

Die Golfküste zwischen St. Petersburg und Naples gehört zu den bevorzugten Ferienzielen von Urlaubern aus aller Welt. Der «ewige Sonnenschein» ist keine Erfindung der Werbetexter, die Statistiken beweisen es: Zwischen 1910 und 1986 hat es nur dreihundertmal geregnet – in 76 Jahren! St. Petersburg ist im «Guinness Book of World Records» mit dem längsten Sommer der Welt vertreten: Vom 9. Februar 1967 bis zum 17. März 1968 schien die Sonne an 768 Tagen ununterbrochen.

Als die europäischen Eroberer zum ersten Mal an die Westküste Floridas kamen, verhielten sie sich zunächst sehr zurückhaltend – die großgewachsenen Tocobaga-Indianer schreckten sie ebenso ab wie das sumpfige, moskitoverseuchte Hinterland. Weder Ponce de León, der bereits im Jahr 1513 bei Mullet Key an Land gegangen war, noch Pánfilo de Narváez und Hernando de Soto, die 1528 und 1539 vor der Golfküste ankerten, blieben lange. Da es im Land keine Schätze zu holen gab, kehrten sie wieder um.

Die Freibeuter dagegen schätzten die Westküste von Florida – vor allem wegen ihrer guten Verstecke (siehe Seite 219). In den zahlreichen Buchten und zwischen den kleinen Inseln ankerten sie nach ihren Raubzügen im Golf und in der Karibik. Sie führten ein blutiges Regiment und verschonten auch die europäischen Siedler nicht, die sich inzwischen an der Küste niedergelassen hatten. Die Geschichtsbücher berichten von Odet Philippe, einem französischen Arzt, der von den Piraten entführt wurde und nur mit dem Leben davonkam, weil er ein ganzes Schiff voller Piraten vor dem Fiebertod rettete. Die Freibeuter überschütteten ihren Lebensretter mit wertvollen Geschenken und zeigten ihm sogar die schönste Bucht der Küste. Philippe war aus Frankreich geflohen und wollte sich in Amerika niederlassen. Die Bucht wurde später Tampa Bay getauft. Der Arzt gründete dort eine Plantage und baute Grapefruits an, die er aus Kuba importiert hatte.

1841 war die Tampa Bay fest in amerikanischer Hand. Die Armee ließ Fort Harrison errichten, das als Stützpunkt während der Seminolenkriege diente und zahlreiche Siedler anlockte. Im Bürgerkrieg fiel es an den Süden und wurde vom Norden zurückerobert. 1875 lockte es Gene-

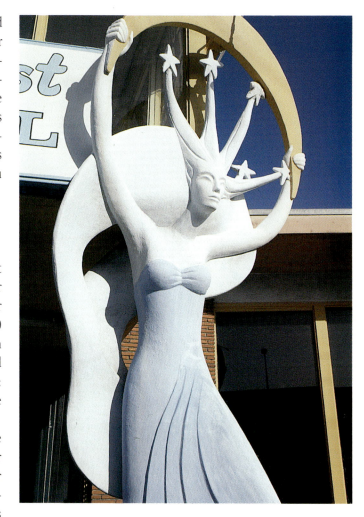

Die «Sunken Gardens» im Norden von St. Petersburg wurden in den dreißiger Jahren angelegt und locken mit exotischen Tieren und Pflanzen. Sehr beliebt sind die Vorstellungen mit sprechenden Papageien, die raffinierte Kunststücke zeigen.

ral John C. Williams aus Detroit nach Süden. Der Offizier wollte eine Plantage anlegen, aber das Vorhaben mißlang, und er entschied sich, statt dessen eine Stadt zu bauen. Fünfzehn Jahre später ging sein Traum in Erfüllung. Er fand zwei wohlhabende Investoren, die sich bereit erklärten, in das riskante Unternehmen einzusteigen. Dr. van Bibber, ein Arzt aus Detroit, hatte von den Heilquellen gehört, die Eingeborene schon vor einigen Jahrhunderten entdeckt hatten, und pries die Küste als idealen Ort für eine Kurstadt. Petrovich A. Demensheff, ein Emigrant aus St. Petersburg, ahnte das wirtschaftliche Potential der Stadt und baute die Orange Belt Railroad. Die Eisenbahn brachte täglich mehr Siedler an die Golfküste, und das Vorhaben der drei Investoren gelang schneller, als sie selbst gedacht hatten. Vor allem der General und der russische Emigrant profitierten davon: Sie hatten das meiste Land gekauft und wurden über Nacht zu Millionären. Deshalb sollten sie der neuen Stadt einen Namen geben. Das Los mußte entscheiden. Der Russe gewann und wählte den Namen seiner Heimatstadt: St. Petersburg. Im Volksmund wurde St. Pete daraus. Williams Heimatstadt Detroit lebte im Namen eines Hotels weiter, das der General erbauen ließ.

St. Petersburg und die Pinellas Suncoast wurden zum Mekka für sonnenhungrige Europäer. In Dunedin, einem kleinen Ort im Norden der Suncoast, ließen sich schottische Siedler nieder. Sie legten Zitrusplantagen an und verkauften das Konzentrat. In den «Highland Games», die jedes Jahr im März in Dunedin stattfinden, lebt ihre schottische Vergangenheit weiter. Griechische Schwammtaucher zog es um 1900 nach Tarpon Springs. Das Dorf wurde zu einem geschäftigen Handelsplatz, bis 1940 eine Viruskrankheit die Schwammbestände vernichtete und kurze Zeit darauf synthetische Schwämme aufkamen. Heute lebt Tarpon Springs von den Touristen, die die griechischen Cafés und Shops auf dem Dodecanese Boulevard bevölkern.

Tampa verdankt seinen Aufschwung der kubanischen Zigarrenindustrie. Die Fabriken und Handelszentren der Kubaner entstanden um 1890 in Ybor City, einem Stadtteil der heutigen Metropole. Der kubanische «Zigarrenkönig» Vicente Martínez Ybor, der hier im Jahr 1886 seine erste Zigarrenfabrik eröffnete, gab diesem Viertel seinen Namen. In den historischen Häusern zwischen Nebraska Avenue, 22nd Street, Columbus Drive und East Broadway werden noch immer Zigarren hergestellt und verkauft.

An der Küste, in den Naturschutzgebieten und vor allem den Sümpfen der Everglades ist die Vogelwelt Floridas besonders vielfältig. Im Bild ein Braunpelikan auf Chokoloskee Island in den Everglades.

DER WEG INS 20. JAHRHUNDERT

Zu einem weiteren wichtigen Wirtschaftszentrum wurde der Handelsposten eines Stahlarbeiters an der Ostküste. Er hieß Frank Stranahan und hatte sich 1893 in Tarpon Bend niedergelassen. Drei Jahre später erreichten die Schienen von Henry Flaglers East Coast Railroad den Ort, und die kleine Siedlung wuchs zu einer stattlichen, von Kanälen

In den zahlreichen zoologischen Gärten des «Sunshine State» findet man auch so farbenprächtige Exoten wie den aus Mittel- und Südamerika stammenden Tukan.

In den Sumpfgebieten Floridas leben etwa eine Million Alligatoren. Die Jagd auf sie ist inzwischen streng reglementiert, und bei einer Umfrage beteuerten 90 Prozent der befragten Floridianer ihre «Zuneigung» zu den «Gators».

Das Grasland der Everglades – von den Indianern «Pay-hay-okee» («Meer aus Gras») genannt – erstreckt sich bis zum Horizont.

GEFÄHRDETES PARADIES
Die Sumpflandschaft der Everglades

Erst allmählich erkennt man die komplizierten Zusammenhänge im Ökosystem Sumpf, in dem jeder Eingriff des Menschen für die einzigartige Tier- und Pflanzenwelt katastrophale Folgen haben kann.

Der Airboat-Kapitän Bill Sidman lebt seit beinahe 20 Jahren in den Everglades. Er liebt die Sümpfe, die Mangroven und Zypressen, die vielen Palmen und die schillernden Orchideen. Die Alligatoren, Waschbären, Flußotter, Schildkröten und die unzähligen Vögel, die Kraniche, Ibisse, Anhingas und Störche. Bill genießt das Leben in dieser vielfältigen Natur, und wenn er sein Airboat am Ufer vertäut hat und die letzten Touristen seinen Bootssteg verlassen haben, schnappt er sich ein Kanu und paddelt in eine versteckte Bucht. Dort angelt er, bis sich die Dämmerung über das

Ein junger Everglades-Luchs.

Sumpfland legt. Wenn er im trüben Schein seiner Hurrikanlampe vor dem Zelt sitzt, über sich den leuchtenden Sternenhimmel und vor sich die geheimnisvollen Sümpfe, fühlt er sich zu Hause. «Hier draußen in den Sümpfen bin ich zufrieden», sagt er, «ich brauche keine Großstadt, der Lärm und der Trubel können mir gestohlen bleiben.» Bill kommt aus Kalifornien und hat dort lange Zeit als Cowboy auf einer Ranch gearbeitet. Nach Florida kam er zum Angeln. Er verirrte sich in die Everglades und hat die Sümpfe seitdem kaum verlassen. «Es war Liebe auf den ersten Blick», meint er lachend, «ich mochte Florida, und die Leute haben mich akzeptiert, sogar die Seminolen. Die haben gemerkt, wie begeistert ich von den Sümpfen war.»

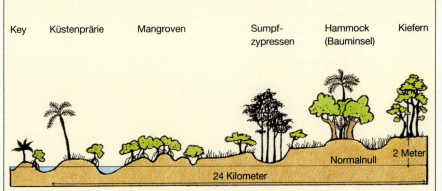

Links: Das riesige Gebiet der Everglades ist fast völlig flach; auf 24 Kilometer fällt es nur um zwei Meter ab. Dieser Querschnitt zeigt die fünf typischen Landschaftsformen, von den nur auf festem Untergrund wachsenden Kiefern bis zu den Gräsern der Küstenprärie.

Oben: In den gewitterreichen Monaten von Mai bis November sammelt sich das Wasser im Lake Okeechobee. Von dort fließt es als 80 Kilometer breiter Fluß nach Süden in die Florida Bay und verwandelt die Everglades in eine endlose Sumpflandschaft.

Leider wurde 1947 nur ein Siebtel der 5660 Quadratkilometer großen Sumpffläche zum Nationalpark erklärt und vor Investoren und Geschäftemachern geschützt. Erst 1974 wurde ein weiterer Teil der Sümpfe im «Big Cypress National Preserve» unter Naturschutz gestellt. Das Gebiet der Everglades reicht vom Lake Okeechobee bis zu den Ten Thousand Islands im Südwesten von Florida. Ein nur 15 Zentimeter tiefer, aber 80 Kilometer breiter Strom, der sich unendlich langsam in den Golf von Mexiko ergießt. «Die Everglades sind ständig in Bewegung», erklärt Bill, «das kapieren die wenigsten Leute, weil das Wasser so flach ist, und man kaum sieht, daß es fließt. Das Gras verdeckt die Strömung.» Weil kaum jemand erkannte, wie empfindlich das Ökosystem der Everglades ist, wurden weite Teile der Sümpfe trockengelegt und bebaut. Wasser wurde in die neuen Siedlungen an der Küste geleitet, und man errichtete Hotels, Einkaufszentren und Golfplätze. Der Tamiami Trail, eine vierspurige Schnellstraße, wurde mitten durch die Everglades gebaut. Das Wasser geriet ins Stocken, der natürliche Kreislauf wurde unterbrochen. Siedlungen und Straßen nehmen seltenen Tieren und Pflanzen den Raum zum Leben. «Westlich von US 27 dürfte keine Straße mehr gebaut werden», warnt Bill Sidman, und er ist nicht der einzige. «Die Everglades sind in Gefahr», stellen die Ökologen fest und schlagen vor, auch den nördlichen Teil des Sumpfgebiets unter Naturschutz zu stellen.

Vor 100 Jahren war vor allem die exotische Vogelwelt der Sümpfe gefährdet. Modebewußte Frauen kauften damals Hüte mit den flauschigen Federn des Silberreihers und dem pinkfarbenen Gefieder des seltenen Löffelreihers. Die Vögel wurden gnadenlos gejagt, und Naturschützer wie der amerikanische Ornithologe und Maler John James Audubon (siehe Seite 272) warnten vergeblich vor einer Ausrottung dieser Arten. Erst ein tragischer Unglücksfall schreckte die Behörden auf und veranlaßte sie dazu, die Vögel unter Naturschutz zu stellen. Am 5.Juli 1905 wurde Guy Bradley, ein Ranger der Audubon Society, von einem Vogeljäger getötet. Ein Aufschrei ging durch die amerikanische Presse. Die Vogeljagd wurde daraufhin verboten, und Silberreiher und Löffelreiher sind in die Sümpfe zurückgekehrt. «Pay-hay-okee», das Meer aus Gras – so nannten die Seminolen das riesige Sumpfgebiet, in dem sie fischten und jagten, jedoch immer im Einklang mit der Natur. Heute ist diese einzigartige Landschaft hochgradig gefährdet. «Die Menschen müssen endlich erkennen, was sie an den Everglades haben», sagt Bill Sidman bitter und steuert sein Kanu in die Sümpfe.

Die besondere Schönheit der Everglades hat auch Marjorie Stoneman Douglas erkannt, die sich ein Leben lang für die Erhaltung der Sümpfe einsetzte und in ihrem Buch «The Everglades: River of Grass» schrieb: «Auf der ganzen Welt gibt es keine zweiten Everglades, sie gehörten immer schon zu den einzigartigen Landschaften dieser Erde, abgelegen und niemals ganz erforscht. Kein anderer Platz gleicht ihnen: ihrer glitzernden Weite, weiter noch als der Horizont, ihrem Geschmack nach Salz und ihrem süßen Wind unter einem blauen Himmel.»

Die Rotkehl-Anolis, eine Leguanart.

Wasserhyazinthen sind weitverbreitet.

Ein Seidenreiher in den Everglades.

durchzogenen Stadt heran. Sie bekam den offiziellen Namen des nahegelegenen Militärstützpunktes Fort Lauderdale und den Beinamen «Venedig Amerikas».

Henry Flagler und seiner Eisenbahn verdanken auch Miami und die Nobelsiedlungen an der «Golden Coast» ihre Existenz. Die reiche Witwe Julia Tuttle hatte dem kalten Cleveland den Rücken gekehrt und sich im sonnigen Florida niedergelassen. Die Unternehmerin träumte davon, das Zentrum des durch mehrere Kälteperioden in eine Krise geratenen Orangenhandels in den kaum erschlossenen Süden des Staates zu verlegen. Dazu brauchte sie die

Eisenbahn. Bis auf den heutigen Tag hält sich die Legende, daß sie dem Eisenbahnmillionär Flagler mitten im Winter aus Miami eine Orangenblüte schickte, um ihn von ihrer Vision zu überzeugen. Eine große Stadt für Geschäftsleute und Urlauber sollte an der Ostküste entstehen, und vielleicht konnte man die Eisenbahn noch weiter nach Süden führen und auch dort Orangen anpflanzen.

Der Eisenbahnmagnat brauchte keine Orangenblüte, um ein gutes Geschäft zu erkennen. Er wußte längst, welcher Profit in Südflorida zu holen war, wenn er seine East Coast Railroad verlängerte. 1896 war es soweit. Der Boom wanderte nach Süden, und aus Fort Dallas, einem unbedeutenden Fischerdorf am vorläufigen Ende der Schienen, wurde Miami. Eine schillernde Metropole, die in knapp hundert Jahren zu einem wichtigen Wirtschaftszentrum heranwuchs. Eine Millionenstadt mit bunten Wolkenkratzern und luxuriösen Hotelanlagen, anmutigen Brücken und weiten Stränden, einem Hafen für Traumschiffe und dem zweitgrößten Flughafen der USA. Jahrelang litt die Stadt unter ihrem Image, ein langweiliger Urlaubsort für die konservative Mittelklasse und ein riesiges Altersheim für finanzschwache Senioren zu sein. In den sechziger Jahren setzten sich Zehntausende von Kubanern nach Miami ab, auf der Flucht vor Fidel Castro und in der Hoffnung, sich hier eine neue Zukunft aufbauen zu können. Die meisten Kubaner ergriffen diese Chance – viele Banken und große Firmen sind heute in kubanischer Hand. Weniger erfolgreiche Kubaner machten durch Überfälle von sich reden und begründeten damit den schlechten Ruf der Stadt als Sammelbecken für gewaltbereite Flüchtlinge.

1980 sorgte Miami erneut für Schlagzeilen. In Liberty City, dem schwarzen Ghetto der Stadt, kam es zu einem Aufstand mit zahlreichen Morden und Überfällen. Eine Statistik deckte die beängstigende Tatsache auf, daß in Miami die meisten Morde der USA begangen wurden. Schuld daran war unter anderem der rege Drogenhandel – über siebzig Prozent des Kokains und Marihuanas, das in den USA vertrieben wurde, liefen über Miami.

Ausgerechnet eine Krimiserie sorgte für die Trendwende. «Miami Vice» machte die Art-déco-Häuser von Miami Beach berühmt (siehe Seite 206) und zog die Jugend an den Strand. Die alten Jugendstilhotels wurden restauriert, romantische Straßencafés entstanden, und die Stadt erlebte ein «Facelifting», das sie fast über Nacht zu einem der begehrtesten Touristenziele der Ostküste machte. Berühmte Leute aus der ganzen Welt zogen in die Stadt, moderne Wolkenkratzer schossen aus dem Boden.

Nördlich von Miami entstanden exklusive Ferienorte wie Palm Beach und Boca Raton. Addison Mizner, einer der bekanntesten Architekten im frühen 20. Jahrhundert, hatte sich in Spanien und Südfrankreich umgesehen und importierte mit seinen eleganten Innenhöfen, windgeschützten Arkaden und gekachelten Brunnen südeuropäisches Flair nach Florida. Seine herrschaftlichen Hotels erinnern an die Luxusunterkünfte in Cannes und Monte Carlo.

Aus der menschenfeindlichen Wildnis, die die Spanier vorgefunden hatten, wurde ein buntes Märchenland. Ein großes Ferienparadies, das sich weder durch Hurrikane noch durch andere Katastrophen erschüttern ließ. Vor allem der Tourismus, das Raumfahrtzentrum in Cape Canaveral (siehe Seite 263) und die Multi-Millionen-Dollar-Vergnügungsindustrie sorgten für einen wirtschaftlichen Aufschwung. Mickey Mouse regiert im Magic Kingdom bei Orlando und garantiert Vergnügen pur.

Florida, die amerikanische Karibik. Jimmy Buffetts Traumort Margaritaville ist überall, in Orlando, im Panhandle, an den Stränden und auf den Keys. «Wastin' away in Margaritaville.» In Florida werden Träume wahr.

Dieser Fischadler hat sich auf einer Mangrove im Bahia Honda State Park niedergelassen.

Auf den Hammocks, den kleinen Inseln in den Everglades, haben sich Mangroven, Royal Palms und viele andere tropische Pflanzen angesiedelt.

In diesem Haus in Key West lebte Ernest Hemingway mit seiner zweiten Frau Pauline Pfeiffer von 1931 bis 1940.

«Dies ist ein großartiger Platz», schrieb Ernest Hemingway an einen Freund, als er 1928 nach Key West gezogen war, «niemand glaubt mir hier, daß ich Schriftsteller bin. Sie halten mich für einen Schnapshändler oder Rauschgiftschmuggler.» Genau die richtige Atmosphäre für einen Künstler, der in Ruhe schreiben und in den Bars und auf dem Meer die Abenteuer seiner Helden erleben wollte.

Über ein Jahrzehnt wohnte der damals noch junge Schriftsteller auf der Insel seiner Träume, bevor er 1940 nach Kuba umsiedelte. Er wurde zum Vorreiter des ausgelassenen Lebensstils, der später auch andere Künstler wie Tennessee Williams und Truman Capote sowie zahlreiche Aussteiger anzog. Hemingway fand Gefallen an der rauhen Art der einheimischen Seefahrer und ließ sich in der karibischen Atmosphäre treiben. In dem kleinen Fischerdorf war er kein Außenseiter, und Exzesse gehörten zum Alltag. Wie ein Besessener schreiben, wenn einem danach ist, und dann zu Captain Tony oder Sloppy Joe gehen, um mit den Männern Seemannsgarn zu spinnen. Oder ein Boot chartern, über das endlose glitzernde Meer schippern, die Angel auswerfen und auf den großen Fisch warten. So wie der alte Mann in der berühmten Erzählung, die «Papa», wie ihn viele nannten, auf Key West das erste Mal niedergeschrieben hat.

Hemingway wohnte mit Pauline, seiner zweiten Frau, und vielen Katzen in einem malerischen Haus in der Whitehead Street. In den Zimmern wurde seitdem nichts verändert. Die Möbel aus Spanien, Frankreich und England sind noch dieselben, in den Schränken befindet sich kostbares Geschirr, und an den Wänden hängen die mitgebrachten Trophäen und Souvenirs aus Afrika und Spanien. Die alte Underwood-Schreibmaschine steht noch immer auf dem Schreibtisch, als sei Hemingway nur mal auf einen Drink zu Captain Tony gegangen, seinem Saufkumpan und besten Freund.

Eine schöne Legende rankt sich um den Swimmingpool hinter dem Haus, dem ersten auf Key West. Pauline hatte ihn während einer längeren Reise ihres Mannes bauen lassen und die damals unvorstellbare Summe von 20 000 Dollar dafür bezahlt. Als Papa nach Hause kam und Pauline ihm zögernd die bittere Wahrheit mitteilte, soll der entsetzte Schriftsteller einen Penny aus der Tasche gezogen und gesagt haben: «Hier, nimm den letzten Penny, den ich besitze.» Pauline war so frei und ließ die Münze einzementieren. Neugierige Besucher können sie besichtigen.

Ernest Hemingway erlebte seine produktivste Zeit auf Key West. Seine bekannten Bestseller «Der alte Mann und das Meer», «Wem die Stunde schlägt» und «Schnee auf dem Kilimandscharo» entstanden zum Teil in dem Haus in der Whitehead Street. Jedes Jahr im Sommer feiern die Bürger von Key West den berühmten Literaten mit den «Ernest Hemingway Days», die sich vor allem auf der Duval Street und in den Lieblingskneipen des Schriftstellers abspielen. Und natürlich auf dem Meer, wo Hemingway am liebsten war, wenn er nicht schrieb. «Papa ist nicht tot», sagen sie auf Key West, «hier ist er unsterblich.»

DER MANN UND DAS MEER

Ernest Hemingway auf Key West

Hier verbrachte der Schriftsteller (1899–1961) zehn seiner produktivsten Jahre: Neben vielen Romanen entstand auch die Vorlage zu «Der alte Mann und das Meer».

Oben: Hemingway war ein begeisterter Angler. – **Unten:** Sloppy Joe's Bar, eine der Stammkneipen des Literaten in Key West.

Das im spanischen Kolonialstil erbaute Hemingway House in Key West steht inmitten eines herrlichen tropischen Gartens. Ihn durchstreifen zahlreiche Katzen, angeblich die Nachfahren der Haustiere des Schriftstellers.

FLORIDA: PLANEN·REISEN·GENIESSEN

INHALT					
		Mit dem Mietwagen unterwegs	259	*Das Kennedy Space Center*	263
		«Schwimmendes Las Vegas»	260	*Geheimtip North Captiva*	264
USA-Karte · Daten · Fakten · Zahlen	256	Übernachtungsmöglichkeiten	260	Karte des Everglades National Park	264
Karte von Florida	257	Conch Salad und Key Lime Pie	260	*Vergnügungsparks in Florida*	269
Maße und Zahlen auf einen Blick	258	Einkaufen und Souvenirs · Feiertage, Feste und Veranstaltungen · Sport	261	Karte der Florida Keys	270
Karte mit Routenvorschlägen	259			*Wohnen unter Wasser*	272
Reisezeit · Auskunft · Anreise	259	Sicherheit	262	Stadtplan von Miami	272
Reisen durch den «Sunshine State»	259	Sehenswerte Orte und Landschaften von A bis Z	262	Stadtplan von Miami Beach	274
				Zu Besuch bei den Seminolen	278

In Florida sieht man immer wieder phantasievolle Briefkästen. Dieser Pelikan wartet auf Islamorada Key auf Post.

DATEN · FAKTEN · ZAHLEN

Lage und Größe. Florida ist eine Halbinsel im Südosten der USA und erstreckt sich über eine Fläche von 151 670 Quadratkilometern. Seine nördlichen Nachbarstaaten sind Georgia und Alabama, im Westen wird es vom Golf von Mexiko und im Osten vom Atlantischen Ozean begrenzt. Von Palm Beach bis zu den Bahamas sind es ungefähr 100, von Key West nach Kuba etwa 145 Kilometer.

Politik und Verwaltung. Florida wurde 1845 offiziell Bundesstaat der USA, die Verfassung des «Sunshine State» wurde 1885 formuliert. Das Parlament wird vom Volk gewählt und hat seinen Sitz in der Hauptstadt Tallahassee. Es besteht aus zwei Häusern, dem Senat und dem Repräsentantenhaus; an der Spitze steht der Gouverneur. In Washington ist Florida durch zwei Senatoren und 15 Abgeordnete vertreten. Die Richter des Supreme Court, des Obersten Gerichtshofes, werden durch den Gouverneur ernannt. Die Indianer-Reservationen haben eigene Stammesverwaltungen.

Einwohner und Sprachen. Heute leben in Florida ungefähr 13,5 Millionen Menschen, der Großteil davon an der «Golden Coast» zwischen Miami und Palm Beach. Immer mehr Menschen wählen Florida als Wohnort – zwischen 1970 und 1980 betrug die Bevölkerungszunahme 43,4 Prozent. Greater Miami hat als größte Stadt des «Sunshine State» rund zwei Millionen Einwohner. Der Großteil ist weiß, spricht Englisch und ist in Florida aufgewachsen oder aus nördlichen US-Bundesstaaten eingewandert; etwa ein Viertel der Bevölkerung ist dunkelhäutig. Die spanischsprachigen Einwanderer aus Lateinamerika leben vor allem im Südosten; in Miami und Umgebung kommen bereits über eine Million Menschen aus Kuba, Kolumbien, Nicaragua und anderen Staaten von Mittel- und Südamerika. Etwa 40 000 Einwohner Floridas sind «Native Americans» (Indianer). Im Winter strömen besonders viele Touristen und «Snowbirds» (meist Senioren, die die kalte Jahreszeit im warmen Florida verbringen) in den «Sunshine State» und lassen die Bevölkerung sprunghaft anwachsen.

Neben der Florida-Karte auf Seite 257 mit allen wichtigen Sehenswürdigkeiten im Überblick finden Sie eine Karte mit Routenvorschlägen auf Seite 2, eine Detailkarte des Everglades National Park auf Seite 264, eine Karte der Florida Keys auf Seite 270, einen Stadtplan von Miami auf Seite 272 und einen Stadtplan von Miami Beach auf Seite 274.

Wirtschaft. Die Haupteinnahmequelle des Staates ist der Tourismus. Ungefähr 40 Millionen Menschen fahren jedes Jahr nach Florida und verbringen dort ihren Urlaub, jeder fünfte USA-Reisende aus Deutschland wählt einen der zahlreichen Traumstrände Floridas als Urlaubsziel. Walt Disney World gehört zu den größten Arbeitgebern des Landes. Die Landwirtschaft lebt vor allem vom Anbau von Zitrusfrüchten. Immer häufiger auftretende Kälteperioden beeinträchtigten allerdings die Ernten während der letzten Jahre. Im Süden werden Wintergemüse und Tabak angebaut, am Lake Okeechobee auch Zuckerrohr. Wenig bekannt ist, daß die Viehzucht ein bedeutender Wirtschaftszweig des Staates ist: Im zentralen und nördlichen Florida weiden rund zwei Millionen Stück Vieh. Weitere wichtige Einnahmequellen sind die Fischerei und die Forstwirtschaft, letztere allerdings mit rückläufiger Tendenz. Die Industrie spielt in Florida eine untergeordnete Rolle, auch wenn das Raumfahrtzentrum am Cape Canaveral (siehe Seite 263) zahlreiche Zulieferbetriebe angezogen hat.

Landschaftliche Gliederung. Florida ist ein flaches Land: Sein höchster Punkt liegt 115 Meter über dem Meeresspiegel,

WAS ZÄHLT IN DEN USA:
Maße und Zahlen auf einen Blick

Zeit

Der größte Teil Floridas gehört zur Zeitzone Eastern Standard Time (MEZ minus 6 Stunden); das Gebiet westlich von Tallahassee zählt zur Central Time (MEZ minus 7 Stunden).

Maße

1 inch = 2,5 Zentimeter	1 pint = ca. 0,5 Liter
1 foot = ca. 30 Zentimeter	1 quart = ca. 0,95 Liter
1 yard = ca. 91 Zentimeter	1 gallon (Benzin) = ca. 3,8 Liter
1 mile = ca. 1,6 Kilometer	1 pound = ca. 450 Gramm

Elektrizität

Die Netzspannung beträgt überall in den USA 110 Volt; deutsche Stecker passen nicht, man braucht einen Adapter.

Geld

Ein Dollar hat 100 Cents. Münzen gibt es zu 1 Cent, 5 Cents (Nickel), 10 Cents (Dime), 25 Cents (Quarter) und 50 Cents (Half Dollar). Sämtliche Dollarnoten sind gleich groß und grüngrau, also leicht verwechselbar. Größere Beträge werden in den USA fast immer mit Kreditkarte bezahlt.

Kleidergrößen

Anzüge	US	36	38	40	42	44	46	48	
	D	46	48	50	52	54	56	58	
Hemden	US	14	14,5	15	15,5	16	16,5	17	17,5	18
	D	36	37	38	39	40	41	42	43	44
Kleider	US	28	30	32	34	36	38	40	42	
	D	36	38	40	42	44	46	48	50	
Schuhe	US	5,5	6	7	7,5	8,5	9	9,5	11	12,5
	D	36	37	38	39	40	41	42	44	46

Temperatur

°F	°C
110	43,3
105	37,6
90	32,2
80	28,7
70	21,1
60	15,5
50	10,0
40	4,0
32	0
30	-1,1
20	-6,6
10	-12,2
0	-17,8

Telefonieren

Telefonnummern in den USA bestehen aus einem dreistelligen *Area Code* und einer siebenstelligen Rufnummer. Für internationale Gespräche wählt man die Kennzahl des Landes (01149 für Deutschland, 01143 für Österreich, 01141 für die Schweiz). Nicht immer kann man direkt wählen, häufig muß der Operator vermitteln (0 wählen). Es ist billiger, von den USA nach Europa zu telefonieren als umgekehrt.

Klima

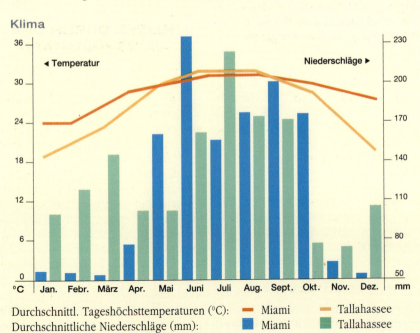

Durchschnittl. Tageshöchsttemperaturen (°C): Miami, Tallahassee
Durchschnittliche Niederschläge (mm): Miami, Tallahassee

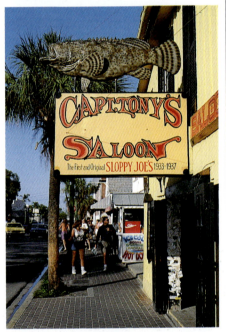

Bunte Reklameschilder werben überall auf den Florida Keys einfallsreich um Kundschaft.

Oben: Straßenschild des Flamingo Inn Motels.

Mitte: Reklameschild von Captain Tony's Saloon, vormals Sloppy Joe's, nach eigener Aussage die «wirkliche Stammkneipe von Ernest Hemingway».

Unten: Werbung für hausgemachte Eiscreme.

MIT DEM MIETWAGEN UNTERWEGS

Die beste Möglichkeit, Florida kennenzulernen, bietet sich mit dem Auto oder Wohnmobil. Zum Mieten eines Wagens genügt der nationale Führerschein, das Mindestalter des Fahrers beträgt 21 Jahre. Obwohl es in allen größeren Städten Mietwagenfirmen gibt, empfiehlt es sich dringend, den Wagen schon zu Hause zu buchen: Die Angebote sind generell günstiger, und zudem sind fast immer Haftpflicht- und die (in den USA teure) Vollkaskoversicherung sowie eine unbegrenzte Meilenzahl im Preis inbegriffen Achtung: Viele Verleihfirmen berechnen eine Aufpreis («Drop-off-Charge»), wenn man den Mietwagen nicht am Ausgangspunkt abgibt.

Wenn Sie nicht – wie üblich – mit Kreditkarte bezahlen, müssen Sie eine größere Geldsumme hinterlegen. Bei der Übernahme des Wagens sollte man sich kurz einweisen lassen. Das Straßennetz ist meist sehr gut ausgebaut und klar beschildert; die Höchstgeschwindigkeit beträgt innerhalb von Ortschaften 30 Meilen in der Stunde (48 km/h), auf den Highways bis zu 75 Meilen (121 km/h).

Insgesamt ist das Autofahren in den USA sehr viel angenehmer und entspannter als in Europa; angesichts der etwas niedrigeren Geschwindigkeiten und der oft enormen Entfernungen sollte man sich die Tagesziele allerdings nicht zu hoch stecken.

Route 1 führt von der Hauptstadt Tallahassee über Apalachicola und Panama City nach Pensacola.

Höhepunkte der Route 2 sind St. Petersburg, St. Augustine, das Kennedy Space Center und die Vergnügungsparks bei Orlando.

Route 3 erschließt den Süden Floridas, führt aber auch nach Orlando und Sarasota.

Route 4 ist eine Fahrt über das Meer: Auf dem Overseas Highway geht es von Miami nach Key West; ein Abstecher in die Everglades bietet sich an.

eine namenlose Erhebung im Norden des Staates. Im nördlichen Panhandle zerteilen zahlreiche Flüsse das wellige Hügelland. Das größte Binnengewässer ist der Lake Okeechobee mit einer Fläche von 1813 Quadratkilometern. Ausgedehnte Kiefernwälder im Norden ermöglichten eine florierende Holzindustrie. Der Süden wird durch die Sumpfgebiete der Everglades und die «Keys» genannten Inseln geprägt, die sich aus Kalk und Korallen gebildet haben. Die Sümpfe präsentieren sich mit einer außergewöhnlich artenreichen Flora und Fauna: Im Everglades National Park leben 350 Vogelarten und so seltene Säugetiere wie der vom Aussterben bedrohte Florida-Panther, das Neunbinden-Gürteltier und das Nagel-Manati. An den Küsten hat sich ein Gürtel aus Mangroven angesiedelt. Den Keys sind große Korallenriffe vorgelagert.

REISEZEIT

Die besten Reisezeiten sind der Winter und das Frühjahr, wenn es auch im Süden Floridas noch angenehm mild ist. Die Sommer sind unerträglich heiß und schwül, vor allem nachmittags kommt es oft zu Gewittern. Von Juni bis Oktober ist «Hurricane Season» (siehe Seite 235). Für einen Besuch der Everglades empfehlen sich die Wintermonate – die Mückenplage ist dann erträglicher.

AUSKUNFT

In deutschsprachigen Ländern. Florida betreibt ein eigenes Tourismusbüro: Visit Florida, Schillerstraße 10, 60313 Frankfurt/Main, Tel. 069/1 31 07 31. Dieses Büro ist auch für die Schweiz und Österreich zuständig.

In Florida. Visit Florida, Florida Division of Tourism, 126 West Van Buren St., Tallahassee, Fl. 32399, Tel. 904/487-14 62, Fax 904/487-32 18.

ANREISE

In Miami und Orlando landen fast täglich Flugzeuge aus Deutschland, Österreich und der Schweiz, aber auch nach Tampa besteht eine gute Verbindung. Viele internationale Fluglinien fliegen non-stop nach Florida; die Flugzeit beträgt etwa zehn Stunden.

REISEN DURCH DEN «SUNSHINE STATE»

Bahn. In Florida selbst ist das Bahnfahren nicht allzu attraktiv, da viele sehenswerte Orte wie Key West oder Fort Myers keinen Bahnanschluß besitzen. Innerhalb der USA gibt es allerdings einige interessante Verbindungen: Der «Silver Meteor» und der «Silver Star», zwei bequeme Vorzeigezüge der amerikanischen AMTRAK-Gesellschaft, verkehren zwischen New York und Miami und halten in Philadelphia, Washington und in Savannah, Georgia. Die Fahrtzeit von New York nach Miami beträgt 26 Stunden. Der «Sunset Limited» verkehrt dreimal pro Woche zwischen Los Angeles und Miami und hält an 52 Bahnhöfen, die Reise quer durch die USA dauert 68 Stunden.

Weitere Informationen erhält man bei: Amtrak, 60 NE Massachusetts Avenue, Washington, DC 20002, Tel. 202 / 9 06 20 02.

Bus. Am preiswertesten reist man in den Überlandbussen von Greyhound und Trailways. Florida verfügt über ein ausgezeichnetes Busnetz; alle Fahrzeuge sind mit Klimaanlage, Liegesitzen und Toiletten ausgestattet. Die Busbahnhöfe liegen immer sehr zentral in der Stadtmitte, aber leider oft in heruntergekommenen Vierteln.

Flugzeug. Miami, Fort Lauderdale, Orlando, Tampa und Jacksonville verfügen über große Flughäfen, aber auch auf den Pisten der meisten Kleinstadtflughäfen können Düsenmaschinen landen. Abgelegene Siedlungen und zahlreiche Orte auf den Keys können mit kleinen Propellerflugzeugen angeflogen werden.

Mietwagen und Wohnmobil. Wie in den meisten Staaten der USA empfiehlt es sich auch in Florida, einen Mietwagen zu nehmen. Die Mietpreise für Personenwagen, Camper und Wohnmobile sind in Florida besonders niedrig. Über ein gutes Nahverkehrssystem verfügt nur Miami (siehe Seite 272). Im Großraum Miami, auf den Keys, auf dem Interstate 95 und dem Highway 1 von Miami nach Key West ist der Verkehr vor allem während der Hochsaison sehr dicht. Eine Ausweichmöglichkeit bietet der kreuzungsfreie, allerdings gebührenpflichtige Florida's Turnpike, der von Wildwood (bei Orlando) nach Homestead (südlich von Miami) führt. Besonders wichtig in Florida: Bei Regen (auch tagsüber) das Abblendlicht einschalten, ansonsten wird man von der Polizei dazu ermahnt.

ÜBERNACHTUNGSMÖGLICHKEITEN: VOM CAMPER BIS ZUM RESORT

Hotels. Vor allem in den großen Städten und Ballungsräumen stehen Hotels und Motels aller Preisklassen zur Verfügung. Sehr beliebt sind sogenannte Resorts, vergleichbar mit unseren Sporthotels, nur großzügiger und meist auch luxuriöser. Diese Urlaubshotels verfügen über zahlreiche Restaurants, Shops, Pools, Tennisplätze und Golfanlagen. Sogenannte Spas (Kurhotels) bieten verschiedene Kuren und Trainingsaufenthalte unter fachkundiger Leitung an. Berühmt wurden Luxushotels wie der «Palm Beach Polo & Country Club» und das «Breakers» in Palm Beach oder das «Don CeSar» in St. Petersburg Beach (siehe Seite 277). In kleineren Orten und am Highway sind preiswerte Hotelketten wie «Hampton Inn» oder «Holiday Inn Express» zu empfehlen. Besonders günstig sind die Hotels und Motels in der näheren Umgebung von Walt Disney World in Orlando und Kissimmee. Während der heißen Sommer sind die Hotels in Florida oft um die Hälfte billiger.

Jugendherbergen. In Florida gibt es Jugendherbergen in Daytona Beach, Key West, Miami Beach, Orlando und Panama City. Detailauskünfte erteilt: Florida Council, American Youth Hostels, Inc., P.O. Box 5443, Winter Park, Fl. 32793.

Camping. Der Standard der amerikanischen Campingplätze ist wesentlich höher als in Europa. Zahlreiche Plätze liegen am Meer, besonders auf den Keys. Allgemein ist der Service – vor allem auf den KOA-Campgrounds – vorbildlich (Stellplätze mit Anschlüssen für Wasser, Strom und Abwasser, Duschräume, Waschmaschinen, Trockner, Swimmingpool, Spielplatz usw.), die Preise halten sich im Rahmen.

CONCH SALAD UND KEY LIME PIE

Florida ist für sein reiches Angebot an Fischen und Meeresfrüchten bekannt. Aus dem Meer direkt auf den Tisch kommen (der bei uns sündhaft teure) Red Snapper, Schwertfisch, Dolphin (nicht mit dem Delphin zu verwechseln), Grouper und viele andere. Im Golf von Mexiko wird nach Shrimps gefischt, und das kleine Städtchen Apalachicola ist berühmt für seine Austern. Florida-Hummer sind kleiner als die riesigen Schalentiere in Maine und schmecken etwas süßer. Auf den Keys werden Conchs

«SCHWIMMENDES LAS VEGAS»

Für 99 Dollar mit einem weißen Traumschiff auf die Bahamas – mit diesem Lockpreis werben die Reiseveranstalter in Miami. Ermöglicht werden diese Dumpingpreise durch den starken Konkurrenzdruck unter den Fun Ships und durch die Kalkulation, daß die Passagiere viel Geld in den zahlreichen Geschäften und Kasinos an Bord ausgeben. Natürlich darf man dafür nicht den gediegenen Service europäischer Luxus-Kreuzer erwarten, aber dafür wird Unterhaltung am laufenden Band geboten: Bingo, Kostümwettbewerbe, Karaoke und unzählige Shows. Spareribs und Chicken an den Buffets, lärmende Musik aus den Lautsprechern und bunte Unterhaltungsshows rund um die Uhr gehören zum Traumschiff-Alltag vor den Küsten von Florida. Mit Volldampf zu den Bahamas, in den Kasinos die letzten Dollars verspielen und nachts zurück nach Miami. Die roten Schiffe von Disney, die weißen Liner in St. Petersburg, die Bahama-Dampfer in Miami: Sie sind schwimmende Las-Vegas-Hotels mit viel «Action», Spaß und Spielen.

Ob zu Wasser oder zu Lande: Florida bietet ideale Bedingungen für viele Sportarten. Kajaken vor Matanzas Island bei St. Augustine (oben); eine Taucherin erkundet die faszinierende Unterwasserwelt vor den Küsten Floridas (links); Golfplatz in Coral Gables, einem vornehmen Stadtteil von Miami (rechts Mitte); Arenaball, eine in Hallen gespielte Variante des American Football, in St. Petersburg (rechts unten).

(Trompetenmuscheln) aus ihren bunten Gehäusen geschält und zu Conch Fritters (gebraten), Conch Chowder (Eintopf) und Conch Salad (gewürzter Salat) verarbeitet. Die wohlschmeckenden Stone Crabs (Steinkrebse) werden nur in den Monaten Oktober bis Mai angeboten.

Eine Spezialität der Keys ist der Key Lime Pie, ein köstlicher Kuchen mit Zitronenbaiser aus kleinen Limonen, die nur in Florida wachsen. In Miami ist die kubanische Küche beliebt, nicht nur bei den Latinos, und die schmackhaften Huhn- und Reisgerichte, schwarze Bohnen und der rabenschwarze Café Cubano gehören zu den Delikatessen zahlreicher Restaurants und Haushalte. Die Nähe zur Karibik schlägt sich auch in den Cocktails nieder: Mit Fruchtsaft angereicherte Margaritas und Daiquiries wurden nicht nur von Ernest Hemingway gern getrunken. Im nördlichen Florida ist der Einfluß der Südstaatenküche unübersehbar, dort werden zum Beispiel auch Grits (Hafergrütze), Seafood Gumbos (Eintopf) und Maisbrot serviert.

EINKAUFEN UND SOUVENIRS

Amerikanische Supermärkte beeindrucken durch ihre Größe und ihr übersichtliches Angebot. «Drugstores» verfügen über das Sortiment eines Drogeriemarktes, verkaufen aber auch Schreibwaren, Spielzeug und Textilien. In den meisten Drugstores sind auch «Pharmacies» (Apotheken) untergebracht. Fachgeschäfte befinden sich häufig in den «Malls», das sind riesige überdachte Einkaufszentren, wie der Bayside Marketplace in Miami oder das Bal Harbour Shopping Center in Miami Beach, in denen man vom Kino bis zum Restaurant, vom Plattengeschäft bis zur Buchhandlung, vom Supermarkt bis zur Boutique alles findet. In Fort Lauderdale und anderen großen Städten gibt es sogenannte Factory Outlets mit preiswerten Angeboten «direkt ab Fabrik». Zu den begehrtesten Souvenirs in Florida gehören Conchs und andere bunte Muscheln, die man vor allem an der «Golden Coast» und auf den Keys überall kaufen kann, sowie bunt bedruckte T-Shirts und Badetücher. Handgedrehte Zigarren von erstklassiger Qualität bekommt man in Tampa und Miami. Und ein letzter Tip: Die großen Vergnügungsparks und das Kennedy Space Center verfügen über ein überreiches Angebot an Souvenirs.

FEIERTAGE, FESTE UND VERANSTALTUNGEN

Gesetzliche Feiertage sind Neujahr, Martin Luther King's Birthday (3. Montag im Januar), President's Day (3. Montag im Februar), Memorial Day (letzter Montag im Mai), Independence Day (4. Juli), Labor Day (1. Montag im September), Columbus Day (2. Montag im September), Veteran's Day (11. November), Thanksgiving Day (4. Donnerstag im November) und Weihnachten (25. Dezember).

Zu den bekanntesten Festivals gehören das «Orange Bowl»-College-Footballspiel am Neujahrstag in Miami, die «Daytona 500» und andere Rennen auf dem «Daytona International Speedway» (Ende Januar/Anfang Februar), die «Gasparilla Pirate Invasion» im Hafen von Tampa (Anfang Februar), das «Miami Film Festival» (Mitte Februar), das «Florida Strawberry Festival» in Plant City (März), die «Sanibel Shell Fair» auf Sanibel Island (Anfang März), «Springtime Tallahassee» mit Paraden, Märkten und Konzerten (Ende März), das «Festival of the States» in St. Petersburg, auf dem HighSchool-Bands aus dem ganzen Land auftreten (Anfang April), das «Cross & Sword», ein Open-Air-Theater in St. Augustine (Mitte August), das «Florida International Festival» mit Musik aus aller Welt in Daytona Beach (Juli/August), das «John's Pass Seafood Festival» westlich von St. Petersburg (Ende Oktober) und schließlich die «King Orange Jamboree» in Miami (Silvester).

SPORT

Aktivitäten. Florida ist ein Freizeitparadies, vor allem während der milden Jahreszeiten im Winter und Frühling. Besonders beliebt sind: Tennis und Golf, Reiten, Volleyball und Jogging. Wellenreiten kann man am besten an der Atlantikküste, geangelt wird fast überall (zum Fischen im Meer ist kein Angelschein erforderlich!), und die Korallenriffe im Südosten zählen zu den schönsten Tauchplätzen der Welt. Auch im Binnenland steht der Wassersport im Mittelpunkt: Segeln, Motorbootfahren, Wasserski oder Jetskiing sind möglich, ebenso beschauliches Kanufahren im Everglades National Park oder am Wakulla River.

Veranstaltungen. Die Spiele des American-Football-Teams «Miami Dolphins» sind meistens ausverkauft – wer es dennoch versuchen will, ruft beim Verein an: 1/888/FINS-TIX. Im Februar und März trainieren die Profi-Teams der Baseball-Liga in Florida, zu

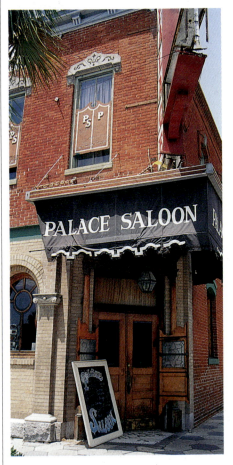

den Vorbereitungsspielen gibt es Karten bei Major League Baseball, Tel. 212/339-7800. In Miami, Tampa und West Palm Beach wird das baskische Jai-Alai gespielt, ein kämpferisches Ballspiel, das entfernt an Squash erinnert. Auch Windhund- und Pferderennen sind sehr beliebt. Bei diesen Sportarten darf gewettet werden.

SICHERHEIT

Die Wahrscheinlichkeit, in Florida überfallen zu werden, ist generell nicht größer als in München oder Paris. Nach den Überfällen auf deutsche Touristen in Miami hat die Polizei jedoch viel getan, um die Sicherheit der Reisenden noch besser zu gewährleisten: Das Polizeiaufgebot wurde – vor allem am Flughafen – vergrößert, es werden überall mehr Kontrollen gemacht, die Ferienrouten sind deutlich ausgeschildert, die Rastplätze werden intensiver bewacht, die Parkplätze der Mietwagenfirmen sind besser beleuchtet, und es gibt neue Karten und Broschüren, die bei den Verleihfirmen aus-

liegen oder beim Fremdenverkehrsamt erhältlich sind. Empfohlene Vorsichtsmaßnahmen für Touristen: Den Mietwagen möglichst bei Tageslicht in Empfang nehmen, sich vor der Abfahrt über die Route informieren, auf den Hauptverkehrsstraßen bleiben und nicht mit teurem Schmuck durch die Straßen von Miami laufen.

SEHENSWERTE ORTE UND LANDSCHAFTEN VON A BIS Z

Ziffern im Kreis verweisen auf die Karte auf Seite 257, kursive Seitenzahlen am Ende der Abschnitte auf Abbildungen.

Amelia Island ①. Die nördlichste Insel des Sonnenstaates, lange als Geheimtip gehandelt, wurde durch die großen Tennisturniere bekannt. Geographisch gehört sie zu den «Golden Isles», einem beliebten Urlaubsgebiet vor der Küste von Georgia. Die *Amelia Island Plantation* ist eines der größten und luxuriösesten Resort-Hotels an der Ostküste. *Fernandina Beach*, unweit des Intracoastal Waterway an der Nordküste gelegen, besitzt einen sehenswerten alten Stadtkern mit vielen Häusern im viktorianischen und im Queen-Anne-Stil. Der *Fort Clinch State Park* erinnert an die bewegte Zeit des Bürgerkriegs. Im sumpfigen Hinterland konnte sich die Insel ihren ursprünglichen Charakter bewahren, dort leben noch zahlreiche seltene Vogelarten.

Apalachicola ②. Die romantische Stadt im Panhandle, in einer Bucht südwestlich von Tallahassee gelegen, war um 1840 ein bedeutender Umschlagplatz für Baumwolle aus Georgia und Alabama. Während des Bürgerkriegs wurde ein großer Teil des Nachschubs für die konföderierten Truppen im Hafen von Apalachicola gelöscht. Nach

dem Krieg wurde das Eisenbahnnetz ausgebaut, und Charleston und Savannah in Georgia entwickelten sich zu den wichtigsten Häfen der Südstaaten. Heute ist die kleine Stadt vor allem für ihre hervorragenden Austern bekannt. 90 Prozent aller Florida-Austern stammen aus Apalachicola. Zahlreiche Antiquitätenläden und Austernlokale ziehen den Tourismus an. Sehenswert ist das *John Gorrie State Museum*, das dem Erfinder der Eismaschine gewidmet ist.

Big Cypress National Preserve ③. Das Naturschutzgebiet liegt nördlich des Everglades National Park zwischen Miami und Naples und besteht aus weiten Sumpfgebieten und Savannen. Der stark gefährdete Florida-Panther, der Schwarzbär, der Waldibis und andere seltene Tiere haben sich in die Zypressenwälder zurückgezogen. Zahlreiche Besucherzentren informieren über das komplizierte Ökosystem, und fachkundige Rancher führen in die von Trockenlegung und wirtschaftlichen Interessen bedrohte Wildnis. Außerhalb des Gebietes liegt die *Big Cypress Seminole Indian Reservation*, auf der zur Zeit ein großes Indianermuseum gebaut wird.

Biscayne National Park ④. Der einzige Nationalpark der USA, dessen Sehenswürdigkeiten sich zum größten Teil unter Wasser befinden, liegt ungefähr 15 Kilo-

Links: Der Palace Saloon in Fernandina Beach ist eines der ältesten Restaurants auf Amelia Island.

Mitte: Der kleine Fischerort Apalachicola ist vor allem für die hier geernteten Austern bekannt, die man in zahlreichen Restaurants und Straßencafés – hervorragend zubereitet – serviert bekommt.

Rechts: Sumpfzypressen im Big Cypress National Preserve.

meter östlich von Homestead im Süden von Florida. Nur mit einem Glass Bottom Boat (Ausflugsboot mit durchsichtigem Boden), tauchend oder schnorchelnd erschließen sich die Schönheiten dieses Parks: Lebende Korallenriffe mit einer unglaublichen Farben- und Formenvielfalt, in denen über 600 verschiedene Fischarten gezählt wurden. Auf den ungefähr 30 Inseln, die zum Park gehören, wachsen seltene Pflanzen, zum Beispiel einige Farne, die man nirgendwo sonst in den USA findet.

Biscayne wurde erst im Jahr 1968 unter Naturschutz gestellt und 1980 zum Nationalpark erklärt. Lange Zeit hatte es so ausgesehen, als würde die Bucht einer kommerziellen Erschließung zum Opfer fallen, und auf Elliott Key, einer größeren Insel abseits der oberen Florida Keys, waren schon Grundstücke verkauft worden. Die Bauherren ignorierten die Bemühungen von Biologen, Sportfischern und Naturschützern und begannen ohne Rücksicht auf die Vegetation mit den Aushubarbeiten. Erst der damalige Innenminister Stewart L. Udall kümmerte sich um Biscayne und ließ das Gebiet durch die Regierung schützen.

Boca Raton ⑤. Die Stadt liegt an der «Golden Coast» zwischen Miami und Palm Beach und gehört zu den vornehmsten und teuersten Orten der Ostküste. Der warme Golfstrom zieht nahe der Küste vorbei und schafft ideale Bedingungen für Taucher und andere Wassersportler.

Seinen wenig schmeichelhaften Namen verdankt der Ort den spanischen Eroberern, die mit Ponce de León nach Florida segelten und vor der Küste ankerten: Die schroffen Felsen in der Bucht erinnerten sie an ein Rattenmaul – auf spanisch «Boca de ratón». Den exklusiven Ruf der kleinen Stadt begründete der bekannte Architekt Addison Mizner, der sich von den prachtvollen Gebäuden der südfranzösischen Côte d'Azure inspirieren und «The Cloister Inn», ein herrschaftliches Grandhotel, erbauen ließ. Andere Projekte fielen allerdings der Wirtschaftskrise zum Opfer. Ab Beginn der sechziger Jahre ließen sich zahlreiche High-Tech-Firmen in Boca Raton nieder und begründeten einen neuen Aufschwung.

Cape Canaveral ⑥. Die Geschichte des amerikanischen Raumfahrtzentrums begann militärisch. Am 8. Juli 1947 verlegte das Kriegsministerium sein Raketentestgelände an die Ostküste von Florida. Erst elf Jahre später, am 1. Oktober 1958, wurde die NASA (National Aeronautics and Space Administration) gegründet, eine Organisation zur Erforschung des Weltraums für friedliche Zwecke. Im selben Jahr wurde Explorer I., der erste amerikanische Satellit, am Himmel plaziert. Bald darauf kreisten die ersten bemannten Mercury- und

DER WEG ZU DEN STERNEN
Das Kennedy Space Center am Cape Canaveral

Zwei Rundtouren vermitteln einen Einblick in Geschichte und Gegenwart der amerikanischen Raumfahrt, und mit etwas Glück kann man sogar den Start einer Rakete oder eines Space Shuttle live erleben.

gesetzt und auf den Einsatz vorbereitet. Im *Flight Crew Training Building*, einem kastenförmigen Gebäude, das heute als Museum genutzt wird, bereiteten sich die Apollo-Astronauten auf ihren ersten Flug zum Mond vor. Die erregenden Augenblicke der ersten Landung auf dem Mond werden noch einmal in einem Film und einer Demonstration lebendig, die Modelle von Landefähre und Kapsel dürfen bestaunt und auch näher erforscht werden.

Die Raumfähre Discovery startet zu ihrer erfolgreichen Mission in das Weltall.

Auf der sechs Stockwerke hohen Leinwand des IMAX-Theaters im Galaxy Center startet ein Space Shuttle. Das mächtige Raumschiff donnert in einer Explosion aus Feuer und Rauch in den Himmel und verschwindet in der Schwerelosigkeit des Alls. Die Erde wird zu einer blauen Kugel inmitten der schwarzen Unendlichkeit. «A Dream is Alive», so lautet der Titel des Videos – und in der Tat ist das Kennedy Space Center eine der meistbesuchten Attraktionen Floridas, nur eine Stunde vom «Magic Kingdom» und wenige Minuten vom Strand auf Merritt Island entfernt.

Vor dem Besucherzentrum stehen ein halbes Dutzend Raketen im *Rocket Garden*. Daneben liegt die mächtige Saturn V, das Vehikel für die Kapseln und Mondlandegeräte der Apollo-Mission, auf dem Bauch und läßt die Besucher winzig klein erscheinen. Von hier starten die zwei Bustouren, die für Touristen angeboten werden.

Die *Red Tour* führt in einer etwa zweistündigen Fahrt zu den wichtigsten Gebäuden und Abschußrampen auf dem NASA-Gelände. Im *Operations and Checkout Building* wurden die Mondlandegeräte zusammen-

Das imposante, 160 Meter hohe *Vehicle Assembly Building* dient als Lagerhalle und «Garage» für das Space Shuttle und die beiden Trägerraketen und darf nur von außen besichtigt werden. Eine breite Schotterstraße führt vom «VAB», wie das Gebäude von den NASA-Leuten kurz genannt wird, zum *Launch Complex 39*, der Startrampe für das Shuttle. Riesige Raupenfahrzeuge befördern das Raumschiff vorsichtig vom VAB zur Rampe – mit einer Geschwindigkeit von 1,6 Stundenkilometern.

Die *Blue Tour* dauert ebenfalls zwei Stunden und führt zur *Cape Canaveral Air Force Station*, zu den *Abschußrampen* der Raketen mit militärischen Missionen und zum *Air Force Space Museum*.

Auch wenn man nicht das Glück hat, einen Start des Space Shuttle live beobachten zu können, bekommt man doch einen ungefähren Eindruck davon, wie solch ein Spektakel abläuft. «Star Trek» ist mittlerweile zur Realität geworden, und das Raumschiff «Enterprise» gibt es wirklich: Die NASA gab dem Drängen der «Star Trek»-Clubs nach und benannte eines ihrer Shuttles nach dem Raumschiff des Captain Kirk.

GEHEIMTIP NORTH CAPTIVA

Das Paradies liegt nördlich von Sanibel und Captiva Island und heißt North Captiva. Eine abgeschiedene Insel, die 1921 durch einen Hurrikan von Captiva abgetrennt wurde und seit Jahrzehnten als Geheimtip für zivilisationsmüde Urlauber gilt. Es gibt keine Hotels auf North Captiva, keine Einkaufszentren, keine Boutiquen, keine Golfplätze und nur zwei Restaurants. Das größere der beiden hat vier Tische. Für das Abendessen muß man mittags reservieren, damit die Wirtin noch zum Festland fahren und einkaufen kann. North Captiva ist nur mit dem Boot erreichbar. Auch Autos gibt es keine auf der Insel, nur kleine Golfwagen, mit denen man zum Strand oder zum Essen fahren kann. Die meisten Häuser sind in Privatbesitz, aber einige der Villen werden auch – teuer – vermietet. Während der «Hochsaison» erholen sich knapp hundert Urlauber auf der Insel und genießen die tropische Natur, den einsamen Strand und die ungewohnte Ruhe.

Daytona Beach darf mit Fahrzeugen aller Art befahren werden: Sei es mit dem Fahrrad (o.), dem Auto oder dem Buggy (u.).

Gemini-Kapseln um die Erde. Apollo 11, die erste Mondexpedition, wurde vom Komplex 39 auf der Cape Canaveral benachbarten Merritt Island gestartet, seit 1964 die ständige Heimat des Kennedy Space Center. 1976 wurde mit dem Bau neuer Startrampen für die Space Shuttles (Weltraumfähren) begonnen, und der Jungfernflug des Space Shuttle am 12. April 1981 leitete eine neue Ära der Raumfahrt ein. *234*

Captiva Island ⑦. Zusammen mit *Sanibel Island* (siehe Seite 276) bildet diese tropische Ferieninsel ein Traumziel für alle Urlauber an der Lee Island Coast im südwestlichen Florida. Beim Anblick der palmengesäumten Strände muß man unwillkürlich an Hawaii oder die Südsee denken. Zahlreiche Luxushotels und erstklassige Restaurants säumen die Inselstraße, verlangen aber auch gehobene Preise.

Cocoa Beach ⑧. Auf Merritt Island, in unmittelbarer Nähe des Kennedy Space Center gelegener Sandstrand. Durch die starke Brandung herrschen ideale Bedingungen für Surfer. Das historische *Cocoa Village*, die restaurierte Altstadt des ehemaligen Fischerdorfes, wurde zu einer beliebten Touristenattraktion.

Daytona Beach ⑨. Der einzige Strand, an dem Kraftfahrzeuge zugelassen sind: Keine drei Meter vom Wasser parken Straßenkreuzer und Kleinwagen, Wohnmobile und Camper, die Sportwagen und Dune Buggies der jungen Leute, die Pickup-Trucks der «Rednecks» und die durchgestylten Motorräder der Biker. Während

der Osterferien, der berühmt-berüchtigten «Spring Break», wird Daytona Beach zum Tummelplatz der College-Studenten. Seinen Ruf als Hauptstadt spannender Autorennen begründete Daytona bereits zu Beginn des 20. Jahrhunderts, als die «Autokönige» Ransom E. Olds («Oldsmobile»), Henry Ford und Louis Chevrolet mit ihren ebenso reichen Freunden nach Florida fuhren und Autorennen am Strand von Daytona Beach veranstalteten. Zahlreiche Rekorde wurden dort aufgestellt. Seit 1936 gibt es die *National Association for Stock Car Racing*, die auch die «Daytona 500» veranstaltet. Heute findet dieses Rennen nicht mehr am Strand, sondern auf dem *«Daytona International Speedway»* statt. *236/237*

Dry Tortugas ⑩. Etwa 100 Kilometer vor Key West liegen einige Koralleninseln, die ebenfalls als Schnorchelparadiese gelten. Auf *Garden Key* befindet sich das historische *Fort Jefferson*, das der Armee lange Zeit als Gefängnis diente, bis es durch einen Hurrikan zerstört wurde. Im Jahr 1908 wurden die Überreste des Forts wegen der dort brütenden karibischen Rauchschwalben zum Naturschutzgebiet erklärt und 1935 zum National Monument erhoben.

Everglades National Park ⑪. Das riesige Sumpfgebiet im südlichen Florida ist mit einer Fläche von 5661 Quadratkilometern der drittgrößte Nationalpark der USA. Die subtropische Wildnis mit Marschlandschaften und sumpfigen Mangrovenwäl-

Der Everglades National Park wird durch eine knapp 60 Kilometer lange, asphaltierte Straße erschlossen, von der verschiedene Plankenwege, sogenannte Trails, in die Sümpfe hinein führen. Wer diese einzigartige Naturlandschaft näher kennenlernen will, sollte an einer der vielen angebotenen Bootstouren teilnehmen oder sich ein Kanu mieten.

Auf einem Liegestuhl unter Palmen dösen, den Blick über den weißen Sand und das unendliche Meer gleiten lassen und den Alltag vergessen – wer diese Augenblicke allein genießen will, sollte nicht am Wochenende oder in den Ferienzeiten auf die Keys fahren.

Im luxuriösen Cheeca Lodge Hotel auf Islamorada fällt die Wahl zwischen Swimmingpool und Meer schwer.

In der Pause eines Arenaball-Spiels in St. Petersburg feuern Chearleaders die Zuschauer an.

MICKEY MOUSE UND CO.

Vergnügungsparks in Florida

Der Phantasie sind keine Grenzen gesetzt, und die Liste der Attraktionen ist fast unendlich. Daß sich mit der Maus auch «Mäuse» machen lassen, zeigen die Besucherzahlen von Walt Disney World: Jährlich kommen über 25 Millionen.

Am 1. Oktober 1971 begann eine neue Zeitrechnung in Florida. Walt Disney World öffnete seine Pforten und brachte Zentralflorida einen ungeahnten Aufschwung. 19 000 Menschen wurden für das 111 Quadratkilometer große Wunderland angestellt, zahlreiche Hotels und Restaurants schossen aus dem Boden, neue Straßen wurden gebaut, und die Maus lachte von allen Plakaten und lockte die Menschen ganzjährig in den «Sunshine State». Aus Orlando wurde eine riesige Metropole und eines der begehrtesten Urlaubsziele der USA, und das benachbarte Kissimmee, ein ehemals verschlafenes Nest und die eigentliche Heimat der Maus, wuchs zu einer Stadt mit vielfältigem touristischem Angebot heran.

Walt Disney World ist eine Traumwelt, die nicht nur Kinder in ihren Bann zieht. Im Magic Kingdom regiert die Phantasie, laden Mickey, Donald, Pluto und ihre Freunde zu einer ausgelassenen Party im «Land des Lächelns». Das Cinderella-Schloß ragt aus einem Vergnügungspark mit Achterbahnen, Piratenhöhlen, Geisterhäusern, Karussells, Restaurants und Shops. Im benachbarten Epcot Center, ursprünglich als «experimentelle Stadt der Zukunft» konzipiert, präsentiert die Traumfabrik ihre Vision der Welt von morgen mit zahlreichen Special Effects versehen und begleitet von einer ständigen Weltausstellung mit informativen und unterhaltsamen Länderpavillons.

In den MGM-Studios, ebenfalls von Disney gebaut, darf man hinter die Kulissen der Filmindustrie schauen. Noch perfekter geschieht das in den neuen Universal Studios, die nordwestlich von Disney World am Stadtrand von Orlando liegen. Die 60 Millionen Dollar teuren Anlagen mit den aufregendsten Film-«Touren» wurde von Altmeister Steven Spielberg perfekt in Szene gesetzt. King Kong stampft lebensgroß durch die nachgebauten Straßenschluchten von New York und zerrt an der Drahtseilbahn, in der die Touristen sitzen, der Weiße Hai schießt als gewaltiges Ungeheuer aus dem Wasser, mit E. T. geht es auf einen fernen Planeten, in der U-Bahn von San Francisco erlebt man das gefürchtete große Beben, man wird mit den «Ghost-

Mickey und Minnie sind auf dem Gelände von Walt Disney World überall präsent.

Oben: In Disney World ist sogar der böse Wolf ein netter Onkel. – Unten: Eine Reklametafel der Universal Studios.

busters» zum Geisterjäger und in der rasenden Zeitmaschine purzelt man «Zurück in die Zukunft». In keinem anderen Park werden die Illusionen so rasant präsentiert.
Rund 2000 Kilo bringt der Star von Sea World auf die Waage. Er heißt Shamu und ist ein (ungefährlicher) Killerwal. In seinem Stadion läßt er seinen Trainer auf sich reiten, spritzt die Zuschauer naß und schmust mit Kindern. Delphine begeistern mit kühnen Sprüngen und eindrucksvollen Kunststücken. Clyde und Seamore, zwei gewitzte Seelöwen, spielen in einer Slapstick-Klamotte mit und verdächtigen ein grimmiges Walroß. Im Shark Tunnel bekommt man den «Weißen Hai» und andere Raubfische zu sehen. Unsichtbar für die Zuschauer bleibt, daß Sea World auch der Erforschung von Meerestieren gewidmet ist und wissenschaftliche Experimente innerhalb des Parks durchgeführt werden.
Im dritten Jahrzehnt nach Maus boomt die Vergnügungsparkindustrie im «Sunshine State» noch immer. Mickey Mouse regiert nicht mehr allein, und die Konkurrenz ist groß, aber Florida wäre ohne sein Phantasieland bei Orlando nicht mehr denkbar. Die Parks sind für viele noch attraktiver als Sonne und Strand, sie sind zu einem bedeutsamen wirtschaftlichen Faktor geworden, von dem ganz Florida profitiert.

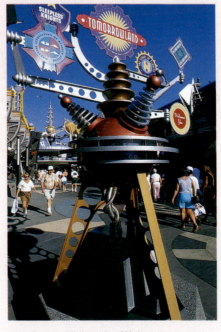

Eine bunte Vision der Welt von morgen: Walt Disneys Tomorrowland.

dern, kilometerweiten Grasflächen und Zypressenwäldern zieht vor allem Naturfreunde und Ornithologen an, die Reiher, Adler, Kormorane, Pelikane und über 300 andere Vogelarten im Park bestaunen können. Eine asphaltierte Straße führt vom Besucherzentrum bis zur 58 Kilometer entfernten Küstensiedlung *Flamingo* mit einem Motel, einem riesigen Campingplatz, einem Restaurant und einem Laden, in dem man Lebensmittel einkaufen und Kanus mieten kann. Über verschiedene Trails und Plankenwege gelangen die Besucher des Everglades National Park zu einzigartigen Landschaften und Aussichtspunkten: Auf dem *Gumbo Limbo Trail* erreicht man einen Dschungel mit Königspalmen, Lebenseichen und tropischen Gumbo-Limbo-Bäumen, meterhohen Farnen und buntschillernden Orchideen. Der *Anhinga Trail* eignet sich besonders zur Tierbeobachtung – mit großer Wahrscheinlichkeit sieht man Mississippi-Alligatoren, Reiher und Anhingas (Schlangenhalsvögel), mit etwas Glück auch Fischadler oder Schneckenweihen, Raubvögel, die sich nur von einer bestimmten Schneckenart ernähren. Der *Pineland Trail* führt in einen lichten Wald mit schlanken Elliotkiefern. Einen schönen Eindruck von den offenen Everglades bekommt man auf einer Fahrt auf dem *Tamiami Trail* (eine Abkürzung für «Tampa-to-Miami-Trail»). Für die Erkundung der ausgedehnten Mangrovensümpfe, Meeresarme und Inseln lohnt es sich, in *Everglades City* oder Flamingo ein Boot zu mieten. Die trockene Zeit von November bis Mai eignet sich besonders gut zur Tierbeobachtung, weil dann zahlreiche Tiere an die Wasserstellen kommen; außerdem ist die Moskitoplage sehr viel erträglicher als in den feuchten Sommermonaten. *246/247, 248, 249, 250, 251, 282, 284*

Florida Keys ⑫. Wie an einer Perlenschnur aufgereiht erstrecken sich die Inseln der Florida Keys ins Meer. Die Inselkette ist

Oben: Sonnenuntergang bei Marathon, einer Insel der Florida Keys.

Links: Diese Karte zeigt die Keys, eine Inselkette, die an der Südspitze Floridas in südwestlicher Richtung verläuft und den Golf von Mexiko vom Atlantischen Ozean trennt. Der Highway 1 verbindet die einzelnen Inseln von Key Largo bis nach Key West.

Stunden beträgt, sollte man lieber einen ganzen Tag einplanen – oder länger: Am Straßenrand locken viele Hotels, Restaurants und Attraktionen wie das *«Theater of The Sea»* auf *Islamorada*, wo man mit Delphinen schwimmen kann. In *Key Largo* wartet der *John Pennekamp Coral Reef State Park* auf Schnorchler und Taucher. In *Marathon*, einer Hochburg der Sportfischer, gibt es zahlreiche Bootsverleihe und Anglershops. Auf *Big Pine Key* kann man Waschbären und Big Pine Deer, die nur auf dieser Insel heimischen Weißwedelhirsche, beobachten. *196/197, 242, 265, 266/267, 279*

Fort Lauderdale ⑬. Das «Venedig Amerikas» liegt an der Ostküste und wird von einem 480 Kilometer langen Netz von Kanälen durchzogen, die sich wie Straßen durch die vornehmen Wohngegenden winden. Das Boot ist in Fort Lauderdale das Hauptverkehrsmittel: Mehr als 42 000 Boote sind in der Metropole zugelassen, und es gibt sogar Wassertaxis. In den sechziger Jahren, nach dem Kultfilm «Where the Boys are», der in der Nähe der Stadt gedreht wurde, entwickelte sich das 1838 gegründete Fort Lauderdale immer mehr zum Treffpunkt der College-Studenten, die am Strand ihre «Spring Break» (Osterferien) so feucht-fröhlich verbrachten, daß die Stadt den Beinamen «Fort Liquordale» bekam. Heute präsentiert sich die Stadt mit dem elf Kilometer langen Strand, dem *Riverwalk* und den exklusiven Restaurants und Shops am *Las Olas Boulevard* als eine attraktive Alternative zu Miami. Auch kulturell hat Fort Lauderdale viel zu bieten, etwa das *Fort Lauderdale Historical Society Museum*, das *Museum of Art* oder das *Museum of Discovery and Science*.

Fort Myers ⑭. Die Stadt im südwestlichen Florida gilt zusammen mit Sanibel (siehe Seite 276) und Captiva Island (siehe Seite 264) als schönstes Touristenziel an der Lee Island Coast. Eine Fahrt wert ist vor

Rechts: Fort Lauderdale wird von zahlreichen Flüssen und Kanälen durchzogen. Viele Einwohner können ihre Jacht deshalb direkt hinter dem Garten «parken».

wegen ihres subtropischen Klimas und ihrer karibischen Atmosphäre, die in Key West (siehe Seite 272) besonders ausgeprägt ist, zu einem beliebten, aber auch teuren Ferienziel geworden. Die Fahrt auf dem Overseas Highway von Miami nach Key West gehört zu den einmaligen Erlebnissen in Florida. Man fährt an türkisfarbenen Lagunen und Traumstränden entlang, an Palmen, Pinien und Mangroven vorbei, über unzählige Brücken, von denen die längste die «Seven Mile Bridge» ist, und genießt die immer wieder atemberaubenden Ausblicke aufs offene Meer. An den Brückengeländern lehnen Angler, neugierig beobachtet von Möwen und Pelikanen, auf den Wellen des Meeres schaukeln Jachten und Fischerboote. Obwohl die reine Fahrzeit nur drei

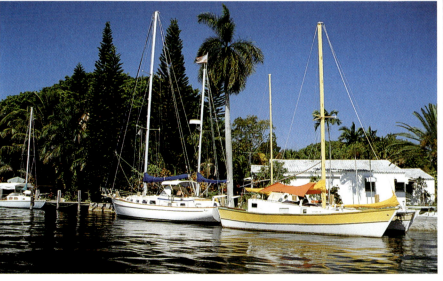

allem der von unzähligen Palmen gesäumte *McGregor Boulevard*. An dieser Prachtallee liegt auch das *Edison Winter Home*, das Winterquartier des Erfinders Thomas A. Edison, der zwischen 1886 und 1931 hier lebte. Das Haus ist heute ein sehr stimmungsvolles Museum, in dem die von Edison erfundenen Glühbirnen sein Forschungslabor beleuchten, das noch genauso aussieht wie vor hundert Jahren. Das angenehme Klima im Winter lockt immer mehr Touristen nach Fort Myers, das vor einigen Jahrzehnten noch als Geheimtip galt.

Jacksonville ⑮. Die Stadt im äußersten Nordosten von Florida entstand 1822 an der Stelle des alten Fort Caroline (siehe Seite 221) und wurde nach General Andrew Jackson benannt. Heute ist die Hafenstadt

WOHNEN UNTER WASSER

Eine wirkliche Kuriosität unter Floridas unzähligen Hotels ist «Jule's Undersea Lodge», das erste Hotel der Welt unter Wasser. Die Lobby liegt sechs Meter unter dem Meeresspiegel. Ein ehemaliges Laboratorium in der Boya-Boya-Lagune vor der Küste von Key Largo wurde zu einem Unterwasser-Hotel für abenteuerlustige Taucher umgebaut, die auch die Nacht gern im Ozean verbringen. Mit Druckausgleich, versteht sich. Platz ist nur für sechs Gäste und die Zimmer sind kleiner als in einem billigen Motel, aber oft Wochen im voraus ausgebucht. Ein Trost für Urlauber, die lieber in koventionellen Herbergen nächtigen: Die farbenfrohe Welt der Korallenriffe kann man auch kennenlernen, ohne nasse Füße zu bekommen. Zum Beispiel im Key West Aquarium, wo man verschiedene Haie, bunte Papageienfische und viele andere interessante Meeresbewohner beobachten kann. Oder durch den Glasboden sogenannter «Glass Bottom Boats», die vor allem im John Pennekamp Coral Reef State Park in Key Largo (siehe Seite 271) auf die Touristen warten.

wichtiger Umschlagplatz für den Handel mit Südamerika, und die Marine hat hier einen bedeutenden Stützpunkt eingerichtet.

Key West ⑯. Der südlichste Ort der USA liegt nur 145 Kilometer von Kuba entfernt auf den Florida Keys und lockt mit einer karibischen Atmosphäre, die schon Ernest Hemingway (siehe Seite 254) in ihren Bann zog und noch heute zahlreiche Besucher begeistert. Bunte Holzhäuser, verträumte Strände, geschäftige Jachthäfen und eine üppige Vegetation prägen das Ortsbild. Die stimmungsvollen Restaurants und vielen Kneipen sind vor allem von Touristen, Künstlern und Aussteigern bevölkert, die es hier in Key West ruhig angehen lassen. Lebhaft geht es dagegen auf der *Duval Street* zu. Dort tummeln sich die Touristen bei *Rick's* oder bei *Sloppy Joe's* und *Captain Tony*, den Stammkneipen von Hemingway, oder sie kaufen in den zahlreichen teuren Läden und Boutiquen der Stadt ein. Abends trifft sich alles am *Mallory Square*, um den Sonnenuntergang zu zelebrieren und den Straßensängern, Gauklern und Jongleuren bei ihren Künsten zuzusehen. Dieses Straßenfest findet jeden Abend statt. Zu den Sehenswürdigkeiten gehört neben dem *Hemingway House* (siehe Seite 254) auch das *Audubon House*, das 1830 gebaute Heim des Wracktauchers John Geiger. In dem wunderschön möblierten Haus sind zahlreiche Zeichnungen des Künstlers John James Audubon ausgestellt, der 1832 nach Key West kam und durch seine naturgetreuen Vogeldarstellungen berühmt wurde. Im *Key West Aquarium* sieht man Tropenfische und Haie, im *Museum von Mel Fisher* liegen die Goldschätze, die der berühmte Wracktaucher aus dem Meer geholt hat (siehe Seite 219). Im *Lighthouse Military Museum* sind ein Unterseeboot und Kanonen aus dem Zweiten Weltkrieg ausgestellt. *200/201, 252/253, 254, 255, 258*

Lake Okeechobee ⑰. Der mit 1813 Quadratkilometern flächengrößte Süßwassersee der USA südlich der Großen Seen liegt in Zentralflorida und ist ein beliebtes Ziel von Wassersportlern, Anglern und Vogelfreunden. Der Name kommt aus der Seminolensprache und bedeutet «Großes Wasser»; am Nordwestufer befindet sich die *Brighton Seminole Indian Reservation*.

Miami ⑱. Von der häßlichen Großstadt mit abstoßender Skyline und zahlreichen Problemen zur attraktiven Weltstadt mit zukunftsweisender Architektur und viel Charme und Flair: Keine andere amerikanische Stadt hat sich im letzten Jahrzehnt so radikal gewandelt wie Miami. Heute ist das ehemalige Fischerdorf eine aufstrebende Metropole, die sich anschickt, zur wirtschaftlich bedeutendsten Stadt der Verei-

Seite 272. Links: Straßenszene an einem heißen Sommertag in Key West.

Rechts oben: Karte mit den einzelnen Stadtteilen von Miami.

Rechts unten: Skyline der Innenstadt von Miami, dem Finanz- und Handelszentrum Floridas.

Rechte Seite. Oben: Der Architekt und Stadtplaner George Edgar Merrick ließ in den zwanziger Jahren des 20. Jahrhunderts in Coral Gables zahlreiche Villen im klassischen italienischen und maurischen Stil erbauen.

Unten: Das Art-déco-Viertel ist neben den Stränden die größte Attraktion von Miami Beach.

nigten Staaten zu werden. Dabei entstand die größte Stadt Floridas erst vor hundert Jahren, als sich der berühmte Eisenbahnmagnat Henry Flagler (siehe Seite 244 und 250) 1896 entschloß, seine East Coast Railroad von Palm Beach nach Miami zu verlängern. Innerhalb weniger Wochen wuchs das Dorf zu einer Stadt heran. Am Ufer der Bucht entstanden luxuriöse Häuser wie die *Villa Vizcaya*, ein im Stil der italienischen Renaissance gehaltener Prachtbau mit einem weitläufigen Garten und wertvollen Antiquitäten, der heute auch für Touristen offensteht. Die wohlhabenden Geschäftsleute schätzten Miami als neues Wirtschaftszentrum, in dem man sich zudem erholen und den Alltag vergessen konnte.

Der erste große Touristenstrom traf nach dem Zweiten Weltkrieg ein. Überall schossen Hotels aus dem Boden, und das Bauland fand reißenden Absatz. Daran konnte selbst die Depression von 1929 nichts ändern. Probleme gab es erst in den sechziger Jahren, als der Zustrom kubanischer Flüchtlinge kein Ende nehmen wollte und zu blutigen Unruhen führte – in den siebziger Jahren hatte Miami den Ruf, ein zweites Chicago geworden zu sein.

Erst in den achtziger Jahren zog man die Notbremse. Mit der wachsenden Bedeutung der Stadt als amerikanische Metropole des Südamerikahandels zogen immer mehr Banken nach Miami, und ein Team kreativer Architekten verwandelte die Stadt innerhalb kürzester Zeit in eine phantasievolle und zukunftsweisende City mit einer gelungenen Mischung aus High-Tech und karibischem Flair. Staunend stehen die Besucher vor der *Villa Regina*, dem »größten Gemälde der Welt«, dessen Farben bei längerem Hinsehen zu wandern scheinen, vor dem zylinderförmigen *Centrust Building*, das nachts hell bestrahlt wird und immer wieder mit anderen Farben überrascht, oder vor dem *Atlantis*, einem verglasten Wohnblock, der wohl ungewöhnlichsten Konstruktion des modernen Miami. Inmitten der Wohnanlage klafft ein riesiges Loch, groß genug für einen Whirlpool, eine Wendeltreppe und eine Palme, die vermutlich zu den meistfotografierten Bäumen der USA gehört. Eigenwillig ist auch das neue *Metro Dade Cultural Center* mit dem *Center of Fine Arts* und der größten *Bibliothek* des amerikanischen Südostens.

Miami marschiert mit Riesenschritten in die Zukunft. Früher als anderswo hat man erkannt, wie wichtig ein funktionierendes Nahverkehrssystem auch in den USA sein kann. Das ausgebaute Netz soll schon bald den Autoverkehr in der Innenstadt gänzlich überflüssig machen. Mit dem *Metromover*, einer computergesteuerten Kabinenbahn, die über hochgelegte Schienen fährt, erreicht man alle wichtigen Punkte in der Innenstadt in kürzester Zeit, und es bestehen direkte Anschlüsse zur *Metrorail*, einer schnellen Vorortbahn, die Downtown Miami mit den Außenbezirken verbindet.

Touristen kommen in Miami auf ihre Kosten: Erstklassige Hotels, eine Vielzahl von Restaurants und Nachtclubs und zahlreiche Attraktionen machen Miami zu einem begehrten Ferienziel. Der *Bayside Marketplace* in der Innenstadt lockt mit über 100 Shops, Boutiquen und kleinen Lokalen. Die *Fairchield Tropical Gardens* in Coral Gables sind die größten botanischen Gärten in Florida. Der *Metrozoo* gehört zu den modernsten der USA und ist ebenso sehenswert wie das *Seaquarium*, das als größtes Meerwasseraquarium der Welt gilt. Im *Monkey Jungle* und im *Parrot Jungle* führen Tiere den Besuchern trickreiche Kunststücke vor. Auf *Key Biscayne* und in *Miami Beach* (siehe Seite 274) locken kilometerlange weiße Strände.

Miami, die multikulturelle Stadt der Zukunft? Der lateinamerikanische Einfluß macht sie weltoffener als andere Metropolen, und Weiße, Kubaner und Schwarze haben sich hier arrangiert. Nach den schweren Rassenkrawallen im Sommer 1980 hat man sich zusammengesetzt und eine erträgliche, in vielen Fällen sogar produktive Form des Zusammenlebens gefunden. Selbst das Zentrum des Drogenhandels scheint sich nach New Orleans und ins südliche Texas verlagert zu haben.

Lohnenswert ist ein Besuch von *Little Havanna*, dem kubanischen Viertel an der *Calle Ocho* (SW 8th Street), in dem man sehr gut essen und den starken Café Cubano probieren kann. Oder von *Coral Gables*, dem vornehmen, von Kanälen und Mangrovenhainen umgebenen Wohngebiet mit präch-

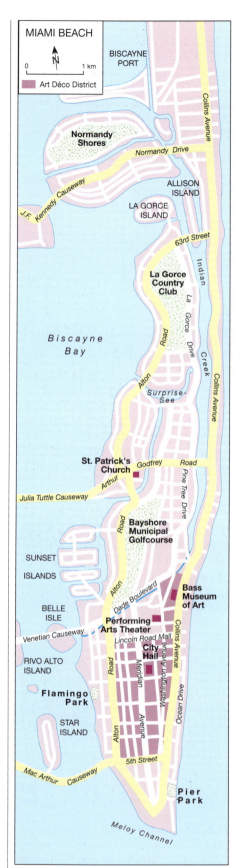

Links: Die Stadt Miami Beach liegt auf einem schmalen Inselstreifen, der durch mehrere große Brückendämme mit Miami verbunden ist.

Mitte oben: Der Jachthafen von Naples, einem eleganten Urlaubsort an der Westküste.

Mitte unten: Luxusvilla in Palm Beach. Viele der Millionärsvillen sind im Stil vergangener Architekturepochen gebaut und zeigen italienische oder spanische Einflüsse.

Rechts unten: Am Strand von Miami Beach ist die Welt zu Gast.

Miami Beach ⑲. Der Badeort, der nur durch den Intracoastal Waterway von Miami getrennt ist, wurde von dem Millionär Carl Fisher vor knapp achtzig Jahren aus den Mangrovensümpfen gestampft. Dieser ließ die Sümpfe trockenlegen und gewann Investoren, die an eine Zukunft der Stadt als Urlaubsziel glaubten. Die Rechnung ging auf, und Miami Beach hatte besonders in den dreißiger Jahren den Ruf eines luxuriösen und sündhaft teuren Badeortes. Die kunstvoll verzierten und in allen Pastelltönen schimmernden *Art-déco-Gebäude* aus dieser Zeit stehen seit 1979 unter Denkmalschutz und gehören heute zu den herausragenden Sehenswürdigkeiten von Miami Beach (siehe Seite 206). In den vierziger und fünfziger Jahren kamen immer mehr Rentner hierher, um in den billigen Hotels der Innenstadt den Winter zu verbringen. Die Millionäre, aber auch die Jugendlichen blieben aus und gingen lieber auf die Florida Keys und nach Fort Lauderdale; in Miami Beach wurden dagegen immer mehr und immer billigere Hochhäuser gebaut, in denen bald fast ausschließlich alte, oft verarmte Leute wohnten.

Erst in den letzten Jahren ging man daran, das ramponierte Image des Ferienortes wieder aufzupolieren. Die Strände wurden gesäubert, Hotels und Häuser liebevoll reno-

tigen Villen im mediterranen Stil. Oder von *Coconut Grove*, dem Künstlerviertel im Süden der Stadt. Hier locken Straßencafés, Boutiquen und das vornehme *Mayfair Shopping Center*. Im *Coconut Grove Playhouse* wird Theater gespielt, und in der nahen *Villa Vizcaya*, die das *Dade County Art Museum* beherbergt, findet jedes Jahr ein Shakespeare-Festival statt. *210/211, 212*

Rechts oben: Auch wenn man Florida zunächst mit Strand und Meer, Sümpfen und Seen verbindet – die Landwirtschaft ist ein wichtiger Wirtschaftsfaktor des Landes und das Umland von Orlando ein Zentrum der Viehzucht.

Rechts unten: Neugierig und gar nicht menschenscheu zeigt sich dieser Reiher in den Backwater Lagoons bei Naples.

viert, und von der 21. bis zur 46. Straße zieht sich jetzt ein hölzerner Boardwalk am Strand entlang. Neue Restaurants und Clubs schossen besonders im Süden der Insel aus dem Boden, und die Krimiserie «Miami Vice» tat ein übriges, um vor allem die Jugend wieder nach Miami Beach zurückzuholen. Sie zieht es hauptsächlich ins Art-déco-Viertel mit seinen kleinen Hotels, Straßencafés und Jazzclubs. *203, 204, 205, 206, 207, 273*

Naples ⑳. Neapolitanische Fischer, die zu Beginn des 20. Jahrhunderts an der westlichen Golfküste siedelten, gaben der Stadt ihren Namen. Sie war von ihren Investoren als Seebad geplant und hat sich viel von ihrem alten Charme bewahrt. Obwohl sich die Einwohnerzahl zwischen 1970 und 1985 mehr als verdoppelt hat, ist die vornehme, ruhige Stadt noch nicht so überlaufen wie die Lee Island Coast weiter nördlich.

Orlando ㉑. Die Stadt in Zentralflorida wurde in den dreißiger Jahren des 19. Jahrhunderts gegründet und lebte jahrzehntelang vom Baumwollanbau. Nach dem Bürgerkrieg florierten die Viehzucht und der Handel mit Zitrusfrüchten. Die wirkliche Blütezeit aber begann 1971, als *Walt Disney World* (siehe Seite 269) eröffnete. Weitere Vergnügungsparks wie *Sea World* und *Universal Studios* (siehe Seite 269) kamen hinzu und machten Orlando zu einer «Boom Town». *204, 213, 220, 228/229, 230, 269*

Palm Beach ㉒. Die Nobelstadt an der Ostküste wurde vom Standard-Oil-Gründer und Eisenbahn-Millionär Henry Flagler als Badeort nach südfranzösischem Vorbild konzipiert. Von Palmen gesäumte Alleen, Luxushotels, Sandstrände, exklusive Einkaufszentren, riesige Golfplätze und bewachte Villen bestimmen das Stadtbild.

Panama City ㉓. Der im «Pfannenstiel» von Florida gelegene Ort rühmt sich, den schönsten Sandstrand der Welt zu haben. Tatsächlich ist der weiße Sand nirgendwo

so fein wie hier. Der Ort selbst ist überlaufen und etwas hektisch – entweder man stürzt sich ins laute Vergnügen oder reist schnell wieder ab. Der «Miracle Strip», die verkehrsreiche «Zaubermeile», erstreckt sich kilometerlang am Strand und wird von Hotels, Bars, Vergnügungsparks und Wasserrutschbahnen gesäumt. *231*

Pensacola ㉔. Die Stadt, die ebenfalls über einen sagenhaften weißen Sandstrand verfügt, liegt im äußersten Westen des Panhandle und kann auf eine lange Geschichte zurückblicken. Unter fünf Flaggen lebten die Einwohner Pensacolas seit der Stadtgründung im Jahr 1559 (siehe Seite 238 f.). Der Ort ist älter als St. Augustine, war aber nicht dauernd bewohnt. In der *Downtown* stehen noch zahlreiche restaurierte Häuser aus vergangenen Jahrhunderten: Drei «Historic Districts» wurden unter Denkmalschutz gestellt. Auf dem *Seville Square* finden farbenprächtige Fiestas statt. In *Fort Pickens*, einer Festung außerhalb der Stadt, wurde der Apachenhäuptling Geronimo von 1886 bis 1888 gefangengehalten.

Pinellas Suncoast ㉕. Die «Goldküste» zwischen Tarpon Springs und St. Petersburg lockt mit ihren zahlreichen Inseln, weißen Traumstränden und reichen Fischgründen. Viel Action ist am *Clearwater Beach* angesagt, dort trifft sich die Jugend zu Rock'n'Roll und karibischer Musik auf den Hotelterrassen. Die *Tampa Bay* gilt als ein Paradies für Segler und Surfer. Ruhiger geht es dagegen im benachbarten und vornehmen *St. Petersburg* (siehe Seite 277) und auf den vorgelagerten Inseln zu. *Caladesi Island*, eine abgelegene Insel mit einsamen Strän-

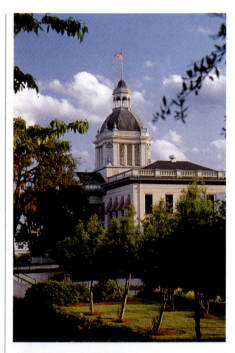

den, kann man von der Dunedin Municipal Marina aus mit dem Schiff erreichen. Über den Dunedin Beach Causeway fährt man ins Ferienparadies *Honeymoon Island*. *Dunedin* selbst wurde von Schotten besiedelt (siehe Seite 244). Griechisch präsentiert sich das nördlich gelegene *Tarpon Springs*, die Heimat der Schwammtaucher (siehe Seite 244). Unter dem Namen *Holiday Isles* wurden die südlich von Clearwater gelegenen Inseln mit den Stränden *Indian Shores*, *Indian Rocks Beach*, *Belleair Beach*, *North Redington Beach*, *Redington Shores* und *Redington Beach* bekannt. Am *Madeira Beach* warten viele Austernbars und Restaurants auf Besucher. *208/209, 221, 223, 226, 227, 231, 232, 233*

Sanibel Island ㉖. Die tropische Insel mit ihren endlosen Palmenstränden, türkisblauem Wasser und karibischem Flair wird nicht umsonst als Traumziel an der Lee Island Coast gepriesen. Eine schmale Inselstraße windet sich durch lichte Pinienwälder und führt an einsamen Sandstränden und mit Muscheln übersäten Küsten vorbei. Als Eldorado für Muschelsammler wurde der *Bowman's Beach* berühmt.
Im *J. N. «Ding» Darling National Wildlife Refuge*, einem urwüchsigen Sumpfland, kann man beispielsweise rosafarbene Löffelenten und braune Pelikane, Waschbären und Alligatoren beobachten.

Sarasota ㉗. Die Stadt an der Westküste entwickelte sich zu einem Urlaubszentrum für Besserverdienende, die sich auf den vorgelagerten Inseln *Lido Key*, *Siesta Key* und *Longboat Key* in exklusiven Ferienanlagen erholen. Der Zirkuszar John Ringling «entdeckte» Sarasota schon im Jahr 1909 und erkor die Stadt zu seinem Winterquartier. Er richtete das *John and Mable Ringling Museum of Art* mit erstrangigen Gemälden europäischer Künstler ein und ließ in den zwanziger Jahren an der Küste den herrlichen Palast Ca'd'Zan nach dem Vorbild venezianischer Palazzi erbauen. *277*

St. Augustine ㉘. Im September 1565 ließ Don Pedro Menéndez de Avilés die Stadt im Auftrag von König Philipp II. errichten (siehe auch Seite 221 f.). Das *Castillo*

Links oben: Das Alte Kapitol in Tallahassee stammt ursprünglich aus dem Jahr 1845, wurde aber Ende des 19. Jahrhunderts im klassizistischen Stil neu gestaltet und 1923 nochmals erweitert.

Links Mitte: Henry Flagler ließ entlang seiner Eisenbahnlinien viele große Hotels bauen. Eines der berühmtesten ist das 1885 in St. Augustine errichtete Luxushotel Ponce de León, in dem seit 1967 das Flagler College untergebracht ist.

Links unten: Auf der Alligatorenfarm bei St. Augustine kann man die riesigen Panzerechsen von Hochsteger aus in Ruhe betrachten.

Rechts: Nostalgische Oldtimer-Busse befördern die Touristen durch das Magic Kingdom von Walt Disney World. Im Hintergrund die futuristische Aluminiumkugel des Epcot Center.

Mitte oben: Sanibel Island vor der Westküste Floridas ist für ihre einsamen Traumstrände berühmt.

Rechts oben: Im Angebot – Naturschwämme in Tarpon Springs. Griechische Schwammtaucher zogen um das Jahr 1920 wegen der reichen Schwammvorkommen hierher, und Kultur und Küche der Stadt sind bis heute griechisch geprägt.

Unten: Ca'd'Zan, der extravagante Palazzo des Zirkusdirektors John Ringling (1866–1936) in Sarasota.

de San Marcos, das 1672 zum Schutz von St. Augustine von den Spaniern erbaut wurde, kann noch heute besichtigt werden. Seinen spanischen Charakter hat sich St. Augustine erhalten. Die Stadt bezeichnet sich stolz als «älteste Stadt der USA» und zieht heute vor allem Touristen an, die in den engen Straßen auf den Spuren der Vergangenheit wandeln können. Verwinkelte Gassen und mit farbenprächtigen Blumen geschmückte Häuser machen den Reiz der Altstadt aus, in der man das *älteste Schulhaus der USA,* das *Flagler College* und das *Lightner Museum* mit einer Sammlung dekorativer Kunst besichtigen kann. In den Werkstätten des *Spanish Quarter* arbeiten Handwerker und Künstler in historischen Trachten, zahlreiche Restaurants und Bodegas (Weinstuben) im Stil der spanischen Gründerzeit säumen die Straßen. Lohnenswert ist auch ein Besuch der *St. Augustine Alligator Farm.* 202, 280/281

St. Petersburg ㉙. Das Zentrum der charmanten Stadt an der Pinellas Suncoast liegt am *Pier,* wo zahlreiche Spezialitäten-Imbisse af Kundschaft warten. Angler vertreiben sich dort die Zeit, Straßenkünstler unterhalten die Touristen. Die unzähligen Jachten im Hafen machen deutlich, warum St. Petersburg als «Sailing Capital of the World» angepriesen wird. Zu einem neuen Wahrzeichen der Stadt wurde das *Salvador Dali Museum* mit Ölgemälden, Zeichnungen und Grafiken des weltberühmten Künstlers. Auch das *Museum of Fine Arts* verfügt über eine ausgezeichnete Sammlung. 208/209, 220, 221, 223, 224/225, 226, 227

Tallahassee ㉚. Die Hauptstadt von Florida liegt im nördlichen Panhandle und steht in der Tradition des «Tiefen Südens». Romantische Backsteinhäuser und von alten Eichen gesäumte Alleen prägen den Südstaatencharakter vieler Stadtviertel. Das *Neue Kapitol* ist in einem modernen Wolkenkratzer untergebracht und ragt unmittelbar hinter dem klassischen Gebäude des *Alten Kapitols* aus dem Häusermeer. 239

Tampa ㉛. Die Stadt an der gleichnamigen Bucht wurde 1824 gegründet und war schon damals ein bedeutender Handelsplatz. Um 1880 kam die Eisenbahn und brachte die kubanische Zigarrenindustrie nach Tampa (siehe Seite 244). Viele alte Fabriken und historische Häuser können in *Ybor City,* dem kubanischen Viertel im Norden der Stadt, besichtigt werden. Tampa hat den achtgrößten Hafen der USA, hier legen Frachtschiffe aus Südamerika an, und die größte Shrimp-Flotte der Vereinigten Staaten versorgt von hier aus ganz Florida mit den begehrten Meeresfrüchten. 218, 226

Walt Disney World ㉜. Das *Magic Kingdom* wurde am 1. Oktober 1971 in der Nähe von Orlando (siehe Seite 275) eröffnet und sorgte für einen jahrelangen Boom im zentralen Florida. Inzwischen gehören auch das *Epcot Center,* eine ständige *Weltausstellung,* und zahlreiche andere Parks und Freizeitanlagen (siehe Seite 269) zum Imperium der Maus. 213, 214/215, 216, 217, 222, 269

KAMPF MIT DEM ALLIGATOR

Zu Besuch bei den Seminolen

Was früher ein Jagdabenteuer war, ist heute Touristenattraktion: «Alligator Wrestling». Trotz vieler Zugeständnisse an die moderne Gesellschaft bemühen sich die Seminolen, ihr kulturelles Erbe zu bewahren.

Matthew Gopher packt den mächtigen, über zwei Meter langen Alligator und zieht ihn wie eine Stoffpuppe aus dem Tümpel. Das Tier windet sich unter dem festen Griff des Seminolen und schnappt mit seinem gewaltigen Rachen nach ihm. Der Indianer greift blitzschnell zu und umklammert die Schnauze des Alligators. Beifall brandet auf. Etwa 40 Touristen sind mit dem Airboat in die Miccosukee Indian Reservation gekommen und beobachten gebannt, wie Matthew die Schnauze des Reptils unter sein Kinn klemmt und die Arme spreizt. «Alligator Wrestling», ein Schauspiel für Touristen, das sich die einstigen Herren des «Sunshine State» heute gut bezahlen lassen, und das nicht ungefährlich ist: «Alligatoren verfügen über eine unwahrscheinliche Kraft, vor allem im Schwanz und in ihrem Kiefer, und man muß schon kräftig zupacken, wenn man nicht gebissen werden will», so Matthew. Er hat bisher Glück gehabt, einige seiner Freunde haben allerdings schon Finger verloren, weil sie, wie der Seminole lakonisch meint, «leichtsinnig waren».

Matthew Gopher ist auf die Einkünfte aus der Touristenshow angewiesen. «Von der Jagd können wir nicht mehr leben», erläutert er. Die Jagd auf Alligatoren ist strengen Gesetzen unterworfen. «Es sind nur 150 Abschüsse jährlich erlaubt, und die Jäger werden durch das Los bestimmt. Das ist mir zu unsicher.» Matt will noch drei Jahre mit den Alligatoren kämpfen, dann ist er 30 und «reif für die Stammespolitik», wie er hofft. «Ich will Verantwortung übernehmen und für eine bessere Zukunft kämpfen.»

Matthew Gopher bei einem Alligatorringkampf im Indianerdorf Miccosukee.

Heute leben noch rund 2000 Seminolen in Florida, die Nachfahren der ungefähr 400 Männer, Frauen und Kinder, die sich im Jahr 1858, nach dem Dritten Seminolenkrieg, in den unzugänglichen Sümpfen der Everglades versteckt hatten.

Im 20. Jahrhundert wurden die Seminolen vor allem durch Investoren, Siedler und Jäger bedroht, die in den Everglades wilderten und selbst abgelegene Gebiete als Bauland erschlossen. Den meisten Indianern blieb nichts anderes übrig, als mit den Weißen zu handeln und sich ihrem Lebensstil anzupassen; einige wenige zogen sich noch weiter in die Sümpfe zurück und führten dort ein abgeschiedenes, entbehrungsreiches Leben. Erst 1938 sprach die amerikanische Regierung den Seminolen Reservationen zu, die heute noch von vielen Indianern bewohnt werden: die Brighton Seminole Reservation am Lake Okeechobee und die Big Cypress Reservation westlich von Miami sowie Reservationen bei Tampa, Hollywood und Immokalee. «The Seminole Tribe of Florida» wurde in den fünfziger Jahren als Stamm anerkannt. Er wird vom «Tribal Council» und dem «Tribal Board of Directors» regiert. Diese Organisationen kümmern sich um die Investitionen des Stammes, der Bingohallen, Zigarettenläden und Ranches betreibt. Glücksspiel ist erlaubt, Zigaretten sind zollfrei. «Aber es geht nicht nur darum, einen möglichst großen Profit zu machen», erklärt Matthew Gopher, «es gilt auch, die bestehenden Gesundheits- und Bildungsprogramme zu verbessern und unsere Kultur einer möglichst breiten Öffentlichkeit bekanntzumachen.»

Noch heute wird Osceola (siehe Seite 233) als Held verehrt, und oft wird der Ausspruch eines anderen, unbekannten Häuptlings zitiert: «Wir wollen keine Weißen

Seminolinnen zerstampfen mit hölzernen Mörsern Mais (Foto um 1895).

werden, sondern Indianer bleiben.» Zur Zeit entsteht auf der Big Cypress Reservation ein großes Museum. Es soll «Ah-Tha-Thi-Ki» heißen, «Platz zum Lernen».

Ein Miccosukee-Seminole in traditioneller handgewebter Kleidung.

Miccosukee-Seminolen mit ihren Einbäumen in der Nähe von Miami (Foto um 1920).

Der Overseas Highway verbindet mit über 40 Brücken, darunter die berühmte «Seven Mile Bridge», die Inseln von Key Largo bis Key West. Die Fahrt über das Meer gehört zu den unvergeßlichen Erlebnissen im «Sunshine State».

Bei Fort Matanzas, einem ehemaligen spanischen Militärstützpunkt, kann man mit dem Auto bis ans Meer fahren.

Silberreiher und die selten gewordenen Waldstörche (rechts oben und links unten) im Everglades National Park.

Die St. Louis Cathedral am Jackson Square in New Orleans.

TRAUMZIEL AMERIKA

DER TIEFE SÜDEN

Text Rudolf Walter Leonhardt · Axel Pinck

Allee mit knorrigen Eichen auf der Plantage The Oaks bei St. Francisville.

Liebevoll gepflegte alte Holzhäuser in Selma, einer Kleinstadt am Steilufer des Alabama River.

Wahrzeichen des Südens: Schaufelraddampfer – einst wichtiges Verkehrsmittel – befördern heute ausschließlich Touristen.

DER GUTE KAMPF GEGEN EINEN SCHLECHTEN RUF

LOUISIANA: DAS VON DEN FRANZOSEN GEKAUFTE LAND

All dieses Land hatten zunächst die Franzosen für sich in Anspruch genommen. Im Siebenjährigen Krieg hatten sie es 1762 an Spanien verloren, aber unter Napoleon 1800 zurückgewonnen. Napoleon verkaufte es 1803 in dem berühmten Louisiana Purchase an die Amerikaner, für etwa fünf Pfennig pro Quadratkilometer. Er tat das weder aus Großzügigkeit noch aus Dummheit. Ihm und seinen Beratern war klar, daß Besitz in Nordamerika für Frankreich am Ende eher eine Last als eine Lust sein würde. Und die Amerikaner spielten ihre Trumpfkarte sehr geschickt aus: Wenn Frankreich nicht will, dann verbünden wir uns mit England. Der amerikanische Botschafter in Paris, Livingston, und Napoleon schätzten die Lage recht ähnlich ein. Livingston: «Von heute an werden die Vereinigten Staaten von Amerika ihren Platz unter den Großmächten einnehmen.» Napoleon: «Dieser Geländegewinn der Amerikaner garantiert auf ewig die Macht der Vereinigten Staaten, und ich habe England jetzt gerade einen Rivalen zur See gegeben, der früher oder später seinen Stolz brechen wird.»

Vielleicht trägt zur Macht Amerikas auch das hartnäckige, beinahe liebevolle Festhalten an Traditionen bei, wie wir es in Louisiana bewundern können. Vergleichen wir doch mit Deutschland. Da werden die Namen von Straßen fast immer, die Namen von Städten nicht selten, aber zuweilen auch die Namen von Ländern gewechselt, wenn immer es politisch opportun scheint.

Ganz anders Louisiana. Als der Forscher La Salle es für Frankreich in Besitz nahm, nachdem er von der kanadischen Grenze weit nach Süden bis zum Golf von Mexiko vorgedrungen war, nannte er das Land am 9. April 1682 nach seinem König Louis XIV. Es wurde 1762 spanisch, in den neunziger Jahren wieder französisch, 1803 amerikanisch – und immer hieß es Louisiana. Daran änderte auch nichts, daß Ludwig XVI. (der Ururururenkel des Namensgebers) hingerichtet wurde. Ob Frankreich nun bourbonisch, jakobinisch, napoleonisch oder republikanisch war: Louisiana blieb Louisiana – und wird es sicher noch lange bleiben.

In «Marry Mahoney's Old French House Restaurant» in Biloxi, Mississippi. Der Tiefe Süden ist eine gute Adresse für Gourmets. Vor allem in New Orleans trifft man auf eine raffinierte von Frankreich beeinflußte Küche, in der Fisch und Meeresfrüchte eine wichtige Rolle spielen (siehe Seite 359).

Die Geschichte des Staates Louisiana ist eine der verrücktesten in der an Verrücktheiten nicht armen Geschichte der Vereinigten Staaten von Amerika. Hätte einer sie vor zweihundert Jahren geschrieben, dann hätte er Louisiana nicht als einen von fünfzig (damals zwanzig) Staaten beschreiben können, vielleicht zusammen mit Mississippi und Alabama, sondern dann hätte er die Geschichte halb Nordamerikas schreiben müssen: Louisiana war größer als der Rest. Zu ihm gehörte alles Land westlich des Mississippi, bis zu den Rocky Mountains.

Aus Louisiana wurden im Lauf des 19. Jahrhunderts acht amerikanische Staaten und große Teile von fünf weiteren: Louisiana, Missouri, Arkansas, Iowa, North Dakota, South Dakota, Nebraska, Oklahoma; Kansas, Colorado, Wyoming, Montana und Minnesota.

Das State Capitol (1851 erbaut) in Montgomery, der Hauptstadt Alabamas. Hier wurde 1861 Jefferson Davis zum ersten (und letzten) Präsidenten der Konföderierten Staaten von Amerika ausgerufen.

Im Montgomery Museum of Fine Arts ist amerikanische Malerei aus über zweihundert Jahren zu bewundern: Porträtmalerei älteren Datums (oben) und das Bild «New York Office» (1962) von Edward Hopper (unten)

Ähnlich verhält es sich mit seiner größten Stadt. Sie wurde bei ihrer Gründung 1718 nach dem Herrscher Frankreichs genannt. Das war damals der Neffe Ludwigs XIV., der als Regent für den noch minderjährigen Ludwig XV. amtierte, der Herzog Philipp von Orléans.

Der heutige Staat Louisiana, der im April 1812 als achtzehnter in die Vereinigten Staaten aufgenommen wurde, ist keine Region im Sinne einer geographischen, ethnischen oder ökonomischen Einheit. Zwar stellt er sich als eine solche dar durch die amerikanische Gewohnheit, jedem Staat einen Kosenamen zuzulegen (für Louisiana: Pelican State) sowie ein kennzeichnendes Tier (der östliche braune Pelikan), einen typischen Baum (die Zypresse), eine Lieblingsblüte (die Magnolie) und eine eigene Flagge (auf blauem Feld ein weißer Pelikan, der seine Jungen füttert, dazu auf einer weißen Schleife das Staatsmotto «Einheit, Gerechtigkeit und Vertrauen»). Auch unterscheidet sich Louisiana von anderen Staaten dadurch, daß seine 64 Verwaltungsbezirke, anderswo Counties, nach alter spanisch-katholischer Kirchentradition Parishes heißen.

Das ist aber auch alles. Im übrigen habe ich von louisianischer Einheit so wenig bemerkt wie von braunen Pelikanen. Auch Louisianer selber weisen gern darauf hin, daß sie aus dem Norden kommen oder aus dem Süden. Der Norden ist eine freundliche Hügellandschaft mit Fichtenwäldern und Steppenwiesen, auch ein paar Seen. Die Bewohner kommen aus einem der Carolinas oder aus Tennessee oder von noch weiter nördlich. Sie sind weiß, protestantisch, fromm, fleißig. Ob man bei Shreveport nach Louisiana hereinkommt oder bei Monroe: dem Gefühl nach könnte man noch immer in Texas oder in Arkansas sein. Die Städte heißen so amerikanisch wie alle, durch die der Autofahrer bis dahin gekommen ist: Oil City oder James Town, Peck oder Harrisonburg.

294

Ausgefallene Architektur gibt den Rahmen ab für die Gemäldesammlung des Montgomery Museum of Fine Arts. Zusammen mit dem Blount Cultural Park begründet das Museum den Ruf Montgomerys als modernes kulturelles Zentrum in Alabama.

Das alles ändert sich nach dem Red River, der Louisiana von Nordwesten nach Südosten teilt, wenn man Alex(andria), das geographische Zentrum des Staates, durchfahren hat. Dann geht es weiter durch Orte wie Plaucheville, Dupont, Goudeau, Napoleonville, Lafayette. Louisianas Süden unterscheidet sich nicht nur vom Norden dieses Staates. Er unterscheidet sich spürbar auch von allem, was man gemeinhin die amerikanischen Südstaaten nennt. Die wurden ja gern auch als Bible Belt bezeichnet, weil sie sich als rein protestantischer «Bibelgürtel» von den Carolinas bis nach Oklahoma ziehen, also Gerogia, Tennessee, Alabama, Mississippi und Arkansas einschließen. Süd-Louisiana ist das einzige Loch in diesem Gürtel. Es ist die katholischste Region der USA. So stark ist dort noch das spanisch-französische Erbe.

Lafayette (siehe Seite 361) ist die Hauptstadt von Bayou-Land, Acadia, Cajun-Land. Alle drei Namen bedeuten ungefähr das gleiche und bilden jedenfalls eine der kuriosesten Landschaften von Nordamerika. «Bayous» sind Gewässer, die zu schmal sind für einen See, aber zu wenig fließen für einen Fluß.

Manchmal haben sie keine Quelle, manchmal keine Mündung, manchmal aber auch keins von beiden. Zuweilen sind es Nebenarme von Flüssen. Oft sind sie morastig. Immerhin haben sie für den Mississippi die Rolle eines geologisch chaotischen Westufers gespielt.

«Acadians» oder «Cajuns» heißen die Bewohner dieser landschaftlich vor allem für Wassermänner wunderschönen, klimatisch durch feuchte Hitze zermürbenden Weltgegend. Den Namen Acadians brachten die nach Nova Scotia in Kanada emigrierten Franzosen mit, als sie in den fünfziger Jahren des 18. Jahrhunderts von den Engländern nach Süden vertrieben wurden. Durch den Mixer der amerikanischen und der kolonialfranzösischen Dialekte gepreßt, wurde daraus Cajuns.

In Natchez sind noch viele der alten Plantagenhäuser aus der Zeit vor dem Bürgerkrieg erhalten. Während der Pilgrimage Tours (einige Wochen im März und Oktober) können sonst nicht zugängliche Häuser besichtigt werden.

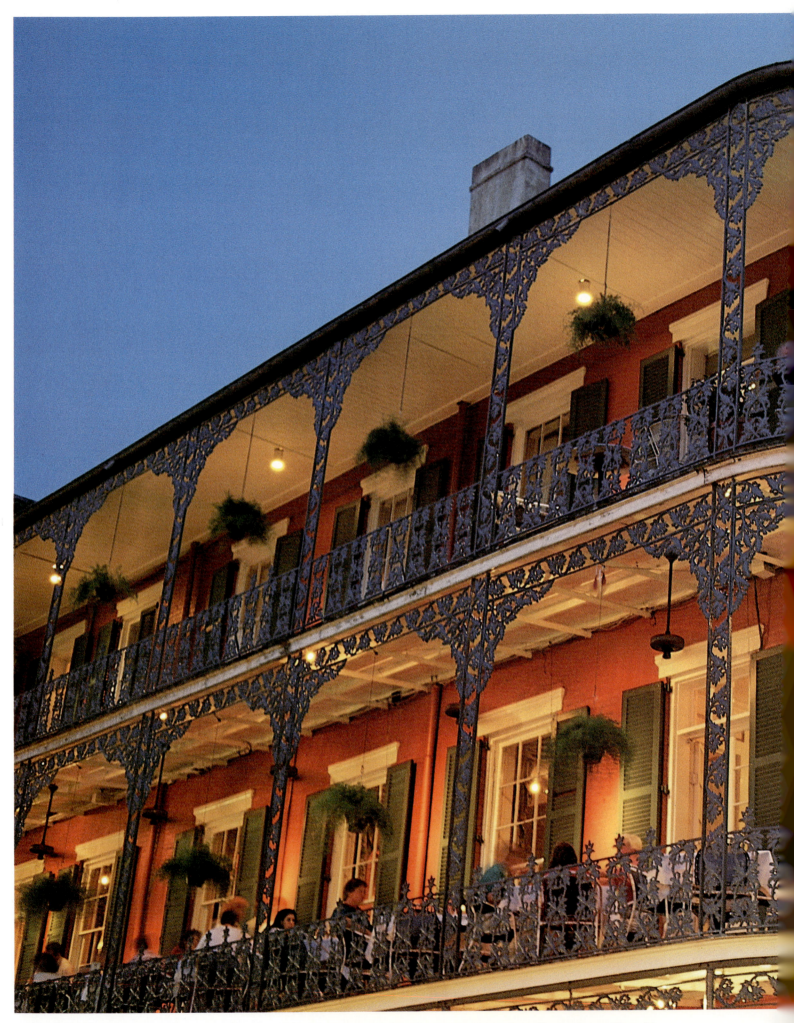
Schmiedeeiserne Balkone geben den Wohnhäusern im French Quarter in New Orleans ihren besonderen Charakter.

Dieses Klassenzimmer steht in Old Alabama Town in Montgomery. In dem Freilichtmuseum können zahlreiche restaurierte Gebäude aus der Zeit zwischen 1818 und 1900 besichtigt werden. Was nicht vergessen werden sollte: Lernen durften hier lange nur die Weißen.

«I'll Never Get Out of This World Alive», dichtete Hank Williams in einem seiner großen Songs. Der Country-Sänger starb am 1. Januar 1953 nach ausgiebigen Alkoholexzessen im Alter von nur 29 Jahren an Herzversagen. In Bronze gegossen spielt er noch heute für seine Fans auf der Lister Hill Plaza in Montgomery.

So kleideten sich einst die Frauen der französischen Siedler in Louisiana. Das Museumsdorf Acadian Village in Lafayette zeigt das Alltagsleben der Cajuns im frühen 19. Jahrhundert.

Wer über die Segnungen des Fortschritts nachdenken will, findet dazu in Lafayette reichlich Anschauungsmaterial. Dort ist am Rande der Stadt in einem großen Waldgrundstück ein altes Acadian Village aufgebaut mit Kaufmannsladen, Schmiede, einer kleinen Kirche und hübschen Häusern verschiedenster Bauart. So mögen die ersten Cajuns in den siebziger Jahren des 18. Jahrhunderts gewohnt haben. So möchte man heute noch lieber leben als in der Stadt, die seit 1930 immer häßlicher geworden ist durch Erdölpumpen, Pipelines, Raffinerien und Transportwege. Damls wurde Louisiana reich als drittgrößter Produzent von Erdölprodukten, nach Texas und Kalifornien. Aber 1980 hörten die Quellen auf zu fließen. Die Städte blieben häßlich, aber waren nun, anders als in Texas und Kalifornien, auch wieder arm.

Als Wahrzeichen vorübergehenden Größenwahns ist das Wolkenkratzer-Kapitol in Baton Rouge, der Hauptstadt des Staates Louisiana, geblieben und die Erinnerung an seinen größenwahnsinnigen Gouverneur Huey P. Long, der sich als überlebensgroße Bronzefigur feiern läßt (siehe Seite 360). Ein zweites, weniger schmeichelhaftes Denkmal hat ihm der Schriftsteller Robert Penn Warren in dem Roman «All the King's Men» von 1946 gesetzt.

Die Straße von Baton Rouge nach New Orleans ist am linken Ufer des Flusses Teil des Interstate Highways 10 und ein technisches Wunderwerk aus Stahl und Beton, durch Pfähle im Morast abgestützt. Am rechten Ufer führen kleinere Straßen zum selben Ziel. Das Ganze wird freundlich River Road genannt und dem Plantation Country zugezählt. Weniger freundliche Kritiker rechnen es seiner petrochemischen Belastung wegen zum «Krebskorridor». Vom Fluß und den Plantations, den Herrenhäusern und den Sklavenhütten der Plantagenbesitzer, die vor allem durch Baumwolle reich wurden, soll an anderer Stelle noch die Rede sein. Wir wollen den kurzen Überblick über das einst so mächtige Louisiana beenden mit ein paar Anmerkungen zu seiner prächtigsten Stadt.

Eine der schönsten Städte Amerikas: New Orleans

In das Mündungsgebiet des Mississippi waren im 16. Jahrhundert schon Spanier vorgedrungen. Aber der erste, der die große Flußschleife nordöstlich der Mündung erreichte, war 1718 der Franzose Jean-Baptiste Le Moyne, Sieur de Bienville. Er gilt denn auch als Gründer von New Orleans. Damit ist der Teil der Stadt gemeint, der heute Vieux Carré (amerikanisch French Quarter) heißt, sauber als Rechteck konstruiert, dessen Straßen parallel zum Fluß laufen oder senkrecht darauf zu. Er wurde von Kolonial-Spaniern und -Franzosen bewohnt, die keinerlei Berührungsängste voreinander kannten, sondern fröhlich miteinander verkehrten. Die französisch-spanische Mischbevölkerung nannte sich Kreolen.

Impressionen aus dem Museum Old Alabama Town in Montgomery

Ein Instrumentenbauer zeigt, wie kunstfertig einst in Alabama Musikinstrumente hergestellt wurden (oben).

Unterrichtsmaterial und ein Teil der Schulbibliothek – Detail aus einem alten Klassenzimmer (unten).

Ein Kreole zu sein, ist noch heute das Feinste, was es in New Orleans gibt. Aber auch anderen gegenüber war man tolerant. Das galt vor allem für die zahlreichen Schwarzen, die aus der Karibik gekommen waren. Als Freie (gens de couleur libre) wurden sie, wurden auch ihre Ehen mit Weißen und deren Nachwuchs (Mulatten) von der Gesellschaft akzeptiert. Davon, daß die Herrschaft in Louisiana 1762 von den Franzosen auf die Spanier überging, merkte man in New Orleans wenig.

Das änderte sich 1803, als die Amerikaner kamen. Auch die waren nicht eigentlich Fremde, und sie waren auf gute Nachbarschaft bedacht. Aber zwischen ihrer eigenen Stadt und der Kreolenstadt des French Quarter ließen sie doch einen breiten Streifen Ödland. Dort verläuft heute die Canal Street und ist noch deutlich als Grenze zu erkennen: auf der einen Seite mediterran anmutende Häuser, von denen keines höher sein darf als die Kathedrale von St. Louis; auf der anderen die Wolkenkratzer des amerikanischen Geschäftsviertels. Dahinter und etwas dichter zum Fluß hin haben sich dann die Amerikaner ihr eigenes prächtiges New Orleans gebaut, den sogenannten Garden District. Während die Häuser im «französischen Dorf» eng beieinander liegen und meistens um einen Schatten spendenden Innenhof gebaut sind, geben im «amerikanischen Dorf» eher die Plantations der Baumwoll-Könige das Vorbild ab: säulengeschmückte Entrees, geräumige Foyers und vor allem große, kunstvoll angelegte Gärten. Ein Baumaterial freilich erfreut sich in ganz New Orleans großer Beliebtheit: Schmiedeeisen, für Zäune, für Treppen, für Balkone oder nur so zum Schmuck.

Noch ein paar Impressionen von und Assoziationen zu New Orleans. Sie konzentrieren sich wohl für die meisten auf das French Quarter – sie seien denn besonders sportbegeistert, dann werden sie die Arena des

Fasziniert beobachtet dieser junge Besucher in Old Alabama Town einen Figurenschnitzer bei der Arbeit.

Als es noch keine Supermärkte und Shopping Malls gab: Konservendosen von anno dazumal stehen in diesem rekonstruierten Kramerladen in Old Alabama Town.

Superdome nicht vergessen. Historisch Interessierte hingegen wollen nicht versäumen, die Chalmette Plantation zu sehen, zehn Kilometer mississippi-abwärts, wo Andrew Jackson 1812 die letzte Schlacht gegen die Engländer schlug und zum Volkshelden wurde, dessen Standbild den schönsten Platz im French Quarter beherrscht.

Literaturbeflissenen fällt wohl «A Streetcar named Desire» ein. Tennessee Williams lebte gern in New Orleans wie übrigens auch William Faulkner (siehe Seite 368); beide kamen aus Mississippi. Und der Streetcar fährt nicht mehr nach Desire (was ein ziemlich grausiger Wohnblock geworden ist), aber er ist immerhin noch hinter dem Louisiana State Museum in der Esplanade Avenue zu besichtigen.

Aber vor allem bedeutet für den Fremden New Orleans natürlich Dixie, Jazz, Mardi Gras. Am Ende des French Quarter liegt der Louis Armstrong Park mit dem Congo Square. Dort, so sagt eine Version von vielen, soll aus afro-karibischen Rhythmen der Jazz entstanden sein. Ein Besuch an der Quelle scheint nicht ungefährlich. Jedenfalls warnt der offizielle Führer: «Meiden Sie Rampart Street zwischen St. Peter Street und Esplanade Avenue nicht nur bei Nacht, sondern auch am Tage.» Genau dahinter liegt freilich der Louis Armstrong Park, von dem es wiederum heißt: «Riskieren Sie es nicht, allein in den Park zu gehen. Auch tagsüber nicht.»

Je nun, um den besten traditionellen Jazz zu hören, braucht man sich nicht ganz so weit vorzuwagen. Da empfiehlt sich die Preservation Hall in St. Peter Street. Aber im French Quarter ist ja überall Musik in Kneipen, Bars und Kaschemmen, und die Bands ziehen über den Jackson Square, über Royal Street und Chartres Street, bis tief in die Nacht hinein (das French Quarter kennt keine Polizeistunde). Am Mardi Gras erreicht das Straßenvergnügen seinen weltberühmten Höhepunkt. Toller als in

einer schönen Sommernacht kann es, wenn Hunderte sich in der engen Bourbon Street drängen, kaum zugehen. Es ist üblich, die lange Nacht oft erst am frühen Morgen enden zu lassen und zwar im «Café du Monde» am French Market, wo auch das Frühstück vorzüglich ist.

Alles sehr konfus. New Orleans ist konfus. Wer irgendwann, am Anfang, zwischendurch immer einmal wieder, am Ende einen ruhigeren und klareren Überblick gewinnen will über diese wunderbar wahnsinnige Stadt, über den Fluß, über den See, über die Brücken, der hocke sich in einen der bequemen Sessel am Fenster der höchsten Bar der Stadt, gleich unterm Dach des Wolkenkratzers World Trade Center. Die Kuppel dreht sich kaum spürbar und gibt innerhalb von einer Stunde Ausblick über das ganze Panorama (siehe auch Seite 361).

MISSISSIPPI: WO DER SÜDEN AM TIEFSTEN IST

Zweifellos liegen Arizona und New Mexico im Süden der Vereinigten Staaten. Warum also zählt man sie nicht zu den «Südstaaten»? Weil sie noch gar keine Staaten waren, als sich ein Teil des amerikanischen Südens vom Norden trennen wollte. «Südstaaten» ist ein politischer Begriff.

Zu den Südstaaten gehören all diejenigen, die ein mit steigender Staatenzahl immer größer werdendes Übergewicht des Nordens in der Unionsregierung fürchteten und deswegen die Rechte des einzelnen Staates gestärkt wissen wollten. Durch die Union des Nordens fühlten sie ihre Kultur und Lebensauffassung bedroht. Ihre ökonomische Grundlage war die Landwirtschaft, und zwar eine Landwirtschaft, die auf Sklavenarbeit basierte.

Ein richtiger «Südstaat» hat für seine eigene ländliche Kultur den Bürgerkrieg (1861–1865) gegen den Norden geführt – und verloren (siehe Seiten 314/315). Er war vorher reich geworden, in seiner Blütezeit vor allem durch den Verkauf von Baumwolle. Die Plantagenbesitzer bauten sich prächtige Landhausvillen in allen möglichen Mischungen eines griechisch-römischen Kolonialstils, oft mit italienischem oder spanischem Einschlag.

Daß der Süden nach dem Krieg arm war – und sich von dieser Armut bis heute nicht ganz erholt hat –, war weniger auf kriegerische Zerstörungen zurückzuführen.

Grund für diese Armut war der völlige Zusammenbruch des Wirtschaftsgefüges. Was macht man mit riesigen Flächen brachliegenden Landes, wenn es niemanden gibt, der sie bearbeitet? Wie befriedigte man die Ansprüche, die Millionen befreiter Sklaven nun mit Recht stellten? Man versuchte es mit Parzellierung und Verpachtung; aber Landwirtschaft wirft, wie uns jeder Bauer bestätigen wird, Profit nur ab, wo sie im großen Stil betrieben werden kann. Man bildete, wie es vor einigen

Modernes Alabama.

Huntsville ist der Geburtsort der amerikanischen Raumfahrtindustrie. Auf dem Freigelände des Space and Rocket Center sind die riesigen Trägerraketen zu bestaunen, un[d] in einer speziellen Apparat[ur] kann man sich in den Zustan[d] der Schwerelosigkeit versetzen lassen.

Das futuristisch anmutende Government Plaza in Mobile.

Auch wenn ein Gewittersturm über die Stadt hinwegfegt, kann man in diesem überdachten Einkaufszentrum in Birmingham, Alabama, unbeschwert bummeln.

Birmingham, die größte Stadt Alabamas, war Stahlstandort. Heute sind Pharmaindustrie und Spezialkrankenhäuser von Bedeutung.

Das Friedman Home in Birmingham ist von einem hübschen Garten umgeben.

Die Bellingrath Gardens südlich von Mobile, Alabama, entführen in das Reich der Farben und Düfte.

Zwischen New Orleans und Natchez stehen noch viele stolze Herrenhäuser aus der Zeit vor dem Bürgerkrieg. Die bedeutendsten kann man das ganze Jahr über besichtigen, Plantagenvillen in Privatbesitz nur während der Pilgrimage-Wochen.

DIE SCHLÖSSER DES SÜDENS

Plantagenvillen am Mississippi

Es war die Zeit vor dem Bürgerkrieg. Am Unterlauf des Mississippi zwischen Memphis und New Orleans reihten sich riesige Baumwoll- und Zuckerrohrplantagen wie Perlen einer Kette aneinander. Die Arbeit afrikanischer Sklaven auf den Feldern schuf die Basis für gewaltige Reichtümer in den Händen ihrer Besitzer. In Natchez lebten mehr Millionäre als in New York. Die Stadt- und Plantagenvillen der reichen Pflanzer waren wie griechische Tempel ge-

Großzügig: Oak Alley (oben) und Ballsaal der Nottoway Plantation (unten).

baut, in einem Architekturstil, den man «Greek Revival» nannte. Die aristokratischen Herrenhäuser schmückten sich mit romantischen Namen: Rosedown, The Myrtles, Destrehan, Nottoway, Ormond, Rosalie oder Longwood.

Es grenzt an ein Wunder, daß über 100 Jahre nach Ende des Bürgerkriegs so viele dieser Paläste besichtigt werden können. Truppen der Nordstaaten legten während des Krieges an so manche Villa die Brandfackel, noch mehr Herrenhäuser brannten nieder, wenn unachtsam mit dem Herdfeuer oder Öllampen hantiert wurde. Wenn ein Haus nicht angemessen gepflegt wurde, verrottete es schnell im feuchtwarmen Klima des Tiefen Südens. Der unberechenbare Mississippi holte sich bei Hochwasser einige der schönsten Plantagenvillen.

«Greek Revival» bedeutete für die Oberschicht der Südstaaten Lebens- und Architekturstil zugleich. Die Hinwendung zur Form des griechischen Tempels als Ausdruck der attischen Demokratie bildete einen bewußten Gegensatz zur noch nicht lange zurückliegenden Kolonialarchitektur und der feudalen Herrschaft des britischen Königs. Auch die Akropolis in Athen war mit Hilfe von Sklavenarbeit errichtet worden, insofern mußte sich der Pflanzer in den Südstaaten nicht in Gewissenskonflikte

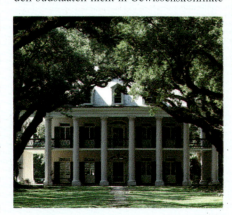

Berühmt: Oak Alley Plantation.

begeben und konnte sich als guter Demokrat empfinden, zumal die Kirche dem Sklavensystem als gottgefällig ihren Segen erteilt hatte. Zugleich waren die Villen als Mittelpunkt großer Plantagen repräsentative Machtzentren, sowohl gegenüber den Untergebenen, als auch in Konkurrenz zu anderen Plantagen. Außerdem gab es ganz praktische Gründe für den auffälligen Baustil. Dicke Wände schützten vor der extremen Hitze. Die ausgedehnten, von Säulen gestützten, oft umlaufenden Veranden und Galerien hielten das Haus beinahe den ganzen Tag im Schatten. Türen und die großen Fenster befanden sich symmetrisch einander gegenüber und begünstigten so eine maximale Luftzirkulation.

An den Ufern des Mississippi zwischen Baton Rouge und Natchez, um die Ortschaft St. Francisville südlich der Grenze zu Mississippi und weiter flußaufwärts in Natchez findet man einige Dutzend der imposantesten Antebellum Mansions. Die wuchtige Stanton Hall in Natchez gehört zu den Klassikern des Greek-Revival-Stils, das Gebäude von Longwood, mit eigenwilligem, achteckigem Grundriß, wurde wegen des Bürgerkriegs nie fertiggestellt und bezogen. In St. Francisville beeindrucken die ausgedehnte Gartenanlage der Rosedown Plantation sowie Oakley House, in dem der bekannte Naturforscher und Zeichner Audubon einige Jahre als Hauslehrer angestellt war. Auf der geräumigen Nottoway Plantation südlich von Baton Rouge und auf einigen anderen Herrenhäusern werden Zimmer an Reisende vermietet. Das harmonische Haus von Oak Alley bei Vacherie mit seiner herrlichen Eichenallee gehört zu den meistfotografierten Anlagen der USA. Weitere ehemalige Herrensitze finden sich im Norden Mississippis, etwa Waverly am Tombigbee River, und in Alabama, so bei

Stimmungsvoll: Elms Court in Natchez.

Mobile, Demopolis, oder Tuscaloosa. Die wunderschönen Häuser faszinieren jedes Jahr Zehntausende amerikanischer Besucher während der Pilgrimage Tours im Frühling und im Herbst, wenn viele sonst privat bewohnte Häuser zusätzlich besichtigt werden können.   *Axel Pinck*

Die amerikanische Flagge weht stolz im Garten. Privathaus in der Nähe von Stewartsville, Alabama.

Das parkähnliche Gelände der University of Alabama in Tuscaloosa.

Jahren auch im Osten Deutschlands versucht wurde, Kollektive und nannte das «crop-sharing». Manches wäre vielleicht gut gegangen, wenn jeder auf Eigennutz verzichtet und sich ganz dem Gemeinwohl verpflichtet gefühlt hätte. Aber da gab es natürlich Leute, die auch aus anderen Staaten angereist kamen und die chaotischen Verhältnisse nutzten, sich persönlich zu bereichern. Man nannte sie «carpetbaggers» und «scalawags».

Sollte nicht endlich von Mississippi die Rede sein? Aber das ist es ja schon lange. Denn Mississippi ist der Südstaat par excellence. Er gehörte zu den ersten, die sich zur «Konföderation» gegen den Norden verbündeten, und sein Senator Jefferson Davis aus Woodville war der erste und einzige Präsident dieser Confederate States.

Mississippi ist auch am längsten ein typischer Südstaat geblieben. Er war Mitte unseres Jahrhunderts der bevölkerungsärmste (2,6 Millionen) mit der ärmsten Bevölkerung, die zu 40 Prozent aus Negern bestand (zum Vergleich: Alabama und Georgia je 26 Prozent). Sie waren noch in unserem Jahrhundert durch nur einen Abgeordneten in der Staatsregierung vertreten. 1890 hatte die weiße Regierung von Mississippi ein Wahlrecht mit komplizierten Intelligenztests, Wohnungsnachweisen und einer Wahlsteuer in Kraft gesetzt, was alles die Zahl der schwarzen Wähler auf ein Minimum schrumpfen ließ.

Im «Freiheitssommer» 1964 strömten die Kämpfer für «civil rights» nach Süden, und nirgendwo fanden sie so viel zu tun wie in Mississippi. Nirgendwo aber haben sich die Verhältnisse seitdem auch so gebessert; sie hatten reichlich Spielraum dazu.

In New York sprach ich mit einer Frau von etwa vierzig Jahren. Sie hatte vor mehr als zwanzig Jahren Mississippi verlassen wie so viele, besonders Schwarze. «Unlängst», sagte Jane O'Connor, «war ich einmal wieder dort. Da hat sich vieles verändert. Die Leute sind selbstbewußter geworden. Es geht ihnen vielleicht auch ein bißchen besser. Vor allem jedoch spüre ich: man hat keine Angst mehr. Ich mache Pläne, wieder zurückzugehen, für immer. Ich habe Sehnsucht.»

Der Staat Mississippi ist im Jahr 1817 als zwanzigster den Vereinigten Staaten beigetreten. Sein poetischer Name ist «Magnolia State», sein Staatsbaum wie seine Staatsblüte die Magnolie, sein Staatsvogel die Spottdrossel und sein Motto «Virtute et armis» (durch Mannestugend und Waffen). Es wäre der Anstrengungen einer Frauenbewegung wert, an denen Amerika ja keinen Mangel leidet, auf Änderung dieses Mottos zu drängen, das wirklich keinem gutgetan hat. Die Staatsflagge von Mississippi ist rot. Das rechte obere Viertel trägt einen blauen und einen weißen Streifen. Im linken oberen Viertel jedoch sehen wir das alte Emblem der Südstaaten, wie es sonst nur noch auf der Flagge Georgias zu finden ist: das sternbesäte blaue Balkenkreuz.

Das Wohnhaus von Walter D. Bellingrath in den Bellingrath Gardens, südlich von Mobile. Er erwarb das Gelände an der Mobile Bay 1917 und legte hier bis 1932 einen eindrucksvollen Park an.

Privathaus an der Strandpromenade von Biloxi, Mississippi. Hier wohnt man mit Blick auf den Golf von Mexiko.

Üppige Wiesen prägen die Landschaft in der Nähe von Okolona, südlich von Tupelo, Mississippi.

Links: Winslow Homer (1836 bis 1910) nahm als Zeichner am amerikanischen Bürgerkrieg teil und wandte sich dann der Malerei zu. Sein Gemälde «Prisoners from the Front» entstand 1866.

DER KRIEG, DER NORDAMERIKA VEREINIGT HAT

Der Reisende trifft im Tiefen Süden auf zahlreiche Gedenkstätten, die an Schlachten des amerikanischen Bürgerkriegs erinnern. Ein Themen-Essay von Rudolf Walter Leonhardt zu Hintergrund und Verlauf des Civil War von 1861 bis 1865.

Die Regierung in Washington hatte nichts dagegen, daß sich ihrer Union auch Südstaaten anschlossen (wie South Carolina im Jahr 1788), für deren Agrarwirtschaft – Zucker, Mais und vor allem Baumwolle – Negersklaven schon seit zweihundert Jahren die Rolle übernommen hatten, die in Europa leibeigenen Bauern und Knechten zufiel. Die amerikanische Verfassung sagte, ehe sie nach dem Bürgerkrieg revidiert wurde, nichts gegen Sklavenhaltung. Sie betonte freilich, daß die Staaten sich den Gesetzen der Union anpassen und einander ähnlicher werden sollten. Diese Meinung wurde entschieden von der neuen republikanischen Partei vertreten. Und als die den Rechtsanwalt aus Illinois, Abraham Lincoln, zum Präsidentschaftskandidaten wählte, drohte South Carolina: den werden wir nicht akzeptieren.

Am 4. März 1861 wurde Lincoln als Präsident vereidigt. Am 12. April fiel der erste Schuß, und zwar auf das Fort Sumter, das für die Unionsmarine den Hafen von Charleston (South Carolina) schützen sollte. Den Feuerbefehl gab der Süd-General mit

Mississippi ist nicht so leicht in verschiedene Landesteile zu gliedern wie Louisiana. Es gibt überall sehr viel Wald und sehr viel Wasser. Aus dem Flugzeug gesehen, erscheint es als eine grüne Ebene, die von lauter braunen Äderchen durchzogen wird. Die Flüsse fließen alle von Norden nach Süden, sei es ziemlich gerade wie der Pearl River, sei es dauernd mäandernd wie der Tombigbee und vor allem natürlich der Mississippi.

Unterwegs auf dem Natchez Trace Parkway

Mississippi ist der einzige Staat, der seinen Touristen eine eigene Ferienstraße bietet, den Natchez Trace Parkway (siehe auch seite 366), der von Nashville nach Natchez, also zunächst 150 Kilometer durch Tennessee (und Alabama) und dann 450 Kilometer durch Mississippi führt. Das ist ein uralter Trampelpfad der Indianer, der die nützlichste Verbindung zwischen dem Norden und dem Mississippi herstellt. Er wurde vor allem von Kriegern, Händlern und Gaunern benutzt. Am bekanntesten wurde er durch die «Kaintucks», die aus Ohio und Kentucky kamen und auf flachen Booten ihre Waren bis Cairo und dann den Mississippi hinunter bis nach Natchez brachten. Dort verkauften sie alles: Tabak, Eisen, Fleisch, auch ihre Boote. Da der Rückweg stromaufwärts allzu beschwerlich gewesen wäre, gingen sie zu Fuß auf dem Trace (wie er allgemein genannt wird) nach Hause.

Rechts: Bildausschnitt aus «A Rainy Day in Camp» (1871). Hier stellt Winslow Homer den tristen Alltag der Truppen während des amerikanischen Bürgerkriegs dar.

Unten: Freiwillige der Südstaaten-Armee warten auf ihren Einsatz. Die Soldaten der Konföderierten waren oft nur mangelhaft bewaffnet und schlecht bekleidet.

dem schönen kreolischen Namen Beauregard. Am 14. ergab sich die Besatzung des Forts. Damit begann ein Krieg, dessen Ausgang für Unvoreingenommene von Anfang an feststand. Es kämpften 23 Nordstaaten mit 22 Millionen Einwohnern gegen 11 Südstaaten mit 9 Millionen Einwohnern (davon ein Drittel Sklaven).

Es ist eigentlich nicht zu fassen, wie so ein Krieg vier Jahre lang dauern konnte. An den geographischen Dimensionen lag es nicht. Viele, die meisten der 34 Staaten wurden vom Krieg territorial nur mal eben so am Rand berührt. Was wir den Krieg zwischen Süden und Norden nennen, hieße – von nur einer Ausnahme abgesehen – richtiger: der Krieg um Virginia.

Wobei die eigentlich kriegsentscheidende Schlacht auch noch außerhalb des Nord-Süd-Kampfgebietes geschlagen wurde, nämlich in Pennsylvania, bei Gettysburg vom 1. bis 3. Juli 1863.

Es war die einzige große Niederlage des genialsten Truppenführers dieser Jahre, des virginischen Generals Robert E. Lee. Er ist in diesem ganzen vierjährigen Gemetzel die eindrucksvollste Figur. Nicht zuletzt durch ihn wurde Virginia zum Zentrum des Geschehens. Als noch unklar war, welchem der beiden Kriegsgegner Virginia sich anschließen würde, machte man Lee, gerade erst zum Oberst befördert, das Angebot, eine Unions-Armee zu führen. Er war weder für die Herren der Sklavenplantagen noch dafür, auf die Südstaaten Druck auszuüben. Seine Antwort lautete daher: Ich kämpfe weder für die Sklaverei noch für ihre gewaltsame Abschaffung. Was ich vermag, gehört Virginia. Er war 1807 in Virginia geboren. Er starb 1870 in Virginia. Er hatte, wie versprochen, nur für Virginia gekämpft. Richmond (Virginia), seit dem 29. Mai 1861 die Hauptstadt der Konföderierten, lag ja, was sich Touristen des amerikanischen Sezessionskrieges nicht immer klar machen, nur 150 Kilometer von Washington, der Hauptstadt des Gegners, entfernt. Beinahe wäre es Lees Truppen sogar

einmal gelungen, in Washington einzudringen. Nach dem Fall Richmonds legte General Lee am 9. April 1865 den Oberbefehl über die Armee von Virginia nieder. Ende Mai war der Krieg zu Ende.

Der zweite wichtige Kriegsschauplatz war der Mississippi gewesen. Dort hatte die Unions-Marine ihren ersten großen Erfolg, als es ihr am 24. April 1862 gelang, die Befestigungswerke des größten Hafens zu durchbrechen und New Orleans unter ihre Kontrolle zu bringen.

Die stärkste Festung am Mississippi hielt aus bis zum 4. Juli 1863, ehe sie sich nach mehreren Monaten der Belagerung dem Unionsbefehlshaber Ulysses Grant ergab. Beinahe am gleichen Tag also fielen die tödlichen Schläge in Gettysburg und in Vicksburg (Mississippi).

Grant galt nun als der führende Feldherr des Nordens. Der große Planer und Stratege freilich, der immer hinter ihm stand, war Präsident Lincoln. Den Krieg hatte er gewonnen. Würde er auch den Frieden gewinnen können? Am 14. April, ganz Washington hatte gerade die endgültige Niederlage General Lees gefeiert, wurde Lincoln im Theater von einem wahnsinnigen Schauspieler ermordet.

Nachdem die Amerikaner das Gebiet den Franzosen abgekauft und die Indianer vertrieben hatten, fingen sie im 19. Jahrhundert an, den Weg auszubauen. Heute ist es eine Straße zum Spazierenfahren für Autos. Personenwagen müssen mit 70 Kilometern in der Stunde, Lastwagen dürfen überhaupt nicht dort fahren. Es gibt keine Verkehrsampeln und keine Reklameschilder, keine Restaurants oder Imbißbuden und auf der ganzen Strecke nur eine Tankstelle. Kurz: eine ganz und gar unamerikanische Straße, die nicht nur «Parkway» heißt, sondern auch durch lauter Parklandschaften hindurchführt. Als erster größerer Stadt nähert man sich Tupelo (siehe Seite 367). Etwa sieben Kilometer vorher ist das Natchez Trace Parkway Visitor Center nicht zu übersehen. Wie immer an Staatsgrenzen, die der im Auto durch Amerika Reisende ja ziemlich oft kreuzt, empfiehlt sich ein Stop. In diesem Visitor Center geben sie einem die freundlichsten und zuverlässigsten Auskünfte. Hier bekommt man dazu eine wohl einen Meter lange Übersichtskarte, auf der Meile für Meile verzeichnet steht, was es am Rande des Trace alles zu sehen und zu erleben gibt.

Auch auf die Großen und Berühmtheiten des Staates wird hingewiesen. Dazu ist in Tupelo zum ersten Mal Gelegenheit. Dort wurde am 8. Januar 1935 Elvis Presley, «the one-and-only king of rock and roll» geboren. Das Geburtshaus ist zu besichtigen. Hier verbrachte er seine

Die Kolossalstatue von Vulkan, dem römischen Gott der Schmiede, ragt auf dem Red Mountain in Birmingham in den Himmel. Sie erinnert daran, daß die Stadt einst ein wichtiges Zentrum der Eisen- und Stahlindustrie war.

Diese kleine hölzerne Episkopalkirche steht in Biloxi. Religion spielt in den Südstaaten eine noch größere Rolle als in der übrigen USA, man spricht deshalb auch vom Bible Belt.

Östlich von Huntsville im Norden Alabamas erstreckt sich dieses Maisfeld vor dem Hintergrund einer sanften Hügellandschaft – die Ausläufer der Appalachian Mountains.

Kindheit, Karriere machte er dann freilich in Tennessee; die Stadt Memphis nimmt ihn völlig für sich in Anspruch.

Wer genügend Zeit hat, nicht nur den Trace zu genießen – wofür drei Tage angemessen wären –, der sollte hier in Tupelo abfahren nach Oxford, achtzig Kilometer Richtung Osten. Die Stadt eifert ihrem großen britischen Namensgeber nicht ganz ohne Erfolg nach, und ihr Lebensrhythmus wird deutlich bestimmt von der wohl besten Universität des Staates (siehe Seite 366).

Einigen von uns ist sie besser als Jefferson im Lande Yoknapatawpha bekannt, denn so kennen wir sie aus den Romanen des Oxforder Nobelpreisträgers William Faulkner. Wer den Süden und vor allem Mississippi wirklich kennenlernen will – wozu auch die schönsten Bilder nicht ausreichen –, der lese Faulkner. Anders als die wenigen anderen Künstler von Weltruhm, die Mississippi hervorgebracht hat, ist Faulkner nicht nur zufällig dort geboren, sondern er hat in seinen Romanen Land und Leuten unvergängliche Gestalt gegeben. (siehe Seite 368).

Nicht mehr oder minder zufällig lebt in Oxford auch der wohl nicht bedeutendste, aber sicher einer der erfolgreichsten amerikanischen Schriftsteller unserer Tage. Ein bekannter deutscher Kritiker, danach befragt, was er von ihm halte, antwortete schroff: «Keine Zeile gelesen.» Der Erfolgsautor mit Millionen Lesern in aller Welt heißt John Grisham.

Weniger um der Kunst willen sollten wir, wieder zurück auf dem Trace, hundert Kilometer später, bei Mathiston, noch einmal abbiegen, wieder etwa achtzig Kilometer, wieder nach Osten fahren, dann kommen wir nach Columbus (siehe Seite 363) am Tombigbee, schon dicht an der Grenze zu Alabama. Columbus wurde durch seine Frauen berühmt. Die Stadt war vom Bürgerkrieg weitgehend verschont geblieben. Verwundete beider Kriegsgegner, der Blauen wie der Grauen, fanden dort Aufnahme. Und als der Krieg zu Ende war, wurden die Toten beider Seiten 1866 auf dem gleichen Friedhof begraben. Die das durchsetzten, waren die ersten, die öffentlich dem im Süden noch nicht weit verbreiteten Gefühl Ausdruck gaben, daß dem Bürgerkrieg allenfalls dann ein Sinn gegeben werden könnte, wenn er die United States nicht gespalten, sondern wieder verbunden hätte: «Blumen heilten eine Nation.»

Columbus hatte auch das erste staatliche College für Frauen. Das da sich abzeichnende Frauenbild findet sich nirgendwo in den Stücken des Tennessee Williams wieder, der ein bedeutender Autor war, aber eher zufällig in Columbus geboren. Er blieb auch nicht lange. Die Leute in Columbus bedeuteten ihm wenig. Er ihnen auch.

Einen dritten Abstecher können wir uns sparen. Er hätte nach Laurel geführt, etwa hundert Kilometer südöstlich von Jackson. Nichts hat mich daran erinnert, daß dort die aufregendste Opernsopranistin geboren

Ländliches Alabama: Bei Foley steht dieser «Airstream»-Wohnwagen im Grünen (oben). An einer Straßenkreuzung bei Childersburg (unten).

Fischkutter bei Mobile, der ältesten Stadt in Alabama, deren Leben vom großen, modernen Hafen geprägt ist

Strandszenen südlich von Mobile, Alabama.

Die der großen Hafenstadt vorgelagerten Inseln Pleasure Island (oben und unten) sowie Dauphin Island bieten Gelegenheit zum Baden und zu einsamen Strandwanderungen.

Die Häuser an der Küste sind häufig auf Stelzen errichtet – um Schutz vor dem Wasser (Mitte).

wurde, die ich je gehört habe. Sie sang 1952 die Hauptrolle in Gershwins «Porgy and Bess». Das musikalische New York hielt den Atem an. 1961 wurde Lenotyne Price, ein Vollblut aus den Südstaaten, aber nicht notwendig aus Laurel, als erste schwarze Diva in das Ensemble der Met aufgenommen.

Zurück zum Trace. Er wird unterbrochen durch die Hauptstadt des Landes, durch Jackson (siehe Seite 364). Wir können durch die Stadt fahren und uns das Kapitol betrachten, das von einem deutschen Architekten dem in Washington nachempfunden wurde. Wir können aber auch, etwa vierzig Kilometer, um Jackson herumfahren. Dann nähern wir uns dem Mississippi und Port Gibson (siehe Seite 366), der ältesten Stadt am Trace, die es noch gibt, während Grand Gulf im Kriege zerstört worden, Rodney im Mississippi untergegangen ist, als der wieder mal seinen Kurs geändert hatte. Am Ende des Trace begegnen wir, wie allenthalben im ehemaligen Indianerland, einem jener Mounds, vor Jahrhunderten aufgeschütteten Hügeln, die sicher religiöse Bedeutung hatten; mehr darüber in Alabama.

Ehe wir uns versehen, sind wir auf dem Highway 61, der uns nach Natchez hineinführt.

Erinnerungen an Krieg und Sklavenzeit

Versuchsweise hat man Mississippi in fünf Regionen eingeteilt: das Hügelland (Hill Country), das Delta, das Herzland (Heartland), die Flußstädte (am Mississippi) und die Küste.

Durch das Hügelland – mit den Städten Corinth, Tupelo, Oxford, Grenada, Columbus – sind wir auf dem Natchez Trace Parkway gefahren. Es war immer karg, nie sehr reich und daher von der verhängnisvollen Aufsplitterung der Plantagen weniger betroffen.

Genau das Gegenteil gilt für das Delta, das schon mancherlei Verwirrung gestiftet hat, auch unter europäischen Reiseschriftstellern. Natürlich hat der Mississippi wie die meisten größten Ströme ein Mündungsdelta. Das liegt in Louisiana und ist völlig unfruchtbar.

Der Mississippi hat aber noch ein zweites Delta. Da mündet nichts. Es liegt in Mississippi und ist eine der fruchtbarsten Regionen Amerikas, vor allem auch dadurch bevorzugt, daß es ganz eben ist. Es hat schon auch mit dem Fluß zu tun. Der hat es sich im Laufe der Jahrhunderte geschaffen durch Anschwemmungen, von denen er sich dann selber wieder zurückgezogen hat. Dieses Delta, mit den Städtchen Tunica, Clarksdale, Greenville und Greenwood war in der großen Baumwollzeit, so etwa in den Jahren zwischen 1810 und 1860, eine der reichsten Regionen des Südens; deswegen hat es auch durch den Krieg und den Zusammenbruch der Plantagen-Wirtschaft am meisten verloren. Lange war es der verarmteste Teil Mississippis.

MISSISSIPPI-ROMANTIK

Die große Zeit der Mississippi-Fahrten ist über hundert Jahre vorbei, den Anliegern mag der träge, breite Strom nicht mehr sehr nützlich sein – doch für den Reisenden ist von der alten Fluß-Romantik auch heute noch etwas zu spüren.

che der Indianer übersetzt, bedeutet Mississippi Großer Fluß. «Vater der Flüsse», wie manchmal gesagt wird, klingt zwar poetischer und läßt sich auch besser singen («Ole Man River»), aber es stimmt nicht.
Am Anfang war New Orleans ein großer Sumpf, und sumpfig ist es lange geblieben. Die Menschen starben massenweise an Gelbfieber. Derlei braucht der Besucher heute nicht mehr zu fürchten. Aber noch immer genügt ein starker Hurrikan, um ganze Stadtteile unter Wasser zu setzen. Andererseits verdankt es New Orleans dem Mississippi, daß es im 19. Jahrhundert die reichste Stadt Amerikas geworden ist. Als es gelang, den Mississippi schiffbar zu machen, gewann New Orleans den Anschluß an die Welt, die nordamerikanische wie die übersee. Mit Recht trug das erste Schiff, dem es 1811 gelang, von Pittsburgh den Ohio hinunter, in den Mississippi und nach acht Monaten Fahrt ans Ziel zu kommen, den Namen «New Orleans». Das Verdienst gebührt dem Reeder Robert Fulton und seinem Kapitän Nicholas Roosevelt.

Der «Entdecker» des Mississippi und der Einwohner von New Orleans haben dem Großen Fluß gegenüber eine zunächst überraschende Haltung gemeinsam: er interessiert sie nicht. Bei dem spanischen Abenteurer Hernando de Soto kann man das verstehen. Als er 1540 in der Nähe des heute nach ihm benannten Sees, zwischen Greenville und Memphis also, auf den wohl tausend Meter breiten Strom stieß, war der ihm nur ein Hindernis auf seiner Suche nach Gold. Aber auch für die Bürger von New Orleans war der große Fluß alles andere als eine reine Freude. Aus der Spra-

Es war nicht gerade eine glückliche Reise. Der Mississippi war ein tückischer Fluß durch Stromschnellen, Sandbänke, Baumstämme, die quer im Wasser lagen. Der wichtigste Mann an Bord, viel wichtiger als der Kapitän, war der Lotse, der jede Meile des Flusses kannte – was alles sehr schön in Mark Twains «Life on the Mississippi» (1883) nachgelesen werden kann.
Ein entscheidender Fortschritt gelang 1816 dem louisianischen Schiffbauer Henry Miller Shreve, der dann der «Vater der Mississippi-Schiffahrt» genannt wurde. Ihm war klar geworden, daß Mississippi-Dampfer einen besonders starken Motor brauchten und eine flache Plattform; denn stellenweise beträgt die Wassertiefe kaum mehr als einen Meter. Die Schaufelräder setzte er statt ans Heck an die beiden Seiten. Ein zweites Deck wurde aufgesetzt, um Raum zu gewinnen für Ladung und Passagiere. Jetzt konnte es richtig losgehen. 1814 hatten kaum zwanzig Dampfer New Orleans angelaufen; zwanzig Jahre später waren es 1200. Die Einwohnerzahl der Stadt verdoppelte sich. Der Hafen konnte es mit dem von New York aufnehmen.

Links oben: Ein Schaufelraddampfer auf dem Mississippi (Stich von 1848).

Links unten: Schaufelraddampfer fahren auf dem Mississippi – vorbei an weißen Herrenhäusern und den Holzhütten der schwarzen Sklaven.

Mitte: Schaufelraddampfer im Hafen von New Orleans (Druck nach einem Gemälde von H. V. V. Sebron, 1853).

Rechts: Schwerbeladen fährt dieser Baumwolldampfer auf dem Mississippi. Bis zum Ausbau des Eisenbahnnetzes in Richtung Süden war der Fluß der wichtigste, da praktisch einzige Transportweg für Baumwolle, Zuckerrohr und Reis aus Mississippi und Louisiana ans Meer oder in den Norden.

Wer es sich leisten konnte, wollte auf dem Mississippi fahren. Den Passagieren mußte etwas geboten werden. Die Lounge war schöner und vor allem romantischer als jedes moderne Hotel-Foyer. Die Bar war vortrefflich bestückt und immer proppenvoll. Die Köche waren aus den besten Restaurants weggekauft. Die reichen Passagiere hatten natürlich Kabinen. Die beliebteste Fahrt, New Orleans – Natchez, dauerte am Anfang noch fünf Tage; 1835 waren es nur noch zwei, und 1853 schaffte man es in achtzehn Stunden. Aber man konnte ja weiter fahren. Vicksburg, Memphis, St. Louis und Louisville waren beliebte Ziele für die Prachtschiffe, die inzwischen so dekoriert waren, daß man sie schwimmende Geburtstagstorten nannte.

Bei all dem darf die Nutzlast nicht vergessen werden. Alles wurde befördert: Reis, Zuckerrohr, Holz und – im Goldenen Zeitalter des Südens das Gold – Baumwolle.

Inzwischen wurde auch fleißig am Fluß gearbeitet. Der fließt von der Ohio-Mündung flußabwärts nur noch in Kurven und Windungen, und immer wieder suchte er sich ein neues Bett. So etwas zu einem Grenzfluß zu machen (zwischen Mississippi und Arkansas), war nicht sehr klug, und es hat auch genug Streit darum gegeben.

Biegungen mußten begradigt werden, Sandbänke abgetragen, Fahrrinnen ausgebaggert, Deiche gezogen und Signale gesetzt. Die Lotsen sahen das nicht gern. Alte Fahrensleute wie Mark Twain beklagten sich: nun kann man auf dem Mississippi fahren wie auf einem Kanal.

Das war alles zu Ende, als 1861 statt der Raddampfer Kanonenboote den Fluß beherrschten. Noch nachteiliger auf die Schiffahrt wirkte sich die Eisenbahn aus. Heute gibt es nur noch wenig Schiffsverkehr. Billige Lasten werden noch auf Schleppkähnen transportiert. In jedem Mississippi-Hafen gibt es Rundfahrten in die Umgebung. Drei den alten Raddampfern nachgebildete Schiffe – die «Delta Queen», die «Mississippi Queen» und die «American Queen» – fahren auch größere Strecken für Touristen, mit Vorliebe von New Orleans nach Natchez. Die Bars sind noch wie einst, die Küchen nicht.

Für die Anlieger mag der Fluß manchmal eher lästig sein. Für die Fremden ist er nach wie vor eindrucksvoll und zuweilen – vielleicht weniger zwischen New Orleans und Baton Rouge, eher zwischen Natchez und Vicksburg – sogar romantisch.

Zu sehen bekommt er ihn freilich vom Ufer aus hinter den hohen Deichen selten. Uns mißfiel das. Also nutzten wir einen kleinen Weg, um von der Straße auf den Deich hinaufzufahren. Da sah er doch recht stattlich aus, der träge, breite, braune Fluß. Der Weg oben auf dem Deich war freilich eng und fiel an beiden Seiten steil ab, an Wenden nicht zu denken. Als wir auch nach einer Stunde an keinen Weg gekommen waren, der uns wieder hinunter auf die Straße geführt hätte, wurde es uns doch ein bißchen mulmig da oben. Die Leute von unten betrachteten uns glücklicherweise eher amüsiert als empört. Irgendwo ging es dann endlich doch wieder runter. Vor Nachahmung wird gewarnt. Aber schön war es doch.

Rudolf Walter Leonhardt

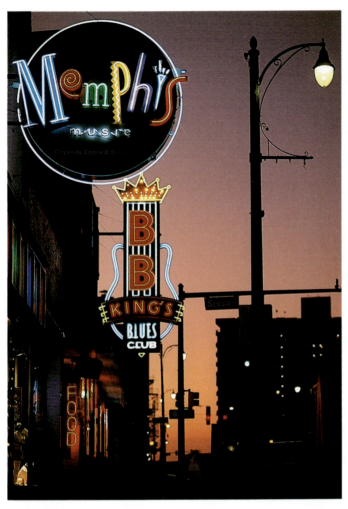

Nicht viel besser geht es dem sogenannten Herzland, mit anderen Worten: der Industrielandschaft, die sich um die Hauptstadt Jackson gebildet hat. Zu ihr gehören die Städte Meridian, Laurel und Hattiesburg.

Besser dran sind die Städte am Fluß. Sie profitieren noch von ein bißchen Schiffsverkehr auf dem Mississippi. Und sowohl Vicksburg wie Natchez haben vom Krieg profitiert. Vicksburg, weil dort eine der letzten entscheidenden Schlachten geschlagen wurde und es daher besonders viel vorzuweisen hat, was an den Krieg erinnert. Und für unsereinen ist es erstaunlich zu sehen, in welchen Scharen Amerikaner strömen, um sich an den Krieg erinnern zu lassen. Was dem Besucher angeboten wird, sind Schlachtfelder, Friedhöfe, Denkmäler und Museen (wo es meistens wieder um den Krieg geht).

Aber auch Natchez (siehe Seite 365), das sich anders als Vicksburg so bald wie möglich aus dem Krieg herausgehalten hat, verdankt dem Krieg und der Sklavenzeit viel touristische Aufmerksamkeit. Im goldenen Zeitalter der Baumwolle hatte es vor allem als Hafen und Umschlagplatz für den Schiffsverkehr gut verdient. Die reichen Leute bauten sich Herrenhäuser im Plantagenstil, zu denen meistens keine Plantagen, also auch keine Sklaven gehörten. Wichtig war, daß diese in Natchez noch so zahlreich wie sonst nirgendwo erhaltenen Häuser «ante bellum», vor dem Krieg gebaut waren. Besichtigungstouren dieser Häuser ab 1932 dürfen als Anfänge des Tourismus gesehen werden. Die Ehrfurcht oder Begeisterung, mit der im Süden «ante bellum» gesagt wird, vor allem im Zusammenhang mit Gebäuden und ihren Einrichtungen, aber keineswegs nur so, läßt einen doch nachdenklich werden, der sich erinnert, daß dies die Zeit der Negersklaverei war. Und dann diese Nostalgie!

Schließlich die Küste mit den Städten Gulfport, Biloxi und Pascagoula, die fast ohne Unterbrechung ineinander übergehen. Zunächst sorgte das Pentagon dafür, daß es dort Arbeit und Lohn gab auf den Werften, die vor allem Kriegsschiffe oder im Kriege brauchbare Schiffe produzierten. Vor ein paar Jahren jedoch hat die Regierung von Mississippi das Glücksspiel freigegeben. Am Strand entsteht ein Spielcasino neben dem anderen. Die Kugel und die Würfel rollen, die Karten wimmern nach Black Jack, die einarmigen Banditen rasseln wie in Las Vegas oder, um am Strand zu bleiben, wie in Nassau. Der Dollar rollt in die Staatskassen. Lange werden die neidischen Nachbarn Louisiana und Alabama nicht widerstehen können.

ALABAMA: DER SIEG DER SONNE

Seitdem die Amerikaner 1803 das Gebiet den Franzosen abgekauft hatten, gehörte Alabama zum Territorium Mississippi, von dem es jedoch losgelöst wurde, ehe es 1819 ein eigener Staat werden konnte. Der Staat Alabama

Wer sich im Norden Mississippis aufhält, sollte einen Abstecher nach Memphis in Tennessee machen. Einst Baumwollhauptstadt am Mississippi, ist Memphis heute vor allem als Geburtsort von Blues, Soul und Rock 'n' Roll Ziel musikbegeisterter Touristen.

Wenn es Nacht wird in Memphis, locken zahlreiche Musikclubs wie hier in der belebten Beale Street (oben)

Schwimmen in Luxus: Eine Attraktion besonderer Art der Ententeich aus Marmor in der Lobby des Peabody Hotels (unten)

Zahlreiche beeindruckende Brückenkonstruktionen überspannen den Mississippi River, wie hier in Memphis (oben) und Natchez (unten).

In den Südstaaten wird Tradition großgeschrieben.

Während des Spring Festival in Port Gibson, einer Stadt am Natchez Trace Parkway (siehe Seite 366), kleidet man sich mit historischen Gewändern.

Zur Zeit der Pilgrimage Tours öffnen die Besitzer der Antebellum-Villa Twin Oaks in Natchez ihr Haus für neugierige Besucher. Stolz präsentiert dann die Hausherrin (im Türrahmen) mit ihrer Verwandschaft in traditioneller Kleidung die prachtvollen Räume.

Tage voller Nostalgie: Während der Pilgrimage-Wochen werden ausgelassene Feste gefeiert, etwa während des Spring Festival in Port Gibson (oben) – oder Touristen durch prunkvolle Villen geführt, wie hier in Elms Court in Natchez (unten).

liegt außerhalb des Mississippi-Beckens und hat seinen eigenen Hauptfluß, den Alabama, entstanden aus dem Coosa und dem Tallapoosa. Nachdem er den Tombigbee als Nebenfluß aufgenommen hat, gabelt er sich in den Mobile und den Tensaw, die in den Golf von Mexiko münden. Diesem Flußsystem verdankt das Land Wasserwege, die dem noch ungezähmten Mississippi überlegen waren. Sie machten Mobile zur wichtigsten Hafenstadt.

Symbol-Vogel Alabamas ist die Goldammer (Yellowhammer), weswegen es sich auch Goldammerstaat oder (früher besonders gern) «Heart of Dixie» nannte. Staatsbaum ist die Kiefer des Südens, Staatsblume die Kamelie. Die Flagge ist quadratisch (so wie es die der Konföderierten Staaten war) und trägt das rote Andreaskreuz auf weißem Feld. Der Leitspruch Alabamas heißt: «Wir wagen es, unsere Rechte zu verteidigen.»

Wenn man nicht sehr genau hinschaut, erscheinen die Staaten Alabama und Mississippi einander recht ähnlich. Sie werden auch oft genug verwechselt. Beide senken sich von einem Bergland im Norden in eine fruchtbare Ebene (wegen der Erdfarbe «black belt» genannt) und über einen Küstenstreifen zum Golf von Mexiko hin. Wald und Wasser bestimmen das Landschaftsbild. Beide Staaten waren bevorzugte Siedlungsgebiete der gleichen Indianerstämme: Chickasaws, Cherokees, Muskogees (Creeks) und Choctaws. Beide sind nach dem indianischen Namen ihres Hauptflusses benannt, und man ist sich nicht so ganz klar darüber, was er bedeutete. Beim Alabama schwanken die Sprachhistoriker zwischen «Waldroder» und «Hier ruhen wir».

Wahrscheinlich war am Black Warrior River im heutigen Alabama ein Kulturzentrum der Indianer. Wir schließen das aus den vielen Mounds, die überall auf diesem Gebiet zu finden sind. So weit die Forschung reicht, stammen die ältesten aus dem 8. Jahrhundert und sind künstlich errichtete, plattformartige Erhebungen, auf denen die wichtigsten Gebäude des Stammes standen. Bis zu fünfzig von ihnen waren gruppiert um einen großen Platz, der kultische Bedeutung hatte. Liebevoll rekonstruiert finden wir das alles in Moundville, südlich von Tuscaloosa (siehe Seite 354).

Tuscaloosa ist übrigens benannt nach dem Häuptling des Indianerstammes, der das erste Massaker durch Europäer, nämlich Spanier unter dem bekannten Abenteurer Hernando de Soto, zu erleiden hatte. Tausende von Indianern sollen damals, 1540, umgebracht worden sein. Alabama war wichtigster Schauplatz des gewissermaßen ersten amerikanischen Bürgerkrieges so wie später des zweiten und des dritten. Der erste dauerte bis zur Schlacht von Talladega und Horseshoe Bend, wo 1814 der amerikanische Truppenführer Andrew Jackson auch die letzten Creeks und Cherokees aus Alabama vertrieb. Schon hundert Jahre vorher hatten die Franzosen Skla-

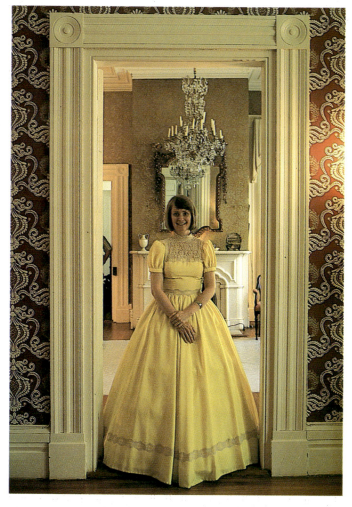

Der Stolz ist ungebrochen. Südstaatlerinnen vor der Villa D'Evereux in Natchez.

ven ins Land geholt, um die fruchtbare Mitte zwischen Nord und Süd zu kultivieren. Das lief am Ende, wie in Mississippi, hinaus auf riesige Monokulturen, vor allem von Baumwolle. Die an der Baumwolle verdienten, oft sehr viel verdienten, bauten sich jene noch heute bewunderten Antebellum-Villen.

Das Ende des reichen Antebellum war der zweite (und einzige wirklich so genannte) amerikanische Bürgerkrieg (siehe Seiten 314/315). Und wieder spielte Alabama eine entscheidende Rolle. Montgomery, seit 1846 Hauptstadt Alabamas, wurde am 8. Februar 1861 die erste Hauptstadt der Konföderation gegen die Union. Der erste Schuß im Krieg wurde zwar in South Carolina gefeuert – aber der Befehl dazu kam aus Alabama, von Leroy Pope Walker, dem Kriegsminister der Konföderierten. Im Februar 1861 leistete Jefferson Davis seinen Eid als gewählter Präsident der Südstaaten auf den Stufen des Kapitols von Montgomery.

Von der Zeit des Wiederaufbaus (der «reconstruction») an gewann Alabama gegenüber Mississippi einen Vorsprung, den es bis heute gehalten hat. Man war dort schneller bei der Umstellung der Landwirtschaft auf verschiedenartige Produkte. Neben, und bald vor, die Baumwolle traten Reis, Tabak, Zucker, Sojabohnen, Obst. Das hatte man von den Farmern im gebirgigen Norden lernen können, die nie den Raum gehabt hatten für riesige Monokulturen. Wichtiger als der Export von Baumwolle wurde – das übrigens auch in Mississippi – der Export von Holz, Industrieholz wie Bauholz.

Auch hatte Alabama, anders als Mississippi, einen funktionstüchtigen Hafen für Überseeschiffe. Zwar ist die Mobile Bay nur vier Meter tief, aber eine Fahrrinne von zwölf Metern wird ständig ausgebaggert. Mobile (siehe Seite 353) wurde gegründet vom gleichen Jean-Baptiste Le Moyne, Sieur de Bienville, der 1718 auch New Orleans gegründet hat – aber sieben Jahre früher! Es kann sich an Weltoffenheit mit New Orleans messen. Es ist auch genau so katholisch, und sein Mardi Gras steht dem so viel berühmteren in New Orleans kaum nach. Schon als die Südstaaten in Washington noch verpönt waren, hatte Mobile im Pentagon gute Freunde.

Das Wichtigste jedoch für Alabama nach dem Bürgerkrieg war, daß es im Norden reichlich Eisenerz und Kohle gab. Dadurch wurde Bimingham wie Mobile eine reiche Stadt im armen Alabama, stolz überragt von der 17 Meter hohen Statue des Schmiedegottes Vulkan auf einem 38 Meter hohen Sockel – «das Pittsburgh des Südens» (siehe Seite 352). Sein Reichtum kam freilich nur zum Teil anderen im Staat Alabama zugute. Denn die gewaltigen Investitionen, die notwendig waren, um Erz und Kohle zu fördern und dann zusammenzubringen, konnten nur mit Hilfe von Kapital bewältigt werden, das nicht aus Alabama kam.

In den Faschingstagen steht New Orleans Kopf. Am Mardi Gras wie hier der Karneval genannt wird, finden rund 50 Umzüge und etwa 90 Bälle statt. In verwegener Kostümen wird in den Straßen marschiert und getanzt (oben), und auch zurückhaltender verkleidet Zeitgenossen genießen die ausgelassene Stimmung (unten).

Einen «Happy Mardi Gras» wünscht diese Schönheit in der Bourbon Street den Teilnehmern des unter ihrem Balkon vorbeiparadierenden Faschingszugs.

Bourbon Street ist wohl die bekannteste Straße in New Orleans. Hier drängen sich Bars, Musikclubs und – Touristen.

«Erdbeeren, frische Erdbeeren, aromatisch und süß!» Straßenverkauf in Louisiana in der Nähe von Burnside.

In den Hallen des French Market in New Orleans gibt es alles, was das Herz (und der Magen) begehrt – frisch oder in Dosen und Gläsern.

Die Küche in Louisiana ist eine der besten in den USA. Gekocht wird vornehmlich auf zwei Arten, «creole cooking» oder «cajun cooking». Beide Küchen sind sehr schmackhaft, die kreolische ist etwas raffinierter, die Cajun-Küche kräftiger und immer stark gewürzt (siehe auch Seite 359).

Ein Blick in die Küche von «Mulate's Restaurant» in Lafayette. (oben).

Im Restaurat «The Cabin» in New Orleans kommen Spezialitäten wie Catfish, Red Beans and Rice und Cornbread auf den Tisch (unten).

Das war und blieb die Schwäche Alabamas: Ob es um Stahl ging oder um Elektrizität aus Wasserkraft, ob um Holz oder auch nur um landwirtschaftliche Produkte, das Kapital kam zum großen Teil von auswärts, und dorthin floß deswegen auch ein großer Teil der Erträge. Unternehmen, die nach Alabama zogen, erwarteten dort niedrige Löhne und niedrige Steuern. Die Einheimischen fühlten sich ausgebeutet. Viele, vor allem auch Schwarze, zogen in Nachbarstaaten oder ganz nach Norden.

Die beiden Weltkriege in Europa belebten in Amerika noch einmal die Produktion. Davon profitierte auch Alabama. Es ging eigentlich allen ganz gut. Dann jedoch kamen die große Krise und der dritte Bürgerkrieg.

Die alten Industrien hatten ausgewirtschaftet. Am deutlichsten wurde das bei den Stahlwerken. Die Förderbänder standen still: im Ruhrgebiet wie in Birmingham (England) wie in Birmingham (Alabama). Die Armut kehrte zurück, am drückendsten natürlich dort, wo sie nie ganz beseitigt war, so wie in Alabama. Die armen Weißen, die es ja auch gab, fühlten ihr Einkommen geschmälert, ihre Arbeitsplätze bedroht durch die noch ärmeren Schwarzen.

Der Neue Süden

Ganz aufgehört hatten die Spannungen zwischen Schwarzen und Weißen nie; im Süden lagen ihre Rollen als Sklaven und Sklavenhalter ja erst hundert Jahre zurück. Solange es allen gut ging, ging alles gut. Vor allem in der Welt des Sports und im Reich der Musik fanden Schwarze höchste Anerkennung, begeisterte Fans.

In Alabama wurden geboren: William C. Handy, der «Vater des Blues», 1873 in Florence; Nat King Cole, Jazz-Pianist und Sänger, 1917 in Montgomery; Joe Louis, Gegner Max Schmelings, 1937 bis 1949 Weltmeister im Schwergewichtsboxen, 1914 in Lexington; Jesse Owens, vierfacher Olympiasieger in Berlin 1936 (Sprint und Weitsprung), 1913 in Danville.

Noch einer berühmten Frau aus Alabama muß gedacht werden, obwohl sie weder mit Musik noch mit Sport etwas zu tun hatte. In Tuscumbia kann man das Geburtshaus von Helen Keller (1880–1968) besichtigen, die, selber blind und taubstumm, anderen helfen konnte, damit zu leben. Über sie erzählt William Gibson eine dramatische Geschichte «The Miracle Worker».

Der dritte Bürgerkrieg war eine Folge des zweiten, des Civil War von 1861 bis 1865. Und es fing alles so harmlos an. Wieder in Alabama. Am 1. Dezember 1955 kam die zweiundvierzigjährige Näherin Rosa Parks müde von der Arbeit und setzte sich in den vorderen, den «weißen» Teil des Omnibusses. Sie gab, auch dazu aufgefordert, ihren Platz für einen Weißen nicht frei. Daraufhin wurde sie wegen «zivilen Ungehorsams» von der Polizei festgenommen.

NICHT NUR JAZZ
Musik im Tiefen Süden

In New Orleans wurde der Jazz geboren, in Memphis der Blues, Elvis Presley stammt aus Alabama, und die Cajuns tanzen während ihrer ausgelassenen Fais-do-dos bis tief in den Morgen hinein …

Crawfish Season im Cajun Country. Im Mulate's, einer stimmungsvollen Cajun-Kneipe bei Lafayette, sitzen sie an großen Tischen und knacken die roten Krebse. Ward Lormand greift in die Tasten seines Akkordeons, die Band fällt mit Fiddle, Gitarre, Baß und Schlagzeug ein, und aus den Boxen dröhnt rhythmische Cajun-Musik. Die ersten Paare wirbeln über die Tanzfläche. Im Mulate's ist «party time», jeden Abend, das ganze Jahr. Die Krebse mente aus Frankreich, die elementare Leidenschaft der spanischen Musik und der stampfende Rhythmus der Afrikaner zu einer eigenständigen Tanzmusik, die besonders vom harmonischen Sound des Akkordeons und der Fiddle geprägt ist.

In New Orleans spielen sie noch immer den Jazz. Die Stadt am Mississippi lebt, atmet und zelebriert diese Musik, nicht nur beim alljährlichen Jazz Festival. Die Geschichte dieser Musik begann bereits im 16. Jahrhundert, als die ersten Sklavenschiffe an der Küste anlegten, und die Schwarzen auch ihre Kultur und ihre Musik aus Afrika mitbrachten. Auf den Feldern erleichterten rhythmische Working Songs die Arbeit. Nach dem Bürgerkrieg, als viele Schwarze in den Städten arbeiten durften, vermischte sich ihr Rhythmus mit den Liedern der spanischen, französischen und englischen Einwanderer. Der Dixieland ent-

werden mit kühlem Bier heruntergespült, und dann gibt es kein Halten mehr. Bei melodiöser Cajun-Musik und stampfender Zydeco-Musik, der kreolischen, schwarzen Variante, hält es keinen mehr auf den Stühlen. Der Fais-do-do beginnt, die Lichter flackern, und Einheimische und Touristen tanzen bis in den frühen Morgen.

Die Cajuns kommen aus Kanada. Französische Siedler aus der Bretagne hatten sich dort an der Ostküste niedergelassen und ihre neue Heimat Acadien genannt. Nach dem Siebenjährigen Krieg wurden die meisten Acadiens von den Engländern vertrieben. Sie landeten an der Küste von Louisiana und ließen sich westlich von New Orleans nieder. Das französische Acadien wurde zu «Cajun» verballhornt und bezeichnet heute die Nachkommen der französischen Siedler, ihre Kultur, ihr Essen und ihre Musik. In der Cajun- und Zydeco-Musik verbanden sich die melodiösen Ele-

Ganz links: Louis Armstrong (1900–1971) stammt aus New Orleans. Er ist der wohl bekannteste Jazzmusiker.

Links oben: Ein typisches Instrument des Blues – die Mundharmonika. Im Bild Sonny Boy Williamson.

Links unten: Mehrere bekannte Blues-Musiker stammen aus Clarksdale, darunter John Lee Hooker (1917 bis 2001).

York ab, wo der Jazz vor allem in den zwanziger und dreißiger Jahren florierte. Unter den Musikern, die aus New Orleans vertrieben wurden, war auch Louis Armstrong (1900–1971). «Satchmo», wie ihn seine Fans nannten, kommerzialisierte den Jazz und machte ihn auf der ganzen Welt bekannt. Duke Ellington (1899–1974) und Count Basie (1904–1984) wurden nach der Ära des Swing berühmt.

In New Orleans haben sie Louis Armstrong ein Denkmal gesetzt und einen Park nach ihm benannt. In Storyville wird längst wieder musiziert, und auch die Touristenkneipen im French Quarter leben von der großen musikalischen Tradition der Stadt. Der Rhythm & Blues und die Rockmusik haben den Jazz zwar inzwischen aus den Charts verdrängt, aber der ursprüngliche Jazz wird noch immer gespielt, und der Geist vom alten «Satchmo» ist nach wie vor lebendig.

Oben: In New Orleans ist Jazz noch sehr lebendig. Hier im «Maison Bourbon».

Ganz rechts: Der Country-Musiker Hank Williams starb nach großen Erfolgen 1953 im Alter von nur 29 Jahren.

Rechts unten: Im Rock 'n' Roll verbinden sich Country-Musik und Rhythm & Blues zu einer neuen kraftvollen Musikrichtung. Einer ihrer bedeutendsten Vertreter ist Little Richard (geb. 1935).

stand, eine rhythmische Mixtur aus verschiedenen Musikstilen. Aus der Marschmusik der deutschen und italienischen Blaskapellen entstand in den schwarzen Vierteln der Jazz, die ersten schwarzen Brass Bands musizierten in dunklen Kneipen, und in Kansas City setzte sich Scott Joplin (1868–1917) ans Klavier und erfand den Ragtime. Aus den Spirituals und Hymnen der Schwarzen entwickelte sich die Gospel Music. Buddy Bolden (1868–1931) ging als erster schwarzer Jazzmusiker in die Geschichte ein, weigerte sich aber, die erste Jazz-Platte aufzunehmen, aus Angst, es würde dann jeder seine Songs spielen.

Der kommerzielle Jazz entwickelte sich in Storyville, dem einstigen Rotlichtbezirk von New Orleans. In den zweifelhaften Etablissements spielten schwarze Jazzmusiker für spendable Kunden. 1917 ließ die Regierung den Bezirk schließen, und die schwarzen Musiker wanderten nach Chicago und New

Weiter nördlich, am Ufer des Mississippi und in Memphis, spielen sie den Blues. William Christopher Handy (1873–1958) schrieb im Jahr 1909 den «Mr. Crump's Blues», den ersten Blues der Musikgeschichte und wurde mit einem Denkmal in der Beale Street geehrt. Die melancholische, gefühlsbetonte Musik wurde zur Domäne vieler schwarzer Musiker, die in Memphis und im Mississippi-Delta musizierten. Der Rhythm & Blues wurde zur Hit Music der Afro-Amerikaner und verband sich später mit den weißen Klängen von Elvis & Co. zum Rock'n'Roll. Aus dem Rockabilly, einer rhythmischen Variante des Rock'n'Roll, entwickelte sich schließlich die Country Music, die auch Elemente des Blues und der Folklore der europäischen Einwanderer enthält und sich vor allem in den späten achtziger Jahren zur erfolgreichsten populären Musik des amerikanischen Südens entwickelte. *Thomas Jeier*

Das stilvolle Restaurant «Court of Two Sisters» im French Quarter in New Orleans.

Eine Vereinigung von Schwarzen unter dem sechsundzwanzigjährigen Baptisten-Prediger und Doktor der Theologie Martin Luther King beschloß, den gesamten Omnibusverkehr in Montgomery zu boykottieren. Der Boykott wurde fast ein Jahr lang durchgehalten und war das Signal zum gewaltlosen Widerstand gegen jede Art von diskriminierender Rassentrennung, der sich über den ganzen Staat ausweitete und schließlich auf die Nachbarstaaten übergriff. Er artikulierte sich vor allem in Demonstrationszügen und Blockaden (Sit-ins). Aber der Widerstand der Schwarzen provozierte den Widerstand der Weißen. Das konnte auf die Dauer nicht gewaltfrei bleiben. Und die Regierung in Washington konnte sich nicht heraushalten. Mit dem Voting Rights Act vom August 1965 hoffte Präsident Johnson, die Gemüter beruhigt zu haben. Fünf Tage später kam es wohl nicht zur ersten, so doch zur blutigsten Schlacht dieses langen Bürgerkrieges: Ein Aufstand der Schwarzen in Watts, einem Stadtteil von Los Angeles, endete mit Millionenschäden und 34 Toten.

Es folgte noch die Ermordung Martin Luther Kings am 4. April das Jahres 1968 in Memphis und der demonstrative Verzicht auf Gewaltlosigkeit: Black Power. Aber damit hatte Alabama nicht mehr zu tun als andere Staaten. Ehe der dritte Bürgerkrieg zu Ende ging, so unerklärt, wie er angefangen hatte, war er eine Sache der ganzen Nation geworden.

Bis zum Ende jedoch hatte der berüchtigte, eigensinnige und reaktionäre George Corley Wallace Alabama geschadet. Schon als er 1963 zum Gouverneur gewählt worden war, hatte er erklärt: «Rassentrennung heute, Rassentrennung morgen, Rassentrennung ewig!» Ein ökonomisches Problem war Alabama schon immer. Jetzt war es zum moralischen Problem geworden. Es war eines zum anderen gekommen, als der Ruf Alabamas in den sechziger Jahren seinen Tiefpunkt erreicht hatte: schlechte Schulen, unzureichende Krankenversorgung, kulturelle Unterernährung, südafrikanische Verhältnisse.

Dabei hatten Professoren und Politiker, Techniker und Unternehmer schon lange von einem neuen Süden, auch einem neuen Alabama geträumt. Es war auch durchaus schon einiges geschehen. Die neue Hoffnungsstadt war Huntsville, ganz im Norden (siehe Seite 353).

Am 31. Januar 1958 glückte der Start des ersten amerikanischen Satelliten, Explorer I, in den Weltraum. Er war entwickelt worden im Ballistic Missile Center der U.S. Army in Huntsville. Die Stadt spezialisierte sich jetzt auf Weltraum. 1960 wurde das George C. Marshall Space Flight Center gegründet, wobei der deutsche Raketenforscher Wernher von Braun maßgeblich beteiligt war. Huntsville wurde Großstadt. Nach und nach kamen andere Unternehmen. Als bisheriger Höhepunkt wird der Aufbau eines Autowerkes von Mercedes gesehen, wo 1500 einheimische Arbeiter jährlich 70000 geländegängige Fahrezeuge bauen sollen.

Der Standort ist nicht Huntsville, aber doch glücklich gewählt: auf der grünen Wiese zwischen der alten Industriestadt Birmingham, die sich inzwischen zu einem Zentrum der modernen Medizin entwickelt hat, und Tuscaloosa, der liebenswertesten Stadt Alabamas schon um ihres sehr lebendigen Kulturlebens willen.

Vieles hat sich rapide geändert in Alabama während der letzten dreißig Jahre. Man spürt ein neues Selbstbewußtsein. Jetzt werden die Vorzüge betont: die nirgendwo weit entfernten Wälder, Flüsse und Seen; die Wärme, die ein reiner Segen ist, seit es Klimaanlagen gibt, die gegen ein Zuviel schützen. Und die Küste war schon immer schön. Nicht zufällig gibt es zwischen Mobile und den Gulf Shores (siehe Seite 334) eines der schönsten (nicht billigsten) amerikanischen Ferienhotels, «Marriot's Grand Hotel» an der Mobile Bay in Point Clear.

Bemühungen, mehr Touristen zu gewinnen für dieses wunderschöne Land, sind in vollem Gange. Der schlechte Ruf des Südens stammt im Grunde aus dem Bürgerkrieg. Heute leiden vor allem Mississippi und Alabama noch darunter. Man will da nicht mehr Bible Belt sein (das fand man immer eher peinlich) und nicht mehr Cotton Belt (was seit mehr als hundert Jahren nicht mehr wahr ist), sondern Teil eines von Florida bis Kalifornien reichenden Sunshine Belt.

Während er bei seiner «A Cajuns Ma Swamp Tour» durch die Sümpfe von Louisiana fährt, unterhält der Führer die Touristen mit dem Akkordeon. D Cajuns, Nachfahren französischer Siedle aus Kanada, leben hauptsächlich im Küstengebiet westlich von New Orleans.

Eine Tour durch die nahegelegenen Sümpfe sollte man sich während eines Besuchs in New Orleans nicht entgehen lassen. In der Nähe von Houma.

In den Sumpfgebieten am Lake Charles westlich von New Orleans.

Das «weiße Schloß von Louisiana», die Nottoway Plantation bei Baton Rouge, ist heute Hotel und Restaurant.

SCHWARZES LEID, WEISSE PRACHT

Der amerikanische Süden verdankte seinen Reichtum aus dem Baumwollanbau den billigen Arbeitskräften der schwarzen Sklaven. Holzstich, 19. Jahrhundert.

Anfang des 17. Jahrhunderts wurden die ersten afrikanischen Sklaven in die Südstaaten der USA gebracht, und auch als der überseeische Sklavenhandel offiziell schon längst abgeschafft war, hielt der Süden an der «Peculiar Institution» (der «besonderen Einrichtung») der Sklaverei fest. Im folgenden ein Text von Marcus Junkelmann.

Die Vorstellungen, die man sich vom Leben im «Ante-Bellum»-Süden, dem legendären Süden vor dem Bürgerkrieg macht, sind von Klischees geprägt. Keineswegs waren alle weißen Südstaatler Plantagenbesitzer und Sklavenhalter. 1860 gab es im Süden 1 469 094 weiße Familien, von denen 383 635 eine Gesamtzahl von 3 953 696 Sklaven besaßen, also nur 27%. Fast die Hälfte dieser sklavenhaltenden Familien hatte weniger als fünf Sklaven, was ihnen schwerlich ein aristokratisches Herrenleben ermöglicht haben dürfte.
Erst der Besitz von wenigstens 50 Sklaven, von denen ja ein erheblicher Teil Kinder und alte Leute waren, dürfte es rechtfertigen, von einem Plantagenbetrieb zu sprechen, und das galt für lediglich 8000 Familien. Von ihnen hatten 2000 über 100 Sklaven, ein Dutzend über 500.
Die Mehrzahl der großen Plantagen lag in den fruchtbaren Niederungen entlang den Küsten und den schiffbaren Flüssen. In diesen Gebieten bestand die Bevölkerung oft zu 60 bis 70% aus Negern, ... während in den Bergregionen der Sklavenanteil selten über 10% hinausging. Das heißt, die fruchtbarsten, für den Baumwollanbau am besten geeigneten Böden befanden sich ganz überwiegend in der Hand der großen Pflanzer und wurden mit dem effizientesten Arbeitssystem ausgebeutet. ...
Wenn ihre Zahl auch nur einen Bruchteil der weißen Bevölkerung betrug, war es

Nach dem Ende der Sklaverei arbeiteten viele Schwarze als Lohnarbeiter auf den Plantagen.

Mitte: Die kolorierte Kreidelithographie von 1886 gibt einen Überblick über die arbeitsintensiven Abläufe während der Baumwollernte.

Links: Die anstrengende Arbeit des Baumwollpflückens war nach wie vor Arbeit der schwarzen Bevölkerung.

Rechts: «Arbeitsteilung»: Nach der Ernte wird die Baumwolle von der Tochter des Plantagenbesitzers gewogen.

doch die Schicht der großen Pflanzer, die der Gesellschaft und der Kultur des Südens ihren Stempel aufdrückte. In den Händen dieser wenigen tausend Familien lag nicht allein der größte Teil des Reichtums der Region, sondern sie übten auch einen ganz unverhältnismäßigen politischen Einfluß aus und verkörperten ein in seltener Einmütigkeit akzeptiertes Leitbild. ...

Der ... «Southern Gentleman» ... gab so dem Selbstbewußtsein der Südstaatler einen einheitlichen Charakter. Trotz der gewaltigen Vermögensunterschiede kam es innerhalb der weißen Gesellschaft zu keinen ernsthaften Spannungen. Das ... Leitbild des Pflanzeraristokraten auf der einen

Blick zurück in düstere Zeiten: «Sklavenmarkt», Gemälde von Eyre Crowe, 1852.

Seite und das Gegenbild des Negersklaven, über den man, mochte man noch so tief sinken, durch die Hautfarbe erhaben war, auf der anderen, schlossen die Weißen ... zusammen und ließen sie alle ... mit Überzeugung hinter der ... Sklaverei stehen.

Die Mentalität und das öffentliche Leben der Südstaaten waren gleichzeitig aristokratisch und basisdemokratisch geprägt, beiden entsprach ein quer durch alle Gesellschaftsschichten gehender und das normale amerikanische Maß noch überschreitender Individualismus ... Er fand seine Grenzen in einer ausgeprägten Traditionsgläubigkeit und in einem sich ständig versteifenden Festhalten an ... gemeinsamen Grundüberzeugungen, die in Zweifel zu ziehen niemand ungestraft wagen durfte. ...

Die weltoffene, liberale Tradition ... wich freilich im Laufe des 19. Jahrhunderts dem nur um sich selbst kreisenden militanten Konservatismus. ... Im Gefühl, allein gegen eine vom revolutionären Fortschrittstaumel erfaßte Welt zu stehen, entwickelte der Süden einen maßlosen ... Stolz auf seine Eigenart und verbrauchte alle seine geistigen Kräfte in der kompromißlosen Verteidigung der bestehenden Verhältnisse. Symbol, Hauptgegenstand und letzte Ursache dieses schicksalsschweren Umschwungs war die «Peculiar Institution», die «besondere Einrichtung» des Südens, die Sklaverei. Sie verleiht der Geschichte der Südstaaten das düstere Pathos des Ausweglosen, Unentrinnbaren, Tragischen.

DER TIEFE SÜDEN: PLANEN·REISEN·GENIESSEN

INHALT			
		Feste und Feiertage	350
USA-Karte · Daten · Fakten · Zahlen	346	*Mit dem Mietwagen unterwegs*	350
Übersichtskarte: Der Tiefe Süden	347	Einkaufen und Souvenirs	350
Auskunft · Anreise	347	Sportmöglichkeiten	351
Maße und Zahlen auf einen Blick	348	*Der Mond von Alabama*	351
Unterwegs im Tiefen Süden	349	Sehenswerte Orte und Landschaften	352
Plantagenvilla oder Zelt	349	Karte von Alabama	352
Spanish Moss	349	*Die erste schwarze Universität*	354
Paradies für Feinschmecker	350	«We are really cooking»: Kreolische und Cajun-Küche in New Orleans	359
		Karte von Louisiana	360

Indianerkulturen am Mississippi	361
Stadtplan von New Orleans	362
Jean Lafitte, Schmuggler und Patriot	363
Mit Dampf und Dixie	364
Karte von Mississippi	364
Karte des Mississippi River	365
Der Natchez Trace Parkway	366
Ausflug nach Tennessee	367
Vom Taugenichts zum Nobelpreisträger: Der Schriftsteller William Faulkner	368

Vor dem Bürgerkrieg war Natchez die reichste Stadt in Mississippi. Hier errichteten Baumwollhändler und Plantagenbesitzer ihre Stadtvillen. Heute sind noch etwa 500 dieser herrschaftlichen Häuser erhalten.

DATEN · FAKTEN · ZAHLEN

Lage und Größe. Alabama, Mississippi und Louisiana grenzen im Süden an den Golf von Mexiko, im Osten an Georgia, im Norden an Tennessee und Arkansas und im Westen an Texas. Die drei Staaten des Tiefen Südens bedecken zusammen ein Fläche von rund 373 000 Quadratkilometern, sie sind damit etwas größer als Deutschland. Insgesamt leben hier etwa elf Millionen Einwohner. Die Grundfläche Alabamas beträgt rund 133 000 Quadratkilometer, seine Einwohnerzahl rund 4,2 Millionen. Mississippi ist knapp 124 000 Quadratkilometer groß, hier leben etwa 2,7 Millionen Menschen. Louisiana erstreckt sich über rund 126 000 Quadratkilometer und hat 4,3 Millionen Einwohner.

Politik und Verwaltung. Die Abgeordneten der Parlamente, des Senats und des Repräsentantenhauses in den amerikanischen Bundesstaaten werden wie die obersten Richter und die Gouverneure direkt gewählt. Die regionalen und örtlichen parlamentarischen Vertretungen, Sheriff und Staatsanwälte stellen sich auf der entsprechenden Ebene zur Wahl. Die Hauptstadt von Alabama heißt Montgomery, die von Mississippi Jackson, Louisianas Hauptstadt ist Baton Rouge.

Wirtschaft. Die Zeit von «King Cotton» ist endgültig vorbei. Die Landwirtschaft des Südens gründet sich neben der Baumwolle auf den Anbau von Sojabohnen, Erdnüssen, Gemüse, Mais, Reis und Zuckerrohr. Eine größere Rolle spielen ferner die Forstwirtschaft und die Zucht von Rindern sowie auch von Welsen, Austern und Krebsen. Die reichen Gewässer vor der Küste werden intensiv befischt. In Alabama wird in bescheidenem Umfang Stahl produziert, wichtiger sind der Maschinenbau, die Textil- und die Papierproduktion sowie verschiedene Dienstleistungsbereiche, wie etwa die medizinische Forschung und Versorgung, geworden. In Mississippi werden landwirtschaftliche Produkte verarbeitet, zudem hat man im Süden einige Vorkommen an Erdöl und Erdgas entdeckt. Für Louisiana ist die verarbeitende Industrie für Öl und Erdgas der bedeutendste Wirtschaftszweig. Von der Mündung des Mississippi bis nach Baton Rouge und entlang der Golfküste sind Raffinerien zu sehen. Im Süden des Bundesstaates befinden

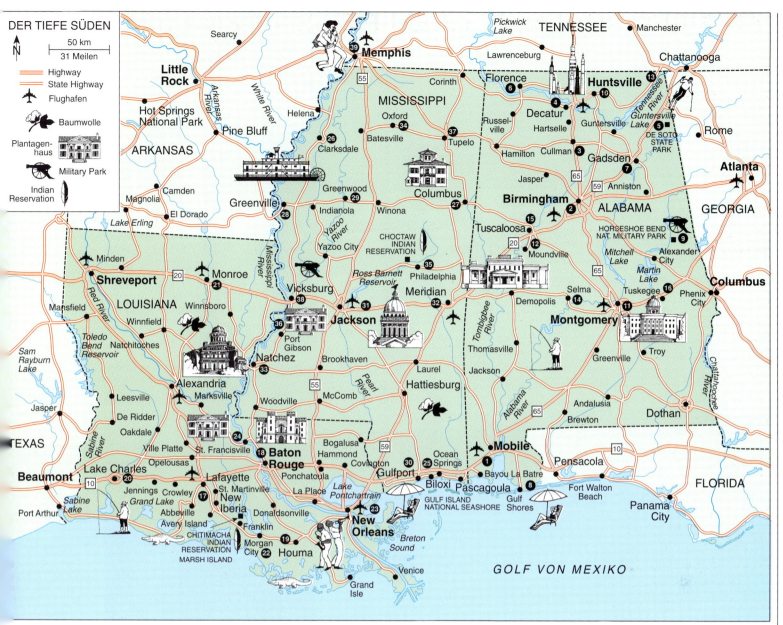

Neben dieser Karte des Tiefen Südens mit wichtigen Sehenswürdigkeiten im Überblick finden Sie Einzelkarten der Staaten Alabama, Louisiana und Mississippi mit Routenvorschlägen auf den Seiten 352, 360 und 366, einen Stadtplan von New Orleans auf Seite 362 sowie eine Detailkarte des Mississippi River zwischen New Orleans und St. Louis auf Seite 367.

sich vier große Abbaugebiete für Salz. Der Tourismus, insbesondere in New Orleans und zu den Plantagenvillen, ist für Louisiana eine wichtige Einnahmequelle.

Landschaftliche Vielfalt. Im Nordosten von Alabama sorgen die Ausläufer der Appalachen für das abwechslungsreiche Landschaftsbild eines bewaldeten Mittelgebirges. Letzte Hügelketten von gut 200 Meter Höhe erreichen den Nordosten von Mississippi. Das Einzugsgebiet des Mississippi prägt die flache, fruchtbare Landschaft des gleichnamigen Bundesstaates und des benachbarten Louisiana. Die flachen Küstengebiete von Alabama und Mississippi werden von Sandstränden gesäumt, die Küste von Louisiana prägen sumpfige Schwemmländer.

Klima und Reisezeit. Alabama, Mississippi und Louisiana haben überwiegend, bis auf ihre nördlichen Grenzgebiete, ein subtropisches Klima. Der Frühling ist trocken, warm und mild, im Sommer wird es heiß, die Luftfeuchtigkeit ist sehr hoch, es kommt vor allem im Süden zu Gewittern mit Niederschlägen. Der Spätsommer ist die Zeit, in der in manchen Jahren Wirbelstürme, Hurrikans, die in der Karibik entstehen, die Südstaaten erreichen und dort eine Spur der Verwüstung hinterlassen. Herbst und Winter sind ab Oktober wieder mild und trocken. Nur in den nördlichen Regionen, da vor allem in den Mittelgebirgen von Alabama, kann das Thermometer unter den Gefrierpunkt sinken.

Die beste Reisezeit ist das Frühjahr. Azaleen, Kamelien und Obstbäume stehen dann in voller Blüte, die Temperaturen sind angenehm warm, die Niederschläge gering und die Moskitos noch nicht sehr zahlreich.

AUSKUNFT

In den deutschsprachigen Ländern:
Visit USA Committee Germany e.V. Postfach 5825, 65048 Wiesbaden, Tel. 0611/9 54 58 80, Fax 0611/9 54 59 97; Wiechmann Tourism Service (Auskünfte über New Orleans und Louisiana) Scheidswaldstr. 73, 60385 Frankfurt a. M., Tel. 069/4 05 95 73, Fax 069/43 96 31.

In den Staaten des Tiefen Südens:
Alabama Bureau of Tourism & Travel, P.O. Box 4309, Montgomery, AL 36103, Tel. 205/2 42 41 69, Fax 205/2 54 70 60; Mississippi Division of Tourism Development, P.O. Box 849, Jackson, MS 39205, Tel. 601/3 59 32 97, Fax 601/3 59 57 57; Louisiana Office of Tourism, P.O. Box 94219, Baton Rouge, LA 70804, Tel. 504/3 42 81 19, Fax 504/3 42 83 90.
Die telefonische Vorwahl für die USA ist 001.

ANREISE

Viele Städte des Südens lassen sich mit amerikanischen Fluglinien per ein- oder zweimaligem Umsteigen problemlos erreichen. Atlanta, die Hauptstadt von Georgia, wird von der Lufthansa und von Delta Airlines nonstop angeflogen, auch Memphis, die Hauptstadt von Tennessee, läßt sich mit der KLM im Verbund mit Northwest Airlines gut erreichen. Die Lufthansa hat des weiteren in Verbindung mit United Airlines zu mehreren Städten des Südens, wie etwa nach New Orleans, gute Flugverbindungen.

WAS ZÄHLT IN DEN USA:
Maße und Zahlen auf einen Blick

Zeit
Die Staaten des Tiefen Südens gehören zur Zeitzone Central Time. Mitteleuropa ist dem Tiefen Süden sieben Stunden voraus.
a. m. bei Zeitangaben = vormittags; p. m. = nachmittags

Maße
1 inch = 2,5 Zentimeter 1 pint = ca. 0,5 Liter
1 foot = ca. 30 Zentimeter 1 quart = ca. 0,95 Liter
1 yard = ca. 91 Zentimeter 1 gallon (Benzin) = ca. 3,8 Liter
1 mile = ca. 1,6 Kilometer 1 pound = ca. 450 Gramm

Elektrizität
Die Netzspannung beträgt überall in den USA 110 Volt; deutsche Stecker passen nicht, man braucht einen Adapter.

Geld
Ein Dollar hat 100 Cent. Münzen gibt es zu 1 Cent, 5 Cent (Nickel), 10 Cent (Dime), 25 Cent (Quarter) und 50 Cent (Half Dollar). Sämtliche Dollarnoten sind gleich groß und grüngrau, also leicht verwechselbar. Größere Beträge werden in den USA fast immer mit Kreditkarte bezahlt.

Kleidergrößen

Anzüge	US	36	38	40	42	44	46	48	
	D	46	48	50	52	54	56	58	
Hemden	US	14	14,5	15	15,5	16	16,5	17	17,5	18
	D	36	37	38	39	40	41	42	43	44
Kleider	US	28	30	32	34	36	38	40	42	
	D	36	38	40	42	44	46	48	50	
Schuhe	US	5,5	6	7	7,5	8,5	9	9,5	11	12,5
	D	36	37	38	39	40	41	42	44	46

Temperatur

°F	°C
110	43,3
105	37,6
90	32,2
80	28,7
70	21,1
60	15,5
50	10,0
40	4,0
32	0
30	-1,1
20	-6,6
10	-12,2
0	-17,8

Telefonieren
Telefonnummern in den USA bestehen aus einem dreistelligen *Area Code* und einer siebenstelligen Rufnummer. Für internationale Gespräche wählt man die Kennzahl des Landes (01149 für Deutschland, 01143 für Österreich, 01141 für die Schweiz). Nicht immer kann man direkt wählen, häufig muß der Operator vermitteln (0 wählen). Es ist billiger, von den USA nach Europa zu telefonieren als umgekehrt.

Klima

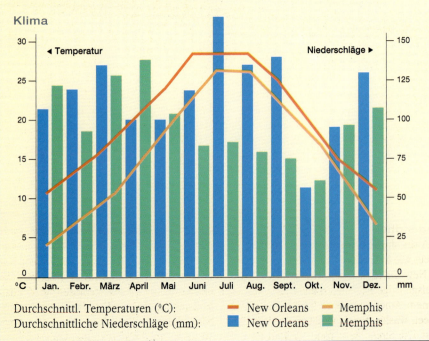

Durchschnittl. Temperaturen (°C): New Orleans — Memphis
Durchschnittliche Niederschläge (mm): New Orleans — Memphis

Kennzeichnend für die Plantagenvillen des Südens sind ihre ausladenden Veranden – ideale Orte, um entspannt dem Treiben vor dem Haus zuzusehen. Im Bild die Veranda der Nottoway Plantation, Louisiana.

Im wildromantischen Park von Houmas House in Burnside südlich von Baton Rouge, Louisiana. Die am Mississippi gelegene Villa gehörte einst zu einer der größten Zuckerrohrplantagen in den USA.

Der Frühling verwandelt den Tiefen Süden in ein Blütenmeer. Im Vulcan Park in Birmingham, Alabama.

UNTERWEGS IM TIEFEN SÜDEN

Bahn. Die großen Zeiten der Bahn sind in den USA vorbei. Dennoch kann man auf einigen Hauptstrecken den Tiefen Süden durchqueren: Von Chicago über Memphis nach New Orleans; von Florida entlang der Golfküste nach New Orleans und weiter nach Westen; von Washington über Atlanta nach New Orleans. Amtrak, der Bahnverbund in den USA, bietet Regionalpässe an, die 30 bis 45 Tage lang auf diesen Strecken gelten.

Bus. Die Überlandbusse von Greyhound verkehren zwischen den größeren Orten. Mit dem Ameripass darf man zwischen vier und 30 Tagen das Streckennetz nutzen.
Die im Verbund von Gray Lines zusammengeschlossenen regionalen Busunternehmen bieten Ausflugs- und Besichtigungsfahrten in Birmingham, Mobile und Montgomery (Alabama), in Biloxi und Jackson (Mississippi), sowie in Baton Rouge, Lafayette, New Orleans und Shreveport (Louisiana) an.

Flugzeug. Ein dichtes Netz von Flugverbindungen überzieht die USA. Auch alle größeren und nahezu alle mittleren Städte des Tiefen Südens verfügen über Flugplätze. Delta Airlines bietet die meisten Flugverbindungen an. Visit-USA-Tarife (VUSA) und Coupon-Flugtickets ermöglichen bei Buchung in Europa Ermäßigungen auf die Normaltarife.

Mietwagen und Wohnmobil. Die defensive amerikanische Fahrweise, ein gutes Straßensystem sowie niedrige Benzin- und Mietpreise für Leihwagen, machen den Urlaub in einem gemieteten PKW zu einem entspannten Vergnügen. Es ist preisgünstiger, das Fahrzeug bereits in Europa anzumieten. Die Urlaubsreise im Campmobil ist besonders bei Familien mit Kindern sehr beliebt. In Atlanta, Georgia und in Houston, Texas, befinden sich Mietstationen für Campmobile aller Größen (siehe Seite 350).

PLANTAGENVILLA ODER ZELT

Hotels. Hotelketten, wie Best Western, Holiday Inn oder Ramada sind flächendeckend vertreten, außerdem finden sich in allen Städten und an den Highways zusätzlich kleine und mittlere Hotels zu akzeptablen Preisen. Zu besonderen Ereignissen, wie Sportveranstaltungen, Mardi Gras oder Musikfestivals sollte man rechtzeitig vorher buchen.

Bed & Breakfast. In einigen historischen Plantagenhäusern des Südens, in Stadtvillen und Country Inns werden Bed-&-Breakfast-Zimmer angeboten. Die Zimmer sind oft mit Antiquitäten eingerichtet, in der Lobby flackert ein Kamin und auf der langen, überdachten Veranda macht man es sich in einem Schaukelstuhl bequem.

Jugendherbergen und YMCA. In den USA sind Jugendherbergen nicht so dicht gestreut wie in Europa. In einigen Städten, wie in New Orleans, bietet der YMCA (CVJM) preisgünstige Hotelunterkünfte an. Informationen: American Youth Hostels, 733 15th Street, Washington, D.C. 20005; Y's Way, 224 East 47th Street, New York, NY 10017.

Camping. Gut ausgestattete Campgrounds sind in allen landschaftlich schönen Regionen und am Rand der Städte zu finden. Der Verband der Kampgrounds of America KOA veröffentlicht einen kostenlosen Road Atlas & Camping Guide. Die Fremdenverkehrsbüros geben Übersichten über Campingplätze in ihren Bundesstaaten heraus.

SPANISH MOSS

Es kommt nicht aus Spanien und ist auch kein Moos. Aber die silbriggrauen Zotteln hängen so dekorativ in den Ästen der Eichen in den Südstaaten, als wären es die Bärte spanischer Konquistadoren. Spanish Moss ist amerikanischen Ursprungs und verwandt mit der Ananaspflanze. Leider bringt es keine schmackhaften Früchte hervor. Die Pflanze gehört nicht zu den Parasiten, sondern zu den Epiphyten, sie lebt also nicht von ihrem Gastgeber, sondern nur auf ihm. Das Spanish Moss hat keine Bodenwurzeln, es holt sich die Feuchtigkeit aus der Luft und fängt die mineralreichen Stoffe, die der Regen von seinem Gastbaum abwäscht, auf. Die Indianer nutzten einst die bis zu vier Meter langen Fasern, um Kleidung und Decken zu fertigen, später machte man daraus Christbaumschmuck, Polster- und Verpackungsmaterial. Die langen, silbrigen Luftwurzeln, die sich schon beim leisesten Hauch im Wind wiegen, erinnern an die Tage der großen Baumwoll- und Reisplantagen, an die romantischen und bedrohlichen Zeiten des Tiefen Südens.

Landschaft an der Mississippi River Road. Typisch für den amerikanischen Süden ist das Spanish Moss, eine Pflanze, die wie Lametta von den Bäumen hängt und ihnen ein sehr melancholisches, fast gespenstisches Aussehen verleiht.

PARADIES FÜR FEINSCHMECKER

Die Küche der Südstaaten ist bislang nicht dem Druck der allgegenwärtigen Fast-food-Ketten gewichen. Sie hat ihre Wurzeln auf dem Land, in den Rezepten der Frauen von Farmern und Pflanzern. Indianische Gewürze haben in ihr ebenso Aufnahme gefunden, wie afrikanische Zutaten und Gerichte, die von den schwarzen Köchinnen auf den Plantagen überliefert wurden, sowie verschiedene europäische Kochtraditionen. Ein kräftiges Südstaatenfrühstück mit Eiern, Schinken und Würstchen, mit Pfannkuchen, Grits (Maisbrei) und Marmelade kann einen Schwerstarbeiter mühelos über den Tag bringen. Southern Chicken mit Okragemüse oder Black-eyed Beans (Kuhbohnen), Catfish

(Wels) in verschiedenen Variationen, mit Sassafras gebundene Kürbissuppe, ein Dessert aus Süßkartoffeln, ein Kuchen aus Pecannüssen oder mit leckeren Schwarzbeeren gehören zu den Klassikern des Southern Cooking. Die Küche Louisianas mit ihren köstlichen Krabben-, Krebs- und Fischgerichten ist ein besonderes Kapitel (siehe Seite 359). Küchenchefs aus aller Welt kommen regelmäßig nach New Orleans und lassen sich in den erstklassigen Restaurants der Stadt von den besonderen Künsten der kreolischen und der Cajun-Köche inspirieren.

FESTE UND FEIERTAGE

Offizielle Feiertage in den Staaten des Tiefen Südens sind wie überall in den USA: Neujahr (1. Januar), Martin Luther Kings Geburtstag (dritter Montag im Januar), Washingtons Geburtstag (dritter Montag im Februar), Memorial Day (letzter Montag im Mai), Unabhängigkeitstag (4. Juli), Tag der Arbeit (erster Montag im September), Kolumbustag (zweiter Montag im Oktober), Tag der Kriegsveteranen (11. November), Erntedankfest (vierter Donnerstag im November), Weihnachtsfeiertag (25. Dezember). Zusätzliche Feiertage werden regional begangen: Robert E. Lees Geburtstag (dritter Montag im Januar), Mardi Gras (Februar, Höhepunkt Dienstag vor Aschermittwoch), Thomas Jeffersons Geburtstag (13. April), Konföderationstag (vierter Montag im April), Jefferson Davis' Geburtstag (erster Montag im Juni).

MIT DEM MIETWAGEN UNTERWEGS

Alle namhaften Autovermieter sind auch an den großen Flughäfen der Südstaaten vertreten. Zum Mieten eines Wagens genügt der nationale Führerschein, das Mindestalter des Fahrers beträgt 21 Jahre. Allerdings empfiehlt es sich dringend, den Wagen schon zu Hause zu buchen: Die Angebote sind generell günstiger, und zudem sind fast immer Haftpflicht- und die (in den USA teure) Vollkaskoversicherung sowie eine unbegrenzte Meilenzahl im Preis inbegriffen. Achtung: Viele Verleihfirmen berechnen einen Aufpreis («Drop-off-Charge»), wenn man den Mietwagen nicht wieder am Ausgangspunkt abgibt.

Wenn Sie nicht – wie üblich – mit Kreditkarte bezahlen, müssen Sie eine größere Geldsumme hinterlegen. Bei der Übernahme des Wagens sollte man sich kurz einweisen lassen (wie funktioniert die Klimaanlage, wie die automatische Gangschaltung?). Das Straßennetz ist meist sehr gut ausgebaut und klar beschildert; die Höchstgeschwindigkeit beträgt innerhalb von Ortschaften 30 Meilen (48 km/h) pro Stunde , auf den Highways je nach bundesstaatlicher Regelung bis zu 75 Meilen (121 km/h).

Insgesamt ist das Autofahren in den USA sehr viel angenehmer und entspannter als in Europa; angesichts der etwas niedrigeren Geschwindigkeiten und der oft enormen Entfernungen sollte man sich die Tagesziele allerdings nicht zu hoch stecken.

Das Angebot an Festen und Festivals ist unerschöpflich. Die wichtigsten sind das French Quarter Festival und das Jazz and Heritage Festival im April in New Orleans, die Einsegnung der Fischereiflotte in den Küstenhäfen im Juni, die Choctaw Indian Fair im Juli in Philadelphia, Mississippi, das W. C. Handy Blues Festival in Florence, Alabama, im August, das Zydeco-Musikfestival in Plaisance, Louisiana, im September oder das Creek Indian Thanksgiving Homecoming in Atmore, Alabama, im November.

EINKAUFEN UND SOUVENIRS

Geschäfte sind meist von Montag bis Samstag von 9 bis 17 Uhr geöffnet, in Einkaufszentren oft auch Sonntags und bis 21 Uhr. Einige Läden schließen nie. Das Preisniveau wäre bei einem Kurs von etwa Euro 0,90 pro Dollar dem deutschen vergleichbar. Deutlich günstiger als in Deutschland sind Baumwollprodukte oder Foto- und Videoausrüstungen.

Vor allem in New Orleans lassen sich originelle Mitbringsel besorgen, schöne Plakatdrucke und Mardi-Gras-Masken, Kochbücher und Gewürzmischungen aus Louisianas exzellenter Küche, fantastische Pralinen oder ein Paket Kaffee mit Zichorien aus dem «Café du Monde». In der Mittelgebirgsregion von Nordalabama können Sie schöne Quilt-Decken erstehen, die Trading Posts der Choctaw-Indianer in Mississippi bieten Kunstgewerbe an. Stöbern Sie in den Läden der Technikmuseen, wie dem Space and Rocket Center in Huntsville (siehe Seite 353) oder in denen der Visitor Center von National Monuments vergangener indianischer Kulturen. Hier finden Sie Bücher und Kunsthandwerk, die Sie sonst vergeblich suchen.

Links: Lebend oder gekocht kann man in diesem Laden in Alexandria, Louisiana, Crawfish (eine Art kleiner Hummer) kaufen.

Unten: Da schlägt das Herz des Genießers höher; ein Crawfish-Gericht kommt auf den Tisch.

Oben: Biloxi Lighthouse. Der 1848 erbaute Leuchtturm ist für Schiffe nach wie vor ein wichtiger Orientierungspunkt an der Golfküste von Mississippi.

Rechts: Blick auf einen Teil der Krabbenflotte im Hafen von Bayou la Batre, Alabama.

SPORTMÖGLICHKEITEN

Wandern. In vielen Waldgebieten sind Wanderwege ausgewiesen. In den Mittelgebirgen von Alabama führen sie oft an Schluchten entlang und zu Wasserfällen.

Wassersport. Die Bäche und Flüsse bieten Möglichkeiten zum Kanu- und Kajakfahren, die Seen verführen zum Baden, Segeln und Windsurfen, ebenso die Sandstrände an den Golfküsten von Alabama und Mississippi.

Angeln. Man kann einen Angelschein in örtlichen Sportgeschäften erwerben. Fette Beute ist nahezu überall garantiert.

Golf und Tennis. Viele öffentliche sowie hoteleigene Golf- und Tennisplätze ermöglichen das Spiel mit Schläger und Ball.

Ski. Im Norden von Alabama, bei Mentone, befindet sich eine Skipiste mit Schlepplift.

DER MOND VON ALABAMA

Sommerurlaub an der Golfküste von Alabama? Wer Rummel scheut und Ruhe schätzt, der sollte der überraschenden Empfehlung folgen – und sie für sich behalten.

Mondäne Villa in Gulf Shores.

Wohin soll's denn gehen? fragen einen die Freunde in New York. – Ein bißchen in den Süden, in die Sonne, an's Meer. – Das ist gut. Da werden Sie wohl nach Florida oder Kalifornien fahren?
Jetzt kommt der Augenblick, wo einer sich als verrückter Europäer entlarvt: nach Alabama. – Ungläubiges Staunen. Verlegenes Murmeln. – Unsereiner wagt nicht hinzuzufügen: und eigentlich vor allem des Mondes wegen. Deutsche sind doch seltsame Menschen. Und es war ja in der Tat ein Deutscher, der uns an den Golf von Mexiko verführt hatte mit seiner Hymne an den Mond von Alabama, unter dem die Großmutter verlorengeht. Oh, don't ask us, why.
Obwohl er selber allem Vernehmen nach nie dort war, hatte Brecht völlig recht: Nirgendwo scheint der Mond so riesig, so golden, so betörend wie am Himmel von Alabama. Er herrscht dort ungetrübt von Industrieabgasen und ungestört durch konkurrierende Beleuchtung, wie sie ihm dreißig Kilometer westlich in Mississippi oder dreißig Kilometer östlich in Florida einen Teil seines Glanzes nehmen.
Wie der Mond profitieren die Sonne und das Meer und der Strand. Dreißig Kilometer alabamische Golfküste entlang dehnt sich ein Paradies der Stille, der Sonne und der Sauberkeit, neben dem die französische Riviera, die vor hundert Jahren auch einmal so war, heute wie ein Industriegebiet wirkt.
An der Küstenstraße gibt es auf der Seeseite versuchsweise ein Hotels, auf der Landseite die unvermeidlichen Supermärkte, aber in überschaubarer Größe, einige Wohnhäuser, ein paar Cafés und Restaurants, von denen zwei so vorzüglich und in ihrem Ruf so gefestigt sind, daß sie auch in ein paar Jahren noch die besten, frischesten und verschiedenartigsten Fische kredenzen werden:

«Perdido Pass» und «Zeke's Landing». Beide liegen am östlichen Ende der Strandstraße, die offiziell die Nummer 182 führt.
Der ganze Ort, der weder als Dorf noch Stadt, sondern am ehesten als Feriensiedlung zu sehen ist, heißt Gulf Shores und läßt sich teilen in Pine Beach (Westen), Orange Beach (Mitte) und Perdido Beach (Osten).
Das Perdido Beach Hotel ist das erste Haus am Platz. Das kann sich ändern. Seit vielen Jahren wird den Alabama Gulf Shores eine große Zukunft vorausgesagt.
Aber bisher hat sich noch wenig getan. Denn der Staat gilt als streng und «trocken» im amerikanischen Sinne, also als nicht sehr vergnüglich. Als wäre er wirklich selber dort gewesen, fleht Brecht in seiner Hymne an den Mond ja auch «Show me the way to the next whisky-bar». Da hätte er lange suchen müssen. An der Küste freilich geht alles schon lockerer zu. Und in Perdido Beach kann wirklich niemand verdursten. Man braucht dort nämlich nur dreihundert Meter weit über die Brücke am Alabama Point zu gehen – und schon ist man in Florida. Das empfiehlt sich auch für Ansichtskartenschreiber, die mit dem Absender «Alabama» doch einen falschen Eindruck zu hinterlassen fürchten. Zwei Minuten Autofahrt, und der Stempel zeigt «Florida». Es ist zwar nicht ganz das feine Florida, denn das liegt ja am Atlantik und nicht am Golf. Aber wer, der da nicht zu Hause ist, merkt das schon?

«Strandläufer» bei Fort Morgan.

Einer, der zuweilen öffentlich sich äußert über Gegenden, die er liebt, hat dabei ein zwiespältiges Gefühl. Wenn nun alle Leser neugierig werden und ihrerseits andere neugierig machen, dann könnten die Gulf Shores, die doch nicht sehr groß sind, eines Tages ihren Charme verlieren und die Hektik der französischen Riviera dafür eintauschen. Touristenreichtum gönnte man dem armen Alabama schon. Aber den damit verbundenen Rummel? Ach, vielleicht sollten Sie sich den Mond doch lieber von Alaska aus ansehen. Ist doch der gleiche.

Rudolf Walter Leonhardt

SEHENSWERTE ORTE UND LANDSCHAFTEN VON A BIS Z

Ziffern im Kreis verweisen auf die entsprechenden Karten Seite 347, 352, 360 und 364, kursive Seitenzahlen auf Abbildungen.

ALABAMA

Bayou la Batre ①. Zur Einsegnung der Krabbenflotte Mitte Juni kommen Tausende Schaulustiger. Den besten Blick auf die geschmückten Fischerboote hat man vom Ufer oder von einem Schiff aus. *351*

Birmingham ②. Die 17 Meter hohe, einsame *Statue von Vulkan*, dem römischen Gott der Schmiede, ist von weither zu sehen.

Oase der Ruhe: Parkanlage in Birmingham, der größten Stadt Alabamas.

Nach dem Bürgerkrieg entwickelte sich die Stadt zur Eisen- und Stahlmetropole des Südens. Im *Red Mountain Museum* und bei einer Besichtigung der *Sloss Blast Furnace*, der letzten, im Jahr 1971 geschlossenen Stahlhütte, läßt sich die industrielle Vergangenheit der Stadt nachvollziehen. Heute ist der Himmel über Birmingham blankgeputzt, die Universität von Alabama, Krankenhäuser und medizinische Forschungseinrichtungen sind die bedeutendsten Arbeitgeber der Region. Waren in den vergangenen Jahrzehnten Rassenunruhen an der Tagesordnung, so wird der Stadt heute ein angenehmes politisches Klima bescheinigt. *303, 304/305, 316, 348*

Cullmann ③. Bruder Josef Zötti, Mönch der Benediktinerabtei von St. Bernhard, werkelte fast 50 Jahre, bis er seine *Ave Maria Grotto* fertiggestellt hatte. Besichtigungswege führen vorbei an Dioramen mit Motiven aus der biblischen Geschichte sowie 150 Kirchenbauten aus aller Welt im Miniaturformat. Die Mönche waren dem deutschen Immigranten Johann Cullmann gefolgt, dessen 1873 begründetes Projekt einer «Deutsche[n] Kolonie von Nord Alabama» bald 20 000 Landsleute anzog, die natürlich auch der seelischen Betreuung bedurften. Die Geschichte der Kolonie und des Ortes wird im *Cullmann County Museum* lebendig.

Decatur ④. Die Handelsstadt liegt am Südufer des zum Wheeler Lake aufgestauten Tennessee River. Sie profitiert von ihrer Lage an der bedeutenden Wasserstraße, auf der Waren bis ins ferne Minneapolis verschifft werden können. Ende des vergangenen Jahrhunderts hatten der amerikanische Bürgerkrieg und eine Gelbfieberepidemie die Ortschaft fast ausgelöscht. Ein *restauriertes Stadtviertel* mit viktorianischen Häusern und Freizeiteinrichtungen am Seeufer bilden die Hauptattraktionen für Besucher der Stadt.

De Soto State Park ⑤. Der Konquistador Hernando de Soto (um 1496–1543) soll während des monatelangen Zugs einer spanischen Expeditionsarmee durch die heutigen Südstaaten auf der vergeblichen Suche nach Gold auch den Norden von Alabama passiert haben. Im De Soto State Park erinnert nur noch der Name an die spanischen Glücksritter. Auf malerischen Wanderwegen durch dichte Wälder und entlang der Schlucht des Little River Canyon kann man auch zu einem der vielen Wasserfälle des Parks gelangen. Bei den idyllischen De Soto Falls stürzt das Wasser über 30 Meter tief in ein natürliches Becken.

Florence ⑥. Anfang August strömen die Fans zum *W. C. Handy Music Festival* in die Stadt, in der der «Vater des Blues» 1873 geboren wurde. Sein Geburtshaus ist als *Museum* umgebaut, mit Piano und Trompete. Ein 15 Meter hoher zeremonieller Hügel gilt als wichtigste Fundstätte präkolumbischer Indianerkulturen im Tal des Tennessee River. Seit 1917 wurde dieser unberechenbare Fluß mit

Oben: Fort Condé in Mobile.

Rechts: Montgomery Museum of Fine Arts.

Links: Die schönsten Routen durch Alabama:

Route 1 beginnt in Mobile und führt über die Golfküste von Alabama bis nach Biloxi in Mississippi. Von dort geht es zurück nach Mobile.

Route 2 führt von Birmingham nach Norden in die Raketenstadt Huntsville, weiter zu den Höhlen des Russel Cave, zum De Soto State Park und zurück nach Birmingham.

Route 3 führt von Birmingham zum Horseshoe Bend National Military Park, nach Montgomery und Selma, zum altindianischen Moundville und von Tuscaloosa nach Birmingham.

dem Bau von Staudämmen gezähmt. Der Wilson- und der Wheeler-Damm liefern seitdem auch die preisgünstige Energie, die umfangreiche Industrieansiedlungen begünstigte.

Gadsden ⑦. Eisen, Mangan, Kohle und Kalkstein wurden in der Umgebung gefunden und ließen Gadsden zu einem industriellen Zentrum mit Stahl- und Kunststoffproduktion werden. Der *Noccalula Falls Park* mit schönen Waldwanderwegen, Picknick- und Badeplätzen wurde nach einer Häuptlingstochter der Cherokee benannt, die sich aus Liebeskummer den 30 Meter tiefen Wasserfall hinunter zu Tode gestürzt haben soll.

Gulf Shores ⑧. Ein 50 Kilomter langer Sandstrand erstreckt sich auf *Pleasure Island* vor der Küste von Alabama. Baden und Fischen gelten hier als wichtigste Aktivitäten. Das von 1819 bis 1834 wie ein fünfzackiger Stern erbaute *Fort Morgan* an der Westspitze der Insel bewachte einst wie das gegenüber auf Dauphin Island gelegene *Fort Gaines* die Einfahrt in die Mobile Bay. *319, 351*

Horseshoe Bend National Military Park ⑨. Am 17. März 1814 gelang den amerikanischen Truppen und ihren indianischen Hilfskontingenten unter ihrem Befehlshaber – dem späteren US-Präsidenten – Andrew Jackson (1767–1845) der entscheidende und blutigste Sieg in den Auseinandersetzungen mit den Upper-Creek-Indianern. Von 1000 Indianerkriegern überlebten in der Schlacht

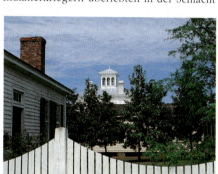

von Horseshoe Bend gerade 200. Der «Friede», der folgte, öffnete das bislang indianische Alabama der weißen Besiedlung. Auf dem Schlachtfeld in einer Kehre des Tallapoosa River wird der Verlauf der Kämpfe dokumentiert, das Visitor Center informiert über die Kultur der unterlegenen Creek.

Huntsville ⑩. Die geschäftige Metropole von Nord-Alabama war vor dem Bürgerkrieg ein wichtiger Umschlagplatz für Baumwolle, die auf den fruchtbaren Feldern der Region angebaut wurde. Die herrschaftlichen Villen des *Twickenham Historic District* spiegeln den Reichtum der Plantagenbesitzer und Baumwollhändler aus dieser Zeit wider. Heute wird die Stadt von Forschungseinrichtungen und Produktionsstätten zur Raketentechnik und Elektronik geprägt. Über 100 deutsche Wissenschaftler unter Leitung von Wernher von Braun (1912–1977) waren 1945 aus Deutschland in die USA geflogen worden und arbeiteten seitdem am amerikanischen Raketenprogramm mit. Im *Space and Rocket Center* wird die Entwicklung von den ersten Anfängen bis zu neuesten Errungenschaften präsentiert. Spaceshuttle, Skylab, Hubble-Weltraumteleskop oder die Saturn-V-Rakete lassen sich im Originalmaßstab bestaunen, ebenso wie Produkte militärischer Raketentechnik. Das *Huntsville Museum of Art* im Wernher von Braun Civic Center zeigt in fünf Sälen traditionelle und zeitgenössische amerikanische Malerei. *302*

Mitte links: Old Alabama Town; Montgomery. – Oben: Fremdenführerinnen im Constitution Hall Village, Huntsville.

Mobile ①. Die moderne Seehafen- und Industriestadt mit bewegter kolonialer Vergangenheit wurde bereits im Jahr 1702 von Franzosen auf dem Areal einer Siedlung der Maubilla-Indianer gegründet und wechselte fortan häufig ihren Besitzer. Das rekonstruierte *Fort Condé* und die *historischen Häuser* in der Church Street, vom De Tonti Square oder um den Old Dauphinway lohnen einen Besuch. Der Karneval von Mobile, wie in New Orleans Mardi Gras genannt, wird mit Umzügen und Bällen gefeiert. Von den naturwissenschaftlichen Ausstellungen und Experimenten zum Mitmachen im *Exploreum* sind nicht nur Kinder und Jugendliche fasziniert. *Bellingrath Gardens*, 30 Kilometer südwestlich der Stadt, locken vor allem im Frühjahr zur Azaleenblüte Tausende Besucher mit einem Blüten- und Farbenmeer. *302, 310, 318*

Montgomery ⑪. Ein bronzener Stern auf dem Boden vor dem *State Capitol* von Alabama markiert die Stelle, wo Jefferson Davis am 18. Februar 1861 seinen Amtseid als erster (und einziger) Präsident der Konföderierten Staaten von Amerika ablegte. Etwa hundert Jahre später rückte die Stadt wieder ins Licht der Weltöffentlichkeit, als der junge Methodistenpfarrer Martin Luther King (1912 bis 1968) erfolgreich die ersten großen Aktionen der schwarzen Bürgerrechtsbewegung

organisierte. Das *Civil Rights Memorial* in der Washington Avenue dokumentiert eindrucksvoll diesen Kampf. Die Namen von 40 getöteten Bürgerrechtlern sind in eine schwarze Granitmauer eingraviert. Die Hauptstadt von Alabama hat eine Reihe schöner Antebellum-Häuser vorzuweisen, in *Old Alabama Town*, einem Freilichtmuseum, sind 24 restaurierte historische Gebäude aus dem 19. Jahrhundert zu besichtigen. Das Staatstheater Alabama Shakespeare Festival gilt als eine der renommiertesten Sprechbühnen der Südstaaten. *293, 294, 295, 298, 299, 300, 301*

Moundville ⑫. Indianer der Mississippikultur (1000–1500 n. Chr.) bebauten die fruchtbaren Schwemmländer entlang des Black Warrior River mit Mais, Bohnen, Kürbissen und anderen Feldfrüchten. Mehr als 3000 von ihnen lebten in Moundville. Zwanzig Erdhügel, die einst zeremonielle und Wohngebäude trugen, sind im *Mound State Monument* zu sehen. Im *Museum* und in der Anlage sind Tempel und Behausungen rekonstruiert, die einen Einblick in das Leben dieser hochentwickelten Kultur ermöglichen.

Russell Cave National Monument ⑬. Knochenfunde sowie Reste von Werkzeugen und Waffen lassen darauf schließen, daß die 70 Meter tiefe Schutzhöhle der Russell Cave über 8000 Jahre lang bis zu den ersten Erkundungszügen der Spanier von indianischen Ureinwohnern unterschiedlicher Kulturstufen besiedelt war. Das anschließende Höhlensystem im Kalksteinuntergrund erstreckt sich über eine Länge von zehn Kilometern. Im Besucherzentrum beim Höhleneingang werden die umfangreichen Funde ausgestellt und erläutert.

Selma ⑭. Am 7. März 1965 verfolgten Fernsehzuschauer in den USA, wie ein Demonstrationszug von Bürgerrechtlern an der Edmund-Pettus-Brücke von bewaffneten Polizeikräften von der Straße geprügelt wurde. Der legendäre Marsch von Selma gilt inzwischen als Meilenstein im Kampf um die Gleichberechtigung der Afro-Amerikaner. Ein ausgedehnter Bezirk mit Antebellum-Villen zeigt, daß Selma schon vor dem Bürgerkrieg als landwirtschaftliches Zentrum der Region fungierte. Südlich von Selma, am Zusammenfluß von Alabama und Cahaba River stehen die Ruinen der ersten Hauptstadt von Alabama, Cahaba. Verheerende Fluten und schließlich der Bürgerkrieg besiegelten die Existenz der einst blühenden Stadt. *288/289*

Tuscaloosa ⑮. Etwa 20 Jahre, bis 1846, diente Tuscaloosa als Hauptstadt von Alabama. Dann wechselte die Regierung ins prosperierende Montgomery. Der ausgebaute Black Warrior-Tombigee Wasserweg, der von Mobile an der Golfküste in die Nähe von Birmingham führt, berührt Tuscaloosa und ist die Basis für industrielle Ansiedlungen, zu denen in letzter Zeit auch eine Produktionsstätte des deutschen Autoherstellers Mercedes Benz hinzugekommen ist. Den Charme einer gemütlichen Südstaatenstadt findet man noch im Gebiet um den Campus der Universität von Alabama oder im *Druid City District* mit vielen respektablen Antebellum-Häusern. Die *Warner Collection*, verteilt auf das Gebäude der *Gulfstate Paper Corporation* und das *Mildred Warner House*, gilt als bedeutende private Sammlung zeitgenössischer nordamerikanischer bildender Kunst. *310*

Tuskegee ⑯. Der Name der Stadt im fruchtbaren Schwarzerdegebiet von Mittelalabama ist eng verbunden mit dem *Tuskegee Institute*, der bedeutendsten Hochschule für befreite Sklaven, die Booker T. Washington 1881 auf dem Gelände des heutigen College gründete (siehe diese Seite). Creek-Indianer lebten hier in ihrer Siedlung Taskigi lange bevor Europäer Amerika kolonisierten.

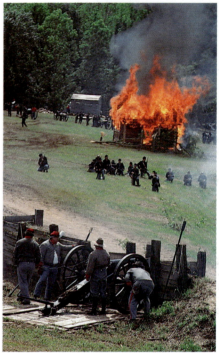

DIE ERSTE SCHWARZE UNIVERSITÄT

Booker T. Washington (1856–1915) noch als Sklave auf einer Tabakfarm in Virginia geboren und auf der Inventarliste mit einem Wert von 400 Dollar aufgeführt, gründete 1881 in Tuskegee, Alabama, eine Schule für schwarze Kinder. Die Lernziele Allgemeinwissen, berufliche Fertigkeiten und charakterliche Festigung wurden nur von schwarzen Lehrern vermittelt. Die großen Erfolge der Schule wenige Jahre nach Beendigung der Sklavenwirtschaft in den Südstaaten erregten bundesweites Aufsehen und hatten die Förderung selbst durch Großindustrielle wie Rockefeller und Carnegie zur Folge. Seit 1927 führt das Institut den Status eines College. Die Gebäude aus den Gründungsjahren, zum Teil von den Schülern selbst errichtet, können besichtigt werden.

Das George Washington Carver Museum auf dem Universitätsgelände ist dem langjährigen Leiter der landwirtschaftlichen Abteilung des Tuskegee Institute und seinen Arbeiten zur Unterstützung der schwarzen Farmer gewidmet.

Oben und unten: Der amerikanische Bürgerkrieg ist im Tiefen Süden auch nach über hundert Jahren noch nicht in Vergessenheit geraten. In vielen Städten und auf historischen Kriegsschauplätzen werden noch heute Schlachten nachgestellt – wie hier in Selma, Alabama.

Blick von der Edmund-Pettus-Brücke auf Selma. 1965 erlangte die Brücke traurig Berühmtheit, als hier ein Demonstrationszug für die Rechte der Schwarzen von der Polizei blutig zerschlagen wurde.

Stolz zeigt diese Frau die Früchte einer Erdbeerplantage in Louisiana.

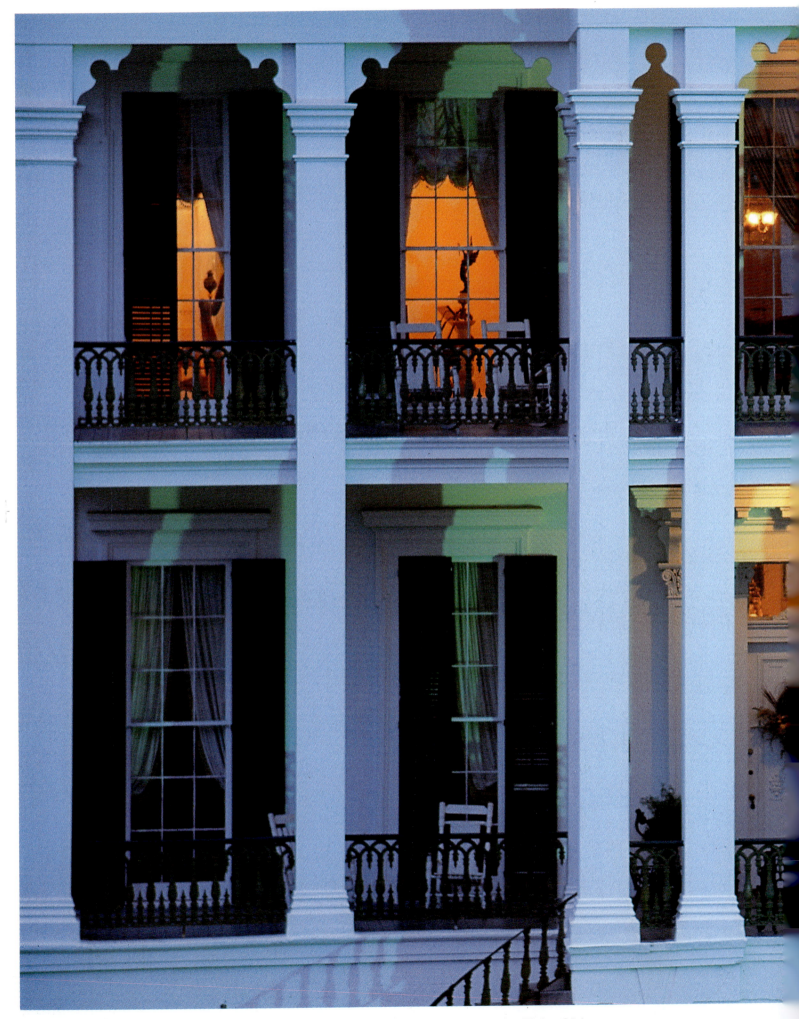

Nottoway Plantation bei Baton Rouge ist mit 64 Zimmern das größte Plantagenhaus des Tiefen Südens.

Fahrten auf dem Mississippi mit einem nostalgischen Schaufelraddampfer sind heute pures Vergnügen. Früher war der Mississippi River die schnellste Verbindung zwischen der Küste und dem Landesinnern, doch die Schiffahrt war gefährlich: Explodierende Kessel, Sandbänke und treibende Baumstämme sorgten für das vorschnelle Ende so mancher Fahrt auf dem Ol' Man River (siehe Seite 364).

Wer abends in New Orleans essen gehen will, steht vor schwierigen Entscheidungen: Beginnt man nun die Mahlzeit mit Austern Bienville, mit kreolischen Quenelles des Crevettes oder kräftigen Boudin-Würstchen in einer Sauce aus Bier, Zwiebeln und Zuckerrohrsirup? Soll man als Hauptgericht Hähnchen Clemenceau, eine Jambalaya aus Krabben und Schinken oder gebackenen Rotbarsch im Kräutermantel wählen? Was bestellt man zum Dessert – Brotpudding mit Bourbon und Rosinen, ein Stück schweren Louisiana-Pecan-Nußkuchen oder flambierte Bananen à la Foster?

Den Bewohnern von New Orleans, katholisch, dem Leben zugewandt und sinnenfroh, war das protestantische Arbeitsethos der amerikanischen Puritaner immer fremd. So wurde die Zubereitung von Speisen als Ausdruck der Lebenskultur betrachtet, und die Küchenchefs der vielen bekannten Restaurants genießen auch heute noch Aufmerksamkeit und Wertschätzung wie anderswo Dichter oder Komponisten.

Die beiden französischen Kochtraditionen, die kreolische und die Cajun-Küche, gehen in den meisten Restaurants der Stadt eine glückliche Verbindung ein. Die Gerichte der Cajun, französische Siedler aus Kanada, die sich in den Sümpfen westlich von

«WE ARE REALLY COOKING»

Kreolische und Cajun-Küche in New Orleans

New Orleans und Umgebung sollte man sich «auf der Zunge zergehen lassen». Viele ausgezeichnete Restaurants bieten zu erschwinglichen Preisen die zwei besten Küchen Amerikas – die kreolische und die der Cajuns. Beide sind von der französischen Kochkunst beeinflußt, beide verwenden viel frischen Fisch und Meeresfrüchte, und beide versprechen dem Gourmet außergewöhnliche Gaumenfreuden.

New Orleans niedergelassen hatten, können ihre ländliche Herkunft nicht verbergen. Die Zutaten einer Jambalaya etwa, einem Eintopf mit Reis, der in einem großen gußeisernen Topf zubereitet wird, richten sich nach dem, was der Markt und das Meer an frischen Produkten hergeben. Geräucherte Wurst mischt sich dabei problemlos mit Hähnchen, Langusten, Sellerie, grünen Zwiebeln sowie den scharfen Chili- und Pfefferschoten, die bei vielen Cajun-Gerichten zu einem überdurchschnittlich hohen Getränkekonsum führen.

Die kreolische Küche ist von milderer Schärfe, die französische Kochtradition ist mit karibischen Gewürzen angereichert. Austern à la Rockefeller werden auf einem Bett von Sellerie, Spinat, Anis und Lauchzwiebeln mit Tabasco zubereitet. Hähnchenfilets Rochambeau werden mit Schinkenstreifen, pikanten Champignons und Sauce Béarnaise auf einen Toast komponiert. Crawfish Étouffée, ein Klassiker der kreolischen und der Cajun-Küche, wird mit Zwiebeln, Stangensellerie, Schalotten und gewürzten Tomaten, vor allem aber mit einer reichlichen Portion von Flußkrebsen zubereitet, die in den Gewässern des Mississippi-Deltas zu Hause sind. Die farbigen Köchinnen der reichen Kreolen haben zu den Rezepten allerlei Zutaten aus ihrer afrikanischen Heimat beigesteuert. Gumbo, eine phantasievolle, kräftige Suppe mit wechselnden Zutaten, wird meist auf Okra-Gemüse gekocht und mit dem Pulver der Sassafras-Wurzel angereichert.

Nicht nur das gute Essen, auch die dazugehörigen Lokalitäten haben in New Orleans Tradition. Das «Antoine's» (713, St. Louis Street) feierte 1990 sein 150jähriges Bestehen. Der historische «Commander's Palace» (1413, Washington Avenue) wird seit über 20 Jahren von der Familie Brennan geleitet. Ihr früherer Chefkoch, der Cajun Paul Prudhomme, der bald sein eigenes Restaurant, «K-Paul's Louisiana Kitchen» (416, Chartres Street), eröffnete, wurde weltberühmt, als er beim Gipfeltreffen der westlichen Industriestaaten 1983 in

Oben: In «Mulate's Restaurant» in Lafayette darf auch getanzt werden. – Ganz links: Bread Pudding und Applesauce Cake. – Links: Jambalaya.

Williamsburg die versammelten Regierungschefs bekochte. Das «Brennan's» (417, Royal Street), von einem anderen Zweig der Gastronomenfamilie geführt, ist berühmt für den Gaumen- und Hörgenuß beim sonntäglichen Jazz-Brunch. Im «Broussard's» (819, Conti Street), läßt sich das Essen in einem verträumten Innenhof mit Marmor und Rankgewächsen genießen. «Acme's Oyster House» (724, Iberville Street), eine lebendige und lärmige Restaurant-Bar, ist bekannt für seine Louisiana-Austern «on the half shell», die mit scharfer Sauce, Käse-Crackern und einem Gläschen Weißwein oder Dixie-Bier serviert werden. Seit Jahrzehnten finden sich die Gäste vieler Restaurants nach dem Essen beim «Café du Monde» in der Nähe des Jackson Square wieder. Hier wird rund um die Uhr Kaffee serviert, wie er sein soll: schwarz wie der Teufel, stark wie der Tod, süß wie die Liebe und heiß wie die Hölle. *Axel Pinck*

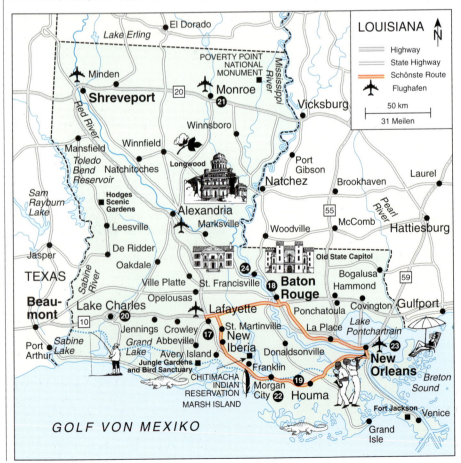

LOUISIANA

Avery Island ⑰. Nur wenige Meter unter der Erdoberfläche der Insel befindet sich ein riesiger Dom aus versteinertem Salz, das schon seit über 100 Jahren abgebaut wird. In den *Jungle Gardens,* einem tropischen Urwald, stehen von November bis März Tausende von Kamelien, Iris und Azaleen in voller Blüte. Das dazugehörige *Vogelschutzgebiet* beherbergt mehr als 20 000 Reiher, unter ihnen die schon fast ausgestorbenen Schnee-Silberreiher. Die McIlhenny Company stellt seit 1868 das wohl bekannteste Produkt aus Louisiana, Tabasco, her.

Baton Rouge ⑱. Der blutrot bemalte, kahle Stamm einer Zypresse markiert die Grenze zwischen den Jagdgebieten zweier Indianerstämme. Die französischen Kundschafter nannten den Ort Baton Rouge, «Roter Pfahl». Die nach New Orleans zweitgrößte Stadt von Louisiana und seit 1849 mit kurzen Unterbrechungen Hauptstadt des Bundesstaates, liegt am nördlichen Ende des Chemical Corridor, eines Gürtels vor allem petrochemischer Anlagen, die sich am Ufer des Mississippi bis zu dessen Mündung hinziehen. Entlang derselben Ufer, oft hinter den Deichen versteckt, lassen sich einige der

Links oben, Mitte, unten: Durch die Sümpfe von Louisiana werden geführte Bootstouren angeboten. Zu einem der eindrucksvollsten Erlebnisse gehört dabei die Begegnung mit Alligatoren.

Oben: Blick auf das Freilichtmuseum Vermilionville in Lafayette.

Links: Die schönste Route durch Louisiana führt von New Orleans durch das Mississippi Delta bis nach Lafayette. Über Baton Rouge geht es entlang der Plantagenvillen des Mississippi zurück nach New Orleans.

Oben: Wohl das ungewöhnlichste Kapitol in den USA – das alte State Capitol in Baton Rouge – wurde 1849 im Gothic-Revival-Stil erbaut.

Mitte: Die Cajuns sind bekannt für ihre Volksmusik und ihre wilden Feste, hier die Brüder Romero in St. Martinville.

Unten: Die alte Kirche in dem Museumsdorf Vermilionville in Lafayette.

rand zeigt ein *Museumsdorf* der Louisiana State University mit Sklavenquartieren, Cajun- und verschiedenen Handwerkerhäusern, daß das Leben vor dem Bürgerkrieg nicht nur aus Plantagenluxus bestand. *307, 342/343, 348, 370/371*

Houma ⑲. Der Terrebonne Bayou und verschiedene andere Wasserwege, die sich bei Houma kreuzen, haben das Städtchen im Cajun-Gebiet zu einem Zentrum für Bootsausflüge in das Mündungsgebiet des Mississippi gemacht. Exzellente Fischgründe im Süß- und Salzwasser locken Hobby- und Sportangler ins südliche Louisiana. *339*

Lafayette ⑰. Für viele Einwohner der inoffiziellen Hauptstadt von Französisch Louisiana ist Englisch noch immer eine Fremdsprache. Zwei Museumsdörfer zeigen die Lebensweise und Kultur der Cajun People (siehe Seite 334) und erzählen die Geschichte ihrer Vertreibung aus Kanada: Im *Acadian Village* südlich der Stadt ist ein kleines Museum und ein Kulturinstitut untergebracht. *Vermilionville* steht inmitten eines schönen Parks und bietet neben historischen Gebäuden auch Tanzvorführungen und andere Unterhaltungsprogramme. Die Funde riesiger Öl- und Erdgasvorkommen unter dem Marschland und vor der Küste Louisianas haben das Erscheinungsbild vieler ländlicher Orte verändert. In Lafayette haben die meisten der Ölgesellschaften regionale Büros eingerichtet. *299, 333, 359*

Lake Charles ⑳. Das lebendige, wirtschaftliche Zentrum mit dem drittgrößten Hafen des Bundesstaates nahe der Grenze zu Texas lebte früher von der Holz- und Viehwirtschaft. Heute ist die petrochemische Industrie dazugekommen. In den nahegelegenen Schutzgebieten *Sabine* und *Rockefeller National Wildlife Refuge* halten sich im Winter Zehntausende von Zugvögeln auf. An den Stränden von *Holly Beach* an der Golfküste, der «Cajun Riviera», herrscht in den Sommermonaten ein munteres Treiben. *340/341*

Monroe ㉑. Der wirtschaftliche Mittelpunkt von Nordostlouisiana profitiert von der Lage auf einem der größten Erdgasfelder der Welt. Westlich der Stadt, bei Arcadia, stellten Polizeikräfte am 23. Mai 1934 den «outlaws» Bonnie Parker und Clyde Barrow eine Falle und bereiteten mit 160 Schüssen ihrem Leben ein jähes Ende. Nordöstlich von Monroe liegt das *Poverty Point National Monument* (siehe Themenessay auf dieser Seite). Hier sind die Überreste einer indianischen Siedlungsanlage von vermutlich 1700 v.Chr. zu sehen.

Morgan City ㉒. Die Lage am Atchafalaya River, einem der Mündungsarme des Mississippi, ließ die Stadt zu einem Zentrum der Krebs- und Krabbenfischer werden. Nach den

schönsten *Plantagenvillen* der Südstaaten besichtigen (siehe Seite 307). Westlich der Stadt beginnen die riesigen Zuckerrohrplantagen, die dem Mündungsdelta des großen Stromes den Spitznamen «Zuckerschüssel von Amerika» eingetragen haben. Das *alte Kapitol* von Louisiana, im Gothic-Revival-Stil einer mittelalterlichen Burg 1849 errichtet, war wegen seiner ungewöhnlichen Bauweise seit seiner Fertigstellung umstritten. Huey P. Long, der autoritäre und populistische Gouverneur des Bundesstaates, ließ deshalb 1932, während der großen Wirtschaftskrise, das neue, 34 Stockwerke hohe *State Capitol* erbauen, in dem er drei Jahre später von einem Attentäter erschossen wurde.
Das *Louisiana Arts and Science Center LASC* nahe dem Ufer des Mississippi beherbergt eine Reihe interessanter Museen und sehenswerter Galerien. Am südöstlichen Stadt-

INDIANERKULTUREN AM MISSISSIPPI

Viele tausend Jahre bevor Christoph Kolumbus Amerika «entdeckte», war das Gebiet der heutigen Südstaaten bereits von Indianern besiedelt. Die Mississippi-Kulturen, deren größte Siedlung Cahioka, nahe dem heutigen St. Louis, um 1100 n.Chr. von 40 000 Menschen bewohnt war, verfügten über eine entwickelte Landwirtschaft, über Kunsthandwerk und ein differenziertes Glaubenssystem.
Bei Poverty Point, im Norden von Louisiana, zeugen sechs halbkreisförmig angelegte Erdwälle mit einem Durchmesser von über einem Kilometer von einer Siedlungsanlage, in der mehrere tausend Menschen in Hütten lebten. Funde lassen darauf schließen, daß mit dem Bau vor über 3500 Jahren begonnen wurde.
Die Kultur der Natchez-Indianer hat sich bis zu Beginn der europäischen Kolonisation erhalten. So sind von den spanischen und französischen Soldaten Aufzeichnungen über ein gut organisiertes Gemeinwesen, mit einer Häuptlingsgottheit an der Spitze, erhalten. In Natchez, Mississippi, wurde an historischer Stelle ein indianisches Dorf rekonstruiert. Zehn Meilen nördlich des Ortes erstaunt Emerald Mound, eine um 1300 n. Chr. errichtete Hügelanlage, den Besucher.

Öl- und Erdgasfunden vor der Küste von Louisiana wurde Morgan City zum Hauptquartier der Offshore Oil Companies. Das jährliche *Louisiana Shrimp and Petroleum Festival* im September versucht beidem Rechnung zu tragen. Etwas nordwestlich von Morgan City leben die Chitimacha-Indianer in der einzigen Indianer-Reservation in Louisiana.

New Iberia ⑰. Die Stadt wurde 1779 von Spaniern gegründet und gehört zu den wenigen Orten im Süden Louisianas, die einen spanischen Namen tragen. Die imposante Pflanzervilla *Shadows on the Teche* von 1834, inmitten eines Parks mit alten Eichen gelegen, demonstriert die Tradition, die der Anbau von Zuckerrohr im Mississippi-Delta hat. Die *Konriko-Reismühle* ist seit 1912 in Betrieb und kann besichtigt werden.

New Orleans ㉓. Die nach dem Herzog von Orléans benannte, wunderschön in einer Biegung des Mississippi angelegte Stadt gehört zu den bedeutendsten touristischen Attraktionen der USA. Die französisch-spanische Kolonialarchitektur im French Quarter, auch Vieux Carré genannt, die Vielzahl exquisiter Restaurants (siehe Seite 359), Musikclubs, in denen der Jazz erfunden wurde und in denen heute eine Vielzahl bekannter

Musiker verschiedener Stilrichtungen die Besucher begeistert, die nahe am Unterlauf des großen Flusses gelegenen, herrschaftlichen Plantagenvillen (siehe Seite 307) oder Bootsausflüge in die geheimnisvolle Welt des Mississippi-Deltas ziehen jährlich Hunderttausende von Besuchern an. Ein Spaziergang durch das *French Quarter*, dessen Bürgerkomitee bislang erfolgreich den Einzug von Fast-Food-Ketten abwehren konnte, führt entlang von Hausfassaden mit filigranen schmiedeeisernen Balkonbrüstungen und Fenstergittern, mit verträumten Innenhöfen, in denen Rankgewächse und plätschernde Brunnen bezaubern, auf den historischen *Jackson Square*, der sich zum Mississippi hin öffnet. In der *Bourbon* und in der *St. Peter Street* reihen sich Kneipe an Kneipe, aus der legendären «*Preservation Hall*» klingt allabendlich die Musik der Dixieland Bands nach draußen. Im French Quarter liegen auch das *Mardi Gras-* und *Jazz-Museum* sowie das *Voodoo-Museum*, das eine anschauliche Einführung in den Voodoo-Kult bietet. Während des *Mardi Gras* im Februar veranstalten die mehr als 60 Karnevalsvereine von New Orleans ihre Bälle, wälzt sich eine unbeschreibliche Parade von Marching Bands und Festwagen durch die Canal Street und das mit tanzenden und singenden Menschen vollgestopfte French Quarter. Das *Jazz and Heritage Festival* Ende April ist der musikalische Höhepunkt des Jahres mit Musik nonstop auf elf Bühnen und unzähligen Konzerten in allen Clubs der Stadt. In der Stadt, die sich selbst «The Big Easy» nennt, sind dann Hotelzimmer absolute Mangelware. *296/297, 328, 329, 330/331, 332, 333, 336/337*

St. Francisville ㉔. Kapuzinermönche benannten die Stadt 1785 nach Franz von Assisi. Überreste der spanischen Gründung sucht man jedoch vergebens. St. Francisville wird von vielen wegen der seltenen Ansammlung gut erhaltener und restaurierter Plantagenvillen und herrlicher Gartenanlagen aus der Zeit vor dem Bürgerkrieg, wie *Catalpa, Oakley, Greenwood, Rosedown, Afton Villa Gardens* oder *The Myrtles Plantation* (siehe Seite 307), aufgesucht.

St. Martinville ⑰. Zunächst Anlaufstelle für die französischen Acadian-Flüchtlinge aus Kanada, suchten während der französischen Revolution viele der royalistischen Flüchtlinge Asyl in Louisiana. Die Grafen, Marquis und Barone samt ihrem Anhang verwandelten St. Martinville für einige Zeit mit ihren Bällen, Soireen und Opernabenden in ein «Klein-Paris», in dem vergeblichen Glauben, nach Ende des republikanischen Spuks bald wieder als Herrscher nach Frankreich zurückkehren zu können. Heute präsentiert sich die Gemeinde im Schwemmland der Mississippi-Mündung dem Besucher als ruhiges, etwas altmodisches Städtchen. *361*

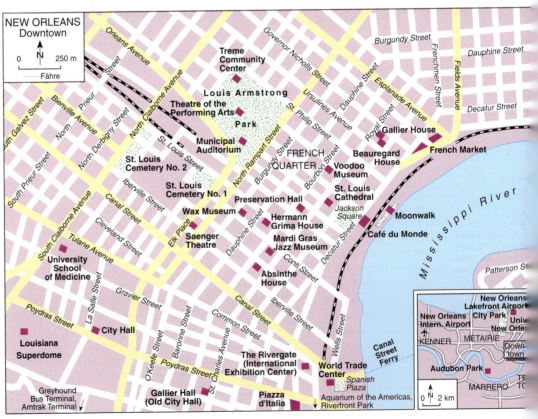

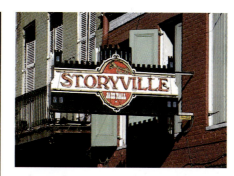

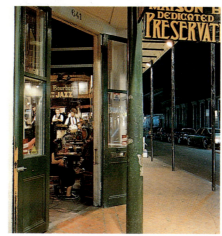

Im French Quarter in New Orleans kann einem die Nacht kaum zu lang werden – dafür sorgen zahlreiche Jazz-Clubs (rechts oben), darunter die «Maison Bourbon» (rechts Mitte), Kneipen und Restaurants. Im «Café du Monde» (rechts unten) machen sich Nachtschwärmer bei einem Café au lait fit für die nächste Runde. Fast an jeder Ecke begegnet man Straßenmusikanten, selbst nachts gibt es Musikumzüge (oben).

JEAN LAFITTE, SCHMUGGLER UND PATRIOT

Von New Orleans aus organisierte Jean Lafitte ein gewinnbringendes Schmugglergewerbe und übernahm bald das Kommando über die Freibeuter, die in Barataria im Mississippi Delta ihr Quartier hatten. Die britische Marine bot ihm 1814 vergeblich ein Kapitänspatent und 30 000 Dollar in Gold für seine Hilfe beim Sturm auf New Orleans an. Die patriotische Tat, dem US-Gouverneur Claiborne die britischen Eroberungspläne zu verraten, wurde schlecht gelohnt. Amerikanische Truppen brannten Barataria nieder. Doch schon bald war der amerikanische General – und spätere Präsident – Andrew Jackson (1767–1845) auf seine Hilfe angewiesen. Im Austausch gegen eine Amnestie für alle Piraten verteidigte Jean Lafitte die Stadt erneut gegen die Briten. Lafitte entfloh nach einem vergeblichen Versuch, Napoleon aus der Verbannung auf St. Helena zu befreien, dem «normalen» Leben als geachteter Bürger und gründete auf Galveston Island vor Texas erneut eine Freibeuterkolonie. Ziel waren spanische Schiffe, doch als einer von Lafittes Kapitänen ein amerikanisches Schiff enterte, mußten Lafitte und seine Mannen Texas verlassen. Nach einem rauschenden Abschiedsfest wurde die Piratensiedlung niedergebrannt, und Jean Lafitte segelte ins Dunkel der Geschichte.

MISSISSIPPI

Biloxi ㉕. Der schon seit 150 Jahren beliebte Urlaubsort mit 40 Kilometer langem Strand, gleichzeitig ein bedeutender Fischereihafen, wurde während des Bürgerkriegs kaum beschäftigt. Jefferson Davis, der Präsident der kurzlebigen Konföderierten Staaten von Amerika, verbrachte die letzten zwölf Jahre vor seinem Tod 1889 in *Beauvoir*, einer herrschaftlichen Villa an der Uferpromenade bei Biloxi und schrieb hier unter anderem seine Memoiren. Beauvoir ist heute zu einem Bürgerkriegsmuseum ausgestaltet. Der Leuchtturm *Biloxi Lighthouse* schützt die Seefahrer seit 1848 vor Untiefen. Die Inseln vor der Küste sind als *Gulf Islands National Seashore* unbesiedelt und landschaftlich geschützt. Allein oder im Rahmen geführter Touren kann man sie erkunden. 292, 311, 316, 350

Clarksdale ㉖. Inmitten der weiten, fruchtbaren Felder, nahe dem Mississippi, wurde der Blues geboren. Das *Delta Blues Museum* erzählt seine Geschichte, die mit der Stadt und mit den Musikern, die hier zu Hause waren, wie Muddy Waters (1915–1983), Charlie Patton (1885–1934) oder John Lee Hooker (1917–2001) verbunden ist. Nicht weit entfernt bei Sunflower Landing soll der spanische Konquistador Hernando de Soto im Mai 1541 den Mississippi «entdeckt» haben.

Columbus ㉗. Aus Possum Town, der kleinen Siedlung um eine Schenke an der Militärstraße zwischen Nashville und New Orleans, machten die reichen Baumwollpflanzer schnell das vornehmere Columbus. Ein Ensemble von etwa 100 eleganten Antebellum-Häusern, darunter das prächtige Anwesen der *Waverly Plantation*, mit einem achteckigen Kuppeldach, zeugen vom schnell erwirtschafteten Reichtum. Das 1847 eröffnete *Columbus Female Institute* gilt als erste öffentliche Hochschule für Frauen in den USA.

Greenville ㉘. Der Mississippi hat immer wieder Teile der Hafenstadt mitgerissen, bis im Jahr 1935 umfangreiche Dammbauten den Fluß abdrängen konnten. *Winterville Mounds State Park*, wenige Meilen nördlich der Stadt gelegen, war bis zur Mitte des 16. Jahrhunderts von mehreren tausend Indianern der Mississippi-Kultur (siehe Seite 361) bewohnt, die die fruchtbare Erde nahe des großen Stroms bebauten. Nach wie vor wird in dem Gebiet um Greenville auf großen Farmen Landwirtschaft betrieben. Literatur und Kreativität scheint dies nicht auszuschließen, kommen doch mit Walker Percy, Shelby Foote oder Ellen Douglas bekannte Autoren aus dieser Region. Jim Henson, der Schöpfer der beliebten Muppets-Puppen, wird im nahen Leland mit einem Museum geehrt.

Greenwood ㉙. Nach wie vor ist die Stadt an den Ufern des Yazoo einer der bedeutendsten Umschlagplätze des Landes für Baumwolle. Vor den europäischen Siedlern haben Indianer in mehr als 100 Dörfern an den Ufern der Flüsse gesiedelt und Landwirtschaft betrieben. Das *Cottonlandia Museum* dokumentiert die 10 000 Jahre alte Geschichte der Bewohner der Region. Auf der rekonstruierten *Florewood River Plantation* wird Leben und Arbeit auf einer Plantage vor dem Bürgerkrieg nachgestellt.

Gulfport ㉚. Im modernen Seehafen werden bis zu elf Schiffe gleichzeitig bedient. An der langen Küste nach Osten bis ins benach-

MIT DAMPF UND DIXIE

«Ol' man river» besingen Joe und die farbigen Arbeiter im Musical «Show Boat» (1927) von Jerome David Kern (1885 bis 1945) den Mississippi. Seit im Jahr 1811 das Dampfboot «New Orleans» von Pittsburg den Ohio hinunter den «Vater der Ströme» erreichte, durchpflügen Raddampfer seine Fluten.
«Die Menschen starrten die ankommenden Schiffe an wie ein Wunder, welches sie zum ersten Mal gewahr wurden.» Samuel Langhorne Clemens (1833–1910), besser bekannt als Mark Twain, hat den Fluß wie kein anderer beschrieben und wußte aus seiner Zeit als Lotse auf einem Mississippi-Dampfer so manch abenteuerliche Geschichte zu erzählen.
Auch heute lassen sich der Mississippi und seine Nebenflüsse, Ohio, Cumberland und Tennessee River, auf prachtvoll ausgestatteten Schaufelraddampfern «erfahren». Billig ist das unzweifelhafte Vergnügen einer entspannten Flußkreuzfahrt allerdings nicht. Für einen Trip mit drei Übernachtungen auf den mit allen Annehmlichkeiten und in historischem Dekor eingerichteten «steamboats» muß man je nach Kabine 800 bis 1800 Dollar entrichten, eine Reise von zwölf Nächten ist für zwischen 3000 und 7000 Dollar zu haben (siehe Seite 320). Wer nicht soviel Geld in der Tasche hat, kann preisgünstige Tagesfahrten nach New Orleans ins Mississippi-Delta unternehmen oder sein Glück auf einem der auf dem Strom schwimmenden Spielkasinos versuchen.
Die Fahrt von Memphis nach New Orleans ist wie ein Traum. Der Mississippi zieht mächtig und in weiten Biegungen dahin, vorbei an Plantagenvillen und historischen Städten, entlang fruchtbarer Flußniederungen und aufragender Uferböschungen. Glücklich, wer diese Landschaft im Schaukelstuhl auf einem Schaufelraddampfer genießen kann.

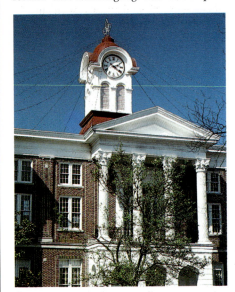

barte Biloxi und nach Westen bis zu den Seebädern von Pass Christian und Waveland locken breite *Sandstrände* Badeurlauber aus den Städten des Südens. Vom Yachthafen läßt sich von März bis November ein lohnender Ausflug auf die vorgelagerte Insel Ship Island unternehmen. Das auf der Insel gelegene *Fort Massachusetts* diente den Unionstruppen während des Bürgerkrieges als Stützpunkt für die Seeblockade der Südstaaten.

Jackson ③. «Chimneyville», Stadt der Schornsteine, nannten seine Bewohner Jackson, nachdem es von den Truppen des Unionsgenerals Sherman im Jahr 1863 in Schutt und Asche gelegt worden war. Die Hauptstadt von Mississippi, gleichzeitig Kreuzungspunkt der Handelswege des Bundesstaates, hat sich schon lange von der Zerstörung erholt. Einige Häuser aus der Zeit vor dem Bürgerkrieg sind erhalten geblieben und lohnen eine Besichtigung. Das *alte Kapitol* von 1833 mit schlichtem Säulenportikus beherbergt heute das *Historische Museum von Mississippi*, das *Rathaus* aus dem Jahr 1847 ist in einem klassischen Bau des Greek-Revival-Stils zu Hause, der alte *Gouverneurspalast*, der im Jahr 1841 gebaut wurde und in dem 35 Gouverneure lebten, blieb als Hauptquartier General Shermans von der Zerstörung ausgespart. Das reich verzierte *neue Kapitol* von 1903 ist dem Kapitol in Washington nachempfunden. Die größte öffentliche Bibliothek des Bundesstaates ist Eudora Welty (1909–2001) gewidmet, der großen alten Dame der amerikanischen Literatur, die William Faulkner und Tennessee Williams noch persönlich gekannt hat. Nordwestlich

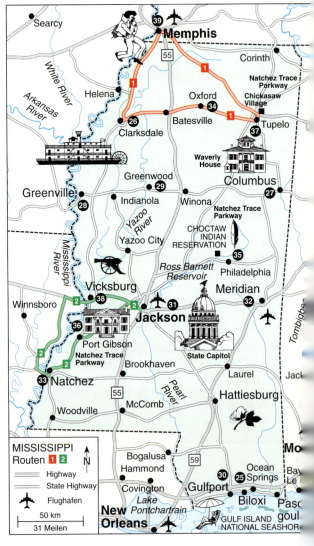

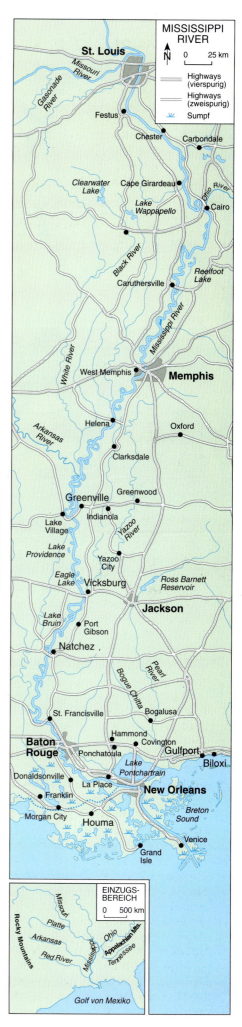

lichen Stadtrand geehrt. Gustav Denzel, ein deutscher Auswanderer, baute um die Jahrhundertwende mehrere Jahre an seinem Karussell, das er mit 28 bunt bemalten Holzpferden und anderen Tieren ausstattete.

Natchez ㉝. In der Stadt am Steilufer des Mississippi lebten vor dem Bürgerkrieg mehr Millionäre als in New York. Die Anwesen der reichen Pflanzer von einst stehen noch heute. *Rosalie, Monmouth, Stanton Hall, Dunleith* und *Magnolia Hall* gehören zu den imposantesten Villen im Greek-Revival-Stil, mit herrschaftlichen Auffahrten und eindrucksvollen, weißen Säulenportiken vor den großzügigen Wohnsitzen. Der Innenausbau von *Longwood*, einer Villa im verspielten Italianate-Stil und auf achteckigem Grundriß errichtet, wurde vom Bürgerkrieg unterbrochen. Viele Häuser lassen sich besichtigen, einige sind als Bed-&-Breakfast-Unterkünfte hergerichtet. Im Frühjahr und im Herbst besuchen Tausende von Amerikanern auf organisierten Rundreisen, «pilgrimages», die Südstaatenvillen und lassen sich von der vermeintlich heilen Welt der «guten alten Zeit» verzaubern. In *Natchez under the hill*, dem alten Hafenviertel am Fluß, waren früher die Kaschemmen der Flußschiffer und die leichten Mädchen zu Hause, heute legen hier die

Oben: Ansicht von Vicksburg.

Links: Die schönsten Routen durch Mississippi:

Route 1 beginnt in Memphis, Tennessee, und führt über Tupelo am Natchez Trace Parkway nach Oxford. Von dort geht es weiter nach Clarksdale und zurück nach Memphis.

Route 2 führt von Jackson auf dem Natchez Trace Parkway über Port Gibson bis nach Natchez, von dort nach Vicksburg und zurück nach Jackson.

Links oben: Das Court House in Oxford.

Links Mitte: Die Longwood-Villa in Natchez.

Links unten: Dr. Whittington vor seiner Villa Twin Oaks in Natchez.

Die majestätische Stanton Hall in Natchez wurde 1857 erbaut.

der Stadt hat die Bodenerosion im *Petrified Forest* versteinertes Treibholz eines prähistorischen Flusses zu Tage gefördert.

Meridian ㉜. Der Umschlagplatz für die Holz- und Viehwirtschaft der Region hat sich von zahlreichen Katastrophen – der Zerstörung durch die Bürgerkriegstruppen von General Sherman 1864, der Gelbfieberepidemie 1887 und dem Wirbelsturm von 1908 – gut erholt. Jimmie Rodgers (1897–1933), Sohn der Stadt, Eisenbahnarbeiter und früh an Tuberkulose gestorbene Country-Musik-Legende, wird durch ein *Museum* am nörd-

letzten großen Schaufelraddampfer an (siehe Seite 364), und an der Uferstraße kann man manch gutes Fischrestaurant finden.
Knapp 20 Kilometer nordöstlich der Stadt, am Natchez Trace Parkway (siehe Seite 366), läßt sich die Erdpyramide *Emerald Mound* besichtigen, übriggeblieben von einer Siedlung der Natchez-Indianer, die entlang des Mississippi in entwickelten Gemeinwesen gelebt haben. Die letzten Natchez wurden 1730 von französischen Truppen ausgelöscht. Das rekonstruierte Dorf *Grand Village of the Natchez Indians* gibt einen Eindruck ihrer Kultur. 295, 307, 323, 324, 325, 326, 346

Ocean Springs ㉕. Die Franzosen gründeten 1699 an der Stelle des heutigen, beliebten Urlaubsortes an der Golfküste ihre Kolonialhauptstadt Biloxi, verlegten den Ort allerdings schon drei Jahre später ein Stück weiter nach Westen auf die andere Seite der Meeresbucht. Das *Walter Anderson Museum of Art* zeigt die Arbeiten und erläutert das Leben des exzentrischen Malers (1903–1962), der lange Jahre in Ocean Springs und auf Horn Island vor der Küste lebte.

Oxford ㉞. Die Stadtväter erhofften sich vom traditionsreichen Namen Hilfe, um den Zuschlag für die Gründung der Universität von Mississippi zu erhalten. Sie hatten Glück, 1848 zogen die ersten 80 Studenten auf den Campus. Bei Ausbruch des Bürgerkriegs stürmten die Farmersöhne zu den Waffen. Doch auch neun Kompanien Infanterie und Kavallerie der University Grays konnten die Niederlage der Südstaaten nicht verhindern. Oxford ist heute ein literarisches Zentrum: William Faulkner (1897–1962), Nobelpreisträger für Literatur, lebte und arbeitete in der Stadt, schrieb dort über die Menschen und die gesellschaftlichen Verhältnisse des Südens (siehe Seite 368). Das Wohnhaus des Schriftstellers, *Rowan Oak*, gehört inzwischen der Universität und kann besichtigt werden. Die gemütliche Universitätsstadt ist inzwischen stolz auf den einst mißtrauisch beäugten Dichter. Die jährliche Faulkner-Konferenz, vom Zentrum für die Kultur der Südstaaten veranstaltet, zieht Literaten und Studenten aus vielen Ländern an. *364, 368*

Philadelphia ㉟. Die Choctaw-Indianer überließen den Weißen 1830 in einem Vertrag unter Druck große Teile des mittleren Mississippi. Einige tausend Mitglieder des Stammes leben und arbeiten noch immer in oder in der Nähe der kleinen, 10 000 Hektar umfassenden *Choctaw-Reservation* nahe der Stadt Philadelphia. Die Choctaw Indian Fair im Juli erinnert an die Green Corn Ceremony, das höchste Fest der Indianer vor der weißen Besiedlung. Nachdem Indianerreservationen von Washington Lizenzen zum Betrieb von Bingo- und Spielkasinos erteilt wurden, versuchen immer mehr Stämme sich über das Glücksspiel zu finanzieren. Auch die Choctaw haben inzwischen ihr Silver Star Casino errichtet, mit einarmigen Banditen, Spieltischen und großer Bingohalle.

Port Gibson ㊱. Einige Meilen südlich von Port Gibson, laut General Grant «zu schön, um es niederzubrennen», ragen 23 korinthische Säulen eines Herrenhauses einsam in den Himmel. *Windsor*, kurz vor dem Bürgerkrieg erbaut, fiel nicht brandschatzenden Sol-

---

DER NATCHEZ TRACE PARKWAY

Der Natchez Trace, ein alter Indianerpfad vom Mississippi River bis in die Hügellandschaft des mittleren Tennessee, wurde schon im 18. Jahrhundert von weißen Trappern genutzt. Später diente er amerikanischen Farmern aus dem Gebiet des Ohio-Tals, die ihre Waren auf dem Ohio und dem Mississippi in Richtung Natchez und New Orleans transportierten. Da sie ihre Flachboote ebenfalls verkauften, mußten sie nach Hause reiten oder wandern, und der Natchez Trace war für sie die kürzeste Verbindung.
Im Januar 1812 schlug die Todesstunde für den Trampelpfad, als das dampfgetriebene Schiff «New Orleans» in Natchez eintraf. In kurzer Zeit geriet der Pfad in Vergessenheit. Erst in den dreißiger Jahren des 20. Jahrhunderts erinnerte man sich des historischen Wegs und baute eine Straße von Nashville bis Natchez, den Natchez Trace Parkway, der der alten Route so eng wie möglich folgt und von historischen Hinweisen, Aussichtspunkten und rekonstruierten Abschnitten des alten Pfads begleitet wird (siehe Seite 314).

Der Tiefe Süden im Film:

1951 verfilmte Elia Kazan das Theaterstück «Endstation Sehnsucht» von Tennessee Williams (links oben und Mitte unten).

Nach Motiven von William Faulkner entstand 1958 das packende Südstaaten-Familiendrama «Der lange, heiße Sommer» von Martin Ritt (link unten).

Ebenfalls 1958 drehte Richard Brooks «Die Katze auf dem heißen Blechdach» nach de Bühnenstück von Tennessee Williams: Ein alter Plantagenbesitzer steht vor den Trümmern seines Lebens (oben und rechte Sei links).

In «Mississippi Burning» schickt Alan Parker 1988 zwei FBI-Agenten nach Mississippi, um den Mord an drei Bürgerrechtlern aufzuklären – eine gelungene Schilderung von Rassenhaß und Unterdrückung in einer Südstaaten-Kleinstadt (rechts oben und Mitte unten).

Ein Roman von Harper Lee war die Vorlage für den Film «Wer die Nachtigall stört» von Robert Mulligan (1962): Eine friedliche Kleinstadt in Alabama verwandelt sich in einen Hexenkessel, als ein rechtschaffener schwarzer Bürger beschuldigt wird, eine Weiße vergewaltigt zu haben (rechts unten).

daten, sondern einem unachtsamen Raucher zum Opfer. In der Nähe steht *Rosswood Mansion*, vom selben Architekten wie das unglückliche Nachbarhaus entworfen. Das Tagebuch des ersten Besitzers vermittelt einen authentischen Eindruck vom Leben auf einer Südstaaten-Plantage. *324, 325, 372/373*

Tupelo ㊲. Die einst mächtigen Chickasaw-Indianer, die den Franzosen manche Niederlage beigebracht hatten, mußten schließlich der weißen Übermacht weichen. Nördlich und südlich der Stadt bei *Pharr Mounds* oder beim *Chickasaw Council House* nahe dem Natchez Trace Parkway (siehe Seite 366) sind noch Zeugnisse der früheren indianischen Besiedlung zu finden. Der National Park Service, der den Natchez Trace betreut, unterhält ein informatives Besucherzentrum bei Tupelo. In einem kleinen weißen Holzhaus lebte Elvis Aron Presley (1935–1977) die ersten drei Jahre seines Lebens, bevor die Familie ins nahe Memphis umzog. Grund genug, einen *Elvis Presley Park and Museum* einzurichten, der dem Örtchen einige tausend Besucher mehr im Jahr garantiert.

Vicksburg ㊳. Pastor Newitt Vick starb 1819 über dem Versuch, am Steilufer des Mississippi eine Stadt zu gründen. Einige Jahre später gelang es anderen, sie nannten diese nach ihrem Vorgänger Vicksburg. «Gibraltar der Konföderierten» hieß Vicksburg während des Bürgerkriegs, ließ sich doch der Schiffsverkehr auf dem Fluß mit den Batterien auf dem Steilufer trefflich kontrollieren. Nach vergeblichen Angriffen, einer verlustreichen Attacke mit Kanonenbooten und einer fast zweimonatigen Belagerung durch die Truppen von General Grant gaben die entkräfteten Südstaatler am 4. Juli 1863 auf. Der Mississippi war nun in der Hand der Union. Durch den großflächigen *National Military Park* führt eine 25 Kilometer lange Straße vorbei an alten Gefechtsständen, Schützengräben und Ehrentafeln sowie am erst 100 Jahre später geborgenen, während der Kämpfe gesunkenen Kanonenboot USS Cairo. In der reizvoll an der früheren Kehre des Mississippi und dem heutigen Yazoo-Kanal gelegenen Stadt sind eine Reihe von *Antebellum-Häusern* restauriert. *364/365*

AUSFLUG NACH TENNESSEE

Memphis ㊴. Der Mississippi, der «amerikanische Nil», gab die Anregung, die Stadtgründung von 1819 an dessen Steilufer nach der einstigen unterägyptischen Metropole zu benennen. Der Ort entwickelte sich zum Handels- und Umschlagplatz für die Landwirtschaft der umliegenden Region und wurde bald zum Baumwollzentrum des Südens. Die wirtschaftliche Depression nach Ende des Bürgerkriegs und die Unruhen 100 Jahre später nach der Ermordung von Martin Luther King 1968 im Lorraine Motel haben Memphis stark zugesetzt, doch die Stadt hat sich davon erholt und gilt heute als eine der modernen Metropolen des Südens. Das *Mississippi River Museum* auf Mud Island gibt umfassend und amüsant Auskunft auf alle möglichen Fragen zum «Vater aller Ströme». Im Stadtzentrum ist die legendäre *Beale Street*, in deren Clubs der Blues salonfähig wurde, komplett restauriert und mit Restaurants, Geschäften und Theatern wieder zu einem kulturellen Zentrum geworden. Das Lorraine Motel in der Mulberry Street wurde vor wenigen Jahren zu einem *Bürgerrechtsmuseum* umgestaltet. Am südlichen Stadtrand, fast schon in Mississippi, zeigt das *Chucalissa Museum*, daß an gleicher Stelle von 900 bis 1500 n. Chr. eine indianische Siedlung der Mississippi-Kultur mit Häusern und Tempelbauten auf Erdhügeln existierte (siehe Seite 361). Nicht weit davon entfernt befindet sich ein moderner Wallfahrtsort. *Graceland*, Wohnhaus, Sterbeort und Begräbnisstätte von Elvis Aron Presley, dem «King of Rock'n'Roll» wird auch bald 30 Jahre nach seinem frühen Tod jährlich von Zehntausenden aufgesucht. *322, 323*

In seinem Werk wird der Tiefe Süden zur Bühne der Welt. William Faulkner, der überwiegend in Oxford, einer Kleinstadt in Mississippi, lebte, war ein Außenseiter, selbstbewußt exzentrisch, dem Alkohol ergeben – und ein begnadeter Schriftsteller.

VOM TAUGENICHTS ZUM NOBELPREISTRÄGER

Der Schriftsteller William Faulkner

Das Städtchen Oxford (siehe Seite 366) in Lafayette County im Norden von Mississippi ist manchem literarisch Interessierten besser bekannt als «Jefferson» in «Yoknapatawpha County». William Faulkner, der bedeutendste Schriftsteller der Südstaaten und Nobelpreisträger für Literatur, hat sich für die erdachten Orte und Menschen die Wirklichkeit zum Vorbild genommen und in seiner Heimatstadt unerschöpfliche Anregungen gefunden. Nicht unbedingt zum Gefallen der Bewohner von Oxford, die ihre Eigenheiten, ihre Geheimnisse und privaten Abgründe in aller Öffentlichkeit ausgebreitet sahen.

Schon bald nach seiner Geburt 1897 in der Kleinstadt New Albany im Norden von Mississippi ließ sich die Familie im nahen Oxford nieder, wo Faulkner mit seinen drei Brüdern aufwuchs, zur Schule ging und für den Rest seines Lebens eine Heimat fand. An der Universität von Mississippi in Oxford, der «Ole Miss», war auch William Faulkner kurz eingeschrieben. Doch schon nach weniger als einem Jahr gab der selbstbewußte und alkoholischen Exzessen nicht abgeneigte Student auf. Seine herausragendste Position an der Hochschule war die des Leiters der Poststelle, doch nach zwei Jahren waren er und die Hochschulverwaltung es leid. «Ich habe keine Lust, nach jedermanns Pfeife zu tanzen, nur weil sich einer eine Briefmarke leisten kann», kommentierte Faulkner seinen Abgang.
Im Jahr 1930 zog William Faulkner in das Anwesen Rowan Oak in die Old Taylor Road um, in ein fast 90 Jahre altes Haus mit repräsentativem Portikus. Hier lebte und arbeitete er bis zu seinem Tod im Jahr 1962. In dem kleinen Arbeitszimmer neben der Bibliothek sind zahlreiche seiner bekanntesten Werke entstanden, die Trilogie «Das Dorf» (1940), «Die Stadt» (1957) und

Nicht ohne seine Pfeife – der Schriftsteller William Faulker (1897–1962) gilt als der Chronist des Südens.

«Das Haus» (1959), die Geschichte vom Aufstieg der geldgierigen und skrupellosen Snopes-Sippe im dekadenten Süden sowie «Licht im August» (1932) oder «Absalom, Absalom!» (1936). Der Raum sieht aus, als wenn der Autor nur kurz vor die Tür gegangen wäre. Die schwarze Reiseschreibmaschine befindet sich auf dem Arbeitstisch, seine Sonnenbrille, ein Stück Rasierseife, ein Tintenfäßchen und eine Dose mit Abwehrmittel gegen aggressive Hunde stehen wie zur Benutzung bereit. Der Grundriß des Romans «Eine Legende», der im Jahr 1954 den Pulitzer-Preis gewann, ist deutlich erkennbar an die Wand gekritzelt. Nachdem Faulkner 1950 der Nobelpreis für Literatur für das Jahr 1949 verliehen wurde und sich Film und Fernsehen für den Schriftsteller zu interessieren begannen, rückte Oxford plötzlich in das Licht der internationalen Öffentlichkeit.

Rowan Oak, etwas abseits der Straße zwischen Eichen und Pinienbäumen gelegen, gehört heute der Universität, die das Haus restauriert und der Öffentlichkeit zugänglich gemacht hat. In der Universitätsbibliothek ehrt eine ständige Ausstellung den bedeutendsten Sohn der Stadt, hier ist auch die Nobelpreis-Urkunde zu bewundern. Im August jeden Jahres veranstaltet die «Ole Miss» eine internationale Faulkner-Konferenz, wird Oxford zur Wallfahrtsstätte für Studenten, Verehrer und Sammler aus vielen Ländern. Das Familiengrab auf dem St. Peter's Friedhof ist dann von frischen Blumen geschmückt, so mancher Whiskey wird zum Ruhm des Dichters getrunken.

In der gut ausgestatteten Buchhandlung «Square Books», nicht zu verfehlen am Courthouse Square, findet man alles über William Faulkner. Eine kleine Cafeteria lockt mit gutem Kaffee und Gebäck sowie der Aussicht, mit einem der vielen bekannten Autoren, wie John Grisham oder Willie Morris, die heute in Oxford wohnen, an einem Tisch zu sitzen.

In Faulkners Roman «Requiem für eine Nonne» (1951) heißt es: «Die Vergangenheit ist niemals tot. Sie ist nicht einmal vergangen.» Ein guter Leitspruch für eine Reise durch den Tiefen Süden.

Axel Pinck

In seinem Haus Rowan Oak in Oxford lebte Faulkner von 1930 bis zu seinem Tod.

Bed & Breakfast in stilvollem Ambiente: In der Butler Greenwood Plantation in St. Francisville kann man sich in luxuriöser Umgebung verwöhnen lassen und anhand von Fotos und Dokumenten in die Geschichte blicken.

Blick durch den schönen Garten auf Houmas House, eine Plantagenvilla am Mississippi südlich von Baton Rouge.

Spaß und Spiel in alten Südstaaten-Kostümen während des Spring Festival in Port Gibson.

Des einen Freud, des andern Leid: Für eilige Fußgänger sind Chicagos Hebebrücken manchmal ein Ärgernis.

TRAUMZIEL AMERIKA

CHICAGO

Text Friederich Mielke · Manfred Braunger

Blick auf das Nordufer des Chicago River mit Marina City (ganz links) und dem Carbide and Carbon Building (rechts).

Das autofreie Urlaubsparadies Mackinac Island liegt nur wenige Kilometer östlich der Landenge zwischen Michigan- und Huronsee.

Die 1957 eingeweihte Mackinac Bridge ist mit 2543 Meter Spannweite eine der längsten Hängebrücken der Welt.

DIE STADT DER BREITEN SCHULTERN

Mächtig und stolz ragt Chicago in den Himmel – das urbane Symbol der politischen, wirtschaftlichen und kulturellen Macht der amerikanischen Mitte. Die Wolkenkratzer zeigen der Welt: Hier pocht das Herz Amerikas, dies ist das Zentrum, die Hauptstadt des Heartland. Verführerisch schön schmiegt sich Chicago ans Wasser, wie eine Stadt am Meer, mit Strand, Brandung und Jachthafen. Die Strände am Lake Shore Drive erinnern an Rio de Janeiro, und vom 343 Meter hohen John Hancock Center streift der Blick die höchsten Häuser der Welt, fliegt über Expressways, Bahnhöfe und Vorstädte und verliert sich in der Weite des Westens: Iowa und Nebraska am Horizont, und ganz weit im Westen ahnt man den Pazifik, Oregon und Kalifornien. Der Michigansee erstreckt sich nach Süden und Osten, ohne Land am Horizont zu zeigen. Die Illusion ist perfekt; und wenn ein starker Ostwind die hohen Wellen auf den Oak Street Beach peitscht, könnte der See der Atlantik sein.

Der erste Chicago-Besuch ist überwältigend. So schön, so gewaltig hat sich niemand Chicago vorgestellt. Vom Adler Planetarium, auf Northerly Island – der Lake Front vorgelagert –, zeigt sich die Skyline besonders eindrucksvoll: Dort steht der Sears Tower am südlichen Rand des Loop, der «Schleife», wie das Geschäftsviertel genannt wird, dahinter die markanten Türme des Two Prudential Plaza und des Amoco Building, im Norden der konische Wolkenkratzer des John Hancock Center – die Silhouette einer unvergleichlichen und dynamischen Stadt.

Chicago ist die «uramerikanische Stadt», «stürmisch, rauh, lärmend», die «Stadt der breiten Schultern», wie sie Carl Sandburg (1878 – 1967) in seinen «Chicago Poems» um 1920 beschrieb. Symbol für ein dynamisches, jugendliches, selbstbewußtes und vitales Amerika – «stolz, wild, stark und schlau». Und Chicago ist «the city that works», wobei *work* arbeiten und funktionieren bedeutet. Und diese Arbeitswut, diese Kraft, der Geist des Machbaren, das Anpacken, Gründen, Aus-dem-Boden-Stampfen ist uramerikanisch und typisch für Chicago: Hier wurden die größten Schlachthöfe Nordamerikas betrieben, ein bedeutendes Eisenbahnnetz verlegt, modernste Hochhäuser erbaut und breite Autobahnen aus dem Boden gestampft, auf denen 24 Stunden am Tag der Verkehr den Loop umbrandet. Das Stürmische, Rauhe, Lärmende von Chicago ist auch heute noch fühlbar: auf dem O'Hare International Airport, dem verkehrsreichsten Flughafen der Welt, im Trubel der Weizenterminbörse oder auf den dichtbefahrenen, mehrspurigen Autobahnen. Chicago «works», Chicago pulsiert, schaufelt, baut, stapelt, lacht und schwitzt auch heute wie in den Gründerjahren, als der Dichter Carl Sandburg hier lebte.

Einst «Schweinemetzger der Welt», Magnet für Millionen arbeitsuchender Immigranten, ist die Megalopolis heute ein Mekka für Fans moderner Architektur, Dreh- und Angelpunkt Nordamerikas, Zentrum der größten Kornkammer der Welt. Nur die Arbeit ist «weicher»

Chicagos Mus ist der Blues – schwermütig und temperamentvoll, monton und rhythmisch zugleic Saxophon, E-Gitarre, Schlagzeug u Mundharmoni sind die Instrumente des Chicago Blue der am beste noch von eine rundlichen La gefühlvoll gesungen wir

Heute verkehren auf dem Chicago River vor allem Ausflugsboote. An die Zeit, als er eine vielbefahrene Wasserstraße war, die über den Illinois & Michigan Canal mit dem Mississippi und damit mit dem Golf von Mexiko verbunden war, erinnern noch seine 52 Hebebrücken.

Helligkeit und Transparenz, den Außenraum nach innen holen – das wollte der Architekt Helmut Jahn mit seinem Entwurf für das Northwestern Atrium Center, ein vierzigstöckiges Bürohaus, zu dem auch die Northwestern Train Station gehört

geworden: statt Eisenbahnen Flugzeuge, statt Schweinebäuchen Computer, und statt Rinderhälften zu zerkleinern, sitzen Chicagos Bürger heute in klimatisierten Büros, kommunizieren per Internet und genießen die Errungenschaften der High-Tech-Zivilisation.

VON DER COPPER CULTURE ZUM COMPUTER

Die Geschichte Chicagos ist, wie die aller nordamerikanischen Städte, kurz – obwohl es auf uraltem Siedlungsgebiet liegt. Jahrtausende lang wohnten hier, im Gebiet der Großen Seen, Indianer. Von 5000 bis 1000 v. Chr. sprechen die Historiker von der Old Copper Culture, einer Ära, in der die Indianer der Großen Seen vermutlich als erste Amerikaner Metall verarbeiteten, dann folgen die Waldland- und die Hopewell-Kultur, die beide bedeutende Zeugnisse hinterlassen haben.

Die Erforschung des St.-Lorenz-Stroms zu Beginn des 17. Jahrhunderts weckte das Interesse Frankreichs an der Region. Das Waldland rund um die fünf Großen Seen – Lake Superior, Lake Michigan, Lake Huron, Lake Erie und Lake Ontario – war reich an Bibern, Ottern, Füchsen und anderen Pelztieren, deren Felle in Europa überaus begehrt waren. 1671 beanspruchte der französische König das Gebiet. Bereits 1673 landeten Louis Jolliet und

Ein Flugblatt für die Wahlen gefällig? Chicago ist ein beliebtes Pflaster für «bunte Vögel»

Der Glaspalast des State of Illinois Center von Helmut Jahn ist eines der umstrittensten Bauwerke Chicagos – und eines der kühnsten. Verwaltungsgebäude und Einkaufszentrum in einem, bietet es Raum für Tausende von Menschen.

Über vierzig Prozent der Bevölkerung Chicagos sind Afroamerikaner, die seit der Jahrhundertwende aus den Südstaaten zuwanderten.

Pater Jacques Marquette am Chicago River, doch erst 1779 ließ sich Jean Baptiste Point du Sable an der Mündung des Chicago River nieder, wo er einen Handelsposten errichtete. Bis heute gilt er als der «erste Chicagoer».

Die strategisch günstige Lage am Chicago River lockte bald auch die US-Armee an. 1803 bauen die amerikanischen Soldaten dort das kleine Fort Dearborn. 1812 stiften die Engländer, die mit den Franzosen wegen Pelzhandel und Gebietsansprüchen in ständiger Fehde lagen, die Pottawattomie-Indianer an, das Fort zu überfallen. Im sogenannten Fort-Dearborn-Massaker werden 52 Fort-Bewohner getötet. Das ruhmlose Ende des Forts bedeutet auch den Untergang der Pottawattomie-Indianer. Sie werden in Reservate getrieben, der Stamm löst sich auf. Heute erinnert eine Gedenktafel an der Ecke East Wacker Drive und Michigan Avenue an das Fort.

1818 wird Illinois als 21. Bundesstaat in die Vereinigten Staaten aufgenommen. Knapp zwanzig Jahre später zählt Chicago noch nicht mehr als viertausend Einwohner. Die ersten Jahre der jungen Stadt sind rauh. «Die drei Polizisten der City jagen umher, um die Schlägereien in den Saloons und auf der Straße unter Kontrolle zu bekommen», schreibt im Jahr 1828 der Chronist Lloyd Lewis. Die Zeitung der Stadt Jackson in Michigan spöttelt: «Die Bevölkerung Chicagos setzt sich hauptsächlich aus Hunden und Landstreichern zusammen.»

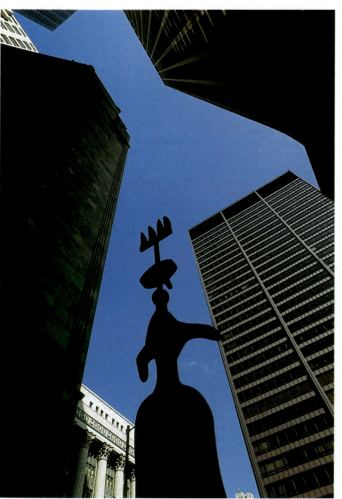

Und dennoch zieht es die Neueinwanderer nach Chicago, es kommt zu einer der größten Zuwanderungen in der Geschichte der USA. Ausgelöst wird sie durch die Eröffnung des Illinois & Michigan Canal im Jahr 1848. Dieser nur 160 Kilometer lange Kanal ist das fehlende Bindeglied zwischen Chicago River und Illinois River. Jetzt ist es möglich, vom Lake Michigan zu Wasser über den Mississippi bis nach New Orleans und zum Golf von Mexiko zu fahren. Damit wird Chicago zum größten amerikanischen Binnenhafen und zur Handelsdrehscheibe im Gebiet der Großen Seen. Entscheidend für den Aufschwung Chicagos sind auch die großen Schlachthöfe, die Union Stockyards, die 1865 gegründet wurden. Das Bevölkerungswachstum der Stadt explodiert. Wenige Jahre nach dem großen Brand von 1871 zählt Chicago bereits eine halbe Million Einwohner, 1890 sind es 1,1 Millionen, zehn Jahre später schon 1,7 Millionen. Die Bilanz des Feuers von 1871 ist dramatisch: 20 000 Häuser wurden zerstört, 90 000 Menschen werden obdachlos. Chicago muß weitgehend neu aufgebaut werden. Doch in wenigen Jahren wird die «city that works» regelrecht aus dem Boden gestampft, schon 1872 stehen wieder 60 000 Häuser, 200 Kirchen und 50 Banken!

In den achtziger Jahren sinken die Löhne aufgrund des großen Angebots an billigen Arbeitskräften, die Arbeiter streiken. 1886 wird zum Schicksalsjahr: Bei einer Kundgebung auf dem Haymarket werden sieben Polizisten und zwanzig Arbeiter getötet, als eine Bombe in die Menschenmenge fliegt. Die vier Hauptverdächtigen, darunter der Deutsche August Spies, werden ein Jahr später gehenkt. Alle Angeklagten hatten in dem Indizienprozeß ihre Unschuld beteuert. Der Trauerzug wird von 200 000 Menschen begleitet.

Sechs Jahre später erklärt der Gouverneur von Illinois, John Peter Altgeld, die Gehenkten zu Opfern eines Justizmords. Altgeld enthüllt die manipulierte Auswahl der Geschworenen, die rechtsbeugende Zeugenvernehmung, das skandalöse Verhalten von Richter und Staatsanwalt. Auf dem Chicagoer Waldfriedhof steht heute noch das Denkmal für die Sozialrevolutionäre.

1892/93 macht die junge Weltstadt am Michigansee mit der Columbus-Weltausstellung von sich reden. 27 Millionen Besucher kommen nach Chicago, in die «Weiße Stadt am Michigansee» mit ihren Kanälen, Lagunen, Terrassen, Parks, Blumen und vielen Gebäuden im klassizistischen Stil. Damals wurde der Beiname «Windy City» von der «New York Sun» geprägt, wobei *windy* auch im Englischen die Nebenbedeutung eitel, leer oder aufgeblasen haben kann.

Um die Jahrhundertwende holt sich Chicago den Ruf einer Porcopolis, einer «Schweinestadt», als Upton Sinclair mit seinem Bestseller «Der Dschungel» die fürchterlichen hygienischen Verhältnisse in den Schlachthöfen aufdeckt.

«Splash» heißt diese Skulptur des Bildhauers Jerry Peart. Und mitten in den Wolkenkratzerschluchten von Downtown Chicago ist diese sieben Meter hohe Plastik wirklich ein aufsehenerregender «Farbfleck».

Unverkennbar ein Miró: Gerundete Formen und spielerische Leichtigkeit trotz aller Monumentalität zeichnen auch diese Plastik des spanischen Künstlers Joan Miró aus. «Miró's Chicago» auf der Brunswick Building Plaza im Loop.

Es muß nicht immer große Kunst sein, auch Graffiti am Bauzaun bringen Farbe in die Hochhauslandschaft der Innenstadt.

Aufstören und ärgern wollen die Schauspieler des «Annoyance Theatre» ihre Besucher, wenn man dem Namen glauben darf. Der Broadway im Stadtviertel New Town ist eine gute Adresse für Avantgarde-Theater wie dieses.

Im Juni trifft sich ganz Chicago beim Blues Festival im Grant Park.

Inbegriff postmoderner Eleganz: das 1984 fertiggestellte Hochhaus 333 West Wacker Drive am Chicago River.

SEIT DIE HÄUSER ZUM HIMMEL WACHSEN
Chicagos Architekten machen Schule(n)

Mit der Einführung des Stahlskelettbaus Ende des 19. Jahrhunderts begann in Chicago ein neues Kapitel der Architekturgeschichte: das Zeitalter des Wolkenkratzers. Bauingenieure und Architekten wie William Le Baron Jenney, Daniel H. Burnham und vor allem Louis Sullivan legten den Grundstein dafür, daß die Stadt am Michigansee zum Mekka der Baumeister wurde. Ein Renommee, zu dem die nachfolgende «Zweite Chicagoer Schule» der Architektur mit Ludwig Mies van der Rohe ebenfalls beitrug – und das die neue, postmoderne Architekten-Generation unter gehörigen Leistungsdruck setzt.

Ende des vergangenen Jahrhunderts hatte Chicago die Aufmerksamkeit der Welt erregt, als der Bauingenieur William Le Baron Jenney, wie man las, «den kecken Schritt zu einer Änderung» der Gewohnheiten bei der Konstruktion von großen Gebäuden tat. Er hatte aus dem Schalen-Haus, das von seinen gemauerten Außenmauern getragen wird, ein Knochen-Haus gemacht, das sich auf ein Skelett aus Stahl stützt und Außenmauern nur mehr als Hülle und als Feuerschutz braucht. Von diesem Zeitpunkt an konnten Häuser bis an die Wolken wachsen – und Wolkenkratzer werden. Es hatte ja auch rechtzeitig der Fahrstuhl seine Prüfung bestanden. Sein Erfinder Elisha Graves Otis hatte ihn selber vorgeführt, war aufwärts gefahren, hatte dann das Seil kappen lassen und den berühmten Satz gesagt: «All safe, gentlemen!»

Wahrscheinlich hätte das Hochhaus viel länger auf sich warten lassen, wenn Chicago nicht im Oktober 1871 einem Feuer zum Opfer gefallen wäre. Beim Wiederaufbau gelang es der Stadt, sich in knapp zwanzig Jahren von Grund auf zu erneuern und zugleich die Epoche einzuleiten, die in der Baugeschichte die Moderne genannt wird. Es war ziemlich selbstverständlich, daß damals alles in jenes längliche Stadtgeviert drängte, um das die Hochbahn eine Schleife zieht, immer noch, und das deshalb der «Loop» genannt wird.

Louis Sullivan, der vielgepriesene Architekt dieser Jahre, wußte natürlich, daß die Erneuerung nicht einer städtebaulichen Idee zu verdanken war, sondern dem blanken Kommerz und der Spekulation mit Grundstücken und Bauwerken. So ist die neue Architektur hier nicht einer Idee, nicht einem utopischen Einfall zu danken, sondern, wie Colin Rowe schrieb, nur «vorbehaltloser Offenheit und phantasievoller Verkaufstätigkeit». Die Architekten nahmen, schrieb Sullivan, «den Stahlrahmen in Empfang und machten etwas daraus». Sie waren Praktiker, nicht Weltverbesserer. Aber sie verstanden den Wink und entwarfen Gebäude voller Innovationen und von pragmatischer Schönheit, eine Baukunst der Nützlichkeit.

Die Moderne lag, seit Otto Wagners Buch über die «Baukunst unserer Zeit» in Wien im Jahr 1895 erschienen war, in der Luft. In Chicago hatten Burnham und Root 1891 ihr noch nach alter Weise gemauertes Monad-

berühmter Leitsatz lautete denn auch *form follows function*, dem zufolge die Gestalt eines Gebäudes aus Konstruktion und Aufgabe wie seinem Inhalt abzuleiten sei – was nicht gleich den Verzicht auf Schmuck bedeutete. Seine Gebäude hatten etwas Klassisches und ähnelten dem Bau der Säule mit Sockel (Basis), Korpus (Schaft) und Attika (Kapitell). Seine horizontal gegliederten Bauten bekamen alle eine vertikale Pointe; die Fenster prägten einen neuen Typus, das große, breite, dreigeteilte «Chicago-Fenster».

Doch der Zauber des Eklektizismus war noch lange stärker als die Moderne, das zeigte am eindringlichsten der berühmteste aller Architektur-Wettbewerbe, der um den «Chicago Tribune»-Tower 1922, an dem sich die gesamte Welt-Elite der Architekten beteiligt hatte, auch Walter Gropius, Eliel Saarinen, Adolf Loos – aber Gewinner wurden zwei New Yorker Historisten mit einem neugotischen Turmhaus.

Neben Sullivan entwickelte sich ein gänzlich anderes Talent: Frank Lloyd Wright. Er fühlte sich freilich in ländlichen Gefilden wohler als im städtischen Gedränge, und so baute er im westlichen Vorort Oak Park seine vielen sogenannten «Präriehäuser», ausladende, luftige Landhäuser mit überstehenden Dächern und offenen, ineinander fließenden Grundrissen. Was Sullivan und Wright miteinander verband, war die Absicht, «organisch» zu bauen, aber zugleich mit sinnvoller Einfachheit. Ludwig Mies van der Rohe, der dritte große Geist in der Baugeschichte Chicagos, wurde dann, nach 1938, zum Haupt der «Zweiten Schule». Im Grunde aber knüpfte er an die erste an. «Es gibt», notierte er, «nur einen Weg, diese Einfachheit zu bekommen, und dieser Weg führt grundsätzlich über die als Architektur entwickelte Konstruktion.» Auch er hatte einen Leitsatz, und der hieß «Weniger ist mehr» und meinte die äußerste Reduktion der Mittel. So verlor für Mies van der Rohe die Fassade, so gewann statt dessen die Konstruktion an Bedeutung.

Die eigenartige Schönheit dieser Haut- und Knochen-Architektur aus Stahl und Glas (und gelbem Backstein) hatte er zuerst am Illinois Institute of Technology (IIT), dann aber ungleich eindrucksvoller am Michigansee gezeigt. Auch diese, scheinbar leicht nachzuahmende – und weidlich, oft einfältig imitierte, oft unverstandene wie ungekonnte – Architektur war nur in Chicago denkbar.

In den siebziger, achtziger Jahren setzte dann so etwas wie eine Revolte gegen diese strenge, konstruktiv bestimmte Moderne ein, vollführt von jungen Architekten, die gegen all diese geradezu klassischen Vorsätze sündigten, mit Lust, mit

1 Das ehemalige Redaktionsgebäude der «Chicago Daily News» wurde Ende der Zwanziger Jahre errichtet.

2 Blick über Chicago (Foto von 1936).

3 Der Turm der «Chicago Tribune» (rechts) bildet mit dem Wrigley Building (links) das Tor zur Magnificent Mile.

4 Das Rookery Building zählt zu den Meisterwerken des Architektenduos Burnham und Root.

5 Frank Lloyd Wright vor seinem Entwurf eines «Mondkratzers» für Chicago.

nock Building, das höchste jemals aus Ziegeln errichtete Hochhaus, bereits schmucklos gelassen und seine plastische Wirkung gänzlich aus der Architektur heraus entwickelt. Doch zum führenden Kopf der Architekten-Generation, die als erste «Chicagoer Schule» der Architektur Geschichte machte, wurde Louis Sullivan. Ein Bauwerk, sagte er, habe zugleich physischen wie psychischen Aspekten zu dienen und die soziale Umwelt zu reflektieren. Sein

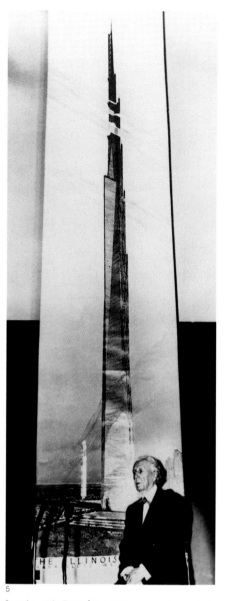

Ironie, mit Regelverstößen von jener Art, die dann alsbald in die sogenannte Postmoderne mündeten, auch in einen neuen Historismus. Als Anfang der siebziger Jahre eine in München geschaffene Ausstellung über «100 Jahre Architektur in Chicago» die Runde um die Welt machte, in der nur Mies und seine Anhänger ernst genommen worden waren, verbündeten sich die jungen Renegaten und machten in einer Gegenausstellung auf ihre andere Architektur aufmerksam, zeigten neue, auch erfrischende Impulse und bisweilen auch sehr grelle, bizarre Erfindungen.

Es ist nicht leicht zu sagen, warum Chicago dieses stimulierende architektonische Klima hat, in dem so viele gewandte und störrische (auch zum monumentalen Kitsch neigende) Talente gedeihen, das so viele Widersprüche erlaubt, ohne dabei die Balance zu verlieren. Nicht leicht aber auch zu sagen, ob die heutige Generation von Architekten wirklich das Zeug hat, die «Dritte Chicagoer Schule» zu sein. Bei so viel modischer Beliebigkeit. *Manfred Sack*

Der O'Hare International Airport ist mit 72 Millionen Passagieren pro Jahr der verkehrsreichste Flughafen der Welt.

Im Licht der Abendsonne glänzen die Fassaden der beiden Hochhaus-Türme am Navy Pier. Neben den strengen Linien des Apartment-Turms North Pier (rechts) wirken die geschwungenen Formen des Lake Point Tower um so leichter. Sie bieten nicht nur dem Wind wesentlich weniger Angriffsfläche, sondern ermöglichen auch eine freiere Gestaltung der Grundrisse.

Das Carbide and Carbon Building an der North Michigan Avenue ist einzigartig unter den Art-déco-Bauten Chicagos. Während man sonst hellen Stein bevorzugte, setzen hier die Kontraste kräftige Akzente: Der dunkle Turm des vierzigstöckigen Gebäudes ist mit goldfarbenen Kacheln aus Terrakotta verkleidet.

1910 hat Chicago ungefähr zwei Millionen Einwohner. Die Gründerjahre gehen über in die Hochkonjunktur der Goldenen Zwanziger. Doch das Jazz Age ist auch die Zeit der Prohibition, des Alkoholschmuggels und des Gangsterunwesens, deren berühmteste Vertreter Al Capone (siehe Seite 410) und Johnny Torrio sind.

Während der Großen Depression in den dreißiger Jahren erlebt Chicago schlimme Zeiten, Arbeitslose demonstrieren auf der State Street, bankrotte Unternehmer verlassen die Stadt, der Glanz der zwanziger Jahre ist dahin. Dennoch veranstaltet die Stadt 1933 erneut eine Weltausstellung – unter dem Motto «A Century of Progress».

Der Zweite Weltkrieg bringt Chicago ein neues wirtschaftliches Hoch und Arbeitsplätze; die Stadt erholt sich von der Depression. Die Jahre von 1955 bis 1976 stehen ganz im Zeichen von Bürgermeister Richard J. Daley, der schon zu Lebzeiten eine Legende ist. «The Boss», wie er genannt wird, ist ein Produkt der Chicagoer Politmaschine, einem System aus politischer Ämterpatronage, Filz, Machtverteilung und Abhängigkeiten. Während seiner Amtszeit wurde der Flughafen O'Hare gebaut, die acht- bis zehnspurigen Stadtautobahnen (*expressways*) angelegt, Stadterneuerungen (*slum clearings*) durchgeführt, das Seeufer entwickelt und die Chicagoer Filiale der Staatsuniversität von Illinois gegründet.

Nach Daleys Tod 1976 wird Jane Byrne 1979 Bürgermeisterin. 1983 kommt der beliebte Harold Washington ins Rathaus, der erste schwarze Bürgermeister von Chicago, der von einer Koalition aus Schwarzen, Hispano-Amerikanern und weißen Demokraten gewählt wurde. Heute regiert Richard M. Daley, der Sohn des «Boss», ein versierter, vorsichtiger Politiker. Er tritt ein für Waffenkontrollen, verschärfte Strafgesetze, Schulreformen und Rassenharmonie. «Richard the Second» steht im Ruf, gerecht, unbestechlich und freundlich zu sein, was dem beliebten Politiker 1995 die Wiederwahl bescherte. In den Augen vieler Amerikaner ist Daley der letzte Bürgermeister, der eine Großstadt wirklich führen kann.

Wie ein geschliffener Edelstein sieht die beleuchtete Turmspitze des Two Prudential Plaza aus. Der 76 Meter hohe Bau ist mit grauem und rotem Granit verkleidet und hat eine Nutzfläche von 110 000 Quadratmetern.

SCHMELZTIEGEL CHICAGO

Chicago ist heute multiethnisch und multikulturell wie kaum eine andere Stadt. Gewaltige Einwanderungswellen schwappten ab 1850 zunächst Iren, Deutsche und Polen an das Ufer des Michigansees, es folgten Skandinavier, Schotten, Waliser, Engländer, Tschechen, Slowaken, Ungarn, deutschsprachige Juden, Holländer, Balten und schließlich Russen und Ukrainer. Ab 1900 kamen Griechen, Italiener, Armenier, Syrer und später zunehmend die Hispanics, spanischsprachige Völker aus Südamerika, Mexiko und Puerto Rico. Seit dem Zweiten Weltkrieg wandern immer mehr Völker aus Asien in Chicago ein – Japaner, Chinesen, Koreaner und Vietnamesen.

Eine weite offene Halle, ionische Säulenreihen, eine prunkvolle Kassettendecke: Die Schalterhalle der 1924 erbauten Continental Bank in der La Salle Street zeigt, welchen Göttern man im 20. Jahrhundert huldigt.

Eine inneramerikanische Emigration brachte Zehntausende von Schwarzen bereits in den zwanziger Jahren aus dem Süden der USA nach Chicago. Heute sind über vierzig Prozent der Menschen in Chicago Afro-Americans oder Black Americans, wie sie je nach ethnischer oder ideologischer Identität genannt werden. Die Schwarzen bilden heute die größte Volksgruppe von Chicago, eine *ethnic minority*, die am politischen, wirtschaftlichen und kulturellen Leben der Stadt zunehmend beteiligt ist. In Chicago erscheint «Ebony», die größte Zeitschrift der schwarz-amerikanischen Szene, und die Stadt ist stolz auf schwarz-amerikanische Musikfeste wie The Chicago Blues Festival oder The Chicago Jazz Festival.

Heute leben etwa achtzig ethnische Gruppen in der Second City, wie die Stadt auch gern genannt wird. Die vielen Völker von Chicago haben sich in *neighborhoods*, sogenannten Nachbarschaften, angesiedelt. Diese ethnischen Nachbarschaften sind Zonen kultureller Eigenständigkeit mit eigener *main street*, Restaurants, Geschäften, Buchläden und Museen.

So ist das polnische Chicago die zweitgrößte polnische Stadt nach Warschau. Als die ersten Polen im 19. Jahrhundert nach Amerika kamen, hatte Polen keine staatliche Identität. In Chicago haben sie sich im Exil ein eigenes «Polonia» geschaffen und der polnischen Sprache und Kultur damit eine neue, zweite Heimat gegeben.

Auch der deutsche Beitrag zur Entwicklung von Chicago war beachtlich, und bis zum Kriegseintritt der USA 1917 bildeten die Chicago Germans die größte Volksgruppe der Stadt (siehe auch Seite 428 f.). Ihr traditionelles Viertel entlang der Lincoln Avenue hat sich seitdem sehr verändert, doch Chicagos deutsche Vergangenheit ist im gesellschaftlichen Leben und im Stadtbild immer noch unübersehbar. Fast achtzig deutsch-amerikanische

Die Nacht ist Chicago nicht nur zum Schlafen da. Dafür sorgen auch zahlreiche Bars, in denen man Jazz und Bluelife hören kann oder sich einfach einen Drink gönnt.

Wie einen lichtdurchfluteten Wintergarten gestaltete Frank Lloyd Wright 1905 das Atrium des Rookery Building. Das 17 Jahre vorher erbaute Gebäude ist das älteste noch erhaltene Stahlskelett-Hochhaus der Welt.

Vereine zählt man hier, deutsche Geschäfte und Restaurants bieten Würstchen, Aufschnitt und Knödel an, und die «Amerika Woche» wird auf deutsch gedruckt.

Daneben hat Chicago ein Little Italy, ein Greek Town, ein Andersonville und ein Chinatown. Besonders bunt ist das Viertel an der Devon Avenue. Hier lebt die halbe Welt auf engstem Raum beieinander: Inder, Perser, Russen, Juden, Syrer, Koreaner, Chinesen und Mexikaner.

Ohne Netz, aber mit Drahtseil. Fensterputzer werden gut bezahlt in Chicago, denn es ist nicht jedermanns Sache, einen Arbeitsplatz in schwindelnder Höhe zu haben.

Nach New York und Florida hat der Bundesstaat Illinois in Chicago die drittgrößte jüdische Gemeinde Amerikas. Koschere Schlachter, jüdische Buchläden und Geschäfte liegen am West Rogers Park, an der Devon Avenue und in Skokie. Heute leben etwa 250 000 jüdische Bürger in Chicago.

Der Westen und Nordwesten Chicagos wird zunehmend von den Hispanics besiedelt. Am schnellsten wächst jedoch der Anteil an asiatischen Zuwanderern, obwohl sie bis jetzt nur vier Prozent der Bevölkerung stellen. Der wirtschaftliche und soziale Aufstieg der Asian-Americans ist vorbildlich. Außerdem trifft man in Chicago noch viele andere Volksgruppen – Skandinavier, Schotten, Litauer, Russen, Ukrainer, Tschechen, Araber – und Indianer, rund 25 000 Native Americans, die vierzig indianischen Stämmen angehören.

LEBEN IM LOOP

The Loop, das ist die Schleife, die von der Hochbahn El Train (El von *elevated* – erhöht) um das Geschäftsviertel in Chicagos Innenstadt gelegt wird: also das Herz von Downtown Chicago. Der Loop wird im Norden vom Chicago River begrenzt und im Osten von der Michigan Avenue, der Prachtstraße, die nach Norden zu als Magnificent Mile berühmt geworden ist. Die Hochbahn im

Große Kunst im wahrsten Sinn des Wortes sieht man in Chicagos Stadtzentrum auf Schritt und Tritt. Nur wenige Straßenzüge voneinander entfernt, stehen riesige Plastiken von den Altmeistern der Moderne wie Picasso, Miró, Calder und anderen und machen den Loop zu einer, wenn nicht der bedeutendsten Open-air-Galerie der Welt.

ES BEGANN MIT PICASSO

Skulpturen im Loop

Der berühmte Schriftsteller Rudyard Kipling (1865–1936) konnte Chicago nicht ausstehen. «Nachdem ich dort war, hatte ich das dringende Bedürfnis, sie niemals wiederzusehen», sagte er nach einem Besuch der Weltstadt am Michigansee. Damals, im ersten Viertel des 20. Jahrhunderts, zogen Schwaden von beißendem Gestank von den Schlachthöfen über die Hausdächer, und die City wurde von Männern regiert, die auf den Lohnlisten des organisierten Verbrechens einen Stammplatz hatten. Doch die Zeiten Al Capones sind lange vorbei, die Schlachthöfe geschlossen, und die Windy City hat erfolgreich ihren ehedem so schlechten Ruf verbessert. Ein Mittel zum Zweck war – und ist – ihre Kulturbeflissenheit, die allerdings keineswegs nur Imagepflege sein soll, sondern in erster Linie dazu gedacht ist, ein lebenswertes Stadtklima für die Bürger zu schaffen.

Den Auftakt machte Pablo Picasso: mit seiner größten – 19 Meter – und schwersten – 162 Tonnen – Skulptur. Als *The Picasso*, wie man das metallene Geschenk des Künstlers an die Stadt im Volksmund nur nennt, am 15. August 1967 von Bürgermeister Richard J. Daley auf dem nach ihm benannten Platz enthüllt wurde, waren viele Chicagoer entsetzt. Das war ihnen denn doch zu «modern». Und nicht wenige forderten, man solle die Figur, die keiner so recht deuten konnte, wieder zurückgeben.

Oben und unten: Die Löwen-Hunde-Vogel-Frau – Picassos monumentale Skulptur widersetzt sich hartnäckig allen Deutungen. Mitte: In kräftigen Farben leuchtet Marc Chagalls Mosaik «Die vier Jahreszeiten».

Inzwischen haben sich die Gemüter beruhigt, und die Chicagoer sind an die rostbraune Riesenplastik gewöhnt.

Die öffentlich ausgetragene Kontroverse um die Picasso-Plastik brachte Bewegung in die Stadtverwaltung, die nun daran ging, die Stadt mit abstrakten Kunstwerken zu schmücken. In den vergangenen drei Jahrzehnten wurden etwa dreißig Skulpturen berühmter Künstler im Stadtzentrum Chicagos aufgestellt. Einen Rundgang beginnt man am besten auf der Plaza des Amoco Building bei der namenlosen Metallskulptur des Künstlers Harry Bertoia aus dem Jahr 1975. Aufsehenerregender ist die sieben Meter hohe Plastik *Splash* von Jerry Peart, die 1986 an der Boulevard Tower Plaza aufgestellt wurde. Mit ihren bunten Flügeln und Plastikfingern bildet sie einen reizvollen Kontrast zu den umliegenden, düsteren Fassaden (siehe Seite 386).

Zu den weltbekannten Werken gehört auch das *Monument to a Standing Beast* vor dem State of Illinois Center, das der Franzose Jean Dubuffet 1984 aus vier weißen Fiberglaselementen schuf (siehe Seite 385). Nur ein paar Schritte entfernt, in der Washington Street, erhebt sich eine riesige Plastik von Picassos Freund und Landsmann Joan Miró. *Miró's Chicago* wurde bereits anno 1967 vollendet, aber erst 14 Jahre später aufgestellt (siehe Seite 386). Nicht weniger berühmt ist die 1983 im Atrium der Three First National Plaza aufgestellte Skulptur *Large Upright Internal/External Form* von Henry Moore. Schließlich sollte man den Rundgang durch den Loop nicht beenden, ohne dem *Flamingo* an der Kreuzung West Adams Street/West Jackson Boulevard des Amerikaners Alexander Calder einen Besuch abgestattet zu haben. Die elegant geschwungene rote Figur hat vor der dunklen Stahl-Glas-Fassade des Federal Center von Mies van der Rohe einen perfekten Platz gefunden. Einen farbenfrohen Schlußpunkt des Rundgangs setzt der Mosaikblock *The Four Seasons* von Marc Chagall an der First National Plaza.

Manfred Braunger

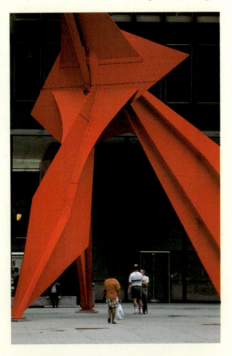

Seit 1974 steht Alexander Calders riesiger roter «Flamingo» auf der Federal Plaza.

Magnificent Mile heißt die Michigan Avenue in ihrem nördlichen Abschnitt, denn dort stehen Einkaufspaläste wie das 1989 erbaute Bloomingdale's Building. Das berühmte New Yorker Nobelkaufhaus hat seine Abteilungen auf die unteren sechs Geschosse verteilt. Das Atrium wird von eleganten Boutiquen wie Gucci und Charles Jourdan gesäumt.

Blick über Chicago mit Tribune Tower (vorn links) und Wrigley Building (Mitte), Amoco Building und Two Prudential Plaza (hinten links).

Fan-Artikel der Chicagoer Sportteams sind ein Kassenschlager in den Sportgeschäften. Zu den – im wahrsten Sinn des Wortes – größten Sportlern der Stadt zählen die «Chicago Bulls».

Künstler und solche, die es gern wären, schrille Boutiquen und rauchige Kneipen: New Town im Norden Chicagos hat sich in der letzten Jahren zu einem beliebten Szeneviertel entwickelt.

Jedes Jahr im Juni findet die puertorikanische Parade auf dem Wacker Drive zwischen Dearborn und Van Buren Street statt. Sie ist aber nicht nur das Fest der Puertorikaner, sondern aller Hispanics in Chicago.

Buntgeschmückte Wagen, heiße Rhythmen und schöne Frauen wie Miss Ecuador und Miss Panama: Die farbenprächtige Parade wird mit ausgelassener Fröhlichkeit und Stolz auf das Herkunftsland gefeiert.

«Flagge zeigen» nicht nur die Puertorikaner, wie diese beiden, die in der Nationaltracht der Karibikinsel bekleidet sind. Auch viele Zuschauer am Straßenrand schwenken begeistert die puertorikanische Fahne.

Loop hat einen schlechten Ruf: Sie ist laut, baufällig und unsicher; aber die Chicagoer leben damit genauso gut wie die Berliner mit ihrer veralteten S-Bahn.

In diesen Loop reisen morgens ganze Völkerscharen, um abends in die Vorstädte zurückzupendeln. Der Loop ist Chicagos Geschäfts-, Finanz- und Verwaltungszentrum. Zwischen Wacker Drive und Michigan Avenue pulsiert das städtische Leben: Eisenbahnen gleiten in die La Salle Street Station, Busse rollen in den Greyhound Bus Terminal, gelbe Taxis überqueren den Chicago River, und über allem donnert und rumpelt The El.

Im Loop erhebt sich das Rathaus mit Bürgermeister Richard M. Daley, hier tobt der Warenterminhandel an der Chicago Board of Trade, und hier arbeiten die Beamten und Angestellten im State of Illinois Center, dem futuristisch anmutenden Gebäude an der Randolph und La Salle Street. Im Loop stehen das berühmte Kaufhaus Marshall Field's, der Sears Tower, das Chicago Cultural Center und das altehrwürdige Hotel Palmer House.

Eine der wichtigsten Straßen der Innenstadt ist die La Salle Street. Hier liegt das Board of Trade Building: die größte – und lauteste – Getreidebörse der Welt. In den Gruben, den *pits*, herrscht das hektische, zum Teil chaotische Treiben der Börsenmakler. Die Atmosphäre ist gespannt, nervös, zum Teil explosiv. Läufer rasen im Sprintertempo umher, Grubenchefs gestikulieren, Boten flitzen zwischen den Telefonierenden und Gestikulierenden hin und her. Doch was nach Chaos und Anarchie aussieht, ist der sich selbst regulierende Markt für Getreide, Rinder, Schweine – aber auch für Gold und Silber.

Wer den Loop hautnah erleben möchte, sollte sich zu Fuß aufmachen und Chicago Straßenblock um Straßenblock erwandern. Zwischen dem Art Institute an der Michigan Avenue, dem Sears Tower und dem Merchandise Mart, dem größten Geschäfts- und Handelshaus der Welt, liegt ein Wunderland der Architektur – eine Stadtlandschaft, die ihresgleichen sucht. Der Grundstein dazu wurde, im wahrsten Sinn des Wortes, im letzten Viertel des 19. Jahrhunderts gelegt, als die Architekten der berühmten ersten Chicagoer Schule hier ihre großen Projekte verwirklichten (siehe Seite 392 f.).

Weltbekannte Namen findet man unter Chicagos Architekten: William Le Baron Jenney, der zwar den Wolkenkratzer nicht – wie oft zu lesen – erfunden hat, doch er entwarf 1883 das erste Chicagoer Hochhaus in Skelettbauweise; Louis Sullivan, der als Vater des beliebten Romanesque-Revival-Stils gilt, und Frank Lloyd Wright, der in Chicago den Typus des Prairie House entwickelte. Mies van der Rohe, der deutsche Immigrant und ehemalige Dessauer Bauhaus-Direktor, baute hier die Prototypen der modernen Glas- und Stahlkonstruktionen, und – viel später – der ebenfalls aus Deutschland stammende Helmut Jahn den Glaspalast des State of Illinois Center.

Spannung, Witz und Scharfsinn: das sind die Markenzeichen der Chicago-Romane von Sara Paretzky, deren Heldin, V. I. Warshawski, Spezialistin in Sachen Wirtschaftskriminalität ist. Die Autorin weiß, wovon sie redet. Denn sie war jahrelang Verkaufsmanagerin einer Chicagoer Versicherung. Um einen großen Versicherungsbetrug geht es auch in diesem Fall:

DETEKTIV IN SEIDENSTRÜMPFEN

Der neue Star der amerikanischen Krimiszene

Sara Paretzky ist eine der erfolgreichsten Krimiautorinnen der USA.

Die Nachtluft war drückend und schwül. Während ich den Michigansee entlang nach Süden fuhr, stieg mir der Geruch verwesender Maifische in die Nase, der wie ein zartes Parfüm in der schweren Luft hing. Hier und da leuchteten in den Parks nächtliche Barbecuefeuer. Auf dem Wasser suchten im Schein grüner und roter Lichterketten die Leute der Schwüle zu entgehen. Am Ufer herrschte lebhafter Verkehr; die Stadt befand sich in rastloser Bewegung – jeder wollte Atem schöpfen. Es war Juli in Chicago.

Ich verließ die Uferstraße in Höhe der Randolph Street und bog unter den Eisenträgern der Hochbahn in die Wabash Avenue ein. In der Monroe Street hielt ich an und stieg aus. In dieser Entfernung vom See war die Stadt ruhiger. Der South Loop, wo es außer einigen Peep-Shows und dem Stadtgefängnis keine Vergnügungsmöglichkeiten gab, war menschenleer [...].

Ich hatte den telefonischen Auftragsdienst von einer Tankstelle im Norden aus angerufen – eine reine Routineangelegenheit auf dem Weg nach Hause, wo mich eine Dusche, eine Klimaanlage und ein verspätetes Abendessen erwarteten. Ich war überrascht, als man mir sagte, es sei ein Anruf für mich gekommen, und verärgert, als ich hörte, daß der Betroffene seinen Namen nicht hatte nennen wollen. Anonyme Anrufer sind mir ein Greuel. Sie haben gewöhnlich etwas zu verbergen, häufig etwas Kriminelles, und sie hinterlassen keinen Namen, damit man nicht vorzeitig dahinterkommt. Der Typ wollte um 21 Uhr 15 kommen, so daß mir nicht einmal Zeit blieb zum Essen. [...]

Im Lampenlicht sah mein Büro zwar spartanisch aus, aber keineswegs häßlich [...]. Den wuchtigen Schreibtisch aus Holz hatte ich bei einer Polizeiauktion erstanden. Die kleine Olivetti-Schreibmaschine war Eigentum meiner Mutter gewesen, ebenso der Druck über meinem grünen Aktenschrank, der die Uffizien darstellte. Beides sollte meinen Besuchern den Eindruck vermitteln, daß sie bei mir in erstklassigen Händen waren. Zwei Stühle mit geraden Rückenlehnen für meine Kunden vervollständigten die Ausstattung. Da ich hier nicht sehr viel Zeit verbrachte, brauchte ich keinen weiteren Komfort. [...]

Die zwei Meter hohe Leuchtschrift von Arnie's Steak Joynt auf der anderen Straßenseite leuchtete abwechselnd rot und gelb auf und erfüllte mein Büro mit zuckenden Lichtreflexen. Ich sah, wie es meinen Besucher beim Aufgehen der Tür herumriß.

«Ich suche V. I. Warshawski», erklärte er mit heiserer, aber selbstsicherer Stimme – der Stimme eines Mannes, der es gewohnt war, seinen Kopf durchzusetzen. [...]

«Es handelt sich um meinen Sohn. Das heißt um seine Freundin. Jedenfalls ist sie diejenige, die – », er hielt inne. Eine Menge Leute, insbesondere Männer, haben Schwierigkeiten, über ihre Probleme zu sprechen, und sie brauchen ein Weilchen, bis sie in Schwung kommen. «Hören Sie, ich will Ihnen nicht zu nahe treten, aber ich bin mir nicht sicher, ob ich es Ihnen wirklich erzählen soll. Es sei denn, Sie hätten einen Partner oder dergleichen.»

Ich schwieg.

«Haben Sie nun einen Partner?» Er war hartnäckig.

«Nein [...], sagte ich gelassen, «ich habe keinen Partner.» [...]

«Ich zweifle nicht an Ihren Fähigkeiten», entgegnete er rasch. Glauben Sie, ich will Sie wirklich nicht auf die Palme brin-

V. I. Warshawski-Abenteuer gibt es auch im Kino, mit Kathleen Turner als Star.

gen. Aber Sie sind nun mal ein Mädchen, und es könnte eine harte Sache werden.»

Es wird eine harte Sache, doch V. I. Warshawski zeigt, daß sich auch ein weiblicher Detektiv in Chicago behaupten kann. Wie, das erfährt man im Krimi «Schadenersatz».

Der restaurierte Pullman Historical District im Norden Chicagos dient mitunter auch als Kulisse für Freilicht-Aufführungen und Lesungen – wie hier vor der neugotischen Kirche des ehemaligen Arbeiterviertels. Der Industrielle George Mortimer Pullman ließ im Norden Chicagos das erste Arbeiterquartier dieser Art in den USA errichten.

«Andy's Jazzclub» in der Hubbard Street ist ein beliebter Treff für alle, die gern «coole» Musik hören.

Obwohl er heute meist in einem Atemzug mit Chicago genannt wird, war Alphonse Capone kein Chicagoer. Er kam aus Brooklyn, wohin seine Eltern 1893 aus den Slums von Neapel nach New York ausgewandert waren. Nach der Schule, die er vorzeitig abgebrochen hatte, begann er seine Karriere als Rausschmeißer eines Nachtlokals und wurde bald schon die rechte Hand von Johnny Torrio, dem Boss eines New Yorker Syndikats. Prohibition, Korruption und Kriminalität bestimmten das Klima der zwanziger Jahre und begünstigten den Aufstieg Al Capones. Als Stell-

KEINE WEISSE WESTE

Al Capone, eine Chicagoer Legende

Noch heute weiß jedes Kind in Chicago, wer Al Capone war – jener legendäre Gangster mit dem Narbengesicht, den die Prohibition unermeßlich reich werden ließ. Chicagos illegale Schnapsbrennereien, Spielcasinos, Bordelle und Wettbüros bescherten ihm allein 1927 ein Einkommen von 105 Millionen US-Dollar. Daß dabei auch Morde an der Tagesordnung waren, wußte jeder. Doch das einzige, was man ihm nachweisen konnte, war Steuerbetrug, und dafür wurde er 1933 auf die berüchtigte Gefängnisinsel Alcatraz geschickt.

herrschte, hatte Al Capones Leute beleidigt und verprügelt. Um die Bande zu bestrafen, ließ Capone sieben der Moran-Leute von seinen Männern in einem Speicher mit Maschinengewehrgarben ermorden. Dieser Bandenkrieg, auch «sizilianischer Erbfolgekrieg» genannt, war besonders skandalös, weil Capones Gangster Polizeiuniformen trugen, um die Gegner zu täuschen. Die Chicago Chamber of Commerce setzte eine Belohnung von hunderttausend US-Dollar für Hinweise auf die Täter aus.
Jetzt war eine breite Öffentlichkeit gegen die Gangster aufgebracht. Sogenannte *vigilantes* und andere Bürgergruppen drangen in Al Capones Spielhallen ein und zerschlugen die Roulettescheiben, Bierfässer und Spielautomaten. Präsident Herbert Hoover beauftragte das FBI, Al Capone in die Zange zu nehmen. Agenten des Finanzmi-

Er war der berühmteste Gangster aller Zeiten: Al Capone, der Mafia-König Chicagos.

vertreter Torrios organisierte er den Alkoholhandel in Chicago, lieferte Bier an Bordelle und *speakeasies* und bestach Politiker, Polizisten und Journalisten.
Das System funktionierte bestens: Die *bootlegger* kassierten Schutzgeld, die Behörden drückten ein Auge zu und hielten die Hand auf, und die Bürger hatten ihren Drink.
Jahrelang gehörte Al Capone zur Prominenz Chicagos. Nach außen gab er sich als rührender Familienvater in bester südländischer Tradition. Doch sein Gangstersyndikat führte er mit Energie und brutalem Durchsetzungsvermögen. Er kaufte Richter, zahlte Kautionen für verhaftete Gangster und kommandierte ein Heer von Leibwächtern, Chauffeuren und *gunmen*, die jederzeit einsatzbereit waren. Ja, er war selbst ein brutaler Schläger und Mörder. 1924 erschoß er den Alkoholschmuggler «Ragtime» Joe Howard mit sechs Schüssen, 1929 erschlug er drei Gangsterrivalen mit einem Baseballschläger, nachdem er sie als Ehrengäste bei einem Festbankett gefeiert hatte. Das Maß war voll, als er am 14. Februar 1929 das sogenannte St.-Valentins-Massaker anstiftete: Die Bugs-Moran-Bande, die den Norden Chicagos be-

Oben: Die Al-Capone-Story im Film; hier eine Szene des St.-Valentins-Massakers. Unten: Al Capone und sein Sohn Al Jr. als Zuschauer bei einem Baseballspiel.

nisteriums setzten die Spielhallen, Bordelle und *speakeasies* durch Razzien und Strafanzeigen so unter Druck, daß die Kunden ausblieben. Steuerfahnder entdeckten riesige Steuerschulden, so daß Al Capone 1933 zu einer Zuchthausstrafe von elf Jahren wegen Steuerhinterziehung verurteilt werden konnte. Morde konnte man ihm allerdings keine nachweisen.
Um seine Strafe abzubüßen, schickte man Al Capone auf die Zuchthausinsel Alcatraz in der Bucht von San Francisco. Dort arbeitete er in der Wäscherei und der Gefangenenbibliothek. Nach sechs Jahren Alcatraz brach er zusammen; der Gefängnisarzt diagnostizierte schwere Folgen einer verschleppten Syphilis. Daraufhin wurde Capone entlassen und starb im Jahr 1947 in der Obhut seiner Frau Mae, die den dahindämmernden Kranken aufopferungsvoll bis zum Tod pflegte.
Friederich Mielke

Chicagos «rostiges Eisenherz» hat man die Hochbahn genannt, deren Schienenführung eine annähernd rechteckige Schleife um die Innenstadt legt. Eine Fahrt um den Loop ist ein besonderes Erlebnis – auch akustischer Art. Denn wenn der Zug in die Neunzig-Grad-Kurven rattert, ertönt ein ohrenbetäubendes Kreischen. Im Hintergrund der Turm des Two Prudential Plaza.

Eine riesengroße Neon-Gitarre leuchtet nachts auf dem Parkplatz vor der Chicagoer Filiale des legendären «Hard Rock Café».

Wenn berühmte Musiker auftreten, ist der Blues-Club «Buddy Guy's Legends» in der Wabash Street meist total überfüllt. An manchen Abenden geht es aber auch ruhiger zu, so daß man die Poolbillardtische nutzen kann.

Gitarrenklänge zu Pizza und Wein: Wir machen Musik – scheint das Motto Chicagos zu sein, ob auf der Straße, im Club, im Theater oder wie hier in der Lounge des Restaurants «Avanti Popolo» in der North Damon Street.

Alternativ sein ist die Devise: Im Stadtteil New Town treffen sich all die Chicagoer, die nicht mit Anzug und Aktenkoffer durch die Welt gehen wollen.

Oktoberfest in der Dearborn Street. Wie beim großen Münchner Vorbild wird das Bier hier in Maßkrügen gestemmt.

Es gibt kaum eine Millionenstadt, in der man mitten in der Stadt baden gehen kann. In Oak Street Beach genießt man die warmen Sommertage mit Blick auf die Skyline.

Downtown Chicago ist aber mehr als der Loop. Auch außerhalb davon schmückt sich die Schöne am Michigansee mit Superlativen. Neben Art-déco-Palästen ragen moderne Wolkenkratzer wie das John Hancock Center oder der elegante weiße Turm des Amoco Building in den Himmel. Zu den berühmtesten Gebäuden aber zählen auch historische Bauwerke wie das Wrigley Building aus den Jahren 1921 bis 1924 und der Tribune Tower, ein neugotischer Prachtbau von 1926. Das im Stil der Pseudo-Renaissance entworfene Wrigley Building mit Glockenturm und blendend weißer Fassade ist das Symbol des frühen Jazz-Zeitalters. Es liegt am Eingang der Magnificent Mile und bildet mit dem gegenüberliegenden Tribune Tower ein architektonisches Ensemble. Wer die Michigan Avenue nach Norden hinaufgeht und den Fluß überquert, schreitet durch dieses nostalgische Portal: links der Zuckerbäcker-Turm des Wrigley Building, rechts der neugotische Tribune Tower.

Mit Ikonen moderner und postmoderner Architektur können auch andere amerikanische Metropolen locken, doch eines hat Chicago allen voraus: Der Loop ist heute die bedeutendste Open-air-Galerie moderner Skulptur, nicht nur der USA, sondern der ganzen Welt. Etwa dreißig Plastiken – die meisten davon von den Großmeistern der Klassischen Moderne wie Picasso, Miró, Calder – beweisen, daß diese «Stadt mit den breiten Schultern» nicht nur «stürmisch, rauh und lärmend» sein kann, sondern einen ausgeprägten Sinn für Kunst und Kultur besitzt.

CHICAGO LITERARISCH

Das Phänomen Chicago war zu allen Zeiten eine Herausforderung für die Schriftsteller Amerikas. Die Hochhäuser, Eisenbahnen und Schlachthöfe der rasant wachsenden Stadt bilden den Hintergrund für die menschlichen Dramen der Immigranten, der hart arbeitenden Gründer und Erbauer dieser gewaltigen Handels- und Transportmaschine. Den «klassischen» Roman über Chicago gibt es nicht – aber viele spannende Werke, die einen literarischen Zugang zum Innenleben dieses Giganten gewähren. Einer der berühmtesten ist «Sister Carrie» von Theodore Dreiser (1871–1945), die Geschichte vom sozialen Aufstieg eines Mädchens vom Land vor der Kulisse des Molochs Großstadt. Als der Roman 1900 erschien, wurde er wegen moralischer Bedenken heftig kritisiert, zeichnet er doch ein Milieu, in dem der Hunger nach Anerkennung, Glanz und Luxus die moralischen Werte des puritanisch-konservativen Bürgertums außer Kraft setzt. Während es Carrie gelingt, sich aus dem gesellschaftlichen Nichts zur gefeierten Schauspielerin hochzuarbeiten, gerät ihr Lebensgefährte George Hurstwood in einen Sog schicksalhafter Ereignisse. Als sie ihn, dem sie ihre Karriere verdankt, verläßt, nimmt er sich das

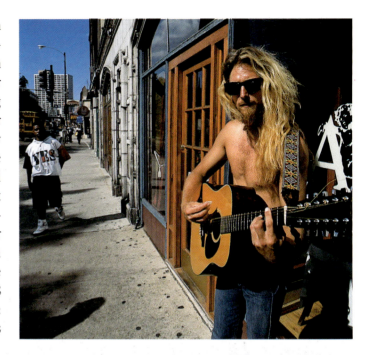

NICHTS FÜR VEGETARIER

Grillparty im Grant Park

Alljährlich richtet die berühmte Tageszeitung «Chicago Tribune» das Rib Festival aus, ein nicht ganz ernstgemeintes Wett-Grillen, bei dem Hunderte von Teams im Grant Park gegeneinander antreten, um die leckersten Rippchen zuzubereiten.

Manchmal ist es gar nicht so einfach zu sehen, ob der Hamburger bald fertig ist.

Labor Day, der erste Montag im September, signalisiert der Bevölkerung von Chicago nicht nur das offizielle Ende der sommerlichen Urlaubssaison, sondern mit dem Rib Festival auch eines der beliebten Volksfeste. Bereits am frühen Vormittag pilgern Hausfrauen und Amateurköche mit ihrem meist zahlreichen Gefolge in den Grant Park, um auf der ausgedehnten Grünfläche vor der imponierenden Skyline der Innenstadt ihren Grill aufzubauen. Bereits um die Mittagszeit ziehen blaue Rauchschwaden von den Feuerstellen über die Parkanlage. Die Regeln erlauben, die Rippchen in einer schon zu Hause angesetzten Marinade mitzubringen. Gebrutzelt wird nach alter amerikanischer Tradition auf Hickory-Holz-Feuer, wobei ganz verwegene Gemüter genau wissen, welche Gewürze sie nicht nur dem Fleisch, sondern auch dem Feuer beimischen müssen, um den unwiderstehlichen Geschmack zu erzielen. Während die Labor Day Parade mit Cheerleaders und Musikkapellen durch die Häuserschluchten der Stadt zieht, bestreichen die Freilicht-Küchenmeister im Park ihre knusprigen Häppchen mit geheimnisvollen Ingredienzen. Am Nachmittag geht es dann an das große Probieren. Wer glaubt, mit seiner Kochkunst gegen die Konkurrenz bestehen zu können, reicht ein paar Kostproben ein. Die werden von renommierten Hotelköchen, Restaurantkritikern und anderen ausgewählten Schiedsrichtern auf bestimmte Kriterien hin geprüft und benotet. Wer am Ende schließlich den ersten Platz belegt, ist für die Masse der Rippchenbrater nicht so wichtig. Sie huldigen vielmehr dem olympischen Grundsatz, der da heißt, das Wichtigste sei, dabeigewesen zu sein.

Manfred Braunger

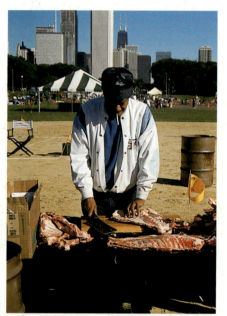

Oben rechts: Beim Rib Festival dreht sich alles nur um Spare ribs. – Unten: Am besten schmeckt's an einem schattigen Plätzchen.

Beim großen Sommerfest braucht niemand selbst zu kochen. Zahlreiche Restaurants servieren an ihren Ständen Gegrilltes, Geschmortes und Gebackenes für die rund zwei Millionen Besucher, die jedes Jahr im Juni zum Taste of Chicago Festival im Grant Park kommen.

In der Hand in den Mund: Ob Pizza, Hot dog oder Spare ribs ihre Nationalgerichte essen die Chicagoer am liebsten ohne Besteck, und das nicht nur beim großen Sommerfest im Grant Park.

Große Getreidesilos sind ein untrügliches Kennzeichen, daß man im ländlichen Wisconsin angekommen ist. Hier in Baraboo bei Milwaukee.

Auch mit zwei PS kommt man gut voran. Mackinac Island kann man so auf der 13 Kilometer langen Uferstraße in zwei Stunden umrunden, und der Kutscher agiert gern als Reiseführer.

Auf einer Anhöhe über dem Hafen von Mackinac Island thront das Fort, das die Briten dort Ende des 19. Jahrhunderts zum Schutz des Pelzhandels errichteten. Freiwillige in historischen Kostümen führen durch die restaurierte Anlage.

Willkommen in Sturgeon Bay. Das gemütliche Städtchen im Süden der Door Peninsula hat zwei hübsche historische Viertel mit Holzhäusern aus der Zeit um die Jahrhundertwende und netten Kneipen.

Eine europäische Atmosphäre und skandinavische Spezialitäten erwarten den Gast im «Scandinavian Restaurant» bei Sturgeon Bay.

Leben. Handlung und Stil von Dreisers Tragödie sind eng mit Chicago verknüpft, das zum Symbol des verführerischen, verschlingenden und vernichtenden Magneten wird, zum korrumpierenden Ungeheuer. Realistisch schildert der Autor die neue, von der Technik völlig veränderte Welt der Grossstadt, die Kaufhäuser und Büros, Strassen- und Eisenbahnen, aber auch das Milieu der armen Leute und ihre Arbeitsbedingungen. Er beschreibt detailliert im Stil der grossen französischen Romanciers, ohne jedoch daraus eine Anklageschrift zu machen, wie es Upton Sinclair (1878–1968) in seinem berühmten, 1906 erschienenen Roman «Der Dschungel» tat. Diese tragische Geschichte junger Einwanderer wurde zum sozialkritischen Appell, der die katastrophalen hygienischen und sozialen Bedingungen in den Schlachthöfen, den Union Stockyards, anprangerte. Die eindringliche Schilderung Sinclairs blieb nicht ohne Wirkung: Eine parlamentarische Untersuchung bewirkte Verbesserungen der Arbeitsbedingungen in den Schlachthöfen, die Nachfrage nach Fleisch ging zurück. Auch wenn es die Schlachthöfe seit 1971 nicht mehr gibt, das Schicksal des Jurgis Rudkus und seiner Familie bleibt zeitlos als Dokument menschlichen Dramas.

Nach Dreiser gilt James T. Farrell (1904–1979) als bedeutendster naturalistischer Romanschriftsteller der USA. In seiner in den dreissiger Jahren erschienenen Trilogie «Studs Lonigan» beschreibt er ein Chicago, das von Depression und Prohibition, Vorurteilen und Gewalt geprägt ist. Die Stadt wird von Kriminellen beherrscht – Abbild einer grausamen Realität in einer von Materialismus und Gewinnstreben verführten Gesellschaft.

Diesem Werk sehr nahe steht der spannende und ergreifende Roman «Native Son», deutsch «Sohn dieses Landes», der 1940 veröffentlicht wurde. Der Autor, Richard Wright (1908–1960), gilt heute als bedeutendster Vertreter der schwarzen Chicago-Literatur. Sein Held, Bigger Thomas, ist das Opfer einer Gesellschaft, die von Rassismus und sozialer Ungerechtigkeit geprägt ist. Ähnlich wie Upton Sinclair hat Wright mit diesem Buch politisch gewirkt und Untersuchungen über die Lage der Schwarzen in den Vereinigten Staaten ausgelöst.

Der vielleicht wichtigste Chicago-Roman der letzten Jahrzehnte heisst «Humboldts Vermächtnis» (1975). Er stammt aus der Feder des Literatur-Nobelpreisträgers Saul Bellow (geboren 1915), der als Sohn russisch-jüdischer Eltern im Chicago der zwanziger Jahre aufwuchs und die Stadt immer wieder zum Thema seiner Arbeiten macht. Bellow führt seine Leser in Chicagos Unterwelt, in die Nachtclubs und Schlachthöfe, in den Loop und zur Gold Coast. «Chicago that somber city», diese finstere Stadt, nennt Bellow sie und steht damit in der Tradition von Dreiser, Sinclair, Farrell, Wright, deren Chicago-Bild nicht weniger bedrohlich, verführerisch und tragisch ist.

Baden, sich bräunen, faulenzen: Dazu muß man auch als Großstädter nicht ans Meer fahren – zumindest nicht, wenn man am Michigansee wohnt. Hier am Milwaukee Beach.

Der Muskegon Channel ist ein beliebter Wasserweg für Kanuten. Er ve[r]bindet die etwas weiter landeinwärts liegende Stadt Muskegon mit dem Lake Michigan.

Weideland, M[en]schen, Sanddünen: Weil d[ie] Landschaft si[e] so an ihre He[i]mat erinnerte, ließen sich i[m] 19. Jahrhund[ert] viele Holländ[er] hier am Ostu[fer] des Michiga[n]sees nieder.

SINGING THE BLUES

Der Blues gehört zu Chicago wie der Dixieland-Jazz zu New Orleans. In den Straßen der Stadt sieht man überall junge Leute mit Saxophon und Gitarre, und Anfang Juni pilgern Zehntausende in den Grant Park zum Chicago Blues Festival, wenn die «Blues Swingers», «Brownie McGhee» und die «New Africa String Band» spielen.

Die Wurzeln des Blues liegen jedoch nicht in Chicago, sie reichen in den tiefen Süden der USA – auf die Baumwollplantagen des Old South, wo die traurigen Lieder von Liebe, Leid und Leidenschaft ursprünglich entstanden. Die großen Wanderungen der Schwarzen, die ab der Jahrhundertwende aus dem Süden in die Industriestädte des Nordens emigrierten, brachten auch ihre Rhythmen und Melodien mit nach Chicago: Blues und Jazz.

Nach dem Zweiten Weltkrieg verwandelte sich der relativ einfache Downhome Blues in eine schnellere, enthusiastische Musik. Der Mann mit der akustischen Gitarre, der sehnsüchtig sein Liebesleid klagt, wurde von der E-Gitarre verdrängt, und bald entstanden Blues Bands mit elektrisch verstärktem Bass, Saxophon, Harmonika und Schlagzeug. Jetzt gesellten sich die Blues-Sänger und Pianisten hinzu. Das war die Geburtsstunde des Chicago Blues, der mit großen Namen glänzen kann wie KoKo Taylor, Junior Wells, Ruth Brown, Bessie Smith, Willie Dixon und Muddy Waters. Auch die jungen Beat- und Rockmusiker der sechziger Jahre faszinierte er. Und es heißt, daß Mick Jagger den Namen seiner Band einem Stück der Chicago-Legende Muddy Waters entliehen hat, dem «Rolling Stone Blues».

In Chicago kommen Blues-Fans auf ihre Kosten. Die beliebten Clubs der North Side sind oft brechend voll. Zentrum der Blues-Szene ist das «Checkerboard» in der South Side – eine nicht ganz ungefährliche Gegend, man sollte ein Taxi nehmen, um dorthin zu kommen.

Als sich der spezielle Chicago Blues in den fünfziger Jahren entwickelte, war das Chicago Jazz Age bereits Geschichte, sein musikalischer Höhepunkt lag in den Jahren zwischen 1917 und 1929. Der Jazz dröhnte in den *speakeasies*, den «trockenen» Bars, in denen Alkohol in Milchflaschen ausgeschenkt wurde und die Gangster ihre Gewehre in Geigenkästen trugen. In den großen Tanzlokalen der schwarzen South Side – «Dreamland», «Plantation Café» oder «Lincoln Garden» – entstand eine Jazzkultur, die durch Musiker wie Louis Armstrong, Johnny und «Baby» Dodds, Joe Oliver und die Blues-Sängerin Bessie Smith geprägt wurde. Bands wie die «Hot Five» und später «Hot Seven» von Louis Armstrong begründeten den Ruf Chicagos als Stadt des Jazz, in der sich schon bald neue Spielarten des Jazz herausbildeten. Eine davon war der Chicago-Stil, dessen berühmtester Vertreter der deutschstämmige Bix Beiderbecke war, ein Meister des

Ins Ferienparadies Mackinac Island kommt man nur per Boot. Die Fährschiffe fahren sowohl von St. Ignace als auch von Mackinaw City ab. Die Fahrt dauert nur eine halbe Stunde.

Eine Villa zum Träumen. In ...toskey, einem Städtchen am ...rdostufer des Michigansees, ...det man noch viele schöne ...olzhäuser wie dieses.

Im Naturschutzgebiet Sleeping Bear Dunes am Nordostufer des Michigansees gibt es bis zu 140 Meter hohe Sanddünen.

Das palisadenumzäunte Fort Michilimackinac unterhalb der Mackinac Bridge wurde 1715 von den Franzosen erbaut. Heute gehört es zu den beliebtesten Sehenswürdigkeiten der Region.

Saugatuck und das benachbarte Douglas werden nur durch den Zufluß Kalamazoo River in den östlichen Lake Michigan von einander getrennt. Dort liegt das ausgediente Passagierschiff «SS Keewatin» heute als Museum vor Anker.

improvisierten Hornsolos, der als weißer Musiker von seinen schwarzen Bewunderern nachgeahmt wurde. Ein anderer war der Swing, mit dem Benny Goodman und seine Big Band das Publikum zu Beifallsstürmen hinrissen. Bix, den seine Eltern Bismarck nannten, starb jung und verbraucht. Auch er ein Teil der Jazzlegende, die bis heute zum Mythos und Image der swingenden, jazzenden, Blues-begeisterten Stadt Chicago gehört.

DIE «ZWEITE STADT»

Chicago, die ewige Rivalin New Yorks, die Second City (die mittlerweile schon längst hinter Los Angeles an dritter Stelle rangiert) ist eine Stadt der Widersprüche – hier Reichtum, dort Armut, hier elegante Gebäude und gepflegte Vorgärten, dort verfallende Straßen und abbruchreife Häuser. Wer von Chicago spricht, muß spezifizieren und genau sagen, was er meint. Es gibt viele Chicagos – den reichen weißen Norden, die mondäne Gold Coast mit BMW und Mercedes als Statussymbolen oder die South Side, das riesige Getto der Farbigen, die Slums Cabrini Green und Austin bei Cicero.

Spätestens seit den Bandenkriegen der Prohibitionszeit muß Chicago mit dem Image der Gangsterstadt leben. Doch die Kriminalität ist auch heute ein allgegenwärtiges Thema, in einer Stadt mit erschreckenden Statistiken von Mord, Raub und Vergewaltigung. Die meisten Verbrechen werden in der South Side begangen, der «zweiten Stadt» innerhalb der Second City. Wer in einer der feinen Vorstädte lebt, weiß wenig von der Situation der Menschen in der South Side, die immer wieder von Rassenunruhen erschüttert wird. Einst wohnten in der Near South Side die reichsten Familien der Stadt, die Pullmans, Armours, Rothschilds und Fields. Heute ist dort Brachland. Nördlich davon liegt die berühmte Universität von Chicago, die mehr Nobelpreisträger hervorgebracht hat als jede andere Universität. Und nicht weit davon entfernt standen die Schlachthöfe, denen Upton Sinclair im «Dschungel» ein literarisches Denkmal gesetzt hat.

Der Süden Chicagos, das ist der Inbegriff einer trostlosen, kaputten Stadt, wo schon in den zwanziger Jahren über 800 000 Schwarz-Amerikaner wohnten. Nach dem amerikanischen Bürgerkrieg Mitte des 19. Jahrhunderts kamen die ersten befreiten Sklaven in den Norden. Im Ersten Weltkrieg brach ein regelrechtes «Nordfieber» aus, das sich ähnlich intensiv im Zweiten Weltkrieg wiederholte. In Chicago fanden die schwarzen Zuwanderer bessere Lebens- und Arbeitsbedingungen als im Süden, stabile Löhne und Aufstiegsmöglichkeiten, die sie in den Südstaaten Mississippi, Alabama, Georgia oder Louisiana nicht hatten. Wer heute hier lebt, muß gegen den Teufelskreis von Armut, Gewalt, schlechter Schulbildung, Arbeitslosigkeit und Kriminalität ankämpfen.

Doch trotz der scheinbar hoffnungslosen Lage vieler Menschen in der South Side hat es Fortschritte gegeben: Die Bürgerrechtsbewegung hat ein neues, engagiertes Bewußtsein bei vielen Schwarzen geschaffen. Und langsam, aber kontinuierlich geht es bergauf. Immer mehr Schwarzen gelingt es, wichtige Positionen in Verwaltung, Bildungswesen, Unternehmen und Politik einzunehmen. Chicago hat mittlerweile eine aktive, politisch bewußte schwarze Bevölkerung, vielleicht die emanzipierteste und engagierteste ethnische Minderheit aller amerikanischen Großstädte. Von Chicago gehen Zeichen für die ganze

Nation aus. Der Rassenfrieden, der zur Zeit in Chicago unter Bürgermeister Richard M. Daley herrscht, hat sich vorbildlich auf die anderen Städte der USA ausgewirkt.

EIN GOETHE IM PARK

Als die Stadtväter vor 160 Jahren das Motto «urbs in horto» – Stadt im Garten – ins Wappen von Chicago schrieben, gingen Busch und Prärie bis ans Wasser. Auch heute besticht Chicago durch eine Park- und Lagunenzone, die der Skyline vorgelagert ist. Die Stadt leistet sich den Luxus, wertvolles Bauland am See für Parks und Grünanlagen freizuhalten. Zu dieser rund fünfzig Kilometer langen Lake Front gehören der Grant Park östlich des Loop und der Lincoln Park im Norden der Stadt.

1761 eroberten die Rotröcke, wie die Indianer die britischen Soldaten nannten, das Fort Michilimackinac. Wie an anderen historischen Stätten wird den Besuchern von Freiwilligen in historischen Kostümen Geschichte life dargeboten.

Die Dünenlandschaft der Sleeping Bear Dunes erstreckt sich 53 Kilometer am Michigansee enlang. Auf zahlreichen Wanderwegen kann man die Vögel und Wildtiere beobachten, die hier geschützt leben.

Der Grant Park, nach dem Bürgerkriegsgeneral und späteren Präsidenten Ulysses S. Grant benannt, ist im Stil des französischen Barock gestaltet – die strengen Symmetrien erinnern an den Park von Versailles ebenso wie der Buckingham Fountain, der riesige Springbrunnen im mittleren Teil der Parks. Der Lincoln Park ist ein englischer Garten mit Promenaden, Baumgruppen und Teichen. Etwa dreißig Standbilder erinnern an das europäische Kulturerbe Amerikas: Shakespeare, Beethoven, Garibaldi, Goethe, Schiller, Hans Christian Andersen – selbst der düstere Schwede Swedenborg hat seinen Platz in dieser einzigartigen Galerie europäischer Genies. Das Goethe-Standbild ist eine in Bronze gegossene Allegorie, die 1913 von den Chicago-Deutschen aufgestellt wurde.

Damals bildeten die Deutschen die größte Volksgruppe in Chicago. Ihr Versuch, dem deutschen Erbe durch ein Goethe-Monument Ausdruck zu verleihen, wirkt heute fast peinlich. Ein Athlet, ein Muskelprotz mit Adler und blondem Wuschelhaar erinnert mitnichten an den von Weltschmerz bewegten Frankfurter Jüngling oder den gereiften Weimarer Weltbürger. Vielleicht ist dieser Goethe das treffende Symbol für die stets ambivalente Beziehung, die viele Einwanderer zu ihrer Ursprungskultur haben. Sie halten sich an Sitten und Sprache der einstigen Heimat, deren Bild im amerikanischen Alltag unvermeidlich immer mehr verfremdet wird.

Die Door Peninsula ist das Land der Apfel- und Kirschbäume und damit fast das ganze Jahr über ein wunderbares Ferienziel, im Frühjahr zur Baumblüte, im Sommer zur Kirschenernte und im Herbst zum Äpfel-Kaufen.

Früher war Michigan ein weitgehend agrarisch geprägter Staat. Im Norden gibt es heute noch große Farmen, auf denen Viehwirtschaft betrieben und Getreide und Mais angepflanzt wird.

Der historische Einfluß der Chicago Germans war enorm. Deutsche Soldaten kämpften schon gegen die Indianer. Das Chicago Symphony Orchestra wurde von Deutschen gegründet, ebenso die ersten Brauereien, Krankenkassen und Armenspitäler. Bis heute gehört die deutsche Gastronomie zur Chicagoer Szene: Das «Heidelberger Faß», der «Goldene Ochse», das «Deutsche Eck» und der «Berghof» sind aus Chicago nicht wegzudenken.

Höhepunkt deutscher Sprache und Kultur in Chicago war die Zeit vor dem Ersten Weltkrieg. Bis zur amerikanischen Kriegserklärung im Jahr 1917 wurde die deutsche Kultur und Sprache in Chicago intensiv gepflegt. Doch dann anglisierten die Deutsch-Amerikaner ihre Namen und begannen, in Schulen, Kirchen und Vereinen englisch zu sprechen. Niemand wollte in den Verdacht geraten, ein Landesverräter zu sein. Die Integration in Mainstream America vollzog sich reibungslos. Heute hat die deutsche Sprache vergleichsweise wenig Gewicht. Nur acht Schulen bieten Deutsch als Fremdsprache an, und in den meisten der deutsch-amerikanischen Clubs wird überwiegend Englisch gesprochen. Die Steuben-Parade am dritten Samstag im September ist für die vielen deutsch-amerikanischen Vereine nach wie vor ein wichtiges Forum. Chicago ist der Hauptsitz des Deutsch-Amerikanischen Nationalen Kongresses, des größten Interessenverbandes der Deutschen in den Vereinigten Staaten.

DIE MEGALOPOLIS IM MITTELWESTEN

Chicago liegt in der Region der Großen Seen, an deren Ufern vierzig Millionen Menschen wohnen – in den Städten Milwaukee, Duluth, Detroit, Cleveland, Buffalo oder im kanadischen Toronto. Die Großen Seen enthalten etwa zwanzig Prozent der weltweiten Süßwasserreserven, und sie sind ein hervorragendes Transportsystem, seit 1957 der St.-Lorenz-Strom für Ozeanriesen ausgebaut wurde. Der Seehafen Chicago ist damit zweifach mit den Weltmeeren verbunden: mit dem Atlantik durch das Schleusensystem der Großen Seen und den St.-Lorenz-Strom, mit dem Golf von Mexiko durch eine Wasserstraße, die vom Chicago River über den Illinois & Michigan Canal zum Illinois River und Mississippi und hinunter nach New Orleans führt.

Chicago ist die Hauptstadt des Mittelwestens – nicht die Hauptstadt des Bundesstaates Illinois, das ist Springfield – und liegt im Herzen dreier Wirtschaftszonen: des Manufacturing Belt mit den Industriezonen Chicago, Detroit und Cleveland, des Dairy Belt, des Milchgürtels, mit der Milchwirtschaft in Wisconsin und Michigan und des Corn Belt, des Maisgürtels, mit dem großangelegten Maisanbau für die Rinder- und Schweinemast in den Staaten Ohio, Indiana und Illinois. Und durch die Getreide-

Eine der größten Attraktionen im Gebiet der Großen Seen sind nach wie vor die Niagara-Fälle, die im Osten des Lake Erie über eine fast sechzig Meter hohe Geländestufe zu Tal stürzen.

börse am Board of Trade dringt außerdem der Wheat Belt bis nach Chicago hinein, der riesige Weizengürtel, der sich von Kansas bis nach Nebraska erstreckt.

Sherwood Anderson (1876–1941), der Schriftsteller aus dem Mittelwesten, hat Chicagos zentrale Lage in seinem langen Prosagedicht «Zu Gast in jeder großen Stadt der Welt – in Chicago daheim» beschrieben:

«Eine Stadt [...] muß etwas im Hintergrund haben, Land, eine Menge davon. Reiches Land – Mais, Weizen, Eisen, Flüsse, Berge, Schweine, Vieh. Chicago hat den Mittelwesten hinter sich – das Reich, genannt Mitt-Amerika. Mais, Schweine, Weizen, Eisen, Kohle, Industrialismus – ein neues Zeitalter, sich mit der Eisenbahn über einen Kontinent bewegend, unglaubliche Gütermassen durch eine endlose Landschaft schaffend, in deren Zentrum Chicago steht.»

Chicago hat dieses reiche, vielseitige Umland mit einer Reihe markanter Orte: Springfield, Wohn- und Wirkungsstätte von Abraham Lincoln, dem bekanntesten Präsidenten der Vereinigten Staaten; Milwaukee, die «deutsche» Stadt in Wisconsin, die Hochburg der Bierbrauer und Gastronomen; Indianapolis, die flache Hauptstadt von Indiana mit dem größten Autorennen der Welt – dem «Indianapolis 500»; Detroit, Motortown-USA, Heimat der drei Autogiganten General Motors, Ford und Chrysler; und Cleveland mit dem Cleveland Orchestra und dem riesigen Vergnügungspark «Cedar Point». Im Hinterland von Chicago schwingen die großen Dünen entlang der Südküste des Michigansees, die Indiana Dunes; im Vorort Oak Park hat der Stararchitekt Frank Lloyd Wright viele außergewöhnliche Villen gebaut, nördlich von Chicago liegt der schöne Strand von Waukegan und weiter im Norden das Pionierdorf Pinecrest in Manitowoc am Michigansee oder der Copper Culture Mound State Park am Westufer der Green Bay, Wisconsin, wo vor rund fünftausend Jahren die Kupfer-Kultur auflebte.

Herz und Drehscheibe dieser wirtschaftlich und historisch reichen Region ist die riesige Stadt am Südwestufer des Michigansees. Vor nur 160 Jahren als Handelsposten gegründet, dominiert Chicago heute den Kern eines riesigen Einzugsgebiets. Der 1994 unterzeichnete NAFTA-Vertrag (North American Free Trade Association) betont die zukünftige wirtschaftliche Bedeutung dieser Region. Eine Statistik besagt, daß der Ballungsraum Chicago das zwölftgrößte Bruttosozialprodukt der Welt erwirtschaftet. Der «Schweinemetzger der Welt», den Carl Sandburg verewigt hat, ist auch heute noch die «Werkzeugfabrik», auch wenn jetzt sanfte Computer hergestellt werden: «Chicago lacht! Es lacht das stürmische, rauhe, lärmende Lachen der Jugend, halbnackt, schwitzend, stolz, Schweinemetzger zu sein, Werkzeugfabrik, Weizenstapelplatz, Spieler mit Eisenbahnen und Warenhändler der Nation».

Südlich von Milwaukee liegt Racine am Ufer des Michigansees. Der Jachthafen des Städtchens wurde in den achtziger Jahren neu gestaltet und zieht Bootsbesitzer und Urlauber an.

Im Winter kann es in Chicago so kalt werden, daß der Michigansee zufriert. Blick auf das Adler Planetarium (links).

Deutlich zeichnen sich die «drei Riesen» Sears Tower (links), Amoco Building (Mitte) und John Hancock Center (rechts) in der Skyline ab.

CHICAGO: PLANEN · REISEN · GENIESSEN

INHALT					
		Unterwegs in Chicago	440	*Chicagos «starke Seiten»: Zwei Magazine machen von sich reden*	451
USA-Karte · Daten · Fakten · Zahlen	436	Hotels mit Seeblick	440	Museen	452
Karte von Chicago	437	*Auf kriminellen Spuren*	441	*Ein begehbares Herz: Wissenschaft zum Anfassen*	453
Was zählt in den USA: Maße und Zahlen auf einen Blick	438	Nicht nur Hamburger: Essengehen in Chicago	441	Sehenswertes im Gebiet der Großen Seen	454
Auskunft	439	*Für jeden etwas: Shopping und Souvenirs*	442	Karte von der Region der Großen Seen	455
Mit dem Mietwagen unterwegs	439	Feste und Feiertage · Sport	442	*Reise in die Vergangenheit: Indianische Kultur im Tal des Illinois River*	458
Klima und Reisezeit	439	Sehenswertes in Chicago	443		
Anreise	439	*Es geht um Milliarden*	443		

The Loop, Chicago, ein strahlend schöner Sommertag. Da macht es sogar Spaß, in die Schule zu gehen – vor allem wenn alle Freundinnen dabei sind.

DATEN · FAKTEN · ZAHLEN

Lage und Größe. Chicago, die größte Stadt des Staates Illinois – aber nicht seine Hauptstadt, das ist Springfield –, liegt am südlichen Ende des riesigen Lake Michigan und dehnt sich im Südosten bis an die Grenze des Nachbarstaates Indiana aus. Mit seinen rund 2,8 Millionen Einwohnern ist es nach New York City und Los Angeles die drittgrößte Stadt der Vereinigten Staaten. Berücksichtigt man sämtliche Vororte und Außenviertel, kommt der Großraum Chicago sogar auf eine Bevölkerung von ungefähr acht Millionen Menschen.
Der urbane «Stadtteppich» bedeckt eine Fläche von 584 Quadratkilometern. Zur Attraktivität der Windy City trägt wesentlich bei, daß sie eine fast fünfzig Kilometer lange Uferzone hat. Ihr geographisches Zentrum liegt genau am Schnittpunkt der 37th mit der Honore Street. Die meisten Straßen im Stadtgebiet bilden das typisch amerikanische Schachbrettmuster, indem sie in Ost-West- bzw. Nord-Süd-Richtung verlaufen.
Chicago ist das unumstrittene städtische Zentrum im Gebiet der Großen Seen. Diese an der kanadischen Grenze gelegene amerikanische Region erstreckt sich von Minnesota im Westen bis zum Bundesstaat New York im Osten über eine Distanz von etwa 1600 Kilometern und umfaßt acht Bundesstaaten (Minnesota, Wisconsin, Michigan, Illinois, Indiana, Ohio, Pennsylvania und New York) mit einer Gesamtfläche von ungefähr 1,1 Millionen Quadratkilometern und etwa fünfzig Millionen Einwohnern. Die Großen Seen sind folgende Gewässer: Lake Superior (82 414 qkm), Lake Huron (59 586 qkm), Lake Michigan (58 016 qkm), Lake Erie (25 719 qkm) und Lake Ontario (19 477 qkm) – im Vergleich dazu der Bodensee, der mit «nur» 538 Quadratkilometer Fläche recht bescheidene Ausmaße hat.

Bevölkerung. Die großen Einwandererwellen im 19. und 20. Jahrhundert brachten Menschen aus aller Welt, aber auch aus dem Süden der USA nach Chicago. Das dokumentiert sich heute noch in den zahlreichen ethnischen Stadtteilen, den *neighborhoods*. Der Anteil der Afroamerikaner an der Gesamtbevölkerung beträgt heute 42 Prozent, der der spanischsprechenden Bevölkerung

Rechte Seite: Rund hundert Quadratkilometer Fläche bedeckt das Stadtgebiet von Chicago, und fast fünfzig Kilometer lang ist die Uferzone am Michigansee. Downtown Chicago liegt rund an den Mündungs[...] des Chicago Riv[...] der eigentliche Stadtkern aber [...] The Loop, das Areal, um das d[...] Hochbahn ihre Schleife zieht.

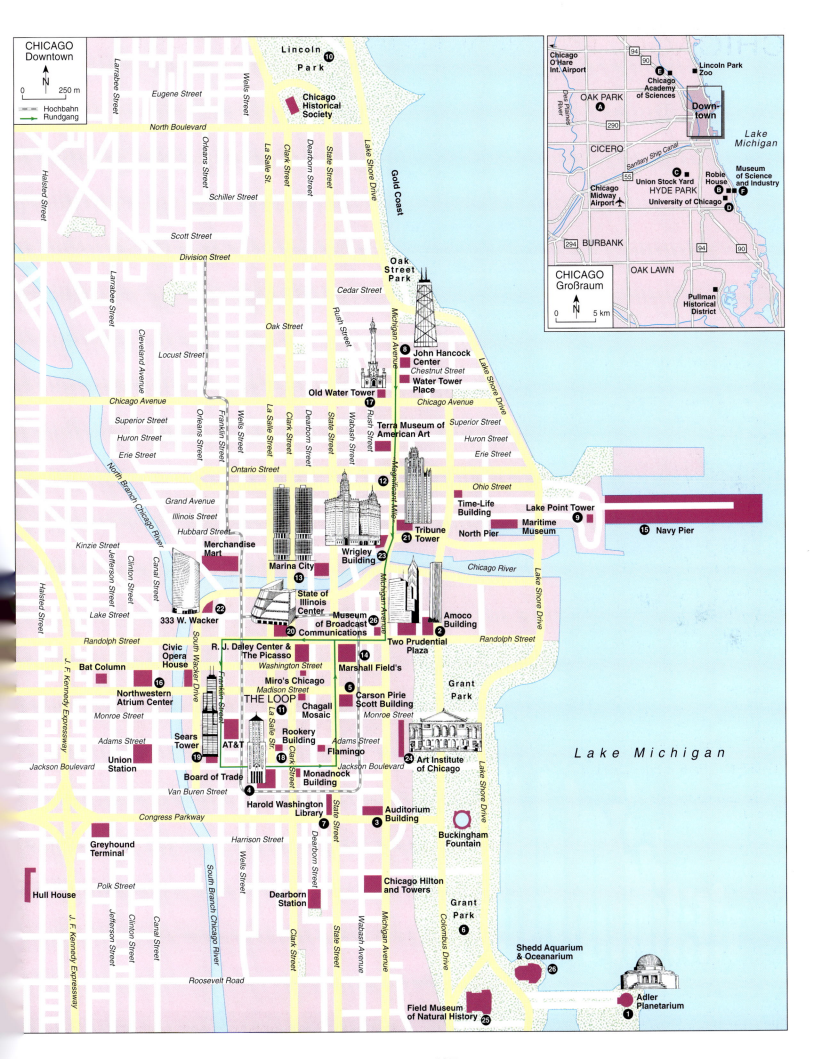

WAS ZÄHLT IN DEN USA:
Maße und Zahlen auf einen Blick

Zeit

Chicago gehört zur Zeitzone Central Standard Time; Mitteleuropa ist Chicago sieben Stunden voraus.

Maße

1 inch = 2,5 Zentimeter	1 pint = ca. 0,5 Liter
1 foot = ca. 30 Zentimeter	1 quart = ca. 0,95 Liter
1 yard = ca. 91 Zentimeter	1 gallon (Benzin) = ca. 3,8 Liter
1 mile = ca. 1,6 Kilometer	1 pound = ca. 450 Gramm

In den USA werden die Maße auf das metrische System umgestellt, derzeit sind beide Systeme in Gebrauch.

Elektrizität

Die Netzspannung beträgt überall in den USA 110 Volt; deutsche Stecker passen nicht, man braucht einen Adapter.

Geld

Ein Dollar hat 100 Cent. Münzen gibt es zu 1 Cent, 5 Cent (Nickel), 10 Cent (Dime), 25 Cent (Quarter) und 50 Cent (Half Dollar). Sämtliche Dollarnoten sind gleich groß und grüngrau, also leicht verwechselbar. Größere Beträge werden in den USA fast immer mit Kreditkarte bezahlt.

Kleidergrößen

Anzüge	US	36	38	40	42	44	46	48	
	D	46	48	50	52	54	56	58	
Hemden	US	14	14,5	15	15,5	16	16,5	17	17,5	18
	D	36	37	38	39	40	41	42	43	44
Kleider	US	28	30	32	34	36	38	40	42
	D	36	38	40	42	44	46	48	50
Schuhe	US	5,5	6	7	7,5	8,5	9	9,5	11	12,5
	D	36	37	38	39	40	41	42	44	46

Temperatur

°F	°C
110	43,3
105	37,6
90	32,2
80	28,7
70	21,1
60	15,5
50	10,0
40	4,0
32	0
30	-1,1
20	-6,6
10	-12,2
0	-17,8

Telefonieren

Telefonnummern in den USA bestehen aus einem dreistelligen *Area Code* und einer siebenstelligen Rufnummer. Für internationale Gespräche wählt man die Kennzahl des Landes (01149 für Deutschland, 01143 für Österreich, 01141 für die Schweiz). Nicht immer kann man direkt wählen, oft muß der Operator vermitteln (0 wählen).

Klima

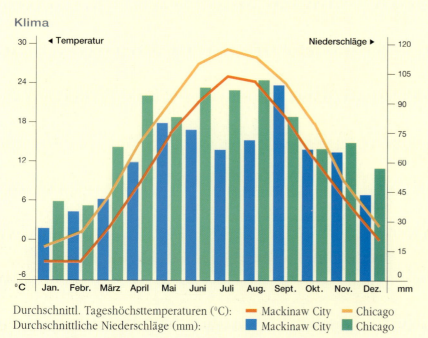

Durchschnittl. Tageshöchsttemperaturen (°C): Mackinaw City — Chicago
Durchschnittliche Niederschläge (mm): Mackinaw City — Chicago

So hoch wie er ragt keiner in den Himmel: Der Sears Tower hält mit 443 Meter Höhe seit 1974 den Rekord unter den Wolkenkratzern. 76 000 Tonnen Stahl geben dem schlanken Turm Halt, und an seiner Fassade glänzen 16 500 bronzegetönte Fenster.

18 Prozent, während die Einwanderer aus dem pazifischen Raum gut vier Prozent und die Abkömmlinge europäischer Einwanderer etwa 36 Prozent ausmachen.

Wirtschaft. Dank seiner relativ zentralen Lage im Mittleren Westen der USA war Chicago bereits in der zweiten Hälfte des 19. Jahrhunderts einer der bedeutendsten Verkehrsknotenpunkte des Landes – damals noch im Schienenverkehr. Die Stadt hat sich diesen Nimbus bis heute erhalten, wenngleich die Bedeutung der Eisenbahn längst durch die des Flugverkehrs überlagert wurde. Mit der Funktion als Verkehrsdrehscheibe ging früher auch die dominierende Stellung als «Schlachthof» der USA und als Fleischverarbeitungszentrum einher. In späteren Jahren gewannen die Metallindustrie, vor allem die Stahlherstellung, die Produktion von Maschinen und «rollendem» Eisenbahnmaterial, die Elektrotechnik und die Textilindustrie Vorrang. Heute steht die Wirtschaft der Stadt auf drei Beinen: Industrie, Handel und Finanzwesen. Von besonderer Bedeutung ist der 1848 gegründete Chicago Board of Trade, die größte Warenterminbörse der Welt (siehe Seite 443).

AUSKUNFT

In Deutschland. Visit USA Committee Germany e.V. (Postfach 5825, 65048 Wiesbaden, Tel. 0611/9545880, Fax 0611/9545997). Das Fremdenverkehrsbüro verschickt gegen Erstattung der Portokosten eine Broschüre mit nützlichen Tips und wertvollen Hinweisen. Die Botschaft der USA in Berlin (Neustädtische Kirchstr. 4-5, 10117 Berlin, Tel. 030/83050) gibt unter der Telefonnummer 0190/85005800 in deutscher bzw. englischer Sprache auf Band gesprochene Visumsinformationen.

In der Schweiz. Botschaft der USA, Jubiläumsstraße 93, 3005 Bern, Tel. 031/3577011.

In Österreich. Botschaft der USA, Boltzmanngasse 16, 1091 Wien, Tel. 01/31339.

Vor Ort. Chicago Convention and Tourism Bureau, McCormick Place-on-the-Lake, 2301 South Lake Shore Drive, Chicago,

MIT DEM MIETWAGEN UNTERWEGS

Wer Chicago und Umgebung mit dem Auto erkunden möchte, reserviert seinen Mietwagen am besten ab O'Hare International Airport. Zum Mieten eines Wagens genügt der nationale Führerschein, das Mindestalter des Fahrers beträgt 21 Jahre. Obwohl es natürlich auch in Chicago Mietwagenfirmen gibt, empfiehlt es sich dringend, schon von zu Hause aus zu buchen: Die Angebote sind generell günstiger, und zudem sind meist die Haftpflicht- und die (in den USA teure) Vollkaskoversicherung sowie eine unbegrenzte Meilenzahl im Preis inbegriffen. Achtung: Viele Firmen berechnen einen Aufpreis, wenn man den Mietwagen nicht am Ausgangsort abgibt. Wer nicht – wie üblich – mit Kreditkarte bezahlt, muß eine Kaution hinterlegen. Bei der Übernahme des Wagens sollte man sich einweisen lassen. Das Straßennetz ist sehr gut ausgebaut und klar beschildert. Die Höchstgeschwindigkeit beträgt innerhalb von Ortschaften 30 Meilen (48 km) pro Stunde, auf den Highways sind je nach Bundesstaat bis zu 75 Meilen (121 km) pro Stunde erlaubt. Insgesamt ist das Autofahren in den USA sehr viel angenehmer als in Europa; angesichts der großen Entfernungen sollte man sich die Tagesziele nicht zu hoch stecken.

IL 60616-1490, geöffnet Mo bis Fr von 10 bis 16 Uhr, Tel. 312/2018847, Fax 312/5678533; Chicago Water Works Visitors Center, 163 East Pearson St. at Michigan Ave, geöffnet von 7.30 bis 19 Uhr. Natürlich finden sie auch entsprechende Informationen im Internet.

KLIMA UND REISEZEIT

Chicago ist eine Stadt für jede Jahreszeit, doch das angenehmste Klima herrscht im Frühling und Herbst. Im Hochsommer kann es sehr heiß und im Winter mit Schneestürmen ungemütlich kalt werden. Wenn das Thermometer im Sommer über dreißig Grad Celsius klettert, sind die Orte rund um den Michigansee ein beliebtes Reiseziel. Doch auch im Indian Summer mit seiner bunten Laubverfärbung ist es an den Seen besonders schön. Kälteresistente Naturen können auch den zugefrorenen Eisflächen der Seen im Winter etwas abgewinnen.

ANREISE

Deutsche, Österreicher oder Schweizer brauchen bei einem Aufenthalt von maximal neunzig Tagen kein Visum. Ein noch minde-

stens bis zur Ausreise gültiger Paß, ein Rück- bzw. Weiterreiseticket und ausreichende Geldmittel genügen. Das gilt auch für Personen, die aus Mexiko oder Kanada auf dem Landweg einreisen. Sie müssen an der Grenze zu den USA jedoch einen Antrag auf visumsfreie Einreise ausfüllen.

Bonbons in jeder Farbe und Geschmacksrichtung gibt es nicht nur bei «Margie» in der Western Avenue.

2 Murals, Wandbilder mit lokaltypischen Motiven wie man sie aus Kalifornien kennt, sieht man auch in Chicago.

3 Bus Stop – Zeit für einen Plausch. Busse sind neben den Schnellbahnen das wichtigste öffentliche Verkehrsmittel.

In den vergangenen Jahren erleichterten die US-Behörden die Einreiseformalitäten erheblich. Nach wie vor ist jedoch die Einfuhr von Obst, Gemüse, Fleisch, Samen und anderen landwirtschaftlichen Produkten strengstens untersagt.

Der Direktflug von Frankfurt nach Chicago dauert etwa acht bis neun Stunden. Die meisten US-Fluggesellschaften fliegen jedoch zuerst ihre Basisstützpunkte in den USA an und setzen dann die Reise zum eigentlichen Zielort fort. Die Zoll- und Ein-

1

2

3

reiseformalitäten werden jeweils auf dem ersten Flughafen, der angesteuert wird, erledigt. Der O'Hare International Airport liegt 27 Kilometer vom Stadtzentrum entfernt im Nordwesten Chicagos. Die Busse der Continental Air Transport Company fahren zwischen 6 Uhr und 23.30 Uhr im Fünf-Minuten-Rhythmus ins Stadtzentrum bzw. zu etwa zwei Dutzend Hotels in Downtown. Preisgünstiger ist der Transport mit einem Bus der Chicago Transit Authority (CTA).

UNTERWEGS IN CHICAGO

Mit dem Auto. Der Großstadtverkehr erfordert geübte Fahrer, die mit amerikanischen Verkehrssitten vertraut sind. Auch wer es durch die Häuserschluchten schafft, hat aber noch lange keinen Parkplatz. Im Loop etwa ist das Parken auf der Straße grundsätzlich verboten. Man muß auf Parkhäuser und private Parkplätze zurückgreifen, was ziemlich teuer werden kann.

Öffentliche Verkehrsmittel. Die Chicago Transit Authority (CTA) betreibt Busse, U-Bahnen und mit The El *(elevated train)* die populäre Stadtbahn auf dem Hochgleis. Passagiere sollten immer genügend Kleingeld bei sich haben, um den Fahrpreis exakt bezahlen zu können. Der von der CTA eingesetzte Culture Bus verkehrt von Mai bis September jeweils sonn- und feiertags und fährt Museen, Galerien und Ausstellungen im Stadtzentrum an.

Bustouren. Bustouren von unterschiedlicher Länge durch die Stadt bieten American Sightseeing Tours (Palmer House Hotel, 17 E. Monroe St., Tel. 312 / 251 31 00) und Gray Line Tours (Palmer House Hotel, Tel. 312 / 251 31 07) an. Bei diesen Unternehmen kann man auch Schiffsausflüge auf dem Lake Michigan mit Abendessen an Bord buchen. Besichtigungsfahrten mit dem Doppeldeckerbus veranstaltet Chicago Motor Coach Company (Tel. 312 / 9 22 89 19).

Bootstouren. Sightseeing per Boot auf dem Chicago River bzw. im Hafen von Chicago und auf dem Lake Michigan unternehmen folgende Organisationen: Mercury Cruise Lines (Wacker Drive bei der Michigan Avenue Bridge, Tel. 312 / 3 32 13 53); Shoreline Marine Co. Harbor Tours (1200 South Lake Shore Drive, Tel. 312 / 2 22 93 28); Wendella Sightseeing Boats (Michigan Avenue Bridge, Tel. 312 / 3 37 14 46).

Architektur-Touren. Die Chicago Architecture Foundation (224 South Michigan Avenue, Tel. 312 / 9 22 34 32) veranstaltet fachkundige Führungen mit Besichtigungen von historischen und modernen Gebäuden.

Fahrten ins Hinterland. Von Chicago aus kann man sowohl mit dem Bus (ab Greyhound-Bahnhof, 630 West Harrison Street, Tel. 312 / 408 58 83) als auch mit der Eisenbahn (AMTRAK-Bahnhof, Chicago Union Station, 210 South Canal Street, Tel. 312 / 5 58 10 75) Fahrten in die nähere oder weitere Umgebung unternehmen. AMTRAK-Züge fahren am Ufer des Lake Michigan entlang in die Großstadt Milwaukee im benachbarten Bundesstaat Wisconsin oder in östlicher Richtung etwa nach Detroit bzw. über Port Huron nach Toronto in Kanada.

HOTELS MIT SEEBLICK

Als renommierte Kongreßstadt ist Chicago mit Unterkünften sämtlicher Kategorien reichlich ausgestattet. Dennoch tut der Be-

1 Vor dem Nobelkaufhaus «Saks Fifth Avenue».

2 Blick vom John Hancock Center über den Loop.

3 Der berühmte Filmpalast «Chicago Theater».

4 Bahnhofshalle des Northwestern Atrium Center.

4

5 Treffpunkt für Börsenmakler: das Café «Ceres» im Board of Trade Building.

6 Die charakteristische Eisen-Stahl-Architektur der Hochbahn prägt das Bild von Chicagos Innenstadt.

7 und 8 Gediegene Pracht: Das Hotel «Florence» im Pullman Historical District war ehedem ein Gästehaus des Großindustriellen George M. Pullman.

sucher gut daran, sein Hotel oder Motel rechtzeitig zu buchen, da durchaus Engpässe auftreten können, wenn wichtige Veranstaltungen gleichzeitig stattfinden. Manche Hotels im Stadtzentrum, in denen unter der Woche hauptsächlich Geschäftsleute absteigen, räumen ihren Gästen an Wochenenden günstigere Zimmertarife ein. Die Hotels konzentrieren sich an der Michigan Avenue. Rund um den O'Hare International Airport entstanden in den letzten Jahren zahlreiche neue Kongreßhotels, die in erster Linie für Geschäftsleute interessant sind.

Zu den attraktivsten Stadthotels zählt das gewaltige, aus rosafarbenem Granit erbaute «Fairmont», das zum Komplex des State of Illinois Center gehört. Die meisten der fast 700 Räume bieten einen herrlichen Ausblick entweder auf die Wolkenkratzerlandschaft des Zentrums oder auf den Lake Michigan. Die im Art-déco-Stil gestaltete Lounge ist auch einen Besuch wert, wenn man nicht im «Fairmont» abgestiegen ist. Ein anderes

Chicagoer Wahrzeichen ist das traditionsreiche, 1920 eröffnete «Drake Hotel», das seit 25 Jahren unter Denkmalschutz steht.

Preiswerte Unterkünfte. Zu den preiswerten Hotels in Downtown Chicago gehört das «Cass Hotel», das – je nach Auslastung – Preisnachlaß auf seine Zimmer gibt. Einfache, aber saubere und kostengünstige Zimmer erwarten den Gast in den Unterkünften der Hotelkette «Motel 6».

Außerhalb von Chicago. Wer von Chicago aus eine Fahrt durch das Gebiet der Großen Seen unternimmt, findet sowohl in großen Städten wie in kleineren Ortschaften praktische Motels, die mit allem ausgerüstet sind, was Reisende brauchen. Empfehlenswert sind Country Inns, die im Stil etwa europäischen Landgasthöfen entsprechen.

AUF KRIMINELLEN SPUREN

Jahrelang hielt er die Fäden der Stadt in seinen Händen – Al Capone, Chef des einflußreichsten Gangstersyndikats von Chicago (siehe Seite 410). Damals, in der Zeit der Prohibition, blühte am Ufer des Lake Michigan die organisierte Kriminalität, ließen sich Bürgermeister und Politiker schmieren und waren Polizisten die besten Zuträger der «Unberührbaren», die ihren krummen Millionengeschäften fast unbehelligt nachgehen konnten. Kein Wunder, daß in Chicago heute touristische Gangstertouren Hochkonjunktur haben. Auf den Rundfahrten in schwarz gespritzten Bussen bringen Männer in breitgestreiften Anzügen ihre Kundschaft etwa zum ehemaligen Hauptquartier Al Capones im «Lexington Hotel» oder zum Biograph Theater, vor dem der schießwütige Bankräuber John Dillinger verblutete. Reservierung bei: Untouchable Times and Tours, Tel. 773 / 881 11 95; die Touren beginnen beim «Rock & Roll McDonald's», 600 North Clark St.

Entscheidet man sich für eine Bed & Breakfast-Unterkunft, bezahlt der Gast dafür zwar in der Regel mehr als für ein einfaches Motel, wird aber geradezu fürstlich bewirtet.

NICHT NUR HAMBURGER: ESSENGEHEN IN CHICAGO

Bei amerikanischer Küche denkt so mancher zuerst an frittengarnierte Hamburger-Berge – ein Vorurteil, das Chicagos Gastronomen nicht auf sich sitzen lassen müssen. Unter den rund 6000 Restaurants innerhalb der Stadtgrenzen findet man zahlreiche erlesene Gourmet-Tempel und eine Riesenauswahl ethnischer Restaurants, für die die Metropole am Michigansee berühmt ist. Ganz oben auf der Beliebtheitsskala rangieren französische und die in den USA allseits beliebten italienischen Spezialitäten, daneben haben fernöstliche, polnische, armenische, karibische und thailändische Gerichte einen festen Platz. Zum Renner entwickelten sich in den vergangenen Jahren die so-

genannten New-Age-Restaurants, die ihren Gästen raffinierte Vollwertkost, phantasievolle Nouvelle cuisine – kalorien- und salzarm oder vegetarisch – servieren.

FÜR JEDEN ETWAS: SHOPPING UND SOUVENIRS

Die drittgrößte Millionenstadt Amerikas ist natürlich auch ein Einkaufsparadies. Sitzt die Brieftasche locker, ist die North Michigan Avenue eine adäquate Adresse. Nicht umsonst trägt der Straßenabschnitt nördlich des Chicago River den Beinamen Magnificent Mile. Links und rechts der Straßenschlucht bieten die Auslagen der großen und renommierten Geschäfte alles an, was gut und teuer ist. Quer zur Michigan Avenue verläuft die Oak Street, an der sich zahlreiche Designer und Modemacher von Weltruf niedergelassen haben. In Chicago gibt es aber auch Dutzende von originellen Souvenirshops wie etwa *Accent Chicago* und *Capone's Chicago* oder *Four Deuces Gift Shop*. Typisches aus Chicago findet man

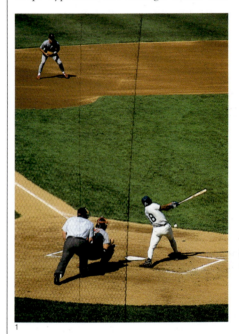

auch in zwei anderen Geschäften: im *Jazz Record Mart* (11 West Grand Avenue), dem größten Laden der Welt für Blues- und Jazzaufnahmen, und im *Chicago Tribune Gift Store* (435 North Michigan Avenue), wo man die verschiedensten Andenken mit dem Schriftzug der berühmten Tageszeitung verkauft – vom T-Shirt bis zur Kaffeetasse.

FESTE UND FEIERTAGE

Offizielle Feiertage sind: New Year's Day (1. Januar), Martin Luther King Jr. Day (3. Montag im Januar), President's Day (3. Montag im Februar), Memorial Day (letzter Montag im Mai), Independence Day (4. Juli), Labor Day (1. Montag im September), Columbus Day (2. Montag im Oktober), Veteran's Day (11. November), Thanksgiving Day (4. Donnerstag im November), Christmas (25. Dezember). Fällt einer dieser Tage auf einen Sonntag, ist der darauffolgende Montag ein arbeitsfreier Feiertag.

In Chicago. Januar/Februar: Parade zum chinesischen Neujahrsfest mit tanzenden Drachen und viel Krach in Chinatown; Mitte Mai: Chicago International Art Exposition (große Kunstausstellung); Mitte Juni: Scottish Highland Games (Fest der schottischen Einwanderer mit Baumstamm-Werfen und Steinblock-Stoßen); Chicago Blues Festival; Juli: Air and Water Show (Luft- und Wasserschau mit Flugzeugen und Booten) und A Taste of Chicago Festival (kulinarisches Spektakel mit kulturellem Beiprogramm); August/September: Chicago Jazz Festival; Oktober: Chicago Film Festival.

Rund um die Großen Seen. Januar: Winterfest mit internationalem Wettbewerb im Modellieren aus Schnee in Milwaukee; Juni/Juli: Lake Front Festival of the Arts (Kulturtage mit Musik- und Tanzveranstaltungen) und großes Sommerfest in Milwaukee; September: Oktoberfest in Milwaukee.

SPORT

Die Chicagoer sind sportbesessen – aktiv und passiv. Doch auch für Besucher gibt es eine Reihe von Möglichkeiten, sich ein bißchen Bewegung zu verschaffen oder zumindest zuzuschauen, wenn andere das tun. Die Stadtverwaltung von Chicago legte in den vergangenen Jahren Radwege an der

Lake Front und am nördlichen Arm des Chicago River an. Eine detaillierte Karte bekommt man beim Bureau of Traffic Engineering, 320 North Clark Street. Räder kann man sich leihen bei Bike Chicago, Oak Street/Division Street.

Golfer haben in Chicago die Qual der Wahl unter verschiedenen Anlagen. Im Columbus Park liegt der Platz von Kemper Golf Management Chicago mit zwei 9-Loch- und einer 18-Loch-Anlage (5700 West Jackson Blvd., Tel. 773/261 39 24).

Bei der in den USA ausgetragenen Fußballweltmeisterschaft 1994 bestritt Deutschland das Eröffnungsspiel gegen Bolivien im Soldier Field, dem Heimstadion des Footballteams «Chicago Bears». Die Saison beginnt im August und dauert je nach Erfolg oder Mißerfolg der Mannschaft bis zum Januar. Wer sich mehr für den amerikanischen Nationalsport Baseball begeistert, ist bei den «Chicago Cubs» im Wrigley Field Stadium gut aufgehoben. Dort dauert die Spielsaison von Anfang April bis Anfang Oktober.

1 Das Wrigley Field ist das Heimstadion der berühmten Baseballmannschaft «Chicago Cubs».

2 Six Flags Great America, der große Vergnügungspark im Norden Chicagos ist berühmt für seine schwindelerregenden Achterbahnen.

3 Ein eindrucksvolles Bild: der Buckingham Fountain im Grant Park vor der Kulisse des nächtlichen Chicago.

Die Börsenmakler am Board of Trade erkennt man an ihrer «Uniform» und am wilden Gestikulieren.

5 Der «Sitzende Lincoln» von Augustus Saint Gaudens wurde 1908 im Grant Park aufgestellt, der «Stehende» ist das Wahrzeichen des Lincoln Park.

Amoco Building (rechts) und der Turm des Two Prudential Plaza sind zwei der markantesten Bauten der Skyline Chicagos.

SEHENSWERTES IN CHICAGO

Ziffern und Buchstaben im Kreis verweisen auf die Karte auf Seite 437, kursive Zahlen am Ende eines Abschnitts auf Abbildungen.

Adler Planetarium ①. Die *Sky Shows* sind ein Erlebnis für jung und alt, doch zeigt das Planetarium, das als erste derartige amerikanische Einrichtung 1930 auf der aufgeschütteten Insel Northerly Island eröffnet wurde, mehr als den nächtlichen Sternenhimmel über Chicago. Mit einem speziellen Sonnenteleskop können die Besucher Sonnenflecken und gigantische Hitzeexplosionen auf der Sonne beobachten. In den angegliederten Museumsräumen sind diverse astronomische Instrumente und Modelle sowie Gerätschaften aus dem Zeitalter der Raumfahrt ausgestellt. *432/433*

Amoco Building ②. Mit rund 340 Meter Höhe ist der achtzigstöckige, früher Standard Oil Building genannte Turm nach dem → Sears Tower ⑲ und dem → John Hancock Center ⑧ der dritthöchste Wolkenkratzer der Stadt. Trotz seiner «Jugend» – er wurde 1974 fertiggestellt – hat der Riese sein Äußeres schon grundlegend verändert. Die Verkleidung mit Carrara-Marmor wurde gegen helle Granitplatten ausgetauscht, da die Marmorplatten dem Klima der Windy City nicht standhielten. *402/403, 434/435*

Auditorium Building ③. Zur Bauzeit im Jahr 1889 war dieses Gebäude der beiden Architekten Dankmar Adler und Louis Sullivan mit seinen 17 Stockwerken der höchste Bau der Stadt. Neben einem Hotel, vielen Büros und Geschäften richteten die Planer auch ein Theater ein, das mit einer hydraulischen Bühne und einer der ersten Klimaanlagen ausgestattet wurde. Im Zweiten Weltkrieg als Bowlinghalle für Armeeangehörige zweckentfremdet, war das Auditorium in den fünfziger Jahren abbruchreif. Erst eine in der zweiten Hälfte der sechziger Jahre unternommene Restaurierung, die mehrere Millionen US-Dollar verschlang, stellte das viertausend Besucher fassende Theater im ehemaligen Stil wieder her.

Board of Trade ④ siehe links. *441*

Carson Pirie Scott ⑤ Prunkstück des zu Beginn des 20. Jahrhunderts erbauten Kaufhauses ist der Haupteingang, der reich mit Kunstschmiedearbeiten aus Pflanzenmotiven und geometrischen Formen verziert ist. Die Entwürfe dazu stammen aus der Feder von Louis Sullivan. Das Warenangebot im Innern des Bauwerks ist weniger exquisit, doch findet man dort zu vernünftigen Preisen alles, was man braucht.

Grant Park ⑥. Die Grünanlage zwischen dem Lake Michigan und dem → Loop ⑪ entstand in den zwanziger Jahren nach Plänen des Stararchitekten Daniel H. Burnham. Dem klassischen französischen Stil entsprechend wurden auf der Fläche zwei symmetrische Rosengärten, schnurgerade Baumreihen und große Rasenflächen angelegt. In der Konzertmuschel gibt es jedes Jahr im Sommer für Liebhaber klassischer Musik Konzerte, und am 4. Juli feiert man hier den amerikanischen Unabhängigkeitstag mit Musik und Feuerwerk. Der Parkeingang an der South Michigan Avenue wird von zwei Indianerstatuen de Bildhauers Ivan Mestrovic aus dem Jahr 1928 flankiert. Im Zentrum der Grünfläche steht der *Clarence Buckingham Fountain*, ein 1927 errichteter Brunnen aus lachsfarbenem Georgia-Marmor, der abends farbig angestrahlt wird. *388/389, 416, 417*

ES GEHT UM MILLIARDEN

Wo, wenn nicht in der «Stadt der breiten Schultern», sollte die größte und älteste Warenterminbörse der Welt liegen. Seit seiner Gründung im Jahr 1848 ist der Chicago Board of Trade eine wichtige Drehscheibe des Weltmarkts. Dort werden die Preise für landwirtschaftliche Produkte wie Weizen, Mais und Sojabohnen gemacht, aber man handelt auch Gold und Silber. Äußerlich ist der Komplex leicht zu erkennen: Auf dem Dach des 186 Meter hohen Art-déco-Gebäudes, in dem die Börse seit 1930 ihren Sitz hat, steht eine Statue der römischen Ackerbau- und Fruchtbarkeitsgöttin Ceres. In der fünften Etage dieser Festung des Welthandels wurde eine Besucherebene eingerichtet, um der Öffentlichkeit die Möglichkeit zu geben, einen Blick in die Busineß-Seele Amerikas zu werfen. Von zwei Stellen aus kann man das turbulente Treiben in den Hallen beobachten. In einem kleinen Museum ist die Geschichte der Börse dokumentiert, und anhand von Schautafeln wird der Ablauf von Termingeschäften erklärt.

Harold Washington Library ⑦. Ein postmoderner Monumentalbau mit starken Anklängen an die Beaux-art-Architektur: das ist seit 1991 die neue Heimat der Chicago Public Library, die mit einem Bestand von über zwei Millionen Büchern zu den größten Bibliotheken Amerikas zählt. In der achten Etage liegt die *Jazz, Blues and Gospel Hall of Fame*, ein Muß für Fans moderner Musik; im Dachgeschoß lädt der lichtdurchflutete Wintergarten zum Verweilen ein.

John Hancock Center ⑧ Die Einheimischen nennen ihn Big John, den 1970 fertiggestellten, mit 343 Metern zweithöchsten Wolkenkratzer der Stadt. Neben dem → Sears Tower ⑲ bietet dieser Turm den schönsten Blick auf die Stadt. Per Hochgeschwindigkeitsaufzug kann man sich zum *Skydeck Observatory* auf der 94. Etage «katapultieren» lassen und bei einem Abendessen im Restaurant ein Stockwerk höher Chicagos Lichtermeer genießen. *434/435, 450/451*

Lake Point Tower ⑨. Die Bewohner des fast zweihundert Meter hohen Apartmenthauses am Westende des → Navy Pier ⑮ sind um die Aussicht auf den Lake Michigan zu beneiden. Die Pläne für den dreiflügeligen Turm mit den geschwungenen Formen gehen auf einen Entwurf zurück, den Mies van der Rohe 1922 für ein Berliner Wolkenkratzerprojekt machte. *396*

Lincoln Park ⑩. Ebenso wie die südlicheren Uferabschnitte am Lake Michigan entstand auch der Lincoln Park auf einem Gelände, das dem See durch Aufschüttung abgewonnen worden war. In dieser größten Grünanlage der Stadt haben zahlreiche Monumente ihren Platz, die an berühmte Männer wie die US-Präsidenten Abraham Lincoln und Ulysses S. Grant erinnern. Im Zentrum des Parks beherbergt der *Lincoln Park Zoo* rund zweitausend unterschiedliche Arten von Säugetieren, Vögeln und Reptilien aus vielen Teilen der Welt. Für Kinder gibt es einen Streichelzoo und den Nachbau einer typischen Illinois-Farm. Im *Conservatory* finden je nach Jahreszeit unterschiedliche Blumenausstellungen statt, beginnend im Februar mit Azaleen und endend im November mit Chrysanthemen.

Loop ⑪. Dieses Zentrum im Zentrum dehnt sich südlich des Chicago River bis zum West Congress Parkway aus und bildet das Herz der Millionenstadt mit großen Einkaufszentren, Fachgeschäften, Kultureinrichtungen, dem Finanzzentrum samt dem

Chicago Board of Trade (siehe Seite 443) und den Werken weltberühmter Künstler der klassischen Moderne wie Pablo Picasso, Marc Chagall und Joan Miró (siehe Seite 400). The Loop bekam seinen Namen von den

Mit «Bat column» schuf Claes Oldenburg einen monumentalen Baseballschläger, dessen feines Gittergeflecht einen eigenwilligen Kontrast zu den Spiegelglasflächen der umgebenden Architektur bildet.

Warten auf Kundschaft: Eine seltene Pause für die Hamburger-Verkäuferinnen beim kulinarischen Sommerfest Taste of Chicago.

Teiche, Rad- und Wanderwege und ein schöner Badestrand, der North Avenue Beach, machen den über vierhundert Hektar großen Lincoln Park zu einem beliebten Freizeitziel der Chicagoer

Wenn im Sommer die Melonen reif sind, kommen die fahrenden Gemüsehändler mit Hunderten von Früchten auf der Ladefläche in die Stadt und verkaufen die Durstlöscher im Sonderangebot.

Vom Café des alten Forts auf Mackinac Island hat man einen herrlichen Ausblick auf das Städtchen und den Hafen.

Galena liegt im äußersten Norden von Illinois am Mississippi. Im 19. Jahrhundert war die Stadt dank großer Bleivorkommen reich geworden – ein Wohlstand, der sich noch heute in den eleganten Wohnhäusern aus jener Zeit spiegelt. Im Bild die Villa Belveder

Auch der Navy Pier trägt die Handschrift des Stararchitekten Helmut Jahn, der Chicago schon mit Bauten wie dem State of Illinois Center seinen Stempel aufgedrückt hat. Der Umbau der ehemaligen Hafenanlage zum Freizeit- und Kulturareal wurde 1995 beendet.

Oben: Landgang in Chicago.

Unten: Straßenkonzert auf der Magnificent Mile.

ater Tower Place ist einen Tagesusflug wert. Hinter den marmorverkleideten Mauern des Einaufszentrums an der Magnificent Mile findet man die Kaufhäuser rd & Taylor und Marshall Field's, zahlreiche Boutiquen und das z-Carlton Hotel.

Gleisen der im ausgehenden 19. Jahrhundert gebauten Hochbahn The El, die um diesen Stadtteil eine etwa drei Kilometer lange Schleife *(loop)* macht. *386, 411, 436, 440*

Magnificent Mile ⑫. Wo heute die North Michigan Avenue eine Schneise in die glitzernde Wolkenkratzerlandschaft schlägt, erstreckten sich vor 150 Jahren öde Industrie- und Werftanlagen. Bis hinauf zur Oak Street, wo der Stadtteil Gold Coast beginnt, trägt diese Einkaufsstraße den Beinamen Magnificent Mile, weil sich heute dort die elegantesten und teuersten Geschäfte der Stadt aneinanderreihen. Die Entwicklung zum luxuriösen Konsumparadies begann jedoch erst zu Beginn der siebziger Jahre, als das → John Hancock Center ⑧ gebaut wurde. Einige Jahre später folgte die große Shopping Mall Water Tower Place. *401, 440*

Marina City ⑬. Mitte der sechziger Jahre baute der Architekt Bertrand Goldberg die erste «Stadt in der Stadt» Chicagos. Marina City am Ufer des Chicago River umfaßt neben Wohnungen und Apartments auch Einkaufsmöglichkeiten, Freizeitareale und kulturelle Einrichtungen, so daß man dort leben könnte, ohne den Gebäudekomplex mit den charakteristischen Maiskolben-Türmen je zu verlassen. *376/377*

Marshall Field's ⑭. Mit seinen rund 450 einzelen Abteilungen läßt dieses riesige Einkaufswunderland mitten im Loop kaum einen Wunsch offen. Spezialitäten-Abteilungen bieten exotische Früchte und Gewürze, französische Backwaren, seltene Bücher, Schmuck, erlesene Weine aus aller Welt, Möbel und Haushaltswaren in einem Interieur, das an die großen Kaufhäuser in der französischen Metropole erinnert. Die Verkaufsstände gruppieren sich teilweise um drei Atrien mit Galerien, von denen eines von einer herrlichen Kuppel aus Tiffany-Glas überwölbt wird.

Navy Pier ⑮. Die sichtbarste Veränderung hat Chicago während der zurückliegenden Jahre auf dem Navy Pier erfahren. Nachdem diese rund einen Kilometer lange

Anlegestelle für Passagier- und Handelsschiffe im Jahr 1916 fertiggestellt war, machte sie Karriere als einer der meist frequentierten Häfen Amerikas. In den letzten Jahrzehnten verwaisten die Anlagen jedoch immer mehr. Die Stadtbaumeister hatten die Pläne für eine grundlegende Umgestaltung zwar schon lange in ihren Schubladen, aber erst in den neunziger Jahren wurden die Ideen in die Praxis umgesetzt. Heute ist der Navy Pier Kongreßzentrum mit der neuen *Festival Hall*, Kulturhochburg mit dem 1500 Sitzplätze großen Freilichttheater *Skyline Stage* und Vergnügungspark mit dem Riesenrad *Ferris Wheel*, einem Museum für Kinder und einem IMAX-Theater.

Northwestern Atrium Center ⑯. Dort wo bis in die achtziger Jahre Chicagos berühmter Bahnhof im Beaux-art-Stil stand, erhebt sich heute ein weiterer eindrucksvoller Stahl-Glas-Palast des Architekten Helmut Jahn. In den unteren Stockwerken befindet sich auch heute noch der Bahnhof, während die oberen Etagen Tausende von Quadratmetern Bürofläche enthalten. Der Haupteingang an der Madison Avenue führt in eine imposante Halle mit Stahlverstrebungen, die an europäische Bahnhofsarchitektur des 19. Jahrhunderts erinnern. *384, 440*

Oak Park Ⓐ. Architekturfans und vor allem Bewunderer von Frank Lloyd Wright sollten mindestens einen Tag für den Villenvorort im Westen der Stadt einplanen. Dort und im benachbarten Riverside hat der Chicagoer Stararchitekt 31 Gebäude errichtet, die die Entwicklung zum sogenannten Prärie-Stil dokumentieren. Das Oak Park Visitors' Center veranstaltet Rundgänge zu verschiedenen Bauwerken, von denen normalerweise jedoch nur Frank Lloyd Wrights *Home and Studio* sowie der *Unity Temple* für die Öffentlichkeit zugänglich sind.
Seit 1991 gibt es in Oak Park auch ein kleines *Museum für Ernest Hemingway*, der hier am 21. Juli 1899 geboren wurde.

Old Water Tower ⑰. Im Jahr 1871 legte eine Feuersbrunst große Teile Chicagos in Schutt und Asche. Eines der wenigen Gebäude, die die Katastrophe überdauerten, war die zwei Jahre zuvor fertiggestellte zentrale Pumpstation der städtischen Wasserwerke. Der Architekt W.W. Boyington erntete mit seinem neugotischen Bau aus gelblichem Kalkstein jedoch nicht nur Bewunderung. So bezeichnete Oscar Wilde den Turm bei seinem Chicago-Besuch 1882 als monströse «Pfeffermühle».

Robie House Ⓑ. Als einer der besten Entwürfe der amerikanischen Architekturgeschichte gilt diese Villa von Frank Lloyd Wright im Vorort Hyde Park. Das 1906 errichtete Haus markiert den Höhepunkte des Prärie-Stils, mit dem der Architekt die Verbindung zwischen Baustruktur und natürlicher Umgebung herzustellen versuchte. In dem Anwesen ist heute ein Teil der → University of Chicago Ⓓ untergebracht, doch steht es für Besichtigungen offen.

Rookery Building ⑱. Das Architektenduo Daniel H. Burnham und John W. Root baute dieses Gebäude zwischen 1885 und 1888. Seit einer grundlegenden Renovierung zu Beginn der neunziger Jahre erstrahlt die Fassade mit ihren romanischen Bögen und der orientalisch anmutenden Ornamentierung in neuem Glanz. Ein besonderes Schmuckstück sind die Lobby und der von Galerien umgebene Lichthof, die Frank Lloyd Wright neugestaltete. *393, 399*

Sears Tower ⑲. Im Jahr 1974 von den Architekten Skidmore, Owings & Merrill erbaut, bildet der aus neun unterschiedlich hohen Türmen zusammengesetzte Wolkenkratzer gewissermaßen eine eigene Stadt, in der etwa 17 000 Menschen arbeiten. Dieses höchste Gebäude der Welt – die 110 Stockwerke ragen 443 Meter weit in den Himmel – schwankt an windigen Tagen an der Spitze bis zu 25 Zentimetern. Über hundert Aufzüge sorgen dafür, daß die Angestellten rechtzeitig in die Büros kommen. Besuchern der Aussichtsplattform steht ein besonderer Hochgeschwindigkeitslift zur Verfügung. Im 32-Stundenkilometer-Tempo bringt er die Schaulustigen innerhalb von 55 Sekunden auf die 103. Etage zum *Skydeck*, von wo sie durch die schützenden Glaswände die fabelhafte Aussicht auf den Lake Michigan und weit über die Stadtgrenzen hinaus genießen können. Im Besucherzentrum gibt enie siebenminütige Multi-Media-Show unter dem Titel *The Chicago Experience* einen Überblick über die Stadt und ihre Vergangenheit. In der Eingangshalle steht Alexander Calders Mobile *Universe*. *434/435, 438*

State of Illinois Center ⑳. Auch wenn es vor kurzem zu Ehren des einstigen Auftraggebers in Thompson Center umbenannt wurde, ist und bleibt das Mitte der achtziger Jahre fertiggestellte State of Illinois Center ein «Stein des Anstoßes». Von Stein ist an dem umstrittenen Bauwerk des deutschstämmigen Architekten Helmut Jahn allerdings recht wenig zu sehen. Vielmehr dominieren lichtdurchflutete Glasflächen, die eine rund hundert Meter hohe Lobby umgeben. Transparenz ist das Prinzip, das dem Riesenkomplex mit der geschwungenen Glasfassade zugrunde liegt und seinen Reiz ausmacht. Vor dem Haupteingang steht die weiße Skulpturengruppe *Monument of a Standing Beast* von Jean Dubuffet. *17*

Tribune Tower ㉑. Die Zentrale der berühmten Zeitung «Chicago Tribune» wurde zu Beginn der zwanziger Jahre nach einem

Mitte: Der 36 Meter hohe Old Water Tower (links) kann nur in dieser Perspektive mit dem konischen Turm des John Hancock Center mithalten, das schräg gegenüber 343 Meter hoch aufragt.

Links: Im Treppenhaus des Rookery Building.

Von 1889 bis 19.. lebte Frank Lloyd Wright mit seiner Familie im Vorort Oak Park. Sein Studio und sein Haus, das er mit der wachsenden Zahl der Kinder immer weiter ausbaute, kann man besichtigen.

hle Eleganz und klare, strenge nien: das Robie House ist eines der Hauptwerke des Architekten Frank L. Wright.

CHICAGOS «STARKE SEITEN»
Zwei Magazine machen von sich reden

Auch wenn der «Playboy» in letzter Zeit um ein neues Image kämpft, eines kann man ihm nicht nehmen: Er war und ist eines der berühmtesten Magazine der Zeitungsgeschichte. Innerhalb der USA gilt dies auch für das zweite auflagenstarke Magazin aus Chicago: «Ebony» ist die tonangebende Illustrierte der Afroamerikaner.

Die Millionenstadt am Lake Michigan hat schon lange den Ruf einer bedeutenden Medienstadt. Romanautoren, Dramatiker, Poeten und Journalisten tragen seit über hundert Jahren zu dieser Reputation bei, an der in den vergangenen Jahrzehnten auch zwei große Magazine ihren Anteil hatten. In einer Etagenwohnung im Chicagoer Stadtteil Hyde Park gründete Ende 1953 Hugh M. Hefner den «Playboy», der bald zu einem der erfolgreichsten Blätter für «nackte Tatsachen» wurde. Seine Idee mit dem aufklappbaren Mittelteil des Magazins wirkte seinerzeit um so durchschlagender, als in der Nullnummer keine Geringere als Marilyn Monroe ihre Kurven zur Schau stellte. Hefners Erfolgsrezept basierte nicht allein auf dem bewährten Busen- und Po-Muster, sondern auch auf den kulturellen Beiträgen des Magazins, für dessen Artikel teils berühmte Schriftsteller verantwortlich zeichneten.

Das zweite Erfolgsmagazin, das heute in Chicago herausgegeben wird, heißt «Ebony» und wendet sich an eine schwarze Leserschaft. Im Jahr 1945 in Birmingham im Bundesstaat Alabama gegründet, zählt dieses Blatt heute zu den auflagenstärksten

«Häschen» gehörten von Anfang an zum Image des «Playboy» – nicht nur auf dem Leitwerk des Jets von Hugh Hefner.

Publikationen der Vereinigten Staate. Anders als der «Playboy» ist «Ebony» jedoch kein Männermagazin, sondern eine Illustrierte für gehobene afroamerikanische Käuferschichten, die sich etwa für Mode, aktuelle Trends oder den allerneuesten Klatsch aus dem (schwarzen) Showbusineß interessieren. *Manfred Braunger*

---

preisgekrönten Entwurf eines Architektenwettbewerbs gebaut. Die Wahl war ungewöhnlich. Zur damaligen Zeit waren eher moderne Baustile en vogue, während sich der Tribune Tower mit einem verschnörkelten neugotischen Aufsatz schmückt. Doch auch auf Straßenniveau sieht man Unübliches: In die Außenmauern sind Steine eingelassen, die Korrespondenten des Blattes von zahlreichen berühmten Gebäuden «abgezweigt» haben wie zum Beispiel vom Parthenon in Athen, von den Pyramiden von Gizeh oder von der Berliner Mauer. *402/403*

Union Stockyard ©. Im August 1971 ging in Chicago mit der Schließung der Schlachthöfe eine Ära zu Ende. Das riesige Areal im Süden der Stadt hatte bis dahin über 105 Jahre lang als wichtigster Fleischlieferant der USA gedient und war einer des bedeutendsten Wirtschaftsfaktoren Chicagos gewesen. Heute erinnert daran nur noch ein altes Tor, das *Union Stockyard Gate.*

University of Chicago ⓓ. Ihre akademische Reputation hat sich die 1892 von John D. Rockefeller gegründete Privatuniversität selbst geschaffen – unter anderem durch bisher über sechzig Nobelpreisträger. Genauso vielfältig wie die Disziplinen dieser hochkarätigen Wissenschaftler sind die auf dem Campus vertretenen Baustile. Sie reichen von der Neugotik über den traditionellen englischen College-Stil bis zur Moderne, die hier die Handschrift von Ludwig Mies van der Rohe oder Eero Saarinen trägt. Die Skulptur *Nuclear Energy* von Henry Moore erinnert an Enrico Fermi und sein Team. Sie leiteten während des Zweiten Weltkriegs hier die erste nukleare Kettenreaktion ein, die später zum Bau der Atombombe führte. Die gewaltige *Rockefeller Memorial Chapel* ließ der Universitätsstifter 1928 für seine Mutter errichten.

333 West Wacker Drive ㉒. Vom New Yorker Architektenteam Kohn, Pedersen und Fox 1983 erbaut, wurde der 36stöckige Wolkenkratzer über Nacht zu einem vielbewunderten Wahrzeichen Chicagos. Perfekt auf die Lage am Fluß hin konzipiert, nimmt die fast 110 Meter breite, smaragdgrün schimmernde Fassade des Gebäudes die Biegung des Chicago River auf. *20/21*

Wrigley Building ㉓. Zusammen mit dem →Tribune Tower ㉑ bildet die Firmenzentrale des Kaugummiherstellers Wrigley

das Südportal zur → Magnificent Mile ⑫. Der zu Beginn der zwanziger Jahre errichtete Zuckerbäckerbau mit seinen weißen Terrakotta-Verzierungen besitzt einen Glockenturm, der der »Giralda«, dem maurischen Glockenturm der großen Kathedrale in Sevilla, nachempfunden ist. *402/403*

MUSEEN

Art Institute of Chicago ㉔. Die rund 300 000 Exponate des 1894 eröffneten Museums repräsentieren fünftausend Jahre Kultur und Geschichte aller Erdteile, von Gemälden europäischer Meister des Mittelalters bis zu syrischen Mosaiken, von altägyptischen Skulpturen bis zu Kunstgegenständen südamerikanischer Indianer. Ein besonderer Besuchermagnet ist die Impressionistensammlung, die zu den bedeutendsten außerhalb Frankreichs zählt.

Chicago Academy of Sciences Ⓔ. Nicht erst seit Spielbergs Kassenschlager »Jurassic Park« ist die Saurierausstellung des Hauses ein Publikumsrenner. Der geographische Schwerpunkt der einzelnen Ausstellungen liegt auf dem Gebiet der Großen Seen. Allein über 300 000 naturgeschichtliche Exponate aus dem Tier- und Pflanzenreich, die man im Lauf des 18. Jahrhunderts im Seengebiet gesammelt hat, lagern in den Vitrinen des Museums.

Field Museum of Natural History ㉕. Das 1893 erbaute Museum wurde ursprünglich geschaffen, um die für die Weltausstellung 1893 erwarteten Objekte aufzunehmen. Die Ausstellungsstücke stammen deshalb aus allen Gegenden der Welt und reichen von Skulpturen und Mumien aus dem alten Ägypten bis zu Artefakten der amerikanischen Indianer, Sauriermodellen und Edelsteinen, denen ein besonderer Ausstellungsraum gewidmet ist. Für viele Chicagoer ist das Resource Center des Museums besonders attraktiv, denn dort können Interessierte sich anhand von Büchern, Videos, Karten, Fotografien und anderen Materialien als Hobbyforscher betätigen.

Museum of Broadcast Communications ㉖. Radio- und TV-Nostalgiker kommen in diesem ungewöhnlichen Museum voll auf ihre Kosten. Tausende von Aufnahmen alter Fernsehaufzeichnungen, Radiosendungen und Werbeeinblendungen lagern in diesem Kommunikationstempel und können ausgeliehen werden. Stark frequentiert ist auch das *MBC News Center*. Besucher moderieren dort selbst eine Nachrichtensendung, deren Aufzeichnung sie hinterher kaufen können.

Museum of Science and Industry Ⓕ, siehe rechte Seite.

1 Das Art Institute of Chicago hat eine interessante Kollektion moderner Kunst; zu den besonderen Schätzen des Museums aber zählt die umfangreiche Sammlung impressionistischer Malerei.

2 Vom zentralen Treppenhaus des Art Institute erreicht man alle Ausstellungsräume des Hauptgebäudes.

3 Eine der neuesten Themenausstellungen im Museum of Science and Industry beschäftigt sich mit der Krankheit AIDS.

4 Julius Rosenwald, der Gründer des Museum of Science and Industry, orientierte seine Ausstellungen über Wissenschaft und Technik am Deutschen Museum in München.

EIN BEGEHBARES HERZ

Wissenschaft zum Anfassen

Das Museum of Science and Industry im Süden Chicagos zählt mit über viereinhalb Millionen Gästen pro Jahr zu den meistbesuchten Museen der USA. Hier darf man alles anfassen und bewegen, hier ist Greifen, Klettern, Knöpfedrücken und Mitspielen nicht nur erlaubt, sondern erwünscht.

Eine der Attraktionen des Museums ist eine Boeing 727 der Fluglinie United Airlines.

Apollo 8 war das erste bemannte Raumfahrzeug auf der Mondumlaufbahn.

Eines der attraktivsten Ausflugsziele für Touristen und Chicagoer zugleich ist das Museum of Science and Industry. Ein unkonventionelles, lebendiges und unterhaltsames Museum – ein Museum, das zum Mitmachen einlädt und spielerisch belehrt. Kein Wächter schimpft, wenn die Exponate berührt werden. Die Vision des Museumsgründers Julius Rosenwald wurde Realität. Er wollte keine «Leichenhalle für tote Knochen» einrichten, sondern eine Mischung aus Museum, Freizeitpark und Spielplatz. Mehr als zweitausend Ausstellungen werden auf über 14 Hektar Fläche in 75 Sälen gezeigt. Das Museum wurde in einer Kunsthalle eingerichtet, die 1892 im klassischen griechischen Stil für die große Weltausstellung zur Vierhundertjahrfeier der Entdeckung Amerikas gebaut wurde. Besonders beliebt: das deutsche U-Boot U 505, die Dampflokomotive «999», Amerikas erster Stromlinienzug «Pioneer Zephyr» und das Modell eines Kohlebergwerkes. Das U-Boot wurde im Zweiten Weltkrieg von den Amerikanern aufgebracht und nach Chicago verfrachtet. Alljährlich zwängen sich Millionen von Besuchern durch das Turmluk in die Torpedo- und Maschinenräume der U 505, wobei Kriegsveteranen über Tonband die Geschichte der Übernahme des U-Bootes erzählen.

Durch Licht, Sprache, Farbe, Musik, Ton und Bewegung werden im Museum of Science and Industry komplizierteste technische und wissenschaftliche Zusammenhänge dargestellt. Wer durch das fünf Meter hohe Modell eines menschlichen Herzens geht, erlebt die Mechanik des Blutkreislaufs aus nächster Nähe; ein Gang durch das Gehirnmodell veranschaulicht die komplexe Struktur des menschlichen Gehirns.

Die Dauerausstellungen sind so vielseitig und abwechslungsreich wie die große Welt von Wissenschaft und Industrie. Besonders beliebt: die Santa-Fe-Modelleisenbahn, das Energielabor, die Ausstellungen «Chemie für den Hausgebrauch», «Zeitungen in Amerika», «Architektur der Großstadt» und «Nahrung für das Leben», die Ehrenhalle für Geschäftsleute, eine Hühnerfarm und die Ausstellungen über Fotografie, Erdöl, Elektrizität, Energie, Chemie, Nahrungsmittel, Landwirtschaft, Transportwesen und Weltraumfahrt. Im Henry Crown Space Center und dem Omnimax Theater werden Filme über das US-Weltraumprogramm gezeigt.

Eine der neuesten Ausstellungen veranschaulicht die pränatale Entwicklung des Menschen: «Prenatal Development» zeigt vierzig menschliche Föten in unterschiedlichen Phasen. Das aktuelle medizinische Thema Aids wird in der Ausstellung «AIDS: The War Within» behandelt, die 1995 eröffnet wurde. Eine Computeranimation zeigt eine phantastische Reise durch das Immunsystem, Videos erklären die Abläufe beim HIV-Bluttest, und aidskranke Menschen erklären auf Monitoren, wie die Krankheit ihr Leben verändert hat.

Das Museum of Science and Industry ist ein hervorragendes Kommunikationszentrum: Führungen, Vorträge, Filme, Kinderprogramme, Messen, Konzerte und Kunstfeste bereichern das Angebot. Es gibt Sonderprogramme für Schwarze, Senioren, Kinder und Behinderte. Das Museum veröffentlicht regelmäßig die Zeitschrift «Progress» und einen Veranstaltungskalender.

Ein älterer Besucher hat seine Erinnerungen an das Museum in den dreißiger Jahren zusammengefaßt: «In meiner kindlichen Welt war dieses Museum eine verzauberte Mischung aus Spielzeugladen, Weltausstellung, Bauernhof, Bahnhof, Freizeitpark und Schule. Es gab alles, was mein Kinderherz begehrte; man konnte alles sehen, anfassen, ausprobieren, kaufen, wieder ausprobieren und erneut anfassen.» Ein Großteil dieses Zaubers hat sich das Museum of

Einblick in die Welt der Computertechnologie: «Virtual reality» macht's möglich.

Science and Industry erhalten, auch wenn die heutige Welt mit Computern, Raumfahrt und künstlichen Organen den liebenswerten Charme der dreißiger Jahre weit hinter sich gelassen hat.

Friederich Mielke

Shedd Aquarium ㉗. Über 7500 verschiedene Arten von Wasserlebewesen haben in diesem wahrscheinlich größten geschlossenen Aquarium der Welt eine Heimat gefunden. Neben einem künstlichen Korallenriff besteht der Komplex aus über zweihundert verschiedenen Becken, in denen sich Wale, Delphine, Robben und andere Tiere tummeln. Am nachgebauten Pazifikstrand plätschern künstlich erzeugte Wellen, und zwei- bis dreimal täglich steigt ein Taucher zu Barrakudas, Muränen und Aalen in den *Coral Reef Tank*, um die Tiere von Hand zu füttern. Über ein Spezialmikrophon ist er mit den Zuschauern in Kontakt und kann so die Fütterung kommentieren.

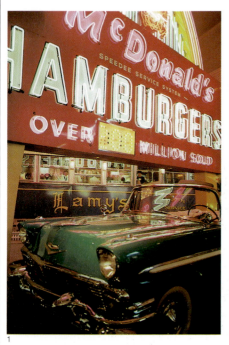

1

SEHENSWERTES IM GEBIET DER GROSSEN SEEN

Ziffern im Kreis verweisen auf die Karte auf der gegenüberliegenden Seite, die Abkürzungen hinter den Ortsangaben beziehen sich auf die jeweiligen Bundesstaaten: Illinois (IL), Indiana (IN), Michigan (MI), New York (NY), Ohio (OH) und Wisconsin (WI).

Charlevoix (MI) ①. Bunte Fischerboote und luxuriöse Jachten dümpeln im Hafen einträchtig nebeneinander, bis die Straßenbrücke sich öffnet und den Weg in den Lake Michigan freigibt. Das nur dreitausend Einwohner zählende Städtchen hat sich seit Jahrzehnten einen Namen als Urlaubszentrum gemacht. Charlevoix liegt an einem der landschaftlich schönsten Abschnitte am östlichen Lake Michigan zwischen *Petoskey* im Norden und *Traverse City* im Süden.

Cleveland (OH) ②. In jüngster Zeit machte der Schwerindustriestandort am Südufer des Lake Erie nicht durch computergesteuerte Walzstraßen, sondern durch eine kulturelle Errungenschaft Schlagzeilen. Im September 1995 wurde nach langen «Geburtswehen» mit einem Open-air-Konzert die *Rock 'n' Roll Hall of Fame* eröffnet. Als Baumeister für die Ruhmeshalle der großen Interpreten des Rock 'n' Roll konnte der berühmte chinesisch-amerikanische Stararchitekt I. M. Pei gewonnen werden, der auch den pyramidenförmigen Glaseingang zum Pariser Louvre entworfen hat. Von dieser

2

3

kulturellen Neuheit abgesehen, besitzt die Stadt zahlreiche etablierte Kulturtempel wie das renommierte *Cleveland Museum of Art* oder das *Museum of Natural History*.

Detroit (MI) ③. Gemeinhin als Hochburg der amerikanischen Autoindustrie bekannt, geizt die Millionenstadt am Detroit River auch mit landschaftlichen Reizen nicht. Von der kanadischen Nachbarstadt Windsor aus betrachtet, bietet die sich im Fluß spiegelnde Skyline mit den Stahl- und Glastürmen des *Renaissance Center* am Abend ein prächtiges Bild. Nur wenige Autominuten vom Zentrum entfernt, liegt *Belle Isle*, ein sehr beliebtes Naherholungsziel mitten im Detroit River, der stark frequentierten Verkehrsroute für Schiffe in den Lake Erie. Von den Museen der Stadt lohnt vor allem das *Henry Ford & Greenfield Village* einen Besuch, ein Freilichtmuseum mit historischen Bauten im westlichen Vorort Dearborn. Im *Ford Museum* liegt der Schwerpunkt, wie nicht anders zu erwarten, auf der Automobilgeschichte des 20. Jahrhunderts.

Dickson Mounds (IL) ④, indianische Ausgrabungsstätte, siehe Seite 458.

Door Peninsula (WI) ⑤. Wie ein Sporn ragt die Door Peninsula an der Nordwestküste des Bundesstaates Wisconsin in den Michigansee hinein, eine rund 150 Kilometer lange Halbinsel, auf der sich Äcker und Obstgärten, Fischereihäfen und Bauerndörfer aneinanderreihen. Im *Whitefish Dunes State Park* türmte der Wind die höchsten Dünen von Wisconsin auf, während im *Point Cave County Park* die Brandung tiefe Höhlen in die Uferfelsen trieb. Das Dörfchen *Ephraim* besitzt mit dem *Anderson Dock* eines der beliebtesten Fotomotive der Halbinsel: ein bunt mit Graffiti bemaltes Holzhaus auf einem Bootssteg. Ein Bilderbuchstädtchen ist *Sturgeon Bay* mit seiner Küstenwachstation. 421, 428, 460/461

Grand Haven (MI) ⑥. Das Zwölftausend-Seelen-Städtchen am Ostufer des Lake Michigan gilt als größter Charterboot-Hafen des Sees. Die meisten Boote liegen am *Chinook Pier* am Ende der Washington Street vor Anker. Vom Pier führt ein rund fünf Kilometer langer Promendenweg am Seeufer entlang zu den beiden Leuchttürmen der Stadt. Eine besondere Attraktion Grand Havens ist der *Musical Fountain* von Dewey Hill, ein elektronisch gesteuerter Brunnen, an dem an warmen Abenden illuminierte Wasserspiele stattfinden.

Green Bay (WI) ⑦. Mit über 96 000 Einwohnern gehört Green Bay zu den größten Städten am Westufer des Lake Michigan. Im *National Railroad Museum* ist ein Stück

1 und 3 Schon 1929 wurde das Henry Ford Museum in Dearborn bei Detroit eröffnet, das nicht nur eine riesige Sammlung von Oldtimern zu bieten hat, sondern auch das entsprechende historische Ambiente.

2 Symbol des wirtschaftlichen Aufschwungs in Detroit ist das 1977 erbaute Renaissance Center am Detroit River.

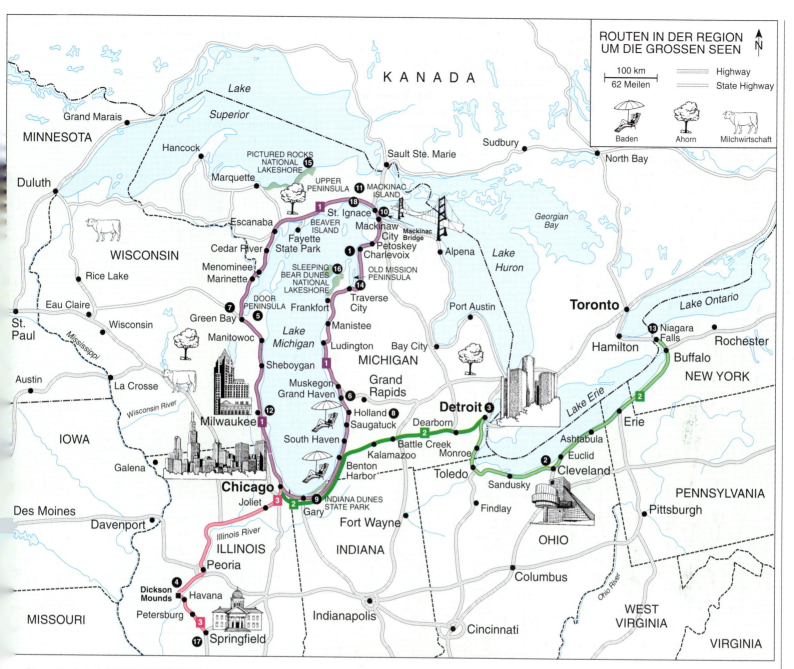

Oben: Route 1 führt auf knapp 2700 Kilometern rund um den Michigansee. Höhepunkte der Route 2 sind die Dünen im Indiana Dunes State Park, Detroit, der Erie- see und die Niaga- rafälle. Route 3 ist ein Ausflug durch das Tal des Illinois River zu den india- nischen Grabhü- geln von Dickson Mounds und bis nach Springfield.

Rechts: Wie am Meer fühlt man sich am Sand- strand der Sleeping Bear Dunes.

Eisenbahngeschichte mit historischen Waggons und längst stillgelegten Loks dokumentiert. Ähnlich nostalgisch geht es im Pionierdorf des *Heritage Hill State Park* zu. Die Anlage besteht aus Blockhütten und Holzhäusern, wie sie zur Zeit des Pelzhandels im 18. Jahrhundert und später in der Region der Großen Seen häufig waren.
Die jüngste Attraktion, allerdings außerhalb der Stadt gelegen, ist das *Oneida Bingo & Casino*, ein Glücksspielparadies mit Black-Jack-Tischen und Video-Poker-Automaten, das die Indianer auf dem Gelände der Oneida Indian Reservation errichteten.

Holland (MI) ⑧. Das Wahrzeichen der Stadt sieht man schon von weitem: Am flachen Sandstrand des Michigansees ragt die tulpenrot getünchte Station der Küstenwache aus dem Jahr 1907 auf. Die Farbe paßt. Denn dieser Küstenstreifen wurde 1847 von holländischen Einwanderern gegründet, deren Nachkommen heute noch jeweils

Mitte Mai ein großes Tulpenfest feiern. Auf holländischen Spuren wandelt man auch im *Dutch Village* mit seinen künstlichen Kanälen, Gartenanlagen und Gebäuden. Im *Holland Museum* bekommen Besucher Delfter Porzellan, Leerdamer Glaswaren, eine nachgebaute Fischerhütte aus dem 18. Jahrhundert und niederländisches Mobiliar zu sehen. Eine originale, gegen Ende des 18. Jahrhunderts erbaute holländische Windmühle steht auf *Windmill Island*.

Indiana Dunes National Lakeshore (IN) ⑨. Nur ein paar Meilen östlich von Gary dehnt sich an der Südspitze des Lake Michigan dieses geschützte Gebiet aus, dessen Entstehung ebenso wie die der →Sleep-

ing Bear Dunes ⑯ auf die Eiszeit zurückgeht. Die sich ständig verändernde Dünenlandschaft beheimatet ein äußerst fragiles Ökosystem. Höchster Punkt ist der 38 Meter hohe *Mount Baldy*, wie seine Umgebung eine Wanderdüne, die sich pro Jahr etwa eineinhalb Meter weit vom Seeufer entfernt. Abgesehen von den ebenmäßigen, vom Wind gerieften Sandbergen besteht das Reservat aus Marschland, Sumpf und kleinen Tümpeln, in deren Umkreis sich eine in dieser Gegend sonst unbekannte Flora und Fauna angesiedelt hat.

Mackinac Bridge (MI) ⑩. Daß im Norden des Michigansees eine der längsten Hängebrücken der Welt steht, wissen nur die wenigsten Nicht-Amerikaner. Bei Mackinaw City überspannt die 2543 Meter lange Mackinac Bridge die schmalen Straits of Mackinac zwischen Upper Peninsula und dem restlichen Staatsgebiet von Michigan. Die mautpflichtige Brücke existiert erst seit dem Jahr 1957, gehört seitdem aber mit dem kühnen Schwung ihrer Drahtseile und der gewölbten Fahrbahn zu den meistfotografierten Bauwerken der Gegend. Gleich in der Nachbarschaft der südlichen Brückenauffahrt liegt *Colonial Michilimackinac*, ein Fort, dessen Gebäude von Palisadenzäunen geschützt sind. Im Jahr 1715 wurde es von den Franzosen errichtet, aber bereits 1761 von den Briten eingenommen. *380/381, 426*

Mackinac Island (MI) ⑪. Das winzige, nur etwa fünf Kilometer lange und drei Kilometer breite Eiland liegt im Lake Huron unweit der schmalen Passage zum Lake Michigan. Von den Indianern, die dort ihre Toten bestatteten, «Große Schildkröte» genannt, wurde die strategisch günstig gelegene Insel von den Briten 1780/81 zu einem Fort ausgebaut. Heute ist der «schwimmende Felsen» ein beliebtes Urlaubsparadies, zumal der Autoverkehr dort verboten ist. Fkührer in historischen Kostümen geleiten Besucher durch *Fort Mackinac*. Von der Anlegestelle der Fähren aus → St. Ignace ⑱ und Mackinaw City sind die alten Straßenzüge mit schönen Villen zu Fuß leicht erreichbar. *378/379, 420, 446/447, 459*

Milwaukee (WI) ⑫. Zum Ruf der 628 000 Einwohner großen Stadt als «Bierhauptstadt der USA» haben nicht nur zwei

große Brauereien, sondern auch viele deutsche Einwanderer beigetragen, die um die Mitte des 19. Jahrhunderts nach Wisconsin kamen. Zu den sehenswerten Museen gehört das *Milwaukee Public Museum* mit einem nachgebauten Sauriersumpf, einem europäischen Dorf, einem Regenwald und einer außerordentlich schönen Sammlung präkolumbischer Artefakte. Neben Theatern, Bühnen und regelmäßig konzertierenden Orchestern besitzt die Stadt das renommierte *Milwaukee Art Museum* mit Gemälden des 15. Jahrhunderts bis zur American Folk Art des 20. Jahrhunderts. Natürlich kommt auch die «Bierkultur» nicht zu kurz. Zwei Brauereien stehen Interessierten zur Besichtigung offen: die *Miller Brewing Company* und die *Papst Brewery*. *422*

Niagara Falls (NY) ⑬. Es gibt -zig Wasserfälle in den USA, die um ein Vielfaches höher sind. Aber keiner kann mit den Niagara Falls konkurrieren, wenn es um die Wassermenge geht. Auf mehreren hundert Meter Länge stürzt sich der Niagara River genau auf der Grenze zwischen USA und Kanada über einen fünfzig Meter hohen Felsabbruch. Auf amerikanischer Seite lie-

1 Einkaufszentrum und Freizeitpark in einem, ist die mehrgeschossige Grand Avenue Mall in Milwaukee wie ein Wintergarten gestaltet.

2 Springfield ist für viele Amerikaner ein Wallfahrtsort, denn hier liegt das Grab von Abraham Lincoln. Der 16. Präsident der USA zog 183? in die Stadt. In diesem Jahr wurde auch das Old State Capitol, die heutige Illinois State Historical Library, eingeweiht.

3 Die bizarren Felsformationen der Pictured Rocks sieht man am besten vom Wasser aus. In Muinsing starten regelmäßig Ausflugsboote zu einer dreistündigen Tour entlang der Steilküste.

durch Erosion zu bizarren Gebilden ausgewaschen und durch Eisen, Kupfer oder Kalksteinadern bunt gefärbt wurden.

Sleeping Bear Dunes National Seashore (MI) ⑯.
In dieser Parklandschaft am Ostufer des Lake Michigan fühlt man sich in die Sahara versetzt. Am Ende der letzten großen Eiszeit vor etwa zehntausend Jahren ließen die abschmelzenden Gletscher riesige Mengen Geröll und feinen Sand zurück, der sich heute zu gewaltigen Wanderdünen aufhäuft. Der Name des Gebietes geht auf eine alte Legende der Chippewa-Indianer zurück. Danach mußte eine Bärenmutter mit ihren beiden Kindern vor einem Waldbrand in den See flüchten.

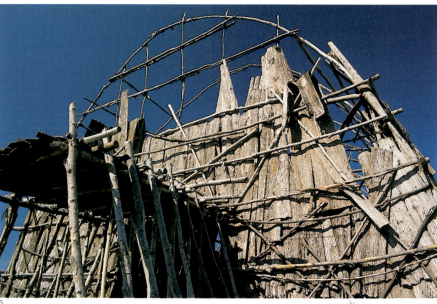

Springfield (IL) ⑰.
Die Hauptstadt des Bundesstaates Illinois ist eng verbunden mit dem Namen des US-Präsidenten Abraham Lincoln, der im Jahr 1865 in Washington (D. C.) einem Attentat zum Opfer fiel. Lincoln kam 1837 nach Springfield und arbeitete zehn Jahre lang im *Lincoln-Herndon Building* als Rechtsanwalt. Sein Wohnhaus ist heute ein Nationaldenkmal (*Lincoln Home National Historic Site*). Das Gebäude der *Illinois State Historical Library* diente früher als State Capitol und Sitz des Obersten Gerichtshofes, vor dem Lincoln einige berühmte Fälle vertrat. Über seinem Grab auf dem *Oak Ridge Cemetery* erhebt sich ein gewaltiges Monument.

St. Ignace (MI) ⑱.
Die dokumentierte Geschichte des strategisch günstig gelegenen Ortes an der Landenge zwischen Lake Huron und Lake Michigan beginnt 1671. Damals errichtete der französische Jesuitenpater Marquette hier eine Mission, an die zwei Gedenkstätten erinnern. Die Missionskirche im *Marquette Mission Park* stammt aus dem Jahr 1837 und ist heute ein Museum der Ojibwa-Indianer mit vielen Ausstellungsstücken aus dem 19. Jahrhundert. Das *Father Marquette National Memorial and Museum* beschäftigt sich mit Leben und Werk des Entdeckers, aber auch mit der indianischen Kultur und der französischen Ära in der Region der Großen Seen.

4 Wenige Meilen südöstlich der Mackinac Bridge liegt der Old Mill Creek Park, das Areal und die Werkstätten einer wiederaufgebauten Sägemühle aus dem 18. Jahrhundert.

5 Im Marquette Mission Park bei St. Ignace wird heute auch die Kultur und Geschichte der Indianer am Michigansee dokumentiert. Hier eine Hütte der Ojibwa-Indianer.

6 Der Leuchtturm aus dem 19. Jahrhundert und ein Museum zur Schiffahrt auf den Großen Seen sind die Attraktionen des Mackinac Marine Park an der Mackinac Bridge.

gen die *American Falls* und die *Bridal Veil Falls*, während die hufeisenförmigen *Horseshoe Falls* bereits zu Kanada gehören. Die Ausflugsboote der *Maid of the Mist*-Flotte wagen sich mitten hinein in die Gischt der Wasserfälle, der man nur halbwegs trocken entkommt, wenn man einen ausgeliehenen Kapuzenmantel trägt. Bester Aussichtspunkt auf die gesamte Breite der Fälle ist die Plattform des kanadischen *Skylon Tower*.

Old Mission Peninsula (MI) ⑭.
Wie eine schmale Landbrücke ragt diese Halbinsel etwa dreißig Kilometer weit in die *Grand Traverse Bay* des östlichen Michigansees hinein. Sie bekam ihren Namen von einer protestantischen Mission, die dort in den Jahren von 1839 bis 1852 bestand. Durch eine malerische Hügellandschaft mit vielen Obst- und Weingärten kann man auf der Straße 37 zum *Old Mission Lighthouse* fahren, das in den sechziger Jahren des 19. Jahrhunderts den Betrieb aufnahm, heute aber in Privatbesitz ist. Die Station steht exakt auf dem 45. Breitengrad und damit genau zwischen Äquator und Nordpol.

Pictured Rocks National Lakeshore (MI) ⑮.
Dieses Schutzgebiet zieht sich auf einer Länge von rund siebzig Kilometern zwischen den Orten Munising und Grand Marais am Südufer des Lake Superior entlang. Sehenswertester Teil sind die bei *Miner's Castle* liegenden sechzig Meter hohen, senkrechten Sandsteinklippen, die

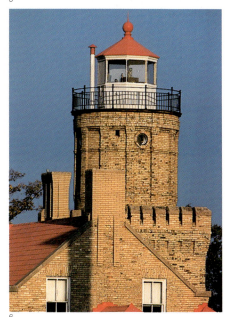

Während sie den Anstieg ans Ufer schaffte, blieben die Bärenjungen zurück und verwandelten sich in die beiden vorgelagerten Manitou-Inseln. Am leichtesten erkundet man das Dünengebiet auf dem elf Kilometer langen *Pierce Stocking Scenic Drive*, einer asphaltierten Panoramastraße. 424/425, 428, 455

457

REISE IN DIE VERGANGENHEIT

Indianische Kultur im Tal des Illinois River

Abseits der großen Städte liegt inmitten von Maisfeldern und Viehweiden eine bedeutende archäologische Ausgrabungsstätte. Die Dickson Mounds bei Springfield sind Grabhügel, die die Woodland-Indianer vor rund zweitausend Jahren anlegten und die den Wissenschaftlern Aufschluß über die frühe Besiedlung Nordamerikas geben.

Diese Hausfundamente bei den Dickson Mounds gehören zu einer alten Dorfanlage.

Auf den ersten Blick erkennt der Laie nichts Spektakuläres. Aus der grünen Ebene erheben sich hie und da einige nur

Oben und unten: Kultur und Geschichte der Indianer im Dickson Mounds Museum.

wenige Meter hohe, ebenmäßige Hügel. Jahrhundertelang wucherte Gras über diese Anhöhen, bis professionelle Archäologen ihr geheimnisvolles «Innenleben» zu erforschen begannen. Was man zunächst für natürliche Erhebungen gehalten hatte, erwies sich als künstlich aufgeschüttete Hügel, die zu Beginn der modernen Zeitrechnung von Indianern als Begräbnisstätten angelegt wurden. Später taufte man die Grabhügel nach dem ersten Archäologen, der dort arbeitete, Dickson Mounds (*mounds* = Hügel).

Das fruchtbare Land im Tal des Illinois River zog bereits vor etwa zehntausend Jahren eiszeitliche Jäger und Sammler an, die den Spuren der Karibuherden folgten, von deren Fleisch sie sich ernährten. An unterschiedlichen Stellen fanden Archäologen steinerne Speerspitzen aus dieser frühen Epoche. Vor etwa achttausend Jahren begann sich das Klima am Südrand der Großen Seen langsam zu verändern, wärmer zu werden. Damit ging auch ein Wandel der indianischen Lebensweise einher. Etwa seit Beginn der modernen Zeitrechnung sind im Einzugsbereich des Flußtales feste Ansiedlungen als Zentrum einer Zivilisation nachweisbar, die die Archäologen Woodland-Kultur nennen.

In der Nähe der Dickson Mounds entdeckte man das Dorf Ogden-Fettie, zu dem fast drei Dutzend Begräbnishügel dieser Woodland-Kultur gehören. Das Fulton County, in dem die Dickson Mounds liegen, war jedoch nicht der einzige Lebensraum dieser Indianer. Sie verbreiteten sich über den gesamten Osten Nordamerikas. Kennzeichen ihrer Kultur waren neben dem Bau größerer Dörfer ihre ausgeprägten Bestattungsriten, auf die auch die Grabhügel am Illinois River hinweisen. Etwas weiter nördlich, zum Beispiel im Buffalo Rock State Park bei Ottawa, hat man ganz ähnliche Begräbnisstätten gefunden. Dort läßt sich sogar noch erkennen, daß die Indianer ganze Hügelrücken in Gestalt ganz verschiedener Tiere, beispielsweise in der eines Frosches oder einer Schildkröte, modellierten.

Die Ausgrabungen im Gebiet der Dickson Mounds, die vor mehr als einem halben Jahrhundert vom Archäologen Don F. Dickson begonnen wurden, förderten interessante Ergebnisse zu Tage. Die Toten wurden in hockender Stellung, also in der Haltung eines Embryos, beigesetzt. Die verschiedenen Grabbeigaben wie Werkzeuge und Schmuck geben den Wissenschaftlern wertvolle Aufschlüsse über die Kultur und das hochentwickelte Kunsthandwerk der Indianer. Viele der Gegenstände, die man dort gefunden hat, sind in einem auf dem Terrain errichteten Museum ausgestellt. Einen etwas unheimlichen Eindruck macht eine Grabstelle, in der zahlreiche Skelette und Grabbeigaben freigelegt sind – Fotos dürfen von dieser Stätte aus Pietätsgründen allerdings nicht gemacht werden.

Oben: Gedenkstein am Eingang des Dickson Mounds Museum. – Unten: Museumsgebäude.

Zwischen 900 und 1300 n. Chr. veränderte sich das indianische Leben im zentralen Illinois noch einmal. Die späte Woodland-Kultur vermischte sich mit der sogenannten Mississippi-Kultur, deren Zentrum Cahikia beim heutigen St. Louis im Staat Missouri lag, und aus kleinen Ansiedlungen und Dörfern entwickelten sich bis zum Jahr 1300 befestigte, gut organisierte Städte. Auch davon erzählen die Funde bei den Dickson Mounds, die so einen Überblick über rund zehntausend Jahre amerikanischer Geschichte und indianischer Lebensweise geben.

Manfred Braunger

Daß Mackinac Island im 19. Jahrhundert ein beliebter Sommersitz für wohlhabende Südstaatler war, sieht man heute noch an der Architektur der ganzen Insel. Auch die stilvollen alten Hotels strahlen noch viel von der Atmosphäre dieser Zeit aus.

Romantische Seeufer und kleine Hafenorte reihen sich an der Küste der Door Peninsula aneinander.

Zur Weihnachtszeit bietet die Michigan Avenue in Chicago einen besonders schönen Anblick.

Mit der Harley-Davidson über den Highway: Authentischer kann das Erlebnis der Open Road nicht sein.

TRAUMZIEL AMERIKA

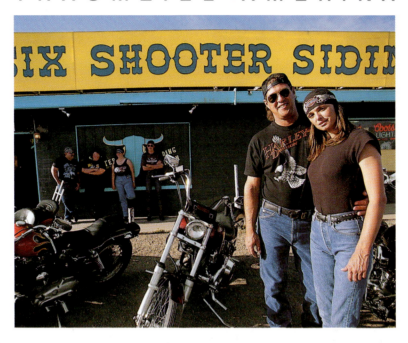

ROUTE 66

Text Horst Schmidt-Brümmer

Ein schmales Asphaltband zieht sich durch die hitzeglühende Mojave-Wüste: der Highway 66 in Kalifornien.

Vor der Kulisse der spektakulären Wolkenkratzer-Architektur von Chicago beginnt die Route 66 ihren langen Weg in den Westen.

Neonreklamen begleiten «eines langen Tages Reise in die Nacht»: das «Route 66 Café» in Santa Rosa, New Mexico.

ROUTE 66 – EINE AMERIKANISCHE ODYSSEE

Wer mit offenen Augen auf der Route 66 reist, wird immer wieder skurrilen Originalen begegnen. Sie halten der Straße die Treue wie einer alternden Geliebten und erzählen Geschichten aus ihrer großen Vergangenheit.

Länger als ein halbes Jahrhundert versetzte sie die Amerikaner in Aufbruchstimmung: während der «Roaring Twenties», der Großen Depression, im Zweiten Weltkrieg und in der optimistischen Nachkriegszeit, als plötzlich besonders viele Kinder auf den Rücksitzen saßen. Ob als «Mother Road», als Highway der Hoffnung, der Flucht oder der Sehnsucht: Stets bewährte sich die Route 66 als Förderband für Wunschträume und Visionen, als Grundlage ungezählter amerikanischer Odysseen (siehe Seite 490). Nach den staubigen Trails der Pioniere, den Planwagen der Siedler und den ratternden Eisenbahnwaggons setzte der automobile Transit jenen Drang nach Westen fort, der von Anfang an die Triebkraft amerikanischer Siedlungsgeschichte bildete (siehe Seite 548).

Inzwischen ist die Straße von den offiziellen Landkarten getilgt und durch effizientere Interstate Highways ersetzt worden. Sie haben die «good ol' 66» aufs Altenteil geschoben, als untergeordnete Servicestraße an den Rand gedrängt oder einfach unter sich begraben. An vielen Stellen wächst schon Gras darüber. Aber die legendäre Trasse scheint sich mit ihrem realen Schicksal nicht abfinden zu wollen. Jedenfalls mehren sich die Anzeichen dafür, daß sie von den Toten wiederauferstehen und ihr Comeback feiern möchte. Wie sagte ein alter Fan? «Die Route 66 ist wie Elvis Presley. Sie stirbt nie.»

Keine Frage, ihre Anziehungskraft wächst – nicht nur in den USA, sondern auch international. Viele wollen die alte Straße neu entdecken und die Schätze ihrer versunkenen Welt auf eigene Faust heben: die unbekannten Winkel und Kleinstädte, von denen einige auf die Liste der gefährdeten Arten gehören, auch wenn sie erst einmal den Eindruck erwecken, als sei hier der Hund begraben. Aber irgendwie taucht dann doch eine zahnlose Bedienung auf und erzählt eine Geschichte. Viele solcher und ähnlicher Überraschungen verbergen sich hinter den angeschlagenen Kulissen, in kleinen Läden oder simplen Coffee Shops. Und genau in dieser Normalität des Alltags schlummert ein wichtiges Stück Amerika, und ausgerechnet eine totgesagte Straße kann es zum Leben erwecken.

Reisen auf der Route 66 bedeutet also alles andere als eine *tour de force* über hektische Highways, die Land und Leute unterwegs zum Verschwinden bringen. «Dank des Interstate Highway Systems kann man heute in Amerika von Küste zu Küste fahren, ohne irgend etwas zu sehen», schrieb ein Verkehrsexperte. Als die Ankunft zum Hauptziel des Reisens wurde, übernahmen die *fast lanes* der Superhighways das Monopol. Sie machten um alles, was irgendwie Zeit kostete, einen großen Betonbogen. Im Windschatten seiner offiziellen Bedeutungslosigkeit hat sich der alte Highway im übrigen besser gehalten als vermutet. Fast 90 Prozent der Straßendecke gibt es noch, verkleidet als simple Landstraße oder Ortsdurchfahrt.

Auf der «Main Street of America» läßt es sich nostalgisch dahinbummeln oder zünftig auf einer Harley-Davidson daherrauschen, während sich meist nebenan

Barstow in Kalifornien wurde nach dem Chef der Santa Fe Railroad Company benannt – das sagt bereits alles aus über diese wichtige Station im Eisenbahnnetz der USA. In den frühen Tagen Hollywoods war die Wüstenstadt eine beliebte Zuflucht für mediengeplagte Filmstars.

Des einen Freud, des andern Leid: Für eilige Fußgänger sind Chicagos Hebebrücken manchmal ein Ärgernis. Sie erinnern an die Zeit, als der Chicago River noch eine vielbefahrene Wasserstraße war.

Nicht immer ganz bequem, dafür aber besonders stilecht reist es sich auf der Route 66 mit dem Motorrad. Wer nicht bereits von Deutschland aus reserviert hat, kann auch noch vor Ort in Chicago eine Maschine ausleihen.

Illinois macht es dem Route-66-Reisenden leicht: Seit 1995 sind in diesem Bundesstaat auf der ganzen Strecke Wegweiser aufgestellt, die ein Falschfahren beinahe unmöglich machen. Der Anfangspunkt des Highway liegt am Jackson Boulevard in Chicago.

Vor der langen Reise durch die amerikanische Provinz kann man sich in Chicago noch einmal so richtig ins Nachtleben stürzen. Die Stadt ist bekannt für ihre Jazz- und Bluesclubs, von denen einige Musikgeschichte schrieben.

Den Auftakt zur Route 66 bilden die Straßenschluchten von Downtown Chicago, in die kaum jemals ein Sonnenstrahl dringt. Erst südlich des Vororts Joliet zeigt sich das ländliche Illinois von seiner Schokoladenseite.

die Vorläufer und Nachfahren des Verkehrs auf Sicht- und Hörweite nähern: das Dröhnen der Trucks auf den Interstates und das Heulen der eisernen Güterloks – die Route 66 als Dritte im Bunde dreier Generationen neuzeitlicher Mobilität. Vom Tempo-Streß weitgehend entbunden, leistet sie sich enge Freundschaften mit dem jeweiligen Terrain, die es dem Fahrer erlauben, anders und anderes zu sehen, zu fühlen und all jenen Bildern und Tagträumen nachzuhängen, mit denen sich die Route 66 in den meisten Köpfen eingenistet hat.

Ihre Legendenbildung hat viele Quellen. Sie gründet zuallererst im uramerikanischen Drang nach Westen. Nach dem Ende der Westbesiedlung übernahm das Auto die Rolle der «beweglichen Grenze», das heißt die Eroberung der sogenannten *frontier*, jenes Raumes an den Kämpferzonen von Wildnis und Zivilisation. Zwar hatte sie von Anfang an auch eine Gegenspur, aber die ging praktisch gegen den Strich. Nur die Fahrt in westlicher Richtung entsprach den stets wiederholten Verheißungen vom «Eden of the West», vom Gelobten Land. Und schon Henry David Thoreau dichtete: «Eastward I go only by force; but westward I go free» («Nach Osten gehe ich nur, wenn ich muß; nach Westen aber freiwillig»). Die offene Straße, an deren Ende Himmel und Highway zusammentreffen, bedeutete immer wieder Aufbruch zu neuen Ufern, zu Unbekanntem, zum Wagnis, Folklore, Literatur, Musik, John Ford's «Wagon Master» und zahllose Road Movies, TV-Serien und Zigarettenreklamen – alle variieren schließlich das Go-West-Thema wie schon zuvor die Schriftsteller Mark Twain und John Steinbeck, der Folksänger Woody Guthrie und der Komponist Bobby Troup (siehe Seite 510).

Neben der ebenfalls im Westen angesiedelten Paradiesvorstellung vom El Dorado befördert die Route 66 zugleich den Mythos der Straße als Ort der Heimatlosigkeit und des Sich-Entziehens, als Ausweg und Mittel zur Flucht, das Steve McQueen in «Getaway» ebenso nutzt wie Dr. Kimble in der einst populären Fernsehserie «Auf der Flucht». Auch für die Suche nach der verlorenen Zeit pflastert die Route 66 die passende Wegstrecke, am auffälligsten durch ihre verblichenen Zeichen und musealen Architekturen rund ums Benzin. Ein Manko? Ganz im Gegenteil! Wacklige Denkmäler und verwitterte Ruinen standen touristisch immer schon hoch im Kurs – seien es nun Maya-Tempel oder Pyramiden, die Akropolis oder die prähistorischen Klippensiedlungen der Anasazi-Indianer. Die Route 66 liefert dazu nur die neuzeitliche Variante, indem sie das gesamte Repertoire der amerikanischen Autokultur Revue passieren läßt: zierliche Zapfsäulen, riesige Werbetafeln im Wechselrahmen, stromlinienförmige Diners und kuriose Motels, deren mitunter recht eigenwillige Logos und Neonreklamen bezeugen, daß sie noch nicht an der «Kette» liegen.

TRUCK STOPS UND MAISFELDER: ILLINOIS

Diese rollende Retrospektive beginnt bekanntlich in Chicago und verweilt erst mal in Illinois, dem Land Lincolns – die meisten Sehenswürdigkeiten haben direkt oder indirekt mit ihm zu tun. Wann immer hier die Rede auf die alte Trasse kommt, rühmt man sich, stets die Nase vorn gehabt zu haben: Illinois war der erste Staat, in dem der Highway eine betonierte Oberfläche bekam und wiederum der erste, in dem eine Interstate ihn ersetzte.

Die Stadtausfahrt läßt Bilder von Chicago Revue passieren, die wohl nie den Weg in die Tourismusprospekte finden werden: Lagerhallen, Geleiswüsten und Schuttberge mit dem kalten Hauch der Bronx. Es geht durch Cicero, jenen Stadtteil, der während der Prohibition von Gangstertunneln unterhöhlt war, die dem illegalen Schnapshandel dienten: Capone Country. Erst südlich von Joliet zeigt sich das ländliche Illinois von seiner Schokoladenseite: weite Maisfelder, schmucke Farmen und dicke goldgelbe Kürbisse in den Vorgärten. Auch der erste Route-66-Klassiker läßt nicht lange auf sich warten: das «Dixie Truckers Home» in McLean, ein gestandener Truck Stop, der seit den zwanziger Jahren durchgehend geöffnet hat und zu den ältesten seiner Art gehört.

Durch flaches Ackerland, in dem Getreidesilos die einzigen vertikalen Akzente setzen, führt die Route 66 weiter nach Springfield, wo sie sich mit dem «Lincoln Historical Trail» vereint. Der 16. Präsident der Vereinigten Staaten wurde hier geboren und beerdigt. Seine letzte Ruhestätte auf dem Oak Ridge Cemetery ist ein Pilgerziel für Patrioten, ebenso sein Wohnhaus und das Gebäude, in dem er als Anwalt tätig war. Im State Capitol hielt Lincoln am Vorabend des Bürgerkriegs flammende Reden.

Oben: Auf ihre[m] Weg durch di[e] Vororte von C[hi]cago überque[rt] die Route 66 schöne alte Eisenbrücke[n] wie diese, de[ren] Verstrebunge[n] noch sorgfält[ig] von Hand ve[r]nietet wurde[n].

Links: Manch[e] Teilstrecken [des] alten Highwa[ys] muten sich n[ur] hartnäckige Route-66-Nostalgiker z[u]. Hier sollte m[an] möglichst keinen platte[n] Reifen habe[n] oder mit lee[rem] Benzintank liegenbleibe[n].

An der Straße nach Hydro, Oklahoma, reiht sich Schlagloch an Schlagloch, und der Belag besteht stellenweise nur aus Schotter. Hier findet man Lucille's Historic Highway 66 Stop», eine kleine Ladentankstelle, die sieben Tage in der Woche geöffnet ist.

BIG PRAIRIE COUNTRY: MISSOURI UND KANSAS

Illinois verabschiedet sich mit einem reizvollen bukolischen Finale, geprägt von Milchfarmen, Schafen und Alfalfa-Feldern. Dann öffnet sich das Mississippi-Tal, und die Route nähert sich seiner Metropole St. Louis. Mit ihrer glamourösen Schwester im Tiefen Süden, mit New Orleans und dessen Laissez-faire, hatte diese Stadt nie viel gemeinsam. Robustheit, Fleiß und Bodenständigkeit gelten von jeher als ihre wesentlichen Charakterzüge – heißen Blues und kühlen Jazz ausgenommen.

Am Ufer des Mississippi ragt der Gateway Arch wie ein Triumphbogen in den Himmel, so als wolle er das Herz von St. Louis überspannen. Dieser Eindruck täuscht, denn das urbane Herz ist längst verpflanzt worden und schlägt seither an anderen Stellen der Stadt. Die Metropole hat sich im Lauf der Zeit vom «Ol' Man River» verabschiedet – offenbar, weil sie ihrem Motto vom «Tor zum Westen» selbst mit gutem Beispiel vorangehen wollte. Sie überließ ihre Altstadt, von einigen wenigen Enklaven abgesehen, symbolträchtigen Zeichen, verstreuten historischen Relikten und modernen Großbauten. Auch auf dem Fluß sieht die Welt inzwischen nüchterner aus, denn die vereinzelten Ausflugsschiffe bringen die große Ära der Mississippidampfer nicht zurück.

Der starke deutsche Einfluß in dieser ursprünglich französischen Stadt bekam in den zwanziger Jahren des vorigen Jahrhunderts vor allem durch den Publizist Gottfried Duden Auftrieb, der in seinem «Bericht über eine Reise nach den westlichen Staaten Nordamerikas» den Mississippi mit dem romantischen Rheintal verglich und damit viele anlockte, die von Deutschland nach der gescheiterten Revolution von 1848 genug hatten. Der Zuzug

477

Der berühmteste Bürger von Springfield, Illinois, war Abraham Lincoln, der 16. Präsident der USA. Auf seinen Spuren wandelt man im State Capitol, wo er am Vorabend des Bürgerkriegs flammende Reden hielt.

Im flachen Ackerland von Illinois setzen Getreidespeicher die einzigen vertikalen Akzente. Auf rund 85 Proze[nt] des Bodens werden Nutzpflanzen angebaut, vor allem Weizen, Mais und Sojabohnen.

Nur wenige M[ei]len von Spri[ng]field, Illinois, entfernt liegt Lincoln's Ne[w] Salem State Historic Site, ein historisch[es] Dorf, das im wesentliche[n] noch aussie[ht] wie zu Präsi[dent] Lincolns Zei[t].

bereicherte die italienische Pasta um die deutsche Wurst und rief eine Vielzahl von Gesangs-, Kunst-, Turn- und Metzgervereinen ins Leben. Dank der tüchtigen Brauer des Adolphus Busch, dessen Nachfahren heute die Anheuser-Busch Brewery betreiben, hatte praktisch jeder seinen Biergarten um die Ecke und konnte zwischendurch über Goethe Streets und Schiller Avenues lustwandeln.

Die gefälligen Wegstrecken durch das ländliche Missouri sorgen für die nächste Überraschung auf der Reise, insbesondere, weil ihnen die Route 66 viel näher auf den Pelz rückt als die Interstate. Wer nämlich über die I-44 düst, verpaßt gerade die beschaulichen Ozarks und damit die einzige hügelige Abwechslung zwischen den Appalachian und den Rocky Mountains. Über die Bewohner dieses quellenreichen Mittelgebirges kursieren ähnliche Anekdoten wie über die Hinterwäldler aus Tennessee, Kentucky und West Virginia. Dort leben, heißt es, immer noch ziemlich einfältige Bergbauern und genügsame Burschen, die ihre Freizeit im wesentlichen mit Geschichtenerzählen, Fiedeln und Tanzen zubringen, *hillbillies* eben. Traditionell arm, bringt den Ozarkers neuerdings der Tourismus wirtschaftliche Vorteile.

Die Meramec Caverns bei Stanton bemühen sich seit über sechzig Jahren erfolgreich um Touristendollars, auch wenn die imposanten Tropfsteinhöhlen heute eher als Dinosaurier der natürlichen Unterhaltungskunst gelten. «Ich habe mehr Menschen unter die Erde gebracht und lebendig wieder auftauchen lassen als irgendwer sonst», brüstet sich Höhleneigner Lester B. Dill, der seine feuchten Kammern stets clever zu vermarkten wußte: als Partykeller, Tanzsaal oder Bunker.

Wie überall in Missouri wird auch hier viel Aufhebens um Jesse James gemacht, der die Höhlen während des Bürgerkriegs kennengelernt und sich in den siebziger Jahren des 19. Jahrhunderts mit seinen Leuten und Pferden darin versteckt haben soll. Ein PR-Gag? Wahrscheinlich, denn es gibt keine Höhle weit und breit, die so etwas nicht von sich behauptet. Und an unterirdischen Gewölben herrscht ringsum wahrlich kein Mangel – über 5000 sind bekannt und benannt. Ton und Kalkstein, die in den Ozark Plains vorherrschen, fördern ihre Bildung.

Vor der Erfindung der Klimaanlage waren die Tiefkühltruhen von Underground Missouri besonders gefragt. Die Indianer schnitzten dort ihre Waffen und begruben ihre Häuptlinge; der spanische Entdecker Hernando de Soto stieg bereits 1542 hinab; Anfang des 18. Jahrhunderts stießen französische Bergleute auf Salpeter und betrieben daraufhin im Untergrund eine Pulvermühle. Wiedertaufen, Ku-Klux-Klan-Versammlungen und heimliche Stelldicheins spielten sich hier ab. Pilzzüchter und illegale Schnapsbrenner fühlten sich ebenso geborgen wie entlaufene Sklaven aus den Südstaaten, die die Höhlen als Zwischenstopps der sogenannten «Underground

Im ländlichen Bundesstaat Missouri ist noch viel vom Geist Tom Sawyers präsent. Manche Orte bestehen nur aus ein paar Häusern an einer Straßenkreuzung.

In der Nähe von Devil's [B]ow, Missouri, [b]eginnt ein Abschnitt des [a]lten Highway, [d]er von Route-[6]-Fans wegen der steilen Flußufer[la]ndschaft und [ei]ner hübschen [Sta]hlbrücke aus [d]em Jahr 1923 besonders geliebt wird.

479

Der elegante Gateway Arch in St. Louis soll die Bedeutung der Stadt als Tor zum Westen symbolisieren.

Das verschlafene Nest Branson in Missouri hat sich in den letzten Jahren zur Show- und Musikmetropole Amerikas entwickelt.

Ein Neonpfeil weist den Weg: Das «Glancy Motel» in Clinton, Oklahoma, hat schon Generationen von Route-66-Reisenden beherbergt.

«Die Straße soll ein faszinierendes Buch sein, das man im Fahren lesen kann», haben die renommierten US-Stadtplaner Kevin Lynch und Frank Appleyard einmal gefordert. Der alte Highway entsprach diesem Kriterium nicht nur, er diente sogar lange Zeit als eine Art Lehrbuch für andere Straßen.

In der Frühzeit gab sich die mehr oder weniger handgemachte Beschilderung relativ bescheiden. Einzelne Motelbesitzer saßen

ZEICHEN AM WEGESRAND

Die Route 66 als Bilderbuch

Zunächst waren es nur Schilder, später dann überdimensionale plastische Objekte und ganze Gebäude: Als erste transamerikanische Straße entwickelte die Route 66 eine autobezogene Zeichensprache – Augenfutter zum raschen Verzehr.

schiefe Turm von Groom in Texas angelegt: Er sollte die Neugier der Vorbeifahrenden wecken und sie zum Stopp verleiten. Noch heute zieht der Wasserturm, der jeden Moment in sich zusammenzufallen droht, viele Blicke auf sich. In Webb City (Missouri) dagegen kann man Hehres bewundern: die Mega-Skulptur der «Betenden Hände», die sich auf einem Hügel theatralisch für den Frieden in der Welt falten – ein Albrecht Dürer im Großformat.

Der Ideenreichtum unzähliger Kleinunternehmer hat die Route 66 zu einem Lehrbuch für ausgefallene Werbung gemacht.

vor ihren Etablissements und hielten, wann immer ein Auto nahte, Pappschilder mit dem Übernachtungspreis in die Höhe. Die Meramec Caverns in Missouri verdanken ihre Berühmtheit zahllosen Scheunendächern entlang der Route 66, die mit ihrem Namen bepinselt waren.

Schon bald wurden die Werbebotschaften jedoch geschickter an den Mann gebracht: *Billboards* tauchten am Straßenrand auf, riesige Brettertafeln *(boards)*, die mit Plakaten *(bills)* beklebt waren. Nachts setzten flackernde Neonreklamen das visuelle Marketing fort. Noch heute blinken einige Exemplare dieser bunten Röhrenkunst an diversen Motels entlang der Route: flatternde Schwalben, galoppierende Cowboys oder wackelnde Bowling-Kegel.

Zu den eindimensionalen Botschaften gesellten sich bald plastische Augenfallen, riesige Figuren oder Objekte, die mal Werbezwecken dienten, mal Denkmalfunktion übernahmen, in jedem Fall aber den Unterhaltungswert der Autofahrt zu steigern suchten. Viele davon stehen noch: der Astronaut des «Launching Pad Drive-In» in Wilmington (Illinois), der Blaue Wal eines ehemaligen Freizeitparks in Catoosa (Oklahoma), der Ölbohr-Riese in Tulsa, die Super-Milchflasche in Arcadia, die gut 8 Meter langen, leuchtendroten Zwillingspfeile des «Twin Arrows»-Truckstops an der I-10 zwischen Winslow und Flagstaff, die so aussehen, als seien sie aus dem All auf die Erde abgeschossen worden. Als Trick zum Touristenfang war ursprünglich auch der

Konsequenterweise führte die Entwicklung der Zeichen vom Plakat über die plastische Form weiter zum Gebäude: Dieses selbst sollte Werbegestalt annehmen. Seit den zwanziger und dreißiger Jahren entstand eine wahre Flut von drolligen Baukörpern «in Form von» oder «im Stil von». Imbißbuden gingen in Form von Eisbergen, Ölbohrtürmen, Sombrero-Hüten, Kaffeekannen oder Windmühlen ins Rennen um die Aufmerksamkeit der Reisenden, während Tankstellen und Motels sich im Stil britischer Landhäuser oder spanischer Missionen den mobilen Kunden empfahlen. Die Beton-Zelte der «Wigwam Motels» in Holbrook (Arizona) und Rialto (Kalifornien) sind guterhaltene Beispiele für diese Architektur des amerikanischen Humors.

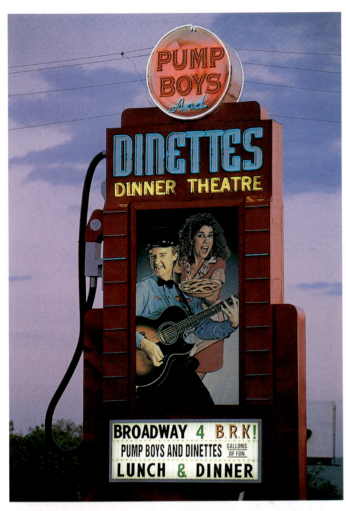

Origineller Blickfang am Straßenrand: Was zunächst wie eine Zapfsäule aussieht, entpuppt sich bei näherem Hinsehen als Werbung für ein Dinner Theatre in Branson, Missouri.

Railroad» nutzten, einem ausgeklügelten Versteckssystem, das ihnen zur Flucht in die Unionsstaaten und damit in die langersehnte Freiheit verhalf.

Vielleicht ist es tatsächlich die mittige Lage, die Missouri zu einem amerikanischen Mikrokosmos macht. «Missouri ist ganz Amerika an einem Ort», schrieb jüngst der Herausgeber der Tageszeitung «St. Louis Post-Dispatch». «Im Mai gleicht Missouri Virginia und üppigen Apfelgärten voller pinkfarbenen und weißen Blüten; im späten Juni wogt der golden-reife Weizen wie in Kansas, Nebraska und den Dakotas; im August ähnelt Missouri den leuchtenden Mais-Prärien von Illinois; Missouri ist steiniges Farmland wie in Neuengland mit blau schimmerndem Rittersporn und Rosen entlang der Zäune, knochentrockenes Minengestein wie in Oklahoma, New Mexico und Arizona, weite Baumwollfelder und Rübensammler mit bauchigen Beuteltaschen wie in Alabama, Mississippi und Louisiana.»

Die flüchtigen Eindrücke im fahrenden Auto reduzieren dieses Potpourri naturgemäß auf Details, auf Vielfalt im Kleinen. Gelbe Schulbusse verteilen die Kinder wie Wildblumen übers Land. Sie blinken heftig bei jedem Stopp, damit die *locals* ihr Tempo drosseln und die alte Straße nicht mit der neuen nebenan verwechseln. Neben der Interstate sind auch hier wieder die Eisenbahngeleise mit von der Partie: als dritte Schiene im Bunde des «Travel Trios», das über hundert Jahre amerikanischer Verkehrsgeschichte dokumentiert.

Wie aus dem Ei gepellt sitzen die weißen Häuschen auf den Wiesen, das Auto vor der Tür, die *mailbox* dicht an der Straße: ländliches Amerika wie aus dem Bilderbuch. Besonders Cuba wird das Herz eines jeden Route-66-Fans höher schlagen lassen, denn hier leben zahlreiche Oldies aus den Anfangsjahren des Highway munter fort, allen voran die schmucken, aus handbehauenem Ozark-Gestein erbauten Hexenhäuschen des «Wagon Wheel Motel», das «Eat 66 Café», der «66 Pizza Express» und die «Route 66 Lounge».

Die sattgrüne, hügelige Landschaft von Missouri bekennt weiterhin Farbe. Und wer die friedlich grasenden Pferde, die Eisenbahn, die altersschwachen Telefonmasten vorüberziehen sieht, der fühlt sich unweigerlich in eine andere Zeit versetzt. In solchen Momenten fördert die Route-66-Archäologie plötzlich Leben zutage, und zwar bezeichnenderweise immer dann, wenn sich der alte Highway seinen Weg durch Provinz und Alltag sucht und dabei ein Stück Amerika zum Vorschein bringt, das für die meisten längst überholt und abgemeldet zu sein scheint, das aber schlichtweg zum Schönsten zählt, was dieses Land zu bieten hat.

An der Hauptstraße des ebenso hübschen wie winzigen Halltown erhält man, wenn man Glück hat, hinter falschen Fassaden die richtigen Auskünfte. Im Andenken-

Das «Ariston Café» in Litchfield, Illinois, befindet sich seit 1924 in Familienbesitz. Hier kann man nicht nur hervorragend essen, sondern auch Souvenirs von der berühmtesten Straße der Welt kaufen.

Stromlinien-Look für das automobile Zeitalter: Die Formen der ersten Schnellrestaurants entlang der Route 66 waren amerikanischen Straßenkreuzern dieser Zeit entlehnt. Besonders stilecht fährt man daher in einem Oldtimer vor.

Im Totem Pole Park in Foyil, Oklahoma, kann man den größten Totempfahl der Welt bewundern.

CHRONIK DER ROUTE 66

Eine Straße wird zum Denkmal

Ende der zwanziger Jahre verband der Highway 66 erstmals den amerikanischen Mittelwesten mit der Pazifikküste – die erste große Nationalstraße, die das Gesicht der Vereinigten Staaten nachhaltig veränderte.

Die erste Durchquerung der USA mit dem Auto 1903 erfolgte noch über Schotter, Holzplanken und mit Ziegelsteinen befestigte Wegstrecken. 1908 brachte Henry Ford sein berühmtes «Model T» auf den Markt, das unter dem Kosenamen «Tin Lizzie» sofort reißenden Absatz fand: Schon nach einem Jahr waren 19 000 Exemplare verkauft, und vier Jahre später wurden bereits täglich tausend Stück produziert.

Der Siegeszug des Automobils veränderte die Nation von Grund auf: Amerika begann zu reisen. Gleichzeitig löste er eine Krise aus, denn es fehlten geeignete Straßen. 1916 unterschrieb Präsident Woodrow Wilson den «Federal Air Road Act», ein Gesetz zum Bau von Nationalstraßen und deren Finanzierung durch den amerikanischen Steuerzahler. Ein Jahr später gründete Frank Phillips in Oklahoma die legendäre «Phillips Petroleum Company».

Der Wunsch nach einer durchgehenden Ost-West-Verbindung regte sich besonders stark im Westen. Vor allem die ländliche Bevölkerung setzte sich für den Bau von besseren Straßen ein («Better Roads Movement»), um das Monopol der mächtigen Bahngesellschaften zu brechen. Der amerikanische Automobilclub setzte sich an die Spitze der Straßenbau-Lobby.

1921 bewilligte der Kongreß erneut beträchtliche Steuermittel für den Ausbau des Straßennetzes. Fast-Food-Restaurants und Tankstellen schossen wie Pilze aus dem Boden. Von ihren Enden her wurde die Route 66 mit Asphalt und Beton befestigt: Illinois und Kalifornien spielten die Vorreiter, Oklahoma bildete das Schlußlicht.

Der in Tulsa (Oklahoma) ansässige Verkehrsexperte und Geschäftsmann Cyrus Steven Avery kämpfte am hartnäckigsten für eine Durchgangsstraße, nicht ohne den Hintergedanken, daß eine Transkontinentale zwischen dem *Heartland* und dem Westen die Wirtschaft in Oklahoma ankurbeln würde. 1925 tauschten die Bundesstraßen ihre bisherigen Namen gegen Nummern.

Am 11. November 1926 erhielt der von Avery konzipierte US Highway offiziell die Nummer 66. Damit schlug die Geburtsstunde der Straße. Avery galt fortan als «Vater der Route 66». Zwar bestand die Strecke zunächst nur aus einem Flickwerk von örtlichen Landstraßen und alten Wegen. Doch zweifellos markierte Averys Pioniertat den entscheidenden Wendepunkt vom Straßenbau als kommunaler Initiative zu dem koordinierter staatlicher Planung. Um Werbung für die neue Straße zu machen, schrieb man 1927 einen Marathonlauf von Los Angeles nach Chicago aus. Der zunächst nur 6 Meter breite Highway legte sich nach und nach eine spezifische Autokultur zu. Einfache Tourist Courts und kleine Motels entstanden, ebenso die ersten Drive-Ins. Camping gewann an Popularität. Die erste Tankstelle der «Phillips Petroleum Company» machte aus dem Highway-Schild ein Markenzeichen: «Phillips 66».

Der inzwischen verbesserte Zustand der Route lieferte mehr Anlaß zum Optimismus als die Gesamtwirtschaft. Auf den Börsenkrach am «Schwarzen Freitag» 1929 folgte die Große Depression. Um Arbeitsplätze zu schaffen, flossen weitere Gelder in den Straßenbau. Immer mehr Tankstellen, Motels, Hamburgerbuden und Souvenirläden säumten den Highway. Dabei handelte es sich durchweg um Familienunternehmen.

1 Mit dem «Federal Air Road Act» schuf Präsident Woodrow Wilson 1916 die Grundlage für den Bau der amerikanischen Nationalstraßen (Foto von 1920).

2 In San Bernardino, Kalifornien, eröffneten die Brüder McDonald 1939 ihre erste Hamburgerbude. Das Kleinunternehmen entwickelt sich in wenigen Jahren zu einem Fast-Food-Imperium (Foto von 1955).

3 Zur Zeit der Depression war die Route 66 die Rettungsleine, die einem Heer von Arbeitslosen den Weg ins «Gelobte Land» Kalifornien wies (Foto aus den dreißiger Jahren).

4 Der berühmte Ford Model T, auch «Tin Lizzie» genannt, versetzte eine ganze Nation in Aufbruchstimmung (Foto von 1908).

5 Während der großen Staubstürme flüchteten unzählige Farmersfamilien aus Oklahoma in den Westen (Foto von 1938).

Dürreperioden und Staubstürme verwandelten 1934 weite Landstriche des Süd- und Mittelwestens in eine Mondlandschaft. Hunderttausende rafften ihre letzten Habseligkeiten zusammen und verließen die «Dust Bowl». Für die Heimatlosen wurde die Route 66 zur Straße der Flucht, aber auch zur Straße der Hoffnung, denn sie träumten von einer besseren Zukunft im «Gelobten Land» Kalifornien.

Der Kriegsausbruch brachte 1940 neuen Schwung auf die Route 66. Enorme Investitionen der Rüstungsindustrie in Kalifornien lösten eine massive Migration von Arbeitskräften aus und zahlreiche Ausbildungslager und andere militärische Einrichtungen entstanden in der Nähe der Route, die nun zur Hauptachse für Waffentransporte und Truppenbewegungen avancierte. Nach Kriegsende begann das Goldene Zeitalter der Route 66: Eine Reiselust von ungeahntem Ausmaß ließ das Tourismusgeschäft blühen. Der Wettbewerb unter den Etablissements verschärfte sich, denn die Kundschaft war inzwischen zahlungskräftiger und anspruchsvoller geworden. Vor allem komfortablere Unterkünfte waren gefragt: Motels mit Pool, Fernsehen und Klimaanlage. Attraktionen am Straßenrand sollten die Autofahrer zum Verweilen und Geldausgeben verleiten.

Der «Interstate Highway Act» von 1956 läutete den Anfang vom Ende ein. Er schuf die gesetzliche Grundlage für den Bau kreuzungsfreier Autobahnen, die sich an deutschen Vorbildern orientierten. Nach und nach ersetzten sie die alte Bundesstraße und deren innerstädtische *commercial strips*. Für ganze Kleinstädte bedeutete das den wirtschaftlichen Ruin, denn die Interstate ließ sie plötzlich links liegen und verurteilte sie zur Bedeutungslosigkeit.

In den sechziger Jahren begann der Stern der Route 66 zu sinken. Hotelkonzerne und Fast-Food-Ketten traten ihren Siegeszug an und verdrängten die Familienbetriebe. Das arabische Ölembargo von 1973 führte zur Benzinrationierung. In den Folgejahren schloß mehr als die Hälfte der Tankstellen für immer. 1977 wurde das letzte 66-Schild in Chicago abmontiert.

1984 bestand die Verbindung zwischen Chicago und Los Angeles durchgehend aus Interstate Highways. Die US 66 verschwand von den Landkarten. Als letzte Stadt auf der Route wurde 1985 Williams (Arizona) durch einen *bypass* umgangen.

Während die alte Route mit dem Tod kämpfte, erwachte ihr Mythos zu neuem Leben: Für viele Amerikaner wurde sie zum Symbol von Freiheit und Abenteuer. Vereinigungen gründeten sich, die Teilstücke der vergessenen Straße pflegten. Inzwischen überlegt man im US-Kongreß, ihre Reste unter staatlichen Schutz zu stellen. Solche historische Spurensicherung liegt im Trend: Auch der «California Trail» und der «Pony Express Trail» wurden bereits der nationalen Erbmasse zugeschlagen.

Die Runde Scheune von Arcadia, Oklahoma, wurde 1898 erbaut – lange bevor auch nur die Idee des Highway geboren war. Heute gehört sie zu den berühmtesten Wahrzeichen der Route 66.

Die Meramec Caverns in Missouri dienten schon Jesse James als Unterschlupf. Mit dem Gangster nahm es ein schlimmes Ende, die Tropfsteinhöhlen aber gehören den Pflicht-Stopps an der alten Straße.

Wo für alles und jedes geworben wird, will auch die Kirche vertreten sein: In Groom, Texas, ruft ein überdimensionales Neonkreuz die Vorüberfahrenden zur Andacht auf.

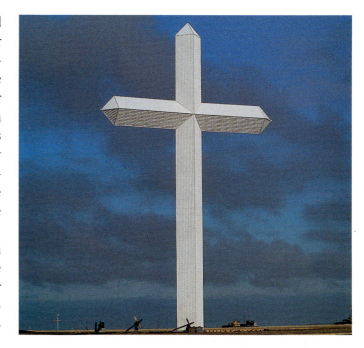

laden lauern manchmal wahre Plaudertaschen und Route-66-Historiker. «Früher war auf der Straße hier der Teufel los. Man mußte regelrecht aufpassen bei dem vielen Verkehr, wenn man sicher von einer Seite auf die andere kommen wollte. Heute können hier die Kinder Tennis spielen», erzählt der ehemalige Lehrer, der im Kramladen Dienst tut. Thelma, seine Partnerin, bringt es auf den Punkt: «66 was a blessed road. It tied the country together. It was a pipeline.» («Die Route 66 war eine gesegnete Straße. Sie stellte Verbindungen her. Sie war eine Lebensader.») Die neue I-44 dagegen sei nur noch eine «pipeline of drugs», ein Transportweg für Drogen.

Auch die vielen künstlich angelegten Seen ringsum kommen im Kramladen zur Sprache. «Klar, sie haben die Freizeitfischer und andere Sportsfreunde angelockt, aber auch viele Zwangsumsiedlungen verursacht. Ganze Farmen gerieten unter Wasser. Leute mußten ihr Land verlassen, und Friedhöfe sind umgelegt worden.»

Der blaue Wal war einst die Attraktion eines Vergnügungsparks in Catoosa, Oklahoma. Viele Reisende machten er für ein Picknick halt oder um sich im Wasser zu erfrischen.

Nur ganze 13,2 Meilen bindet sich die Route 66 an den Bundesstaat Kansas, dafür aber aufs innigste. Wie mit dem Kartoffelstempel hat man die Straßendecke mit der Nummer «66» imprägniert, so als wollte man ihre Flüchtigkeit bannen und sie mit Beschlag belegen. Vergeblich. Es sei denn, man steigt aus. Im Café erzählt ein Mann über die schlimmen Jahre der Sandstürme in der «Dust Bowl» (siehe Seite 491). Als Kind hätten ihm seine Eltern immer ein Seidentuch über die Wiege gehängt, um ihn vor dem Staub zu schützen. «Selbst die Pferde konnte man nicht mehr rausschicken, weil sie erstickten. Die leute haben feuchte Tücher in die Fenster gehängt. Die Tücher, die die Mütter nachts auf die Gesichter ihrer Kinder gelegt haben, waren morgens rotgefärbt.»

GEBURTSLAND DER ROUTE 66: OKLAHOMA

Schon in Illinois wird auf Heuchobern Werbung für die Meramec Caverns gemacht. Die verblichenen Schriftzüge zeigen deutlich, daß die Höhlen seit den Anfangsjahren der Route 66 ein Touristenmagnet sind.

Vor dem weiten Horizont über flachen Feldern steht es an der Grenze schwarz auf weiß zu lesen: «Welcome To Oklahoma, Native America». Namentlich geht das in Ordnung, denn «Okla» bedeutet «Menschen» in der Sprache der Choctaw-Indianer und «homma» «rot». Oklahoma, Land der Rothäute also. Mit dem «native» allerdings, dem «gebürtigen», hat es so seine eigene Bewandtnis, auch, wenn heute in Oklahoma mehr *Indian Americans* leben als in irgendeinem anderen Bundesstaat. Dennoch zählt die Geschichte der Landnahme dieser ursprünglich als «Indian Territory» ausgewiesenen Region zu den traurigsten und unrühmlichsten Kapiteln der amerikanischen Siedlungsgeschichte (siehe Seite 541).

Ja, und Oklahoma heute? «Nein, danke!», denken sicher die meisten. Florida, New York, Kalifornien – okay. Aber Oklahoma? Das riecht nach tiefster Provinz. Tatsächlich, Alpen-Panorama, Glitzermetropolen oder

Albuquerque, New Mexico, war von Anfang an eine wichtige Station für Reisende auf der Route 66. Noch heute führt der Highway auf der Central Avenue mitten durch die Stadt

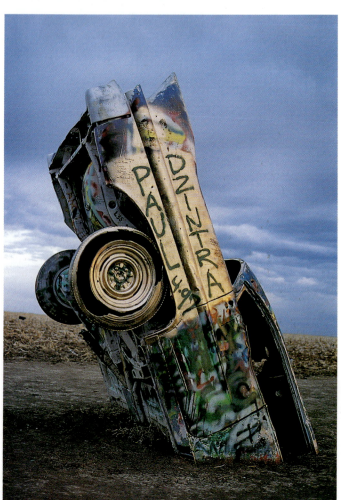

Traumstrände sucht man hier vergeblich. Im amerikanischen «Heartland», wo Ost und West sich treffen, scheint die Welt aus flacher Prärie und stillen Winkeln zu bestehen. Schon einer der ersten Europäer, der spanische Conquistador Coronado, notierte im Jahr 1540: «Wenn man sich hier auf den Rücken legt, verschwindet der Rest der Welt aus dem Gesichtskreis.»

Und die Städte? Als erstes rückt die Route Tulsa ins Bild. Die spektakulären Ölfunde von 1901 brachten der «Oil Capital of the World» Publicity und Reichtum ein. Im Zuge des schwarzen *Gold Rush* verschönerte sich das Stadtbild beträchtlich, und einige philantropische Ölbarone taten sich sogar als Kunstmäzene hervor. Von diesem Erbe profitiert der Besucher heute noch. Filigrane Tupfer zeugen allenthalben von reicher ornamentaler Phantasie am Bau, die das Art déco hat walten lassen: die «Zick-zack-Moderne» der zwanziger Jahre, die Stromlinien der dreißiger Jahre, aber auch die klotzigen Klassizismen aus der Zeit der Großen Depression und des New Deal. Die wahren Highlights von Tulsa aber sind die Kunstsammlungen des Philbrook- und Gilcrease Museums; sie gehören zu den besten im Land. Und wer durch die terrassierten italienischen Gärten der Philbrook-Villa schlendert, wird weder mitbekommen, daß Tulsa heute eine der Top-Adressen für Petroleumtechnologie ist, noch etwas davon spüren, daß gleich um die Ecke die Prärie beginnt.

Zu den am häufigsten fotografierten Motiven an der Route 66 gehören die Oldtimer der Cadillac Ranch. Sie sollen an das Goldene Zeitalter auf der «Hauptstraße Amerikas» erinnern

Eine umfassende Sanierung hat bewirkt, daß die Innenstadt von Albuquerque sich heute wieder von ihrer besten Seite zeigt. Originelle Boutiquen, Straßencafés und gepflegte Restaurants laden zum Bummeln ein.

Im «Big Texan» am Stadtrand von Amarillo, Texas, wird hungrigen Reisenden ein Zwei-Kilo-Steak aufgetischt. Wer die riesige Portion innerhalb von einer Stunde vertilgen kann, ist Gast des Hauses.

Unübersehbar winkt zum Abschied der schlanke Turm der Boston Memorial Church, bevor sich die Route profaneren Dingen zuwendet: Am Arkansas River dampfen und brodeln die Raffinerien. Wer am Rockzipfel der «Mother Road» klebt, wird über kurz oder lang auch mit den Schattenseiten Amerikas konfrontiert. Schließlich war die so oft als beschauliches Förderband der Sehnsucht nach der guten alten Zeit gepriesene Strecke nirgendwo und zu keiner Zeit nur von glücklichen Pepsi-Gesichtern, *Moms & Dads* und *Malts & Burgers* umstellt.

Was folgt, bietet mehr Abwechslung und liest sich wie ein typischer Oklahoma-Mix: Kühe, Raffinerien und nickende Ölpumpen, von denen manche so aussehen, als seien sie Insekten von einem anderen Stern. Ranches und Nußbäume bereiten den Auftritt eines Unikums vor, das in keinem Fotoalbum von der «66» fehlen darf: die rote Scheune von Arcadia, eine Art pastorales Pantheon von Oklahoma und zugleich ein rustikaler Ballsaal, der für seine mitreißenden Tanzveranstaltungen bekannt ist.

Oklahoma City wartet mit den Stockyards auf, einem riesigen Viehauktionsgelände; die pompöse «Cowboy Hall of Fame» feiert Gegenwart und Geschichte der Cowboykultur. Freilich, ihre Liebe zum Öl kann die Stadt noch viel weniger verbergen: Sie besitzt das einzige Kapitol in den USA, auf dessen Grund nach Öl gebohrt wird. Die Staatskasse wird es zu würdigen wissen.

Die Route 66 scheint sich in Oklahoma besonders heimisch zu fühlen, denn sie folgt den Konturen der Landschaft, als sei sie schon immer ein Teil von ihr gewesen. An weiteren Berührungspunkten mangelt es ebenfalls nicht: John Steinbecks «Früchte des Zorns» spielen in Oklahoma, der Folksänger Woody Guthrie und der Cowboy-Philosoph Will Rogers (siehe Seite 539) wurden hier geboren, Cyrus Steven Avery, der Gründervater des Highway, war ein Mann aus Tulsa, und die legendäre Benzinmarke «Phillips 66», die noch heute überall in Amerika verkauft wird, soll ganz in der Nähe der Stadt zu ihrem Namen gekommen sein.

«Home of Garth Brooks» steht auf dem Ortsschild von Yukon. Der Hinweis auf den berühmten Countrysänger, gegenüber den Getreidesilos der Mehlfabrik «Yukon's Best Flower & Grain Co.» postiert, hilft der städtischen Imagepflege. Westlich des Städtchens reißen die Horizonte der *Western Prairie* auf – Breitwandbilder voller Viehherden, kargem Weideland und Ölpumpen. Keine Frage, der langersehnte Westen ist erreicht.

WO DER WILDE WESTEN BEGINNT: TEXAS

In Texas sei alles ein bißchen größer, behaupten die Bewohner des riesigen Bundslands selbstbewußt. Die Route 66 durchquert den «Lone Star State» allerdings nur an seiner schmalsten Stelle, am »Pfannenstiel«, dem *Panhandle*. Diese Region, die einst «Land des kurzen Grases und der langen Hörner» hieß, gehört zum nördlichen Teil der Llano Estacado, die wiederum das Südende der Great Plains bildet. Seit Indianer und Büffel nach den Kriegen am Red River (1875) verschwunden sind, dreht sich hier alles um *agribusiness*, Viehzucht und Öl. Die Konzentrationsbewegung in der Landwirtschaft wirkt sich auf die kleinen Familienfarmen und Ranchbetriebe verheerend aus. Viele sind inzwischen hoffnungslos verschuldet, denn sie haben keine Chance gegen die generalstabsmäßig geführten Großbetriebe, gegen die Massentierhaltung der *corporate farms* und deren technologisch hochgerüstete Maschinenparks. Selbstmorde und immer mehr Gewaltverbrechen sind oft die Folge. Nicht nur der neue Straßenbau war also für das Sterben vieler Kleinstädte entlang der Route verantwortlich. Die meisten von ihnen könnten praktisch rund um die Uhr ihren hausgemachten Western inszenieren. Etwa das kleine texanische McLean: Stille, Staub und menschenleere Straßen – Zeit für die Stunde Null und den *showdown*.

Stadtauswärts breitet sich das Grasland der High Plains aus. Außer ein paar Häuschen und einer hübschen kleinen Kirche erinnert noch die ausgediente «Super Phillips 66 Service Station» von Alanreed an vergangene Tage. Wie gründlich die vorbei sind, sagt ein Schild:

Gallup ist die einzige größere Stadt in Reichweite des Navajo- und Hopi-Reservats. Der hohe Anteil der Indianer an der Bevölkerung gibt ihr ein besonderes Gepräge.

Der «66 Diner» in Albuquerque ist eine nostalgische Reminiszenz an das Amerika der fünfziger Jahre. Vom Tresen funkelt es türkis, pink und verchromt, auf der Bar stehen kleine Plastikflamingos, und aus der Musikbox dröhnt Jerry Lee Lewis (Mitte und unten).

Tucumcari in New Mexico hielt schon in den fünfziger Jahren die unvorstellbare Zahl von 2000 Motelzimmern bereit. Fast jeder, der auf der «Mother Road» unterwegs war, hat hier einmal übernachtet. Eine Legende unter den Route-66-Motels ist das «Blue Swallow», dessen blaue Neonschwalbe schon aus der Ferne vor dem Abendhimmel leuchtet.

Bei der International Balloon Fiesta in Albuquerque tummeln sich Hunderte von bunten Heißluftballons am Himmel.

Südlich von Santa Fe, New Mexico, durchquert der Highway die breite Talsohle des Rio Grande, begrenzt von den Sangre de Cristo Mountains im Osten und den Jemez Mountains im Westen. In dieser Region existieren noch zahlreiche indianische Pueblos.

New Mexico ist bekannt für sei[n] Licht und seine Farben, die sogar erfahrene Fotografen verblüffen. So ist es nicht verwunderlich, da[ss] sich hier schon im 19. Jahrhundert viele Male[r] und Schriftsteller niederließe[n].

Die San Miguel Mission in Santa Fe (1710) ist ein typisches Beispiel für die Lehmziegel-architektur des amerikanischen Südwestens. Sie gehört zu den ältesten Kirchen in den USA.

Wer sich für indianisches Kunsthandwerk interessiert, sollte sich an der Plaza von Santa Fe umsehen. Das Angebot reicht von Schmuck über Keramik bis hin zu Webarbeiten.

Der historische Kern von Albuquerque umschließt eine schattige Plaza, die von den Türmen der Kirche San Felipe de Neri (1706) beherrscht wird.

«Pavement ends». Wer trotzdem hier der Originalstrecke folgt, kann unter Umständen sein rotes Wunder erleben – nach Regenfällen verwandelt sich der Lehmboden in eine unbarmherzige Matschfalle.

Gleich bei der Einfahrt nach Amarillo stehen am Boulevard wieder die alten Kameraden der Route 66 Spalier: Cafés, Stellplätze für Camper und Motels, deren Neonreklamen sich mit den Verkehrsschildern in einem Himmelreich der Zeichen vereinen (siehe Seite 485). Wenn man in der Stadt jemandem begegnet, der wie ein Cowboy aussieht, kann es durchaus passieren, daß er auch einer ist. Die hohe Wahrscheinlichkeit, daß etwas echt ist, trägt dazu bei, daß in dieser rund 1000 Meter hoch gelegenen und 1887 gegründeten Metropole des Panhandle, die sich aus einer «Ragtown» genannten Zeltstadt heraus entwickelte, noch der selbstzufriedene und familiäre Ton des Old West kursiert. Wer hier wohnt, nennt seine Stadt «The Yellow Rose of Texas». Verständlicherweise – «Amarillo» heißt nun mal «gelb» auf spanisch, und auch das Wasser des nahen Creek trägt diese Farbe.

Viehauktionen sind hier allemal einen Stopp wert. Von romantischer Schwärmerei und Urban-Cowboy-Mode keine Spur: Alles dreht sich um propere Bullen und harte Dollars. Über 70 Prozent aller texanischen Rinder wechseln in Amarillo den Besitzer. Auch für ästhetische Tupfer ist gesorgt. Immerhin leistet man sich ein Sinfonie-Orchester und eine Ballettruppe. Naturdenkmäler von einzigartiger Schönheit warten im Palo Duro Canyon praktisch vor der Haustür – ein idealer Einstieg in die wundersamen Steinwelten des amerikanischen Südwestens, besonders kurz vor Sonnenuntergang.

Und dann die schräge «Cadillac Ranch», der Auto-Gag auf dem Acker: ein Stonehenge der Vereinigten Staaten! Schon Bruce Springsteen hat sie besungen. Zehn zur Hälfte eingegrabene Limousinen strecken ihr Hinterteil in die Höhe, in Schieflage wie die Enten im See. Der reiche texanische Unternehmer Stanley Marsh 3 gab die Installation 1974 bei der «Ant Farm» in Auftrag, einer experimentellen Künstlergruppe aus San Francisco.

Das letzte texanische Rendezvous der Route spielt sich in Glenrio ab; der Name des Ortes ist eine Kombination aus «Glen» und «Rio» und ein Beispiel für das sogenannte «Spanglish», dem im Südwesten der USA häufig anzutreffenden Sprachsalat aus englischen und spanischen Brocken. Aber was bedeutet das hier schon? Ein Pferd, ein bellender Hund sind das einzig Lebendige in dieser *ghost town*, in der die Lichter längst ausgegangen sind. Selbst das alte Postamt, ansonsten eine der verläßlichsten Institutionen amerikanischer Kleinstädte, hat seinen Geist aufgegeben. Nur noch das Schild vom «First/Last Motel in Texas» – je nach Fahrtrichtung zu lesen – steht noch, aber auch wohl nur, weil ein Kugelhagel nicht richtig getroffen hat.

LAND DER VERZAUBERUNG: NEW MEXICO

Eine optimistische Zeichenwelt empfängt den Besucher dagegen in Tucumcari, wo der gleichnamige Boulevard einige besonders schöne Motel-Klassiker zur Schau stellt. Zwischen 1930 und 1960 war die Stadt ein beliebter Rastplatz für Route-66-Reisende. Eine blaue Schwalbe schwebt elegant über dem Eingang des «Blue Swallow Motel», während ein markanter Rodeo-Cowboy das «Buckaroo Motel» am westlichen Ende der Straße ziert. Wie alle Neonreklamen laufen Schwalbe und Reiter erst im Dunkeln so richtig zur Hochform auf.

New Mexico verdankt der «66» den Anschluß an den Rest der Nation. Weitgehend zumindest, denn so ganz ist dies bis heute nicht geglückt. Vieles geht hier noch seinen gemächlichen Gang – im Eselstempo. So mancher Brief landet erst mal in Mexiko, weil sich noch nicht herumgesprochen hat, daß New Mexico ein US-Bundesstaat ist. Nicht die große Welt, nur das Naheliegende zählt. Jeder hier redet darüber, ob sich der *chile* schon rot färbt, was das Zeichen für einen frühen Winter ist; oder ob man schon genug Holz zum Heizen hat. Diejenigen, die ihr Holz noch selbst aus den Bergen holen, genießen einen besonderen Status, weil sie an den alten Sitten festhalten und nicht einfach Propangas benutzen.

Oben: Bei Santa Rosa sind schon mehr Reisende im Schnee steckengeblieben als irgendwo sonst auf der Route 66. Schneeräummaschinen sind im Wüstenstaat New Mexico Mangelware.

Links: Südlich von Grants, New Mexico, beginnt das Malpais, eine Landschaft geprägt von Lavagestein und bizarren Felsformationen. Besonders eindrucksvoll ist «La Ventana» (das Fenster), ein großer Sandsteinbogen.

Der Chaco Canyon in New Mexico ist ein Eldorado für Hobby-Archäologen. Hier kann man die Ruinen von acht prähistorischen Indianerpueblos erkunden.

Der alten Route-66-Streckenführung aus der Zeit vor 1937 zu folgen, heißt, westlich von Santa Rosa die Interstate zu verlassen und nach Norden abzubiegen. Zwar gelangt man auf der neuen «66» schneller nach Albuquerque, aber der Umweg wird mit schönen Landschaftsbildern belohnt. Mehr noch, die alte Strecke erlaubt einen Abstecher der besonderen Art: Sie berührt Las Vegas, New Mexico. Mit ihrer berühmten Namensschwester in Nevada hat die nahezu unbekannte Kleinstadt nichts gemeinsam. Dennoch wird sie seit kurzem als Geheimtip gehandelt, weil sie abseits von touristischen Trends ihren eigenen Charakter bewahrt hat. Einen besseren Vorgeschmack auf die alten Städte von New Mexico kann es kaum geben – das beginnt bei der Pflege des baulichen Erbes, das von der spanischen *casita* bis zur eleganten viktorianischen Villa reicht. Tausende von historischen Gebäuden stehen inzwischen unter Denkmalschutz.

Kurz vor Santa Fe, der heimlichen Hauptstadt des «Milden Westens», fädelt sich die «66» ins Netz ihrer Vorgänger ein, denn der Pecos- und Santa Fe Trail suchen genau hier den Anschluß an den nach Mexiko führenden Camino Real. Die Bahngeleise verlaufen so, als würden sie dasselbe Ziel ansteuern. Doch im letzten Augenblick schrecken sie vor den Sangre de Cristo Mountains zurück, schlagen einen Haken und begnügen sich mit dem Provinzbahnhof Lamy südlich von Santa Fe.

Essen und Zeit gehören bekanntlich zusammen. Fehlt letztere, so bleibt das nicht ohne Wirkung auf die Küche. Da die Amerikaner von jeher die mobilste aller Gesellschaften stellen, haben sie zwangsläufig Mahlzeit und Geschwindigkeit gleichgeschaltet und auf den Begriff gebracht: *fast food* oder *food to go*. Das heißt: schneller und aufmerksamer Service, niedriger Preis, üppige Portionen, rascher Verzehr.

Mit dem *Chuck wagon* fing es an, dem Planwagen, der, mit ein paar schnellen Griffen hinten aufgeklappt, den Pionieren und Cowboys als Feldküche diente. Mit der Eisenbahn folgte der *Diner*, und das Auto brachte den *Drive-In* mit sich, die klassische Eßstation der Massenmobilität, reich an Tempo, aber arm an Vitaminen.

Von Anfang an leistete die Route 66 der *road food* Schützenhilfe. Entlang dem Highway entstanden nicht nur die ersten Drive-Ins, sondern auch wesentliche Bestandteile ihres kulinarischen Sortiments: Die *deep-dish pizza* eroberte Chicago, der *hot dog* wurde in St. Louis kreiert, der erste McDonald-Hamburgerstand eröffnete im kalifornischen San Bernardino.

Die regionale Küche der verschiedenen Bundesländer sorgt jedoch immer wieder für geschmackliche Nuancen, die von der traditionellen Routenkost abweichen.

HOT DOGS UND ENCHILADAS

Eine Reise durch Amerikas Küchen

Auch wenn viele Schnellrestaurants entlang der Route inzwischen Kultstatus erreicht haben – auf Dauer sind Hamburger sicher nicht jedermanns Geschmack. Regionale Spezialitäten sorgen jedoch für genügend Abwechslung vom amerikanischen Fast-Food-Einerlei.

hier nicht nur die erste gute *margarita*, sondern in Amarillo bisweilen auch köstlichen Fisch, der nach Art der Südstaaten *blackened* serviert wird – in einer scharf angebratenen Pfefferkruste.

Freunde der mexikanischen Küche kommen in New Mexico und Arizona auf ihre Kosten: Was auch immer man hier bestellt, Mais, Bohnen und Chilischoten gehören dazu. Schon bei der ersten Bestellung gibt's meist *chips and salsa* oder *pico di gallo*, Knuspriges mit einer köstlichen Sauce aus Zwiebeln, Tomaten, Koriander und natürlich Chili. Beliebte Vorspeisen sind *quesadillas* und *enchiladas*, Teigtaschen aus Maismehl mit einer Füllung aus Käse, Hühnerklein oder gehacktem Rindfleisch. Bohnen werden am liebsten *refried* serviert, also vorgekocht und dann in heißem Öl gebraten, dazu gibt es knackigen grünen Salat, Sauerrahm und *guacamole*, ein Püree aus Avocadostückchen, Tomaten, grünem Chili und Knoblauch.

In Kalifornien schließlich tut sich eine geschmackliche Vielfalt auf, die man während der letzten 1000 Meilen schon nicht mehr vermutet hätte: Von italienisch bis japanisch, von französisch bis russisch ist jedes Land kulinarisch vertreten. Die experimentierfreudige *California Cuisine* kombiniert einheimische Zutaten mit exotischen Ge-

Der Bundesstaat Oklahoma wartet mit Country-Küche auf – viel Bratenfleisch, dazu Süßkartoffeln und *gravy*, eine gehaltvolle Sauce. In Afton serviert man *buffalo burger*, die sich durch besonders mageres Fleisch auszeichnen. Deftige Spezialitäten stehen in den Stockyards von Oklahoma City auf dem Speisezettel: Rinderhirn mit Ei etwa oder Rinderhoden im Schlafrock.

Texas, das bedeutet naturgemäß riesige Steaks, Klapperschlangen-Stew und *chili con carne;* mit etwas Glück erwischt man

würzen. Zu allem Überfluß sorgen neuerdings zahlreiche duftende Kaffee-Boutiquen dafür, daß man in den USA nicht nur Plörre, sondern auch Espresso, Cappuccino und Caffè latte trinken kann.

1–4 Wem beim Gedanken an die amerikanische Küche nur Hamburger und Coca Cola einfallen, der wird entlang der Route 66 überrascht werden: Die ethnische Vielfalt der USA quillt aus ihren Töpfen und Küchen.
5 Freundlicher und schneller Service wurde in den Drive-Ins von Anfang an großgeschrieben (Foto von 1957).

In Oatman, Arizona, kann man am Wochenende inszenierte Schießereien im Wildweststil erleben. Das «Oatman Hotel» in der Ortsmitte wurde als Hochzeitsnacht-Versteck von Clark Gable und Carole Lombard berühmt.

Ausblicke, die einem Reisenden auf der Interstate verwehrt bleiben: die «magischste Straße der Welt» im Hügelland Arizonas.

Im Barber Shop von Angel Delgadillo in Seligman wurde die Historic Route 66 Association geboren, die Bewegung zur Erhaltung des alten Highway in Arizona.

Das «Route 66 Café» in Santa Rosa ist eine Bastion gegen die öden Fastfood-Restaurants, die sich selbst hier in New Mexico in jedem kleinen Nest etabliere

Wer auf der alten Wegstrecke in die Stadt einfährt, dem präsentiert sich Santa Fe wie eh und je von seiner schönsten Seite. Vorbei an malerischen Lehmziegelbauten und an der alten San Miguel Chapel geht es zum Ziel am Ende des Trails, der Plaza.

Hier trifft und kreuzt sich alles, was Santa Fe seine Vielfalt verleiht, ein idealer Ort zum Sitzen und Schauen, ein Treffpunkt aber auch und ein Platz, der emsig umkurvt wird – von zerbeulten *pickups*, ordentlichen Touristenmietwagen, eiligen Biertransportern, hispanischen *low riders* und *high rollers*. Man hört Englisch, Spanisch und indianische Sprachen querbeet. Beim Palace of the Governors haben die Indianer der umliegenden Pueblos ihre Decken ausgebreitet und bieten Schmuck an.

Die Stadt des «heiligen Glaubens» wurde bereits 1610 von Don Pedro de Peralta gegründet und ist damit die älteste europäische Siedlung westlich des Mississippi. Auf besonders sinnfällige Weise verdichtet sie die kulturellen Bausteine der gesamten Region. Die alte Siedlung am Ende des nach ihr benannten Trails war einst Zentrum der spanischen Kolonialmacht und stets eng mit dem Handel der Pueblo-Indianer verbunden. Noch heute ist Santa Fe Regierungssitz und zugleich magischer Anziehungspunkt für alle, die im «American Way of Life» nicht mehr das Nonplusultra sehen.

Südlich der Stadt durchzieht die Interstate die rund 40 Meilen breite Talsohle des Rio Grande, begrenzt von den Sangre de Cristo Mountains im Osten und den Jemez Mountains im Westen. In dieser Region existieren noch zahlreiche Indianerdörfer: Isleta und Laguna Pueblo liegen direkt am Weg, Santo Domingo und Acoma nicht weit davon entfernt (siehe Seite 516).

Ganz allmählich nimmt die Landstraße in Albuquerque städtische Züge an: erst ländliches Durcheinander aus *car washes*, Ziegen und einem «Cavalier Motel», von dem nur noch das Schild steht, dann der obligatorische *shopping strip* und schließlich Downtown mit gesichtslosen Hochhäusern, die klotzig und abweisend wirken. Lebendiger wird's erst weiter südlich, im hispanischen Teil der Stadt, den Art-déco-Reste, alte Heiligenbildchen und neue Wandmalereien zieren.

In Albuquerque, der Stadt mit dem unaussprechlichen Namen, lebt fast ein Viertel der neumexikanischen Bevölkerung, was nicht heißt, daß daraus gleich eine Metropolis geworden ist. Denn mit knapp 400 000 Einwohnern hält sich Albuquerque zwar nicht in engen räumlichen Grenzen, begrenzt ist allerdings der Erlebniswert, den es Touristen zu bieten hat. Das moderne und ziemlich fade Pendant zu Santa Fe ist ein Raumfahrt-, Nukleartechnologie- und Computerzentrum, verkehrsgünstig gelegen, aber eben kein Traumziel, von der historischen Enklave der Plaza in Old Town und der fulminanten Heißluftballon-Fiesta im Oktober einmal abgesehen.

Die erste Begegnung mit dem Rio Grande zeigt, daß es mit dem «grande» nicht weit her ist. «Der Rio Grande ist der einzige Fluß in Amerika, der bewässert werden muß», witzelte schon der Entertainer Will Rogers. Je nach Wasserstand umspült er oft nur müde ein paar Sandbänke. Selten zeigt er sich spektakulär, denn seine ganze Wasserkraft verbraucht er sozusagen am Rande, wo er alles Leben zum Grünen und Blühen bringt.

Bei Los Padillas gelangt man ins Reservat der Isleta-Indianer; eine Schotterstraße führt zum Pueblo, den die prächtige St. Augustine Mission aus dem 17. Jahrhundert überragt. Der Ortsname erinnert an die Eskapaden des Rio Grande. Tatsächlich nämlich lag der Pueblo, als die

Spanier kamen, auf einer Insel im Fluß. Im Vergleich zu den anderen Indianerpueblos ist es Isleta eigentlich immer recht gut gegangen. Neben dem Ackerbau brachte die Viehhaltung zusätzliche Einnahmen, so wie neuerdings auch das Bingo-Spielcasino.

Auf dem weiteren Weg nach Westen durchquert die Straße die Einöde der neumexikanischen Halbwüste und im Nu purzeln Cinemascope-Panoramen durchs Autofenster: Der Blick schweift über endlose Ebenen voller Wildblumen, betupft mit Juniper- und Pinonbüschen und durchfurcht von kleinen *washes*, während der Smog von Albuquerque am Fuß der Sandia Mountain Range nur noch den Rückspiegel trüben kann.

Legendäre Autos auf einer legendären Straße: Zwei Mitglieder des «Just Cruis'n Car Club» posieren stolz vor ihrem chromblitzenden Buick.

Die Route 66 ist eng mit dem Leben vieler Künstler verbunden: In St. Louis lebten der Dichter T. S. Elliot (der sich hier sehr wohlfühlte) und der Dramatiker Tennessee Williams (der die Stadt scheußlich fand); in Oklahoma schrieb und sang Woody Guthrie seine Balladen; Ernest Hemingway verfaßte Teile seines Romans «Der Alte Mann und das Meer» ausgerechnet in Villa de Cubero (New Mexico), und Winslow (Arizona) wurde durch den «Eagles»-Song «Take it Easy» berühmt.

Im Grunde gibt es jedoch nur drei Werke, die sich thematisch mit dem alten Highway befassen und entscheidend zu seiner Legendenbildung beigetragen haben.

In erster Linie war es das Schicksal der Familie Joad in John Steinbecks «Früchte des Zorns», das die Öffentlichkeit bewegte. Der mehrfach prämierte Roman (1939) thematisiert die Flucht einer Farmersfamilie aus dem von Staubstürmen gebeutelten Mittelwesten nach Kalifornien. Die Route

HYMNEN AUF DIE ROUTE 66

Der Highway in Literatur, Musik und Fernsehen

«Get your Kicks on Route 66» sang Bobby Troup, und John Steinbeck beschrieb sie als «the Mother Road, the Road of Flight» – Schriftsteller, Musiker und Regisseure trugen ihren Teil dazu bei, daß aus einer Straße ein Mythos wurde.

vette». Er entwickelte sich rasch zu einem Kultobjekt, das Fernsehserien, Filme und Songs inspirierte. Inzwischen wurden ihm sogar zwei Museen gewidmet und es gründeten sich eigene Fanclubs. In den sechziger Jahren strahlte der Fernsehsender CBS landesweit die populäre Serie «Route 66» aus. Sie machte den Highway zu einer nationalen Obsession. Es ging dabei um die Abenteuer zweier junger Männer, die in einem «Corvette»-Cabrio auf dem Highway unterwegs waren – nach dem Motto:

1 Woody Guthrie besang in vielen Balladen seinen Heimatstaat Oklahoma. – 2 Nat King Cole machte den Song «Get your Kicks on Route 66» zu einem Hit. – 3 und 4 Szenen aus der Verfilmung von John Steinbecks Roman «Früchte des Zorns» (1940) und aus der Fernsehserie «Route 66» (1960).

spielt dabei die Rolle der «Mutter aller Straßen» («Mother Road»), auf der der Treck der Verzweifelten nach Westen rollt. Im Folgejahr verfilmte John Ford den Roman mit Henry Fonda in der Hauptrolle; das Rathaus und die Main Street von Sayre (Oklahoma) dienten dabei als Schauplätze. Und dann kam Bobby Troup: 1947 war er mit seiner Frau Cynthia unterwegs nach Los Angeles, wo er sich als Songwriter versuchen wollte. Die Reise auf der Route 66 inspirierte ihn zu einem Stück, das in der Refrain-Zeile das unbekümmerte Lebensgefühl der Nachkriegszeit auf den Punkt brachte: «Get your Kicks on Route 66». In L. A. verkaufte er den Song an Nat King Cole, der ihn zum Hit machte. Troups musikalische Landkarte der Straße wurde seither von zahllosen Interpreten aufgenommen, unter anderem von den Andrew Sisters, Bing Crosby, Chuck Berry, Bob Dylan und den «Rolling Stones».

Bei einer Auto-Show im New Yorker «Waldorf-Astoria Hotel» wurde in den fünfziger Jahren Amerikas erster Sportwagen vorgestellt, der zweisitzige GM Chevrolet «Cor-

«Going somewhere along the backbone of the USA», «am Rückgrat der USA entlang». Im Bewußtsein vieler Amerikaner ist der Wagentyp bis heute untrennbar mit der Straßennummer verbunden, obwohl noch nicht einmal zwei Zahnbürsten oder Unterwäsche zum Wechseln in seinen winzigen Kofferraum hineingepaßt hätten. «Meiner Meinung nach symbolisierte die Serie das Bedürfnis der Menschen, mal aus dem normalen Trott auszubrechen und ein freies Leben zu suchen», vermutete später Martin Milner, einer ihrer Darsteller.

Zwischen Joseph City und Winslow liegt ein besonders schöner Abschnitt der alten Route 66. Mutig erstreckt sich die Straße mitten hinein in die Wüste, begleitet von einer Reihe verwitterter Telefonmasten.

Wie einst Peter Fonda in dem Film «Easy Rider»: Biker auf der Main Street von Oatman, Arizona.

Ein überdimensionaler Hase dient als Blickfang des «Jackrabbit Trading Post». Der bekannte Souvenirshop in Joseph City, Arizona, versorgt Touristen mit allen erdenklichen Überflüssigkeiten.

Der Besitzer d «Falcon Restarant» in Winslow, Arizona serviert scho seit vierzig Ja ren hervorragendes Esse

Am Horizont nehmen langsam diesige Bergsilhouetten und Mesas Gestalt an, bis endlich das silbrige Dach des Mount Taylor hervortritt, silbrig deshalb, weil dort oben, in knapp 4000 Meter Höhe, der Baumbewuchs endet. Den Navajo-Indianern, die ihn «Turquoise Mountain» nennen, gilt er als heiliger Berg. In dieser Region durchschneidet die Route das schwarze Lavagestein des Malpais, das dem Farbenspiel eine neue Nuance verleiht.

Rechter Hand folgt bald darauf Laguna Pueblo mit seinen weißgetünchten Lehmbauten; die Adobe-Kirche San José ist berühmt für ihre Innendekoration. Unter den Pueblos spielt Laguna insofern eine ungewöhnliche Rolle, als hier Mitglieder verschiedener Stämme und Dissidenten anderer Pueblos vielsprachig zusammenleben.

Villa de Cubero weckt literarische Assoziationen: Hier verkroch sich Ernest Hemingway, um sein Meisterwerk «Der alte Mann und das Meer» zu schreiben. Prosaisch dagegen das Entree zur Minenstadt Grants: Autofriedhöfe und Schrotthaufen. Trotzdem, die Stadt hält sich seit der Entdeckung der ersten Uranvorkommen in den fünfziger Jahren bis heute tapfer über Wasser.

Bald erreicht der Highway die Continental Divide, die Wasserscheide des amerikanischen Kontinents. Sie trennt Flüsse, die durch den Golf von Mexiko in den Atlantik fließen, von jenen, die dem Pazifik zuströmen. Mit 2425 Metern ist der als «Dach der Nation» bezeichnete Höhenzug der höchste Punkt auf der gesamten Strecke.

In Gallup spielt die *old road* wieder einmal selbstbewußt die Rolle der Hauptstraße, die sich meilenweit an den Schienen hinzieht. Nichts ist schöner, als hier im Zwielicht anzukommen, bei Sonnenuntergang, wenn der rote Abendhimmel mit den Neonreklamen am Strip das Finale «eines langen Tages Reise in die Nacht» beleuchtet.

Schon 1920 warb die Stadt mit dem Motto «The Heart of Indian Country». Gemeint war der damals aufblühende Handel mit den Kunsterzeugnissen der Indianer aus den umliegenden Reservaten. Als Gallup dann auch noch Schauplatz für eine ganze Reihe indianischer Festivals wurde, gab es für das lokale Marketing kein Halten mehr: Die «Welthauptstadt der Indianer» war geboren.

Nach wie vor findet der Besucher in Dutzenden von Kunstgewerbeläden eine große Auswahl an Teppichen, Keramik, Silber- und Türkisschmuck, in der Regel von guter Qualität und relativ preisgünstig. In den Tresoren der Händler, den sogenannten *vaults*, lagern beträchtliche Werte in Form kostbarer Schmuckstücke, die die Indianer aus Geldmangel verpfändet haben. Ab und an geraten solche Einzelstücke in den Verkauf.

Bei soviel Glanz wirken die Schattenseiten des «Welthauptstädtischen» um so ernüchternder: Nirgendwo liegt der Alkoholismus der Indianer offener zutage als in Gallup, wo es von Schnapsläden und Bars nur so wimmelt und Löhne und Sozialhilfen verflüssigt werden. In den Reservaten selbst ist der Verkauf von Alkohol zwar streng verboten, aber entlang der Straßen kann man den blinkenden Bierdosen und Flaschen ansehen, daß solche Verbote nichts nutzen. In der Woche zählt Gallup rund 20 000 Einwohner, am Wochenende das Doppelte.

WUNDERSAME STEINWELTEN: ARIZONA

Mehr noch als New Mexico sammelt Arizona am alten Highway touristische Pluspunkte: Die Nationalparks Painted Desert und Petrified Forest, der Meteor Crater und der nicht allzuweit entfernt gelegene Grand Canyon

zählen zu den Highlights der Region. Das kuriose Zelt-Motel in Holbrook und das legendäre Country-Lokal «Museum Club» in Flagstaff sind weitere Attraktionen, die sich kein Route-66-Fan entgehen lassen sollte.

In Seligman trennt sich der Highway entschiedener denn je zuvor vom «Großen Bruder» Interstate und geht seinen eigenen Weg durch die Wüste. Westlich von Kingman tut er das gleich noch einmal und windet sich zum Sitgreaves Pass hinauf, einem steilen Grat, der in der Pionierzeit der Automobile oft nur im Rückwärtsgang bewältigt werden konnte. Die armen Kerle, die sich einst von Chicago bis hierher durchgeschlagen hatten, werden ihres Lebens kaum sonderlich froh geworden sein.

Sonnenuntergang bei Seligman, Arizona. Hier beginnt das längste ununterbrochene Teilstück der Route 66, und die alte Streckenführung ist noch gut zu erkennen.

SPURENSUCHE

Auf der Route 66 durch Indian Country

Zu den eindrucksvollsten Erlebnissen einer USA-Reise gehören Begegnungen mit indianischer Kultur. Entlang der Route 66 kann man nicht nur beredte Zeugen ihrer Vergangenheit entdecken.

Ob aus Karl May-Romanen oder aus dem Kino: Wer kennt sie nicht, die wilden berittenen Rothäute auf dem Kriegspfad, die braven weißen Siedlern an den Kragen wollen? Als sie letztendlich selbst die Opfer wurden oder in Reservaten überlebten, erwachte langsam das touristische Interesse der Weißen. Zuerst machten die Eisenbahngesellschaften auf die Native Americans und ihre kunstgewerblichen Erzeugnisse neugierig. Bereits 1926, also im Geburtsjahr der Route 66, veröffentlichte die «Santa Fe Railroad» Kalender, deren romantisierte Indianerbildchen Naturverbundenheit und Freiheit als verlockende Alternativen zu den Städten des Ostens priesen. Sie warben für Ausflüge zu den Reservaten, die sogenannten «Indian Detours». Indianisch gekleidete und eigens ausgebildete Fremdenführer begleiteten die Züge, die «Chief» oder «Navajo» hießen.

Das Auto setzte diese Tradition munter fort. Schicke Limousinen mit modisch gekleideten Damen kreuzten vor den Lehm-Pueblos am oberen Rio Grande auf, später dann ganze Greyhound-Busse, deren Werbeagentur verkündete, daß man «only by Highway 66» diesen «erstaunlichen ersten Amerikanern» begegnen könne.
Weder Straße noch Siedlungsmuster haben sich bekanntlich bis heute verändert. Von Anfang bis Ende bietet daher die Route 66 zahlreiche Berührungspunkte mit den heutigen Indianerkulturen der USA.
Gleich zu Beginn in Illinois deckt sich ihr Verlauf mit dem sogenannten «Pontiac Trail», der uralten Verbindung zwischen Chicago und St. Louis, um wenig später auf die Tempelhügel von Cahokia zu stoßen. Die prähistorische Siedlung war Zentrum einer indianischen Mississippi-Kultur, die von 700 bis 1400 blühte. Bis zu 40 000 Menschen lebten hier und errichteten riesige Erdhügel (mounds), von denen heute noch 68 zu erkennen sind. Die größte dieser Plattformen, der Monks Mound, mißt an seiner Basis mehr als 55 000 Quadratmeter und erreicht in mehreren Stufen eine Höhe von über 100 Metern. Die blühende Mississippi-Kultur hatte sich im Lauf der Zeit bis in den Norden Floridas ausgebreitet. Die Gründe für ihr Verschwinden kurz vor Ankunft der europäischen Eroberer im 16. Jahrhundert sind bis heute ungeklärt.
Archäologisch am besten rekonstruiert und für den Route-66-Reisenden an vielen Orten gut erfaßbar ist die Pueblo-Kultur. Ihre Träger waren die Anasazi, was in der Sprache der Navajo-Indianer «die aus alter Zeit» bedeutet. Um 600 n. Chr. trafen sie am oberen Rio Grande ein und entwickelten spä-

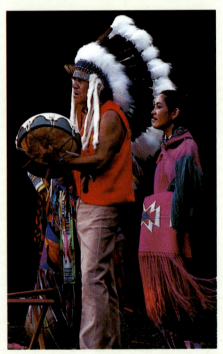

Gute Adresse für indianisches Kunsthandwerk: der «Arrowood Trading Post» in Catoosa, Oklahoma (oben). – Gemälde im Indian Pueblo Cultural Center in Albuquerque (Mitte links). – Beim Pow-Wow in Tulsa, Oklahoma (Mitte rechts). – Prähistorische Felsgravuren im Boca Negra Canyon bei Albuquerque (unten).

ter die für den Südwesten typische Lehmziegelarchitektur. Besonders gut erhaltene Ruinen findet man im Chaco Culture National Historical Park. Aus noch ungeklärten Gründen verließen die Anasazi gegen Ende des 13. Jahrhunderts ihr angestammtes Siedlungsgebiet und zogen nach Süden. Sie errichteten dort Siedlungen, die zum Teil noch heute von ihren Nachfahren bewohnt werden, darunter die Pueblos von Santo Domingo, Isleta, Laguna und Acoma. Die Lebensbedingungen in diesen Dörfern sind meist schlecht. In letzter Zeit werden jedoch verstärkt von den Indianern selbst Anstrengungen unternommen, durch den Verkauf von Kunsthandwerk ihre wirtschaftliche Lage zu verbessern und durch die Wiederbelebung von alten Zeremonien und Festen das Selbstwertgefühl zu erhöhen.

Sky City heißt der Pueblo von Acoma, New Mexico, der auf einem 125 Meter hohen Tafelberg gelegen ist. Er gehört zu den ältesten kontinuierlich bewohnten Dörfern Nordamerikas.

Schilderwald in Seligman, Arizona. Der kleine Ort fungierte früher als Trennlinie für die Zeitzonen Mountain- und Pacific Time.

Oatman sieht genauso aus, wie man sich eine Westernstadt vorstellt: Viele falsche Fassaden und Gehsteige aus Planken gegen den Schlamm. Gewöhnlich trotten ein paar Maultiere über die Straße und bauen sich störrisch vor den Schwingtüren der Restaurants auf: *lunch time.* Das «Oatman Hotel» wurde als Hochzeitsnacht-Versteck von Clark Gable und Carole Lombard bekannt.

Es dauert nicht lange, bis man die Spuren bemerkt, die das Wasser des Colorado River im Tal hinterläßt. Vielleicht meinten ja die frühen Siedler angesichts der grünen Oasen am Fluß, das ersehnte Ziel endlich erreicht zu haben. Doch die dahinter aufragenden neuen Bergketten mußten schnell Zweifel aufkommen lassen.

Gewissermaßen als Entschädigung versuchen hellgrüne Flußauen, Palo-Verde-Sträucher, zarte Smoketrees und andere flauschige Gewächse ein gefälliges Intermezzo zwischen das leblose Gestein zu zaubern, während sich bereits die zackigen Needles Mountains abzeichnen, die der Stadt ihren Namen gegeben haben.

Parallel zur Eisenbahnbrücke verläuft in der Höhe von Topock noch die alte Stahlbrücke, die früher die Route 66 trug und heute eine Pipeline über den von flitzenden Motorbötchen zerfurchten Fluß führt. «Welcome to California» bedeutet erst einmal «Stopp», denn die landwirtschaftlichen Inspektoren des «Golden State» wollen genau wissen, was die Autos so alles einschleppen.

GEISTERSTÄDTE UND GLITZERMETROPOLEN: KALIFORNIEN

Fern von seinem glamourösen Image gibt Kalifornien seinen Einstand einsam und knochentrocken: vom Colorado River über die stillen Wüstenpisten des Mojave National Preserve. Nur dann und wann begegnen einem Spuren menschlicher Existenz, No-Name-Orte wie Amboy, Goffs oder Essex zum Beispiel. Als der TV-Talkshow-Veteran Johnny Carson zum ersten Mal dieses Nest entdeckte, spendierte er den Leuten eine Relaisstation. Aus Mitleid. Fortan hatten die Essexer Fernsehanschluß und konnten Johnny's Show im Kanal von NBC verfolgen.

Zu guter Letzt stürzt der grandiose Cajon Pass ins Los Angeles Basin ab, das einst als irdisches Paradies gepriesen wurde, heute aber meist smogverhangen ist. Daß sich die rosigen Zeiten dort unten geändert und die Obstgärten und Orangenhaine am Fuße der San Gabriel Mountains in einen schier endlosen Korridor aus Immobilien und Shopping Malls verwandelt haben, bekommt der 66-Getreue bald zu spüren. Erst Pasadena macht dem Suburb-Alp ein Ende und entschädigt wohltuend für die visuellen Strapazen der letzten Stunden.

Im wuchernden Siedlungsbrei von Los Angeles bildet Pasadena einen immer noch unterschätzten Fixpunkt. Der Colorado Boulevard, Parcours der festlichen «Rosenparade» am Neujahrstag, ebnet den Weg nach Old Pasadena, wo das Leben in den Straßencafés, Kinos und Bars immer am Puls der Zeit liegt und Dutzende von italienischen, mexikanischen und japanischen Restaurants um die Gunst der hungrigen Gäste wetteifern.

Zum Dessert serviert das Routen-Menü die «Big Orange», und zwar bei der Fahrt über den Pasadena Freeway, eine immer noch beschaulich anmutende Autobahn, die 1940 mit Pomp und Jubel als «Highway of Tomorrow» eröffnet wurde. Ihr folgt der Sunset Boulevard, leider nicht dessen Glanzstück, sondern eine ziemlich ramponierte Kraut-und-Rüben-Strecke. Auch der Santa Monica Boulevard, die Zielgerade der Route 66, beginnt eher trostlos mit einem unansehnlichen Mix aus Telefonstangen und Service-Schuppen. Erst langsam kommt ein Hauch von Glanz ins Spiel: der Hollywood Cemetery mit seinen berühmten Toten und die Studios von «Paramount», «Technicolor» und «Warner Brothers». Und danach wird's richtig vornehm – der Name Beverly Hills spricht für sich selbst. Kurz vor der teuren Konsummeile des Rodeo Drive erhebt sich das Rathaus von Beverly Hills, ein Gebäude im pompösen Zuckerbäckerstil.

In Santa Monica schließlich, an der Ocean Avenue, ist alles vorbei: die Route 66, der Kontinent – und mit ihm die unvergeßlichen Eindrücke amerikanischer Alltagskultur, die man mit laufendem Motor gesammelt hat.

Telefonmasten, Supermärkte, Autowerkstätten und gesichtslose Apartmentkomplexe prägen das Bild der Vorstädte von Los Angeles, wo die Zielgerade der Route 66 beginnt.

Schon im Januar genießen Spaziergänger am Strand von Santa Monica die ersten wärmenden Sonnenstrahlen.

Die attraktive Uferpromenade von Santa Monica ist ein buntes Fußgängerparadies mit originellen Geschäften, Cafés und Restaurants.

Luxushotels und schlanke Palmen säumen die Ocean Avenue in Santa Monica. Hier endet der alte Highway.

Der Pier von Santa Monica ist der passende, kitschig-schöne Schlußpunkt für die «Straße der Sehnsucht».

ROUTE 66: PLANEN · REISEN · GENIESSEN

INHALT

USA-Karte · Daten · Fakten · Zahlen 526	Feiertage, Feste und Veranstaltungen 529	Erste Teilstreckenkarte der Route 66 533
Übersichtskarte der Route 66 527	*Nostalgie zwischen zwei Buchdeckeln* 530	*Will Rogers* 539
Auskunft 527	Einkaufen und Souvenirs 530	Zweite Teilstreckenkarte der Route 66 540
Maße und Zahlen auf einen Blick 528	*Fanclubs für eine Straße* 531	*Der Oklahoma Land Run* 541
Klima und Reisezeit 528	Sport 531	Dritte Teilstreckenkarte der Route 66 543
Anreise 529	Sehenswerte Orte und Landschaften von Osten nach Westen 532	Innenstadtplan von Los Angeles 545
Mit dem Mietwagen unterwegs 529		Abstecher von der Route 66 546
Übernachten 529	Stadtplan von Chicago 532	*Trails & Transport* 548

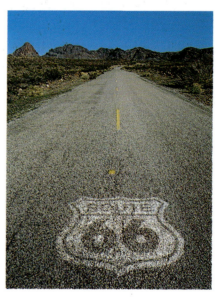

Das berühmte Route-66-Symbol auf dem Highway in Arizona: Wer diesen Markierungen folgt, begibt sich auf eine Zeitreise der ganz besonderen Art.

DATEN · FAKTEN · ZAHLEN

Lage und Länge. Mit einer Gesamtlänge von 2249 Meilen (3598 Kilometern) zieht sich die Route 66 vom Ufer des Michigansees bis zur kalifornischen Pazifikküste. Sie beginnt am Jackson Boulevard in Chicago und endet am Santa Monica Pier bei Los Angeles. Südwestlich zunächst und dann in westlicher Richtung durchquert der legendäre Highway zwei Drittel des nordamerikanischen Kontinents und berührt dabei acht Bundesstaaten (Illinois, Missouri, Kansas, Oklahoma, Texas, New Mexico, Arizona und Kalifornien) und drei Zeitzonen.

Landschaftliche Gliederung. Die «Main Street of America» beginnt in den fruchtbaren Niederungen des Central Lowland und verläuft dann, unterbrochen vom Ozark Plateau, durch die endlosen Grasprärien der Great Plains mit ihrem südlichen Zipfel, dem Tafelland der Llano Estacado. In Höhe des Pecos River klettert sie über die Rocky Mountains und zieht sich anschließend am Südrand des Colorado Plateaus entlang. Bei Flagstaff trifft die Route 66 auf sattgrüne Pinienwälder, überquert dann die steinerne Barriere der Black Mountains und den Colorado River, um schließlich nach ihrer letzten Etappe, der knochentrockenen Mojave-Wüste, vom Cajon Pass ins Los Angeles Basin abzufallen.

Tier- und Pflanzenwelt. Die Flora entlang der Route gliedert sich in vier Zonen. Im Osten dominieren ausgedehntes Farmland und Laubwälder, gefolgt von der vielfältigen Grasvegetation der Prärien *(tall grass prairie, short grass prairie)*, den typischen Wüstenpflanzen (Krüppelkiefern, Hartlaubsträucher, Dornbüsche und Kakteen) und den Nadelwäldern in den Hochlagen des Südwestens.

Auch die Fauna weist große Unterschiede auf: Im Farmland Illinois überwiegen Nutztiere wie Geflügel, Schafe, Schweine und Milchkühe. Die Flüsse und Seen von Missouri wimmeln von Barschen und Forellen, in den Wäldern tummeln sich Wild und Truthähne. Auf den Ranches von Oklahoma werden Büffel, Rinder, Pferde und Strauße gezüchtet, während Fasane und Wachteln frei umherlaufen. Im texanischen Panhandle fühlen sich Erdmännchen und Gürteltiere wohl, und an die extremen klimatischen Bedingungen in den Wüstenregionen haben sich Roadrunner, Klapperschlangen, Kojoten und zierliche Echsen angepaßt. Wer die Route 66 im Winter bereist, kann mit etwas

Nur selten wird die Einsamkeit auf der alten Straße durch das Hupen entgegenkommender Lastzüge gestört.

Glück vor der kalifornischen Küste Grauwale beobachten, die von Norden in die warmen Gewässer Mexikos ziehen, um dort ihre Jungen zur Welt zu bringen.

Wirtschaft. Das sogenannte *agribusiness* – Landwirtschaft auf hochtechnologisiertem Niveau – begleitet die Route 66 als treuer Gefährte: angefangen mit den Mais- und Alfalfa-Feldern von Illinois über die Schweinezuchtfarmen von Missouri, die Rinder- und Geflügelhöfe von Oklahoma und Texas bis hin zu den künstlich bewässerten Obstplantagen Südkaliforniens.

Teilstücke der Strecke. Auch vor Ort ist die *Route 66 Association* bei der Klärung sämtlicher touristischer Fragen behilflich; sie unterhält Büros in allen Mother-Road-Bundesstaaten: Route 66 Association of Illinois, 2743 Veterans Parkway, Springfield, IL 62704, Tel. 563/8 93 66 53; Route 66 Association of Missouri, P.O. Box 8117, St. Louis, MO 63156, Tel. 417/8 65 13 18; Kansas Historic Route 66 Association, P.O. Box 66, Riverton, KS 66770, Tel. 316/8 48 33 30; Oklahoma Route 66 Association, P.O. Box 21382, Oklahoma City, OK 73156, Tel. 918/7 12 72 29; Old Route 66 Association of

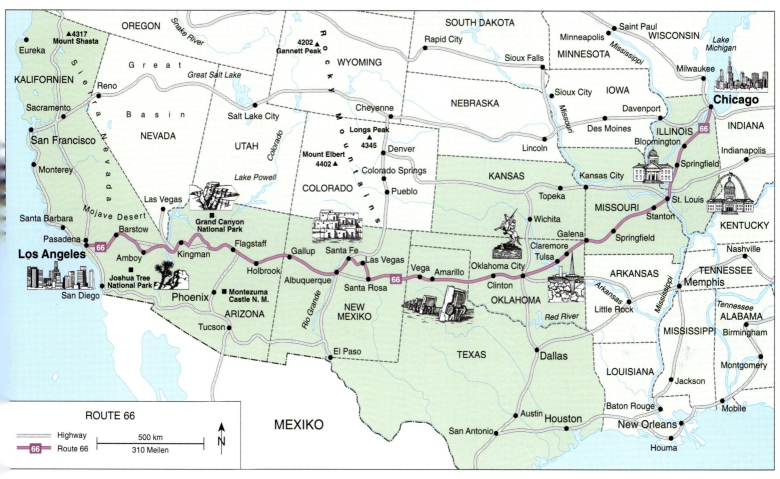

Die «Hauptstraße Amerikas» beginnt in Chicago und führt durch die Hochebenen, Berge, Wüsten und Canyons von acht Bundesstaaten, bevor sie 2448 Meilen später am Strand des Pazifik endet.

Zwischendurch sorgen vor allem die großen Metropolen für wirtschaftliche Diversifizierung. Chicago ist ein Zentrum der Stahlindustrie und des Maschinenbaus, daneben spielen der Handel und das Finanzwesen eine wichtige Rolle. St. Louis lebt von der Auto-, Raumfahrt- und Luftverkehrsindustrie, aber auch von der Tierfutter- und Bierherstellung. In Tulsa sind vor allem Firmen für Computer- und Raumfahrttechnologie ansässig; außerdem gilt die Stadt als eine der Top-Adressen für die Petrochemie. Oklahoma setzt auf Erdöl, eine weitere wichtige Erwerbsquelle ist die Holz- und Papierverarbeitung. Albuquerque steht für Raumfahrt-, Nuklear- und Computertechnologie, die Mojave-Wüste für hochgerüstete Militär- und Solartechnik, Los Angeles schließlich für High-Tech-Forschung und eine weltweit führende Medienindustrie.

Mehr und mehr zählt auch der Tourismus zu den ernstzunehmenden Wirtschaftsfaktoren des Südwestens, vor allem in New Mexico und Arizona. Südkalifornien lockt außerdem mit seiner Freizeitpark-Industrie. So nimmt zum Beispiel Disneyland mit jährlich 15 Millionen Besuchern die Führungsrolle unter den US-Themenparks ein. Auch die Universal Studios in Hollywood bringen es auf beachtliche Besucherzahlen.

AUSKUNFT

Wer sich besonders gut vorbereiten will, sollte rechtzeitig vor Beginn der Reise Kontakt mit der *National Route 66 Association* aufnehmen. Ihre ehrenamtlichen Mitarbeiter sind bei der Tourenplanung behilflich und versorgen «Routies» in aller Welt mit aktuellen Infos, etwa über derzeit geschlossene

Texas, P.O. Box 66, McLean, TX 79057, Tel. 806/3 53 29 87; New Mexico Route 66 Association, 1415 Central NE, Albuquerque, NM 87106, Tel. 505/2 24 28 02; Historic Route 66 Association of Arizona, P.O. Box 66, Kingman, AZ 86402, Tel. 520/7 53 50 01; California Historic Route 66 Association, 1768 Arrow Highway, La Verne, CA 91750, Tel. 909/5 96 15 58.

Mitglieder des ADAC, des schweizerischen oder österreichischen Automobilclubs sollten sich möglichst gleich in Chicago die «TourBooks» der *American Automobile Association (AAA)* zu den auf der Route liegenden Bundesstaaten besorgen, die es bei Vorlage des eigenen Mitgliedsausweises kostenlos gibt. In den AAA-Büros erhält man auch exzellente Straßenkarten. Man findet die Büros in allen Großstädten, die Adressen im örtlichen Telefonbuch.

WAS ZÄHLT IN DEN USA:
Maße und Zahlen auf einen Blick

Zeit
Die Route 66 durchquert drei Zeitzonen: Central Time (MEZ minus 7 Stunden), Mountain Time (MEZ minus 8 Stunden) und Pacific Time (MEZ minus 9 Stunden).

Maße
1 inch = 2,5 Zentimeter 1 pint = ca. 0,5 Liter
1 foot = ca. 30 Zentimeter 1 quart = ca. 0,95 Liter
1 yard = ca. 91 Zentimeter 1 gallon (Benzin) = ca. 3,8 Liter
1 mile = ca. 1,6 Kilometer 1 pound = ca. 450 Gramm
In den USA werden die Maße auf das metrische System umgestellt, derzeit sind beide Systeme in Gebrauch.

Elektrizität
Die Netzspannung beträgt überall in den USA 110 Volt; deutsche Stecker passen nicht, man braucht einen Adapter.

Geld
Ein Dollar hat 100 Cent. Münzen gibt es zu 1 Cent, 5 Cent (Nickel), 10 Cent (Dime), 25 Cent (Quarter) und 50 Cent (Half Dollar). Sämtliche Dollarnoten sind gleich groß und grüngrau, also leicht verwechselbar.

Kleidergrößen

Anzüge	US	36	38	40	42	44	46	48	
	D	46	48	50	52	54	56	58	
Hemden	US	14	14,5	15	15,5	16	16,5	17	17,5 18
	D	36	37	38	39	40	41	42	43 44
Kleider	US	28	30	32	34	36	38	40	42
	D	36	38	40	42	44	46	48	50
Schuhe	US	5,5	6	7	7,5	8,5	9	9,5	11 12,5
	D	36	37	38	39	40	41	42	44 46

Telefonieren
Telefonnummern in den USA bestehen aus einem dreistelligen *Area Code* und einer siebenstelligen Rufnummer. Für internationale Gespräche wählt man die Kennzahl des Landes (01149 für Deutschland, 01143 für Österreich, 01141 für die Schweiz). Nicht immer kann man direkt wählen, oft muß der Operator vermitteln (0 wählen).

Temperatur

°F	°C
110	43,4
100	37,8
90	32,3
80	26,7
70	21,2
60	15,6
50	10,0
40	4,5
32	0
30	-1,2
20	-6,7
10	-12,3
0	-17,8

Klima

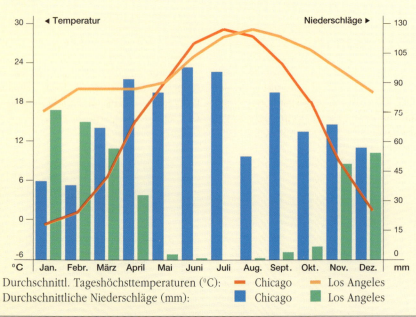

Durchschnittl. Tageshöchsttemperaturen (°C): Chicago — Los Angeles
Durchschnittliche Niederschläge (mm): Chicago — Los Angeles

KLIMA UND REISEZEIT

Die Route 66 ist ganzjährig befahrbar. Als beste Reisezeit gelten die Monate April/Mai und September/Oktober. Im Frühjahr, wenn die Temperaturen und das Touristenaufkommen in der Regel noch erträglich sind, stehen in den Wüsten die Kakteen in Blüte. Im Sommer locken zwar die Badestrände am Pazifik, aber die extreme Hitze stellt trotz allgegenwärtiger *air conditioning* bisweilen hohe Anforderungen an den mitteleuropäisch konditionierten Kreislauf. Die ruhige Zeit des Herbstes beginnt mit dem *Labor Day* Anfang September, wenn nur noch wenige

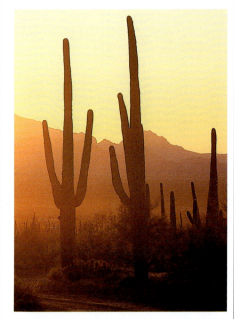

Die glutheiße Landschaft des Wüstenstaats Arizona erscheint auf den ersten Blick öde und lebensfeindlich. Es gibt jedoch eine Vielzahl von Pflanzen und Tieren, die sich erstaunlich gut auf ihre unwirtliche Umgebung eingestellt haben. Unbeeindruckt von der sengenden Hitze ragen die mächtigen Stämme von Kakteen und Yuccas aus dem sandigen Boden.

Touristen unterwegs sind, Licht und Sicht klarer werden und das Herbstlaub seine Farbenpracht entfaltet. Der Winter sorgt in den Höhenlagen von New Mexico und Arizona für Regen und Schnee, in Südkalifornien indessen für beste Lichtverhältnisse und zumeist angenehme Temperaturen. Ein Nachteil: Nicht nur die Tage, auch die Öffnungszeiten der Museen werden kürzer.

ANREISE

Wer, wie die meisten, dem Verlauf der Route 66 von Ost nach West folgt, der benötigt einen Gabelflug: hin nach Chicago (O'Hare International Airport) und zurück von Los Angeles (International Airport LAX). Nonstop-Flüge von Europa nach Chicago dauern etwa sieben Stunden; der Zeitunterschied zur MEZ beträgt sieben Stunden. Über preiswerte Holiday- und andere Sondertarife sowie Charterflüge informieren die Reisebüros. Während des Fluges hat man Gelegenheit, das Einreise- und Zollformular auszufüllen. Dabei ist es wichtig, eine konkrete Adresse in den USA anzugeben, etwa die Anschrift eines Hotels in Chicago. Vor der Gepäckausgabe wartet der *immigration officer*, der Beamte der Einwanderungsbehörde, der sich nach Zweck und Dauer der Reise erkundigt und daraufhin die Aufenthaltsdauer festsetzt. Er erkundigt sich auch schon mal nach dem Rückflugticket und der finanziellen Ausstattung.

Vom Flughafenausgang fahren die Pendelbusse der Autovermieter regelmäßig kostenlos zum Mietbüro. Wer ohne eigenes Auto in die Stadt möchte, hat mehrere Möglichkeiten: Der *Continental Airport Express* verkehrt im Fünf-Minuten-Takt zwischen dem Flughafen und den wichtigsten Hotels der Innenstadt. Die Fahrkartenschalter befinden sich an den Gepäckabholzentren. Preisgünstiger ist die *Rapid Transit Line* der CTA (Chicago Transit Authority). Ihre Züge verkehren rund um die Uhr zwischen dem Terminal 3 und der Haltestelle Dearborn Street in der Innenstadt.

Der Rückflug von Los Angeles dauert nonstop etwa zwölf Stunden. Der Zeitunterschied zur MEZ beträgt neun Stunden. Obwohl der Flughafen zu den geschäftigsten der Welt gehört, sorgt das in aller Regel nicht für Probleme, da man vom Büro der Autovermietung mit dem Shuttle Bus direkt zum Terminal gebracht wird. Man sollte etwa zwei Stunden vor Abflug auf dem Flughafengelände sein, falls sich bei der Rückgabe des Wagens unvorhergesehene Schwierigkeiten einstellen.

Bevor die Route 66 sich ihren Weg durch das Land bahnte, erschlossen die Züge der Santa Fe Railroad Company den amerikanischen Südwesten.

MIT DEM MIETWAGEN UNTERWEGS

Spezielle «Fly & Drive»-Angebote für die Route 66 kombinieren Flugtickets und Mietauto. Zum Mieten eines Wagens genügt der nationale Führerschein, das Mindestalter des Fahrers beträgt 21 Jahre. Ist der Fahrer jünger als 25, verlangen viele Firmen eine zusätzliche Gebühr. Obwohl es in allen größeren Städten (vor allem in Flughäfen und Hotels) Mietwagenfirmen gibt, empfiehlt es sich dringend, den Wagen schon zu Hause zu buchen: Die Angebote sind generell günstiger, und zudem sind fast immer Haftpflicht- und die (in den USA teure) Vollkaskoversicherung sowie eine unbegrenzte Meilenzahl im Preis inbegriffen. Achtung: Viele Firmen berechnen einen Aufpreis («Drop-off-Charge»), wenn man den Wagen nicht am Ausgangspunkt abgibt. Ein Staatenwechsel innerhalb der USA ist problemlos; wer allerdings mit seinem Mietwagen nach Mexiko oder Kanada fahren möchte, braucht dazu eine schriftliche Genehmigung der Verleihfirma.

Wenn Sie nicht – wie üblich – mit Kreditkarte bezahlen, müssen Sie auf jeden Fall eine größere Geldsumme als Kaution hinterlegen. Bei der Übernahme des Wagens sollte man sich kurz einweisen lassen. Das Straßennetz ist meist sehr gut ausgebaut und klar beschildert, es gibt Interstate Highways (Autobahnen), US-Highways (Fernstraßen) und State Highways (Landstraßen). Die Verkehrsregeln entsprechen weitgehend den europäischen; auffälligster Unterschied: Das Rechtsabbiegen an roten Ampeln ist erlaubt. Die Höchstgeschwindigkeit beträgt innerhalb von Ortschaften 30 Meilen (48 km/h) pro Stunde, auf den Highways sind je nach der individuellen bundesstaatlichen Regelung bis zu 75 Meilen (121 km/h) erlaubt. Insgesamt ist das Autofahren in den USA sehr viel angenehmer und entspannter als in Europa.

ÜBERNACHTEN

Wie überhaupt in den USA stehen auch die Hotels und Motels entlang der Route 66 in der Regel in einem ausgewogenen Preis-Leistungs-Verhältnis. Zumindest für den Ankunftstag in Chicago empfiehlt sich eine Hotelreservierung von Europa aus. Vor Ort sollte man für die Zimmerreservierung stets die gebührenfreie 800er-Nummer nutzen, über die die größeren Hotels und Motelketten durchweg verfügen. Anzuraten ist dies besonders in der Hauptreisezeit von Juni bis August und an Feiertagen. Bei der Hotelreservierung ist eine Kreditkartennummer eigentlich unerlässlich. Wird eine Reservierung ohne Kreditkarte akzeptiert, muß man bis spätestens 18 Uhr einchecken. Bei der kurzfristigen Zimmersuche sind die örtlichen *Visitors Bureaus* behilflich.

Die ausgewiesenen Preise gelten jeweils für ein Doppelzimmer. Einzelzimmer sind nur unwesentlich billiger, während man für ein zusätzliches Bett nur wenig zuzahlen muß. Die überwiegende Zahl der Zimmer sind inzwischen sogenannte *non smoking rooms*.

FEIERTAGE, FESTE UND VERANSTALTUNGEN

Als offizielle Feiertage gelten in den USA New Year's Day (1. Januar), Martin Luther King jr. Day (dritter Montag im Januar), President's Day (dritter Montag im Februar), Memorial Day (letzter Montag im Mai), Independence Day (4. Juli), Labor Day (erster Montag im September), Columbus Day (zweiter Montag im Oktober), Veteran's Day (11. November), Thanksgiving Day (vierter Donnerstag im November) und Christmas (25. Dezember).

Besondere Veranstaltungen entlang der Route 66 erweitern den amerikanischen Festkalender, hier eine Auswahl:

Am Neujahrstag startet in Pasadena die farbenfrohe *Rose Parade* über den Colorado Boulevard, während Mitte Januar in Oklahoma City das *International Finals Rodeo* auf dem Programm steht. Im April ist in Oatman (Arizona) der *Historic Route 66 of Arizona Association Fun Run* angesagt, eine Auto-Show, zu der die Fans aus allen

Landesteilen herbeiströmen. Ende Mai findet in Elk City (Oklahoma) ein *Rodeo* statt, an dem nur Quarter Horses teilnehmen, die Lieblingspferde der Cowboys. Im Juni dreht sich in Bloomington (Illinois) beim *Treffen der Corvette-Fahrer* wieder alles um die Route 66. Im selben Monat feiern die Indianer ihr großes *Red Earth Festival* in Oklahoma City; außerdem geht hier das Rodeo der *Stockyard Stampede* über die Bühne. Auch in Gallup trifft man sich zum *Rodeo* im Red Rock State Park. In Chandler (Oklahoma) versammeln sich alle mobilen Fans zur *Route 66 Celebration*. Auf der Freilichtbühne im Palo Duro Canyon bei Amarillo wird das Musical «*Texas*» aufgeführt. Das herausragende Ereignis im Juli ist die Präsentation hispanischen Kunsthandwerks auf dem *Spanish Market* in Santa Fe. Mitte August steht Tulsa im Zeichen des *Greenwood Jazz Festival*. Auf dem *Indian Market* in Santa Fe bieten die Indianer der umliegenden Pueblos ihre kunsthandwerklichen Erzeugnisse zum Verkauf an. Zu den sehenswertesten indianischen Festen gehören der eindrucksvolle *Maistanz* im Santo Domingo Pueblo und das *Inter-Tribal Indian Ceremonial* im Red Rock State Park bei Gallup. Das *Rodeo* im Will Rogers Memorial Rodeo Stadium in Vinita (Oklahoma) beschließt die Veranstaltungen des Monats. Den September dominiert die *Fiesta* in Santa Fe; den Oktober die *International Balloon Fiesta* in Albuquerque, bei der sich bunte Heißluftballons am Himmel tummeln. In den November fällt die *World Championship Quarter Horse Show* in Oklahoma City, die wichtigste Ausstellung für Quarter Horses. Im Dezember kann man noch einmal in Amarillo im Rahmen der Livestock Auction ein zünftiges *Rodeo* miterleben.

NOSTALGIE ZWISCHEN ZWEI BUCHDECKELN

1946 veröffentlichte Jack D. Rittenhouse in Los Angeles «A Guide Book to Highway 66», den ersten einschlägigen Route-66-Reiseführer. Diese Bibel für unzählige Motoristen trug zur Popularisierung der Straße bei. In einem später verfaßten Vorwort entschuldigte sich der Autor für einige Fehler, die ihm offenbar aus Begeisterung für die Landschaften entlang der Strecke unterlaufen waren, so zum Beispiel für die Schreibweise «Rio Grande River». Originalton Rittenhouse: «Wir druckten 3000 Exemplare und verkauften sie für einen Dollar pro Stück im Direktversand mit der Post an Buchhandlungen, Kioske, Cafés und Tourist Courts – kein Mensch nannte sie damals Motels – entlang der Route 66.» Bis heute wird das Büchlein von der University of New Mexico Press in Albuquerque nachgedruckt, aber ganz bewußt nicht aktualisiert: Ein Reiseführer, in dem die Zeit stehengeblieben ist und der gerade dadurch seinem Thema auf besonders originelle Weise gerecht wird.

EINKAUFEN UND SOUVENIRS

In der Regel sind die Geschäfte von 9 bis 17 Uhr geöffnet, in den großen Einkaufszentren auch sonntags und abends bis 21 Uhr. Trotz des gestiegenen Dollarkurses haben die USA als Einkaufsparadies nichts an Attraktivität verloren. Kleidung – insbesondere Sport- und Freizeitbekleidung –, Reisezubehör und Elektrogeräte sind oft preiswerter als hierzulande.

Auch entlang der Route 66 bietet sich immer wieder Gelegenheit, der Kauflust zu frönen. Einkaufszentren, die kaum einen Wunsch unerfüllt lassen, sind das berühmte Kaufhaus «Marshall Field's & Co.» und die «Gurnee Mills Outlet Mall» in *Chicago*, das «St. Louis Center» in *St. Louis* und die «50 Penn Mall» in *Oklahoma City*. Ein

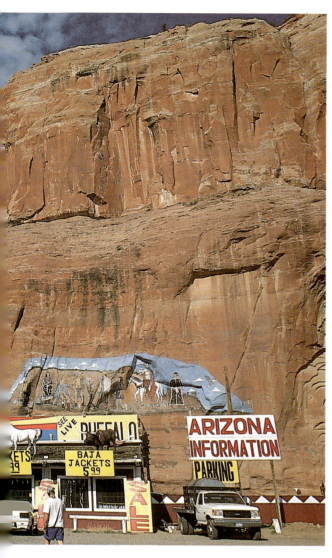

nahezu unerschöpfliches Angebot lockt in *Los Angeles*: An der Melrose Avenue in *Hollywood* zum Beispiel reihen sich Galerien und Szene-Boutiquen; auf der attraktiven 3rd Street Promenade in *Santa Monica* kann man in schicken Modegeschäften und Buchhandlungen herumstöbern; der Ocean Front Walk im nahe gelegenen *Venice* gleicht einem Open-Air-Bazar mit Trend-Accessoires und Schnäppchen.

Eine Fundgrube für Westernkleidung sind die Läden der Stockyards City in *Oklahoma City*. Anspruchsvolle Mode und Accessoires findet man in *Chicago* auf der berühmten Magnificent Mile, in *Tulsa* am Utica Square, in *Santa Fe* rund um die Plaza sowie auf

Williams (Arizona) beginnt der *Bill Williams Mountains Trail*, ein landschaftlich reizvoller Waldwanderweg mit schönen Aussichten. In *Hollywood* und *Malibu* gibt es eine Reihe von Reitställen, von denen man zu Touren durch die Santa Monica Mountains starten kann. Geruhsame Wanderwege und herrliche Rundblicke auf die Santa Monica Bay bietet der *Will Rogers State Historic Park* in Pacific Palisades bei Los Angeles.

Wassersport. Der *Lake Michigan* eignet sich hervorragend zum Schwimmen, Surfen und Segeln. Auf dem *Meramec River* in Missouri kann man Kanutouren machen. Im *Blue Hole City Park* in Santa Rosa (New

5

1 Lehmziegelbauten prägen das Bild der Old Town von Albuquerque.

2 Eine Fundgrube für Souvenirjäger: der «Indian Village Trading Post» in Lupton, Arizona.

3 Liebhaber von indianischem Kunsthandwerk werden in Gallup, New Mexico, garantiert fündig.

4 In Shirley, Illinois, verkauft die deutsche Einwanderer-Familie Funk schon seit Generationen ihren köstlichen Ahornsirup.

5 Im Wrigley Field Baseball Stadion bestreiten die berühmten «Chicago Cubs» ihre Heimspiele.

FANCLUBS FÜR EINE STRASSE

Seit den achtziger Jahren regt sich in den USA landesweit Interesse für den alten Highway. 1983 wurde die erste «Historic Route 66 Association» gegründet, die Reisende über die Route 66 informiert und Teilstücke der vergessenen Straße pflegt. Nach und nach entstanden solche Vereinigungen in allen Mother-Road-Bundesstaaten. Sie finanzieren sich durch Mitgliedsbeiträge, Spenden und den Verkauf von Souvenirs. Ihre Mitarbeiter sind zum größten Teil engagierte Privatleute. Zum harten Kern dieser Route-66-Fans, den sogenannten *aficionados*, gehören Angel Delgadillo in Seligman, Michael Wallis in Tulsa und Bob Lundy in Rancho Cucamonga. Sie haben zwar, wie die Straße selbst, inzwischen das Rentenalter erreicht, aber das tut ihrer Begeisterung für die *memory lane* keinen Abbruch. Wer heute über die Route 66 fährt, bekommt zumindest eine Leistung der Associations zu sehen: die neuen Straßenschilder, die dem Autofahrer die Orientierung wesentlich erleichtern.

der Guadalupe Street. Auch Old Town und Allan Street in *Pasadena* können modisch mithalten, ganz zu schweigen vom exklusiven Rodeo Drive in *Beverly Hills*.

Wer sich für Kunsthandwerk interessiert, sollte sich an zumindest drei Orten umsehen: in *Santa Fe* rund um die Plaza und in der Canyon Road, in *Albuquerque* in der Old Town und in *Gallup* in der Innenstadt. Das Sortiment reicht von hispanischen Webarbeiten, Holzplastiken und religiöser Kunst bis zu indianischem Schmuck, Teppichen, Keramik und Kachina-Puppen.

Der nostalgische Charakter der Route 66 spiegelt sich nicht zuletzt in der großen Anzahl von Antiquitätenläden. In fast jedem kleinen Ort entlang der Strecke trägt inzwischen ein Souvenirladen zur Vermarktung des legendären Highways bei. Zu den besten Adressen für Route-66-Memorabilien gehören der Stadtteil Bricktown in *Oklahoma City* und der Old Jacinto District im texanischen *Amarillo*.

SPORT

Wandern und Reiten. Den *Palo Duro Canyon* bei Amarillo erschließen zahlreiche Wander- und Reitwege, auch ein Pferdeverleih ist vorhanden. Ganz in der Nähe von

Mexico) sprudelt ein artesischer Brunnen und füllt einen etwa 30 Meter tiefen, fischreichen Pool mit kristallklarem Quellwasser: ein Paradies für Schwimmer, Angler und Taucher. Auch der nahe gelegene *Park Lake* bietet Gelegenheit zum Baden.

Skifahren. Die einzigen Skigebiete, die von der Route 66 nicht allzuweit entfernt liegen, sind das weitläufige *Taos Ski Valley* in den Sangre de Cristo Mountains nördlich von Santa Fe und die Pisten rund um den *Big Bear Lake* in den San Bernardino Mountains bei Los Angeles.

Zuschauersport. Baseball, Football und Basketball machen die drei beliebtesten Mannschaftssportarten in den USA aus. Bei den meisten Spielen werden nicht nur sportliche Spitzenleistungen geboten, sondern auch die Gelegenheit, amerikanische Alltagsgewohnheiten kennenzulernen. Wer sich für den Nationalsport Baseball begeistert, ist bei den «Chicago Cubs» und den «Los Angeles Dodgers» gut aufgehoben; begeisterte Football-Fans sollten sich ein Spiel der «Chicago Bears» oder der «Los Angeles Rams» ansehen. Berühmte Basketball-Mannschaften sind die «Chicago Bulls» und die «Los Angeles Lakers».

SEHENSWERTE ORTE UND LANDSCHAFTEN VON OSTEN NACH WESTEN

Ziffern im Kreis verweisen auf die Teilstreckenkarten auf den Seiten 533, 540 und 543, kursive Seitenzahlen am Ende eines Abschnitts auf Abbildungen. Die einzelnen Bundesstaaten werden wie folgt abgekürzt: AZ = Arizona, CA = California, IL = Illinois, KS = Kansas, MO = Missouri, NM = New Mexico, OK = Oklahoma, TX = Texas.

Chicago ①, (IL). Atemberaubende Ausblicke bieten der gigantische *Sears Tower* (233 S. Wacker Drive) und das *John Hancock Center* (875 N. Michigan Avenue), mit 343 Metern der zweithöchste Wolkenkratzer der Stadt. Die *Water Tower Pumping Station* (800 N. Michigan Avenue) gehört zu den wenigen Gebäuden, die den großen Brand von 1871 überdauerten. Das *Chicago Architecture Foundation Center* (224 S. Michigan Avenue) vermittelt den Beitrag Chicagos zur amerikanischen Architektur und veranstaltet sachkundige Führungen. Zu den führenden Museen der Stadt zählen das *Art Institute of Chicago* am Beginn der Route 66 (111 S. Michigang Avenue) mit bedeutenden Werken der europäischen und asiatischen Kunst vom 13. Jahrhundert bis heute sowie das *Field Museum of Natural History* (S. Lake Shore Drive) mit seiner ausgezeichneten naturgeschichtlichen Sammlung. Fans des Architekten Frank Lloyd Wright werden sich auf das *Robie House* (5757 Woodlawn Avenue) im Vorort Hyde Park stürzen. Die im Jahr 1906 errichtete Villa markiert den Höhepunkt des sogenannten Prärie-Stils. *468/469, 474, 475, 476/477, 531, 532, 532/533.*

Wilmington ②, (IL). Das No-Name-Nest wartet mit einer berühmten Foto-Attraktion auf: dem riesigen Astronauten des *Launching Pad Drive-In* (810 E. Baltimore Street). Werbefiguren dieser Art gehörten schon früh zum festen Inventar am Straßenrand der Route 66 – sie sollten die Neugier der Vorbeifahrenden wecken und sie zum Verweilen und Geldausgeben verleiten.

Shirley ③, (IL). Hier wird der beliebte *Funk's Grove Pure Maple Sirup* verkauft. Die deutschstämmige Familie Funk begann bereits im 19. Jahrhundert mit der Herstellung des süßen Saftes, und seither hat die Nachfrage nie nachgelassen. Zur Zeit sollen jährlich um die 3000 Eimer in den Ahornbäumen hängen – immer noch nicht genug. »Sirup sold out«, steht denn auch meistens angeschlagen. Verkauf jeweils bis Juni bzw. solange der Vorrat reicht. *530*

McLean ④, (IL). Seit seiner Eröffnung im Jahr 1928 war das *Dixie Truckers Home* (400 Dixie Road) nur einen Tag lang geschlossen – eine unverzichtbare Lunch-Adresse für den Route-66-Reisenden. Seit 1990 mit im Haus: die *Dixie and Route 66 Association of Illinois Hall of Fame* mit vielen einschlägigen Memorabilien. *532*

Springfield ⑤, (IL). Die Hauptstadt von Illinois ist eng mit dem Namen des US-Präsidenten Abraham Lincoln verbunden. Sein Wohnhaus, die *Lincoln Home National Historic Site* (413 S. 8th Street), gehört seit 1887 zu den führenden Touristenattraktionen des Landes. Im Visitor Center bekommt man einen kostenlosen Plan für den Rundgang. Im nahen Oak Ridge Cemetery liegt auch das mit einem Obelisken geschmückte Familiengrab. Route-66-Freunde finden in Springfield weiterhin die *Cozy Dog Drive-In*

& Supply Co. (2935 S. 6th Street), bei der seit 1949 ein schmusendes Wurstpärchen für Hot Dogs und vergleichbare Snacks wirbt. Im Hinterzimmer hat sich das *Route 66 & Cozy Dog Museum* eingenistet. *478*

Litchfield ⑥, (IL). Gut erhalten und voll funktionstüchtig steht hier das altehrwürdige *Ariston Café*, ein Oldie aus dem Jahr 1931. Litchfield, eine alte Bergarbeitersiedlung, ist insofern in die Annalen von Illinois eingegangen, als hier in den achtziger Jahren des vorigen Jahrhunderts erstmals nach Erdöl gebohrt wurde. *486*

ren die Ausstellung «Ragtime to Rock'n'Roll: St. Louis African American Music» und die Dokumente des Rekordpiloten Charles Lindbergh. Im *Scott Joplin House* (2658 Delmar Boulevard), von 1900 bis 1903 Wohnhaus des berühmten Pianisten, ist heute ein Musikmuseum untergebracht. Ein mechanisches Klavier läßt hier O-Synkopen des «King of Ragtime» und Schöpfers des «Maple Leaf Rag» erklingen. Zum touristischen Pflichtprogramm gehört ein Besuch der *Anheuser-Busch Brewery* (13th und Lynch Street). In dieser größten Brauerei der Welt sprudelt die Quelle des berühmten «Bud» und «Michelob». Der Stadtteil *Soulard* (zwischen I-40, Broadway, Anheuser-Busch Brewery und McNair Avenue) ist berühmt für seinen bunten «Farmer's Market» und seine Blues-Kneipen. *Laclede's Landing* (am westlichen Mississippi-Ufer zwischen Eads und Martin Luther King Bridge) heißen die neun Straßenblocks eines restaurierten Lagerhausviertels mit originellen Boutiquen, Restaurants und Musikclubs. Ein besonderes

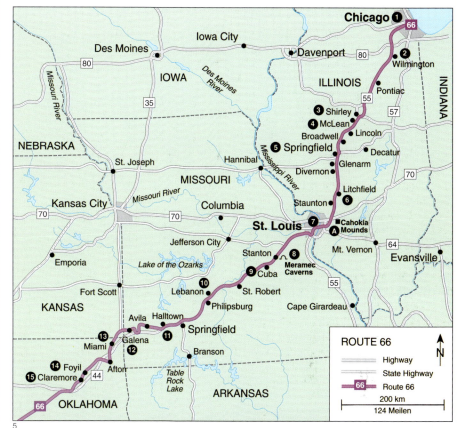

St. Louis ⑦, (MO). Touristenattraktion Nummer eins ist der *Jefferson National Expansion Memorial Park* (11 N. Fourth Street/Memorial Drive), eine Gedenkstätte zu Ehren von Thomas Jefferson und seiner Go-West-Vision, die den 1965 von Eero Saarinen erbauten *Gateway Arch*, das unterirdische *Museum of Westward Expansion* und das *Old Courthouse* umfaßt. Das *Saint Louis Art Museum* (1 Fine Arts Drive im Forest Park) war 1879 das erste öffentlich gegründete Museum in den USA. Während der Weltausstellung von 1904 wurde es im «Fine Art Palace» untergebracht, einem klassizistischen Sandsteinbau von Cass Gilbert, der wie ein modernes Parthenon auf dem Hügel thront. Den Schwerpunkt der Sammlung bilden Werke der klassischen Moderne und der zeitgenössischen Kunst, darunter viele Arbeiten von Max Beckmann, der zuletzt in St. Louis lebte und viele seiner Gemälde dem Museum vermacht hat. Zu den Highlights im stadtgeschichtlichen *St. Louis History Museum* (Lindell Boulevard und DeBaliviere Avenue im Forest Park) gehö-

1 Nicht nur für Fernfahrer ein Pflicht-Stopp: das «Dixie Trucker Home» in McLean, Illinois.

2 Das National Museum of Transport in St. Louis dokumentiert zwei Jahrhunderte Verkehrsgeschichte.

3 Hochbahngleise im Loop, dem Stadtzentrum von Chicago.

4 Das Hochhaus 333 West Wacker Drive am Ufer des Chicago River.

5 Erste Teilstrecke der Route 66; weitere Teilstrecken auf den Seiten 540 und 543.

6 Old Courthouse und Gateway Arch in St. Louis.

Glanzstück ist die *St. Louis Union Station* (1820 Market Street), 1894 von Theodore C. Link im Stil der Neoromanik errichtet. Anfang der achtziger Jahre wandelte man den Bahnhof in ein Shopping- und Convention Center um. Architektonisch hat auch das *Fox Theatre* (527 N. Grand Boulevard) einiges zu bieten, ein exotisch anmutender Bau mit 4500 Sitzplätzen im Inneren. Das «Fabulous Fox» eröffnete 1929 und galt als eines der prächtigsten Kinotheater von William Fox, dem Gründer der «20th Century-Fox»-Filmgesellschaft. Lange Zeit geschlossen, ging sein Vorhang 1982 wieder auf. Heute gastieren hier Entertainer aus Las Vegas, Rock- und Jazz-Bands, Broadway Shows und Musicals. *Ted Drewes Frozen Custard* (6726 Chippewa Street) hat seit 1929 nichts an Attraktivität eingebüßt. Auch Einheimische treffen sich hier nach Baseballspielen der «Cardinals» gern auf einen Milch-Shake. 478, 480/481, 532, 533, 534

Stanton ⑧, (MO). Etwas außerhalb der Ortschaft geht es hinab in die *Meramec Caverns*, die rund 37 Kilometer langen Gänge und fünfstöckigen Gewölbe einer Höhle, die 1933 wiederentdeckt und zwei Jahre später als Touristenattraktion vermarktet wurde. Den Höhepunkt der Underground-Tour bildet das Licht- und Formenspektakel des «Stage Curtain», eines bizarren steinernen «Bühnenvorhangs». 492, 493

Cuba ⑨, (MO). Das *Wagon Wheel Motel* (901 E. Washington Street) aus den dreißiger Jahren wird das Herz eines jeden Route-66-Fans höher schlagen lassen: Es ist hervorragend erhalten und ein ursprüngliches Stück Amerika. Auch andere Oldies leben munter fort: das *Eat 66 Café*, der *66 Pizza Express* und die *Route 66 Lounge*. 534

Lebanon ⑩, (MO). Der Ort wimmelt von Gebrauchtwagenläden, deren Besitzer früher Pferdehändler waren und den Wechsel der PS-Größen einfach mitvollzogen haben. Was liegt in Amerika näher, als daraus einen Werbeslogan zu machen? Lebanon, Missouri: die «Used Car Capitol of the World». Das *Munger Moss Motel* (Business Loop I-44 E.) ist ein Klassiker der Route-66-Hotellerie.

Halltown ⑪, (MO). Eine wahre Fundgrube für Souvenirjäger ist die *Whitehall Mercantile*. Seit 1900 bemüht man sich hier um den Brückenschlag zwischen Gestern und Heute. Dazu trägt nicht nur der Verkauf von Souvenirartikeln bei, sondern vor allem die Redseligkeit der Besitzer, die viel von den alten Zeiten zu erzählen haben.

Galena ⑫, (KS). Im alten Bahnhof ist heute das *Galena Mining & Historical Museum* (319 W. 7th Street) untergebracht. Es birgt viele Schätze aus den glorreichen Tagen der Stadt. Außer Steinen, Mineralien, Werkzeug und Bergarbeiterfotos gibt es auch eine Kuriosität zu bewundern: einen alten Leichenwagen, wie man ihn aus vielen Westernfilmen kennt.

Miami ⑬, (OK). Das *Coleman Theatre* (103 N. Main Street) war zu Beginn eine Vaudeville-Bühne und später (1929) ein Kino im Stil des «Spanish Colonial Revival», ausgestattet mit Damast, Blattgold, Bleiverglasung, Mahagoni und einer prächtigen Wurlitzerorgel. Will Rogers und Tom Mix

1 Ein Stück ursprüngliches Amerika: das «Wagon Wheel Motel» in Cuba, Missouri.

2 In St. Louis legt mehrmals täglich ein elegantes Casino-Schiff zu Fahrten über den Mississippi ab.

3 Hinter der prächtigen Fassade des Colem Theater in Miam Oklahoma, verbirgt sich ein nostalgischer Filmpalast.

«Real home cooking by the girls of Oklahoma», echte Hausmannskost von den Mädels aus Oklahoma, verspricht die Speisekarte des «Frontier Café» in Truxton, Arizona.

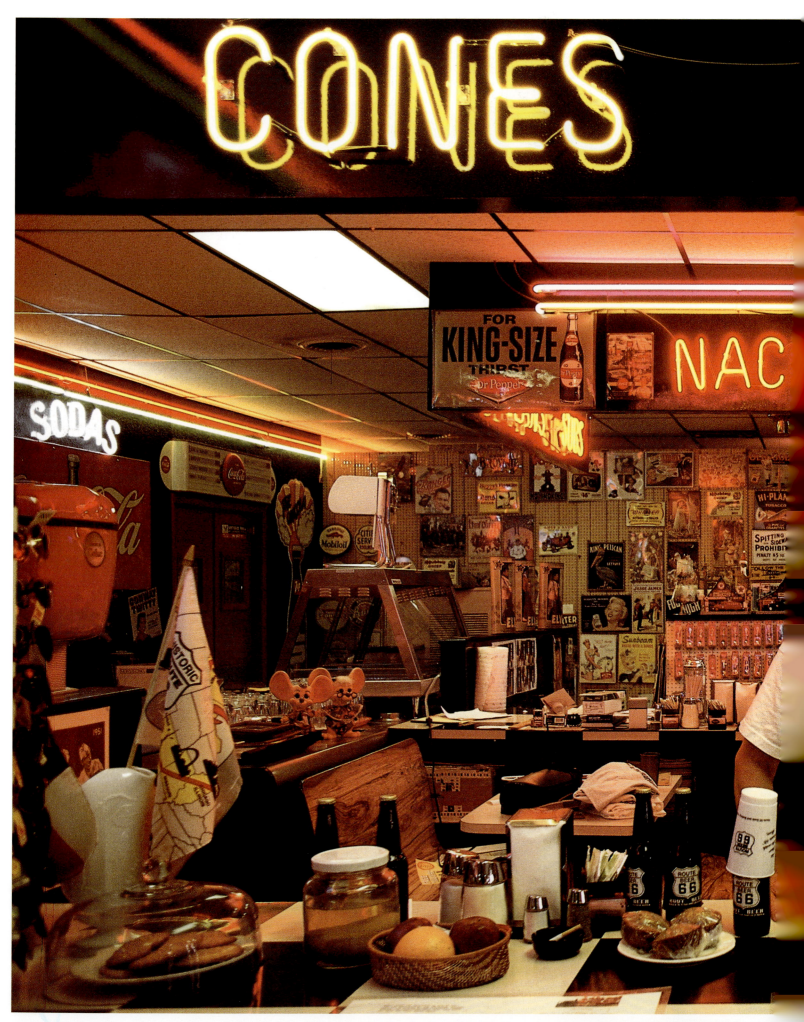

Bei «Route 66 Antiques» in Landergin, Texas, gibt es nicht nur Road-Food, sondern auch Sammlerstücke für den Wohnzimmerschrank.

Bunte Neonleuchten und ein geparkter Pick-Up-Truck vor einem Schnellrestaurant in Albuquerque: Ein langer Tag auf der Route 66 nähert sich seinem Ende.

zählten zu den Gaststars. 1983 nahm sich der Denkmalschutz des Palasts an; er wurde umfassend restauriert und 1989 von der Coleman-Familie der Stadt übergeben. *534*

Foyil ⑭, (OK). Ganz in der Nähe entführt der *Totem Pole Park* ins Reich der Phantasie. Ein Ensemble bunt bemalter Totempfähle ziert das frühere Anwesen des fleißigen Volkskünstlers Ed Galloway. Im Rentenalter sammelte er Holz, vor allem Geigen, und stapelte sie in seinem «Fiedelhaus». Auf der Wiese draußen vor der Tür verarbeitete er alles, was ihm unter die Hände kam, zu einem Denkmal für die Indianer. *488/489, 539*

Claremore ⑮, (OK). Im *Will Rogers Memorial* (1720 W. Will Rogers Boulevard) gibt es Erinnerungsstücke und Dokumente des 1879 hier geborenen Schauspielers (siehe unten) zu sehen Ein reichhaltiges Archiv hält Aufzeichnungen seiner Filme und Radiosendungen bereit.

Tulsa ⑯, (OK). Gleich bei der Einfahrt in die Stadt grüßt der *Metro Diner* (3001 E. 11th Street), ein schicker, neonstrahlender Bau aus den fünfziger Jahren. Das *Philbrook Museum of Art* (2727 S. Rockford Road) gilt als schönstes Museum Oklahomas. Es ist in der eleganten Villa des Ölmagnaten Waite Phillips untergebracht, die inmitten von herrlichen Gartenanlagen liegt. Das Museum entfaltet seine Schätze auf drei Ebenen in intimen, wohlproportionierten Räumen, deren Einrichtung teilweise sogar auf die Bilder abgestimmt ist. Seine Sammlung reicht von italienischer Malerei des 14. bis frühen 16. Jahrhunderts über asiatische und afrikanische Kunst bis hin zu indianischen Töpfer- und Korbflechtarbeiten. In einer grünen Oase weitab von Downtown liegt auch das *Gilcrease Museum* (1400 Gilcrease Museum Road). Die Stiftung des Ölmagnaten Thomas Gilcrease, der stolz auf seine indianische Herkunft war, umfaßt eine der umfangreichsten Sammlungen amerikanischer Westernmalerei und indianischen Kunsthandwerks. Der elegante Art-déco-Bau der *Boston Avenue United Methodist Church* (1301 S. Boston Avenue) ist die erste Methodistenkirche, die im Stil einer Kathedrale errichtet wurde. Im *Elsing Museum* (8555 S. Lewis Avenue im University Village) erwarten den Mineralfreund Edelsteine, Fossilien und indianische Fundstücke. Der futuristische Campus der *Oral Roberts University* (7777 S. Lewis Avenue) wurde komplett aus Spendengeldern finanziert, die dem charismatischen Fernseh-Prediger Richard Roberts zuflossen. Die Studenten der Privatuniversität müssen in Schlips und Kragen zu den Vorlesungen erscheinen, sich einem rigiden Moralkodex unterwerfen und vor allem viel beten. Touristisches Highlight: der extravagante *Prayer Tower*. Hoch hinaus (25 Meter) will auch der *Golden Driller* (21st S. Pittsburgh Street), der einst als Galionsfigur der Internationalen Petroleum-Ausstellung in Tulsa diente.

Stroud ⑰, (OK). Das *Rock Café* (114 W. Main Street) zählt seit 1939 zu den verläßlichen Adressen an der Route 66 und erstrahlt seit einiger Zeit wieder im alten Glanz. Der ursprüngliche Besitzer, der für sein Haus unbedingt das Baumaterial des legendären Highway verwenden wollte, soll für jeden Stein fünf Dollar bezahlt haben.

Chandler ⑱, (OK). Liebevoll arrangiert das kleine *Museum of Pioneer History & Lincoln County* (717-719 Manvel Avenue) Typisches aus der Lokalgeschichte: von der Kutsche über die Sitzgarnituren alter Coffee Shops, Klaviere und Druckerpressen bis hin zum Baumwollgeschäft an der Route 66. Dokumentiert wird darüber hinaus auch die Geschichte der Indianer, der Longhorn-Züchter, der Baptisten und Cowboys.

WILL ROGERS: NATIONALHELD VON OKLAHOMA

In Oklahoma ist so ziemlich alles nach seinem berühmtesten Sohn benannt, dem Schauspieler und Entertainer Will Rogers. 1879 in Claremore geboren, wurde er in den späten zwanziger und frühen dreißiger Jahren als Cowboystar bekannt und trat mit Lasso-Tricks in Wild-West-Shows, Vaudeville-Varietés und Hollywood-Filmen auf. Zuletzt ernannte man ihn sogar in Beverly Hills zum Bürgermeister h.c. Der gewitzte Mann, der für viele Amerikaner den gesunden Menschenverstand verkörperte, war zu seiner Zeit an Popularität höchstens mit Teddy «Cowboy» Roosevelt, Buffalo Bill oder Daniel Boone vergleichbar. Auf der Route 66 hat er nicht nur jede Menge Spuren hinterlassen, sondern ihr streckenweise sogar seinen Namen gegeben. 1935 kam er bei einem Flugzeugabsturz in Alaska ums Leben.

1 Daß historische Spurensicherung in den USA zur Zeit im Trend liegt, zeigt diese Gedenktafel in Arcadia, die über die Geschichte der Route 66 in Oklahoma informiert.

2 In der National Cowboy Hall of Fame in Oklahoma City erinnert ein Denkmal an den berüchtigten «Trail of Tears».

3 Reverenz an die Kultur der Indianer: der Totem Pole Park in Foyil, Oklahoma.

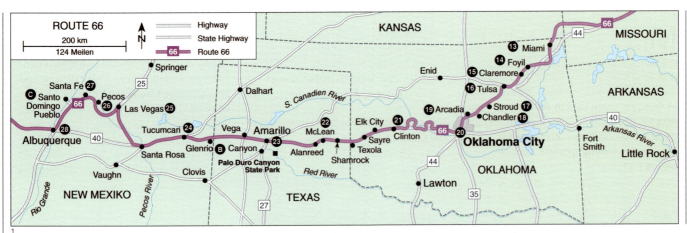

1 Zweite Teilstrecke der Route 66, die letzte folgt auf Seite 543.

2 Im Route 66 Museum in Clinton, Oklahoma, ist jedem Jahrzehnt in der Geschichte des Highway in eigenes Zimmer gewidmet. Die Exponate sind dabei stets um ein Fahrzeug der entsprechenden Zeit gruppiert.

Arcadia ⑲, (OK). Die *Round Barn* von 1898 gehört zu den schönsten Wahrzeichen der Route 66 – vor allem, seit sie 1988 restauriert wurde. Inmitten von Nußbaumplantagen gelegen, wirkt die runde Holzscheune wie ein pastorales Pantheon. *492, 540*

Oklahoma City ⑳, (OK). Im Südwesten der Stadt lohnen die *Stockyards* einen Besuch – wegen der zünftigen Restaurants, der zahlreichen Western-Wear-Läden und dem derben Stallgeruch des Viehauftriebs.

Ästhetisch verfeinerter präsentieren sich die *Myriad Botanical Gardens* (Reno Avenue und Robinson Street), ein blühender Stadtpark mit See und Wasserfall. Kernstück der Anlage ist das *Crystal Bridge Tropical Conservatory*, ein sechsstöckiges Gewächshaus. Die *National Cowboy Hall of Fame* (1700 NE. 63rd Street) lockt jährlich Hunderttausende Pilger an, die in dieser Ruhmeshalle der Cowboys nostalgisch in einem wichtigen Stück Amerika schwelgen möchten. Das weitläufige Institut betreut eine vorzügliche Sammlung klassischer Westernmalerei. In der Galerie der Hollywood-Western-Veteranen paradieren altbekannte Stars, und auch den Rodeo-Cracks ist eine eigene Abteilung gewidmet. Besonders Kindern bereiten die «interpretative environments» viel Freude, Szenarien, in denen der Wilde Westen in Teilstücken nachgebaut ist. Der *Kirkpatrick Center Museum Complex* (2100 NE. 52nd Street) vereint mehrere Museen, ein Planetarium, Kunstgalerien, Gärten und Gewächshäuser. Das *Red Earth Indian Center* gewährt Einblicke in die Geschichte und Kunst der «Native Americans»; in der *Inter-*

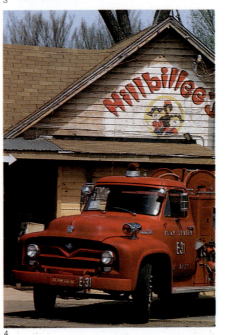

national Photography Hall of Fame sind Arbeiten namhafter Fotografen zu sehen; das *Air Space Museum* hat jede Menge Leckerbissen für Flugzeugfans auf Lager – von den Gebrüdern Wright bis zum Space Shuttle. Wer sich für die heimische Wohnkultur der Jahrhundertwende interessiert, der findet im 1889 *Harn Homestead Museum* (313 NE. 16th Street) ein Bauernhaus, eine Scheune und eine Schule dieser Zeit auf anschauliche Weise vereint. *539, 540*

Clinton ㉑, (OK). Das *Oklahoma Route 66 Museum* (2229 W. Gary Boulevard) hat sich ganz der «original open road» verschrieben: Es zeigt Oldtimer, Zapfsäulen, einen nachgebauten Diner, historische Straßenkarten, einen gut gemachten Film und, als optischen Höhepunkt, einen «Okie-Lastwagen» mit Sack und Pack. Im *Pop Hicks Restaurant* (2223 Gary Boulevard) treffen sich wie eh und je die «local heroes». *484, 540*

McLean ㉒, (TX). Im *Devil's Rope Museum* (100 S. Kingsley Street) wartet eine eigenwillige Kollektion aus Zäunen, Drähten, Werkzeugen und Skulpturen aus Stacheldraht («Barbed Wire Art»). Schrullig wirkt ein nachgebauter Diner, der durch seine Besetzung mit Wachsfiguren stark an

3 Unter dem State Capitol in Oklahoma City liegt eines der größten Erdölvorkommen des Staates.

4 Bei «Hillbillee's in Arcadia, Oklahoma, treffen sich abends die «Locals» auf ein Glas Bier.

DER OKLAHOMA LAND RUN
Wie der 46. Bundesstaat der USA entstand

Von allen amerikanischen Bundesstaaten hat Oklahoma die wohl ungewöhnlichste Gründungsgeschichte: Am 22. April 1889 stürzten auf einen Kanonenschuß hin Tausende von Siedlern im Land Run über die Grenzen und hatten binnen Stunden das ganze Land unter sich aufgeteilt.

Mit dem sogenannten «Louisiana Purchase» landeten die Vereinigten Staaten einen großen Coup: Für 15 Millionen Dollar sicherten sie sich die bis dahin französischen Besitzungen westlich des Mississippi, einen dicken Batzen Land, mit dem sie den Umfang ihres eigenen Territoriums mit einem Schlag verdoppelten.

Zur Neuerwerbung gehörte auch das Gebiet des heutigen Oklahoma, wo zu dieser Zeit schon seit 12 000 Jahren Indianer vom Landbau und von der Bisonjagd lebten, in jüngerer Vergangenheit (900–1450) die

«Mound Builders», die durch Handelsbeziehungen untereinander verflochten waren. Das Land lag allerdings noch so weit ab vom Schuß, daß es für weiße Siedler nicht in Frage kam. Was also sprach dagegen, sich der lästigen Indianer im Südosten der USA zu entledigen und sie dorthin abzuschieben? Die Regierung erteilte allen Angloamerikanern Siedlungsverbot und erklärte das Land zum «Indian Territory».

Der «Indian Removal Act» (1830) schuf die gesetzliche Grundlage für die gewaltsame Deportation der «Five Civilized Tribes» (Cherokee, Choctaw, Chickasaw, Creek und Seminole) ins «Indian Territory». Der damalige US-Präsident Martin van Buren nahm kein Blatt vor den Mund: «Kein Staat kann es je zu Kultur, Zivilisation und friedlichen Entwicklungen bringen, solange man den Indianern erlaubt, dort zu bleiben, wo sie sind.» Auf dem berüchtigten «Trail of Tears» («Weg der Tränen») zogen 1838 rund 17 000 Indianer nach Westen, ein Viertel von ihnen starb auf dem langen Marsch an Hunger, Krankheiten und Gewalteinwirkung.

Das Versprechen, dieses Land von weißen Siedlern freizuhalten, wurde nicht lange eingehalten. Zunächst kaufte die Bundesregierung Teile des Landes von den Stämmen zurück (1866), dann brach sie einige Abkommen und beantwortete die Wut der Indianer mit militärischer Gewalt und dem Ausbau eines Fort-Systems. Durch die Ausrottung der Büffel entzog man ihnen die Lebensgrundlage. Bereits 1875 ging die indianische Ära von Oklahoma zu Ende. Die Grasprärie wurde frei für die Viehherden aus Texas, die das Land schon länger über verschiedene Trails kreuzten, um zu den Bahnstationen in Kansas zu gelangen.

Der Siedlungsdruck nahm zu und die Lage der Indianer wurde immer prekärer. Nach den Viehherden mußten sie auch die Eisenbahn passieren lassen. Holzindustrie und Bergbau zogen weiße Arbeitskräfte an. Obwohl die Weißen bald in der Überzahl waren, besaßen sie dennoch weder Land noch Rechte. Dies änderte sich jedoch rasch, als die Regierung beschloß, ein Teil des Gebiets an Siedler zu verschenken. Um niemanden zu benachteiligen, wurde ein Tag festgelegt, an dem die Jagd auf das Ackerland beginnen sollte. Am 22. April 1889 fiel der Startschuß für das große Rennen, und Abertausende stürzten über die Grenzen von Kansas, um sich ihre Parzelle zu sichern. Bis zum Abend dieses Tages waren ganze Zeltstädte entstanden, darunter Guthrie und Oklahoma City.

Einige Siedler waren besonders schlau: Sie schlichen vor dem offiziellen Start über die Grenze und versteckten sich, um bessere Ausgangspositionen zu ergattern. «Sooners» nannte man sie später, die «Vorschnellen». Oklahoma trägt seither den Beinamen «The Sooner State» und ist damit der einzige Bundesstaat der USA, der sich mit einer Gesetzwidrigkeit brüstet.

Für Tausende von Indianern ein Leidensweg: der berühmt-berüchtigte «Trail of Tears» (Gemälde von Robert Lindreaux, Woolaroc Museum, Bartlesville, Oklahoma; oben). Vom Great Land Run erzählt der Film «In einem anderen Land» von 1992 (unten).

Ein Jahr später war nur noch der östliche Teil des Gebiets «Indian Territory», der Rest hieß bereits «Oklahoma Territory» und befand sich fest in weißer Hand. Der letzte Versuch der Indianer, die endgültige Annexion zu verhindern und statt dessen einen eigenen Staat zu gründen, stieß im Kongreß auf taube Ohren. 1907 erklärte Präsident Theodore Roosevelt Oklahoma zum 46. Bundesstaat der USA.

Madame Tussaud's Londoner Kabinett erinnert. Mit im Haus befindet sich das *Texas Old Route 66 Exhibit Museum.*

Amarillo ㉓, (TX). Elf Kilometer westlich der Stadt ragt ein unverwechselbares Wahrzeichen der Route 66 aus dem Acker: die *Cadillac Ranch*, bestehend aus zehn kopfüber in die Erde gerammten Cadillacs mit unterschiedlichen Heckflossen. Das Monument wurde von dem Kunstsammler Stanley Marsh hier plaziert – als ein Symbol des amerikanischen Traums. *494, 495*

1

Tucumcari ㉔, (NM). Das *Blue Swallow Motel* (815 E. Tucumcari Boulevard) mit der hübschen blauen Neon-Schwalbe ist einer der vielen typischen «motor courts» aus den vierziger Jahren. Im *Tucumcari Historical Museum* (416 S. Adams Street) wartet ein Sammelsurium unterschiedlichster Dinge, die das Pionierleben veranschaulichen – darunter die Nachbildung einer Schwarzbrennerei aus der Prohibitionszeit. *485, 497*

Las Vegas ㉕, (NM). Das *Rough Riders Memorial and City Museum* (725 N. Grand Avenue) erinnert an das von Theodore Roosevelt aufgestellte freiwillige Kavalleriekorps, die sogenannten «Rough Riders», und seine Rolle im amerikanisch-spanischen Krieg. Außerdem gibt es indianisches Kunsthandwerk und aufschlußreiche Dokumente zur Stadtgeschichte zu sehen. *542*

Pecos ㉖, (NM). Hier liegt der *Pecos National Historical Park* mit Überresten eines großen Pueblos aus dem 13. und 14. Jahrhundert und den mächtigen Mauerresten der Pecos Mission, die 1707 von Franziskanern erbaut wurde. Ein Trail windet sich durch die Ausgrabungen zur restaurierten Kiva (indianische Kultkammer) und zur Kirchenruine. Eine Ausstellung im Visitor Center informiert über die Bedeutung dieses ehemaligen Pueblos, der nicht zuletzt wegen seiner strategisch günstigen Lage zwischen dem fruchtbaren Rio Grande-Tal und den Büffel-Plains im Osten als ein Zentrum der Landwirtschaft und des Handels entstand. Um 1450 wurde die Siedlung zu einer fünfstöckigen Festung ausgebaut, um verschiedenen Indianerstämmen Schutz vor den nomadischen und oft kriegerischen Stämmen der südlichen Plains zu bieten.

Santa Fe ㉗, (NM). Die *San Miguel Mission* (401 Old Santa Fe Trail), ein dickwandiger Adobe-Bau, zählt zu den ältesten Kirchen des Landes. Turm und Westfassade aus dem 17. Jahrhundert wurden erneuert. Gleich gegenüber liegt das *Oldest House* (215 E. De Vargas Street), ein frühes Beispiel der für die Region typischen Lehmziegelbauweise (adobe). Der *Palace of the Governors* (Plaza) ist das älteste «Kapitol» der USA (1610) und beheimatet heute neben einem stadt- und landesgeschichtlichen Museum einen Museumsladen mit einer gutsortierten Buchabteilung zur Kultur des Südwestens. Die *Casa Sena* (125 E. Palace Avenue) bildet eine idyllische Oase mit plätscherndem Brunnen, Bänken und einem einladenden Patio-Restaurant. *501, 543*

Albuquerque ㉘, (NM). Hier haben sich einige Route-66-Oldtimer erhalten, etwa das *El Vado Motel* (Central Avenue) von 1937, die *Monte Vista Fire Station* (3201 Central Avenue), ein Eßlokal von 1936 im Pueblo-Revival-Stil, der *Route 66 Diner* (1405 Central Avenue) und das *KiMo Theatre* (423 Central Avenue) von 1927. Auf keinen Fall verpassen sollte man die *Old Town*, denn außer der schönen alten Kirche bietet der alte spanische Stadtkern eine reiche Auswahl an Restaurants, Bars und Shopping-Gelegenheiten. Das *Indian Pueblo Center* (2401 12th Street NW.) dokumentiert die Geschichte der 19 Pueblos in New Mexicos Norden. *494, 495, 496, 498/499, 501, 530, 538, 542*

2

3

Isleta ㉙, (NM). Der *Isleta Pueblo* südlich von Albuquerque war einmal der größte Pueblo am Rio Grande. Er wurde Anfang des 13. Jahrhunderts angelegt. In der Reservation liegt auch ein Erholungsgebiet für Camping, Picknick und Forellenfischen.

Grants ㉚, (NM). Uranfunde in den fünfziger Jahren veränderten das von der Landwirtschaft geprägte Grants auf einen Schlag und sicherten ihm sein Überleben. Im *New Mexico Museum of Mining* (100 N. Iron Street) dreht sich alles um das begehrte Erz.

Autoroute verbindet die fossilen Welten dieses ehemaligen Wald- und Sumpfgebiets: szenische Ausblicke (darunter die *Painted Desert*, *The Teepees* und die *Blue Mesa*), Anasazi-Ruinen (*Puerco Indian Ruins* aus der Zeit vor 1400), Petroglyphen (*Newspaper Rock*), bizarre Brücken (*Agate Bridge*) und zahlreiche Wanderwege. *542/543*

Holbrook ㉝, (AZ). Im *Navajo County Historical Museum* (100 E. Arizona Street) sind Zeugnisse der indianischen Vorgeschichte und der Pionierzeit versammelt.

5

1 Straßenszene in Las Vegas, New Mexico.

2 Versteinerte Baumstämme im Petrified Forest National Park.

3 Die Kirche San Felipe de Neri in der Old Town von Albuquerque.

4 Lobby des «El Rancho Hotel» in Gallup, New Mexico.

5 Touristenträume vom Indianerleben: die Betonzelte des «Wigwam Motel» in Holbrook, Arizona.

6 Letzte Teilstrecke der Route 66.

7 Die warmen Erdtöne von Lehmziegeln prägen die meisten Bauten in Santa Fe.

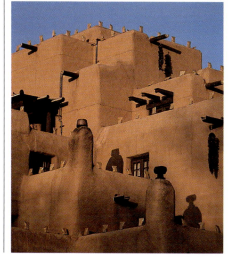

Gallup ㉛, (NM). Die hölzerne Herberge des *El Rancho Hotel* (1000 E. Highway 66) wurde 1937 eröffnet und avancierte bald zum Treffpunkt diverser Hollywood Stars, die in der Umgebung von Gallup drehten. Erroll Flynn soll nach einem anstrengenden Drehtag einmal auf seinem Pferd in die Bar geritten sein. 1987 kaufte der reiche Geschäftsmann Armand Ortega den inzwischen abgewirtschafteten Bau und stellte dessen rustikalen Charme wieder her. *496, 530, 542*

Petrified Forest National Park ㉜, (AZ). Am Nordeingang informiert das Painted Desert Visitor Center, am Südeingang das Rainbow Forest Museum über Geologie und Geschichte. Eine 43 Kilometer lange

Die Zementzelte des *Wigwam Motel* (811 W. Hopi Drive) wurden als Touristenattraktion 1950 eröffnet und 1988 renoviert. *543*

Winslow ㉞, (AZ). Das *Old Trails Museum* (212 N. Kinsley Avenue) ist ein instruktives kleines Museum, in dem man viel über die Geschichte dieser alten Eisenbahnstadt und der Route 66 erfährt. Aber auch Knochenreste von Urzeit-Monstern gibt es zu sehen, die im Little Colorado River gefunden wurden. Das im Stil einer Hacienda erbaute Fred-Harvey-Hotel am Bahnhof, «La Posada», könnte einmal zu den architektonischen Schmuckstücken des Ortes zählen – wenn sich das nötige Geld für seine Restaurierung aufbringen läßt. *514*

Meteor Crater ㉟, (AZ). Ein Millionen Tonnen schwerer Meteorit schlug hier vor etwa 50 000 Jahren ein und riß einen Krater mit einem Durchmesser von mehr als 1 Meile. Von einer Plattform am Kraterrand überblickt man das Gelände, das von der NASA zum Astronauten-Training genutzt wurde. Ein kleines Museum würdigt diese Tatsache (westlich von Winslow an der I-40).

Flagstaff ㊱, (AZ). Allein schon das klotzige Blockhaus von 1931 sorgt dafür, daß der *Museum Club* (3404 E. Route 66) nicht zu übersehen ist. Ursprünglich beherbergte er ein Museum für ausgestopfte Tiere und einen Trading Post. Mit wilden Tanzparties hat sich das Country-Lokal im Volksmund den Namen «The Zoo» eingehandelt. *545*

Peach Springs ㊲, (AZ). In den *Grand Canyon Caverns*, 70 Meter unter der Erde, kann man drei Millionen Jahre alte Meeresfossilien bewundern. Am Höhleneingang werden die Besucher zur Einstimmung von einem riesigen Dinosaurier empfangen.

Kingman ㊳, (AZ). Das *Mohave Museum of History and Arts* (400 W. Beale Street) zeigt eine interessante Austellung zur Kultur und Geschichte der Region. Ein Teil der Sammlung ist dem Cowboy-Darsteller und Komiker Andy Devine gewidmet, der in den vierziger und fünfziger Jahren mit der TV-Serie «Wild Bill Hickok» populär wurde.

Oatman ㊴, (AZ). Die ehemalige Minenstadt war lange eine verlassene «ghost town». Heute kann es hier zuweilen recht munter zugehen, denn wenn nicht gerade Film-Teams zugegen sind, lockt die mit Souvenirs gespickte Hauptstraße scharenweise Touristen an, die sich in dieser Westernkulisse wohlfühlen. *505, 512/513, 544*

Rialto ㊵, (CA). Gemeinsam mit seinem Pendant in Holbrook gehört das *Wigwam Motel* (2728 W. Foothill Boulevard) zum festen Inventar der Route 66. Wie lange noch, ist allerdings fraglich, denn an großstädtisch geprägten Standorten (Rialto ist ein Vorort von Los Angeles) haben es die Oldtimer besonders schwer.

Monrovia ㊶, (CA). Das 1925 von Robert Stacy-Judd erbaute *Aztec Hotel* (311 W. Foothill Boulevard) ist ein Paradebeispiel für den dekorfreudigen präkolumbianischen Revival-Stil – vor allem, seit es im alten Glanz wiedererstanden ist.

Pasadena ㊷, (CA). Zu den architektonischen Leckerbissen der Stadt zählt das *Gamble House* (4 Westmoreland Place), es wurde 1908 von Charles und Henry Green erbaut und gilt als eines der schönsten Beispiele für den sogenannten Craftsman-California-Bungalow-Stil. Auch die Inneneinrichtung ist bemerkenswert gut erhalten: das polierte Teakholz, die Originalmöbel und die Tiffany-Verglasung. Die *Hotel Green Apartments* (99 S. Raymond Avenue) sind aus einem ehemaligen Prachthotel der Zeit um die Jahrhundertwende hervorgegangen und zeigen nach wie vor reichen ornamentalen Schmuck. Kenner halten die Sammlung des *Norton Simon Museum* (411 W. Colorado Boulevard) für weit bedeutender als die des berühmteren Getty-Museums. Sie

1

2

3

1 In «Meteor City», Arizona, war früher ein Museum mit 5000 Meteoriten untergebracht. Heute findet man hier ein großes Angebot an indianischen Waren.

2 Der Pershing Square mit seiner reichen tropischen Vegetation bildet den Mittelpunkt des Financial District von Los Angeles. In der Nachbarschaft ragen einige bemerkenswerte Wolkenkratzer in den Himmel.

3 Die Hauptstraße von Oatman, Arizona, gab schon häufig die Kulisse für Westernfilme ab.

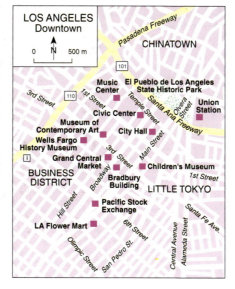

Beliebte Flaniermeile: die Uferpromenade von Santa Monica.

5 Geheimtip für [Co]untry-Fans: der [„M]useum Club» in [Fla]gstaff, Arizona.

besitzt nicht nur wertvolle Kunstwerke und Dokumente; ihre Parkanlagen, 1904 vom millionenschweren Stadtplaner und Straßenbahnbauer Henry E. Huntington angelegt, zählen zu den schönsten in den USA.

Los Angeles ㊸, (CA). Die Keimzelle der Stadt heißt heute *El Pueblo de Los Angeles State Historical Park* (Olvera Street). Der restaurierte spanische Gründungsbezirk besteht aus historischen Bauten, mexikanischen Restaurants und Kunstgewerbeläden. Sehenswert sind die alte Plazakirche, das Avila-Adobehaus, der ehemalige Gouverneurspalast Pico House, das Merced Theatre und der Backsteinbau des Old Plaza Firehouse. Die *Central Library* (630 W. 5th Street) ist in einem Bau untergebracht, von dem europäische Stadtbüchereien nur träumen können. 1922 bis 1926 aus byzantinischen, ägyptischen, römischen und Artdéco-Stilelementen eklektisch komponiert, wurde er inzwischen aufwendig renoviert und durch einen lichtdurchfluteten Neubautrakt erweitert. Unter den zahlreichen Museen der Westküstenmetropole ist das *Museum of Contemporary Art* (250 S. Grand Avenue) architektonisch sicher eines der originellsten: ein farbiger Sandsteinbau (1986) von Arata Isozaki mit mattweißen Oberlichtern über unterirdischen Ausstellungsräumen. Die ständige Sammlung zeigt Werke amerikanischer Künstler von 1940 bis heute. Das bedeutendste Kunstinstitut in Los Angeles ist anerkanntermaßen das *L. A. County Museum of Art* (5905 Wilshire Boulevard). Seine Sammlung reicht von der Antike bis zur Moderne. Die Kunst des 20. Jahrhunderts ist im neueren spektakulären Anderson-Flügel untergebracht. Gleich daneben liegt der *Japanese Pavilion* mit Bildern und Kalligraphien aus der Edo-Zeit, außerdem das *George C. Page Museum of La Brea Discoveries*, ein paläontologisches Museum mit Relikten aus den gegenüberliegenden Teergruben. In Hollywood gehört ein Bummel über den *Walk of Fame* zum touristischen Pflichtprogramm: In den vielleicht berühmtesten Bürgersteig der Welt sind rund 2000 Sterne für Berühmtheiten des Film- und Showbusiness eingelassen. Auf dem Vorplatz von *Mann's Chinese Theatre* (6925 Hollywood Boulevard) haben sich zahlreiche Stars mit Hand- und Schuhabdrücken verewigt. Am *Santa Monica Pier* endet die Route 66 und mit ihr der ganze Kontinent. Über der Brandung des Pazifik drehen sich hier ein schönes altes Karussell und ein neues Riesenrad. Aber kein Kalifornienbesuch wäre komplett, wenn man die beiden Top-Vergnügungsparks der Nation nicht gesehen hätte: den unerschöpflichen Kulissenzauber der *Universal Studios* (100 Universal City Plaza) und die perfekte Illusionsmaschine *Disneyland* (1313 S. Harbor Boulevard, Anaheim). *520, 521, 522/523, 524/525, 544/545, 545, 549*

reicht von ostindischer und südostasiatischer Kunst bis hin zu deutschen Expressionisten. Das 1924 im traditionellen chinesischen Stil errichtete *Pacific Asia Museum* (46 N. Los Robles Avenue) beherbergt Kunstwerke aus dem asiatischen und pazifischen Raum. Die *Huntington Library Art Collections & Botanical Gardens* (1151 Oxford Road) im benachbarten San Marino

ABSTECHER VON DER ROUTE 66

Buchstaben im Kreis verweisen auf die Teilstreckenkarten auf den Seiten 533, 540 und 543, kursive Seitenzahlen am Ende eines Abschnitts auf Abbildungen.

Cahokia Mounds Ⓐ, (IL). Die State Historic Site liegt nur eine Viertelstunde von Dowtown St. Louis entfernt auf der Illinois-Seite des Mississippi. Sie vermittelt eine Ahnung davon, wie die größte prähistorische Indianersiedlung nördlich von Mexiko einst ausgesehen hat. Bis zu 40 000 Menschen lebten hier und errichteten riesige pyramidenhafte Erdhügel (mounds), von denen heute noch 68 zu erkennen sind. Die Funde datieren aus der Zeit zwischen 700 und 1400. Das vorzüglich archäologische Museum dokumentiert die versunkene Kultur mit lebensgroßen Dioramen.

Canyon Ⓑ, (TX). Das *Panhandle-Plains Historical Museum* (2401 4th Avenue) zählt zu jenen verborgenen Schätzen, die man in der amerikanischen Provinz nie vermuten würde: In dem geräumigen Art-déco-Bau von 1933 wurde nicht nur eine ganze Westernstadt originalgetreu wiederaufgebaut, sondern auch andere Elemente der Besiedlung des Panhandle wie zum Beispiel ein Ölbohrturm. Weitere anschaulich präsentierte Themenbereiche sind die texanische Windradkultur und die Ölgewinnung; neben einem Defilee von Bohrrüsseln kann man das holz- und ledergetäfelte Büro eines Ölbarons bewundern. Die naturwissenschaftliche Abteilung versammelt Skelette und Zähne aus dem Pleistozän und ein Dinosauriergerippe, das einmal zu einem der gefährlichsten Fleischfresser der Jurassic-Park-Periode gehörte. Der nahe gelegene *Palo Duro Canyon* wird oft als «Grand Canyon of Texas» bezeichnet. Tatsächlich erwächst der zweitgrößte Canyon der USA aus dem Prairie Dog Town Arm des Red River. Neben einem Scenic Drive laden Wander- und Reitwege dazu ein, die einzigartige Naturlandschaft zu erkunden.

Santo Domingo Ⓒ, (NM). Südlich von Santa Fe am Highway 25 liegt der *Santo Domingo Pueblo*. Das Indianerdorf am Ostufer des Rio Grande ist nicht nur für hochwertiges Kunsthandwerk berühmt, sondern auch für seine Feste: den Ritualtanz am Dreikönigstag, den Erntetanz im März und den Maistanz Anfang August – der spektakulärste im Südwesten überhaupt mit Hunderten von Tänzern, Trommlern, Clowns und Sängern. Ein Schmuckstück, das man das ganze Jahr über bewundern kann, ist die Missionskirche von 1886. Von Besuchern erwartet man im Dorf Zurückhaltung; Fotografieren ist streng verboten.

Laguna Ⓓ, (NM). Der *Laguna Pueblo* besteht aus einer Reihe kleiner Gemeinden, in denen 6000 Pueblo-Indianer leben. Sehenswert sind die gut erhaltene Missionskirche *San José de Laguna* aus dem Jahr 1699 und die Patronatsfeste mit Tänzen. Auch hier darf nicht fotografiert werden.

Acoma Ⓔ, (NM). *Sky City* heißt der Pueblo von Acoma. Das Dorf auf dem monolithischen Tafelberg ist seit 1150 besiedelt und mit Stein- und Lehmziegelbauten besetzt, deren Stockwerke fotogene Holzleitern verbinden. Den architektonischen Höhepunkt bildet die mächtige *Mission San Esteban Rey* von 1629, von deren vorgelagertem Friedhof man einen herrlichen Blick auf die *Enchanted Mesa* gegenüber hat. *517*

El Morro National Monument Ⓕ, (NM). Wer in Grants die Route 66 verläßt und nach Süden abbiegt, verpaßt nicht allzuviel und macht statt dessen einen land-

1 Der Joshua Tree National Park gehört zu den aufregendsten Wüstenszenerien Kaliforniens. In den höher gelegenen Regionen ragen nackte Granitfelsen aus der kargen Landschaft, während im tiefer gelegenen Teil eher Sandwüste mit palmenbestandenen Oasen zu finden ist.

2 Westlich von Albuquerque liegt das El Morro National Monument, eine über 60 Meter hohe Sandsteinklippe, die von den Ruinen eines Pueblo bekrönt wird. Schon präkolumbische Völker ritzten in den Felsen Zeichen ein, und spanische Eroberer taten es ihnen nach.

Auch wer glaubt, schon alles gesehen zu haben, ist kaum auf den Grand Canyon vorbereitet. Seine atemberaubende Weite und Tiefe, die Schönheit seiner Formen und Farben lassen selbst den weitgereisten Besucher vor Ehrfurcht erstarren. Im Wechselspiel des Tageslichts und der Jahreszeiten bieten sich ständig neue Eindrücke, in denen die Grenzen zwischen Illusion und Wirklichkeit verfließen.

schaftlich reizvollen Umweg zum *El Morro*, einem historisch bedeutsamen Rastplatz. Vorüberziehende Spanier und Amerikaner haben im weichen Sandstein der Felsen ihre Namen hinterlassen. Die älteste europäische Inschrift stammt von Juan de Onate, dem ersten Kolonialherrn von New Mexico. Er rastete hier mit seinen Begleitern am 16. April 1605. Auch der Gouverneur Don Diego de Vargas hinterließ 1692 seine Signatur. Bevor man wieder nach Norden in Richtung Gallup fährt, sollte man einen Abstecher zum *Zuni Pueblo* machen. Das Indianerdorf galt als eine der sagenhaften «Sieben Städte von Cibola». Francisco Vasquez de Coronado war ihnen auf der Spur, weil er glaubte, sie seien aus Gold erbaut. Heute locken hier eine Missionskirche mit bedeutenden Wandmalereien und gute Einkaufsmöglichkeiten für Kunsthandwerk. 546

Chaco Culture National Historical Park Ⓖ, (NM). Im Chaco Canyon nördlich von Thoreau findet man die eindrucksvollen Überreste einer Indianerkultur, die Archäologen als Anasazi bezeichnen. Die «Chacoan Culture» der Anasazi war vor etwa tausend Jahren in der Vierländerregion des Colorado Plateaus (Utah, Colorado, New Mexico und Arizona) am vergleichsweise weitesten ent-

wickelt. Zu besichtigen sind die Ruinen einer Großsiedlung, die im Jahr 1000 einem prähistorischen Los Angeles geglichen haben muß. Ihr unbestrittener Höhepunkt ist der *Pueblo Bonito* – ein vierstöckiges Halbrund mit 600 Raumparzellen und 40 Kivas (Kultkammern). Zwischen 900 und 1200 Menschen sollen hier einmal gelebt haben. Im Besucherzentrum am Parkeingang kann man sich mit Karten und sonstigem Informationsmaterial versorgen. 503

Grand Canyon National Park Ⓗ, (AZ). Flagstaff ist der ideale Ausgangspunkt für einen Abstecher zum Südrand des Canyon. Bei knapper Zeit liegt es nahe, sich dem kostenlosen Pendelbus entlang dem West Rim Drive anzuvertrauen oder zu wandern, und zwar auf dem weitgehend parallel verlaufenden *Rim Nature Trail* am Canyonrand entlang. Der Wanderweg zwischen *Hermit's Rest* im Westen und *Yavapai Point* im Osten zieht sich über rund 14 Kilometer. Aus ständig wechselnder Perspektive, über Wildblumen, bonsaiartige Pinon- und Juniperbäume hinweg streift der Blick über das von Auffaltungen und vulkanischen Eruptionen aufgewühlte Steinmeer, durchgeknetet und glattgeschliffen von Wasser und Wind, ausgesägt vom mächtigen Colorado River –

zu einem Urloch, das Platz hat für vier verschiedene Vegetationszonen, angefangen mit der Wüste am Grund bis zum feuchten Koniferenwald in den Höhen. 546/547

Joshua Tree National Park Ⓘ, (CA). Von der Geisterstadt Amboy bietet sich ein Ausflug zum Joshua Tree National Park an. Seine Besonderheit besteht darin, daß er durch die großen Höhenunterschiede an beiden typischen Wüstenformen Südkaliforniens teilhat – an der Colorado-Wüste im Süden und der Mojave-Wüste im Norden. Im Extrem schwankt die Höhe zwischen 400 und 1500 Metern. Bei der Anfahrt durchquert man zunächst das *Pinto Basin*, in dem Yuccas, Agaven, Smoketrees und Wildblumen wachsen. Weiter geht es zum *Jumbo Rock* und ins *Hidden Valley*, vorbei an riesigen Granit-Monolithen, die auf heftige Erdbewegungen schließen lassen und die heute zu Kletterpartien anregen. Alles überragend, erheben sich freilich mit viel Lamento die Joshua-Bäume. Sie sollten ihren Namen Mitte des 19. Jahrhunderts von den Mormonen-Pionieren erhalten haben, sei es, weil die Gestik ihrer Äste symbolisch zum Gebet zu rufen schien, oder weil die frommen Siedler glaubten, die Bäume wollten ihnen den Weg ins Gelobte Land weisen. 546

In der Ur- und Frühphase der amerikanischen Verkehrsgeschichte schufen Indianer, Entdecker, Trapper, Pioniere und Eisenbahnkonstrukteure ein loses Netz aus Trails und anderen unbefestigten Wegen. Zu den ersten Landstraßen im europäischen Sinn gehörten der 62 Meilen lange «Philadelphia and Lancaster Turnpike», die «Boston Post Road» zwischen New York und Boston, die «Wilderness Road» durch Kentucky und die «Great Road», die Philadelphia mit der Mündung des Conestoga River in Pennsylvania verband.

Im Tal dieses Flusses wurde Ende des 18. Jahrhunderts der erste amerikanische Lastwagen gebaut, der von Pferden gezogene *Conestoga wagon*. Die frühen Siedler bevorzugten allerdings den beweglicheren *prairie schooner*, vor den man Ochsen und Maultiere spannte. Zum Fuhrpark der Pionierzeit gehörten außerdem die *carretas* der mexikanischen Händler – Karren mit zwei Rädern aus Holzscheiben, die seit der Zeit der Conquistadores im Einsatz waren – und die Handkarren der Mormonen. Um die Mitte des 19. Jahrhunderts nutzten viele Prärie-Ärzte den *buggie*, einen geländegängigen Pferdewagen. Die Post wurde mit Pferd und Kutsche *(stagecoach)* transportiert, zunächst von «Overland Mail», später dann von «Wells Fargo». Die Hauptlast des Personen- und Güterverkehrs übernahm schließlich die Eisenbahn.

Als erste transkontinentale Straße profitierte die Route 66 von ihren Vorläufern. Über weite Strecken folgt sie historischen Wegen: dem «Santa Fe-» und «Pecos Trail», dem «Camino Real», ja sogar dem einen oder anderen Rinder-Highway wie dem «Chisholm Trail». Er setzte sich aus mehreren staubigen Trampelpfaden zusammen, auf denen einst die Cowboys das Vieh aus Südtexas nach Kansas trieben.

TRAILS & TRANSPORT
Vor- und Nachfahren der Route 66

Von den Trails der Pioniere bis zu den modernen Interstate Highways – nichts symbolisiert Amerika mehr als seine Straßen. Die «unbegrenzten Möglichkeiten», die sie versprachen, waren für Amerikaner schon immer verführerisch.

Die wohl spektakulärste Weggemeinschaft kommt zwischen Las Vegas (New Mexico) und Santa Fe zustande, wo heute gleich fünf Verkehrsgenerationen nebeneinander herlaufen: der «Old Pecos Trail», der «Santa Fe Trail», die Eisenbahn, die Route 66 und der Interstate Highway 25.

Über den «Pecos Trail» wurden einst Viehherden aus Texas in die Bergbaustädte von Colorado getrieben, wo großer Fleischbedarf herrschte. Der berühmte «Santa Fe Trail» entstand im selben Jahr, als sich Mexiko von Spanien löste, nämlich 1821. Zurecht gilt er daher als die erste «Hauptstraße» in den Westen der Vereinigten Staaten. Wie später der «Oregon Trail» wurde er bald nach seiner Entstehung zum Synonym für die Expansion der anglo-amerikanischen Kultur nach Westen.

Sein Pfadfinder hieß William Becknell, ein hochverschuldeter Kaufmann, der in Franklin (Missouri) aufbrach und sich 870 Meilen und 48 Tage durch den «Ozean aus Gras» quälte, um seine Waren in Santa Fe zum Verkauf anzubieten.

Mit der Fertigstellung der «Atchison, Topeka & Santa Fe Railroad» im Jahr 1879 verloren die Ochsentrails an Bedeutung, die Eisenbahn wurde ihrerseits durch die Route 66 ersetzt, und zuletzt degradierten die Interstate Highways die «Mother Road» zur untergeordneten Servicestraße. Der Mythos lebt jedoch weiter: Zwar wird der alte US-Highway wohl nie wieder zur «Hauptstraße Amerikas» werden, dafür ist er inzwischen ein beliebtes nostalgisches Reiseziel für Touristen aus aller Welt.

Lange vor der Erfindung des Automobils bahnten sich die Trecks der Pioniere ihren Weg durch das Land; später erschloß die Eisenbahn den Wilden Westen (oben und Mitte). – Bei Gallup, New Mexico, gehen die Route 66 und der Interstate Highway 40 eine Weggemeinschaft ein (unten).

Panorama eines Hochgebirges aus Glas, Stahl und Beton: Wie glitzernde Monolithen ragen die Wolkenkratzer von Downtown Los Angeles in den Nachthimmel.

Auf der langen Reise wird das Auto zu einem zweiten Zuhause. Es kann daher gar nicht großzügig genug bemessen sein.

Erinnerungsfoto fürs Familienalbum: Jeder Amerikaner träumt davon, einmal im Leben die Route 66 zu befahren.

Mit Schwimmweste und Vertrauen zum Bootsführer – im Ruderboot durch den Grand Canyon.

TRAUMZIEL AMERIKA

GRAND CANYON

Text Helmut Friedrich

Eine der atemberaubendsten Flußschleifen des Colorado: die Horseshoe Bend in der Glen Canyon National Recreation Area.

Blick auf die Tafelberge und Felsplateaus des Grand Canyon vom Point Imperial, North Rim (Nordrand).

Eine Ruderbootfahrt durch den Grand Canyon ist ein nasses und aufregendes Vergnügen, Kentern nicht ausgeschlossen.

PANORAMA DER ERDGESCHICHTE: GRAND CANYON

Festlich geschmückte Indianerin auf der Inter-Tribal Indian Ceremony in Gallup, New Mexico, bei der sich verschiedene Indianerstämme aus der Umgebung des Grand Canyon treffen.

Andere Schluchten der Erde mögen vielleicht noch tiefer oder enger sein – so grandios aber wie der Grand Canyon, so ehrfurchtgebietend, so faszinierend und so berühmt ist keine zweite.

Wer zum ersten Mal an den Rand dieses gewaltigen Einschnitts in die Erdkruste tritt, tut das in gewisser Weise «gefaßt», denn er hat schon zahlreiche Fotos und Filme von dem Naturwunder im Norden Arizonas gesehen oder Berichte anderer gehört. Und dennoch wird er überwältigt sein und staunen, wie groß, wie dramatisch diese Schlucht in Wirklichkeit ist. Was aber mag in den ersten Menschen, den Indianern, vorgegangen sein, die hierher kamen, was in den ersten Weißen, die den Grand Canyon völlig unvorbereitet erreichten?

Nichts davon ist überliefert. Die Indianer kannten die Schrift nicht, die ersten Weißen hielten das Aufschreiben ihrer Beobachtungen nicht der Mühe wert. Glaubhaft aber, daß die Indianer – Menschen, für die auch heute noch die Natur in besonderem Maße heilig ist – den Grand Canyon verehrten. Die Legenden, die sie von seiner Entstehung erzählen, weisen ebenso darauf hin wie der indianische Name für die große Schlucht: *Kaibab* – auf den Kopf gestelltes Gebirge (siehe Seite 586/587).

ENTDECKUNG UND ERFORSCHUNG DER GROSSEN SCHLUCHT

Den ersten Europäern, die den Canyon sahen, war wenig heilig, die Natur schon gar nicht: Es waren Goldsucher, und ihre Empfindungen am Rand des Grand Canyon waren sicherlich weniger von Ergriffenheit geprägt als von Erschrecken, Ratlosigkeit, Enttäuschung, vielleicht auch von Wut. Die Mitglieder der Coronado-Expedition, ein Trupp von 336 Spaniern und rund tausend Indianern, die im Jahr 1540 unter der Führung von Francisco Vásquez de Coronado nach Norden durch die «Große Amerikanische Wüste» zogen, hatten nur ein Ziel vor Augen – die legendären «Sieben Goldenen Städte von Cibola». Beim Vorrücken in dem wasserarmen Land erzählten ihnen einheimische Indianer von einem großen Fluß noch weiter nördlich. Sollten dort die sagenumwobenen Schätze von Cibola liegen? Coronado schickte einen Suchtrupp von 25 Spaniern los, angeführt von Hauptmann García López de Cárdenas. Nach zwanzig Tagesreisen erreichte die Expedition den Grand Canyon, wahrscheinlich zwischen den heutigen Aussichtspunkten Moran Point und Desert View. Drei Tage verbrachten die Männer am Rand der Schlucht, ohne einen Weg hinunter zu finden. Schließlich mußten sie umkehren, weil ihnen das Wasser und die Vorräte ausgingen – die Suche nach den Goldstädten war gescheitert.

Nach diesem mißlungenen Versuch, am Grand Canyon zu Gold und Reichtum zu kommen, geriet die große Schlucht wieder in Vergessenheit. Erst 1776 kam erneut

Der Trail zum Havasu Canyon, einer Seitenschlucht des Grand Canyon, führt durch enge Felsschluchten und ausgetrocknete Bachbetten, über Geröllpisten und Flußkiesel. Doch der beschwerliche Anmarsch lohnt sich – am Ende des 13 Kilometer langen Weges wartet Supai, ein kleines Indianerdorf am idyllischen Havasu Creek.

Wenn auch nicht so tief wie sein großer Bruder, so hat sich der Little Colorado River doch eine beeindruckende Schlucht geschaffen. Vor dem Eintreffen der weißen Siedler wurde dieses Gebiet von den Navajo als Jagdrevier genutzt.

ein Europäer hierher, Pater Francisco Tomás Garcés von der spanischen Mission San Xavier del Bac bei Tucson. Er versuchte, die am Colorado lebenden Havasupai-Indianer zum Christentum zu bekehren. Diese nahmen ihn zwar überraschend freundlich auf und veranstalteten sogar ein mehrtägiges Festessen für ihn, vom christlichen Glauben waren sie allerdings nicht zu überzeugen. So war auch dieser Besuch erfolglos, doch blieb davon immerhin der Name Colorado: Der Pater war der erste, der vom «Río Colorado» berichtete, dem «roten Fluß».

1858 fuhr dann unter der Leitung von Lieutenant Joseph C. Ives die «Explorer», ein 15 Meter langer Heckschaufeldampfer *(stern-wheeler)*, von der Colorado-Mündung im Golf von Kalifornien flußaufwärts. Man wollte herausfinden, wie weit der Colorado schiffbar sei. Doch bereits kurz nachdem das Schiff nahe dem heutigen Hoover Dam in den inzwischen vom Lake Mead überfluteten Black Canyon eingefahren war, wurde die Reise abrupt beendet: Die «Explorer» war auf einen versteckten Felsen aufgelaufen. Der heftige Aufprall warf einige Männer über Bord, die wie durch ein Wunder unverletzt blieben. Das Boot war jedoch so schwer beschädigt, daß an eine Fortsetzung der Fahrt nicht mehr zu denken war.

So versuchten Ives und seine Leute, auf Maultieren weiter in den Grand Canyon vorzudringen. Bald aber stießen sie auf unüberwindliche Hindernisse und mußten umkehren. Was Joseph C. Ives in seinem Bericht über diese erfolglose Expedition niederschrieb, verdient zitiert zu werden: «Wir waren die erste Gruppe von Weißen und werden zweifellos auch die letzte sein, die diese allen Nutzens bare Gegend besuchte. Es scheint in der Absicht der Natur zu liegen, daß der Colorado zusammen mit dem größten Teil dieser einsamen und majestätischen Landschaft auf ewig unbesucht und ungestört bleibt.» Seit diesem gleichermaßen poetischen wie pessimistischen Ausspruch haben über hundert Millionen Menschen den Grand Canyon besucht ...

Erst 1869 erforschten der damals 35 Jahre alte Major John Wesley Powell (siehe Seite 607) und seine anfänglich neun Begleiter auf ihrer legendären, entbehrungs- und verlustreichen Befahrung des Colorado das Innere der großen Schlucht. Mit vier einfachen Ruderbooten *(dories)* startete die Expedition am 24. Mai 1869 in Green River Station in Wyoming, einem mit der Eisenbahn erreichbaren Ort am Green River. Nur noch zwei Boote und sechs halbverhungerte Männer kamen am 29. August, also nach über drei Monaten, an ihrem Ziel an. Rund 800 Flußkilometer lagen hinter ihnen. Ein Teilnehmer hatte bereits nach sechs Wochen, noch auf dem Green River, aufgegeben. Drei weitere, die sich nicht länger den Strapazen und Gefahren dieser Reise aussetzen mochten, trennten sich am 28. August, einen Tag bevor die beiden übrig-

Eine grandiose, ungezähmte Urlandschaft: die tosenden Fluten der Grand Falls of the Little Colorado River. Besonders spektakulär sind diese Wasserfälle im Frühjahr nach der Schneeschmelze.

Reiter auf dem South Kaibab Trail. Am Grand Canyon werden meist halb- und ganztägige Maultierritte angeboten, es gibt aber auch zweitägige Touren mit einer Übernachtung in der «Phantom Ranch».

gebliebenen Boote in der Nähe der Grand Wash Cliffs in ruhiges Wasser einliefen, von der Expedition. Von ihnen fehlt jede Spur, vermutlich wurden sie von Indianern getötet, die sie für die Schuldigen eines von anderen Weißen verübten Verbrechens hielten.

Die Abenteuer, die er und seine Leute durchstanden, die Strapazen, die Hitze, der Hunger, das abscheuliche Essen, die Angst vor der nächsten Stromschnelle, sind detailliert in dem spannenden Tagebuch von Major Powell nachzulesen, das im Jahr 1875 erstmals unter dem Titel «Exploration of the Colorado River of the West and its Tributaries» veröffentlicht wurde.

COLORADO RIVER – EIN STROM IN DER WÜSTE

Grand Canyon und Colorado River sind untrennbar miteinander verbunden. Zeit also, mehr über diesen vielleicht interessantesten Fluß der Welt zu erfahren. Mit seinen größeren Nebenflüssen (Green River, San Juan, Dolores, Little Colorado, Gunnison und Virgin River) sowie rund hundert weiteren mittleren und kleinen Flüssen (etwa Paria, Escalante und Dirty Devil River), von denen manche nur periodisch Wasser führen, bildet der Colorado die Aorta, die Hauptschlagader, eines der größten Flußsysteme Nordamerikas. Es entwässert ein Gebiet von rund 632 000 Quadratkilometern (ein Zwölftel der Vereinigten Staaten, fast das doppelte Deutschland), das sieben US-Bundesstaaten ganz oder teilweise einschließt: Arizona, California, Colorado, New Mexico, Nevada, Utah und Wyoming.

Von seiner 3148 Meter hoch gelegenen Quelle in den Rocky Mountains legt der Colorado einen 2335 Kilometer langen Weg bis zum Golf von Kalifornien zurück, davon rund 1600 Kilometer durch 19 mehr oder weniger tiefe Canyons, wie den Cataract Canyon, den Westwater Canyon, den Glen Canyon (heute der Lake Powell), den Marble Canyon und eben den Grand Canyon, bis er in den Lake Mead eintritt. Auf diesem Weg wandelt er sich vom kristallklaren Gebirgsfluß zu einem – nach dem Bau der Staudämme nur noch streckenweise – mit rotbraunem Schlamm beladenen, reißenden und tobenden Strom und schließlich, vor seiner Mündung in den Golf, in ein trübes, salziges Rinnsal. Der Fluß führt in guten Zeiten, nach der Schneeschmelze oder nach ausgiebigem Som-

merregen, bis zu 8 500 000 Liter Wasser in der Sekunde. Vor dem Bau des Glen Canyon Dam schoß der Colorado mit einer Geschwindigkeit von bis zu 20 Stundenkilometer schnell dahin. Zahlen wie diese verschaffen ihm einen Platz unter den größten Flüssen der Welt.

Unbestrittener Weltmeister war der Colorado River – bis zum Bau des Glen Canyon Dam – im Materialtransport. Am 23. September 1927 beförderte er beispielsweise innerhalb von 24 Stunden 27 Millionen Tonnen Schlamm, eine Menge, für die auf dem Landweg 2,7 Millionen Lastwagen mit je 10 Tonnen Nutzlast nötig gewesen wären. Nicht eingerechnet ist dabei die Menge des Gerölls, das der unbändige Strom an diesem Tag in seinem Bett vorwärts schob. Diese ist nicht meßbar, aber geschätzt war es wohl noch einmal soviel.

Auf den ersten Blick wird verblüffen, daß die gesamte Umgebung des Colorado und seiner Nebenflüsse Wüste ist (oder war), eine Wüste, die früher «Great American Desert» genannt wurde. Ein riesiges, weitverzweigtes Flußsystem in einer Wüste! Das wirkt paradox. Aber wenn man bedenkt, daß man eine Steinwüste vor sich hat, in die sich die Flüsse während der über Jahrmillionen andauernden Anhebung des Colorado-Plateaus und seiner Randgebiete tief eingeschnitten haben und somit, anders als etwa der Nil, nicht in der Lage waren, die Uferbereiche zu bewässern, und man sich vergegenwärtigt, daß der Colorado und seine Nebenflüsse ihr Wasser den schneereichen Rocky Mountains und gelegentlichen Sommergewittern verdanken, ist dieser scheinbare Widerspruch erklärt.

Die Rocky Mountains sind der weitaus wichtigste Wasserspender des Colorado River. Damit wird auch seine unstete Wasserführung verständlich – spärlich im Winter, anschwellend zur Zeit der Schneeschmelze im Frühjahr und wieder geruhsamer im Herbst.

ZÄHMUNG EINES FLUSSES

Der Wasserreichtum des Colorado und sein Gefälle zum einen, die karge Felswüste, durch die er fließt, zum anderen, mußten nahezu zwangsläufig zu Überlegungen anregen, wie aus dieser Wasserkraft Nutzen für die Menschen gezogen werden könnte.

Begonnen wurde mit der Nutzung des Colorado bereits um die Jahrhundertwende. Damals stellten Landvermesser fest, daß das Imperial Valley in Südkalifornien 72 Meter unter dem Meeresspiegel liegt. Wasser des Colorado River mittels eines Kanals in diese Senke zu leiten, war nicht besonders aufwendig. 1901 begann man den Kanal auszuheben, und schon zwei Jahre später waren die Voraussetzungen für die landwirtschaftliche Nutzung des Tales gegeben.

Kurz darauf aber, 1905, zerstörte ein Hochwasser die Einlaufschleusen des Kanals, der Fluß ergoß sich in das Kanalbett und überschwemmte das Imperial Valley. Er bildete einen ständig anwachsenden See, der auch die neuen Gleise der Southern Pacific Railroad überflutete, sehr zum verständlichen Verdruß der Eisenbahner. In einer Eilaktion von nur 15 Tagen Dauer dichteten sie mit Hunderten von Güterzugladungen von Steinen den Durchbruch des Colorado ab und zwangen so den Fluß wieder in sein altes Bett. Zurück blieb der 56 Kilometer lange Salton Sea zwischen dem Imperial und dem Coachella Valley, ein See, salziger als der Pazifik, in einer öden, staubigen, unfruchtbaren Umgebung.

Dieser im nachhinein etwas unbeholfen wirkenden Aktion folgte ab 1922 die professionelle «Zähmung» des Flusses. Damals schlossen die bereits genannten sieben

Auf einer Länge von 446 Kilometern windet sich der Colorado River durch den Grand Canyon. Die schmalste Stelle der im Durchschnitt 1600 Meter tiefen Schlucht mißt 6,5 Kilometer, die breiteste Stelle 29 Kilometer.

Der Mather Point am South Rim: Hier trennt nur eine niedrige Absperrung den Besucher von dem gähnenden Abgrund. Die erste Reaktion schwankt zwischen Faszination und Schaudern, Begeisterungsausbrüchen und Sprachlosigkeit angesichts der unbeschreiblichen Dimensionen der Schlucht.

Nur zu Fuß oder auf dem Pferderücken kommt man in das abgeschiedene Dorf Supai im Havasu Canyon. Alles, was die Havasupai-Indianer dort nicht selbst erzeugen, muß mit Packtieren transportiert werden – selbst der Briefträger kommt hoch zu Roß.

Blick vom Powell Point auf den Grand Canyon, den John Muir «die großartigste von Gottes irdischen Stätten» nannte.

Tief verschneite Winterlandschaft am South Rim (Südrand), der ganzjährig für Besucher geöffnet ist.

Vom Toroweap Overlook am North Rim kann man den Colorado River, der sich hier in 900 Meter Tiefe windet, kilometerweit überblicken.

Eine ganz neue Perspektive der großen Schlucht eröffnen die abenteuerlichen, fünf- bis sechstägigen Bootstouren, die meist bei Lee's Ferry beginnen.

JAGD DURCH DIE STROMSCHNELLEN

River Rafting im Grand Canyon

Wichtigster Mann bei einer Rafting-Tour ist der Bootsführer: Er kennt den Fluß wie seine Westentasche und die besten Lagerplätze.

«Ihr seid ja verrückt!» sagen ein paar Freunde, als wir von unserem Vorhaben erzählen, die Stromschnellen des Colorado River mit einem Floß zu meistern. «Das sind keine Flöße, das sind Gummiboote! Ihr werdet absaufen!» Wir schlagen die Warnung in den Wind, schauen aber doch ein wenig betreten, als wir zum schlammigen Fluß hinuntergehen und die Rafts liegen sehen. Sie bestehen aus vier torpedoförmigen, 6 Meter langen Luftschläuchen, zwischen denen einige Kisten und wasserdichte Gummisäcke mit unserer Habe verstaut sind. «Vollkommen ungefährlich», meint Ron, unser Bootsführer, als er unsere sorgenvollen Mienen sieht. Er erklärt, daß die Schläuche in mehrere Luftkammern unterteilt sind, und das Floß auch dann schwimmfähig sei, wenn ein Loch in die Gummihaut gerissen wird.

Einige Stunden später hat sich die Angst verflüchtigt. Der Colorado River ist ruhig und spiegelglatt, und wir treiben beinahe gemütlich zwischen den Felsen dahin. Immer wieder schweifen unsere staunenden Blicke an den gewaltigen Canyonwänden entlang, ergötzen sich an den schillernden Farben, in die die Sonne den roten Sandstein taucht. Früh am Morgen schimmern sie in einem hellen Rosa, mittags tritt der Sandstein hart und kantig hervor, und abends präsentieren sich die Felswände zuerst in einem blutigen Rot und dann in

Alle Teilnehmer tragen Schwimmwesten, das Gepäck ist sicher verstaut.

einem türkisfarbenen Blaugrün. Dunkle Schatten greifen über den Fluß, bis der Mond aufgeht und sich silbern im Wasser spiegelt. Um diese Zeit sitzen wir längst am Lagerfeuer. Wir wärmen uns an den Flammen und lassen uns die Steaks schmecken. Ein Arzt aus St. Louis schlägt ein paar Takte auf seiner Gitarre, und wir versuchen uns am Text eines alten Cowboyliedes. Unser Gesang wird von den Canyonwänden hundertfach zurückgeworfen.

Auch am nächsten Morgen zeigt der Colorado River ein ruhiges Gesicht, und bei einigen von uns macht sich wiederum Unruhe breit. Hat im Prospekt nicht etwas von wilden Stromschnellen gestanden, von haarsträubenden Abenteuern? Ron errät unsere Gedanken. «Heute geht's wilder zu», meint er, «wartet nur ab!» Er steht zwischen einigen Kisten am Ruder und schmunzelt

Über 150, teilweise sehr gefährliche Stromschnellen gibt es im Grand Canyon.

so hintergründig in sich hinein, daß uns doch etwas mulmig zumute wird. Wir haben schon Bilder von den Stromschnellen des Colorado River gesehen und sind plötzlich gar nicht mehr so begierig darauf, die wilde Seite des Flusses kennenzulernen.

Ein dumpfes Rauschen reißt uns aus den Gedanken. Die Strömung wird schneller, und vor uns taucht schäumendes, lehmbraunes Wasser auf. Die Wände des Canyons leuchten in der Sonne. Wir werden blaß, starren wie gebannt auf die tosenden Wassermassen. Sogar Bill, der bisher immer laut gesungen hat, ist ruhig geworden. Wir klammern uns an die Seile, die über das Floß gespannt sind, und warten darauf, daß

uns der Fluß in seine Arme nimmt. Erwartungsvolle Stille macht sich breit.

Ein dumpfer Schlag erschüttert das Floß, macht uns klar, daß es von nun an kein Entkommen mehr gibt. Der Fluß fängt an zu toben, schäumendes Wasser schlägt über uns zusammen und durchnäßt uns bis auf die Haut. Wir stehen, hocken, liegen auf dem Floß und stemmen uns mit aller Kraft gegen den Fluß, der das Gefährt wie einen Spielball herumwirft. Wir drehen uns, schrammen haarscharf an einem Felsen vorbei. Immer wieder schwappt Wasser über die Luftschläuche. Brodelnde Gischt schäumt um unsere Beine, läßt das Floß sekundenlang unter der Wasseroberfläche verschwinden. Wir schreien jetzt, aus Angst und auch vor Freude, aber niemand hört den anderen, weil der Fluß alles mit seinem Donnern und Dröhnen erstickt. Nur Ron bleibt ruhig und scheint zu denken: «Na, hab' ich euch zuviel versprochen? Jetzt habt ihr euer Abenteuer!»

Das Floß steigt vorn hoch, steht fast senkrecht in der Luft, um dann hart auf das Wasser zurückzuschlagen. Bill verliert den Halt und stolpert ein paar Schritte, bis er von mir festgehalten und ans Halteseil gezerrt wird. Wir tauchen in ein Wellental, drehen uns erneut im Kreis und tanzen auf der Gischt. Die Felsen sind nicht mehr zu sehen, nur noch tosendes, schmutziges Wasser. Wir sind in einem Inferno gefangen, sind eins mit dem Fluß.

Und dann ist alles vorbei, so plötzlich, als habe es die Stromschnellen nie gegeben. Der Fluß wird ruhiger, das Dröhnen und Donnern nimmt ab, und wir treiben wieder ruhig dahin. Wir sind klitschnaß, aber glücklich. Wir haben die Stromschnellen gemeistert. Wir haben den Fluß so erlebt, wie John Wesley Powell im Jahr 1869, als er den Colorado in einem Holzboot besiegte: unverfälscht und hautnah. *Thomas Jeier*

Eine mehrtägige Rafting-Tour durch den Grand Canyon gehört zu den beeindruckendsten Naturerlebnissen im Südwesten der USA.

Anliegerstaaten des Colorado River den «Colorado River Compact», den ersten Vertrag weltweit, der die Mehrfachnutzung eines Flußsystems beinhaltete: seine Nutzung für Bewässerung, Überflutungskontrolle, Energieerzeugung und Tourismus. Das bis heute erreichte Ergebnis kann sich sehen lassen: Insgesamt neun Dämme regulieren den Lauf des Colorado und seiner Nebenflüsse; sie sorgen für die Verteilung des Wassers, für Energiegewinnung und mannigfache Wassersportmöglichkeiten. So wurde der Colorado River zu dem am intensivsten genutzten Fluß der Erde.

Statt der früher geradezu dramatischen Vereinigung mit dem Golf von Kalifornien, die Lieutenant Joseph C. Ives im Jahr 1858 mit den Worten: «Die breite Fläche des Flusses um uns herum kochte auf und schäumte wie Wasser in einem Kessel. Und dann, nach einem kurzen Augenblick, kam das Ganze zurück – mit dem Donner eines Katarakts» beschrieb, rinnt heute, wenn überhaupt, nur noch eine schwarzbraune Salzbrühe in den Golf. Dabei handelt es sich nicht mehr um Colorado-Wasser, sondern nur noch um Abwasser der stromaufwärts mit drei Ernten im Jahr arbeitenden Landwirtschaft. Der Colorado ist gezähmt, aus dem Bronco, dem ungestümen Wildpferd, wurde ein müder Ackergaul, wenn auch ein äußerst wertvoller: Sein Nutzen für Landwirtschaft, Stromerzeugung und Tourismus wird auf mehr als eine Milliarde Dollar pro Jahr veranschlagt.

Seit 1963 wird der Colorado im weitverzweigten Schluchtensystem des Glen Canyon zum Lake Powell gestaut, der inmitten einer grandiosen Felswildnis liegt (oben). Siebzehn Jahre brauchte der See, bis die Pegelmesser die geplante Stauhöhe von 1230 Metern über Normalnu anzeigten. Heute ist sein Ufer (unten) au grund der viele Buchten und Canyons mit 3140 Kilomete länger als die gesamte West küste der USA

DIE NUTZUNG DER WASSERKRAFT

Der erste Schritt zur Nutzung des Colorado im großen Maßstab geschah mit dem «Boulder Canyon Project Act», beschlossen 1928. Damit war der Weg frei für den Bau des damals so genannten Boulder Dam nahe Las Vegas. Die zwischen 1930 und 1936 während der amerikanischen Wirtschaftsdepression hochgezogene Staumauer, ein Meisterwerk amerikanischer Ingenieurskunst, ist mit ihrer Höhe von 221 Metern noch heute eine der höchsten der Welt. Zu Ehren des früheren Präsidenten der USA, Herbert C. Hoover, der es wagte, den Bau inmitten der Wirtschaftskrise zu starten, erhielt der Damm 1947 den Namen Hoover Dam. Der von ihm aufgestaute Lake Mead ist mit einer Fläche von 593 Quadratkilometern und einem Fassungsvermögen von 38,5 Milliarden Kubikmetern der größte Stausee der USA und gleichzeitig einer der größten der Erde.

Kein Stausee der Welt kann ewigen Bestand haben. Nicht, weil der Beton der Dämme bröselt oder deren Verankerung im Fels bei Hochwasser angegriffen wird, auch das kommt vor, ist aber selten. Die vorrangige Ursache für die begrenzte Lebensdauer eines Stausees sind jedoch die Sedimente, die Feststoffpartikel, die die aufgestauten Flüsse unaufhörlich hineintragen.

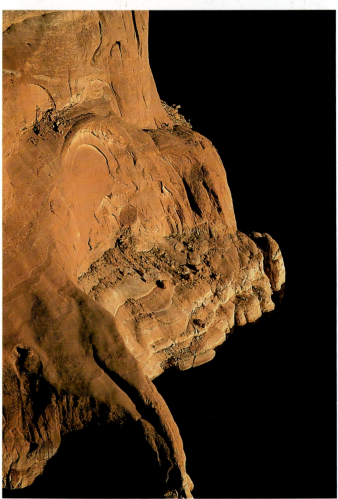

In allen Rot- und Brauntönen leuchtende Tafelberge (oben), die sich aus dem tiefblauen Wasser erheben, bizarre Felsformationen (unten) und versteckte Seitencanyons – für viele ist der von Menschenhand geschaffene Lake Powell nach dem Grand Canyon und dem Monument Valley das faszinierendste «Naturwunder» des amerikanischen Südwestens.

Strahlender Sonnenschein, klares, warmes Wasser, eine spektakuläre Felskulisse – Lake Powell lädt zu einem Badeurlaub ein.

Slickrock Canyon im Escalante State Park, Utah. Im September 1996 ernannte US-Präsident Bill Clinton dieses Schutzgebiet zusammen mit dem Kodachrome Basin State Park, dem Grosvenor Arch, Teilen des Paria-Plateaus und vielem mehr zum Grand Staircase-Escalante National Monument, um damit die einzigartigen Naturschönheiten dieses Gebiets vor dem geplanten Abbau großer Kohlevorkommen zu schützen.

Während der Grand Canyon durch seine Monumentalität besticht, verzaubern die engen mäandernden Slickrock Canyons durch ihr magisches Spiel von Licht und Schatten – nach jeder Biegung entdeckt man neue Formen und Variationen, mit jeder Stunde verändern sich die Farben.

SLICKROCK CANYONS

Geheimnisvolle Welten im Fels

Slickrock bedeutet glatter Fels, ein Slickrock Canyon ist demnach eine glattwandige Schlucht oder, wegen der steilen Wände, eine Klamm. Das Wort Klamm könnte allerdings falsche Erwartungen wecken. Ein Slickrock Canyon auf dem Colorado-Plateau hat nichts mit den Klammen der Alpen gemeinsam. Letztere sind feucht, vom Tosen eines Baches erfüllt, meist mit Treppen und Steigen erschlossen und auf jeder besseren Karte eingezeichnet. Slickrock Canyons dagegen sind in aller Regel staubtrocken, totenstill und zudem nicht ungefährlich. Klapperschlangen und unerwartete Flutwellen nach sommerlichen Gewitterregen, oft so weit entfernt, daß sie im Canyon nicht bemerkt werden, bedrohen den Canyon-Wanderer. Und sie sind, oder waren es zumindest bis vor kurzem, «geheim». Die Ersten, die diese Canyons – vor etwa 25 Jahren – entdeckten, versuchten lange Zeit krampfhaft, deren genaue Lage nicht preiszugeben.

Was aber sind denn nun diese Slickrock Canyons, die noch heute kaum ein Reiseführer erwähnt? Sie zu beschreiben ist

Wie von Künstlerhand modelliert wirken die weichen Wellen des Water Holes Canyon.

schwierig, fast unmöglich. Wie soll man von diffusem, indirektem Licht beleuchtete Höhlen im Sandstein beschreiben – als Kathedralen im Stein? Die eleganten, weichen Wellen der Wände als strömenden Fels? An Klauen und Gewinde erinnernde Labyrinthe, gibt es etwas Vergleichbares? Dazu kommt: Das menschliche Auge kann diese Formenwelten nur unvollkommen wahrnehmen, dafür ist es in den Slickrock Canyons oft schlichtweg zu dunkel. Die wahre Schönheit der Formen und Farben, von Hellgelb, Orange, Rot, Blau bis Schwarz, wird erst auf den Fotos sichtbar, die mit langen Belichtungszeiten vom Stativ aus gemacht werden.

Der Water Holes Canyon bei Page zählt zu den bekanntesten Slickrock Canyons.

Nach dem schönsten unter ihnen, dem Antelope Canyon in der Navajo Indian Reservation, haben viele Fotografen jahrelang mühsam gesucht. Heute ist es kein Problem, den auf drei Abschnitte verteilten Canyon des Antelope Creek zu finden.

Am einfachsten ist der Zugang zu seinem oberen Teil, «The Crack» oder «Corkscrew Canyon» genannt. Am Highway 98 von Page nach Kaibito lädt in der Nähe der Navajo Power Station mit ihren riesigen blitzenden Schornsteinen ein Schild auf der rechten Straßenseite zum Besuch dieses Teils des Antelope Canyon ein. Nach Entrichtung einer Gebühr von meist fünf Dollar pro Person kann man sich mit eigenem Geländewagen rund 6 Kilometer durch streckenweise tiefen Sand wühlen. Wer das seinem Fahrzeug nicht zumuten will oder kann, hat die Möglichkeit, ein Allrad-Taxi zu mieten, das die Besucher zum Eingang des Crack bringt und sie dort nach einer vereinbarten Zeit wieder abholt. Weniger empfehlenswert, aber möglich ist es,

dorthin zu wandern. Dann heißt es wieder einmal: *Carry water* – und zwar soviel, wie man gerade noch tragen kann!

Am Ziel erwartet den Besucher eine etwa 12 Meter hohe, versteinerte, gespaltene Düne, in die man auf gewundenem, daher der andere Name Corkscrew, aber ebenem Weg einfach hineinwandern kann. Der mittlere Abschnitt liegt direkt unter der Brücke des Highway 98 über den Antelope Canyon, ist aber mit Drahtzäunen abgesperrt. Allerdings bietet dieser Teil sowieso relativ wenig Sehens- und Fotografierenswertes. Der untere – vielleicht schönste – Abschnitt des Canyons erfordert hohe Trittsicherheit und alpine Ausrüstung zum Abseilen und Aufsteigen über glatte, meist trittlose Stufen von bis zu 10 Metern Höhe. Im Eingangsbereich haben die Navajo einige Leitern aufgestellt. Nach starken Regenfällen muß man zuweilen auch hüfthohe Tümpel durchwaten. Linkerhand der Straße zur geplanten Antelope Marina liegen nahe am unteren Canyonabschnitt gut sichtbar ein Parkplatz und ein Gate. Nach Entrichtung einer Gebühr an die dort wartenden Navajo ist man dann schon am Eingang in die faszinierende Unterwelt.

Helmut Friedrich

Ein besonders dramatischer und unvergleichlich schöner Blick auf den Colorado River bietet sich dem Besucher am Toroweap Overlook. Nahezu senkrecht fallen hier die Felswände zum Fluß hin ab, die die auf- und untergehende Sonne in leuchtenden Farben erglühen läßt.

Der imposante Grosvenor Arch aus gelbem Sandstein im Grand Staircase-Escalante National Monument.

Daß dieses Schicksal die Stauseen des Colorado besonders bedroht, lassen die schon genannten Daten erahnen. Rund 400 000 Tonnen Sedimente befördert der Fluß täglich und vermutlich eine gleich große Menge von Geröll. Eine solche Materialzufuhr würde die 38,5 Milliarden Kubikmeter Wasser des Lake Mead in nur 330 Jahren verdrängen, der Stausee wäre dann «voll». Vielleicht war das etwas zu pessimistisch gerechnet, denn die Menge des Gerölls ist nicht genau zu erfassen und bis zu 20 Prozent der Schwebstoffe fließen durch die Turbinen am Fuß des Dammes und verlassen so wieder den Stausee. Optimistischere Schätzungen geben dem Lake Mead deswegen eine Lebensdauer von fünfhundert Jahren.

Seit dem Bau des Glen Canyon Dam sind beide Zahlen überholt: Die im Jahr 1963 fertiggestellte Damm-Mauer wenig oberhalb von Lee's Ferry und der dadurch entstandene Stausee Lake Powell halten jetzt das vom Colorado mitgeführte Material auf. 320 000 Tonnen der vom Colorado in den Lake Powell transportierten 400 000 Tonnen bleiben darin liegen, außerdem alles vom Fluß bis dorthin beförderte Geröll. Was nach dem Glen Canyon noch in den Lake Mead gelangt, kann nur noch «neues» Geröll aus dem Grand Canyon und seinen Seitencanyons zwischen Lake Powell und Lake Mead sein und ist demzufolge recht wenig.

Damit steigt die Lebenserwartung des Lake Mead um das fünffache, allerdings zu Lasten des Lake Powell, dem nur sechshundert bis tausend Jahre zugestanden werden. Dieser «Tausch», dem der einzigartige, nun überflutete Glen Canyon zum Opfer fiel, ist für Naturschützer bis heute unverständlich und unverzeihlich.

Aber auch Wasserwirtschaftsexperten kritisieren den Glen Canyon Dam scharf, weil in dem trockenen Wüstengebiet, durch das der Colorado fließt, mit einer jährlichen

«Nie soll etwas geschehen, das die wunderbare Großartigkeit, die Erhabenheit, die grandiose Einsamkeit und Schönheit des Canyons beeinträchtigt. Die Zeit hat ihn geschaffen, und der Mensch kann ihn nur verschandeln» – tief beeindruckt von seinem ersten Besuch ließ US-Präsident Theodore Roosevelt schon 1906 einen Teil des Grand Canyon unter Schutz stellen.

Auf dem Colorado-Plateau stößt man immer wieder auf so bizarre Steinformationen wie hier im Grand Staircase-Escalante National Monument.

Niederschlagsmenge von nur 200 Millimetern und einer mehr als zehnfachen Verdunstungsrate Stauseen sehr problematisch sind. 2,5 Kubikkilometer Wasser gehen durch die Verdunstung aus den Stauseen des Colorado jährlich verloren, eine Menge, die 1922 beim Abschluß des Nutzungsvertrags schlichtweg übersehen wurde.

In den Augen der Naturschützer hat dieser erst spät entdeckte Fehler jedoch auch etwas Gutes: Weitere Stauseen verbieten sich von selbst, ihr möglicher Nutzen würde durch die zusätzliche Verdunstung aufgehoben. So wird auch der irrwitzig anmutende Plan, den Colorado mit dem Bridge Canyon Dam nochmals zu stauen und somit den Grand Canyon zu überfluten, für immer in den Schubladen der Planer bleiben.

EIN NATURWUNDER WIRD ÜBERFLUTET

Nation's playground, a great place of fun, tiefblaues Wasser, 3140 Kilometer Uferlänge (doppelt so lang wie die Westküste der USA ohne Alaska) – für die einen ist der nach dem großen Forscher und Wissenschaftler benannte Lake Powell ein Freizeitparadies und «Naturwunder», für die anderen ein unverzeihliches Vergehen an der Natur an einer ihrer schönsten Stellen, das ohnehin nur kurzlebige Ergebnis einer unüberlegten Zerstörungstat.

Die Vorgeschichte: Nachdem 1948, 26 Jahre nach der Verabschiedung des «Colorado River Compact», auch die nördlichen Anrainerstaaten dem Verteilungsplan zugestimmt hatten, legte 1953 das Bureau of Reclamation, die für Dammbauten zuständige Abteilung des Innenministeriums, eine Liste weiterer Dammprojekte im «oberen» Colorado-Becken vor. Dazu gehörte ein Damm im Glen Canyon und einer im Echo Park am Green River, inner-

Ein Zauberreich aus Fels mit wunderschönen versteinerten Dünen erwartet den Wanderer in der Paria Canyon-Vermilion Cliffs Wilderness westlich von Page.

Wanderungen in das unwegsame Gebiet um den Paria Canyon sollten gut geplant sein: Wer hier unterwegs ist, muß mit Hitze und Trockenheit ebenso rechnen wie mit Gewittern und Überschwemmungen.

Nach jeder Biegung warten neue Formen (oder Hindernisse): Erforschung des Slickrock Canyon Round Valley Draw in Grand Staircase-Escalante National Monument.

halb des heutigen Dinosaur National Monument. Das Echo-Park-Projekt wurde am stärksten angegriffen und schließlich von der Liste genommen, dafür aber der Flaming Gorge Dam in Utah hinzugefügt. Im heftigen Streit um den Echo Park Dam ging das Glen-Canyon-Projekt gewissermaßen unter, und so kam es, daß 1956 sowohl der Bau des Flaming Gorge Dam als auch der des Glen Canyon Dam in Angriff genommen wurden.

Kritik am Bau des Flaming Gorge Dam wurde nie laut, um so mehr aber am Bau des Glen Canyon Dam. Warum? Der Glen Canyon ist mit 320 Kilometern nach dem Grand Canyon nicht nur der längste, er war, wie seine Kenner sagen, auch der weitaus schönste unter den zahlreichen Canyons des Colorado. Nachdem der Beschluß gefaßt war, ihn mit dem Dammbau zu ertränken, erhielt der weder auf dem Land- noch auf dem Wasserweg leicht zu erreichende Glen Canyon die Bezeichnung *the place no one knew*, der Ort, den niemand kannte. Es ist leider wahr, nur wenige ausdauernde Wanderer, Reiter und Bootfahrer haben den Glen Canyon in seiner ursprünglichen Schönheit gesehen und mit ihren Erzählungen und Fotografien eine Erinnerung an die untergegangenen Herrlichkeiten geschaffen.

Wer den Glen Canyon erleben konnte, schwärmte in den höchsten Tönen. Schon John Wesley Powell, der erste Befahrer des Colorado, ein nach seinem Lebenslauf und seinen Leistungen zu urteilen ausgesprochen harter Bursche, war von seinem Anblick hingerissen und schrieb: «Eine wundersame Versammlung herrlicher Erscheinungen, geschliffene Wände, königliche Bögen, Klammen, Schluchten, Wälle und Monumente. Wir beschließen, diesen Canyon Glen [Klamm] Canyon zu nennen.» Und an anderer Stelle: «[Wir finden ...] eine riesige, in den Felsen gewaschene Höhle. Am oberen Rand befindet sich ein klarer, tiefer, von grünen Pflanzen gesäumter Teich. Die Höhle ist über 60 Meter hoch, 150 Meter lang und 60 Meter breit. In der Decke führt ein schmales gewundenes Oberlicht durch mehrere hundert Meter Felsen empor. Hier schlagen wir unser Lager auf. Mein Bruder singt uns ein Abendlied, und wir hören verzückt, wie sich die Höhle im Fels mit süßen Tönen erfüllt. Gewiß wurde sie von ihrem sturmgeborenen Architekten als Musikakademie geschaffen; aus diesem Grund nennen wir sie ‹Music Temple›.» Nach diesen Worten eines nüchternen Forschers fragt man sich, ob John Wesley Powell es wohl gebilligt hätte, daß der Stausee, der Orte von solchem Zauber ertränkte, nach ihm benannt wurde.

Music Temple, Cathedral in the Desert und viele andere Orte von schwer beschreibbarer Schönheit, mit glattpolierten hohen, gewölbten Steinwänden, verziert mit Wüstenlackstreifen (Wüstenlack wird die lackartig glänzende Kruste auf dem Sandstein genannt, die durch die Verdunstung von eisen- und manganhaltigen Minera-

Die Mooney Falls im Havasu Canyon zählen zu den schönsten Wasserfällen im amerikanischen Südwesten. Von den Indianern werden sie «Mutter des Wassers» genannt, ihr offizieller Name erinnert an den Iren James Mooney, der hier um 1880 nach Gold suchte und dabei tödlich verunglückte.

MYTHEN UND LEGENDEN UM DEN GRAND CANYON

Schon lange bevor Geologen die Entstehung des Grand Canyon wissenschaftlich erläuterten, hatten die Indianerstämme in der Umgebung der großen Schlucht dieses ehrfurchtgebietende Naturphänomen in ihren Mythen zu erklären versucht. Die Legenden der Weißen drehen sich dagegen fast ausschließlich um ein Thema – die Frage, ob es in der grandiosen Schluchtlandschaft vielleicht doch, wie vermutet, riesige Goldminen gäbe.

Für die Navajo, die Hualapai und die Havasupai-Indianer ist der Colorado River der Ausläufer einer großen Flut, die einst die ganze Erde bedeckte und die die Indianer nur überlebten, weil sie sich in Fische verwandelten – für traditionelle Navajo noch heute ein Grund, keinen Fisch zu essen. Durch die immense Kraft dieses Flusses, so glauben die Havasupai und Navajo, entstand der Grand Canyon – in diesem Punkt ist der Mythos nicht weit von der wissenschaftlichen Erklärung der Geologen entfernt. Für die Hualapai war es dagegen der mythische Held Packithaawi, der die große Flut beendete, indem er mit einer Keule auf die mit Wasser bedeckte Erde einschlug und so den Grand Canyon schuf. Bei den Ute-Indianern heißt es über den Ursprung des Colorado River: Der Gott Tavwoats «rollte einen reißenden Strom in die Schlucht», um den Weg in das mythische «Land der Freuden» zu verbergen und so die Menschen daran zu hindern, aus ihrem Alltagsleben auszubrechen.

Auch in der Mythologie der Hopi-Indianer spielt der Grand Canyon als heiliger Ort eine Rolle. Nach den mündlichen Überlieferungen der Hopi durchlebten die Menschen bereits drei Zeitalter, die alle durch große Katastrophen beendet wurden. Nur wenige überlebten den Untergang der dritten Welt und konnten unter der Führung der mythischen Großmutter Spinne aus der Unterwelt wieder nach oben, in die heutige vierte Welt gelangen. Über das Land der Toten, Máski, erzählt der Hopi-Indianer Ned Zeena in «Hopi – Stimmen eines Volkes» (Hg. H. Courländer und S. Dömpke): «So wie es die Oraibier erzählen, geht man im Tode nach Westen zum Grand Canyon, drüben, wo die Oraibier ihr Salz holen. Irgendwo dort in der Gegend. Sie behaupten, daß dort auch das Sipapuni ist, die Stelle, an der wir Hopi alle aus der Unterwelt kamen. Irgendwo dort ist die Straße nach Máski. Dorthin gehen die Totengeister.» In Sipapuni soll sich auf einem Felsen ein kleiner Tümpel gebildet haben, aus dessen gelbem Wasser verschiedene Gase emporsteigen, und noch heute unternehmen Hopi-Indianer die anstrengende Reise zu diesem geheimnisvollen Ort am Zusammenfluß von Colorado und Little Colorado, um Opfergaben zu hinterlegen.

1 Ute-Indianer im Süden des Grand Canyon.

2 «The Grand Canyon», ein Gemälde des berühmten amerikanischen Malers Thomas Moran (1913, The Thomas Gilcrease Institute of American History and Art, Tulsa, Oklahoma).

3 Einfache Rundhütten dienten den Indianern vor allem als Schutz vor der glühenden Sonne auf dem Canyongrund. Im Bild die «Hava-Supai Lodge» bei Supai.

4 Paiute-Indianer auf der Jagd im Grand Canyon (Foto, 1872).

vileg, an diesem heiligen Ort zu wohnen. Francisco Garcés, ein spanischer Missionar, der die Havasupai 1776 besuchte, beschrieb seine «roten Kinder» als «glückliche und fleißige Menschen», die von einer unbekannten Kraft gelenkt wurden und die es jeden Sommer in die Schlucht zog.

Die Geister waren den Indianern wohlgesonnen, selbst die bösen Kräfte forderten die Bewohner der Schlucht nicht heraus. Erst als weiße Männer in das verwunschene Land der blauen Wasserfälle eindrangen, setzten sie sich zur Wehr. Der moderne Name Mooney Falls erinnert an einen Iren, der im Jahr 1880 in Supai auftauchte, um in den Felshöhlen des Grand Canyon nach Gold zu suchen. Seine Freunde wollten ihn in die Seitenschlucht abseilen, aber das Seil war zu kurz, und er stürzte in den Tod.

Auch Supai, das Dorf der Havasupai-Indianer am Grund des Havasu Canyon, ist ein magischer Ort. Schon bevor die Weißen kamen, fühlten sich die ersten Bewohner des amerikanischen Südwestens von der Flußoase angezogen. Von Frühling bis Herbst bauten sie am Canyongrund Mais, Melonen, Bohnen und Kürbisse an, bei Einbruch des Winters zogen sie auf das Plateau und gingen dort auf die Jagd. Im türkisfarbenen Strom der stürzenden Wasser, die später Mooney Falls heißen sollten, stritten sich der Legende nach die guten und die bösen Geister, und es galt als Pri-

Ein böser Zauber, so sagt man, liegt über den Schluchten und Höhlen des Grand Canyon zwischen Lee's Ferry und Vulcans Throne. Dort versteckte sich John Doyle Lee vor seinen Verfolgern. Er gehörte zu den Mormonen, die über hundert Siedler auf ihrem Weg nach Kalifornien umgebracht und den Überfall den Indianern in die Schuhe geschoben hatten. Lee floh in den Canyon, verirrte sich aber in dem Labyrinth der Schluchten und fiel schließlich den Havasupai-Indianern in die Hände, die ihn nach Supai verschleppten. Erst zwei Jahre später gelang es ihm zu entkommen. Er rannte davon und zog jahrelang durch die rotbraunen Canyons.

1871 befahl Brigham Young, der Mormonenführer, dem rastlosen John Doyle Lee, eine Fähre über den Colorado River einzurichten, damit seine Siedlerfamilien ins nördliche Arizona ziehen konnten. Der Mann gehorchte und siedelte an der Mündung des Paria Creek. Lee's Ferry, Startpunkt vieler Rafting-Touren, erinnert mit seinem Namen heute noch an den einsamen Mormonen. Die bösen Geister aber, so sagt man, ließen ihn nicht los und trieben ihn nach Panguitch, Utah, wo er von den Beamten des Gesetzes festgenommen wurde. Er wurde zum Tode verurteilt und mußte sich gefesselt in einen Sarg stellen. «Ich habe keine Angst vor dem Tod!» rief er den Männern zu, die auf ihn anlegten. Er verspottete sie und starb mit einem Lächeln auf den Lippen.

Sein großes Geheimnis verriet er den Männern nicht. Die Legende will wissen, daß er eine reiche Goldmine im Grand Canyon entdeckt hatte, die aber bis heute nicht gefunden wurde. Jeder, der danach gesucht hatte, kehrte unverrichteter Dinge zurück – ob die Havasupai-Indianer das Geheimnis kennen?

Thomas Jeier

Geradezu winzig wirken diese Reiter vor der gewaltigen Kulisse der Felswände im Havasu Canyon.

Mit aufwendigem Brust- und Federschmuck und gefärbten Stachelschweinborsten im Haar präsentiert sich der junge Teilnehmer stolz auf dem indianischen Pow-wow in Gallup.

Szenen auf dem Pow-wow in Gallup, zu dem sich jährlich im August zahlreiche Indianerstämme treffen, um gemeinsam zu feiern und alte Tänze, Kostüme und traditionelles Kunsthandwerk vorzuführen.

lien entsteht, die vom Regenwasser an die Oberfläche befördert werden) oder *Hanging gardens* (von Sickerwasser genährte Hängepflanzen), schattenkühle Plätze, deren Stille nur gelegentlich von schwirrenden Vögeln unterbrochen wurde – all dies ist unwiederbringlich verloren, zuerst vom Wasser bedeckt, inzwischen unter Geröll und Schlamm begraben. Das heißt, würde man heute den Glen Canyon Dam sprengen (*crack the dam* lautet die vehemente Forderung besonders hitzköpfiger Gegner des Dammes), die dann wieder auftauchende Landschaft würde diese «Rettungstat» nicht lohnen. Die Canyonwände blieben hellgrau gebleicht, da das gestaute Wasser die farbgebenden Mineralien herausgelöst hat. Die wieder trockenen Canyonböden wären nichts anderes als eine öde Stein- und Geröllwüste. Vielleicht würden die neu auftretenden ungezügelten Hochwasser des Colorado River den Glen Canyon mit der Zeit freispülen. Vielleicht würden auch die ihn einrahmenden Felsen im Lauf der Zeit wieder ihre vorherige Farbe annehmen. Aber all das ist und bleibt nur Spekulation, an die Sprengung des ihnen verhaßten Dammes glauben nicht einmal seine entschiedensten Gegner.

Wenn schon der Glen Canyon unwiederbringlich verloren ist, dann hoffen die Besucher des Lake Powell zumindest, daß sich der See wieder so weit füllt, wie es ursprünglich geplant war. Im Jahr 1992 war zum Beispiel sein Wasserstand nach einer jahrelang anhaltenden Trockenheit um 25 Meter gefallen – häßliche «Badewannenränder» waren die Folge. Im Frühjahr 1996 fehlten dem See zwar «nur» 8 Meter, aber die ausgebleichten Ränder blieben unübersehbar. Die ständige Zufuhr von Schlamm und Geröll unterstützt auf der einen Seite die Anhebung des Wasserspiegels, führt jedoch auf der anderen Seite auch zum schon geschilderten Ende des Lake Powell in sechshundert bis tausend Jahren. Viel früher sind auf dem See zunehmende Beschränkungen für den Bootssport zu erwarten, so werden beispielsweise Fahrten in Seitencanyons des Sees, die heute noch den Teilnehmern der Rundfahrten viel Spaß machen, durch neue Untiefen nicht mehr möglich sein. Auch die Einfahrt in den Forbidden Canyon, dem Zugang zur berühmten Rainbow Bridge, die auf dem Landweg nur schwer zu erreichen ist, könnte blockiert werden.

Doch noch ist der Lake Powell für unzählige Urlauber ein Platz ungetrübten Vergnügens. Das hätte der schwer zugängliche Glen Canyon in seiner ursprünglichen Form nie sein können. Wüstenklima, blauer Himmel, ideales Badewetter, im Hochsommer oft von dramatischen Gewittern unterbrochen, deren Entstehung durch die starke Verdunstung des Sees begünstigt wird, beeindruckende Felskulissen, tiefblaues, warmes Wasser und hervorragende Wassersportmöglichkeiten – was will man mehr? Nur noch wenige weinen dem Glen Canyon nach.

Nach dem langen staubigen Anmarsch stößt der Wanderer am Grund des Havasu Canyon auf ein unerwartet grünes Paradies inmitten der Felswüste: Pappeln, Weiden und Ahornbäume säumen den kristallklaren Havasu Creek, an dem sich Kormorane, Eisvögel, Kolibris, Lazulifarbfinken und zahlreiche andere Vogelarten tummeln.

LEBEN IN EINER OASE

Der Havasu Canyon

Abseits von Lärm und Hektik der Zivilisation erwartet den Besucher am Grund des Havasu Canyon das kleine Indianerdorf Supai. Der Weg dorthin ist mühsam, doch die Legende will wissen, daß sich die ganze Schönheit dieses abgelegenen Paradieses nur dem offenbart, der sich ihm zu Fuß nähert.

Für viele schöne oder interessante Ziele im und am Grand Canyon braucht man viel Zeit, Ausdauer und oft eine gute körperliche Konstitution. Der beschwerliche Weg nach Supai kostet Schweiß und Kraft und scheint oft kein Ende zu nehmen. Im Sommer staut sich in der engen Schlucht die Hitze, und Temperaturen von über 50 Grad Celsius sind keine Seltenheit. Warum aber nehmen, wenn auch eher wenige, Touristen diese Mühen auf sich? Was macht den kleinen Canyon, der auf einigen Karten auch als Cataract Canyon verzeichnet ist, für die Besucher des Grand Canyon so anziehend?

Manche werden sich für die dort lebenden Havasupai-Indianer interessieren, die «Menschen vom blaugrünen Wasser». So nennen sie die *baigu*, die Weißen, sie selbst kennen sich als Supai. So heißt auch das Dorf, in dem rund hundert Angehörige des heute noch etwa vierhundert Mitglieder zählenden Indianerstammes recht isoliert leben und eine bescheidene Landwirtschaft betreiben. Sie haben sich noch einige Traditionen bewahrt, so die Schwitzhütte, die indianische Sauna. Ihr Besuch dient nicht nur der Reinigung des Körpers, sondern hat auch spirituelle Bedeutung. Auch alte Jagdzeremonien und Bestattungsriten sind bei den Havasupai erhalten.

Die meisten Besucher kommen jedoch wegen der Naturschönheiten des Havasu Canyon. Er birgt eine Flußoase, wie sie in dieser Kalksteinwüste niemand erwarten würde. Nach einem langem Weg durch eine trockene, felsige Landschaft wird der Wanderer oder Reiter vom Geräusch rauschen-

1 Havasupai-Indianer.

2 **Naturidylle am Havasu Creek.**

Im Land des blaugrünen Wassers: Zwischen den roten Felswänden stürzen die Havasu Falls 30 Meter in die Tiefe. Seine auffällige Färbung verdankt das Wasser mineralischen Verbindungen, die es aus dem Gestein aufnimmt.

3 Je tiefer man hinabreitet, desto abwechlungsreicher wird die Landschaft.

den Wassers empfangen und überrascht. Und schließlich, nach der letzten Wegbiegung, bietet sich unvermittelt der Anblick des frischen Grüns von Pappeln, Obstbäumen, Büschen und Wiesen, die der Havasu Creek bewässert, ein klarer Bach, der das ganze Jahr über reichlich Wasser führt.

Unterhalb des Ortes Supai liegen die vier berühmten Wasserfälle des Havasu Creek, die Navajo, Havasu, Mooney und Beaver Falls. Die Mooney Falls, mit einer Fallhöhe von 60 Metern die höchsten, werden von den Indianern «Mutter des Wassers» genannt. Ihr heutiger «offizieller» Name geht auf den unglückseligen Erzsucher James Mooney zurück, der sich 1880 von der Kante des Wasserfalls abseilen wollte und dabei tödlich verunglückte.

Die 30 Meter hohen Havasu Falls sind auf vier Stränge verzweigt. Besondere Freude haben ihre Besucher an den von Travertinwänden gefaßten Becken an ihrem Fuß, von der Größe einer Badewanne bis zu der eines Swimmingpools, in deren kühlem Wasser ein Bad wie in einem Whirlpool genommen werden kann.

Whirlpools in der Wüste, umgeben von üppigem Grün – das sind ganz neue, ganz ungewohnte und sehr erfrischende Aspekte der großen Schlucht des Colorado.

Aber auch dieses Paradies ist bedroht! Unglaublich, aber wahr, gibt es Pläne, oberhalb des Havasu Canyon und außerhalb des geschützten Gebiets des Grand Canyon National Park ein Uran-Bergwerk zu erschließen. Ob dafür wirklich Bedarf besteht, kann hier nicht diskutiert werden. Aber was ein solches Bergwerk mit einem nach «menschlichen Ermessen auszuschließenden» Unfall in der Abwasserentsorgung für den Havasu Canyon bedeuten würde, das liegt auf der Hand.

Helmut Friedrich

FLORA UND FAUNA

Wer vom Rand des Grand Canyon in die sich als nahezu nackte Steinwüste darbietende Landschaft schaut, könnte bezweifeln, daß es in der Tiefe überhaupt Lebewesen gibt. Doch dieser erste Eindruck trügt: Existieren hier doch nahezu tausend verschiedene Pflanzen, 75 Säugetier- und 230 Vogelarten, 43 Vertreter der Amphibien und Reptilien und 16 Fischarten.

Den Fischen hat der Bau des Glen Canyon Dam am meisten zugesetzt. War das Wasser des Colorado vorher schlammig und den Jahreszeiten angepaßt unterschiedlich warm, so ist das heute vom Grund des Stausees entlassene Colorado-Wasser klar und das ganze Jahr über sehr kalt, nur 10 Grad Celsius warm. Forellen können damit leben, andere Fischarten wurden vertrieben.

Auf die Tier- und Pflanzenwelt im Grand Canyon blieb der Dammbau dagegen ohne Einfluß. Nach wie vor werden am Canyongrund im Sommer bis zu 50 Grad Celsius gemessen. An den Canyonrändern fällt im Winter die Temperatur unter null Grad, am South Rim meist nur für wenige Tage, am rund 400 Meter höher gelegenen North Rim bedeutend länger – dort liegt im Winter der Schnee monatelang meterhoch.

C. Hart Merriam, Direktor im US-Landwirtschaftsministerium, definierte um 1800 sieben Klima- oder Lebenszonen für den nordamerikanischen Kontinent: die tropische, die subtropisch heiße untere sonorische, die obere sonorische, die Übergangs-, die kanadische, die hudsonische und die arktisch-alpine Zone. Vier dieser Zonen, von der unteren sonorischen Zone im Canyongrund bis zur kanadischen am Kaibab-Plateau passiert der Wanderer, wenn er von der «Phantom Ranch» auf dem rund 22 Kilometer langen Weg zum 1750 Meter höheren North Rim aufsteigt. Auf dieser vergleichsweise kurzen Strecke geht es durch die gleichen Klimazonen wie auf einer 2800 Kilometer langen Wanderung von Baja California in Mexiko bis nach British Columbia in Kanada.

Vier Klimazonen im Grand Canyon! Kein Wunder also, daß die Artenvielfalt der Tiere und Pflanzen so groß ist. In der unteren sonorischen Zone, die vom Canyongrund (an der Kaibab-Hängebrücke 760 Meter über dem Meer) an den Südhängen bis 1500 Meter und an den Nordhängen bis 1200 Meter über den Meeresspiegel reicht, sind die Lebensbedingungen am härtesten. Pflanzen und Tiere, die hier bestehen wollen, müssen äußerst genügsam und zäh sein sowie über verschiedene Überlebensstrategien verfügen: Entweder sind sie sehr unauffällig oder schnell, oder sie wirken auf ihre Feinde sehr abschreckend. Typisch für diese Klimazone sind die bis zu 4 Meter hohe Catclaw Acacia (Katzenkrallen-Akazie), ein Busch mit messerscharfen, gekrümmten Dornen, und Mesquite-Sträucher. Bevorzugt hier, aber auch in der

Ein Salto in den Little Colorado River – während einer Rafting-Tour gibt es immer auch Pausen zum Baden und Sonnen, und man hat Gelegenheit, die Gegend zu erkunden oder einfach die phantastische Landschaft auf sich wirken zu lassen.

Wer den Grand Canyon wie hier mit einem «dory» einem Ruderboot, durchfährt, bewegt sich auf den Spuren von Major Powell, der den Colorado River 1869 erstmals mit neun Männern in kleinen Holzbooten bezwang.

Erfrischende Dusche an einem kleinen Wasserfall in einer Seitenschlucht des Grand Canyon. Der meist sehr schlammige Colorado River eignet sich nicht zum Trinken und Waschen – sein Wasser ist, so lautet ein berühmter Ausspruch, «zu dünn zum Pflügen und zu dick zum Trinken».

Der Cliff Spring Trail am North Rim begeistert vor allem im Frühjahr durch die üppig blühende Vegetation.

Ein seltener Anblick im Grand Canyon National Park: Nahe dem Quartermaster Viewpoint stößt man auf ein Wäldchen von Joshua Trees, die man ansonsten vor allem in der Mojave-Wüste findet. Einzelne Exemplare dieser Yucca-Art werden über 10 Meter hoch und Hunderte von Jahren alt.

Cape Royal am North Rim: Im Vordergrund erheben sich majestätisch die Tafelberge mit den klangvollen Namen Wotan Throne und Vishnu Temple, dahinter breitet sich bis zum Horizont die tief zerklüftete Erosionslandschaft des Grand Canyon aus.

Eine Kopfbedeckung, gutes Schuhwerk und ausreichende Wasservorräte sind für jede Wanderung im Grand Canyon National Park unabdingbar. Da man sich hier im «Rattle Snake Country» befindet, sollte man auch auf die seltenen, aber gefährlichen Klapperschlangen achten.

Auf dem Weg in die Schlucht wandert man durch verschiedene Klimazonen, von denen jede einzelne ihre eigene, vielfältige Tier- und Pflanzenwelt aufweist. Hier bildet das frische Grün der Ufervegetation des Garden Creek einen reizvollen Kontrast zur trockenen Felswüste der Umgebung.

nächsthöheren Klimazone lebt die Canyon-Fledermaus, so klein, daß sie leicht für einen Nachtfalter gehalten werden könnte, wenn auch für einen sehr schnellen. Andere Bewohner der unteren sonorischen Zone sind die Halsbandleguane, die bis zu 30 Zentimeter lang werden. Die Männchen präsentieren sich leuchtendgelb bis leuchtendgrün gefärbt, während man bei den Weibchen alle Schattierungen von grau bis leuchtendorange findet. Ihren Namen verdanken diese Leguane den hellen und dunklen Streifen um ihren Hals. Sie brauchen sich offenbar nicht zu verstecken, wahrscheinlich wirken ihre Signalfarben abschreckend. Auch mit Skorpionen und Klapperschlangen muß hier gerechnet werden.

In der darüberliegenden oberen sonorischen Zone, die an den Südhängen bis 2100, an den Nordhängen bis 1800 Meter über den Meeresspiegel reicht, findet man häufig den kugeligen, gelbblühenden Angelhakenkaktus. Typisch für diesen Lebensbereich sind ferner Utah-Wacholder und Pinyon-Kiefer, die hier den sogenannten Zwergwald *(Pygmy Forest)* bilden. In dieser Zone tauchen auch die ersten Säugetiere auf: das Felsen-Eichhörnchen und der Graufuchs.

Größere Säugetiere wie Puma, Luchs, Wapiti-Hirsch, Maultierhirsch und Dickhornschaf kümmern sich wenig um die Klimazonen des C. Hart Merriam, sie durchstreifen sie frei. So wurde ein Maultierhirsch beobachtet, der an einem Tag vom Canyonrand bis zum Fluß hinabstieg und diesen durchschwamm. Dann verlor sich seine Spur. Ist er auf der gegenüberliegenden Seite wieder emporgeklettert? Wahrscheinlich, denn am Canyongrund halten es weder Menschen noch größere Tiere lange aus.

Eine Besonderheit unter den Säugetieren der großen Schlucht sind die Burros, verwilderte Nachkommen der Esel, die einst im Canyon abgebaute Erze transportierten. Nachdem sich der Bergbau nicht mehr rechnete, wurden sie von den Minenbetreibern ihrem Schicksal überlassen. Die Esel fanden sich in der freien Natur schnell zurecht und ihr Lebensraum reicht heute vom Canyonrand bis zum Fluß. Allerdings nehmen sie den einheimischen Tieren Nahrung weg und stören so das sensible Gleichgewicht der Natur im Grand Canyon. Deswegen wurden von der Nationalparkverwaltung immer wieder Versuche unternommen, die Burros aus dem Grand Canyon zu «entfernen», ein beschönigender Ausdruck dafür, sie abzuschießen. Heute bemüht man sich, sie einzufangen und anderswo anzusiedeln.

Doch zurück zu den Klimazonen. Auf die obere sonorische Zone folgt die Übergangszone, sie reicht an der Nordseite des Grand Canyon bis in eine Höhe von 2500 Meter. Typisch sind hier die Ponderosa- oder Gelbkiefer, das Goldmantel-Hörnchen, das Abert- und das Kaibab-Hörnchen. Letztere haben die Biologen sehr interessiert, denn das Abert-Hörnchen ist nur am South

Vista Encantadora, Bezaubernde Aussicht, lautet der spanische Name dieses Ausblickspunkts am North Rim. Wenn sich im Indian Summer das Laub verfärbt, pilgern Touristen und Fotografen aus der ganzen Welt zu diesem phantastischen Naturschauspiel am Nordrand des Grand Canyon.

Rim anzutreffen, das Kaibab-Hörnchen nur am North Rim. Beide Arten ernähren sich vorzugsweise von den Zweigspitzen, der Rinde und den Samen der Gelbkiefer, sind also an deren Vorkommen «gebunden». Sie haben den gleichen Körperbau, die gleiche Größe und die gleichen Gewohnheiten. Beide haben einen dunkelgrauen Rücken mit einem braunen Streifen, allerdings hat das Abert-Hörnchen einen weißen Bauch und einen grauen Schwanz, das Kaibab-Hörnchen einen schwarzen Bauch und einen weißen Schwanz. Es sieht ganz danach aus, als hätte sich hier eine Tierart, die es schon vor der Entstehung des Grand Canyon gab, zu verschiedenen Untergruppen entwickelt, als die Kluft zwischen Nord und Süd keinen genealogischen Austausch mehr zuließ.

Eine sich anbietende Erklärung, der weiße Schwanz des Kaibab-Hörnchens sei eine Anpassung an den Schnee, der oft von November bis Mai am North Rim liegt, wurde wieder verworfen. Der dunkelgraue Körper des Hörnchens bietet im Schnee keine Tarnung und es legt, wenn es Gefahr wittert, seinen Schwanz nicht zur Deckung über den Rücken. Auch bleibt der Schwanz das ganze Jahr über weiß, hat also in der schneefreien Zeit wohl eine Signal-, aber keine Tarnfunktion.

An die Übergangszone schließt am Nordrand des Canyons die kanadische Zone an, die hier etwa 2500 Meter über dem Meeresspiegel beginnt. An dieser Zone hat der South Rim bereits keinen Anteil mehr. In der kanadischen Zone gedeihen vor allem die Stechfichte, die Colorado-Tanne und die Douglas-Tanne, alles Bäume, die es kühl und feucht lieben. Die Douglas-Tanne findet sich übrigens vereinzelt auch am South Rim, also noch unterhalb der kanadischen Zone, dort allerdings nur an schattigen, kühlen Plätzen, die ausreichend Oberflächenwasser erhalten. Eines von vielen Beispielen dafür, daß die Klimazonen im Grand Canyon nicht mit dem Lineal gezogen werden dürfen.

Am North Rim beeindruckt im Herbst besonders die amerikanische Espe (auch Zitterpappel genannt) mit ihren in dieser Jahreszeit in vielen Gelb- und Brauntönen leuchtenden und im Luftzug zitternden Blättern. Relativ häufig sieht man dort auch Maultierhirsche. Am späten Nachmittag treten sie in Rudeln aus den umgebenden Wäldern zum Äsen auf die weiten Hochlandwiesen und springen unbekümmert über die Straßen, so daß beim Fahren höchste Vorsicht geboten ist.

SAURIER IM GRAND CANYON?

Die unterschiedliche Entwicklung der Eichhörnchen beiderseits der großen Schlucht ließ die Frage aufkommen, ob es auch auf den Plattformen der isoliert aus dem Grand Canyon aufragenden Tafelberge eigenständige

Golden leuchtet das Herbstlaub des Baumes am Tiyo Point, North Rim, in der Morgensonne, während die Schluchten des Canyons noch im geheimnisvollen Dunkel liegen.

Igelkaktus im Grand Canyon. Eine Wanderung in die Tiefe entspricht klimatisch einer Reise vom kanadischen Norden in die Wüste Mexikos.

Entwicklungen geben könnte. 1937 wurde unter der Leitung von Harald Anthony, Kurator am American Museum of Natural History, eine Expedition auf den Shiva Temple geplant, einen hohen bewaldeten Tafelberg, der vor etwa 20 000 Jahren durch Erosion vom North Rim abgetrennt wurde. Kaum war dieses Vorhaben publik, wurde in den Zeitungen darüber spekuliert, ob «dort oben» vielleicht noch Dinosaurier oder feuerspeiende Drachen leben könnten. Dabei hatte Anthony, ein nüchterner Wissenschaftler, von Anfang an nichts anderes erhofft, als geringfügige Mutationen bekannter Arten zu finden.

Da der auserkorene Tafelberg als unbesteigbar galt, hielt man zunächst eine Landung mit dem Hubschrauber für die einfachste Lösung. Diese Idee wurde aber wegen erwarteter gefährlicher Luftströmungen ebenso verworfen wie der Absprung über dem Tafelberg mit dem Fallschirm. Schließlich beschloß man, es doch mit klassischem Bergsteigen zu versuchen, und siehe da, es war gar nicht so schwer, das Hochplateau zu erklimmen. Die Expedition benötigte von einem leicht zugänglichen Felssattel am Fuß des Zielberges für die verbleibenden 400 Höhenmeter nur einen Vormittag. Der letztendlich relativ mühelose Aufstieg ließ allerdings schon ahnen, daß im Zielgebiet kaum etwas Neues zu finden sein werde. Die Voraussetzungen für eine Artentrennung waren offenbar nicht gegeben.

Ein Verdacht, der sich bald bestätigte. Im Verlauf einer mehrtägigen gründlichen Spurensuche fand die Forschergruppe unter anderem ein abgeworfenes Maultierhirsch-Geweih, das aus dem Jahr der Expedition stammte, wie auch frische Puma- und Koyotenspuren. Lebend gefangene Tiere wie Felsenratten und Backenhörnchen unterschieden sich nicht von ihren «Kollegen» am North Rim.

Auch wenn diese Expedition die in sie gesetzten Erwartungen nicht erfüllte, bleibt der Grand Canyon doch – nicht nur für Biologen – spannend. Noch sind nicht alle Tafelberge in der großen Schlucht erforscht, noch besteht Hoffnung, dort endemische, also nur dort vorkommende, Lebewesen zu finden. Saurier oder Drachen werden es aber nicht sein.

FRÜHJAHRSPUTZ IM GRAND CANYON

Am 26. März 1996 begann ein seit dem Bau des Glen Canyon Dam noch nie durchgeführter Versuch: Nacheinander wurden alle vier Schleusen des Dammes geöffnet, um dem Colorado vorübergehend wieder seine ursprüngliche Kraft zu verleihen. Aber nicht etwa, um Besuchern des Grand Canyon die Macht des Colorado vorzuführen oder Schlauchbootfahrern den Kitzel neu belebter Stromschnellen zu schenken, nein, es ging um die Runderneuerung der Ufer des Colorado im Grand Canyon. Der seit der Errichtung des Dammes gezähmte Fluß hatte seine früher regelmäßig mit dem Frühjahrshochwasser angeschwemmten Sandbänke im Lauf der Jahre verloren, und stattdessen hatten sich am Ufer Kakteen und Bäume angesiedelt, die nach Ansicht der Parkverwaltung nicht in die Urlandschaft des großen Canyons gehörten. Denn auch die früheren, mit den Hochwassern im Frühjahr jährlich eingeschwemmten riesigen Sandmassen blieben nach dem Dammbau aus, nur noch Sand und Geröll aus dem Paria River und dem Little Colorado gelangten in den Colorado unterhalb des Dammes und lagerten sich wegen seines eher trägen Fließens nur auf seinem Grund, nicht aber an seinen Ufern ab.

Die «Spülaktion» Grand Canyon war jahrelang vorbereitet worden, auch mit Simulationen am Computer, und wurde während der Ausführung von rund zweihundert Wissenschaftlern und Helfern überwacht.

Der Trick dabei: Mit der Steigerung der Wassermenge von anfangs rund 17 000 Litern innerhalb von zehn Stunden auf den Höchstwert von 100 000 Litern pro Minute entstand eine kräftige Flutwelle, die schneller als der Fluß durch den Canyon lief und den im Flußbett abgelagerten Sand hoch aufwirbelte. Durch diese künstliche Flut entstanden wie geplant zahlreiche neue Sandbänke entlang des Flusses, die nicht zuletzt auch den zahlreichen Colorado-Befahrern zugute kommen – es gibt jetzt

Ein prächtiger Maultierhirsch – kein ungewöhnlicher Anblick am North Rim. Seit ihre natürlichen Feinde, die Pumas, nahezu ausgerottet sind, haben sich ihre Bestände stark vermehrt, und da sie im Schutzgebiet nicht gejagt werden dürfen, nähern sich viele Tiere dem Menschen ohne Scheu.

Die Vegetation am höher gelegenen North Rim ist aufgrund der größeren Niederschlagsmengen sehr viel dichter und vielfältiger als am South Rim: Direkt am Abgrund wächst ein Mischwald aus Colorado- und Douglass-Tannen, Pappeln, Espen und Gelbkiefern (oben), etwas abseits der Schlucht stößt man auf Farne und Orchideen, Feuchtwiesen und Seen (unten).

«Hier fand ich in der Tat den großartigen, wilden, einsamen Ort meiner Träume!», schrieb Zane Grey über den Grand Canyon.

Schnee und winterliche Temperaturen bestimmen bereits die Randzonen der großen Schlucht, während in 1600 Meter Tiefe immer noch Wüstenklima herrscht. Blick vom Mather Point am South Rim.

Unzählige unbekannte Stromschnellen und reißende Strudel, ein Boot zerschellt, vier Männer haben sich von der Gruppe getrennt, die anderen sind verletzt und halbverhungert – als Major Powell mit dem Rest seiner Mannschaft nach einer fast hundert Tage währenden Odyssee den Colorado River durch den Grand Canyon endlich bezwungen hatte, war er von der Presse schon für tot erklärt worden.

FAHRT INS UNBEKANNTE
Der Entdecker John Wesley Powell

Zwei Namen sind mit dem Grand Canyon untrennbar verbunden: der Colorado, der Strom, der ihn schuf, und John Wesley Powell, Leiter der ersten Expedition, die den Grand Canyon mit Holzbooten auf dem Colorado durchfuhr.
1865 im Rang eines Majors nach dem Sezessionskrieg, der ihm seinen rechten Unterarm nahm, aus der Armee ausgeschieden, trieb es Powell, damals schon Professor der Naturgeschichte, zu Erkundungen in die Rocky Mountains. Seinem Forscherdrang

1 Porträt von John Wesley Powell. – **2** Vorbereitung des Nachtlagers. – **3** Schiffbruch der «No Name». – **4** Wilde Stromschnellenfahrt. (Alle Illustrationen aus Major Powells 1875 veröffentlichtem Tagebuch)

genügte dieses Ziel allerdings nicht. So kam er auf die Idee, einen der letzten «weißen Flecken» auf der Landkarte der Vereinigten Staaten zu tilgen: die Canyons des Green River bis zum Zusammenfluß mit dem Colorado und dann weiter bis zum Ende des Grand Canyon.
Powell war wohl zum Entdecker geboren, forderte sein Vorhaben doch Talente, die er sich noch nicht durch Erfahrung aneignen konnte. So erwies er sich als ausgezeichneter Organisator, sicherte die Finanzierung der Expedition durch Universitäten und die Armee, bewies Menschenkenntnis bei der Auswahl der Expeditionsmitglieder (die er sogar dazu brachte, ihre persönlichen Ausgaben selbst zu tragen), war Konstrukteur der Boote und ein umsichtiger Leiter. Am 24. Mai 1869 startete die Mannschaft in Green River, Wyoming, mit drei 6,40 Meter langen Eichenholzbooten und der «Emma Dean», einem leichteren, nur knapp 5 Meter langen Ruderboot aus Weißkiefer, in dem Powell selbst saß.

Sogar nach den strapaziösesten Etappen bewies Powell noch schriftstellerische Fähigkeiten, wie zwei Beispiele aus seinem Tagebuch «Exploration of the Colorado River of the West and its Tributaries» belegen: «(13.08.) Jetzt sind wir bereit, unseren Weg ins große Unbekannte anzutreten [...]. Wir sind 1200 Meter tief in der Erde gefangen, und der große unbekannte Fluß schrumpft zur Bedeutungslosigkeit, wenn er zornig seine Wellen gegen die Wände und Klippen schlagen läßt, die zur Welt droben emporragen. Diese Wellen nehmen sich hier wie eine leichte Kräuselung des Wassers und wir uns wie Pygmäen aus, die sich inmitten der Felsquader verlieren. Wir wissen nicht, welche Entfernung noch vor uns liegt, ein unbekannter Fluß ist zu erforschen: Welche Fälle stehen uns noch bevor, wo liegen Felsbrocken in unserem Weg, wo ragen Felswände über den Fluß herein? Wir können nur mutmaßen.»
Am 14. August schrieb Powell: «Gegen elf Uhr hören wir voraus großen Lärm. Wir nähern uns vorsichtig dem Tosen. Das Geräusch wird immer lauter. Schließlich sind wir oberhalb einer langen, vielfach unterbrochenen Stromschnelle angekommen. Felstreppen und steinerne Spitzen behindern den Lauf des Flusses [...], und das abwärts stürzende Wasser bricht sich an den Felsen zu großen Wellen und schäumt wütend auf. Es wäre unpraktisch, die Boote zu tragen. Wir müssen die Stromschnellen entweder durchfahren oder aufgeben. Es gibt kein Zögern.»

Auch als Namensgeber tat sich Powell in der bisherigen Terra incognita hervor: Unter anderem Dirty Devil, Glen Canyon, Bright Angel, Desolation Canyon, Marble Canyon, Flaming Gorge und Lava Falls gehen auf ihn zurück.
Zwei Jahre nach der Erstbefahrung leitete Powell auch die zweite Colorado-Expedition, die eineinhalb Jahre dauerte und neben zahlreichen wissenschaftlichen Erkenntnissen die ersten Fotografien aus dem Canyon mitbrachte. Später wurde er zum Direktor des U. S. Geological Survey und außerdem zum Direktor des Bureau of Ethnology, einer 1879 zum Studium der Sprache und Kultur der Indianer gegründeten Institution, berufen.
Auf dem Colorado-Plateau erinnern an ihn der Lake Powell (den er gewiß verabscheut hätte), der Powell Point am South Rim des Grand Canyon und das Powell Plateau am North Rim.

Helmut Friedrich

Der amerikanische Südwesten ist auch in klimatischer Hinsicht eine Landschaft der Extreme: Heiße trockene Sommer wechseln mit kalten Wintern – so ist die Zufahrtsstraße zum Nordrand des Grand Canyon von Oktober bis April oder Mai wegen Schneeverwehungen gesperrt.

wieder mehr und bessere Möglichkeiten, im Canyon zu campen. Die Aktion dauerte eine Woche, dabei flossen etwa 800 Millionen Kubikmeter Wasser «ungenutzt» an den Turbinen vorbei. Wie der Innenminister der USA, Bruce Babbit, sagte, der die erste Schleuse öffnete, ging es dabei um «die Wiederherstellung einer der bestaunenswertesten und schönsten Plätze der Erde». Naturschützer befürchteten eine Schädigung des Forellenbestands im so plötzlich wieder schlammig gewordenen Wasser. Ihre Bedenken wurden aber beiseite getan, es sollten doch nur, wenn auch kurzfristig, die Bedingungen wieder hergestellt werden, wie sie vor dem Bau des Glen Canyon Dam herrschten.

Die Kosten des Großputzes wurden offiziell mit 6,7 Millionen Mark beziffert, darunter einige Millionen für entgangene Stromerzeugung. Viel Geld, aber immerhin, das noch wertvollere «Spülwasser» war nicht verloren: Es versammelte sich nahezu vollständig wieder im Lake Mead, um von dort aus weiter seine nützlichen Dienste für Stromerzeugung und Bewässerung zu tun.

Trailhead des Bright Angel Trail, der am zentral gelegenen Grand Canyon Village beginnt.

EINE WANDERUNG IN DIE ERDVERGANGENHEIT

Den Grand Canyon kann man auf recht unterschiedliche Weisen kennenlernen: Auf Kurzwanderungen aus dem Auto zu den Aussichtspunkten, im Sommer aus dem Shuttlebus, zu Fuß, auf dem Rücken eines Maultiers, mit einem Boot oder aus dem Flugzeug oder Helikopter.

In den Canyon hinabzuwandern ist sicher die beste Möglichkeit, ihre Klimazonen und die jeweilige Flora und Fauna aus der Nähe zu erleben. Zugleich bietet wohl nur ein solcher Marsch ausreichend Gelegenheit, zwei Milliarden Jahre Erdgeschichte bewußt wahrzunehmen. Denn

In der niederschlagsreichen Jahreszeit ist der Grand Canyon oft von einem Rand zum anderen mit Nebel gefüllt – «nicht einmal jene, die gegen jede Art von Hexerei immun sind, können sich der Kraft ihrer Magie entziehen», so der amerikanische Schriftsteller Edward Abbey über diese Schluchtenlandschaften.

Die bizarren Formationen im Grand Canyon beflügeln die Phantasie des Betrachters: Man entdeckt Türmchen und Pagoden, Pyramiden und Tempel ...

soweit hinab, und das ist weltweit einzigartig, hat der Colorado die Schichten der Erdkruste geöffnet.

Die Vorführung der Erdgeschichte beginnt am Canyonrand: Schon die ersten Schritte führen den Besucher auf 225 Millionen Jahre altes Gestein, Ablagerungen eines uralten Ozeans, von dem dieses Gebiet einst bedeckt war. Ein Ozean in 2000 Meter Höhe? Aus geologischer Sicht kein Problem, sondern der Beweis für die erst vor zehn Millionen Jahren zum Abschluß gekommene Anhebung des Colorado-Plateaus. Im Lauf dieses Zeitraums wurde das ursprüngliche Tiefland um 3000 Meter angehoben, von denen bis heute allerdings bereits wieder 1500 Meter abgetragen sind. Aber: So kamen 225 Millionen Jahre alte Meeressedimente auf Bergeshöhe.

Welch weiten Weg in die Vergangenheit der Erde der Wanderer im Grand Canyon zurücklegt, macht eine einfache Überlegung deutlich: Rund 12 Kilometer lang ist der Weg vom South Rim bis zur Kaibab Suspension Bridge, an der die Gesteine über zwei Milliarden Jahre alt sind. Jeder einzelne Schritt überbrückt also etwa 100 000 Jahre Erdgeschichte.

Bis hinunter zu einem Wegpunkt rund 300 Meter über dem Colorado quert der Wanderweg eine Folge von zehn Sedimentschichten, von denen die ältesten aus dem Kambrium vor 550 Millionen Jahren stammen. Hierbei handelt es sich nicht nur um frühere Meeresablagerungen, sondern es finden sich auch Dünen- und Flußablagerungen – ein weiterer Beweis für die vielfältigen und dynamischen Vorgänge der geologischen Entwicklung. An dieser Stelle aber überbrückt ein einziger Schritt einen Zeitraum von 650 Millionen Jahren, denn hier folgen auf den 550 Millionen Jahre alten Tapeats-Sandstein übergangslos 1200 Millionen Jahre alte Granite und Gneisse. 650 Millionen Jahre Erdgeschichte, ein ehemals riesiges

«Am Rande dieser ungeheuren Schlucht zu stehen, während ihr der Gott des Tages seine ersten Grüße entrichtet, heißt einen Moment lang für viele Jahre gewöhnlichen und ereignislosen Alltags entschädigt zu werden», waren die enthusiastischen Worte von John L. Stoddard, der im Jahr 1898 eine (damals noch strapaziöse) Reise zum Grand Canyon unternommen hatte.

Gebirge, wurde hier von der Erosion spurlos getilgt. Nur 300 Höhenmeter tiefer liegen weitere 800 Millionen Jahre Erdgeschichte überwunden hinter dem Wanderer; am Ufer des Colorado River wird am Wegesrand zwei Milliarden Jahre alter Vishnu-Schiefer, Überbleibsel eines uralten Gebirges, sichtbar.

Der Weg in den Abgrund gibt auch reichlich Gelegenheit, die Dimensionen der gewaltigen Schlucht besser zu verstehen als das vom Rand der Schlucht aus möglich ist. Unvermeidlich drängt sich die Frage auf: War es wirklich der von oben so unscheinbar, bei Lee's Ferry so träge wirkende Fluß, der diesen riesigen Canyon geschaffen hat, und das in «nur» vier bis zehn Millionen Jahren, wie die Geologen meinen?

Sich den Colorado als «Baumeister» des Grand Canyon vorzustellen, fiele leichter, könnte man noch die ungestüme Kraft und Gewalt des Flusses bei Hochwasser erleben, die heute der Glen Canyon Dam unterbindet. Vorstellbar oder auch nicht, es gibt keine andere Erklärung: Der Grand Canyon ist das Werk des Colorado und seiner Nebenflüsse. Ganz allein waren er und seine kleineren Helfer freilich nicht – die Schlucht müßte dann viel «sauberer gearbeitet» sein. Ihre bizarr zerrissene Form weist darauf hin, daß weitere Kräfte am Werk waren und besondere Umstände zu ihrer Entstehung beitrugen. Mit «Kräften» sind die Verwitterung freigelegter Gesteine, die Sprengkraft gefrierenden Wassers und die Schwerkraft, die vom Fluß geschaffene Böschungen abrutschen läßt, gemeint, mit «Umständen» die geologischen Gegebenheiten im Canyon wie Risse, Verwerfungen und unterschiedliche Härten der vergleichsweise weichen, brüchigen Gesteinsschichten, gute Ansatzpunkte für die Attacken des ungestümen und reißenden Flusses.

Mit anderen Worten: Nicht so sehr beharrliche Schleif- und Fräsarbeit des Flusses hat die große Schlucht geschaffen, sondern vor allem Erdrutsche und Bergstürze, die der Colorado und seine Nebenflüsse durch beharrliches Unterspülen ihrer Uferzonen auslösten und deren Geröllhalden sie dann wegspülten. Der Grand Canyon wurde vom Colorado also – verkürzt ausgedrückt – nicht «gegraben» oder gefräst, sondern ausgespült.

Fräsend, schleifend und sogar polierend ist der Colorado River erst tätig, seit er die harten Gneiss- und Schiefergesteine erreicht hat. Diese wird er unermüdlich weiter bearbeiten, zunächst noch mit verminderter Kraft, verstärkt dann wieder, wenn die heute seine Kraft schwächenden Dämme kein Hindernis mehr sein werden, so lange, bis vom Ausgang des Grand Canyon kein nennenswertes Gefälle mehr bis zum Golf von Kalifornien besteht. Wann es soweit sein wird? Wir werden es nicht erleben, aber in den Zeiteinheiten, mit denen die Geologen messen, schon morgen.

Geradezu überirdisch schön leuchtet dieser von Eiskristallen überzogene Baum in der Morgensonne. Ein Besuch des Grand Canyon im Winter vermittelt ganz andere, aber nicht minder faszinierende Eindrücke der großen Schlucht, die dann zudem sehr viel weniger überlaufen ist als im Sommer.

Eine «majestätische Ausdehnung von Zeit, Raum, Farbe, Licht, Schatten und Stille», so ein früher Reiseführer über den Grand Canyon.

Am North Rim: Durch die ständige Veränderung des Lichteinfalls erscheinen die Gesteinsschichten in immer neuen Farben.

GRAND CANYON: PLANEN · REISEN · GENIESSEN

INHALT		
	Übernachtungsmöglichkeiten	620
	Karte des Grand Canyon Village	620
USA-Karte · Daten · Fakten · Zahlen 616	*Der Grand Canyon in Zahlen*	620
Karte des Grand Canyon 617	Essen und Trinken	621
Klima und Reisezeit · Auskunft 617	Einkaufen und Souvenirs · Feiertage	621
Maße und Zahlen auf einen Blick 618	*Auf dem Weg in die Tiefe*	622
Anreise · Fortbewegung 619	Sportliche Aktivitäten	624
Mit dem Mietwagen unterwegs 619	*Rettung bei Vorauskasse*	624
	Aussichtspunkte und Sehenswürdigkeiten im Grand Canyon National Park	630
	Umgebungskarte des Grand Canyon	633
	Ausflüge · Ausflugsziele ab Flagstaff	633
	Ausflugsziel ab Page	634
	Ein zu Stein gewordener Regenbogen	635
	Im Hausboot auf dem Lake Powell	636
	Karte des Monument Valley	637

Für Maultierritte am South Rim des Grand Canyon muß man sich mindestens ein Jahr vorher anmelden!

DATEN · FAKTEN · ZAHLEN

Größe. Mit seiner Fläche von 4930 Quadratkilometern war der Grand Canyon National Park der zweitgrößte Nationalpark der USA (ohne Alaska) nach dem Yellowstone Park, bis er 1994 vom in den Status eines National Park erhobenem Death Valley auf den dritten Platz verdrängt wurde. Das Parkgebiet beginnt bei Lee's Ferry mit dem Marble Canyon und endet bei den Grand Wash Cliffs am Lake Mead an der Grenze zur Lake Mead National Recreation Area, gleichzeitig auch die Grenze zu Nevada.

Lage. Der Grand Canyon liegt im Norden von Arizona, das erst 1912 als 48. Bundesstaat in die Vereinigten Staaten aufgenommen wurde und noch bis 1848 zu Mexiko gehörte, rund 270 Kilometer oder drei Autostunden nördlich der Hauptstadt Phoenix und etwa 125 Kilometer nördlich von Flagstaff, einer Stadt mit 40 000 Einwohnern. Geographisch gehört die Schlucht zum Colorado-Plateau, das in Arizona, Colorado, New Mexico und Utah mit 377 000 Quadratkilometern etwas mehr als die Fläche der Bundesrepublik Deutschland umfaßt.

Geschichte des National Park. Beeindruckt von seinem Besuch des Grand Canyon im Jahr 1903 veranlaßte der amerikanische Präsident Theodore Roosevelt 1906 die Gründung der Grand Canyon Game Reserve und ließ dieses Gebiet 1908 dann zum Grand Canyon National Monument erklären. Präsident Woodrow Wilson unterzeichnete am 26. Februar 1912 ein Gesetz, mit dem bereits weite Teile des heutigen Parks zum National Park erklärt wurden.
1922 wurde der Nationalpark von Präsident Herbert C. Hoover um ein Stück Land im Westen erweitert, 1969 von Präsident Lyndon B. Johnson um den östlich der damaligen Parkgrenze gelegenen Marble Canyon. Die heutigen Grenzen des Parks legte ein am 3. Januar 1979 von Präsident Gerald R. Ford unterzeichnetes Gesetz fest, in dem zum einen die angrenzenden National Monuments und Teile der Glen Canyon und Lake Mead National Recreation Areas hinzukamen, zum anderen 340 Quadratkilometer wieder abgetrennt wurden, um die Havasupai Indian Reservation zu vergrößern.

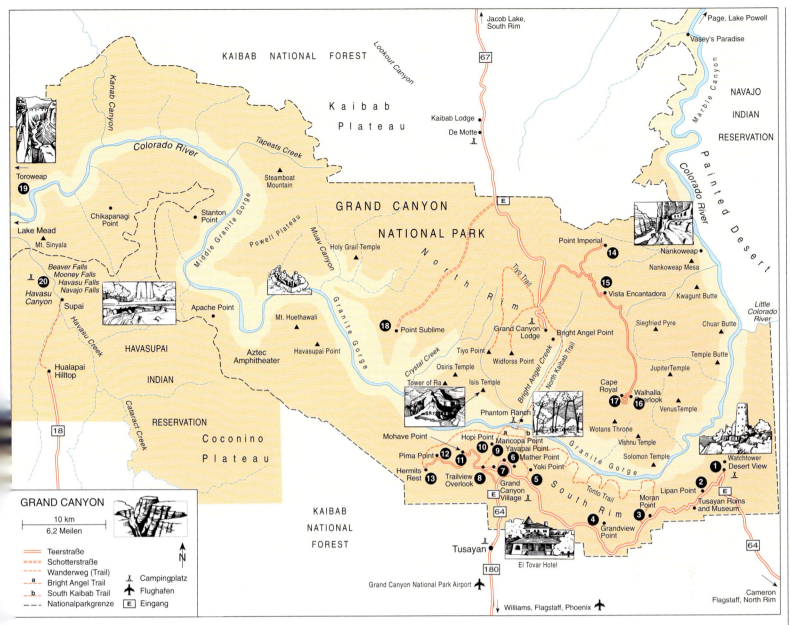

Neben dieser Karte des Grand Canyon mit allen wichtigen Sehenswürdigkeiten im Überblick finden Sie eine Detailkarte des Grand Canyon Village auf Seite 620, einen Querschnitt durch die Gesteinsschichten am North Rim auf Seite 623, eine Karte der Umgebung des Grand Canyon mit Routenvorschlägen auf Seite 633 und eine Detailkarte des Monument Valley auf Seite 637.

KLIMA UND REISEZEIT

Der Wüstenstaat Arizona erhält im Durchschnitt jährlich weniger als 250 Millimeter Niederschläge in Form von Regen und Schnee, nahezu gleich groß ist die Verdunstungsrate. In größeren Höhenlagen wie am Grand Canyon, vor allem am North Rim, liegen die Niederschlagswerte aber deutlich höher. Heftige Gewitterregen im Sommer und reichliche Schneefälle im Winter, letztere wesentlich ergiebiger am Nord- als am Südrand, sind die Lebensgrundlage von stattlichen Wäldern, die am North Rim durchaus alpines Format erreichen.

Der Südrand des Grand Canyon ist ganzjährig zugänglich, der Nordrand aber von Ende Oktober bis Mitte Mai für Autos gesperrt. Für Besucher, die nicht vorhaben, in die Schlucht hinabzusteigen oder -zureiten, sind alle Jahreszeiten geeignet, abgesehen von der Wintersperre am North Rim. Die Höhe der Canyonränder von über 2000 Metern über dem Meeresspiegel macht auch Hochsommertage erträglich.

Anders sieht es für Besucher aus, die in den Canyon hinunter wollen. Im Sommer erwarten sie dort Temperaturen bis 48 Grad Celsius, im Schatten wohlgemerkt, den es de facto kaum gibt. Für sportliche Aktivitäten wie Wandern, Reiten oder Rafting sind daher Frühjahr und Herbst vorzuziehen.

Wer es sich einrichten kann, sollte Besuche während der amerikanischen Schulferien vermeiden. Dann ist der Andrang sehr groß und ohne langfristige Vorbestellung keine Unterkunft, auch nicht auf dem Campingplatz, zu bekommen. Das gleiche gilt für wichtige Feiertage (siehe Seite 621).

AUSKUNFT

In deutschsprachigen Ländern. Visit USA Committee Germany e.V., Postfach 5825, 65048 Wiesbaden, Tel. 06 11/954 58 80, Fax 06 11/ 954 59 97.

In den USA. Auskünfte können von folgenden Adressen erbeten werden, wobei man bei schriftlichen Anfragen bis zu vier Wochen auf die Antwort warten muß und auch spezielle Fragen oft nur mit Standard-Druckschriften beschieden werden.
Arizona Office of Tourism, 2702 North 3rd St., Phoenix, Arizona 85004, Tel. 001/602/2 30 77 22, Fax 001/602/5 40 54 32.
Superintendent Grand Canyon National Park, Grand Canyon, Arizona 86023, P.O. Box 129, Tel. 001/602/6 38 78 88.
Diese Adresse ist auch die Anlaufstelle für die nötige Erlaubnis zur Wanderung in den Grand Canyon mit dortiger Übernachtung *(hiking permit)*.

Vor Ort. Hier sind wesentlich detailliertere Informationen zu bekommen. Alles Wissenswerte über den Grand Canyon vermittelt das *Visitor Center* im Grand Canyon Village am South Rim. Hier kann man Schautafeln, Dioramen, Dia- und Filmvorführungen sehen sowie geologische und topographische Karten und Literatur in einer ungeahnten Vielfalt anschauen und kaufen. Nahebei liegt das *Yavapai Point Museum*, das interessante Ausstellungen zur Geologie

WAS ZÄHLT IN DEN USA:
Maße und Zahlen auf einen Blick

Zeit

Der Grand Canyon gehört zur Zeitzone Mountain Standard Time; Mitteleuropa ist dem Grand Canyon acht Stunden voraus.

Maße

1 inch = 2,5 Zentimeter	1 pint = ca. 0,5 Liter
1 foot = ca. 30 Zentimeter	1 quart = ca. 0,95 Liter
1 yard = ca. 91 Zentimeter	1 gallon (Benzin) = ca. 3,8 Liter
1 mile = ca. 1,6 Kilometer	1 pound = ca. 450 Gramm

In den USA werden die Maße auf das metrische System umgestellt, derzeit sind beide Systeme in Gebrauch.

Elektrizität

Die Netzspannung beträgt überall in den USA 110 Volt; deutsche Stecker passen nicht, man braucht einen Adapter.

Geld

Ein Dollar hat 100 Cent. Münzen gibt es zu 1 Cent, 5 Cent (Nickel), 10 Cent (Dime), 25 Cent (Quarter) und 50 Cent (Half Dollar). Sämtliche Dollarnoten sind gleich groß und grüngrau, also leicht verwechselbar. Größere Beträge werden in den USA fast immer mit Kreditkarte bezahlt.

Temperatur

°F	°C
110	43,4
100	37,8
90	32,3
80	26,7
70	21,2
60	15,6
50	10,0
40	4,5
32	0
30	-1,2
20	-6,7
10	-12,3
0	-17,8

Kleidergrößen

Anzüge	US	36	38	40	42	44	46	48	
	D	46	48	50	52	54	56	58	
Hemden	US	14	14,5	15	15,5	16	16,5	17	17,5	18
	D	36	37	38	39	40	41	42	43	44
Kleider	US	28	30	32	34	36	38	40	42	
	D	36	38	40	42	44	46	48	50	
Schuhe	US	5,5	6	7	7,5	8,5	9	9,5	11	12,5
	D	36	37	38	39	40	41	42	44	46

Telefonieren

Telefonnummern in den USA bestehen aus einem dreistelligen *Area Code* und einer siebenstelligen Rufnummer. Für internationale Gespräche wählt man die Kennzahl des Landes (01149 für Deutschland, 01143 für Österreich, 01141 für die Schweiz). Nicht immer kann man direkt wählen, oft muß der Operator vermitteln (0 wählen).

Klima

Durchschnittl. Tageshöchsttemperaturen (°C): Las Vegas — Flagstaff
Durchschnittliche Niederschläge (mm): Las Vegas — Flagstaff

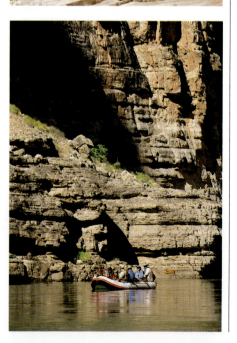

Auch wenn die Aussichtspunkte am South und North Rim grandiose Eindrücke bieten – wer den Grand Canyon näher kennenlernen will, sollte auf einem der Trails in die Schlucht hinabwandern (oben) oder an einer Schlauchbootfahrt auf dem Colorado teilnehmen (unten). Mehrtägige Bootstouren beinhalten auch oft Ausflüge in fast unbekannte Seitencanyons und zu einzigartigen Plätzen wie Vasey's Paradise (Mitte), den Major Powell nach seinem Freund und Botaniker Dr. George Vasey benannte: Durch aus den Felsen hervortretendes Sickerwasser ist hier inmitten der Steinwüste eine blühende Wildnis mit Moosen, Farnen, verschiedenen Sträuchern und Bäumen entstanden.

Ein Wanderer auf dem Rim Trail am Südrand hält einen der vielen atemberaubenden Ausblicke mit der Kamera fest.

der großen Schlucht und durch seine Panoramafenster einen großartigen Blick in den Canyon bietet. Kleiner als am South Rim ist das *Visitor Center* im Foyer der «Grand Canyon Lodge» am North Rim, aber dennoch durchaus besuchenswert.

Ratschläge zu Ausflügen und Wanderungen in entlegenere Gebiete und abseits der viel begangenen Wege gibt das Bureau of Land Management (BLM). Diese Behörde ist für die Verwaltung der *Public Lands* zuständig, des Landes also, das dem Staat gehört und nicht genutzt wird. Für die nahe dem Grand Canyon in Utah gelegenen Gebiete wie Paria Canyon oder Buckskin Gulch ist zuständig: Bureau of Land Management, Kanab Resource Area, 318 North First East, Kanab, Utah 84741, Tel. 001/435/6 44 46 00.

ANREISE

Die dem Grand Canyon nächstgelegenen «internationalen» Flugplätze sind Phoenix (Arizona) und Las Vegas (Nevada). Nonstop-Linienflüge gibt es zur Zeit noch zu keinem dieser Ziele, nach Las Vegas aber relativ preiswerte Charterflüge.

Die Wahl des Zielflughafens hängt aber nicht nur von Vorlieben für Linie oder Char-

Vor Beginn eines Maultierritts weist ein erfahrener Führer die Teilnehmer kurz in den Umgang mit den (nervenstarken) Tieren ein.

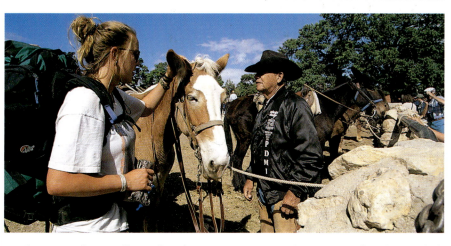

ter ab, eine wichtige Rolle wird auch spielen, welche anderen Reiseziele außer dem Grand Canyon noch auf dem Programm stehen. Für Reisende, die das Umsteigen auf inneramerikanischen Flugplätzen scheuen – das Gepäck muß, meist unter dem Zeitdruck der Anschlußverbindung, entzollt und dann neu aufgegeben werden – könnte somit auch Los Angeles ein annehmbares Flugziel sein. Dort kommt man mit Linie um die Mittagszeit an und kann je nach Befindlichkeit ins Hotelbett sinken oder seinen vorgebuchten Wagen übernehmen und noch ein Stück fahren.

Für die Einreise in die USA ist für Deutsche, Österreicher und Schweizer seit einigen Jahren kein Visum mehr erforderlich, der Reisepaß genügt. Neue Kurzzeit-Visa werden deswegen nicht mehr ausgestellt, die früher erteilten *indefinitely* gültigen Visa werden bei erneuter Einreise *revoked*.

Der Grand Canyon National Park hat drei Zugänge, besser gesagt Zufahrten: Zum Südrand kommt man vom zentral gelegenen Grand Canyon Village und vom östlichen Desert View, zum Nordrand führt eine Straße über Jacob Lake. Die Einfahrt in den Park kostet pro Pkw oder Wohnwagen, unabhängig von der Zahl der Insassen, zehn Dollar. Das Eintrittsticket ist für beliebig viele Fahrten in den Park eine Woche lang gültig. Stehen auf dem Reiseprogramm auch noch andere National Parks und Monuments, lohnt sich der «Golden Eagle Pass». Für 25 Dollar ermöglicht er den unbegrenzten Zugang zu diesen Schutzgebieten innerhalb eines Kalenderjahres.

FORTBEWEGUNG

Amtrak und Greyhound bedienen Flagstaff und Williams, von dort gibt es eine weitere Busverbindung zum Grand Canyon Village. Von Williams verkehrt auch täglich ein nostalgischer Luxuszug zum Grand Canyon. Die bequemste Art, zum Grand Canyon zu kommen, ist allerdings sicherlich ein Mietfahrzeug, sei es ein Pkw, ein Wohnmobil oder auch ein Motorrad. Pkw-Mieter sollten wissen, daß die Kofferräume amerikanischer Autos meist knapper geschnitten sind als in äußerlich gleich großen europäischen Autos. Die Mietkosten sind auch für große Pkw recht günstig. Außerdem kann nur ein größerer, leise dahingleitender Wagen das den leeren Straßen im Westen der USA angemessene Highway-Feeling vermitteln.

Eine Park Rangerin informiert Gäste des «El Tovar Hotel» über Geschichte, Geologie sowie Flora und Fauna des Grand Canyon.

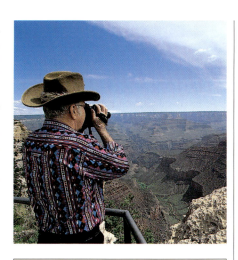

MIT DEM MIETWAGEN UNTERWEGS

Es bietet sich geradezu an, den Grand Canyon und seine Umgebung mit einem Auto oder Wohnmobil zu erkunden. Zum Mieten eines Wagens genügt der nationale Führerschein, das Mindestalter des Fahrers beträgt 21 Jahre. Ist der Fahrer jünger als 25, verlangen viele Firmen eine zusätzliche Gebühr. Obwohl es in allen größeren Städten (vor allem in Flughäfen und Hotels) Mietwagenfirmen gibt, empfiehlt es sich dringend, den Wagen schon zu Hause zu buchen: Die Angebote sind generell günstiger, und zudem sind fast immer Haftpflicht- und die (in den USA teure) Vollkaskoversicherung, sowie eine unbegrenzte Meilenzahl im Preis inbegriffen. Achtung: Viele Firmen berechnen einen Aufpreis («Dropoff-Charge»), wenn man den Wagen nicht am Ausgangspunkt abgibt. Ein Staatenwechsel innerhalb der USA ist problemlos; wer allerdings mit seinem Mietwagen nach Mexiko oder Kanada fahren möchte, braucht dazu eine schriftliche Genehmigung der Verleihfirma.

Wenn Sie nicht – wie üblich – mit Kreditkarte bezahlen, müssen Sie eine größere Geldsumme als Kaution hinterlegen. Bei der Übernahme des Wagens sollte man sich kurz einweisen lassen. Das Straßennetz ist meist sehr gut ausgebaut und klar beschildert, es gibt Interstate Highways (Autobahnen), US-Highways (Fernstraßen) und State Highways (Landstraßen). Die Verkehrsregeln entsprechen weitgehend den europoäischen; auffälligster Unterschied: Das Rechtsabbiegen an roten Ampeln ist erlaubt. Die Höchstgeschwindigkeit beträgt innerhalb von Ortschaften meist 30 Meilen pro Stunde (48 km/h). Auf den Highways sind je nach bundesstaatlicher Regelung bis zu 75 Meilen (121 km/h) erlaubt. Insgesamt ist das Autofahren in den USA sehr viel angenehmer und entspannter als in Europa.

ÜBERNACHTUNGS-MÖGLICHKEITEN

Hotels. Die Zahl der Hotels am South und North Rim spiegelt in etwa das Verhältnis der Besucherzahlen beidseits der großen Schlucht wider. Nahe am South Rim stehen im Grand Canyon Village die Hotels bzw. Lodges «El Tovar», (die erste Adresse am Platz), «Kachina Lodge», «Thunderbird Lodge» und «Bright Angel Lodge». Etwas zurückgesetzt vom Abgrund finden sich die Lodges «Old Yavapai», «New Yavapai» und «Maswik». Am North Rim gibt es dagegen nur ein Hotel, die «Grand Canyon Lodge», dafür aber in unvergleichlicher Lage direkt am Abgrund. Für Reservierungen in allen

1

und notieren. Was leider oft nicht klappt, aber einen Versuch wert ist: Ein Zimmer mit Canyonblick zu verlangen.
Eine Sonderstellung unter den Hotels im Grand Canyon National Park nimmt die «Phantom Ranch» am Nordufer des Colorado

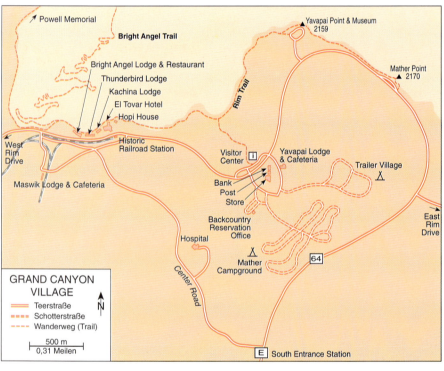

Hotels am Südrand inklusive der «Phantom Ranch» am Canyongrund wendet man sich so früh wie möglich an: Xanterra Parks & Resorts, P.O. Box 699, Grand Canyon, Arizona 86023, Tel. 001/928/6 38 26 31, Fax 001/928/6 38 92 47; für die «Grand Canyon Lodge» am North Rim ist ebenfalls Xanterra zuständig, Zimmerreservierung: Tel. 001/303/2 97 27 57, Fax 001/303/2 97 31 75.
Inhaber von Major Credit Cards, wie Euro/Mastercard, Visa, American Express, können telefonisch reservieren. Dabei sind Aussteller der Kreditkarte, Kartennummer und deren Gültigkeitsdauer *(expiration date)* zu nennen. Die Reservierung gilt normalerweise für Ankunft im Hotel bis 18 Uhr. Wenn mit einer späteren Ankunft zu rechnen ist, sollte eine *guaranteed reservation* vereinbart werden. Das gebuchte Zimmer bleibt dann die ganze Nacht verfügbar, bei Nichterscheinen wird aber folgerichtig der volle Übernachtungspreis vom Kreditkartenkonto abgebucht. Um sicher zu gehen, sollte man sich den Reservierungs-Code nennen lassen

River, jenseits der Kaibab-Brücke, ein. Hier werden Matratzenlager und Cabins (kleine Hütten) für bis zu vier Personen angeboten. Unterkunft und Mahlzeiten müssen allerdings auch hier möglichst früh, mindestens sechs Monate im voraus, reserviert werden.
3

DER GRAND CANYON IN ZAHLEN

Der Grand Canyon ist 446 Kilometer lang und zwischen 6,5 und 29 Kilometer (im Durchschnitt 14,5 km) breit. Am Mather Point, South Rim, geht es 1380 Meter in die Tiefe, an der «Grand Canyon Lodge», North Rim, 1750 Meter. Mather Point am South Rim liegt 2130 Meter über dem Meer, der North Rim steigt dagegen bis 2500 Meter auf. Diese 370 Meter Höhendifferenz sind ausschlaggebend für die unterschiedlichen klimatischen Bedingungen und die spezifische Vegetation am Nord- bzw. Südrand der Schlucht. Zwischen Lee's Ferry (950 m) und dem Lake Mead (372 m) fällt der Colorado um 578 Meter. Diese Höhendifferenz arbeitet er vor allem in seinen siebzig größeren, bis zu 10 Meter abfallenden, Stromschnellen ab. Jährlich kommen über vier Millionen Besucher zum Grand Canyon. Neunzig Prozent beschränken sich allerdings auf eine Besichtigungstour entlang des Canyonrands; etwa 250 000 steigen jedes Jahr zum Colorado River hinab, und rund 20 000 bezwingen jährlich den Fluß mit Booten.

1 und 2 Das 1905 erbaute exklusive «El Tovar Hotel» gilt als das schönste Hotel am Grand Canyon. Von einigen der knapp achtzig Zimmer hat man einen spektakulären Blick in die Tiefe.

3 Weniger komfortabel, aber dafür garantiert mit grandiosem Ausblick: der Campingplatz am Toroweap Overlook.

4 Die im Blockhaus-Stil erbaute «Grand Canyon Lodge» am North Rim liegt direkt am Abgrund. Auch wer kein Zimmer mehr bekommen hat, kann hier gut speisen und auf den Terrassen die wunderschöne Aussicht genießen.

2

Camping. Fünf Campingplätze, *Campgrounds*, gibt es im Grand Canyon National Park, den «North Rim Campground» (geöffnet von Mai bis Oktober) nahe der «Grand Canyon Lodge», zwei andere, «Mather Campground» und «Trailer Village» (speziell für Campingfahrzeuge angelegt), im Grand Canyon Village, einen weiteren bei Desert View am South Rim und den «Bright Angel Campground» am Colorado. Der Campingplatz «Desert View» funktioniert nach dem Prinzip: «First come – first served», die anderen können und sollten vorbestellt werden: National Park Service Reservation Center, Tel. 001/301/7 22 12 57.

Außerhalb des Parks gibt es einige einfachere Campingplätze ohne Strom-, Wasser- und Abwasseranschlüsse, etwa am Nordrand bei De Motte und Jacob Lake, am Südrand den «Ten-X» bei Tusayan.

5 Nur äußerst gut trainierte Wanderer schaffen den Weg zum Colorado River und zurück an einem Tag. Sehr viel besser ist es, diese Tour auf zwei Tage zu verteilen und die Nacht in der idyllisch gelegenen «Phantom Ranch» zu verbringen. Mit einem entsprechenden Permit kann man hier auch sein Zelt aufschlagen.

Außerhalb des National Park gibt es im 10 Kilometer südlich vom South Rim gelegenen Tusayan, Arizona 86023, weitere Hotels, Motels und Lodges, wie die «Moqui Lodge» (Fred Harvey Company), ein «Quality Inn» (P. O. Box 520) und das «Best Western Grand Canyon Squire Inn» (P. O. Box 130). Sollte am Canyonrand alles belegt sein, kann man einen letzten Versuch im «Cameron Trading Post Motel» bei Cameron machen (Tel. 001 / 602 / 679 / 22 31), sonst wird nichts anderes übrig bleiben, als nach Williams oder Flagstaff auszuweichen, 90 bzw. 125 Kilometer vom South Rim entfernt. Trotz der Nähe zum Grand Canyon findet man in Flagstaff – bedingt durch die Vielzahl an Motels – relativ preiswerte Unterkünfte; dort gibt es auch zwei Jugendherbergen.

ESSEN UND TRINKEN

Feinschmeckerlokale fehlen am Grand Canyon, aber fast alle der genannten Hotels und Lodges bieten »gutbürgerliche« Küche, das heißt hier vor allem Burgers und Fish'n Chips. Eine Ausnahme bildet das elegante Restaurant im «El Tovar», wo man in stilvoller Atmosphäre gut (und teuer) ißt. Die meisten der Restaurants sind lizensiert, dürfen also auch Bier und Wein servieren.

Lunch (von den meisten Besuchern sowieso lieber auf einem der Picknickplätze eingenommen) und Dinner im Restaurant befriedigen den Besucher aus Mitteleuropa vielleicht nicht immer, aber umso mehr das kräftige und üppige amerikanische Frühstück mit Schinken, Eiern und Toast.

EINKAUFEN UND SOUVENIRS

Für Einkäufe des täglichen Bedarfs bieten sich in erster Linie die auch in Kleinstädten riesigen, aber dank der klaren Beschilderung sehr übersichtlichen *Supermarkets* an. In Arizona gibt es dort auch Alkoholika. Schwierig wird es mit herzhaftem Schwarzbrot, wie es der Mitteleuropäer kennt und liebt; US-Amerikaner dagegen mögen ihr Brot *fluffy*, weich, elastisch und weiß. Für Reisende, die sich damit nicht anfreunden wollen, gibt es knäckebrotähnliches amerikanisches *Crisp Bread*, gelegentlich sogar original schwedisches Knäckebrot.

Der Grand Canyon grenzt an Indianerland. Wer Gefallen am handwerklichen Können der Indianer findet, kann an vielen Ständen am Straßenrand und an Aussichtspunkten *handmade jewelry* erstehen, das ist hauptsächlich silbergefaßter Türkisschmuck. Aber gut hinschauen, um nicht ein Produkt «Made in Taiwan» zu erstehen. Auch *Pottery* (Töpferware) wird hier angeboten, seltener *Sand Paintings*, kunstvoll aus farbigen Sanden geschichtete Landschaften in Gläsern. Ein ebenso ungewöhnliches wie reizvolles Souvenir ist der vor allem in Kanab erhältliche *Kanab Wonderstone*, zu Platten gesägter Sandstein mit einer Art Marmorierung, die an abstrakte Landschaften erinnert. Daher lautet ein anderer Name für diese kleinen Naturwunder auch «Landschaftsstein».

Wer sich für indianische Malerei oder anspruchsvolleres Kunsthandwerk wie Teppiche, Webereien oder Schnitzarbeiten wie die bunt bemalten Kachina-Figuren der Hopi interessiert, sollte eine Art Gallery besuchen, zum Beispiel in Flagstaff. Auch der Hubbell Trading Post bei Ganado verfügt über ein schönes Sortiment; für Stücke bis hin zur Museumsqualität ist aber Santa Fe in New Mexico die erste Adresse.

FEIERTAGE

Bei der Reiseplanung sollte man auch die Feiertage am Urlaubsziel bedenken, sind doch an diesen Tagen viele Amerikaner, die sich mit wesentlich weniger Urlaubstagen begnügen müssen als Mitteleuropäer, mit Kind und Kegel unterwegs.

Gesetzliche Feiertage sind Neujahr, Martin Luther King's Birthday (3. Montag im Januar), President's Day (3. Montag im Februar), Memorial Day (letzter Montag im Mai), Independence Day (4. Juli), Labor Day (1. Montag im September), Veteran's Day (11. November), Thanksgiving Day (4. Donnerstag im November) und Weihnachten (nur der 25. Dezember). Auch Ostern sollte bei der Planung bedacht werden, denn dann haben (die Woche vor Ostern) die öffentlichen Schulen und (die Woche danach) die privaten Schulen Ferien.

AUF DEM WEG IN DIE TIEFE

Wanderungen zum Colorado River

Jährlich wandern mehr als 250 000 Menschen zum Colorado hinab und beweisen, daß diese Tour keinesfalls nur Extremsportlern vorbehalten ist. Angemessene Ausrüstung und eine den (realistisch geschätzten) eigenen Kräften angepaßte Tourenplanung sind allerdings unabdingbar.

Einen besseren Weg, Geologie, Fauna und Flora des Grand Canyon kennenzulernen, als eine Wanderung hinunter zur Talsohle, gibt es nicht. Vor der anstrengenden Tour gilt es aber, gut zu planen.
Eine Durchquerung der Schlucht sollte am North Rim beginnen, denn auf diesem Weg sind zum South Rim 400 Höhenmeter weniger zu überwinden als in umgekehrter Richtung. 400 Höhenmeter sind auch für einen einigermaßen trainierten Bergsteiger immerhin gut eine Stunde Gehzeit. Neben hervorragender körperlicher Verfassung erfordert die Durchquerung des Grand Canyon auch organisatorischen Aufwand, denn vom Nordrand zum Südrand sind auf dem Wanderweg «nur» 33 Kilometer, mit dem Auto aber 345 Kilometer zurückzulegen. Wer keinen geduldigen Begleiter mit Auto hat, der einen zum Ausgangspunkt der Wanderung zurückbringt, kann für den Rücktransport auch den Trans Canyon Van Service in Anspruch nehmen.
Einfacher zu organisieren, aber mit weniger Erlebnis- und Renommierwert, ist der Hin- und Rückweg von einem der Canyon-

1 Die Wanderung auf dem South Kaibab Trail führt durch urweltlich anmutende Landschaften immer tiefer in die Vergangenheit der Erde.

2 Der South Kaibab Trail ist ein steiler, 11 Kilometer langer Zickzackweg, auf dem es unterwegs weder Wasser noch Schatten gibt. Früher führten über vierzig Pfade in den Canyon, die von Indianern, Goldsuchern oder den Minenarbeitern angelegt wurden. Heute werden von der Parkverwaltung nur noch der Bright Angel Trail und der Kaibab Trail unterhalten.

3 Querschnitt durch die Gesteinsschichten am North Rim.

4 Weil der Bright Angel Trail weniger steil und etwas breiter ist als der South Kaibab Trail, wird er auch von Maultierkarawanen begangen. Bei «Gegenverkehr» gilt grundsätzlich die Regel, daß die Tiere an der Bergseite bleiben dürfen und die Wanderer ausweichen müssen!

5 Eine blühende Opuntie am Wegesrand.

6 Auch Agaven können durch ihre Fähigkeit, Wasser in den fleischigen Blättern zu speichern, in extrem trockenen Felswüsten überleben.

ränder. Vom North Rim führt der North Kaibab Trail rund 22 Kilometer lang hinab in den Canyongrund. Dort kann man in der «Phantom Ranch» oder auf dem «Bright Angel Campground» übernachten, aber nur, wer reserviert hat, in der Regel sechs Monate vorher. Für jede Wanderung in den Grand Canyon, die eine Übernachtung vorsieht, ist ein Permit unabdingbar, das ebenfalls rechtzeitig, drei bis sechs Monate vorher, besorgt werden sollte.

Vom Südrand führen zwei Wege hinab, der Bright Angel Trail und der South Kaibab Trail, deren Vor- und Nachteile gegeneinander abzuwägen sind:

Der Bright Angel Trail beginnt nahe dem zentral gelegenen Grand Canyon Village; dort sind auch Langzeit-Parkplätze vorhanden. Mit einer durchschnittlichen Breite von eineinhalb Metern ist er besser ausgebaut als der zweite Weg, der Kaibab Trail. Er ist zwar mit 12,5 Kilometern um eineinhalb Kilometer länger, dafür sind aber bis zur Kaibab-Hängebrücke rund 100 Höhenmeter weniger zu überwinden – der Bright Angel ist also weniger steil als der Kaibab Trail, was sich vor allem beim Aufstieg angenehm bemerkbar macht. Allerdings wird aus dem gleichen Grund dieser Weg auch von den Maultierkarawanen begangen. Unangenehm kann die Begegnung mit ihnen dann werden, wenn sie an einem in den Steilhang geschnittenen Wegstück stattfindet. Es gilt nämlich die Regel, daß die Tiere mit ihren Reitern an der Bergseite bleiben

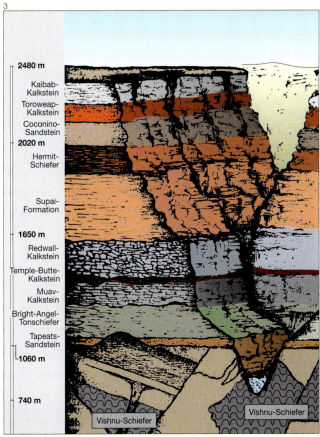

dürfen, der Fußwanderer also direkt am Abgrund gehen oder stehen muß und hoffen, daß nicht eines der Maultiere einen unbedachten Schritt zur Seite tut.

Für Wandergruppen, die mit zwei Autos unterwegs sind und je ein Auto an einem der Trailheads parken können, empfiehlt es sich deshalb, für den Abstieg den steileren, trockenen und «maultierfreien» South Kaibab Trail zu nehmen, für den Rückweg jedoch den Bright Angel Trail, an dem es gelegentlich Schatten und auch Wasser gibt. Wieviel Zeit muß man für den Weg hinunter und zurück oder für die Durchquerung des Canyons rechnen? Das kommt ganz auf die Kondition des Wanderers an. Der Rekord für die Durchwanderung auf dem Kaibab Trail steht bei knapp vier Stunden, eine für 33 Kilometer und insgesamt 3210 Höhenmeter na-

hezu unvorstellbare Leistung. Bestens durchtrainierte Wanderer können, wenn sie sehr früh aufbrechen, den Weg zum Fluß und zurück an einem Tag bewältigen. Zum Verweilen und Fotografieren bleibt dann wenig Zeit. Eingedenk der Todesfälle infolge Überanstrengung warnt die Parkverwaltung eindringlich vor eintägigen Wanderungen! Besser also, Hin- und Rückweg auf zwei oder drei Tage zu verteilen. Biwakplätze auf halber Strecke sind vorhanden. Dennoch lohnt sich der Aufwand, denn der Abstieg in den Canyon (und vor allem der mühsame Wiederaufstieg) sind unvergeßliche Erlebnisse!

Helmut Friedrich

SPORTLICHE AKTIVITÄTEN

Wandern. Von den insgesamt 19 Wanderwegen in den Grand Canyon werden nur der *Bright Angel Trail* und der *Kaibab Trail* von der Parkverwaltung ständig unterhalten. Der 12,5 Kilometer lange Bright Angel Trail beginnt in der Nähe des Grand Canyon Village und führt zur 1370 Meter tiefer gelegenen «Phantom Ranch» am Nordufer des Colorado River, den die im Jahr 1907 unter großen Schwierigkeiten erbaute Kaibab-Hängebrücke (Kaibab Suspension Bridge) überspannt.

Auskünfte zu diesem und anderen Wegen gibt das Backcountry Reservation Office, P.O. Box 129, Grand Canyon, Arizona 86023, Tel. 001/928/6 38 78 75.
Die nicht mehr unterhaltenen Trails können streckenweise nicht nur schwierig, sondern auch gefährlich sein. Wie für die gewarteten Wege besteht auch hier strikte Anmeldepflicht. Dabei ist nachzuweisen, den Kaibab oder Bright Angel Trail schon einmal begangen zu haben, und es muß ein Zeitplan für das Wandervorhaben mit genauer Angabe der geplanten Rückkehr vorgelegt werden. Für erfahrene Wanderer, die die Hauptrou-

Der steilere *South Kaibab Trail* geht vom Yaki Point aus, rund 7 Kilometer östlich des Grand Canyon Village, und erreicht nach etwa 11 Kilometern die von diesem Ausgangspunkt gemessen 1460 Meter tiefer liegende Hängebrücke. Dann führt der *North Kaibab Trail* 22 Kilometer weit und 1750 Meter hoch zur «Grand Canyon Lodge» am North Rim. Der Kaibab Trail ist der einzige Weg, der den Grand Canyon durchquert.
Wer Höhenunterschieden von eineinhalb Kilometern eher skeptisch gegenübersteht und trotzdem wandern möchte, für den könnte der *Rim Trail* der richtige Weg sein. Dieser Pfad führt am South Rim nahezu eben vom Yavapai Point bis Hermits Rest, eine Strecke von 14,5 Kilometern. Weitgehend eben ist auch der nach einem schwedischen Maler benannte *Widforss Trail* am North Rim. Er führt 8 Kilometer an einem Transept genannten Seitencanyon entlang durch herrliche Wälder zum Widforss Point (2403 m), von dem sich ein schöner Blick in den großen Canyon bietet. Für die Rim-Wanderungen ist kein Permit erforderlich.
Besonders ambitionierte Wanderer mögen sich vom *Tonto Trail* angezogen fühlen, einem Weg von 115 Kilometer Länge auf dem Tonto-Plateau oberhalb der Inner Gorge, auf dem es kaum Schatten und Wasser gibt.

ten in die große Schlucht bereits kennen, sind diese Trails besonders reizvoll, da sie eine Fülle neuer Eindrücke bieten. Einige führen an aufgelassenen Kupfer-, Silber-, Asbest-, Blei-, sogar Platinminen vorbei, von denen keine jemals wirklich rentabel war – kein Wunder bei dem mühsamen Transport der Erze aus dem Canyon. Leidlich erträglich war nur der Abbau von Fledermaus-Guano aus einer riesigen Höhle im Westen des Grand Canyon, für den eine der längsten Seilbahnen der Welt gebaut wurde. Reste dieser Bahn sind noch zu sehen.

Reiten. Kein Zweifel, Reiten ist weniger anstrengend als die gleiche Strecke zu Fuß gehen, aber als «mühelos» sollte sich keiner einen Ritt in und aus dem Canyon vorstellen. Zu bedenken ist auch, daß der Bright Angel Trail zuweilen knapp an entsetzlichen

Vorbei an schwindelerregenden Abgründen: Maultierreiter am South Kaibab Trail.

Abgründen entlang führt, was nicht schwindelfreien Personen oder Reitern mit wenig Vertrauen in die (trittsicheren) Maultiere das Landschaftserlebnis vergällen kann.

Backpackers, Rucksackwanderer, auf dem Bright Angel Trail, dem am besten ausgebauten Weg im Grand Canyon.

RETTUNG BEI VORAUSKASSE

Wanderer, die in den Grand Canyon hinabsteigen und dort übernachten wollen, benötigen eine Wandererlaubnis (Permit), die im Backcountry Reservation Office kostenlos erteilt wird. Bedingung ist allerdings, daß die Ausrüstung den Anforderungen genügt. Am wichtigsten ist dabei die Größe der mitgeführten Wasserflasche(n) – das Minimum ist eine Gallone, rund 4 Liter, pro Person und Tag. Diese zunächst vielleicht übertrieben wirkende Angabe wird verständlich, wenn man weiß, daß der Mensch in der extrem trockenen Hitze der Canyonwüste an einem Tag bis zu 8 Liter Wasser ausschwitzt.
Die Rangers im Reservation Office sind zwar gehalten, Wanderwilligen, die erkennbar nicht über die nötige Kondition oder Konstitution verfügen, ihr Vorhaben auszureden, verbieten können sie es nicht! Das wäre Diskriminierung, das wäre nicht «pc» *(politically correct)*.
So fordert Überanstrengung jedes Jahr Todesopfer. Gottlob trifft nicht alle vom Aufstieg aus dem Canyon überforderten Wanderer dieses Schicksal. Die meisten schaffen es, sich zu einem Schattenplatz zu schleppen und von dort aus Hilfe zu erbitten, zum Beispiel durch eine Botschaft, die ein vorbeikommender rüstiger Aufsteiger mitnimmt. Auf Handys ist in der tiefen Schlucht dagegen kein Verlaß. Die angeforderte Hilfe kommt dann in Gestalt von zwei Maultieren und ihrem Führer. Für die «Rettung» des erschöpften Wanderers wird Vorauskasse erwartet, nachdem manche Gerettete sich später als zahlungsunfähig erklärten. Daß eine solche Rettungsaktion nicht billig sein kann, liegt auf der Hand. Noch teurer käme das Ausfliegen mit dem Hubschrauber, was aber nur in echten Notfällen, bei schweren Verletzungen etwa, die schnelle ärztliche Versorgung erfordern, erlaubt wird.

Ritt auf wilden Wassern – River Rafting auf dem Colorado.

Rund 750 Meter erheben sich die beinahe senkrechten Felswände des Marble Canyon, wie der Teil des Grand Canyon südlich von Lee's Ferry genannt wird. Im Lauf der Zeit wurde hier der Redwall-Kalkstein durch den Fluß so glatt geschliffen, daß er den Erstbefahrer Major Powell an Marmor erinnerte – daher der Name.

Im Herbst gehören die prächtig gefärbten Espen, hier bei Vista Encantadora, zu den Hauptattraktionen am North Rim.

Ein Wintertag am North Rim: Die Schneedecke läßt die gewaltigen Felsmonolithe und Grate, Steilabhänge und Felsstufen besonders plastisch hervortreten.

1 Diese wilden Esel, auch Burros genannt, sind die Nachkommen jener Tiere, die einst von den Minenarbeitern im Grand Canyon zurückgelassen wurden.

2 Reptilien sind wahre Überlebenskünstler, wenn es um die Anpassung an extreme Hitze und Trockenheit geht – Leguan im Marble Canyon.

3 Chipmunks, Streifenhörnchen, gehören zu den regelmäßigen Gästen an den Picknick- und Campingplätzen im Grand Canyon.

4 Am North Kaibab Trail geht es von Anfang an steil bergab. Im Gegensatz zum South Rim ist es am North Rim oft möglich, auch ohne lange Voranmeldung an einem Maultierritt teilzunehmen.

Wer sich für einen Ritt in die Tiefe entschließt, sollte auch wissen, daß die Reihenfolge innerhalb der Gruppe nicht gewechselt und nur auf ein Zeichen des Anführers angehalten werden darf. Für individuelle Fotos bleibt also wenig Freiraum. Die Reiter müssen mindestens zwölf Jahre alt sein, dürfen nicht mehr als 90 Kilo wiegen und inklusive Fotoausrüstung nicht mehr als 5 Kilo Gepäck mitführen.

Angeboten werden Touren von zwei Stunden bis drei Tagen Dauer. Alleiniger Veranstalter am South Rim ist Xanterra Parks & Resorts, P.O. Box 699, Grand Canyon,

Arizona 86023. Reservierungen sollten, wenn möglich, ein Jahr im voraus getätigt werden, vorzugsweise «vor Ort» im Verlauf einer anderen USA-Reise.

Maultierritte in den Grand Canyon werden auch am North Rim angeboten. Buchungen hierfür sind in der «Grand Canyon Lodge» möglich, mit langen Wartelisten muß man hier nicht rechnen.

Klettern. Die hoch aus dem Canyongrund aufsteigenden Tafelberge bieten reichlich Gelegenheit zum Klettern und Bergsteigen. Anwärter auf die Gipfel oder Hochplateaus von Vishnu oder Zoroaster Temple, um nur zwei Beispiele zu nennen, müssen aber mit ihrer Kondition und ihrer Ausrüstung beachtlichen physischen und technischen Schwierigkeiten gewachsen sein. Klettertouren im Grand Canyon National Park gelten als «Backcountry Trips», in der Regel also Wanderungen in die Wildnis ohne Weg und Steg. Unternehmungen dieser Art sind zwar nicht verboten, aber sie müssen mit der Parkverwaltung im einzelnen besprochen werden, um die nötige Genehmigung für eine solche Tour zu erhalten.

Bootfahren. Den Colorado im Grand Canyon zu befahren – für viele der Höhepunkt einer Grand-Canyon-Reise. Eine Fahrt mit den unsinkbaren Schlauchbooten strengt weit weniger an als ein Ritt oder ein Fußmarsch in den Canyon (lediglich die Katarakte schütteln die Passagiere kräftig durch), und ein einzigartiges Landschaftserlebnis belohnt dieses Abenteuer (siehe Seite 573). Nur aus dem Boot zeigt sich beispielsweise die Inner Gorge aus der Nähe, der Abschnitt des Canyon, in dem der Fluß zwei Milliarden Jahre altem Vishnu-Schiefer zu Glanz verhalf.

Noch abenteuerlicher als die Fahrt auf einem der großen Schlauchboote ist die mit einem Ruderboot, ähnlich den Booten der

Powell-Expedition. 20 000 Bootstouristen läßt die Parkverwaltung im Jahr zu, kein Wunder, daß man die ein- bis 17-tägigen Touren oft schon Jahre vorher buchen muß. Folgende Unternehmen bieten Rafting-Touren an: Wilderness River Adventures, P.O. Box 717, Page, Arizona 86040 oder Canyoneers, Inc., P.O. Box 2997, Flagstaff, Arizona 86003.

Rundflüge. Eine neue aufregende Perspektive des Grand Canyon eröffnet ein Rundflug. Allerdings sind Flüge *durch* die Schlucht (*under the rim*, unterhalb des Canyonrands) wegen wiederholter Flugunfälle, darunter auch Zusammenstöße zwischen Hubschraubern und Propellerflugzeugen, seit Jahren verboten. Diese wahrhaft atemberaubenden Flüge können aber auch heute noch im IMAX-Kino in Tusayan sehr realitätsnah auf einer riesigen Leinwand nacherlebt werden, vielleicht sogar noch besser als aus einem kleinen Flugzeug mit seinen doch beschränkten Ausguckmöglichkeiten. Es werden Gruppen- und individuelle Flüge

mit Propellerflugzeugen und Hubschraubern ab Las Vegas, Phoenix, Page und Tusayan angeboten. Fast alle Maschinen bieten jedem Passagier einen Fensterplatz. Daß für die Grand-Canyon-Flüge vorherige Reservierung ratsam ist, versteht sich. Veranstalter sind unter anderen Scenic Airlines (Las Vegas und Phoenix), Lake Powell Air (Page) sowie Grand Canyon Airlines und Grand Canyon Helicopters (Tusayan).

AUSSICHTSPUNKTE UND SEHENSWÜRDIGKEITEN IM GRAND CANYON NATIONAL PARK

Ziffern im Kreis verweisen auf die Karte auf Seite 617, kursive Seitenzahlen am Ende der Abschnitte verweisen auf Abbildungen.

South Rim. Den Südrand der Schlucht erreicht man, von Flagstaff kommend, am Grand Canyon Village, von Page aus oder auch von Flagstaff mit einem kleinen Umweg über Cameron, bei Desert View.
Es empfiehlt sich sehr, die den südlichen Canyonrand entlangführende Besichtigungstour bei Desert View zu beginnen. So hat man gleich am Anfang einen der schönsten Blicke auf die Schlucht und den Colorado, der von weiter folgenden Aussichtspunkten oftmals nicht zu sehen ist, und erreicht das etwas unübersichtliche und recht hektische Grand Canyon Village erst später. Praktisch an diesem Tourenvorschlag ist auch, daß man dabei auf der «richtigen» Straßenseite

fährt, das heißt, an allen Aussichtspunkten nur nach rechts abzubiegen braucht, ein Vorteil im oft sehr lebhaften Verkehr.
Zwischen Desert View am Beginn des East Rim Drive und Hermits Rest am Ende des West Rim Drive liegen elf weitere «offizielle» Aussichtspunkte, die alle einen Besuch lohnen. *567, 568/569, 570/571, 598, 606, 612/613, 616, 619, 620*

Desert View ①. Bereits vom Viewpoint selbst, noch etwas besser vom 20 Meter hohen *Watchtower*, bietet sich ein grandioser Blick in Längsrichtung des Canyons. Der Turm ist zwar kein historisches, von den Anasazi errichtetes Gebäude – es entstand erst 1932 –, doch ist er alten Schutz- und Lagerbauten der präkolumbianischen Indianer nachempfunden, wie sie etwa original im Hovenweep National Monument erhalten sind. Im Inneren des Watchtower befindet sich eine Verkaufsausstellung indianischer Handarbeiten und Kunstwerke.

Lipan Point ②, der nächste Aussichtspunkt am East Rim Drive, zeichnet sich durch eine besonders schöne Sicht in den östlichen Teil der Schlucht aus.
Im nahegelegenen *Tusayan Museum* sind zahlreiche Fundstücke aus den alten Indianerkulturen der Region ausgestellt, sehenswert auch ein unweit des Museumsgebäudes freigelegter *Pueblo* (Dorf) der Anasazi, der früheren indianischen Bewohner des Colorado-Plateaus, aus dem 12. Jahrhundert.

Moran Point ③. Die besondere Attraktion dieses Aussichtspunkts ist der Blick auf die *Hance Rapids* im Colorado, von den Befahrern des Flusses gefürchtete Stromschnellen mit einem Gefälle von 10 Metern.

Grandview Point ④. Viele Besucher sagen, daß der Panoramaausblick von hier der beste des South Rim sei, deshalb diesen Punkt unbedingt ansteuern!

Yaki Point ④. Von hier kann der Blick bis in die dunkle *Granite Gorge* (Granitschlucht) schweifen, auch *Inner Gorge* genannt. Dort hat sich der Colorado in zwei Milliarden Jahre alte Gesteine, den sogenannten Vishnu-Schiefer, eingeschliffen. Vom Yaki Point sieht man auch den *Bright Angel Trail* und mit dem Fernglas den zum Nordrand führenden *North Kaibab Trail* (siehe Seite 624).

Mather Point ⑤, die nächste Station, ist gleichzeitig der erste Aussichtspunkt, den Besucher erreichen, die über den Südeingang zum Grand Canyon kommen. Dementsprechend ist er «gut besucht», aber es lohnt sich, auf einen Platz in der ersten Reihe zu warten. Wie an den anderen Viewpoints erwarten den Besucher auch an dem nach dem ersten Superintendenten des National

Park benannten Mather Point Ausblicke, die es nur einmal und nur dort gibt. Eine kleine Besonderheit: Vom Mather Point kann man bei genauem Hinsehen den *Bright Angel Trail* und die «Phantom Ranch» am Ufer des Colorado River erkennen. *567, 606*

Yavapai Point ⑦, wie Mather Point nahe am Grand Canyon Village gelegen, glänzt mit einem «klassischen», vielfotografierten Blick in die Tiefen der Schlucht. Hier steht auch das schon erwähnte *Yavapai Point Museum* (siehe Seite 619) und das *Visitor Center* des Grand Canyon National Park. Das ausgesprochen sehenswerte Museum beschäftigt sich in erster Linie mit der Entstehungsgeschichte und der Geologie des Grand Canyon.
Nach dem Grand Canyon Village mit verschiedenen Hotels, Einkaufsmöglichkeiten, einem Postamt und der Endstation der Nostalgieeisenbahn ab Williams führt der dort beginnende West Rim Drive weiter am Canyonrand entlang. In den Sommermonaten ist dieser Straßenabschnitt für den Individualverkehr gesperrt. Die Strecke von der «Bright Angel Lodge» bis zum Endpunkt des West Rim Drive bei Hermits Rest befährt dann ein kostenlos zu benutzender Pendelbus *(Shuttle)*, der an allen auf der Karte vermerkten Aussichtspunkten zum Aussteigen und zum Wiedereinsteigen in einen der nächsten Busse anhält.

1 Eine der bekanntesten Ansichten des Grand Canyon eröffnet sich am Yavapai Point, der nach einem Indianerstamm benannt wurde.

2 Der 1932 errichtete Watchtower bei Desert View ist der Nachbau eines präkolumbianischen indianischen Turms. Von hier hat man eine atemberaubende Aussicht auf die Schlucht und den Colorado; im Inneren des Turms sind Gemälde des Hopi-Künstlers Fred Kabotie ausgestellt.

Pima Point ⑫ ermöglicht noch einmal einen Blick auf den gewundenen Lauf des Colorado. Hier kann man, wenn es in der Umgebung ruhig ist, auch das Getöse der berüchtigten *Granite Rapids* hören.

Hermits Rest ⑬ markiert das Ende des West Rim Drive. Der Name geht auf den franko-kanadischen Einsiedler *(hermit)* Louis Boucher zurück, der an diesem Ort zwanzig Jahre lebte. Heute stehen hier ein Souvenir-Kiosk und eine Snack-Bar.

North Rim. Nur zehn Prozent der Parkbesucher finden den Weg zum Nordrand des Canyon. Das mag daran liegen, daß von Los Angeles oder von Phoenix aus rund 350 Kilometer mehr zu fahren sind als zum Südrand. Oder daran, daß es dort weniger Aussichtspunkte als am South Rim und auch weniger touristische Einrichtungen gibt und daß die Blicke in den Canyon nicht ganz so spektakulär sind. Tatsächlich fließt der Colorado von der Nordkante aus gesehen weiter entfernt und weniger gut zu sehen als von der Südkante. Dafür lassen sich am

3 Am Hopi Point warten in der Hochsaison stets zahlreiche Menschen, wie diese beiden Mountainbike-Fahrer, auf den hier besonders dramatischen Sonnenuntergang.

4 Abendstimmung am Cape Royal am North Rim des Grand Canyon.

5 Auch wenn die Anfahrt zum Toroweap Overlook etwas mühselig ist – das einzigartige Panorama und die majestätische Einsamkeit des Ortes entschädigen für alle Strapazen!

Trailview Overlook ⑧. Der Name sagt es schon: Vorrangig ist hier der Blick auf den *Bright Angel Trail* mit seinen meist beschwingt hinablaufenden und müde emporstapfenden Wanderern und den sich langsam, aber stetig vorwärtsbewegenden Maultierkolonnen.

Maricopa Point ⑨. Von hier aus bietet sich ein umfassender Blick auf den westlichen Teil des Grand Canyon. Nicht weit davon entfernt, am *Powell Point*, steht das *Powell Memorial*, eine Statue zum Andenken an John Wesley Powell (siehe Seite 607), dem unerschrockenen Erstbefahrer des Colorado River durch den Grand Canyon. Naht aber der Sonnenuntergang, dann sollte man schnell weiterfahren, denn

Hopi Point ⑩, der am weitesten in die Schlucht ragende Punkt, ist mit der beste Platz, um das faszinierende Farbenspiel beim Sonnenuntergang zu beobachten. Nicht minder sehenswert sind diese Farbschauspiele auch bei Sonnenaufgang.

Mohave Point ⑪. Ein Aussichtspunkt, der wiederum einen Blick auf den Colorado River bietet, aber auch noch erwähnenswert ist, weil kurz danach die West-Rim-Straße an einem tiefen Abgrund vorbeiführt, *The Abyss*. Über 900 Meter geht es da in die Tiefe und macht schaudern.

North Rim anders als am South Rim noch Plätze der Ruhe und Einsamkeit finden.
Zum North Rim gelangt man von Kanab, Utah, oder von Page, Arizona, über die Highways 89 und 89 A, die sich bei Jacob Lake zum Highway 67 vereinigen. Die Straße endet an der «Grand Canyon Lodge». Kurz vorher führt nach links eine Abzweigung zu den Aussichtspunkten *Point Imperial* ⑭, *Vista Encantadora* ⑮, *Walhalla Overlook* ⑯ und *Cape Royal*. *558/559, 572, 596/597, 598, 600, 601, 602, 603, 604/605, 614/615, 620, 626/627, 628, 642/643*

Cape Royal ⑰ eröffnet den wohl eindrucksvollsten Ausblick. Der knapp 1 Kilometer lange Weg vom Parkplatz zum Aussichtspunkt führt an *Angel's Window* vorbei, einem Fenster im Fels, in dem sich in weiter Ferne der Colorado zeigt. Im Vordergrund ragen majestätische Tafelberge auf, mit klangvollen Namen wie *Vishnu Temple*, *Wotans Throne* und *Zoroaster Temple*; die Fernsicht reicht bis zum *Navajo Mountain* am Lake Powell. *598*

Point Sublime ⑱. Nach der Einfahrt in den Park zweigt alsbald nach rechts eine Schotterstraße dorthin ab, ein lohnender Abstecher, der in der Reiseplanung aber gebührend berücksichtigt werden will. Für Hin- und Rückfahrt auf der rund 30 Kilometer langen Piste und beschauliche Ausschau sollte ein halber Tag angesetzt werden.

Toroweap ⑲. Ähnlich wie zum Havasu Canyon kommt man zu diesem auch Tuweep genannten Platz am Nordrand nur nach reichlich langer Fahrt auf einer noch dazu nicht asphaltierten Straße. Drei Straßen führen dorthin, ab Fredonia, Arizona, (105 km), zwei Stunden, ab St. George, Utah (145 km), drei Stunden, und ab Colorado City, Arizona, (90 km). Da letztere meist in schlechtem Zustand ist, ist hier keine Zeitangabe möglich. Empfehlenswert ist die Route, die vom Highway 389 westlich von Fredonia nach Süden abzweigt.

Der Ausblick, der sich vom *Toroweap Overlook* bietet, ist einmalig im Grand Canyon und lohnt die lange Fahrt. Senkrecht fallen die Felswände zum Colorado ab, der 900 Meter tiefer rauscht und vom Aussichtspunkt aus kilometerweit zu überblicken ist. Auch die *Lava Falls* sind von hier zu sehen, mit Rang Zehn in der Schwierigkeitsskala eine ob ihrer Gefährlichkeit von den Befahrern des Flusses mit am meisten gefürchtete Stromschnelle. Die hier sichtbaren alten Laven haben sich vor etwa einer Million Jahren in den Grand Canyon ergossen, bildeten damals hohe Dämme, die den Colorado über 300 Kilometer zurück aufstauten.

Am Rand des Toroweap Overlook ist Vorsicht geboten: Kein Geländer schützt den Besucher am steil abfallenden Fels, nicht schwindelfreie Personen treten besser nicht zu nahe an den Abgrund.

Der kleine Campingplatz am Aussichtspunkt bietet nichts außer Stellmöglichkeiten für wenige Camper und Zelter. Trotzdem lohnt sich eine Übernachtung: Bei Sonnenaufgang beginnen die Felswände tiefrot zu erglühen, während der Fluß noch in geheimnisvollem Dunkel schimmert. Gegen zehn Uhr vormittags beginnt das nächste Schauspiel: Dann tanzen die großen Schlauchboote der Coloradofahrer mit ihren kreischenden Insassen über die Lava Falls. 572, 582, 583

Havasu Canyon ⑳. Obwohl der Havasu Canyon seit 1979 nach der letzten Grenzänderung nicht mehr innerhalb des National Park liegt, bleibt er natürlich ein Seitencanyon des Colorado im Grand Canyon, der für Touristen von besonderem Interesse ist, auch wenn sein Besuch einige Mühen erfordert.

Besucher mit gut gefüllter Reisekasse konnten früher mit dem Helikopter nach *Supai*, dem kleinen Dorf im Havasu Canyon, schweben. Diese leichte, aber lärmende Art der Fortbewegung ist jedoch nicht mehr gestattet. Der Canyon steht nur noch Wanderern und Reitern offen, für Motorräder, selbst Mountain-Bikes, ist der Weg gesperrt. Die Anreise mit dem Auto folgt ab Flagstaff 120 Kilometer der I-40 bis Seligman, dann 40 Kilometer auf der historischen Route 66 bis zu den Grand Canyon Caverns mit der letzten Tankstelle. Von hier geht es auf dem durchgehend asphaltierten Highway 18 nochmals 100 Kilometer nach Norden bis zum Ende des Asphalts, Hualapai Hilltop

Wer gerne nach Supai wandern möchte und den anstrengenden Weg mit schwerem Gepäck scheut, kann seinen Rucksack auch auf dem Pferderücken transportieren lassen. Dazu muß man vor 12 Uhr mittags am Hualapai Hilltop sein.

Von der Brücke über den Havasu Creek ist es nicht mehr weit nach Supai, wo es ein Café und einen kleinen Laden gibt. Dennoch sollte man zunächst nicht zu lange verweilen, weil der Campingplatz noch 3 anstrengende Kilometer entfernt liegt und es im Canyon sehr früh und schnell dunkel wird.

Felsklippenwohnungen der Anasazi, hier bei Nankoweap, zeugen davon, daß der Grand Canyon schon seit Jahrtausenden von Indianern besiedelt wird. Als die ersten Europäer hierher kamen, waren diese Stätten allerdings schon verlassen. Die Gründe für das Verschwinden der Anasazi sind bis heute nicht geklärt.

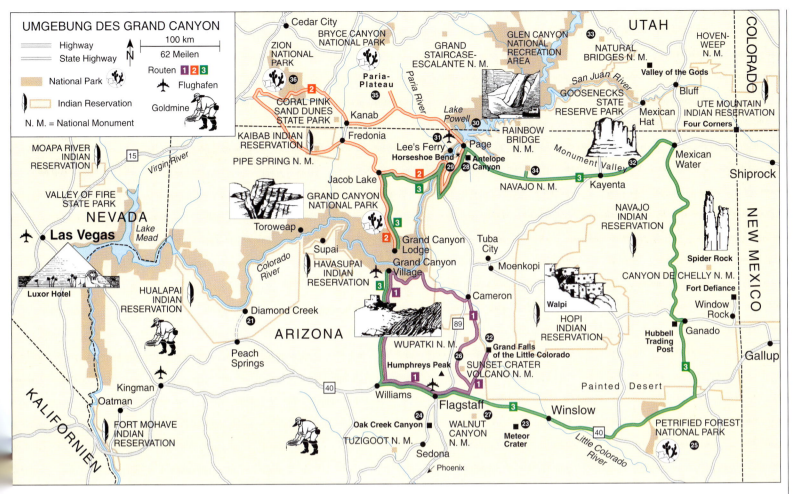

In der Umgebung des Grand Canyon warten zahlreiche Sehenswürdigkeiten.

Route 1 ist eine Rundreise ab Flagstaff, deren Höhepunkte der South Rim des Grand Canyon, das Wupatki National Monument und die Grand Falls of the Little Colorado sind.

Route 2 führt von Page über die Horseshoe Bend an den North Rim des Grand Canyon, von dort weiter zum Zion National Park und über das Paria-Plateau zurück nach Page.

Wer sowohl den Süd- als auch den Nordrand des Grand Canyon besuchen will, lernt auf der Route 3 weitere Highlights des amerikanischen Südwestens kennen, etwa den Petrified Forest National Park, den Canyon de Chelly und das legendäre Monument Valley.

genannt, 1585 Meter über dem Meer, nur ein Punkt auf der Landkarte. Auf Besucher, die rechtzeitig und am besten schriftlich ein Reittier bei Havasupai Tourist Enterprise Supai, Arizona 86435, Tel. 001/520/4 48 21 21 reserviert haben, wartet nun (hoffentlich) dort ein Pferd oder Maultier und ein berittener Guide. Die anderen machen sich, nach Kauf eines «Trail Pass» zu Fuß auf den 13 Kilometer langen Weg zum 800 Meter tiefer gelegenen Supai.

Dort kann man entweder im mitgebrachten Zelt oder Schlafsack übernachten oder bei rechtzeitiger Voranmeldung in einem überraschend komfortablen Hotel mit 24 großen Zimmern für bis zu vier Gäste. Ferner gibt es in Supai eine «Eatery», ein kleines Restaurant, in dem neben den obligatorischen Burgers und Sandwiches auch indianische Gerichte serviert werden. Wie in allen Indianer-Reservationen herrscht in Supai striktes Alkoholverbot, auch das Mitbringen eigenen «Feuerwassers» ist nicht erlaubt.

Unterhalb von Supai liegen nacheinander die Wasserfälle, die den Canyon so attraktiv machen: *Navajo Falls, Havasu Falls, Mooney Falls* und *Beaver Falls* (siehe auch Seite 592). Nach den Havasu Falls wird der Weg streckenweise steil, glitschig und eng; für diesen Abschnitt ist bestes Schuhwerk nötig. Die untersten Wasserfälle, die Beaver Falls, liegen nur noch 5 Kilometer vor dem Colorado, aber dorthin führt kein gebahnter Pfad. 563, 567, 585, 588/589, 592, 593

AUSFLÜGE

Wer den langen Weg in den Westen der USA unternimmt, wird sich kaum auf die Besichtigung des Grand Canyon beschränken, es sei denn, er hätte dort Besonderes vor wie Extremklettern oder ausgedehnte Fahrten auf dem Colorado. Die Mehrzahl der Reisenden wird die große Schlucht jedoch in eine Rundreise einbinden, zumindest aber auch die bekannten Sehenswürdigkeiten in der näheren Umgebung kennenlernen wollen. Für letzteres bieten sich Flagstaff und Page als Stützpunkt für reizvolle Tages- und Halbtagsausflüge an.

AUSFLUGSZIELE AB FLAGSTAFF

Diamond Creek ㉑. Bei Peach Springs an der I-40 zweigt nach Norden eine breite Schotterstraße ab, die Diamond Creek Road. Sie endet nach rund 30 Kilometern und 1100 Höhenmeter tiefer am *Diamond Point*. Vor längerer Zeit stand hier ein einfaches, aber sehr geschätztes Hotel, das 1914 abbrannte. Heute ist dieser Punkt in der Hualapai Indian Reservation «nur» noch eines der wenigen mit dem Auto erreichbaren Ziele direkt am Ufer des Colorado, ein Ort der Einsamkeit und Ruhe – es sei denn, eine größere Schlauchboot-Expedition macht dort gerade eine Pause. Für das Permit zum Befahren der Straße ist in Peach Springs eine geringe Gebühr zu entrichten – eine gute Gelegenheit, sich nach dem aktuellen Straßenzustand zu erkundigen.

Grand Falls of the Little Colorado ㉒. Der Little Colorado River fließt zwar offiziell ganzjährig, aber im Sommer in der Regel doch sehr spärlich. Das Attribut «Grand» steht den Wasserfällen des Little Colorado deswegen nur früh im Jahr nach der Schneeschmelze oder nach einem kräftigen Sommergewitter zu. Dann jedoch sind die Fälle eine erstklassige Attraktion! Der Weg dorthin führt ab Flagstaff ein kurzes Stück nach Osten der I-40 entlang, bis bald hinter dem Walnut Canyon der Highway 15 nach Leupp in der Navajo Indian Reservation abzweigt. Nach etwa 15 Kilometern führt dann die Schotterstraße Nummer 70 Richtung Nordosten zu den noch rund 12 Kilometern entfernten Fällen, die ihre Entstehung prähistorischen Lavaflüssen verdanken.

Meteor Crater ㉓. Nahe Winslow, rund 80 Kilometer östlich von Flagstaff, liegt einer der größten und besterhaltenen Meteorkrater der Erde. Vor etwa 22 000 Jahren schlug hier ein 60 000 Tonnen schwerer Eisen-Nickel-Meteorit mit einer Geschwindigkeit von rund 45 000 Stundenkilometern ein. Alle diese Zahlen sind geschätzt, so wie auch die beim Aufprall hochgeschleuderte Menge von 500 Millionen Tonnen Gestein. Genau zu vermessen war aber der Krater,

weltweit der einzige in Privatbesitz: Durchmesser 1265 Meter, Tiefe 175 Meter.

Oak Creek Canyon ㉔. Zwischen Flagstaff und Prescott verläuft der Highway 89 A durch ein wildromantisches Tal, das mit seinen hochragenden roten Felsen schon in vielen berühmten Western als Filmkulisse diente. Der surrealistische Maler Max Ernst kam im Jahr 1950 nach *Sedona*, dem Hauptort des «Red Rock Country», und noch heute gilt der malerische Ort als Künstlerkolonie. Während der Hochsaison dominieren allerdings Touristen in Kauflaune, die sich auch von den hohen Preisen in den (unzähligen) Souvenirläden, Boutiquen und Galerien nicht abhalten lassen.

Petrified Forest National Park ㉕. Dieser einzigartige National Park, direkt an der I-40 rund 150 Kilometer östlich von Flagstaff, liegt im Painted Desert («bemalte Wüste») genannten Abschnitt der Mojave-Wüste, deren Randgebiete von Desert View (daher der Name) am Ostende des South Rim zu sehen sind. In und auf farbigen Ton- oder auch Lehmhügeln, genauer gesagt, Bentonithügeln der Chinle-Formation, liegen hier hunderte oft noch vollständig erhaltene versteinerte Baumstämme – die größte Zahl, die weltweit bekannt ist. Vor 225 Millionen Jahren wurden in ehemalige Sümpfe gestürzte altersschwache Bäume an ihren heutigen Fundort geschwemmt – dabei gingen den Stämmen die Äste verloren – und dort von Schlamm bedeckt. Ohne Sauerstoffzufuhr konnten die Stämme nicht verrotten, stattdessen füllte in die toten Riesen einsickerndes kieselsäurehaltiges Wasser Zelle für Zelle mit winzigen Quarzkristallen. Die meisten der bis zu 60 Meter langen, versteinerten Bäume gehören als Araucaria zur Gruppe der Koniferen. Diese Baumart ist inzwischen ausgestorben, aber entfernte Verwandte wachsen als *Araucarioxyla* heute noch in Südamerika, Australien und Neuseeland.

Sunset Crater Volcano und Wupatki National Monuments ㉖. Von Flagstaff führt der Highway 89 direkt zum Grand Canyon, aber wer Zeit hat, sollte nördlich von Flagstaff nach rechts in die Seitenstraße abbiegen, die zunächst zum Sunset Crater Volcano National Monument führt. Seinen Namen verdankt der Sunset Crater seiner Rotfärbung bei Sonnenuntergang. Den Besucher erwartet hier ein vergleichsweise junges Gebiet früherer vulkanischer Aktivitäten. Die bislang letzte Eruption im Winter 1064/65 lieferte mit ihren fruchtbaren Aschen die Existenzgrundlage für die nahegelegene, heute Wupatki genannte Siedlung der Sinagua-Indianer. Vom einstigen Wohlstand des Pueblos, der um 1200 verlassen wurde, zeugen einige eindrucksvolle Lehmziegelbauten, darunter auch mehrgeschossige Gebäude wie das *Wupatki House*, *The Citadel* und *Lomaki*. Auch ein ummauerter Ballspielplatz und ein «Amphitheater» sind erhalten.

Walnut Canyon National Monument ㉗. Fast noch im Stadtgebiet von Flagstaff, nur 15 Kilometer vom Zentrum entfernt, liegt der Walnut Canyon. Hier sind unter Felsüberhängen über dreihundert *Cliff Dwellings* der Sinagua-Indianer aus dem 12./13. Jahrhundert erhalten. Straßen führen zu allen wichtigen Aussichtspunkten.

AUSFLUGSZIELE AB PAGE

Antelope Canyon ㉘. Nur wenige Autominuten östlich von Page erwartet den Besucher eine wahre Wunderwelt im Sandstein (siehe Seite 581).

Horseshoe Bend ㉙. Noch schneller kommt man von Page zum Ausgangspunkt einer Kurzwanderung zu einem der schönsten Ausblicke auf den Colorado. Nur fünf Autominuten südlich des Ortes biegt 300 Meter nach dem Milepost 545 am Highway 89 ein unbeschilderter Fahrweg nach Westen ab, der nach wenigen Metern an einem Sandhügel endet. Nach 15 bis 20 Minuten Fußmarsch über diesen Hügel erreicht man den grandiosen Aussichtspunkt mit Blick auf eine Kehrtwendung des Flusses.

Lake Powell ㉚. Der durch Aufstauung des Colorado entstandene See überschwemmte den vorher kaum bekannten Glen Canyon (siehe Seite 583 ff.). Mit einer Fläche von 660 Quadratkilometern und einer Uferlänge von 3140 Kilometern ist er einer der größten Stauseen der Welt. Neben seiner eigentlichen Bestimmung, der Regulierung und Energieausbeutung des Colorado, wurde der Lake Powell ein zunehmend beliebter Tummelplatz für Motor- und Hausboote. Die frühere Bauarbeitersiedlung Page stieg dank des Stausees zu einem Touristenzentrum ersten Ranges auf. Fünf große Jachthäfen (Marinas) gibt es am See: Wahweap, Dangling Rope, Bullfrog, Hite und Hall's Crossing.

Von Wahweap Marina aus kann man sich mit einem hochseetüchtigen *(ocean-going)* 1600 PS starken Passagier-Schnellboot in

1 Ertrunkene Schluchten, ein Labyrinth von Buchten – durch den Bau des Glen Canyon Dam wurde der einzigartige Glen Canyon überflutet, für viele Naturschützer eine der großen Umweltsünden dieses Jahrhunderts. Dem Reiz des dabei entstandenen Lake Powell können sich aber auch seine Kritiker nicht entziehen.

2 und 3 Zwischen 700 und 1300 entstanden im Südwesten zahlreiche mehrstöckige Wohnhäuser aus Adobe (Lehmziegeln) oder Stein. Zu den schönsten präkolumbianischen Hinterlassenschaften zählt das Wupatki National Monument nördlich von Flagstaff, das im 12. Jahrhundert von Sinagua-Indianern bewohnt wurde.

4 Die schroff aufsteigenden rotbraunen Felsen des Oak Creek Canyon bilden einen reizvollen Kontrast zum dunklen Grün der Wälder. Hauptort im «Red Rock Country» ist das hübsche Städtchen Sedona.

EIN ZU STEIN GEWORDENER REGENBOGEN

Das Rainbow Bridge National Monument

War die Rainbow Bridge früher nur nach tagelangen Wanderungen zu erreichen, kann sie heute mit dem Schnellboot mühelos besucht werden. Ihr Anblick ist allerdings wie ehedem – überwältigend.

Für die Navajo-, Ute- und Paiute-Indianer war und ist «Nonnezoshi», der «Regenbogen aus Stein», ein Naturheiligtum, das als «Wächter» und «Bewahrer des Universums» schon seit langem besonders verehrt wird. Von den Weißen wurde die größte und schönste Natursteinbrücke der Welt – sie hat eine Spannweite von 84 und eine Höhe von 88 Metern, an ihrer höchsten Stelle ist sie fast 10 Meter breit – erst 1909 «entdeckt». In diesem Jahr starteten rein zufällig zur gleichen Zeit zwei Expeditionen: die von Byron Cummings, einem Archäologen an der Universität von Utah, und John Wetherill, dem Besitzer einer Handelsniederlassung in der Nähe von Oljeto am Monument Valley in Arizona (ihr Führer war Nasja Begay vom Stamm der Paiute), und die Expedition von William Douglass mit dem Führer Jim Mike vom Stamm der Ute. Als die Gruppen voneinander erfuhren, schlossen sie sich zusammen und erreichten nach einem mühseligen und gefährlichen Ritt am 14. August 1909 die Regenbogenbrücke.

Das Ende der Expedition geriet zur Posse: William Douglass war fest entschlossen, als erster durch die Brücke zu reiten, sah sie aber nicht sofort. John Wetherill hatte wohl die besseren Augen, gab seinem Pferd die Sporen, überholte Douglass und rief sich zum Entdecker der Brücke aus. Auch unter den beiden Indianern brach Streit darüber aus, wer denn eigentlich die «Entdecker» zum Ziel geführt habe.

Bereits ein Jahr später wurde die Rainbow Bridge vom damaligen Präsidenten der Vereinigten Staaten, William H. Taft, zum National Monument erklärt.

Die Geologen unterscheiden zwischen *Arches* (Bögen), die durch Erosion, aber ohne die Einwirkung fließenden Wassers entstanden, und *Bridges* (Brücken), die von sedimentführendem fließendem Wasser geformt wurden. Die Entstehung der Rainbow Bridge stellt man sich so vor: Ehe vor geschätzten sechzig Millionen Jahren die Hebung des Colorado-Plateaus begann, flossen in einer Tiefebene die Flüsse in trägen Mäandern. Mit der Hebung des Geländes beschleunigte sich ihr Lauf und sie gruben sich immer tiefer in ihr Bett. Dabei verjüngte sich eine zwei Flußschleifen trennende Felswand so weit, daß sie durchbrach. Der Fluß grub sich ein neues Bett und vergrößerte die Durchbruchstelle im Lauf der Zeit so stark, daß eine Brücke entstand. Die vollendete Form der Rainbow Bridge liegt aber auch in den Eigenschaften des Navajo-Sandsteins begründet, aus dem sie besteht: Er steht infolge der Plastizität in großer Tiefe darunterliegender Salzstöcke unter Spannung, neigt dadurch zum Abblättern und Ausschälen, und ist relativ weich und porös. Dieser Eigenschaft verdanken auch die riesigen Grotten in der Nähe des steinernen Regenbogens ihre Entstehung und ebenso die Bögen im berühmten Arches National Park nördlich von Moab. So ist die Rainbow Bridge genaugenommen beides – sowohl Brücke als auch Bogen.

Helmut Friedrich

Mit 84 Meter Spannweite gehört die Rainbow Bridge zu den erhabensten und schönsten Naturwundern des Colorado-Plateaus.

nur vier Stunden zur 80 Kilometer entfernten *Rainbow Bridge* und wieder zurück fahren lassen (siehe auch Seite 635). Auch als Ganztagstour wird die Schnellbootfahrt offeriert und bietet dann neben dem Besuch der Rainbow Bridge (Aufenthalt bei der Ganztagstour eine Stunde, bei der Halbtagstour nur 30 Minuten) auch Abstecher in beängstigend enge Seitenarme. Die Kapitäne der Ausflugsboote machen sich einen Spaß daraus, ihr Boot so weit in die sich verengenden Canyons hineinzusteuern, bis es zum Erschrecken der Passagiere knirschend an den steilen Felswänden anliegt.

IM HAUSBOOT AUF DEM LAKE POWELL

Die beschaulichste und erholsamste Art, den Lake Powell mit seinen 96 Seitencanyons kennenzulernen, ist sicherlich, ihn mit einem Hausboot *(houseboat)* zu befahren. Für die Hochsaison (Juli bis Anfang September) ist allerdings rechtzeitige Reservierung ratsam, möglichst schon ein Jahr vorher.

Hausboote sind langsam, haben wenig Tiefgang und sind somit empfindlich für hohe Wellen, wie sie schnelle Boote erzeugen. Diese sind daher gehalten, in der Nähe von Hausbooten ihr Tempo auf «wellenfrei» zu drosseln. Mit Aufenthaltsraum, mehreren Schlafzimmern, Kühlschränken, Fernseher und Klimaanlagen bieten Hausboote allen Komfort. Je nach Größe des Bootes haben sechs, zehn oder auch zwölf Personen Platz. Um Kapitän zu werden, bedarf es keiner Lizenz, die Vermieter vertrauen ihren kurzen Einweisungen. Um den riesigen See zu erkunden, sollte man ein Hausboot mindestens für eine Woche mieten.

Mit dem Auto kommt man nur an wenige Uferstellen des Lake Powell, nicht einmal an alle der oben genannten Marinas: Dangling Rope Marina ist beispielsweise nur auf dem Seeweg zugänglich.

Mehr vom See zeigen Rundflüge von Page aus, die auch individuell zu überraschend moderaten Preisen zu chartern sind. Ein besonderer Leckerbissen sind dabei die Blicke auf die Tafelberge *(Buttes)* im Lake Powell, auf deren steil abfallenden Plateaus für manchen Spiel- und Werbefilm sogar schon Autos abgesetzt wurden.

Lee's Ferry ㉛. Eine weitere der seltenen Möglichkeiten, sich dem Colorado mit dem Auto soweit zu nähern, daß man dort Hände oder Füße eintauchen kann, bietet Lee's Ferry. Seit 1969 die östliche Grenze des Grand Canyon National Park, richtete sich hier 1873 John D. Lee, ein «Outlaw» aus dem Mormonenkrieg, eine Fähre über den Colorado ein, zuerst mit einem ausgemusterten Ruderboot der Colorado-Expedition von John Wesley Powell. Heute starten hier alle touristischen Colorado-Befahrungen mit Schlauch- oder Ruderboot. In der näheren

1 Slickrock, von Wasser, Wind und Erosion geglätteter Stein, in der Paria Canyon-Vermilion Cliffs Wilderness. Die Bänderung des Sandsteins entsteht, wenn auf eisenhaltige, durch Oxidation rot gefärbte Ablagerungen eisenarme (weiße) Schichten folgen.

2 und 3 Monument Valley: Nur eine schmale Staubstraße führt durch das endlose Tal mit den markanten Zeugenbergen, das durch die dort gedrehten Western von John Ford nicht nur weltberühmt, sondern auch zum Inbegriff der Landschaft des Wilden Westens wurde.

4 Bereits 1908 wurden die Natural Bridges bei Mexican Hat zum National Monument erklärt.

5 Einer der landschaftlichen Höhepunkte der Paria Canyon-Vermilion Cliffs Wilderness ist diese treffend «The Wave» genannte Stelle.

Umgebung stehen unübersehbar einige gewaltige *Pilzsteine*, Produkte der allgegenwärtigen Erosion. Vom benachbarten Rim heruntergepurzelte Felsbrocken wurden aus einem weicheren Untergrund «freigespült».

Monument Valley ㉜.

Innerhalb der Navajo Indian Reservation teilweise in Utah, zum überwiegenden Teil aber in Arizona gelegen, gehört das rund 180 Kilometer von Page entfernte Monument Valley zu den Höhepunkten einer Reise durch den Südwesten. In das durch zahlreiche Westernfilme berühmt gewordene «Tal» führt ein für Selbstfahrer freigegebener, staubiger Rundkurs von 28 Kilometer Länge. Andere Wege im Monument Valley erfordern einen Geländewagen und einen indianischen Führer. Wandern und Bergsteigen erlauben die Navajo in ihrem Park nicht.

Das Monument Valley vermittelt zu jeder Tageszeit Eindrücke erhabener Größe, die sich bei Sonnenaufgang und viel mehr noch bei Sonnenuntergang zu monumentaler Feierlichkeit steigern können. Besonders eindrucksvolle Aussichtspunkte sind der Blick

4

auf *Left* und *Right Mitten* und *Merrick Butte* direkt am Parkeingang – hier kann man den Sonnenuntergang in Ruhe erwarten, denn vorher müssen alle Fahrzeuge das Tal verlassen haben –, wie auch *Artist's Point*, *North Window* und *John Ford's Point*.

Schon bis zum Monument Valley gekommen, lohnt sich ein Abstecher von weiteren 50 Kilometern zum *Goosenecks State Reserve Park* im Süden Utahs. 300 Meter unter einer natürlichen Plattform liegen drei unmittelbar aufeinanderfolgende Schleifen («Gänsehälse») des San Juan River, ein auf der Welt wohl einmaliges Naturwunder.

Natural Bridges National Monument ㉝.

Etwas abgelegen nördlich von Mexican Hat befindet sich ein Naturwunder besonderer Art. Nahe beieinander liegen drei erst 1883 entdeckte Brücken aus Sandstein, deren größte eine Spannweite von 81 und eine Höhe von 67 Metern vorweisen kann. In der Umgebung und innerhalb des Monuments gibt es auch zahlreiche präkolumbianische Wohnstätten und Felszeichnungen zu sehen.

Navajo National Monument ㉞.

125 Kilometer südöstlich von Page, linkerhand am Weg zum Monument Valley, bietet sich die Gelegenheit, ein in seiner Art einzigartiges Gebiet zu besuchen. Drei Felsensiedlungen der Anasazi-Indianer aus dem 13. Jahrhundert liegen hier: *Betatakin*, *Keet Seel* und *Inscription House*. Vom Parkplatz am Monument führen 15 Minuten Fußweg zu einem Aussichtspunkt, der vorzugsweise mit Fernglas und Teleobjektiv einen schönen Blick auf die in einer riesigen Höhle liegenden Betatakin Ruins offenbart. Diese und die Keet Seel Ruins von nah zu sehen, erfordert anstrengende Wanderungen oder Ritte. Der Besuch des Inscription House ist wegen seiner Baufälligkeit nicht gestattet.

Für Auskünfte und Anmeldungen (auch für Wanderungen nötig) wendet man sich an: Navajo National Monument, HC-71, Box 3, Tonalea, Arizona 86044.

5

Paria-Plateau ㉟.

Das hochgelegene Gebiet westlich von Page bietet großartige und nahezu unbekannte Naturschönheiten. Etwa auf halbem Weg auf dem Highway 89 von Page nach Kanab zweigt nach rechts ein Fahrweg zur *Old Paria Ghost Town* ab, ein alter «Movie Setup», der mit seinen Holzbauten vor der vielfarbigen Kulisse der Chinle-Formation eine wahre Augenweide ist. Vorsicht: Die sonst einwandfreie Straße dorthin verwandelt sich nach Regen in Schmierseife und ist dann weder zu Fuß noch mit Vierradantrieb passierbar.

Im Echo Canyon des Zion National Park. Auf seinem Weg von den Hochplateaus Utahs nach Süden hat sich der Virgin River durch Schluchten gesägt, die so tief und eng sind, daß die Sonne an manchen Stellen nie den Boden erreicht.

Von Page aus gesehen führt einige Kilometer vor dem Weg nach Old Paria, diesmal nach links, ein Schotterweg zum *Paria Canyon Trailhead*. Auch wer die Wanderung durch den Paria Canyon nicht plant (eine anspruchsvolle, nach Gewittern gefährliche mehrtägige Tour bis nach Lee's Ferry), sollte nicht versäumen, bis zum Trailhead zu fahren. Einzigartige rosaweiße Sandsteinstrukturen belohnen den kurzen Weg.

Eine Besonderheit des Paria-Plateaus, die *Paria Canyon – Vermilion Cliffs Wilderness*, steht unter dem Schutz des BLM (Bureau of Land Management). Wie der Name des Gebiets schon ausdrückt, erwartet hier den Besucher echte, weglose Wildnis ohne jeglichen Service, vor allem auch ohne eine Spur von Wasser, von wenigen schlammigen Pools im Buckskin Gulch und Paria Canyon abgesehen. Wer hier wandern will, vielleicht um die wohl schönsten, intensiv gefärbten versteinerten Dünen der Welt zu suchen, muß also gut vorbereitet sein. Und er muß beim BLM in Kanab oder in der Ranger Station beim Paria Canyon Trailhead eine Wandererlaubnis beantragen. Denn die *Coyote Buttes*, dort liegen diese fantastischen Dünen, vertragen nach Ansicht des BLM täglich nicht mehr als acht *Hiker*. Bislang hat keiner, der die schönste Stelle in diesem Wunderland gefunden hat, die sogenannte *Wave*, den Weg dorthin verraten ...

Zion National Park ㊱. Rund 200 Kilometer westlich von Page liegt der Zion National Park, der durch den ganzjährig fließenden Virgin River im Vergleich zu anderen National Parks des Colorado-Plateaus in seinem unteren Teil erfrischend grün ist.
Vom Tal des Zion Canyon, dem Herzstück des Parks, bieten sich reizvolle Spaziergänge an, etwa zu den *Emerald Pools*. Auf dem Weg dorthin geht man unter kleineren Wasserfällen hindurch, ohne naß zu werden. *Weeping Rock* heißt ein anderes Ziel – aus diesem «Weinenden Fels» tritt ständig Sickerwasser aus, das auf seinem Weg von der Hochfläche bis hierher mehrere Jahre gebraucht hat. Ein Wanderweg führt vom Nordende des Zion Canyon in die *Narrows*, eine enge, vom Virgin River geschaffene Schlucht. Wer tiefer in die Schlucht eindringen will, muß durch den Fluß waten. Sehenswert sind auf dem Weg zu den Narrows die *Hanging Gardens:* Aus nahezu senkrechten Sandsteinwänden austretendes Sickerwasser ermöglicht an schattigen Stellen das Leben von feuchtigkeitsliebenden Pflanzen und Moosen.
Von ganz anderem Charakter ist der Ostteil des Parks. Hier, in etwa 1500 Metern Höhe, dominieren versteinerte Dünen mit außergewöhnlichen Formen und Strukturen. Die bekannteste und eine der höchsten, die *Checkerboard Mesa*, beeindruckt mit deutlich ausgebildeten Kreuzschichtungen.

Eine Maultierkarawane am Bright Angel Trail. Innerhalb der Kolonne dürfen die Reiter ihre Position nicht wechseln und nur bei einem allgemeinen Stopp anhalten. Da das Marschtempo aber sehr beschaulich ist, bleibt genügend Zeit, um die Landschaft zu genießen und Pflanzen und Felsformationen am Wegesrand in Ruhe zu betrachten.

Eine unwegsame Wildnis von außergewöhnlicher Schönheit: das Grand Staircase-Escalante National Monument.

Vom Bright Angel Point am North Rim fällt der Blick auf gewaltige, wild zerklüftete Tafelberge.

Ein liebevoll geschmücktes und beklebtes Wohnmobil – «California Way of Life» ...

TRAUMZIEL AMERIKA

KALIFORNIEN

Text Gunther Barth

«Lone Cypress», die berühmte «Einsame Zypresse» auf einem Felsvorsprung der Halbinsel Monterey.

Das Yosemite Valley mit den Bergen El Capitán (links) und Half Dome (Mitte hinten).

Durch das Absinken des Wasserspiegels werden im Mono Lake immer mehr bizarre Kalktuffsäulen sichtbar.

GANZ NAH DEM IRDISCHEN PARADIES
MYTHOS UND WIRKLICHKEIT KALIFORNIENS

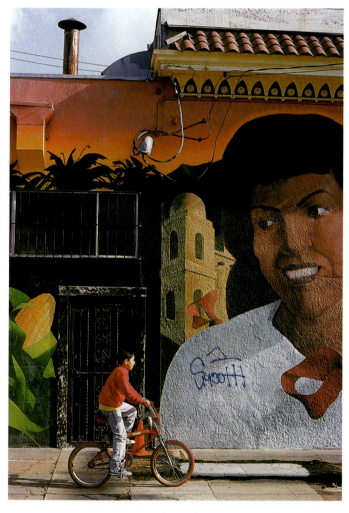

DIE MAGIE DES WASSERS UND DES GOLDES

Kalifornien tauchte in der Literatur des Abendlandes das erste Mal nur für einen kurzen Augenblick auf – aber der genügte, um die Einmaligkeit dieser Welt zu verkünden. «Zur rechten Hand von Indien», schrieb 1510 der spanische Romancier García Ordóñez de Montalvo, «liegt die Insel Kalifornien, ganz nah dem irdischen Paradies», und nachdem er Königin Calafía von Kalifornien in die Abenteuer seines Helden Esplandián verwickelt hatte, wandte er sein Interesse schnell wieder der Belagerung von Konstantinopel zu, die ihm im Vergleich zu seiner Vorstellung von Kalifornien recht alltäglich vorgekommen sein muß.

Augenzeugenberichte über die ungewöhnliche Natur Kaliforniens haben durch Jahrhunderte die Phantasien der Zuhörer beflügelt. Seit dem Jahr seiner Entdeckung durch den Portugiesen Juan Rodriguez Cabrillo 1542, der im Dienst des Vizekönigs von Neuspanien stand, hat sich die Kunde von der Einzigartigkeit dieses Landes ständig weiter verbreitet. Selbst als im Jahr 1865 ein «Geological Survey of California» eine Reihe von wissenschaftlichen Beobachtungen in einem Band zusammentrug, wurde die Überzeugung von dem außergewöhnlichen Charakter des Landes keineswegs zerstört, sondern eher noch gefestigt. Denn nun belegten sogar wissenschaftliche Tatsachen, daß die Gegebenheiten der Natur Stimmung und Größe dieses einmaligen Bildes bestimmen.

Wasser, der Überfluß oder der Mangel an Wasser, prägt dieses Land der Überschwemmungen und der Trockenheit. Die Kontur des einzigen Gebiets mit Winterregen und Sommerdürre in Nordamerika ist identisch mit den politischen Grenzen von Kalifornien, die sich den natürlichen unterordnen. Wasser bestimmt den Charakter dieses Landes, denn als Farbenspiel zwischen den verschiedenen Tönen von Grün und Braun stellt sich Kalifornien zuerst dem Betrachter vor. Häufig wird dieser erste Eindruck mehr von den Schattierungen der sommerlichen Trockenheit beeinflußt als vom feuchten Reichtum des durch Schnee aufgefrischten, regengesättigten Wintergrüns. Sobald sich das Hochwasser verlaufen und die Sonne die letzten feuchten Reste der winterlichen Regenstürme ausgetrocknet hat, beherrscht ein ausgemergeltes, sommerliches Braun das gebleichte Landschaftsbild.

Das Braun des Hochsommers beginnt sich bereits im Frühjahr überall dort durchzusetzen, wo keine Küstennebel, hochgelegene Schneefelder, ganzjährige Wasserläufe oder künstliche Bewässerung die Fortdauer des Grüns ermöglichen. Schnell nimmt die Farbe des verdorrten Grases den Ton des pulvertrockenen Bodens an, dessen Oberfläche, in zahllose Risse aufgespalten, vom unermüdlich wehenden Wind zu Staub zermahlen wird, der sein weißliches Gelb dem vertrockneten Braun beimischt. Es ist eine begrenzte Palette von Farben, über die das Goldene Kalifornien verfügt. Nichtsdestotrotz werden

Mission District in San Francisco. In diesem Stadtviertel leben viele Lateinamerikaner, die die Tradition der «Murals», großer farbenprächtiger Wandmalereien, aus ihrer Heimat mitgebracht haben.

Ein attraktiver, belebter Platz: Der Union Square in der Downtown von San Francisco ist umgeben von Kaufhäusern, Hotels, Theatern und den Büros der großen Fluggesellschaften.

Die Golden Gate Bridge ist seit 1937 das Wahrzeichen der Stadt San Francisco.

Ein Cable Car in der Hyde Street. 1873 lösten diese für San Francisco erfundenen Gefährte die durch die enormen Steigungen völlig überforderten Omnibuspferde ab. Im Hintergrund erkennt man die Gefängnisinsel Alcatraz.

diese fahlen Töne stets als das Maß landschaftlicher Schönheit heraufbeschworen, selbst wenn sie sich nur undeutlich abzeichnen hinter immergrünen Sträuchern und Bäumen, bewässerten Feldern und Wiesen sowie dem künstlichen Grün der Siedlungen und Städte.

Es dauert eine Weile, ehe das ungeübte Auge das Kalifornien der Reisebroschüren im verbrannten Braun des Grases oder im Aschgrau des ausgedörrten Bodens findet. Die Entdeckung geht ganz allmählich vor sich, immer mehr kommt man zu der Einsicht, daß der farbliche Grundton dieses Landes nicht Braun oder Grau, sondern vielmehr Gold ist. Er wird auch durch die goldfarbene Blüte einer einst scheinbar unverwüstlichen und weitverbreiteten Wildpflanze gefördert: des Goldmohns, von Adelbert von Chamisso zu Ehren eines Chirurgen, der mit ihm an der russischen Kotzebue-Expedition in die damals nördlichste spanische Provinz in Amerika teilnahm, «Eschscholtzia californica» genannt. Er wurde vom kalifornischen Abgeordnetenhaus 1913 zum offiziellen Symbol des Staates erklärt, weil seine Farbe den Sonnenschein und den Reichtum an Bodenschätzen versinnbildliche.

Bevor 1848 das Gold durch den ersten glücklichen Fund in einem neuen Mühlengraben am American River zum Mythos wurde (siehe Seite 681), hat Wasser die Rolle des magischen, Wunder bewirkenden Elements im Land gespielt. Und wenn es überhaupt Magie in Kalifornien gibt, dann ist sie im Wasser zu finden. Es heißt in einer Sage der Gabrieleño-Indianer, die vor der Ankunft der Spanier einen Teil des wasserarmen Südkalifornien bewohnten, daß selbst der Kojote dieser Zauberkraft Tribut zollen mußte, obwohl er sich als das unabhängigste Lebewesen der Welt ansah. Als der Kojote einmal auf einen Bach stieß, der träge dahinfloß, witterte er seine Chance und forderte das Wasser hastig zum Wettlauf auf. Sofort raste er dann am Ufer entlang, so schnell er nur konnte, aber als er erschöpft zusammenbrach, sah er, wie neben ihm das Wasser immer noch ruhig dahinfloß.

Diese mystische Verehrung des Wassers wurde von allen Ureinwohnern Kaliforniens geteilt; die weißen Nordamerikaner fügten als Vertreter einer jungen Nation die Elemente ihres romantischen Nationalismus hinzu: Für sie waren Flüsse und Seen jener Teil der Natur, durch den die Vereinigten Staaten alle anderen Länder übertrafen.

Eine Zeitlang wich in Kalifornien die Magie des Wassers der des Goldes, und obgleich sie die Entwicklung des Staates mächtig vorantrieb, zerstörte sie dabei wertvolle Landschaften und erschütterte das Verhältnis des Menschen zur Umwelt. Es wurden Straßen gebaut, Berge eingeebnet, Täler aufgeschüttet, Flüsse umgeleitet oder trockengelegt und Wälder abgeholzt, um Stützen für die Stollen der Bergwerke zu gewinnen und Unterkünfte und Städte für die vielen Glücksritter zu errichten.

Die Jackson Street, eine der großen Geschäftsstraßen in San Franciscos Chinatown. In der zweiten Hälfte des 19. Jahrhunderts kamen rund 320 000 Chinesen nach Kalifornien, das sie «Gum San» («Goldener Berg») nannten.

Die Erschöpfung der Goldvorräte schien für einen Augenblick ein verlorenes Paradies am Rand des Kontinents zu hinterlassen, geplündert und seiner Schätze beraubt, aber die Magie des Wassers überdauerte die unheilvolle Herrschaft des glänzenden Metalls. Landwirtschaft und Industrie florierten mit seiner Hilfe, und nun wirkt das Wasser Wunder in bevölkerungsreichen Städten und einsamen Winkeln, auf fruchtbaren Feldern, in üppigen Obstplantagen und stillen Gärten. Beliebte Sportarten sind ans Wasser gebunden, vom Kajakfahren auf den Gebirgsflüssen bis zum Motorbootsport auf den Stauseen. Mehr und mehr Kalifornier entdecken wieder die Zauberkraft des Wassers, und einige beginnen es als ein ebenso kostbares Kleinod zu achten wie den reichen Boden, der sie ernährt, und die Luft, die sich – trotz aller Umweltverschmutzung – immer noch atmen läßt.

Allerdings betrachten immer mehr Kalifornier Wasser als eine Art flüssiges Gold, mit dem sich Wüsten und Einöden in Gärten und Felder – und dann in Siedlungsgrundstücke – verwandeln lassen, ohne daran zu denken, wie verheerend sich Wassermißbrauch ökologisch und kulturell auswirkt. Trotz vieler Eingriffe in seine Natur vermittelt Wasser noch heute den Eindruck, daß die kalifornische Landschaft alles enthält oder hervorbringt, was die Elemente ermöglichen, um den ständig wachsenden Ansprüchen einer ständig wachsenden Menschenschar an ein irdisches Paradies gerecht zu werden.

Heute sind in San Francisco nur noch drei Cable-Car-Linien unterwegs. Dafür erfreuen sie sich um so größerer Beliebtheit, sowohl bei inheimischen als auch bei en Touristen.

Die Menschen geben sich der Illusion von einem einzigartigen Kalifornien hin, die durch die Vielfalt kontrastreicher Landschaftsbilder noch verstärkt wird. Täler und Berge, Felder und Wälder, Städte und Wüsten geben ihnen die Möglichkeit, jene Bilder zu entdecken, die sich wie Steinchen zu dem Mosaik ihres persönlichen Garten Eden, ihres Gelobten Landes zusammenfügen lassen. Die anpassungsfähige kalifornische Mystik ist dabei allen ohne

Die Oakland Bay Bridge ist die um ein Jahr ältere Schwester der Golden Gate Bridge: Seit 1936 verbindet sie San Francisco mit der Stadt Oakland an der Ostseite der Bucht.

Unterschied zugänglich. Kalifornien erscheint vielfältig wie der Garten Eden, so fruchtbar wie das Gelobte Land, und die Fülle der Szenerien wird noch durch die Größe des Landes und seiner einzelnen Regionen gesteigert.

DIE VERWANDLUNG VON WÜSTEN IN BLÜHENDE GÄRTEN

Der Staat, der drittgrößte der Union nach Alaska und Texas, umfaßt 411000 Quadratkilometer. Er durchmißt beinahe zehn Breitengrade, vom 32. bis zum 42. Grad Nord, etwa wie in Europa das Mittelmeer. Der westlichste Punkt des Staates ist gleichzeitig auch die westlichste Stelle der kontinentalen Landmasse der USA. Von Norden nach Süden hat Kalifornien eine Längsausdehnung von ungefähr 1200 Kilometern. Die Entfernung zwischen dem nordwestlichsten und dem südöstlichsten Punkt entspricht einer Stecke, die von Le Havre und Paris über Bern, Mailand und Rom nach Neapel reichen würde. An seiner breitesten Stelle mißt der Staat Kalifornien 420 Kilometer – das entspricht ungefähr der Entfernung zwischen Brüssel und Berlin –, und an seiner schmalsten Stelle trennen 250 Kilometer den Pazifischen Ozean vom Lake Tahoe in der Sierra Nevada.

Diese Landmasse, die beinahe der Größe von Frankreich oder Spanien gleichkommt, verfügt auch im Zeitalter des Flugzeugs noch über das Geheimnisumwitterte eines abgeschlossenen, von fremden Einflüssen abgegrenzten Landes, das zunächst keinen Kontakt zur spanisch-mexikanischen Welt oder den Bundesstaaten der Union hatte. Die Verbindung kam erst im Jahr 1869 durch die Fertigstellung der Pazifischen Eisenbahn zustande, welche die Barrieren der Wüsten und Bergketten überwand.

Wie eine Mauer aus Granit, die etwas Kostbares beschützt, wirkt auch die etwa 700 Kilometer lange Sierra Nevada, eine der gewaltigsten Gebirgsketten in Nordamerika, die Kaliforniens Ostgrenze zum Nachbarstaat Nevada bildet. Die Mojave- und die Colorado-Wüste, die sich im Süden diesem Granitwall anschließen und eine natürliche Grenze zu Mexiko bilden, übersteigen alle Vorstellungskraft durch ihre herbe Kargheit. Der Wunsch, diese fast unfaßbaren Gegensätze zu vereinen, stachelt die Phantasie an, ganze Gebirgsketten, Sandplateaus und Salzbecken zu überspringen, um im bewässerten Küstenland Ruhe in vertrauten Bildern und Szenen zu finden.

In Südkalifornien, einst eine Wüste am Pazifischen Ozean, die von Bewässerungsanlagen in einen blühenden Garten verwandelt wurde und als Riesenpark erhalten wird, konzentrieren sich die Gegensätze dieses Paradieses.

Von Los Angeles überschattet, grenzen hier große Städte an Ödland und Luxus an Elend. Grüne Meereswellen spülen den weißen Strand, und ein strahlend blauer Himmel setzt sich scharf gegen den giftig-gelben Dunst

Eines der schönsten Warenhäuser am Union Square in San Francisco ist der Neiman Marcus Store, ein Rundbau mit einem kunstvollen Glasdach im Stil der Jahrhundertwende und dem Wappen von Paris, das daran erinnert, daß hier vormals das berühmte Kaufhaus «City of Paris» stand.

Kontraste in der Downtown von San Francisco: Hinter der nostalgischen Bar Vesuvio's in der Columbus Avenue, die an die «Goldenen Zwanziger» erinnert, erhebt sich der gigantische Stahlbau der Transamerica Pyramid.

Sechs viktorianische Häuser, die berühmten «Six Sisters», am Alamo Square vor der Hochhauskulisse San Franciscos.

SAN FRANCISCO
Die Geschichte der Stadt am Goldenen Tor

Die Market Street von San Francisco auf einer Aufnahme aus dem Jahr 1905.

Die wechselhafte Geschichte der Metropole erzählt von Erdbeben und Bränden, aber auch vom legendären Pioniergeist ihrer Bewohner, die immer wieder ein neues, noch schöneres und größeres San Francisco schufen und die Stadt zu einem Traumziel an der Westküste machten.

Am 18. April 1906 bebte in San Francisco die Erde. Die geheimnisvollen Kräfte im San-Andreas-Graben verschoben die Erdmassen und verursachten ein Chaos in der Stadt am Goldenen Tor. Noch schlimmer als das große Beben war das Feuer, das unmittelbar nach der Erdverschiebung im Finanzviertel von San Francisco ausbrach. Die meisten Gebäude bestanden aus Holz, und die Flammen breiteten sich mit rasender Geschwindigkeit nach Westen aus. In panischer Angst flohen die Menschen auf die Hügel. Als das Feuer die Van Ness Avenue erreichte, ließ der Bürgermeister einige Häuser auf der Westseite sprengen, um den Brand einzudämmen. Aber die Flammen wüteten weiter, insgesamt vier Tage lang, und zerstörten vier Fünftel der Stadt.
Zweihunderttausend Menschen verloren ihre Habe, die ganze Stadt glich einem Trümmerhaufen. Erstaunlicherweise kamen nur 500 Menschen während der Katastrophe um, alle anderen, wesentlich höheren Zahlen wurden schon damals von sensationshungrigen Journalisten erfunden. Auf der ganzen Welt brachten die Zeitungen die Schreckensmeldungen vom großen Beben in San Francisco auf der ersten Seite, und überall wurden «Augenzeugen» mit haarsträubenden Berichten zitiert.

Die Bürger von San Francisco brauchten nur fünf Jahre, um ihre Stadt wiederaufzubauen. Nach der Katastrophe richteten sie sich notdürftig in Zeltstädten ein, schufte-

ten Tag und Nacht, räumten die Trümmer fort und zogen neue Fassaden hoch. Sie bauten ein noch schöneres und größeres San Francisco und beschworen die abwechslungsreiche und abenteuerliche Geschichte der Stadt. Der spanische Seefahrer Colonel Juan Bautista de Anza hatte sie bereits 1776 gegründet. Dichter Nebel vor dem Goldenen Tor hatte anderen Kapitänen den Blick in die Bucht verwehrt. Lediglich der chinesische Seemann Hee-Li soll mehr als 1000 Jahre vor den Spaniern in der Bucht gelandet sein. Die Spanier errichteten einen Militärposten am südlichen Ende des Golden Gate, in dessen Nähe ein Dorf heranwuchs, das Yerba Buena («Gutes Kraut») getauft wurde. Erst 1847 bekam es den Namen San Francisco, nach der von Pater Serra gegründeten Mission San Francisco de Asís. Im Jahr 1848 wurde Kalifornien nach einer kurzen Zeit unter mexikanischer Herrschaft (1821 bis 1847) den Vereinigten Staaten im Frieden von Guadalupe Hidalgo einverleibt.

Im November des Jahres 1936 war der Bau der Golden Gate Bridge fast vollendet.

Nach dem Erdbeben 1906 waren viele Gebäude der Stadt eingestürzt (Mitte), und in den Trümmern wurde fieberhaft nach Überlebenden gesucht (rechts). Doch bereits innerhalb weniger Jahre war San Francisco wieder eine wirtschaftliche Metropole: die California Street um 1920 (ganz rechts). Die alte Chinatown (ganz links, Foto um 1900) wurde beim Beben fast völlig zerstört. Nach dem Wiederaufbau entwickelte es sich zur größten chinesischen Stadt außerhalb Asiens (links, Foto um 1950).

Als die neue Regierung eingesetzt wurde, lebten 200 Menschen in San Francisco. Ein Jahr später waren es doppelt soviel. Der wahre Aufschwung begann am 19. Mai 1848, als der «Californian» mit der Schlagzeile «GOLD! GOLD! GOLD!» erschien und San Francisco zum Umschlagplatz für den großen Goldrausch wurde (siehe Seite 681). Abenteurer aus aller Welt kamen in die Stadt, gaben ihr Geld für Kleidung, Lebensmittel und Ausrüstungsgegenstände aus und zogen zu den Goldfeldern am Sacramento River. Ein Großteil des ungeheuren Reichtums blieb in der Stadt, denn viele Goldsucher ließen sich in San Francisco nieder und genossen das weltstädtische Klima. Der wirtschaftliche Boom ermöglichte einen Luxus, wie man ihn zu dieser Zeit in kaum einer anderen Metropole finden konnte.

Im Jahr 1851 lebten bereits 25 000 Menschen in San Francisco. Unter ihnen waren besonders viele Chinesen, die dem Ruf des Goldes gefolgt waren oder beim Bau der Central Pacific Eisenbahn mitarbeiteten. Die Asiaten konnten besonders gut mit Dynamit umgehen und wurden für die gefährlichen Sprengungen in den Rocky Mountains herangezogen. Ein blutiger Bürgerkrieg und zahlreiche Naturkatastrophen hatte sie dazu bewegt, ihre alte Heimat zu verlassen und in einem fremden Land wieder ganz von vorn zu beginnen. Von den Kaliforniern wurden die Neuankömmlinge mit hohen Steuern und fremdenfeindlichen Gesetzen diskriminiert. Dennoch setzten sie sich durch. Die meisten Chinesen ließen sich in der neuen Chinatown von San Francisco nieder, zur Zeit die größte chinesische Siedlung außerhalb Asiens, und waren vor allem in Restaurants und Herrschaftshäusern beschäftigt. Sie tragen wesentlich dazu bei, daß San Francisco sich heute als internationale und multikulturelle Stadt präsentieren kann und weltweit als tolerante Metropole gefeiert wird.

Thomas Jeier

Der kunstvoll gestaltete Japanese Tea Garden ist vor allem im Frühjahr, wenn die Kirschbäume blühen, eines der Highlights des Golden Gate Park in San Francisco. Im Teehaus neben der Pagode werden grüner Tee und Reiskuchen stilgerecht im Kimono serviert.

Der Golden Gate Park in San Francisco: Trotz der vielen Museen und Attraktionen bleibt bei einer Fläche von 411 Hektar viel Platz zum Ausruhen und Entspannen.

ab, mit dem die Auspuffgase der Autos die Sonne verschleiern und einen künstlichen, der Technologie hörigen Horizont schaffen. Wie so häufig in Kalifornien lassen sich diese Kontraste zu einem großen Teil aus der Zusammenballung von vielen Menschen in wenigen, verhältnismäßig begrenzten Gebieten des Staates erklären, die durch ihre Abhängigkeit von der Technologie den Konflikt zwischen Natur und Kultur verschärfen.

Trotz der zahlreichen ethnischen, wirtschaftlichen, sozialen und politischen Unterschiede, die die Kalifornier voneinander trennen, identifizieren sich doch viele von ihnen mit dem kulturellen Sendungsbewußtsein, dessen Ursprung in einer Pionierzivilisation verankert ist. Auch am Westrand des Erdteils ist man bemüht, die Naturlandschaft in das Abbild einer anglo-europäischen Welt umzuwandeln, das die modernen, von der neuesten Technologie geprägten Lebensformen repräsentiert.

Diese südkalifornische Kulturlandschaft, deren Übergangsstadium einst von Wiesen, Feldern und Obstgärten gekennzeichnet war, wird heute beherrscht von Autobahnen und Flughäfen, Bungalows, Einkaufszentren und Wolkenkratzern und auch von bekannten Symbolen wie Disneyland, der Santa-Anita-Pferderennbahn, der Huntington-Bibliothek und -Kunstsammlung. Die Zukunft ist hier für einen Augenblick Wirklichkeit geworden. Durch die Monstrositäten Hollywoods inspiriert, pflegt Südkalifornien einen Lebensstil, der oft gigantische Ausmaße annimmt. Dinge, die früher einmal so alltäglich waren wie ein Kirchenbesuch, erscheinen nicht nur, sondern sind auch wirklich überlebensgroß. Sie verschleiern das Unbehagen, das ein solch gestörtes Verhältnis zum gewöhnlichen Zeitablauf von Vergangenheit, Gegenwart und Zukunft mit sich bringt. Eine Welt, die in einem Jahrhundert gelernt hat, von einem Boom zum anderen zu leben, von einem plötzlichen Wirtschaftsaufschwung zum nächsten, will nicht versäumen, ihre Erfolge gegenüber den Launen des Glücks und des Wohlstands in einer Weise herauszustellen, die nicht zu übersehen ist. Hier kann man nicht nur im Auto zur Kirche fahren, sondern auch vom Wagen aus an großen sonntäglichen Schauspielen teilnehmen, die in einer sich als Glaspalast präsentierenden Kathedrale stattfinden. Diese Zukunftsarchitektur integriert konsequent das lebenswichtige Auto in die allein von den Ausmaßen her überwältigende religiöse Handlung.

Die südkalifornische Gesellschaft, die viel früher als jede andere vom Auto geprägt wurde und als erste begann, entsprechende Lebensnormen zu entwickeln, als ihre Mitglieder bereits im Alter von 16 Jahren durch den Führerschein Zugang zu Schlafzimmern auf Rädern hatten, bewegt sich zwischen konservativer Altväterlichkeit und liberalen Zukunftsirrungen hin und her. Sie sucht Halt, wo er sich anzubieten scheint: in Rauschmitteln aller Art oder in der trügerischen Zuversicht puritanischer

Das Conservatory of Flowers im Golden Gate Park wurde nach dem Vorbild des Palmenhauses der Kew Gardens von London baut. Im Inneren des Glashauses werden unterschiedliche tropische Klimazonen und Jahreszeiten simuliert: ein Paradies für Pflanzenliebhaber.

Das 1885 erbaute Carson Mansion in der Old Town von Eureka. Dieses Städtchen an der nordkalifornischen Küste ist bekannt für seine außergewöhnlich kunstvolle viktorianische Architektur.

Zwei gigantische Brüder, die oft verwechselt werden: Während die riesigen, schlanken Redwoodbäume (rechts) in den Küstenwäldern Kaliforniens zu finden sind, wachsen die etwas niedrigeren und viel stämmigeren Mammutbäume (links) an den Westhängen der Sierra Nevada.

Engstirnigkeit, der der lindernde Glaube fehlt. Sie findet einige Bestätigung in dem Erfolg, mit dem sie die äußerliche Welt gestaltet hat. Dabei stehen ihr zusätzlich zur Erfahrung von Generationen moderne Technologie und durchrationalisierte Verwaltungsapparate zur Verfügung.

Die südliche Vielfalt von Gegensätzen hat in den letzten Jahrzehnten ein nördliches Gegenstück gefunden in den Randgebieten der Bucht von San Francisco, wo für kalifornische Verhältnisse alte städtische Lebensformen von der ständig wachsenden Bevölkerung und dem technischen Fortschritt überrollt wurden. Es entstanden daraus menschliche Spannungen, die durch Elend und Luxus verschärft werden und sich in plötzlichen Gewaltausbrüchen entladen, die dann zum Beispiel eine Millionenerbin in die Aktionen einer Phantasiearmee verwickeln oder Hunderte von Menschen in einer südamerikanischen Dschungelsiedlung zum Massenselbstmord treiben.

Trotz des gewaltigen Wandels hat der nördliche Hauptteil des Staates, abgesehen von seiner Hauptstadt Sacramento und den Siedlungen am Lake Tahoe, die ebenfalls vom südkalifornischen Lebensstil berührt wurden, den Charakter einer natürlichen Einheit mehr oder weniger wahren können. Ein Küstengebirge trennt den Norden vom Pazifik, das unterbrochen wird vom Golden Gate als Zugang zur Bucht von San Francisco, einem der schönsten und eindrucksvollsten natürlichen Häfen der Welt.

Zwischen dem Küstengebirge und der Sierra Nevada erstreckt sich das Central Valley, das geprägt ist von den beiden bedeutendsten Flüssen des Staates, dem Sacramento und dem San Joaquin. Die ursprüngliche Eintönigkeit dieser parkartigen Steppe aus verdorrtem Gras und gelbem Sand wich zunächst in einer Übergangsstufe den ersten Weizenfeldern und Weideflächen und später dann einer Vielfalt von Anbaugebieten, die den Riesentrog zum Füllhorn kalifornischer Fruchtbarkeit machten.

Im Frühjahr mischt sich der Gluthauch des heißen Asphalts der Autobahnen mit dem Aroma vieler Pfirsich- und Mandelblüten zu den markanten Duft- und Staubwolken des Längstals; im Herbst zeigen Sandwirbel und Qualm am dunstigen Horizont die sich vorarbeitenden Traktoren an, die die Felder für neue Saaten vorbereiten.

DER LANGE WEG ZUM GELEBTEN KOSMOPOLITISMUS

Kalifornien hat in einem Jahrhundert einen Evolutionszyklus von fünf Wirtschaftstypen durchlaufen. Das frühe Ausbeutertum wurde von einfachen Landwirtschaftsformen und Industriebetrieben abgelöst, deren Erzeugnisse die ursprüngliche Abhängigkeit der Goldgräber von Importen verminderte. Nach der Vollendung der transkontinentalen Eisenbahn 1869 folgte eine koloniale Phase, die bis zum Zweiten Weltkrieg dauerte und durch die Liefe-

«Botschafter aus einer anderen Zeit» nannte John Steinbeck die Redwoodbäume, die bis zu 100 Meter hoch und bis zu 3500 Jahre alt werden. Im Bild die «Avenue of the Giants» im Humboldt Redwoods State Park.

Besonders schöne, in Pastellfarben gestrichene viktorianische Holzhäuser, sogenannte Painted Ladies, gibt es auch in Ferndale, südwestlich von Eureka.

rung von Rohmaterial an die Hersteller der Ostküste gekennzeichnet war. Diese Jahrzehnte waren geprägt durch industrielle Monokulturen, wie Bergbau, Viehzucht und landwirtschaftliche Großbetriebe. In den zwanziger Jahren entstand eine Flugzeugindustrie, die, zusammen mit den Schiffswerften, während des Zweiten Weltkriegs dazu beitrug, eine unabhängige industrielle Entwicklung einzuleiten, die sich jedoch bereits in den sechziger Jahren in der postindustriellen Phase der kalifornischen Wirtschaft verlief. Heute trägt der Dienstleistungssektor, der Handel, Banken, Versicherungen, Immobilien, private und staatliche Dienste umfaßt, das kalifornische Sozialprodukt.

In ihrer augenblicklichen Phase bemüht sich die kalifornische Wirtschaft, die Auswirkungen des Endes des Kalten Krieges und den Einfluß der illegalen Einwanderer auf die ökonomische und soziale Struktur des Staates zu überwinden. Der Rückgang der Aufträge des Verteidigungsministeriums in Washington hat die kalifornische Rüstungsindustrie, die über zwei Jahrzehnte durch führende Politiker und insbesondere von den Präsidenten Richard Nixon und Ronald Reagan gefördert wurde, stark geschwächt. Die Herabsetzung des Verteidigungsetats der Bundesregierung führte zur Schließung von Militärflughäfen, Marinestützpunkten und Truppenübungsplätzen, was auch zahlreiche Zivilangestellte und selbst ganze Städte in ihrer Existenzgrundlage gefährdete.

In dieser gespannten wirtschaftlichen Lage wird der schnelle Anstieg der illegalen Einwanderung aus Mexiko natürlich mit besonders starkem Interesse und auch Argwohn verfolgt; teilweise erinnern die feindseligen Reaktionen an die antimexikanischen Agitationen während der großen Wirtschaftskrise in den dreißiger Jahren dieses Jahrhunderts. Angesichts der Machtlosigkeit gegen diese illegale Einwandererwelle bewegt sich die kalifornische Haltung zwischen Hysterie und einer gewissen resignativen Anpassung an die Realität. Die kalifornische Regierung in Sacramento stellt sich auf den allgemein akzeptierten Standpunkt, daß die Kontrolle der internationalen Grenze eine Aufgabe der Bundesregierung in Washington sei. Die verhält sich jedoch in Anbetracht der neuen Wirtschaftsdiplomatie mit Mexiko, die über Jahre hinweg vielleicht zu einer Angleichung der Lebensverhältnisse in beiden Ländern führen und dadurch den Zustrom von illegalen Einwanderern aus Mexiko mindern könnte, abwartend. Doch das dauert den kalifornischen Extremisten zu lange – sie wollen einen Rückgang der Immigranten dadurch erzielen, daß man illegalen Einwanderern den Zugang zu Gesundheitsfürsorge und Schulen verwehrt. Dagegen argumentieren kalifornische Realisten zu Recht, daß solche Maßnahmen durch die Schaffung von neuen Krankheitsherden und einem institutionellen Analphabetentum allen Kaliforniern schaden würden.

Bei manchen viktorianischen Häusern fühlt man sich nicht nur beim Anblick der Fassaden ins letzte Jahrhundert versetzt: Im Golden Gait Mercantile in Ferndale kann man noch einkaufen wie zur Zeit der Pioniere.

Im Gegensatz zu ihrer Wirtschaft bildet die Vielfältigkeit der weitläufigen kalifornischen Naturlandschaft eine in sich abgeschlossene Welt. Das Land ist geprägt von Gegensätzen, die ebenso deutlich aus der Verschiedenheit seiner Bewohner wie aus den kontrastierenden Landschaftsbildern sprechen. Alle Rassen, die meisten Nationalitäten und viele ethnische Gruppen sind in Kalifornien vertreten. Diese Entwicklung zum gelebten Kosmopolitismus setzte bereits vor der Entdeckung des Goldes ein, als sich Spanier, Russen und Engländer der Ankerplätze und Häfen des westlichen Nordamerika bemächtigten.

Der Goldrausch, der das Leben vieler Menschen veränderte, brachte dann in den Jahren nach 1848 Welle um Welle von Einwanderern. Sie kamen aus den östlichen Staaten der amerikanischen Union, aus Europa, Lateinamerika und dem Fernen Osten nach Kalifornien. Über Nacht entstanden große Städte, die bald vielschichtige Gruppen von Menschen beheimateten.

Zur Zeit leben etwa 30 Millionen Menschen in Kalifornien, dem pazifischen Zentrum der amerikanischen Wirtschaft. Es wäre sicherlich aufschlußreich, wenn sich diese Zahl in ihre verschiedenen ethnischen und demographischen Bestandteile aufgliedern ließe und man so beispielsweise erfahren könnte, seit wann wie viele Deutsche, Amerikaner deutscher Herkunft oder deutschsprachige Einwanderer in Kalifornien ansässig sind.

Solcherlei Fragen, die seit der Wiederbesinnung auf kulturelles Erbgut in den sechziger Jahren so akut geworden sind, daß sie als Ausdruck eines neu oder wiedererwachten Gruppenstolzes betrachtet werden müssen, lassen sich nur durch grobe Schätzungen beantworten.

Wenn man dennoch eine Differenzierung der kalifornischen Bevölkerungszahl vornehmen möchte, dann könnte man in einem Land, dessen ethnische Anteile ständig an politischer Bedeutung gewinnen und in dem sich aufgrund der Verschmelzung der Rassen und Gruppen Unterschiede manchmal nur gefühlsmäßig bestimmen lassen, auf die im Augenblick gängige statistische Unterteilung in fünf große Bevölkerungsgruppen – mit den nötigen Vorbehalten – zurückgreifen: 1990 befanden sich unter den 30 Millionen Einwohnern 57 Prozent Euroamerikaner, 26 Prozent Hispanier, neun Prozent Asiaten, sieben Prozent Schwarze und ein halbes Prozent Indianer.

Als klassische Minorität betrachten sich die Kalifornier spanisch-mexikanischer Herkunft – zum Teil mit indianischem Erbteil –, die ihre Familiennamen bis in die Anfänge der spanischen Kolonisation gegen Ende des 18. Jahrhunderts zurückführen. Unter ihnen bildete sich in den dreißiger und vierziger Jahren des 19. Jahrhunderts eine Gruppe heraus, «Californios» genannt, die entweder in Kalifornien geboren waren oder dort bereits so lange gelebt hatten, daß sie sich nicht mehr mit Mexiko, sondern

mit Kalifornien identifizierten. Nach der Eroberung der bis 1848 mexikanischen Provinz durch die Truppen der Vereinigten Staaten verloren viele dieser «Californios» ihre Ländereien, und mit der Zahl der spanisch-mexikanischen Einwohner schwand auch ihre Bedeutung.

Die Wirren und Nachwirkungen der mexikanischen Revolution von 1911 und die ständige Suche der kalifornischen Agrarindustrie nach billigen Arbeitskräften brachten jedoch so viele Mexikaner nach Kalifornien, daß die Zahl, wenn auch nicht das Ansehen, der Bewohner spanisch-mexikanischer Herkunft wieder anstieg. Ein bedeutender Teil fand eine neue Heimat nur in den sogenannten «barrios» – ein spanisches Wort, das sonst Stadtviertel allgemein, in Kalifornien jedoch die Ghettos der Spanisch sprechenden Kalifornier bezeichnet.

Bereits 1945 hatte Los Angeles mehr Einwohner mexikanischer Abstammung als jede andere Stadt, mit Ausnahme von Mexiko City. Die nahe Grenze zu Mexiko vereinfacht die Einwanderung, und seit den sechziger Jahren spielt die ständig wachsende mexikanische Minderheit auch eine bedeutende politische, wirtschaftliche und soziale Rolle. Das zeigt sich unter anderem in erfolgreichen Streiks in den Weinanbaugebieten und auf den Gemüsefeldern, einer kulturellen Berufung auf den spanischen Familiennamen und in dem Stolz auf eine eigene, «Chicano» genannte Identität.

Die Indianer gehören zu den am schnellsten wachsenden Volksgruppen unter den zahlreichen Minderheiten des Staates. Ungefähr 300000 Indianer lebten in Kalifornien, als die ersten spanischen Siedler kamen – knapp 50 Jahre vor der Auflösung des spanischen Weltreichs. Sie hatten sich mit den recht unterschiedlichen Lebensbedingungen in den einzelnen Regionen des Landes so gut arrangiert, daß ihre Zahl stetig angewachsen war.

In den folgenden Jahrzehnten unterlagen sie jedoch rasch der Landgier der Weißen, die auch Seuchen, Raumnot und Verelendung mit sich brachte. 1913 wurden 17000 und 1928 23000 Einwohner indianischer Herkunft gezählt. Seit den zwanziger Jahren hat sich die indianische Bevölkerung durch steigende Geburtenraten und durch den Zuzug von Indianern aus anderen Unionsstaaten allerdings wieder vervierfacht. Ungefähr zehn Prozent leben in Reservationen, von denen die größte, die Hoopa Valley Indian Reservation, im Humboldt County liegt.

Chinesen und Japaner bilden eine Art von Aristokratie unter den kalifornischen Minderheiten. Denn sie können auf Kulturen zurückblicken, die Jahrtausende überdauerten und die Staaten hervorbrachten, die heute große politische und wirtschaftliche Bedeutung haben. Beide Gruppen überstanden in Kalifornien mehrere Jahrzehnte, in denen die Feindseligkeit der weißen Kalifornier ihnen gegenüber zwischen krasser Brutalität und kaum verschleierter gesetzlicher Benachteiligung hin- und herschwankte.

Fast jeder der 1000 Einwohner von Ferndale wohnt in einem viktorianischen Holzhaus. Bis Ende des 19. Jahrhunderts war Ferndale das landwirtschaftliche Zentrum des Humboldt County, heute ist der Tourismus die größt Einnahmequelle.

«Garten Ede nannten die Einwanderer den «Golden State» aufgrund seiner fruchtbaren Böden und s nes sonnige Klimas. Im B eine Farm b Santa Maria südlich der Stadt San Luis Obispo

Der Highway 1, die «schönste Straße Amerikas», bietet grandiose Ausblicke auf eine wildzerklüftete Küste mit einsamen Stränden.

Die leuchtenden Farben und die Licht- und Schattenspiele im Yosemite National Park haben Fotografen wie Maler gleichermaßen begeistert und inspiriert. Auch der Name des Flusses im Bild kommt nicht von ungefähr: Die Spanier nannten ihn «Río Merced», «Fluß der Gnade».

Die «halbierte» Granitkuppel des Half Dome zeugt von den gigantischen Kräften der Gletscherfelder, die das Yosemite Valley vor Urzeiten formten.

Zuerst sahen Arbeiterverbände in den Chinesen und dann Landwirtsvereine in den Japanern wirtschaftliche Rivalen. In den ersten Jahrzehnten des 20. Jahrhunderts wurden Japaner schikaniert, weil ihre Siedlungsballungen als eine Art demographischer Eroberung angesehen wurden.

Kalifornische Interessengemeinschaften stützten sich in ihren politischen, wirtschaftlichen und sozialen Machenschaften häufig auch auf öffentliche Hysterie, die sich leicht auslösen ließ durch das Schreckgespenst der sogenannten gelben Gefahr, das je nach den Verhältnissen aktualisiert werden konnte. Trotz ihrer in mancher Hinsicht vergleichbaren Erfahrungen in Kalifornien halten sich die beiden Gruppen voneinander fern. Die Erinnerung an Verfolgungen und Diskriminierungen der Vergangenheit hat zwischen ihnen ebensowenig eine Brücke geschlagen wie zwischen anderen Minoritäten.

Minderheiten haben, ganz unabhängig von ihrer zahlenmäßigen Stärke, in fast zweihundert Jahren kalifornischer Geschichte immer wieder den wirtschaftlichen, politischen und sozialen Sündenbock gespielt, dessen Unterdrückung es den jeweils dominierenden Schichten der kalifornischen Gesellschaft erlaubte, sich ins gewünschte Licht zu rücken und in den Besitz der dazu notwendigen Güter zu bringen oder die bereits gewonnene Stellung weiter auszubauen. Heuchelei und Brutalität reichten sich häufig die Hand, um diese Ziele zu erreichen – in der jüngsten Vergangenheit vor allem gegenüber Kaliforniern japanischer Abstammung, die nach dem japanischen Überfall auf Pearl Harbor und dem Eintritt der Vereinigten Staaten in den Zweiten Weltkrieg in Internierungslager gesperrt und ihres Eigentums beraubt worden waren.

Bis zu einem gewissen Grad spiegelt Kalifornien die Entwicklung der gesamten Vereinigten Staaten wider, wenn auch in einer recht kalifornischen Größenordnung: Zu den Indianern, Schwarzen, Juden und einer Reihe europäischer Nationalitäten, die stets oder in wechselnder Folge den amerikanischen Feindseligkeiten ausgesetzt waren, kamen in Kalifornien noch andere Volksgruppen, vor allem Lateinamerikaner, Chinesen, Japaner, Koreaner, Filipinos, Inder, Armenier und seit einem Jahrzehnt auch Vietnamesen und Thailänder, hinzu.

Diese Sonderstellung erklärt sich zum Teil aus der Vielschichtigkeit der Bewohner, die ebenso gegensätzlich sind wie ihr Land. Fast alle Rangordnungen, Hautfarben, sozialen Klassen, viele Religionen und politische Ansichten sind vertreten. Auf den ersten Blick haben Kalifornier wenig gemeinsam, mit Ausnahme der Überzeugung, daß es sich in ihrem irdischen Paradies besser leben und arbeiten läßt als anderswo. Diese Ansicht hat viele von ihnen nach Kalifornien gebracht und erheblich dazu beigetragen, daß heute jeder zehnte Amerikaner in Kalifornien lebt. Zwischen 1900 und 1990 stieg die Einwohnerzahl des Staates von anderthalb auf etwa 30 Millionen.

El Capitán am westlichen Ende des Yosemite Valley ist mit 914 Meter relativer bzw. 2695 Meter absoluter Höhe über dem Meeresspiegel der höchste Granitmonolith der Welt.

MYTHOS YOSEMITE
Die Faszination der kalifornischen Nationalparks

John Muir (rechts) zeigt Präsident Roosevelt die Schönheit von Yosemite.

Die wilde und grandiose Schönheit Yosemites wurde zum Inbegriff amerikanischer Landschaft. Künstler wie Albert Bierstadt, John Muir und Ansel Adams gehörten zu ihren ehrfürchtigen Bewunderern und trugen mit ihren jeweiligen Werken nicht nur zu ihrem Ruhm, sondern auch zu ihrem Schutz bei.

Das indianische Wort «Yosemite» (sprich jo-se-mi-ti) bedeutet «Großer Grizzly», und für seine ersten Bewohner, die Ahwahneechee-Indianer, war es ein heiliger Ort. Nach ihrer Vertreibung im Jahr 1851 wurde das Tal von weißen Siedlern «entdeckt», und die Kunde von seiner außergewöhnlichen Schönheit verbreitete sich rasch. Als einer der ersten schuf der 1830 in Solingen geborene Maler Albert Bierstadt eine Reihe von Gemälden von Yosemite, die in Europa Furore machten. 1916 folgte der Kalifornier Ansel Adams seinen Spuren und wurde zu einem der großen Meister der Landschaftsfotografie und zu einem engagierten Naturschützer. Zum geistigen Führer der damals revolutionären Bewegung, die landschaftlich schönen und interessanten Gebiete der USA unter Naturschutz zu stellen, aber wurde John Muir. Der Schotte ging im Jahr 1868 in San Francisco an Land und fragte den nächsten Passanten nach dem Weg in die Wildnis. Der Gefragte deutete nach Osten. John Muir schulterte seinen Rucksack und marschierte los, erklomm die Gipfel der Sierra Nevada und blieb andächtig stehen, als er das Yosemite Valley zum ersten Mal erblickte. Er war begeistert von der urwüchsigen Natur und entschloß sich, seine erfolgreiche Karriere als Erfinder und Schriftsteller an den Nagel zu hängen und als Trapper in den Bergen zu leben. «Ich ging in die Wälder und kehrte nie zurück», schrieb er in sein Tagebuch. Zum zweiten großen Fürsprecher eines Yosemite National Park wurde der Landschaftsarchitekt Frederick Law Olmsted, der schon den Central Park in New York angelegt hatte. Ihm war es zu verdanken, daß Präsident Abraham Lincoln bereits 1864, noch während des Bürgerkriegs, den «Yosemite Grant» erlassen hatte, der das Yosemite Valley vor einer landwirtschaftlichen Erschließung und vor dem Zugriff von Geschäftemachern bewahrte.
Im Jahr 1872 wurde der erste Nationalpark der USA, der Yellowstone National Park, gegründet, und John Muir wurde zum vehementen Vorkämpfer für einen Yosemite National Park. 1882 rief er den Sierra Club ins Leben. Seinem ständigen Drängen ist es zu verdanken, daß die Region um das Yosemite Valley acht Jahre später zum Nationalpark erklärt wurde.

Die einzigartige Landschaft von Death Valley wurde 1994 zum National Park erklärt.

Gleichzeitig mit Yosemite wurde der Sequoia Canyon als National Park eingetragen, dem man 1940 den Kings Canyon angliederte; 1916 wurde der Lassen Volcanic National Park gegründet. 1918 erreichten Naturschützer, daß man viele Redwoodwälder zu State Parks erklärte; drei dieser Schutzgebiete – Jedediah Smith, Del Norte Coast Redwoods und Prairie Creek Redwoods – wurden 1968 zum Redwood National Park zusammengefaßt. Heute gibt es knapp 50 Nationalparks in den USA, die unter dem Schutz der Regierung stehen und vom National Park Service in Washington, D. C. verwaltet werden; jüngste Mitglieder sind in Kalifornien seit Oktober 1994 der Death Valley National Park und der Joshua Tree National Park.
Yosemite gehört zu den schönsten Naturschutzgebieten der USA – aber auch zu den überlaufensten. Wer die unberührte Natur fern vom Touristentrubel erleben will, wandert am besten ins Hinterland. Dort würde sich John Muir auch heute noch wohlfühlen: Verschneite Berggipfel ragen aus der schroffen Wildnis, Wälder leuchten im Sonnenlicht, der Merced River sprudelt durch zerklüftete Canyons, und die

Der Maler Albert Bierstadt (1830 bis 1902) reiste von 1870 bis 1873 durch Kalifornien und schuf, tief beeindruckt von «Naturwundern» wie Yosemite oder den Redwoodbäumen, eine Reihe von sehr berühmt gewordenen Gemälden.

Oben: «Among the Sierra Nevada Mountains» (National Museum of American Art, Washington).

Rechts: «Cathedral Forest» (Art Resource, New York).

Yosemite Falls, mit ihren 739 Metern die höchsten Wasserfälle Nordamerikas, stürzen von den Felsen. Vor dem Panorama der High Sierra erstreckt sich ein Paradies von einmaliger Schönheit, vor allem wenn im Frühling ein bunter Wildblumenteppich die Bergwiesen überzieht.

Wie stumme Wächter erheben sich zwei mächtige Granitfelsen aus dem üppigen Grün. Der Half Dome ragt 2695 Meter hoch aus dem Nordostrand des Tals, wie eine mit dem Messer geteilte Granitkuppel, obwohl es nie eine zweite Hälfte gegeben hat. Der Felsen wurde vor einer Viertelmillion Jahre von gewaltigen Eismassen modelliert, zu einer Zeit, als das Yosemite Valley noch von dicken Gletscherschichten bedeckt war. El Capitán am westlichen Ende des Tals ist dreimal so hoch wie das Empire State Building und ein Mekka für Bergsteiger aus aller Welt.

John Muir kampierte am liebsten im Mariposa Grove, knapp 100 Kilometer südlich vom Yosemite Valley. Hier wachsen die riesigen Mammutbäume, die man auch im benachbarten Sequoia and Kings Canyon National Park bewundern kann. Der älteste Baum, der «Grizzly Giant», soll seit fast 3000 Jahren dort stehen. Die mächtigen Stämme haben einen Durchmesser von über 20 Metern und erreichen eine Höhe von über 50 Metern. Im Schatten der Baumriesen lagerten John Muir und Theodore Roosevelt, ebenfalls ein Naturfreund, an einem Sommertag des Jahres 1803, und der Präsident sagte später: «Es war, als ob wir in einer großen und ehrwürdigen Kathedrale lagen, nur war diese Natur viel weiter und schöner als alles, was jemals von Menschenhand erbaut wurde.»

Über die Toulumne Meadows, die abseits der Tioga Road in der Wildnis des Nationalparks liegen, schrieb John Muir: «Unzählige Seen und Wasserfälle, seidenweiche Wiesenteppiche, erhabene Wälder, gigantische Granitkuppeln, von der Eiszeit geformte Flußtäler, einsame Wege und Berge, deren schneebedeckte Gipfel über viertausend Meter zum Himmel aufragen.» Der «John Muir Trail» wurde nach ihm benannt, ein abenteuerlicher Wanderweg, der an den beiden Wasserfällen des

Die Bridalveil Falls in Yosemite.

Merced River beginnt und über die High Sierra bis zum Mount Whitney führt (siehe Seite 672). Ein geübter Wanderer braucht für diesen wunderschönen Trail 20 Tage. Die Vielfältigkeit und urwüchsige Schönheit der kalifornischen Landschaft offenbart sich in den Nationalparks – sei es der Lassen Volcanic National Park mit seiner Mondlandschaft aus Lavagestein, die mächtigen Mammutbäume im Redwood National Park an der nördlichen Pazifikküste oder der Yosemite National Park, der neben Yellowstone und dem Grand Canyon zu den Naturwundern der Vereinigten Staaten gehört.

Thomas Jeier

Im Jahr 1962 überflügelte Kalifornien den dichtbesiedelten Staat New York und avancierte damit zum bevölkerungsreichsten Staat der amerikanischen Union.

Im Grunde scheinen alle Unterschiede zwischen den Kaliforniern nach einigen Generationen ineinander überzugehen und zu verschmelzen. Unterteilungen lassen sich manchmal nur durch gesetzliche Bestimmungen vornehmen, die einen Menschen mit einem Viertel indianischen Erbteils als Indianer oder das Kind einer weißen Mutter und eines japanischen Vaters als Japaner definieren. Trotz der rassischen Vorurteile, die sich hinter diesen Kategorien verbergen, sind beide Kalifornier – und Angehörige von Minderheiten, die heute auf besonderer Achtung als einer Art Wiedergutmachung früherer Diskriminierungen bestehen. Alle gehören schließlich zu den Millionen von Menschen, auf die die Landschaft, die Entwicklung und die Lebensbedingungen Kaliforniens eine besondere Anziehungskraft ausüben. «Kalifornier sind eine Rasse für sich», spottete einmal ein amerikanischer Schriftsteller, «sie sind nicht einfach Bewohner eines Staates.»

Death Valley, das Tal des Todes, erstreckt sich über eine Fläche von über 5000 Quadratkilometern und war der Alptraum aller Pioniere und Goldgräber, die nach Westen zogen.

SCHATTEN ÜBER DEM PARADIES

Die Kraft des kalifornischen Mythos, der so viele verschiedenartige Menschen in seinem Bann hält, spricht am stärksten aus dem steigenden Unbehagen, das den Beobachter befällt, wenn es darum geht, ihn mit der Realität in Einklang zu bringen. Denn der starke Bevölkerungszuwachs in den letzten Jahrzehnten, vor allem der Anstieg in den achtziger Jahren von 24 auf 30 Millionen, ist im Begriff, in Kalifornien eine neue Wirklichkeit zu schaffen, die dem Traum vom irdischen Paradies stark zusetzt: Er belastet die Wirtschaft, die Naturreserven und die Sozialleistungen des Staates – denn auch Kalifornien sind Grenzen gesetzt.

Ein ernstes Problem ist das Wasser. Es wird in absehbarer Zeit durch die steigenden Einwohnerzahlen kaum zu einer Lösung der Wasserkrise kommen. Die Nachfrage nach Wasser übersteigt zunehmend die natürlichen Wasserreserven Kaliforniens. Bald werden nicht mehr Trockenheit oder Regenfluten für das Wasserproblem ausschlaggebend sein, sondern neben landwirtschaftlichen und industriellen Unternehmen vor allem die Zahl der Einwohner. Selbst in Jahren ohne besonders ausgeprägte Trockenheit werden wirtschaftliche, ökologische und bevölkerungspolitische Schwierigkeiten auftreten. Schätzungen gehen davon aus, daß Kalifornien auch in einem Jahr mit normalem Regenfall mehr Wasser verbraucht, als in einen zwei Meilen breiten, einen Fuß tiefen Kanal von San Francisco bis nach Washington, D. C. geht.

Einst war dieses Gebiet von einem See bedeckt, der vor etwa 2000 Jahren austrocknete. Zurück blieb eine dicke Salzkruste, die jede Vegetation verhindert und diesem Teil des Death Valley den Namen «Devil's Golf Course» («Golfplatz des Teufels») eintrug.

Die anhaltende Wasserkrise hat begonnen, die wirtschaftliche Struktur Kaliforniens zu beeinflussen, die ohnehin durch die Umstellung der amerikanischen Wirtschaft angeschlagen ist. Höhere Arbeitslosenzahlen, ein

Ein besonderer Reiz des Death Valley liegt in der Vielfalt seiner Landschaftsformen: So fühlt man sich beim Anblick der sanft geschwungenen Sanddünen bei Stovepipe Wells plötzlich in die Sahara versetzt ...

Der Golden Canyon im Death Valley verdankt seinen Namen den metallisch schimmernden Farben, die besonders am Anfang oder Ende eines glutheißen Wüstentages golden leuchten.

Von Dante's View aus sieht man das tiefste Gebiet Kaliforniens im Death Valley und das höchste, die Sierra Nevada.

Kirche in Bodie, einer Geisterstadt an der Grenze zu Nevada (siehe Seite 730/731).

GOLD IN KALIFORNIEN
Eine Nation im Aufbruch

Im Jahr 1848 löste der erste große Goldfund eine Völkerwanderung aus, die unzählige Siedlungen geradezu über Nacht entstehen ließ und die Entwicklung des Landes enorm beschleunigte.

Der Schweizer Johann August Sutter kam 1839 nach Kalifornien und träumte von herrschaftlichen Häusern, Ländereien und einer bedeutenden Stellung im wirtschaftlichen und politischen Leben des Staates. Mit der Zähigkeit und Ausdauer, die sich der Unternehmer in den Bergen seiner Heimat erworben hatte, stampfte er ein kleines Reich aus dem Boden, das er «New Helvetia» nannte – heute erhebt sich hier die Stadt Coloma.
Alles lief nach Plan – bis er eine Sägemühle am American River errichten ließ und sein Vorarbeiter James Marshall einen glänzenden Stein im Mühlbach bemerkte. Das war am 24. Januar 1848. Marshall trug das Fundstück zu Sutter, und die beiden

Nur die Händler wurden im großen Goldrausch mit Sicherheit reich (Foto um 1900).

Goldwäscher mit der typischen Pfanne.

erkannten, daß sie einen großen Goldbrocken in den Händen hielten. Aufgeregt rannten sie zum Bach hinunter. Sie wühlten im Sand und fanden die ersten Nuggets. Sutter versuchte, den wertvollen Fund so lange wie möglich geheimzuhalten. Er wollte verhindern, daß sein mühsam aufgebautes Reich unter dem Ansturm einer goldhungrigen Menge zusammenbrach. Auch seine Angestellten verpflichtete er zu absolutem Stillschweigen – ein unmögliches Unterfangen, wie sich schon bald zeigte. Die Arbeiter bezahlten mit den Nuggets in Saloons und Bordellen und erzählten ihren Freunden und Bekannten von dem sagenhaften Fund.
Am 12. Mai 1848 rannte der Zeitungsverleger Sam Brannan über die Montgomery Street in San Francisco, leicht angetrunken, wie sich später herausstellte, und verriet der Welt, was bereits viele wußten. «Gold» rief er, «Gold in Kalifornien!»

Die magischen Worte versetzten ganz Amerika in Hysterie. Eine Völkerwanderung setzte ein. Arbeiter rannten aus den Fabriken, Geschäftsleute verrammelten die Bürotüren, Bauern kehrten ihren Feldern den Rücken und Lehrer ließen ihre Schulklassen im Stich. Die Goldfelder waren das Ziel aller Träume, und jeder wollte einen Anteil daran haben.
Über 200 000 Menschen zogen während der ersten drei Jahre des Goldrausches nach Kalifornien. Sie stampften Baracken-

städte aus dem Boden, kampierten in windschiefen Zelten und stritten sich mit anderen Goldsuchern um die Claims am American River. Aber nur wenige «forty-niners», wie die Goldsucher genannt wurden, weil 1849 die große Wanderung ein-

Auch manche Frau zog mit in den Westen, um ihrem Mann zur Seite zu stehen.

setzte, wurden wirklich reich. Die eigentlichen Gewinner des Goldrausches waren Händler und geschickte Geschäftsleute. Die Bilanz des Goldrausches ist beeindruckend: Zwischen 1848 und 1852 wurde Gold im Wert von fast 200 Millionen Dollar geschürft. Nur Johann August Sutter und James Marshall gingen leer aus: Der Schweizer verlor sein Land an die goldhungrigen «forty-niners», und sein Vorarbeiter verkalkulierte sich und starb als armer Mann.

Thomas Jeier

Der Lassen Volcanic National Park liegt im nordkalifornischen Kaskadengebirge. Bei seinem letzten großen Ausbruch 1915 schleuderte der Lassen-Vulkan tonnenschwere Felsbrocken aus dem Krater.

rückläufiges Bruttosozialprodukt und geringere Sozialleistungen des Staates und der Gemeinden werden zu steigenden, schwer lösbaren Spannungen führen. Angesichts des Widerstands gegen höhere Steuern drohen die sozialen Hilfsleistungen des Staates und der Gemeinden zusammenzubrechen. Dazu kommt die ständig wachsende Zahl von Obdachlosen – eine traurige Realität, die sich in Kalifornien nicht mehr übersehen läßt.

Diese wirtschaftlichen, demographischen und sozialen Belastungen schränken die Sonderstellung Kaliforniens ein. Sie machen augenscheinlich, daß die veränderte Realität dem Mythos stark zusetzt. So wird es immer schwieriger, Vorstellung und Wirklichkeit, Gefühle und Tatsachen zu einem Weltbild zusammenzufassen, das noch immer durch seine Nähe zum irdischen Paradies betört.

DER «GOLDENE BERG»: TRAUMZIEL DER GLÜCKSRITTER

Kalifornien als Glaube und Wirklichkeit hat sich über Jahrhunderte als so anpassungsfähig erwiesen, weil die Einmaligkeit der Natur den menschlichen Vorstellungen vom irdischen Paradies ungewöhnlich nahe kam. «Erdmenschen» nannten sich die Pomo-Indianer am Russian River, einem Fluß im Küstengebirge nördlich von San Francisco, und brachten so ihre enge Verbundenheit mit dem Land zum Ausdruck. Als solche, auf das Land bezogene Geisteshaltung ließe sich dieser Name auf alle kalifornischen Indianervölker übertragen, denn alle glaubten, daß ihre Ahnen dem Boden der heimatlichen Erde entsprungen waren. Ein Teil der spanischen und mexikanischen Eroberer verfiel bald der Magie des Landes und wurde zu einem Bestandteil davon – die «Californios». Als amerikanische Trapper in den zwanziger und dreißiger Jahren des 19. Jahrhunderts in die mexikanische Provinz

Die Lava Beds nördlich des Lassen Volcanic National Park sind ebenfalls übersät von Geröll, Vulkankratern und Höhlen in erkalteten Lavaströmen

Noch heute brodeln in Bumpass Hell im Lassen Volcanic National Park heiße Quellen, und Gase dringen aus Ritzen im Lavagestein. Ein Zeichen, daß die Erde hier noch nicht zur Ruhe gekommen ist.

Kalktuffsäulen am Südufer des Mono Lake, dessen Alter auf fast eine Million Jahre geschätzt wird.

einbrachen, rechtfertigten sie ihre Handlungsweise durch ihre feste Überzeugung, daß Kalifornien der markante Schlußstein eines imposanten Staatengebildes sei, das sich bald vom Atlantik zum Pazifik erstrecken sollte.

Die Entdeckung des Goldes im Januar 1848, wenige Monate nach dem Einfall amerikanischer Truppen, gab dem Glauben dieser Eroberer an den kalifornischen Mythos besonderen Auftrieb. Die Schotterbänke der Stromtäler mit ihren Goldseifen und die Erzgänge der Sierra Nevada schienen nur auf die Neulinge gewartet zu haben, um blindes Vertrauen in den kalifornischen Traum zu belohnen. Sobald das Nachrichtenwesen, das Organisationstalent, das Wirtschaftspotential und die Habgier der Nordamerikaner, von den Californios «Yanquis» genannt, die ersten Wellen der großen Flut von Goldsuchern in Bewegung setzte, erlag man in der ganzen Welt dem Bann des kalifornischen Mythos. «Goldener Berg» nannten chinesische Einwanderer das Land als Ziel ihrer Träume, und Angehörige anderer Nationen drückten ihre Hoffnung auf schnellen Reichtum ähnlich aus.

Die Goldfelder hielten für die allerwenigsten, was sie zu versprechen schienen. Einige Glücksritter wurden reich und kehrten schnell heim, und ihr aufregendes Beispiel genügte, die anderen bei der Stange zu halten und neue Goldsucher ins Land zu bringen. Das plötzliche und stetige Anwachsen der Bevölkerung führte zu einer enorm verstärkten wirtschaftlichen Aktivität. Die Straßen der aus dem Boden schießenden Städte schienen in der Tat mit Gold gepflastert, und es boten sich so viele Verdienstmöglichkeiten, daß der Glaube an das «Goldene Kalifornien» einen durchaus realen Hintergrund bekam.

Industrie und Landwirtschaft entwickelten sich trotz der Nachfrage nach Gebrauchsgütern nur zögernd, da sie zum großen Teil aus den Oststaaten der USA importiert wurden. Spekulationen mit Lebensmitteln, Kleidung und

Obwohl Kalifornien schon 1542 entdeckt worden war, vergingen noch über 200 Jahre, bis das Land mit Schwert und Kreuz missioniert wurde.

DER «APOSTEL VON KALIFORNIEN»
Junípero Serras Missionen

Erst als es in der zweiten Hälfte des 18. Jahrhunderts schien, daß die Russen in Kalifornien Fuß fassen könnten, beeilten sich die Spanier, ihren Herrschaftsbereich zu sichern. Dabei griffen sie zu einem bewährten Mittel: Sie ließen den Soldaten Missionare folgen und überzogen das ganze Land mit einem Netz von Missionskirchen.

Der Franziskanermönch Junípero Serra, wegen seines missionarischen Eifers auch «Apostel von Kalifornien» genannt, folgte den Jesuiten, die einige Missionen in Baja California gegründet hatten und bereits nach Europa zurückgekehrt waren. Er gründete 1769 «San Diego de Alcalá», die erste Mission im heutigen Kalifornien, bekehrte die Indianer und versprach ihnen das ewige Leben im Paradies des weißen Mannes, wenn sie der Krone und der Kirche zu Diensten waren. Sie lernten die spanische Sprache und wurden in Fächern wie Landwirtschaft, Baukunde, Schmiedekunst und Weinherstellung unterwiesen. Die friedlichen Eingeborenen wurden

Statue von Serra im Golden Gate Park.

torität» gehorchen zu müssen. Insgesamt gründete Serra neun Missionen in Kalifornien. Nach seinem Tod im Jahr 1784 errichtete Fermín Francisco de Lasuén, sein Nachfolger, neun weitere Missionen, und bis zur Säkularisierung kamen noch einmal drei dazu: So entstanden zwischen 1769 und 1823 21 Missionen, die eine entscheidende Rolle im wirtschaftlichen und politischen Leben der Provinz spielten. 1821 wurde das Ende der Missionszeit in Kalifornien eingeläutet. Mexiko sagte sich von Spanien los, und die Franziskaner, die sich der mexikanischen Revolutionsregierung nicht unterwerfen wollten, kehrten in ihre spanische Heimat zurück. Ihre Missionen wurden säkularisiert, in 800 Ranchos aufgeteilt und zu einem Spottpreis an die Siedler verkauft. Die Californios ließen die Felder links liegen und kümmerten sich lieber um ihre großen Viehherden, aber in dem milden Klima gediehen Obst und Gemüse fast von allein. Schließlich wurde auch Washington auf den blühenden Garten an der Pazifikküste aufmerksam und erklärte Mexiko nach einem gescheiterten Kaufversuch den Krieg – nach einigen Schlachten wurde im Frieden von Guadalupe Hidalgo Kalifornien 1848 territorial in die USA eingegliedert.

Die meisten Missionsgebäude am heutigen Highway 1 fielen dem großen Erdbeben von 1812 zum Opfer, die übrigen waren indes dem langsamen Verfall preisgegeben. Erst 1903 entschloß man sich, die Kirchen liebevoll zu restaurieren und unter Denkmalschutz zu stellen. Besonders reizvoll

Gut erhalten sind die beiden von Pater Serra gegründeten Missionen San Juan Bautista (links) und San Antonio de Padua (rechts).

gnadenlos ausgebeutet, lernten nur das, wovon die weißen Herren profitierten, und tauschten ihren Lebensstil gegen die zweifelhaften Segnungen der Zivilisation ein. Wer sich auflehnte, wurde hart bestraft und viele von ihnen starben, weil sie keine Abwehrkräfte gegen Krankheiten wie Windpocken und Masern besaßen.

Nur in San Diego gab es 1775 einen Aufstand: Die Indianer töteten einen Mönch und zerstörten die Mission. Gaspar de Portolá und seine Soldaten, vom spanischen Vizekönig nach Kalifornien entsandt, beschützten die Mönche. Serra und Portolá verstanden sich gut, bis Serra darauf bestand, einer «höheren und geistlichen Au-

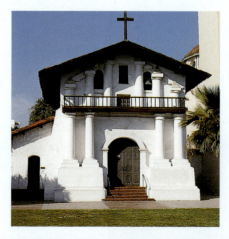

Die Mission Dolores in San Francisco.

ist die Mission San Carlos Borromeo del Río Carmelo in der Bucht von Monterey, in der heute wieder Gottesdienste abgehalten werden. Die im maurischen Stil erbaute Kirche wurde von einem mexikanischen Steinmetz originalgetreu restauriert und ist von romantischen Gärten umgeben. Pater Serra, erst im Jahr 1988 vom Papst heiliggesprochen, wurde hier zur letzten Ruhe gebettet. Ein Denkmal erinnert an den «Apostel von Kalifornien», der entscheidend dazu beitrug, die Entwicklung Kaliforniens voranzutreiben – allerdings auf Kosten der Indianer, die ihre angestammte Heimat und ihre Identität an die Kirche verloren. *Thomas Jeier*

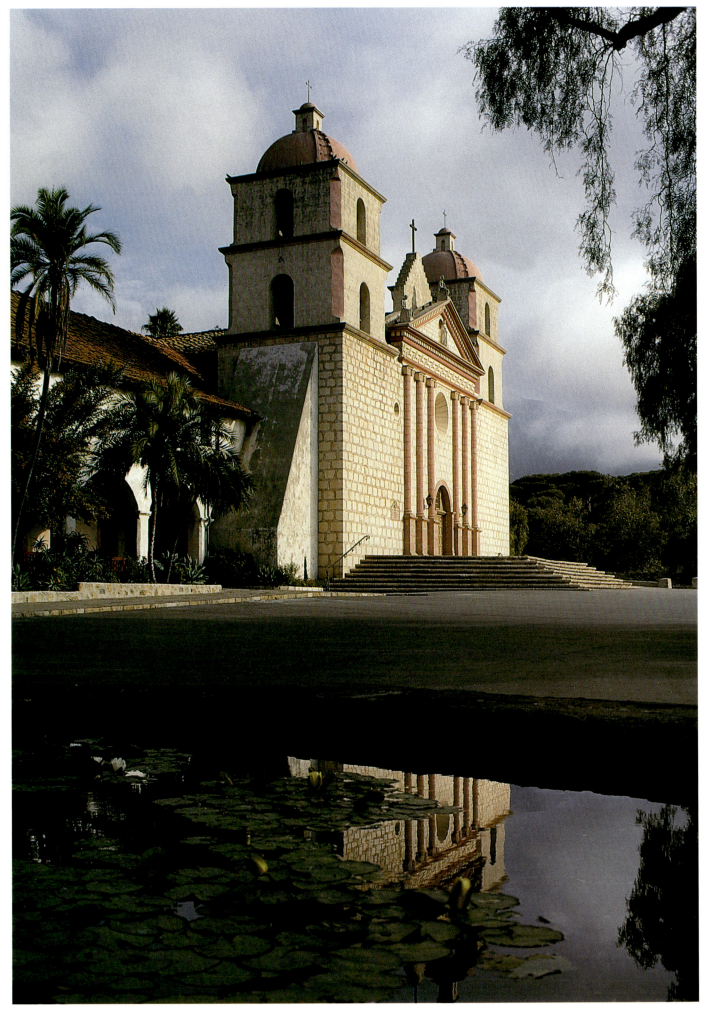

Auf einem Hügel erhebt sich inmitten prächtiger Parkanlagen der Sandsteinbau der Mission Santa Barbara. Die «Königin der Missionen», wie sie oft genannt wird, wurde im Jahr 1786 von Pater Junípero Serra gegründet.

In der 1770 von ihm gegründeten Mission San Carlos Borromeo del Río Carmelo liegt Pater Serra begraben.

In diesem Haus in Salinas lebte die amerikanische Schriftstellerin Mary Austin. Was John Muir für die Sierra Nevada war, war sie für die Wüste: In ihrem Buch «The Land of Little Rain» (1903) schilderte sie eindringlich die Schönheiten dieser Landschaft und wurde so neben Muir zu einer weiteren Pionierin des Naturschutzgedankens in Kalifornien.

In Hollywood sind die Stars allgegenwärtig: Hier blicken Marilyn Monroe, Humphrey Bogart und Fred Astair von einer Hauswand am Hollywood Boulevard in Los Angeles.

Spätestens seit der Studentenrevolte der Sechziger, die von Berkeley aus immer weitere Kreise zog, übt Kalifornien eine besondere Anziehungskraft auf Aussteiger, Querdenker und Hippies aus. Im Bild ein Freak in Santa Barbara.

Werkzeugen, mit Grundstücken und Bergwerken und schließlich an der Börse erwiesen sich häufig gegenüber der Suche nach dem launischen Gold als ein weniger riskantes Glücksspiel. Auf den Grad des Risikos kam es jedoch bei den meisten bald nicht mehr an, sondern vielmehr nur noch auf die Chance an sich, aus dem reichen Potential dieses irdischen Paradieses das Glück eines bescheidenen privaten Lebens schmieden zu können.

So wurde denn der kalifornische Mythos von der betörenden Anziehungskraft des Goldes zwar mitgeprägt, getragen wird er jedoch in erster Linie von einem dem Wagnis und der Ungewißheit verschriebenen Pioniergeist, der viele Amerikaner auf der Suche nach besseren Lebensbedingungen gen Westen ziehen ließ. Im irdischen Paradies am Westrand des Kontinents, für viele die Endstation dieser Wanderung, drückte sich dann das Vertrauen auf Kalifornien in einer Einstellung aus, die ohne viele Vorbehalte dem einzelnen den größtmöglichen Spielraum zubilligt, sich nach seinem Gutdünken zu verhalten, solange niemand anderes geschädigt wird.

Gold in Form des sprichwörtlich glänzenden Metalls war nicht unbedingt notwendig für diesen kalifornischen Mythos, aber die Erinnerung an die Vergangenheit der Goldfelder half, vor allem wenn sie von der Phantasie zum Trugbild eines Goldenen Vlieses verbrämt wurde, das nur der Ankunft der Argonauten harrte. Notwendig waren hingegen die reichhaltigen Naturschätze, der fruchtbare Boden, das günstige Klima und die persönliche Freiheit. Auch fand man sich zwangsläufig damit ab, daß einem selbst in Kalifornien die Trauben nicht in den Mund wachsen.

Und nicht zuletzt wird die Vorstellung vom irdischen Paradies durch den nie versiegenden Strom von Einwanderern aufrechterhalten, deren Armut und Elend häufig ganz gewöhnliche und bescheidene kalifornische Verhältnisse als Paradies erscheinen lassen: Sagenhafter Luxus, naturverbundenes Leben, Freude an der großartigen Landschaft; eine Existenz am Rande modernster Errungenschaften oder in der stillen Abgeschlossenheit verblichener Träume; ein nur etwas höherer Lebensstandard als der des einstigen Heimatlandes – innerhalb dieses Spektrums findet sich die Realität, die den Mythos speist.

DIE NEUE WIRKLICHKEIT

Es liegt häufig im Charakter eines Mythos, daß ihm eine widerspenstige und hartnäckige Wirklichkeit gegenübersteht. Dem kalifornischen Mythos scheint sich jedoch die außergewöhnliche Natur des Landes zu beugen, die die Mammutbäume zwar nicht in den Himmel wachsen läßt, aber doch beinahe. Hochgeschraubte Erwartungen an ein irdisches Paradies werden nun beim Übergang in das 21. Jahrhundert wieder kleingeschrieben, aber gerade angesichts der wachsenden Resignation und verflogener

In Vallejo kann man in Marine World spektakuläre Shows mit Killerwalen sehen.

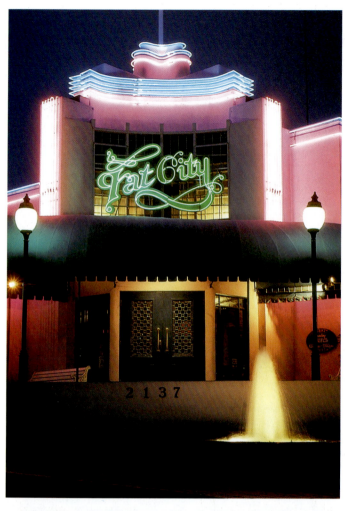

Neonreklamen gehören in den USA nicht nur zum Bild aller größeren Städte, sondern sind oft auch aufwendig komponierte kleine Kunstwerke. Hier eine einladende Bar-Reklame in San Diego.

Seit Steven Spielbergs Publikumserfolg «Jurassic Park» (1993) sind Dinosaurier äußerst werbewirksam. Hier laden große Dinosaurier zu einem Halt an einem Truck Stop bei Palm Springs ein.

Illusionen wirken dann die Schönheit der Landschaft, das Klima und die Naturreichtümer Kaliforniens noch immer überlebensgroß. Die menschlichen Errungenschaften aus nur zwei Jahrhunderten tragen viel zu dieser Wirkung bei, auch wenn man zugeben muß, daß ein Großteil ihrer Entwicklung auf Kosten der Umwelt ging.

In mancherlei Hinsicht hat der Versuch, den Mythos dieses gelobten Landes zu leben, eindrucksvolle Leistungen hervorgebracht: Große Städte, blühende Siedlungen, ertragreiche Felder, mächtige Fabrikanlagen, anerkannte Universitäten und nicht zuletzt einen ungebundenen Lebensstil, der Neid erregen könnte. Der kalifornische Traum verleitet seine Träumer jedoch auch, sich in konsumorientierte Wesen zu verwandeln, die häufig nur darauf erpicht sind, die materielle Seite des Mythos zu leben. Der krasse Unterschied zwischen Arm und Reich, den eine solche hedonistische Gesellschaft hervorbringt, läßt das Gemeinschaftsleben verkümmern, sät Gleichgültigkeit, welche dem Mythos nun stärker zusetzt als einst die unselige Unterdrückung von Minderheiten. Dieses Elend, das sich sowohl in hungrigen Mägen als auch im verarmten geistigen Leben auswirkt, verleitet die Wohlhabenden zur Ausschweifung. Und es bestärkt die Armen darin, an die Trugbilder von Fernsehprogrammen und Spielfilmen zu glauben und den kalifornischen Mythos, der sich ihnen selbst auf der Ebene des täglichen Wohlergehens nie offenbarte, weiterhin im Konsum von Verbrauchsgütern zu suchen. Dadurch bewegen sich alle auf einem der persönlichen Freiheit abträglichen Weg – ähnlich wie die gesamte amerikanische Demokratie – und laufen Gefahr, nicht nur einen Teil ihres Mythos, sondern auch des ungewöhnlichen Charakters von Kalifornien einzubüßen.

Dieses Dilemma eröffnet jedoch auch verborgene Kraftquellen, die dem kalifornischen Mythos neue Energien zuführen können, falls die Einsicht zunimmt, daß ständig steigendes Konsumverhalten und wachsende Ansprüche den selbst von der scheinbar unerschöpflichen kalifornischen Natur klar abgesteckten Rahmen aller Hilfsquellen und Bodenschätze übersteigt. Daraus erwächst die Notwendigkeit, auf politischer Ebene Lösungen zu finden, die jedem Kalifornier ein gewisses Maß persönlicher Freiheit und eine würdige Lebensweise sichern. Die neuen Gesellschaftsformen müssen sich innerhalb der naturbedingten Lebensgrundlagen von Land, Luft und Wasser bewegen. Und sie müssen der Tatsache Rechnung tragen, daß selbst in Kalifornien sehr viele Menschen nie den Sinn vom Mythos des Landes gespürt haben.

Aus der elementaren Bedeutung des Wassers lassen sich die Verhältnisse erhellen in einem Staat, in dem schon eine begrenzte Menge Wasser zusätzlichen Siedlungsraum erschließt und die landwirtschaftliche Produktion steigert. Vor allem in Südkalifornien, das sechzig Prozent der Bevölkerung, aber nur zwei Prozent des Wassers besitzt,

Das berühmte Hotel del Coronado in San Diego. Hier drehte Billy Wilder die wichtigsten Passagen seines Films «Some Like It Hot» («Manche mögen's heiß», 1959) mit Marilyn Monroe, Jack Lemmon und Tony Curtis.

Das 1927 von Sid Grauman gegründete pompöse Chinese Theater erinnert an die großen Stars in Hollywood.

TRAUMFABRIK HOLLYWOOD
Ein Dorf macht Karriere

Hollywood-Regisseur Robert Altmann.

Das ehemals unbekannte kleine Dorf in Südkalifornien ist heute der berühmteste Stadtteil von Los Angeles und das Zentrum einer gigantischen Filmindustrie.

Amerika ist eine der großen Filmnationen der Welt, und Hollywood steht als Synonym für Glanz und Glamour, für die Glitzerwelt des Films. Zwar entstehen schon lange sehr viele US-Filme in den Straßen von New York, San Francisco und Los Angeles, im Ausland, in britischen, italienischen und deutschen Ateliers, oder

Shirley Temple und Walt Disney.

an Originalschauplätzen – in den Rocky Mountains, in Montana oder Utah. Doch noch immer ist Hollywood die Filmmetropole, das Mekka nicht nur der amerikanischen Filmindustrie.
Das Dorf Hollywood wurde in der zweiten Hälfte des 19. Jahrhunderts gegründet und war wegen der klimatisch günstigen Lage schon früh ein beliebter Siedlungsort. 1903 zur Stadt erklärt, ließ man sich jedoch bereits sieben Jahre später als Stadtteil des nahegelegenen Los Angeles eingemeinden, um an das Wassernetz der Großstadt angeschlossen zu werden. Das sonnige Klima Südkaliforniens lockte den Produzenten des Films «Der Graf von Monte Christo» im Jahr 1908 von Chicago in die Hügel von Los Angeles; das erste große Filmstudio baute 1911 ein gewisser David Horsley für Nestor Company, dann entstanden noch im gleichen Jahr 15 weitere Studios – die Filmstadt war geboren.

Doris Day bei Aufnahmen zu «Lucky me».

Der erste Großproduzent, der hier im kalifornischen Kino-Dorado drehte, war David Wark Griffith (1875–1948): In Hollywood entstand sowohl sein erfolgreichster Film «Geburt einer Nation» (1915) als auch, ein Jahr später, der größte Flop: «Intolerance». Es ist ein Kuriosum, daß ausgerechnet ein gescheiterter Theatermann dazu beitrug, daß aus dem in Los Angeles selbst argwöhnisch betrachteten «Rummelplatzgewerbe» eine anerkannte Kunstform wurde. Die Giganten der amerikanischen Filmindustrie kamen und nahmen Hollywood ein: Namen wie Jesse Lasky, Samuel Goldwyn, Cecil B. DeMille, aber auch Carl Laemmle, Adolph Zukor, Thomas Ince und Louis B. Mayer tauchten auf. Den Ersten Weltkrieg überstand die Filmmetropole ebenso wie die Depressionsjahre, die Filme von Griffith und DeMille eroberten den Weltmarkt, der Starkult wurde geboren und verhalf, unterstützt von der unfreiwilligen PR-Arbeit der Skandalpresse, dem neuen Gewerbe zu breiter Bekanntheit und Beliebtheit. Unweit der Studios, im benachbarten Beverly Hills, fanden oder bauten die Filmgrößen die entsprechenden Villen und ließen sich in Scharen dort nieder.
In den zwanziger Jahren beherrschten Frauen das Filmgeschäft: Die von Griffith entdeckte Mary Pickford nutzte, nachdem sie die Gagen in die Höhe getrieben hatte, ihren Marktwert für eine eigene Produk-

Der Starregisseur Cecil B. DeMille (Mitte) bei Dreharbeiten zu «Die zehn Gebote» (1956).

tionsfirma, das Mary Pickford Studio. 1919 gründete sie mit ihrem damaligen Ehemann, Douglas Fairbanks, und mit Griffith und Charlie Chaplin die United Artists. Die Skandale der Hollywood-Stars führten schon 1926 zur Zensur, die großen Filmstudios reagierten darauf mit Familienfilmen. Es begann die Ära der Kinderstars. Mary Pickford war 1909 der erste, 20 Jahre später begann der kleine Jackie Coogan seine Karriere in Chaplins «The Kid», Mickey Rooney und Judy Garland wurden berühmte Stars, doch nicht zu vergleichen mit Shirley Temple, deren Marktwert 1936 noch vor Clark Gable, Mae West und Bing Crosby eingestuft wurde. Mit dem Familienfilm tauchte ein Mythos in Hollywood auf: Walt Disney, der mit seinen berühmten Zeichentrickfilmen und Vergnügungsparks die Massen begeisterte.

Überstanden hat Hollywood auch den Tonfilm, der für eine Weile die Studios und den Starkult ins Wanken brachte; später gelang es, mit allerlei technischen Spielereien, gegen die Macht des Fernsehens anzukämpfen. Jüngstes Beispiel sind die neuen «Star Wars» Verfilmungen von George

David Wark Griffith mit «Filmlöwen».

Lucas. Allerdings vermochte auch die Filmindustrie nicht, in der modernen Industrie- und Wirtschaftslandschaft ihre Eigenständigkeit zu bewahren: Seit langem ist der Film Nebenzweig bedeutender Wirtschaftskonzerne, in denen neben US-Giganten auch japanische Multis das Sagen haben.

Heiko R. Blum

Mitte: Stuntshow für Besucher der Universal Studios von Los Angeles.

Links: Filmszene mit Joan Crawford (links) und Bette Davis aus «Was geschah wirklich mit Baby Jane?» (1962).

Rechts: Drehpause beim Western «The Rare Breed» mit Maureen O'Hara (Mitte) als weibliche Hauptdarstellerin.

Eine phantastische Szenerie: Vollmond über dem Lichtermeer von Los Angeles.

Beverly Hills ist der Ort mit dem höchsten Pro-Kopf-Einkommen der USA. Viele Stars, die im benachbarten Hollywood zu Ruhm und Geld kamen, ließen sich hier in prachtvollen Villen nieder.

zeichnet sich eine Entwicklung ab, welche die Politik zur Handlangerin der Bodenspekulation macht, um durch Aquädukte und Kanalsysteme an Wasser aus den anderen Landesteilen zu kommen. Die sich daraus ergebenden Spannungen fördern jedoch auch eine verstärkte Besinnung nicht allein auf die wirtschaftliche, sondern auch auf die kulturelle Bedeutung des Wassers.

Kalifornien ist von der – zerstörenden und schöpferischen – Kraft des Wassers abhängig. Überfluß oder Mangel umreißen die Grenzen der menschlichen Möglichkeiten in diesem Land. Durch zwei Jahrhunderte hindurch hat sich der Mythos von Kalifornien ungestört in seinem naturbedingten Rahmen entwickeln können. Das enge Verhältnis zwischen Mythos und Natur stärkte die Realität, und Illusionen ohne Beziehung zu Naturgesetzen, Phantasien von ewiger Jugend, maßlosem Reichtum und unerschütterlicher Widerstandsfähigkeit verhielten sich zum kalifornischen Mythos wie Bigotterie zur Gottesfurcht.

Vielzitierte Beispiele kalifornischer Erfolgsgeschichten deuten klar auf ein Bewußtsein dieser natürlichen Grenzen hin. Der Großgrundbesitzer, dessen ausgedehnte Ländereien die ersten Goldfunde hervorbrachten, starb als armer, verlassener Mann. Ein selbstherrlicher Finanzier und selbstloser Mäzen ertrank in der Bucht von San Francisco, in der er oft geschwommen war, und ein extravaganter Flieger und Filmmagnat siechte als Eigenbrötler dahin. Die Grenzen, über die sich diese drei nicht hinwegsetzen konnten, verdeutlichen die Probleme der gesamten kalifornischen Gesellschaft, nachdem die wachsende Verpflichtung zu einem menschenwürdigen Leben aller die Zahl derer beträchtlich heraufgesetzt hat, die selbst einmal den kalifornischen Traum leben wollen.

Die zunehmende Einsicht in die gesellschaftliche Bedeutung dieser Situation erfordert die Entwicklung und Anwendung einer Humanität, die allen zugute kommt, weil sie über den Menschen selbst hinausgeht und sowohl andere Lebewesen als auch Wasser, Luft und Erde einbeziehen muß. Aus diesen erweiterten Beziehungen erwachsen Verpflichtungen zu einer ökologisch orientierten Lebensweise, die nur auf der Grundlage gegenseitigen Verständnisses möglich ist und mit den für alle Kalifornier begrenzten Ressourcen der Natur so wirtschaftet, daß auch alle die Früchte dieser Lebensweise ernten können. Diese neue Wirklichkeit schränkt den kalifornischen Mythos ein, aber eröffnet auch gleichzeitig neue Dimensionen menschlicher Beziehungen, die in der Vergangenheit die Selbstsucht häufig verhinderte. Goldener Reichtum hat Grenzen. Reichtümer anderer Art ließen sich durch ein sinnvolles Verhältnis der Kalifornier zu ihrem Land und zu ihren Mitmenschen finden. Das könnte das Vertrauen auf eine Welt nah dem irdischen Paradies und auf die ungewöhnliche Natur Kaliforniens erhalten.

Die von Palmen gesäumte Lexington Road in Beverly Hills. Die Prominenten leben abgeschirmt von der Straße hinter hohen Hecken und großen Gärten – laut Statistik gibt es in Beverly Hills fast so viele Bäume (33 000) wie Menschen (35 000).

Der Neptunpool des prunkvollen Hearst Castle bei San Simeon faßt 1,3 Millionen Liter Wasser.

Donnernd brandet der Pazifik gegen die zerklüftete Küste bei Monterey.

KALIFORNIEN: PLANEN · REISEN · GENIESSEN

INHALT

USA-Karte · Allgemeine Informationen · Auskunft	706	
Karte von Kalifornien	707	
Unterwegs im «Golden State»	707	
Maße und Zahlen auf einen Blick	708	
Karte mit Routenvorschlägen	709	
Bezahlen · Zeugnisse der Geschichte	709	
Auf dem Highway 1 nach Süden	710	
Sehenswerte Orte und Landschaften von A bis Z	712	
Von Sushi bis Designer-Pizza: Die neue kalifornische Küche	714	
Das «Wine Country»: Napa und Sonoma Valley	719	
Karte des Großraums Los Angeles	722	
Stadtplan von San Francisco	725	
High-Tech-Industrie in Kalifornien	726	
Karte des Yosemite National Park	728	

Skateboard-Künstler am La Jolla Beach.

ALLGEMEINE INFORMATIONEN

Größe und Lage. Kalifornien, mit einer Bodenfläche von 411 014 Quadratkilometern der drittgrößte Staat der USA, ist der südlichste der drei pazifischen Staaten; er liegt zwischen dem 32. und 42. Grad nördlicher Breite und grenzt im Osten an Nevada und Arizona, im Norden an Oregon und im Süden an Mexiko. Der höchste Punkt ist der Mount Whitney (4418 m), der tiefste, Death Valley (86 m unter dem Meeresspiegel), ist zugleich der tiefste Amerikas.

Klima. Das Klima Kaliforniens ist überwiegend gemäßigt, vor allem in dem etwa 100 Kilometer breiten Küstenstreifen. Während der Pazifik Sommerhitze und Winterkälte mäßigt, nähert sich das Klima im Inneren des Staates den Extremen. Aber auch zwischen Nord- und Südkalifornien gibt es große Unterschiede (siehe Klimatabelle Seite 708), und sogar auf engem Raum gibt es erstaunliche Klimaschwankungen: Der Sommer an der Bucht von San Francisco und entlang der Küste nördlich der Stadt kann kühl und nebelig sein, gerade recht für Pullover und Jacke, er kann jedoch auch durchaus sonnige Mittagsstunden bringen. Zur gleichen Zeit ist man 50 Kilometer entfernt im Inland den ganzen Tag über gut mit T-Shirt und Shorts beraten. Winterregen bzw. in den Bergen Schnee und Sommertrockenheit sind die Regel. In Kalifornien ist es jedoch stets angebracht, sich vor Antritt einer Fahrt nach der jeweiligen Wetterlage am Reiseziel zu erkundigen.

AUSKUNFT

In Deutschland: Marketing Services International, Johanna-Melber-Weg 12, 60599 Frankfurt/Main, Tel. 069/60 32 023.

In Österreich: Botschaft der USA, Boltzmanngasse 16, 1019 Wien, Tel. 01/3 13 39.

In der Schweiz: Botschaft der USA, Jubiläumsstr. 93, 3005, Bern, Tel. 031/3 57 70 11.

In Kalifornien: California Division of Tourism, P.O. Box 1499, Sacramento, CA 95812, Tel. 916/3 22 28 81 oder California Office of Tourism, P.O. Box 9278, T98, Department 1003, Van Nuys, CA 91409, Tel. 916/3 22 28 81 (Vorwahl USA: 001). Informationen über *Stadtparks* erteilt das California State Park System, Department of Parks and Redreation, P.O. Box 942896, Sacramento, CA 94296, Tel. 916/6 53 69 95; über *Nationalparks* informiert der National Park Service, One Jackson Center, 1111 Jackson St., Suite 700, Oakland, CA 94607, Tel. 510/8 17 13 00.

Neben dieser Kalifornien-Karte mit allen wichtigen Sehenswürdigkeiten im Überblick finden Sie eine Karte mit Routenvorschlägen auf Seite 709, eine Detailkarte von Napa und Sonoma Valley auf Seite 719, eine Karte des Großraums Los Angeles auf Seite 722, einen Stadtplan von San Francisco auf Seite 725 und eine Detailkarte des Yosemite National Park auf Seite 728.

UNTERWEGS IM «GOLDEN STATE»

Reisen mit dem Auto ist in Kalifornien einfach, wenn wenig Verkehr auf den Fernstraßen, den Interstates, ist und der Berufsverkehr morgens zwischen 7.00 Uhr und 9.00 Uhr und nachmittags zwischen 16.00 Uhr und 18.00 Uhr in der Umgebung der großen Städte vermieden wird. Am besten reserviert man vor der Reise einen Mietwagen und übernimmt ihn bei der Ankunft am Zielflughafen. Die meisten Leihwagenfirmen sind auf den größeren Flughäfen mit Agenturen vertreten.

In einzelnen Fällen sind Brücken- und Straßengelder zu entrichten. Schwierige Bergstraßen sind für Wohnwagen gesperrt. Für Fahrten auf längeren Wüstenstrecken ist es angebracht, Wasser und Öl für den Wagen mitzuführen. Das Studium einer guten Straßenkarte ist wichtig, sie gibt alle zur Reisevorbereitung nötigen Auskünfte. Nur Greenhorns sagen das Wetter in der Wüste und im Hochgebirge voraus, erfahrene Reisende machen sich dagegen auf Überraschungen gefaßt: beispielsweise auf plötzliches Hochwasser in einem sonst trockenen Flußbett während eines Regensturms in der Wüste; auf Hagel, Glatteis,

WAS ZÄHLT IN DEN USA:
Maße und Zahlen auf einen Blick

Zeit

Kalifornien gehört zur Zeitzone Pacific Standard Time, Mitteleuropa ist Kalifornien neun Stunden voraus.
a. m. bei Zeitangaben = vormittags
p. m. bei Zeitangaben = nachmittags

Maße

1 inch = 2,5 Zentimeter	1 pint = ca. 0,5 Liter
1 foot = ca. 30 Zentimeter	1 quart = ca. 0,95 Liter
1 yard = ca. 91 Zentimeter	1 gallon (Benzin) = ca. 3,8 Liter
1 mile = ca. 1,6 Kilometer	1 pound = ca. 450 Gramm

Elektrizität

Die Netzspannung beträgt überall in den USA 110 Volt; deutsche Stecker passen nicht, man braucht einen Adapter.

Geld

Ein Dollar hat 100 Cents. Münzen gibt es zu 1 Cent, 5 Cents (Nickel), 10 Cents (Dime), 25 Cents (Quarter) und 50 Cents (Half Dollar). Sämtliche Dollarnoten sind gleich groß und grüngrau, also leicht verwechselbar. Größere Beträge werden in den USA fast immer mit Kreditkarte bezahlt.

Kleidergrößen

Anzüge	US	36	38	40	42	44	46	48		
	D	46	48	52	54	56	58	60		
Hemden	US	14	14,5	15	15,5	16	16,5	17	17,5	18
	D	36	37	38	39	40	41	42	43	44
Kleider	US	28	30	32	34	36	38	40	42	
	D	36	38	40	42	44	46	48	50	
Schuhe	US	5,5	6	7	7,5	8,5	9	9,5	11	12,5
	D	36	37	38	39	40	41	42	44	46

Telefonieren

Telefonnummern in den USA bestehen aus einem dreistelligen *Area Code* und einer siebenstelligen Rufnummer. Für internationale Gespräche wählt man die Kennzahl des Landes (01149 für Deutschland, 01143 für Österreich, 01141 für die Schweiz). Nicht immer kann man direkt wählen, häufig muß der Operator vermitteln (0 wählen). Es ist billiger, von den USA nach Europa zu telefonieren als umgekehrt.

Klima

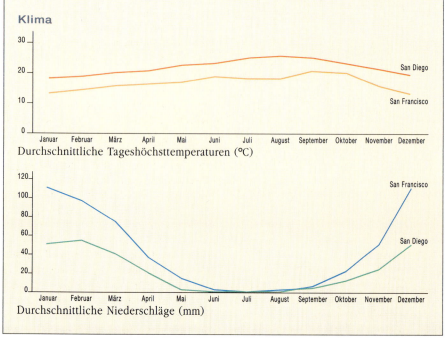

Durchschnittliche Tageshöchsttemperaturen (°C)

Durchschnittliche Niederschläge (mm)

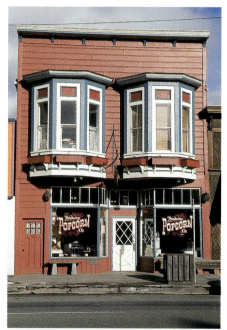

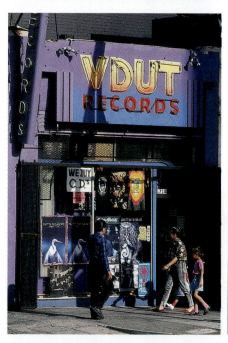

An Kaliforniens Küste wechseln sich vor Leben sprühende Metropolen mit verschlafenen Kleinstädten ab: die Chinatown (oben) und der Hollywood Boulevard (unten) von Los Angeles und Fort Bragg (Mitte), ein kleines Holzfällerstädtchen nördlich von Mendocino.

Route 1 führt nach Eureka mit seiner berühmten viktorianischen Architektur und über den Lassen Volcanic National Park und das Napa Valley zurück nach San Francisco.

Eine Fahrt auf Route 2 ist ein Ausflug zur Goldgräberstadt Placerville und zum Yosemite National Park; ein Abstecher nach Bodie bietet sich an.

Route 3 führt auf dem schönsten Stück des Highway 1 über Monterey und Carmel nach Süden; auf dem Rückweg kommt man an alten spanischen Missionen vorbei.

Die Höhepunkte der Route 4 sind der Joshua Tree National Park, Las Vegas und Death Valley.

Eine Harley-Davidson ist für viele nicht einfach ein Motorrad, sondern Ausdruck eines Lebensgefühls: Sie steht für Freiheit und Unabhängigkeit und ist im «Golden State» besonders beliebt. Hier eine chromblitzende Harley vor Little Tokyo, dem japanischen Stadtviertel von Los Angeles.

Schnee oder Bergrutsch im Hochgebirge. Um vor derlei unangenehmen Überraschungen sicher zu sein, ist grundsätzlich ein Telefonanruf bei der zuständigen Informationsstelle zu empfehlen.

Die öffentlichen Verkehrsmittel lassen etwas zu wünschen übrig. Aber die verschiedenen Linien der Greyhound- und Trailwaybusse, die öffentlichen Verkehrsmittel in den größeren Städten und die Amtrak Eisenbahn ermöglichen, so man geschickt und geduldig kombiniert, viele Sehenswürdigkeiten Kaliforniens zu besuchen.

BEZAHLEN

Im allgemeinen kann man zwar überall mit Bargeld zahlen, aber Kreditkarten nehmen dem Reisenden die Sorgen ab, die mit dem Herumtragen größerer Geldbeträge verbunden sind. Zudem sind Kreditkarten beim Ausleihen eines Mietwagens von großem Vorteil, da ansonsten hohe Kautionen hinterlegt werden müssen.

Trinkgelder gehören in Kalifornien zum täglichen Leben. Für das Dienstleistungspersonal von der Kellnerin bis zum Taxichauffeur machen die Trinkgelder einen Großteil ihres Einkommens aus. Im allgemeinen liegt man mit fünfzehn Prozent richtig. Wenn sich die Differenz nicht automatisch aus einer Rechnung ergibt, sollte man versuchen, die Trinkgeldfrage entsprechend der allgemeinen Praxis zu lösen, die etwa einem Gepäckträger einen Dollar pro Gepäckstück zukommen läßt, dem Zimmermädchen täglich bis zu zwei Dollar.

ZEUGNISSE DER GESCHICHTE

Die Vorgeschichte und die Geschichte der indianischen Kulturen haben viele Zeugnisse in Kalifornien hinterlassen. Zum Teil sind sie in den National- und Staatsparks zu sehen, zum Teil in indianischen Kulturzentren oder ethnologischen Museen. Die größte Reservation, die Hoopa Valley Indian Reservation, von Hoopa und Yurok besiedelt, befindet sich im Nordwesten des Staates. Angesichts der menschenunwürdigen Indianerpolitik der USA und dem gebotenen Respekt vor Privatleben und -besitz, ist es angebracht, sich vor einem Besuch in einer Indianerreservation kurz zu vergewissern, ob man willkommen ist.

Die meisten historischen Zeugnisse, die sich dem Besucher Kaliforniens präsentieren, stammen aus dem 19. und 20. Jahrhundert. Der Einfluß der damaligen Ereignisse ist noch häufig sichtbar, und das gibt der kurzen historischen Zeitspanne ihre Bedeutung. Für das Alter der naturgeschichtlichen Zeugnisse gilt das Gegenteil, sie lassen in überwältigender Klarheit die Ursachen und die Bedeutung der

AUF DEM HIGHWAY 1 NACH SÜDEN

Eine Fahrt auf dieser legendären Küstenstraße führt nicht nur an verträumten Fischerstädtchen und vielen landschaftlichen Höhepunkten der Westküste vorbei, sie vermittelt auch kalifornisches Lebensgefühl, den «California Way of Life».

Die Panamericana, eine der «Traumstraßen» der Welt, reicht von Fairbanks in Alaska bis nach Ushuaia auf dem argentinischen Teil der Insel Feuerland. In Kalifornien, vor allem auf den knapp 500 Kilometern zwischen San Francisco und Los Angeles, wird sie zum legendären Highway 1, einem Mythos, einem kalifornischen Traum, der nicht nur mit den Augen wahrgenommen werden darf.
Man muß diese Straße fühlen, ihre prikkelnde Atmosphäre, ihren Charme und ihre heitere Unbeschwertheit erleben. In einem Cabrio auf der kurvenreichen Küstenstraße, in einem Straßencafé in Monterey, an einem belebten Strand bei Big Sur. Vor 200 Jahren gehörte die Route zum Camino Real, der Handelsstraße zwischen Mexiko und den spanischen Provinzen in Kalifornien. Die Spanier suchten die einfachsten und kürzesten Verbindungen zwischen ihren Presidios (militärischen Stützpunkten) und Missionen und gaben sich wenig beeindruckt von den landschaftlichen Schönheiten. Ähnliches Desinteresse zeigten die Goldsucher, die 1849 zu den Goldfeldern am American River strömten. Erst die Künstler und Aussteiger, die sich nach dem Zweiten Weltkrieg in Monterey, Carmel und an der Küste von Big Sur niederließen, erkannten den besonderen Charme dieser Gegend.
Heute gehört der Highway 1 zu den größten Attraktionen von Kalifornien. Weiße Sandstrände und schroffe Felsküsten, schäumende Brandung und vom Wind zerzauste Zypressen, romantische Missionen und verwinkelte Gassen, riesige Golfplätze, moderne Hotels, Restaurants, Cafés und Boutiquen, vor allem aber das milde Klima mit seinem beständigen Sonnenschein ziehen Touristen aus aller Welt an. Am Highway 1 ist man selten allein, und wer die schöne Aussicht und das herrliche Klima genießen will, muß diese Freude meist mit vielen anderen teilen.
Südlich von San Francisco führt der Highway 1 zur Half Moon Bay, einer ländlichen Bucht, die vor allem Wochenendurlauber aus der Bay Area, der Region zwischen San Francisco und San Jose, anzieht. Sandige Buchten laden zum Baden ein.

In Santa Cruz, weiter im Süden, ist die Atmosphäre entspannt und läßt sich am besten mit dem amerikanischen Ausdruck «laid back» umschreiben. Soll heißen, die Leute lassen es langsam angehen. Späthippies und Künstler, ehemalige Revoluzzer und Yuppie-Aussteiger sitzen einträchtig in Naturkostrestaurants und Cafés, genießen den Sandstrand und leben gemächlich in den Tag hinein.
Durch landwirtschaftlich genutztes Gebiet führt der Highway weiter nach Süden. Vorbei an Gemüsefarmen und Obstplantagen geht es nach Monterey (siehe Seite 715). Die Stadt galt bis zum großen Goldrausch als politisches und kulturelles Zentrum der spanischen Provinz und beherbergte eine Mission und eines von vier wichtigen Presidios in Kalifornien. Die Vergangenheit lebt fort in Monterey, und selbst der größte Rummel kann den besonderen Charme

Südlich von San Francisco folgen die Highlights der Traumstraße dicht aufeinander: atemberaubende Küstenimpressionen bei Monterey (oben links und unten rechts), der Pebble Beach Golfclub, der vielleicht schönste Golfplatz der USA (oben rechts), das idyllische Städtchen Carmel (unten links) und die berühmten knorrigen Bäume am Carmel Beach (Mitte links).

dieser Stadt nicht zerstören. Aber man muß danach suchen. In abgelegenen Nebenstraßen, in einer stillen Bucht, in La Ida's Café, das in Steinbecks «Cannery Row» («Die Straße der Ölsardinen», 1945) einen allerdings eher zweifelhaften Ruf genoß, oder in dem kleinen Laden, den die Leser des Romans als «Lee Chong's Heavenly Flower Grocery» kennen.

Als «schönste Straße der Welt» wird der «Seventeen Mile Drive» bezeichnet, ein lohnenswerter Abstecher, der sich der Küstenlinie folgend, durch den Del Monte Forest zwischen Pacific Grove und Carmel windet. Für eine Fahrt über diese Straße wird sogar Maut verlangt. Geboten werden dramatische Ausblicke auf die felsige Küste und den blauen Ozean, mondäne Bungalows, der schönste Golfplatz der Vereinigten Staaten (Pebble Beach) und eine einsame Zypresse auf einem Felsvorsprung, vielleicht der meistfotografierte Baum der Welt (siehe Seite 646/647). Auch Hotels gibt es am «Seventeen Mile Drive», aber die Preise sind hoch und sprengen das Budget der meisten Besucher. Sie fahren staunend an den luxuriösen Anwesen vorbei weiter nach Süden, der Küste von Big Sur entgegen – allerdings nicht ohne Carmel (siehe auch Seite 712) besucht zu haben. Die Bewohner der Künstlerenklave sind am liebsten allein und verhehlen nicht, wie sehr sie jede Art von Rummel verabscheuen. Sie haben die Zeichen des modernen Lebens aus ihrer Innenstadt verbannt, es gibt keine Bürgersteige, keine Verkehrsampeln und keine Werbetafeln, die Häuser haben nicht einmal Hausnummern. Die Ortsansässigen gehen jeden Morgen zur Post und holen ihre Briefe aus Schließfächern. Erreicht wurde damit das genaue Gegenteil. Die Touristen verlieben sich in die kleine Stadt und bevölkern täglich die verwinkelten Straßen.

Das 145 Kilometer lange Teilstück des Highway 1 zwischen Carmel und San Simeon windet sich an der romantischen Küste von Big Sur entlang. Hier ist die Traumstraße am schönsten – die Landschaft beiderseits der Straße ist spektakulär. Zu den beeindruckendsten Punkten der Strecke gehört die Bixby Creek Bridge, die in 90 Meter Höhe über den kleinen Fluß führt. Im Winter kommen Grauwale auf ihrer Wanderung in die warmen Gewässer von Baja California an Big Sur vorbei. Die Morro Bay beschwört Erinnerungen an Griechenland herauf – knorrige Eukalyptusbäume heben sich malerisch gegen den blauen Himmel ab. «Der Highway 1, das ist keine Straße», hat einmal jemand zu mir gesagt, «der Highway ist für mich ein Traum, ein Zustand, den du auch im Kopf erleben mußt. Kalifornien eben. California Dreamin'.»

Thomas Jeier

Gletscherschliffe an steilen Granitwänden oder der erstarrten Lavaflüsse am Fuße eines Vulkankegels als geologische Zeugnisse ganzer Erdzeitalter sichtbar werden. Der Bewunderung der Schönheiten Kaliforniens stehen einzig die Mitmenschen im Wege, die sie auch sehen möchten. Wie bei einem Besuch der bayerischen Königsschlösser, des Frankfurter Zoos oder des Berliner Pergamon-Museums in den Sommerferien, hilft es auch in Kalifornien, jeden anderen Touristen – sich selbst natürlich ausgenommen – als Teil der Sehenwürdigkeit zu betrachten.

In einem Großteil der Parks, Museen, Vergnügungszentren und Attraktionen muß auch Eintrittsgebühr bezahlt werden.

SEHENSWERTE ORTE UND LANDSCHAFTEN VON A BIS Z

Ziffern im Kreis verweisen auf die Karte auf Seite 707, Buchstaben im Kreis auf die Karte auf Seite 722, kursive Ziffern am Ende eines Abschnitts auf Abbildungen.

Für die Anfahrtshinweise werden die Abkürzungen verwendet, die den Klassifizierungen der amerikanischen Straßenkarten entsprechen: I = Interstate Highway, US = U.S. Highway (Bundesstraße), SR = State Highway (Staatsstraße). Entfernungen und Höhen sind in Meilen und Fuß angegeben.

Anaheim Ⓐ, im Süden von Los Angeles gelegen (273 500 Einwohner), ist die Hauptstadt der Familienunterhaltung. In *Disneyland* (1313 Harbour Boulevard, über die 15 zu erreichen) wird eine vielfältige Phantasiewelt geschaffen. Sechs große Parks, die den Themen Märchen und Abenteuer, Geschichte, Technologie, Romantik und Tierwelt gewidmet sind, üben eine starke Anziehungskraft aus.
Öffnungszeiten im Sommer: Sonntag bis Freitag von 9 Uhr bis 24 Uhr, Samstag von 9 Uhr bis 1 Uhr nachts. Während der übrigen Jahreszeiten: Montag bis Freitag von 10 Uhr bis 18 Uhr, Samstag und Sonntag jeweils von 9 Uhr bis 24 Uhr.

Berkeley ①, gegenüber von San Francisco auf der Ostseite der Bucht, ist weniger eine Stadt als ein «Geisteszustand», der stets bereit ist, sich mit vielschichtigen Problemen der amerikanischen Gesellschaft auseinanderzusetzen. Mittelpunkt dieser Aktivität ist die *University of California in Berkeley* (gegründet 1868), der älteste der neun Zweige der Staatsuniversität, eine der führenden Universitäten der USA und Schauplatz der Studentenunruhen der sechziger Jahre. Führungen machen Teile des herrlich gelegenen Campus östlich der Oxford Street und zwischen Hearst Street und Bancroft Way zugänglich. Der Campanile, eine Nachbildung de Markusturms in Venedig, bietet einen guten Ausblick auf die Universität, auf die Stadt Berkeley und einen Teil der San Francisco Bay.
Sehenswert sind auch der Botanical Garden, die Lawrence Hall of Science, das Robert H. Lowie Museum of Anthropology und das University Art Museum.

Beverly Hills Ⓑ, **Bel Air** Ⓒ und **Brentwood** Ⓓ wirken wie exotische Inseln inmitten von Los Angeles. Dort wohnen in extravaganten Villen Film- und Fernsehstars sowie Leute, die gewohnt sind, als «Celebrities», als Berühmtheiten, erkannt zu werden, und dort säumen Rolls Royces die Straßen. Eine Fahrt über Santa Monica, Wilshire und Sunset Boulevard oder ein Spaziergang in der Nähe des Regent Beverly Wilshire Hotels vermittelt die Exklusivität dieser Welt sehr eindrucksvoll, läßt den wahren Luxus hinter den Mauern aber nur erahnen. Der ist auf der großen Einkaufsstraße, dem Rodeo Drive, viel zugänglicher zur Schau gestellt, aber die meisten Besucher der Kunsthandlungen, Schmuckgeschäfte und Modesalons beschränken sich darauf, den illustren Kunden beim Einkaufen zuzuschauen. *700, 701*

Bodie State Historic Park ②, 20 Meilen südöstlich von Bridgeport an der US 395 und der SR 270 auf einem sehr hoch gelegenen, vegetationsarmen Plateau, bewahrt die Reste der Geisterstadt Bodie vor dem weiteren Verfall. Zwischen 1870 und 1880 gehörten ihre Goldbergwerke zu den ertragreichsten, die knapp 10 000 Einwohner zu den gesetzlosesten Kaliforniens. Später wurde der Goldabbau eingeschränkt und Ende der fünfziger Jahre dieses Jahrhunderts ganz eingestellt. *680, 730/731*

Burbank Ⓔ, eine der größeren Städte im San Fernando Valley nördlich von Los Angeles, ist bekannt für seine Film- und Fernsehstudios. Die NBC-Studiotour, 300 W Alameda Avenue, bietet Interessierten die Möglichkeit, einmal hinter die Kulissen der Fernsehproduktion zu blicken.

Carmel ③, auf dem südlichen Teil der Monterey Peninsula, ist eine der reizvollsten Küstenstädte Kaliforniens, die bewußt einen sorgsam ausgewogenen Dorfcharakter präsentiert. Neben dem weißen Sandstrand beherrschen exklusive Modeboutiquen, Kunsthandlungen und Kunsthandwerkstätten das Bild. Die Mission von Carmel, *San Carlos Borromeo*, war das Werk des kalifornischen Franziskanermissionars Junípero Serra (siehe Seite 684), der 1784 dort starb. 1882 wurden in der Missionskirche die Gräber von Serra und Fermín Francisco de Lasuén, seinem Nach-

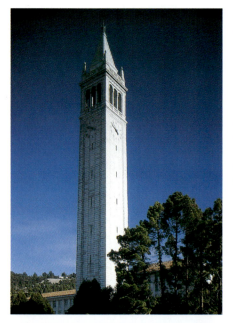

Oben: Der «Campanile» von Berkeley.
Mitte: Am Rodeo Drive in Beverly Hills.
Unten: Malerischer Stadtplatz in Carmel.

folger als Präsident der Missionen in Oberkalifornien, entdeckt. Die *Point Lobos State Reserve*, vier Meilen südlich von Carmel, ist der eindrucksvollste Naturpark an der kalifornischen Küste. Monterey-Zypressen und Wildblumen bestimmen das Bild, Seelöwen sonnen sich auf den der Steilküste vorgelagerten Klippen. Bei Ebbe kann man zwischen den Felsen nach Krebsen, Seesternen und Seeigeln suchen. *686/687, 710*

Coloma ④, an der SR 49 in den Ausläufern der Sierra Nevada ungefähr 45 Meilen nordöstlich von Sacramento, ist die Goldfundstätte, die den kalifornischen Goldrausch auslöste (siehe auch Seite 681). Die gelben Metallstückchen wurden am 20. Januar 1848 von James W. Marshall im Graben einer Sägemühle gefunden. Der Fund beschleunigte die Entwicklung Kaliforniens, die mit der Eroberung der mexikanischen Provinz durch die Nordamerikaner in neue Bahnen gelenkt worden war. Der *Marshall Gold Discovery State Historic Park* enthält neben der restaurierten Mühle zahlreiche andere Erinnerungsstücke.

Columbia ⑤, in der Nähe von Sonora an einem Abzweiger von der SR 49, war eine der bedeutendsten Goldfundstätten zwischen 1850 und 1870. Mit dem Niedergang des Goldabbaus ging auch die Einwohnerzahl stark zurück, dennoch wurde die Stadt nie eine Geisterstadt. Der *Columbia State Historic Park*, der einen Teil des erhaltenen und des restaurierten Geschäftszentrums einschließt, vermittelt mit vielen Einzelheiten einen Einblick in die Lebens- und Arbeitsweise in einem Goldgräber-Camp.

Death Valley National Park ⑥, eine der heißesten Regionen der Welt, sollte man zwischen November und April besuchen. Unerwartete, kontrastreiche Landschaftsformen, tiefe Schluchten und hohe Berge, die das langgestreckte, abgesunkene Wüstenbecken umrahmen, verstärken den Eindruck eines Landschaftsbildes, das von schimmernden Dünen und flimmernden Salzablagerungen bestimmt wird. Nirgendwo sonst spürt man die geographische Isolation Kaliforniens so stark wie in diesem Becken. Die ungewöhnliche Flora und Fauna wetteifern mit vielen geologischen Seltenheiten; besonders sehenswert sind der *Golfplatz des Teufels* (Devil's Golf Course) mit seinen Salzablagerungen, der *Ubehebe Crater* und der in allen Farben leuchtende *Golden Canyon*. Das *Furnace Creek Visitor Center* enthält auch ein Borax-Museum. Es demonstriert das Herstellungsverfahren von Borax, das einst im Death Valley gewonnen wurde, und zeigt die großen, von zwanzig Maultieren gezogenen Wagen, mit denen Borax transportiert wurde. *674, 676, 677, 678/679*

Oben: Die wiederaufgebaute Bergwerksstadt Calico mitten in der Mojave-Wüste.
Mitte: «Goldgräber-Atmosphäre» während der Living History Days in Columbia.
Unten: Büro von Wells Fargo, dem ersten Postkutschenunternehmen, in Columbia.

Nur wenige Küchen dieser Welt bieten ihren Gästen eine so überwältigende und unglaublich phantasievolle Auswahl an Gerichten wie der «Golden State».

VON SUSHI BIS DESIGNER-PIZZA
Die neue kalifornische Küche

Die Legende vom Amerikaner, der sich nur von Hamburgern und Hot Dogs ernährt, ist längst überholt, und insbesondere Kalifornien ist ein wahres Paradies für anspruchsvolle und gesundheitsbewußte Feinschmecker. Vor allem in den letzten beiden Jahrzehnten hat sich im «Golden State» eine Küche internationaler Prägung entwickelt, die bestätigte, was deutsche und französische Weinkenner schon wesentlich früher wußten: Kalifornische Gourmets müssen nicht nach Europa reisen, um edle Drei-Sterne-Freuden genießen zu können.

In San Francisco gibt es, pro Kopf gerechnet, mehr Restaurants als in den meisten anderen Städten der Welt. Dort entstand das erste Pizzalokal und das erste nordchinesische Restaurant des Landes: Die Vielfalt verblüfft vor allem in Chinatown, wo neben Dim Sum und kantonesischen Gerichten vietnamesisch-chinesische und peruanisch-chinesische Gerichte angeboten werden. «Tommy-Toy», vielleicht das beste chinesische Restaurant der USA, bietet eine erlesene Kombination aus französischer und chinesischer Küche an.

In Los Angeles wurde die kalifornische «Schicki-Micki-Küche» für die Stars aus Hollywood erfunden. Wolfgang Puck aus Österreich schuf die «Designer-Pizza», die

Chinatown: eine Adresse für Gourmets.

immer noch im Ziegelsteinofen gebacken, aber mit erlesenen Zutaten wie Kaviar belegt wird. In seinem Restaurant «Spago» speisen Jack Nicholson, Arnold Schwar-

Vorzügliches Sushi bekommt man in San Franciscos «Sushi Boat Restaurant».

zenegger und andere Filmstars. Gewöhnliche Bürger begnügen sich mit den preiswerten Designer-Pizzas in der «California Pizza Kitchen». Eine Spezialität dieses Hauses: Pizza mit Peking-Ente.

Ungeachtet dieser Auswüchse hat sich in Kalifornien eine delikate und vor allem gesunde Küche entwickelt. Im milden Klima gedeihen Obst und Gemüse, das Central Valley liefert besonders fette Rinder und der Pazifik Fische und Schalentiere. Es wird nach Herzenslust kombiniert. Die Fitneßwelle, die in Kalifornien ihren Ursprung hat, verlangt nach frischen und leichten Zutaten, und die «Nouvelle Cuisine» inspiriert die kalifornischen Küchenchefs zu ausgefallenen Kreationen.

Die ethnische Vielfalt der Bevölkerung garantierte eine multikulturelle Küche mit Einflüssen aus aller Welt: In den späten siebziger Jahren war die chinesische Setschuan-Küche in Kalifornien gefragt, und Mu-Shu-Schweinefleisch war die angesagte Delikatesse. Es folgte die japanische Sushi-Welle, die sich in Yuppiekreisen größter Beliebtheit erfreut, aber auch im Fast-Food-Bereich für Furore sorgt. Die rohen Fischhäppchen werden mit kalifornischem Obst und Gemüse kombiniert und in trendgerechten Sushi-Bars oder in jugendlicher Rock'n'Roll-Atmosphäre serviert. Die berühmte «California Roll» mit Krabbenfleisch, Avocado und Kaviar von fliegenden Fischen wurde in Kalifornien erfunden. Vor allem in Südkalifornien ist die Tex-Mex-Küche gefragt, eine Kombination aus mexikanischer und texanischer Küche mit Tacos, Enchiladas, Burritos (gefüllten Tortillas) und Fajitas (Filetspitzen). Die «Californian Cuisine», eine besonders vielfältige, leichte und phantasievolle Variante mit heimischen Zutaten, entstand im «Gourmet Ghetto» von Berkeley. Dort wurde die neue Küche geradezu zur Religion erhoben: Viele Köche kaufen ihr Fleisch und ihren Fisch nur von bestimmten Ranchern und Fischern und schreiben den Farmern sogar vor, welchen Dünger sie benutzen sollten. Die Fitneßwelle, längst zur fanatischen Bewegung geworden, fordert von den Chefs, jede Zutat dreimal zu prüfen, bevor sie verarbeitet wird. Gerade die ungewöhnlichen Kombinationen (Red Snapper mit Mangosoße) machen den Reiz der kalifornischen Küche aus, die sich das Prädikat «kreativ» verdient hat.

Thomas Jeier

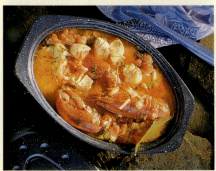

Krebse (oben) und Hummer (unten) sind typisch kalifornische Spezialitäten.

Am Fisherman's Wharf spürt man noch etwas von Montereys Zeit als Sardinenfischhafen, die John Steinbeck in seinem Roman «Cannery Row» («Die Straße der Ölsardinen») verewigte. Im Vordergrund ein brauner Pelikan.

Im idyllischen Küstenstädtchen Mendocino ließen sich zahlreiche Maler und Dichter nieder.

Kurvenreich schlängelt sich der Highway 1 am Küstenabschnitt von Big Sur entlang. Die besondere Stimmung dieser Landschaft im wechselnden Licht verschiedener Tages- und Jahreszeiten hat Henry Miller in «Big Sur und die Orangen des Hieronymus Bosch» sprachgewaltig beschrieben.

Zunächst skeptisch betrachtet, hat der kalifornische Wein in der Zwischenzeit die Gunst von Weinkennern und -liebhabern aus der ganzen Welt gewonnen.

DAS «WINE COUNTRY»: NAPA UND SONOMA VALLEY

Die Winzer, meist Einwanderer aus Italien und Deutschland, hatten es im Land von Coca-Cola bis in die sechziger Jahre dieses Jahrhunderts schwer. Die Amerikaner bevorzugten die koffeinhaltige Brause oder tranken Bier, und die Europäer belächelten den kalifornischen Wein als exotisches Getränk, das in den Regalen der Feinkostgeschäfte nichts zu suchen hatte. Seit jedoch kalifornische Weine bei französischen (!) Prämierungen teilweise besser als deutsche, italienische und französische Tropfen abschnitten, rümpfen auch anspruchsvolle Europäer nicht mehr die Nase. Ein kalifornischer Chardonnay steht heute gleichberechtigt neben europäischen Weinen.

Die ersten Weinreben wurden bereits im 18. Jahrhundert angepflanzt. Auf den Weinbergen der spanischen Missionen wurde die sogenannte «Mission Grape» geerntet und zu Meßwein verarbeitet. Für die Einführung moderner europäischer Trauben sollen der Anbauer Jean Louis Vignes und der ungarische Graf Agoston Haraszthy verantwortlich sein.

Das Zentrum des kalifornischen Weinbaus befindet sich in den sonnigen Tälern von Napa und Sonoma, eine knappe Autostunde nördlich von San Francisco. Bereits Pater José Altimira, der 1823 die Mission San Francisco de Solano gründete, sowie General Vallejo, der sie nach der Säkularisation (1835) verwaltete und die ersten

Im milden Klima reift exzellenter Wein, viele der sehr idyllisch gelegenen Weingüter können besichtigt werden.

Die Behringer Winery in St. Helena.

Siedler nach Napa und Sonoma brachte, beschäftigten sich mit der Weinherstellung. Graf Agoston Haraszthy kommerzialisierte den Weinbau und gründete 1857 die erste amerikanische Weinkellerei in Buena Vista. Charles Krug trat vier Jahre später in seine Fußstapfen und ließ sich mit seiner «vinery» im Napa Valley nieder. Kalifornische Weine gewannen erste Auszeichnungen, und vor allem europäische Auswanderer zogen in die Täler von Napa und Sonoma, um Kaliforniens neues «Gold» zu schürfen. Die günstige Lage der Täler und der andauernde Sonnenschein ließen exzellenten Wein gedeihen.

Die Prohibition (1920–1933) ruinierte fast alle kalifornischen Kellereien, und es dauerte einige Jahrzehnte, bis dem amerikanischen Wein neue Absatzmärkte erschlossen werden konnten. Wieder waren es europäische Einwanderer, die nördlich von San Francisco kleine Weinkellereien gründeten und vor allem mit privaten Abfüllungen und exzellenten Jahrgangsweinen auf sich aufmerksam machten. Sogar Schauspieler, Ärzte und Ölbarone entdeckten ihre Berufung als Winzer. Napa und Sonoma wurden zu «Markenzeichen» für hochwertigen Rebensaft.

Der Wein brachte auch den Tourismus ins kalifornische «Wine Country». Die meisten der über 500 Weinkellereien können besichtigt werden, es werden Weinfeste veranstaltet und Weinsouvenirs verkauft, und vor allem im Napa Valley erwartet den Besucher eine Vielzahl von Feinkostgeschäf-

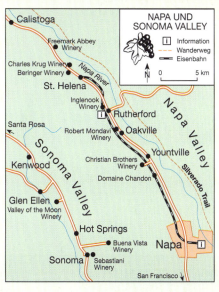

ten, Landgasthöfen und Feinschmeckerrestaurants. Historische Lehmziegelbauten, Fachwerkhäuser und die liebliche Natur verleihen Napa und Sonoma Valley eine europäisch anmutende Atmosphäre, die neben wohlhabenden Europäern auch die «Reichen und Schönen» des amerikanischen Westens anlockt.

Die kalifornischen Weinregionen sind zu einem bedeutenden Faktor in der Tourismusbranche des Landes geworden. Kalifornischer Wein bietet Qualität, und die europäisch klingenden Namen der amerikanischen Winzer werden als Gütesiegel anerkannt.

Thomas Jeier

Devil's Postpile National Monument ⑦, westlich von der US 395 über die SR 203 erreichbar, liegt in 7600 Fuß Höhe in der östlichen Sierra Nevada, nahe der Mammoth Lakes. Eine Wand von symmetrischen Basaltsäulen ist der Rest eines durch Gletscher geschliffenen Basalt-Lavastroms.

Escondido ⑧ besitzt ein Wildgehege, den *San Diego Wild Animal Park*, fünf Meilen östlich von der I 15, Ausfahrt Rancho

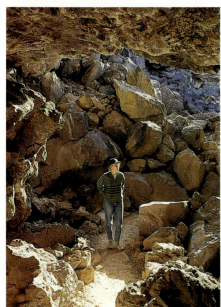

Oben: Basaltsäulen in Devil's Postpile.
Unten: Höhlenlabyrinth in den Lava Beds.

Parkway. Zebras, Giraffen, Elefanten, Tiger und viele andere Tiere leben in dem weitläufigen Park, der in seinen regionalen Unterabteilungen afrikanischen und asiatischen Landschaften nachgebildet ist.

Fresno ⑨ (367 700 Einwohner) ist Zentrum eines großen, bewässerten Anbaugebiets von Trauben, Feigen und Baumwolle, die das *San Joaquin Valley* zu einer

Oben: «Captain Jack's Stronghold» in den Lava Beds, wo sich der Modoc-Häuptling Kentipoos 1872/73 gegen die US-Armee behauptete. – Mitte: Im Lassen Volcanic National Park. – Unten: Der Joshua Tree National Park, ein Paradies für Kletterer.

der bedeutendsten landwirtschaftlichen Regionen der USA machen. Das *Kearney Mansion Museum*, sieben Meilen südwestlich von Fresno im Kearney Park, und das *Meux Home Museum* in der Tulare Street erinnern an die Anfänge landwirtschaftlichen Großunternehmertums.

Glen Ellen ⑩. Hier, im Sonoma Valley an der SR 12, liegt der Jack London State Historic Park mit Ranch, Haus und Grab des Schriftstellers. Das Museum enthält seinen Nachlaß und Reiseerinnerungen.

Hollywood Ⓕ, 1910 von Los Angeles eingemeindet, verdankt seinen Weltruf der Filmindustrie (siehe Seite 696/697). Ein Groß-

Filmdiva Dolores del Río (oben) und Blondine (unten) am Hollywood Boulevard.

teil der Studios dient heute Fernsehproduktionen. An die Glanzzeiten des Films erinnern die Hand- und Fußabdrücke von Filmgrößen im Zement des Vorplatzes zu *Grauman's Chinese Theater*, 6925 Hollywood Boulevard, und die Rundfahrten, auf denen man die Villen der Stars in Beverly Hills (siehe Seite 696/697) und andere Merkwürdigkeiten sehen kann. Die Studios von ABC, CBS und NBC stellen den Besuchern ihre Produktion vor. *689, 694/695, 696/697*

Joshua Tree National Park ⑪, ist im Süden Kaliforniens nördlich der I 10 und südlich von Twentynine Palms an der SR 62 gelegen. Der Nationalpark bietet einen Ausblick über die kalifornische Wüstenlandschaft, die von Dünentälern, Granitblöcken, Bergketten und zahlreichen für die Wüste charakteristischen Baumarten geprägt ist. Campingplätze reserviert man über: Superintendent, Joshua Tree National Park, 74485 National Park Drive, Twentynine Palms, CA 92277-3597. *89*

Lake Tahoe ⑫, der eindrucksvollste und größte Hochgebirgssee Kaliforniens, liegt in einem Tal zwischen Sierra Nevada und

Oben: «Starpublikum» am Hollywood Boulevard: Monroe, Chaplin, James Dean ...
Unten: Im Incline Village am Lake Tahoe wurde die TV-Serie «Bonanza» gedreht.

dem östlichen Carsongebirge. In den sechziger Jahren schufen Kalifornien und Nevada, auf dessen Gebiet ungefähr ein Drittel des Sees liegt, eine Verwaltungsstelle, die dem Tourismus Rechnung tragen und die überforderte Umwelt des Sees schützen soll. Das Wasser ist an verschiedenen Stellen zugänglich, besonders gut im *Camp Richardson* und an der *Emerald Bay* am Westrand des Sees an der SR 89.

Lassen Volcanic National Park ⑬ liegt am Schnittpunkt der Cascades und der Sierra Nevada im nordöstlichen Teil Kaliforniens und kann von der I 5 über die SR 36 und die SR 89 erreicht werden. Die vulkanische Aktivität des *Lassen Peak* (10 457 Fuß) erreichte in den zwanziger Jahren ihren Höhepunkt. Den vulkanischen Charakter des Parks unterstreichen auch kleinere Vulkane, erstarrte Lavaflüsse, heiße Quellen, kochende Seen und Schlammtöpfe. Die Parkverwaltung liegt eine Meile westlich von Mineral auf der SR 36. Detaillierte Informationen erhält man über Superintendent, Lassen Volcanic National Park, P.O. Box 100, Mineral, CA 96063-0100. *682, 683*

Lava Beds National Monument ⑭, im Nordosten des Staates wenige Meilen von der Grenze zu Oregon entfernt, wird von den verschiedensten Lavaformationen

bestimmt. Tiefe Einschnitte, zylinderförmige Säulen und zahlreiche Höhlen wirken wie eine Mondlandschaft. Ein Besucherzentrum erklärt Geologie und Geschichte des Parks, den die Modoc in einem der letzten Indianerkriege Kaliforniens (1872/73) als Verteidigungsanlage benutzten. *682*

Los Angeles ⑮ hat die meisten Einwohner (3 695 000) und die größte Bodenfläche (465 Quadratmeilen) aller kalifornischen Städte. Mit dem kulturell zu Los Angeles gehörenden Südkalifornien bildet es in Kalifornien eine Welt für sich, deren auch in anderen Teilen des Staates nachgeahmter Lebensstil immer noch seine spezifische Prägung behalten hat. Diese Stadt zerfällt in zahlreiche verschiedene Stadtteile. Das Auto und die Straßen bestimmen ihren Le-

Links: Die Chrystal Cathedral in Los Angeles. – Rechts: Blick auf die modernen Bürotürme der Hafenstadt Oakland.

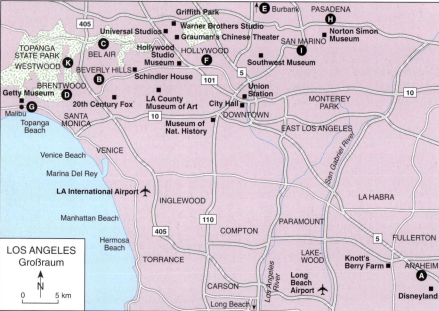

bensrhythmus. Das *Greater Los Angeles Visitor and Convention Bureau*, 695 S. Figueroa Street, befindet sich im Stadtzentrum unter den beiden Arco Towers des Arco Plaza, zwischen Wilshire Boulevard und 6th Street und Figueroa und Flower Street. Von dort aus zu Fuß erreichbar ist die aus dem Jahr 1928 stammende *Los Angeles City Hall*, 200 N. Spring Street, bis zur Aufhebung der Bauhöhenbegrenzung 1957 das einzige Bauwerk, das die Dreizehn-Stockwerk-Grenze überschritt. Von dort ist auch die *Union Station* in Reichweite, ein bemerkenswerter, im spanischen Kolonialstil erbauter Bahnhof, dessen imposanter Wartesaal das Eisenbahnzeitalter überdauert hat. Andere Sehenswürdigkeiten sind im *Exposition Park*, begrenzt von Figueroa Street, Exposition Boulevard, Menlo Avenue

Links: Freizeitakrobatik am Venice Beach von Los Angeles. – Rechts: Fischrestaurants säumen die Küste bei Monterey.

und Martin Luther King, Jr. Boulevard, zu finden: so zum Beispiel das Los Angeles *Memorial Coliseum*, in dem die Olympischen Spiele 1932 und 1984 stattfanden, das *California Museum of Science and Industry* und das *Natural History Museum of Los Angeles County*.

Der *Wilshire Boulevard* ist die Via triumphalis, die sich über mehr als dreißig Meilen vom Zentrum in westlicher Richtung durch Beverly Hills und Santa Monica zum Pazifik hinzieht. Sein immer noch markantester Teil, die *Miracle Mile* zwischen La Brea und Fairfax Avenue, hat neben einem architektonischen Art-déco-Glanzstück aus dem Jahr 1929, dem Kaufhaus Bullock's-Wilshire, das *George C. Page Museum of La Brea Discoveries* und die *Rancho La Brea Tar Pits* zu bieten mit reichhaltigen Fossiliensammlungen aus der Eiszeit. Hinzu kommt die großartige Kunstsammlung des *Los Angeles County Museum of Art*. An der Kreuzung von Wilshire Boulevard und Westwood Avenue liegt das faszinierende *Armand Hammer Museum of Art and Cultural Center*.

Im *Griffith Park*, nordwestlich vom Zentrum an der Kreuzung des Golden State Freeway (15) und des Ventura Freeway (SR 134), befindet sich der schöne *Zoo* von Los Angeles. 698/699, 708, 709

Malibu ⓖ, zwischen den Santa Monica Mountains und dem Pazifik an der SR 1 gelegen, hat in dem im Stil einer römischen Villa gebauten *J. Paul Getty Museum* eine Kunstsammlung von erstem Rang, deren Abteilungen die Kunst vieler Jahrhunderte und zahlreiche Kunstarten zeigen.

Monterey ⑯, die ehemalige spanisch-mexikanische Hauptstadt von Alta California und für kurze Zeit auch Kaliforniens, liegt an der SR 1 auf dem nördlichen Teil der Monterey Peninsula, deren Bucht Monterey zur wichtigsten Hafenstadt machte. Mit dem Schwinden seiner politischen und wirtschaftlichen Bedeutung hat sich die Stadt erfolgreich auf die Pflege seiner vielschichtigen Vergangenheit verlegt. Die restaurierten historischen Zeugnisse reichen vom *Monterey Presidio*, dem 1770 von dem spanischen Kolonisten Gaspar de Portolá errichteten Fort, bis zur *Cannery Row*, deren Name durch den Roman von John Steinbeck in die Literatur eingegangen ist und immer noch an die einst florierende Sardinenfischerei erinnert. Das 1827 erbaute mexikanische *Custom House* im *Monterey State Historic Park* ist ebenso besuchenswert wie das *Monterey Aquarium*, eines der größten der Welt. Die Naturschönheiten der Halbinsel erschließt der *Seventeen Mile Drive*, der von Pacific Grove im Westen von Monterey entlang der Küste nach Carmel führt. 646/647, 704/705, 710, 711, 715

Muir Woods National Monument ⑰, 17 Meilen nördlich von San Francisco am Südhang des Mount Tamalpais, ist der zugänglichste und markanteste aller Redwood Parks. Die schönsten Redwood-Riesen sind im *Bohemian Grove* zu bewundern. Das Alter einiger der Sequoia-Bäume wird auf 1700 Jahre geschätzt.

Von oben nach unten: Das County Museum of Art in L.A.; Stadtplatz in Monterey; Montereys Cannery Row; Monterey State Historic Park.

Oakland ⑱ (400 000 Einwohner) auf der Ostseite der Bucht von San Francisco ist über die Bay Bridge (eröffnet 1936) erreichbar. In der Umgebung befinden sich neun regionale Parks, die Möglichkeiten zum Wandern bieten. Der *Mormon Temple*, 4770 Lincoln Avenue, ist ein weithin sichtbares Beispiel religiöser Architektur. Das *Oakland Museum*, 10th Ecke Oak Street, veranstaltet gute Ausstellungen zur Kunst, Ethnologie, Geschichte und Ökologie Kaliforniens. Der alte Stadtkern gewinnt seine Anziehungskraft aus dem Kontrast zwischen modernen Hochhäusern und restaurierten viktorianischen Straßenzügen.

Pasadena Ⓗ, nordöstlich von Los Angeles, zieht am 1. Januar jedes Jahres große Zuschauermassen zur Rose Parade und zum Rose-Bowl-Football-Spiel an. Das bekannte *California Institute of Technology* verwaltet auch das Jet Propulsion Laboratory, in dem das Raumschiff Voyager gebaut wurde. Das *Norton Simon Museum* (411 W. Colorado Ecke Orange Grove Boulevard) zeigt Kunst von der Spätgotik bis zur Mitte des 20. Jahrhunderts.

Pinnacles National Monument ⑲, mit seinen turmartigen Bergspitzen von der US 101 im Salinas Valley weithin sichtbar, ist von Westen her über die SR 146 zugänglich – dort liegen die farbigen vulkanischen Felsen – oder von Osten auf der SR 25 von Hollister, 35 Meilen südlich, oder von King City, 35 Meilen nördlich. Das Besucherzentrum befindet sich am Osteingang, innerhalb des Geländes gibt es keine Straßenverbindung zwischen den beiden Eingängen. Jahrtausende haben an den gelben Sandsteinformationen geschliffen und phantastische Gebilde geschaffen, die sich wie Schlösser und Burgen gegen den klaren, blauen Himmel absetzen.

Point Reyes National Seashore ⑳, eine eindrucksvolle Küstenlandschaft mit Klippen, Dünen und Stränden, nördlich von San Francisco, bietet zahlreiche Begegnungen mit der Vogel- und Pflanzenwelt am Pazifik. An der Küste ist der Point-Reyes-Leuchtturm ein weithin sichtbares Merkmal. Das Besucherzentrum ist eine Viertelmeile westlich von der SR 1 bei Olema. Superintendent, Point Reyes National Seashore, Point Reyes, CA 94956.

Sacramento ㉑, die Hauptstadt von Kalifornien (374 600 Einwohner), ist am engsten mit der Entdeckung des Goldes im

Leuchtturm am Point Loma bei San Diego.

Oben: Das imposante State Capitol von Sacramento, der Hauptstadt Kaliforniens.
Unten: Spanisch-maurische Gebäude im immer belebten Balboa Park von San Diego.

Januar 1848 verbunden. In der Nähe wurden die ersten Goldstückchen gefunden, die Kaliforniens Geschichte in neue Bahnen lenkten (siehe auch Seite 681). *Old Sacramento* hat einen alten Stadtkern mit Museen, Restaurants und Geschäften im historischen Charakter. *The State Capitol*, zwischen 10th, 15th, L und N Street, erbaut um 1870, ist mit seinem großen Dom weithin sichtbar. Das restaurierte *Sutter's Fort*, 27th Ecke L. Street, vermittelt einen Einblick in die Goldgräberzeit.

San Diego ㉒, die zweitgrößte Stadt Kaliforniens (1 130 000) Einwohner, entwickelte sich um das älteste spanische Fort (Presidio) und die älteste spanische Indianermission (San Diego de Alcalá) in Kalifornien, die 1769 erbaut wurden. Aufgrund seines idealen Klimas ist es heute eine moderne Geschäfts- und Urlaubsstadt. Der *Balboa Park*, an der nordöstlichen Grenze des Geschäftsviertels, ist eine großartige, weitläufige Parkanlage mit vielen Attraktionen: Neben Museen für Kunst, Technologie, Naturwissenschaften, Sozialwissenschaften und Sport verdient vor allem der weltberühmte, 52 Hektar große *San Diego Zoo* mit seinen faszinierenden tropischen und subtropischen Anlagen einen Besuch. Das *Cabrillo National Monument* an Point Loma, von dem man einen guten Blick über den Hafen und die Stadt hat, erinnert an die Entdeckung der San Diego Bucht durch Juan Rodríguez Cabrillo 1542. *692, 693*

San Francisco ㉓, die viertgrößte Stadt Kaliforniens (726 700 Einwohner) wird immer noch als *die* Stadt Kaliforniens angesehen (siehe Seite 662/663). Dazu trägt vor allem die herrliche Lage der Stadt am Eingang zur Bucht, dem Golden Gate, bei. Von den zahlreichen Hügeln im Stadtge-

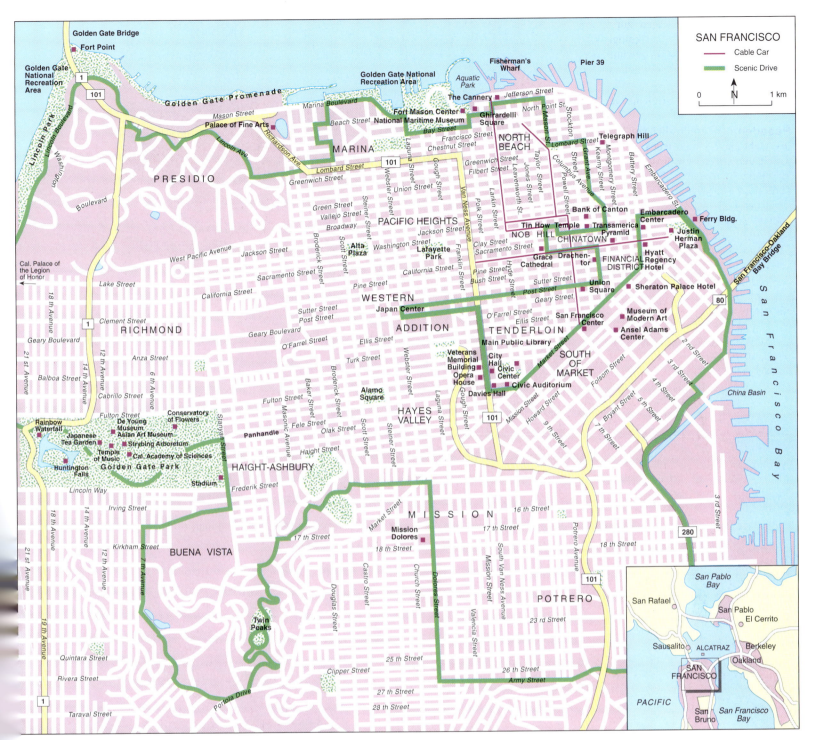

Shops, Snackbars, Straßenkünstler – San Franciscos Pier 39.

biet, vor allem *Twin Peaks*, *Telegraph Hill*, *Nob Hill* und *Russian Hill*, hat man einmalige Rundblicke über Stadt und Umgebung. Obwohl das spanische Fort (Presidio) und die Mission San Francisco de Asís bereits 1776 gebaut wurden, kam der Aufschwung der Stadt erst nach den Goldfunden 1848. Zu Anfang des 20. Jahrhunderts erhielt dann auch Los Angeles verstärkten Zulauf. *China Town*, zwischen Kearny, Stockton, Bush Street und Broadway, mit der Grant Street als Hauptstraße, ist eine Stadt für sich. Ein chinesisches Kulturzentrum ist im Holiday Inn, 750 Kearny Street.

Die *Golden Gate National Recreation Area* umfaßt Küstenstrecken nördlich der Golden Gate Bridge (fertiggestellt 1936) und verschiedene städtische Parkanlagen im Norden und Westen der Stadt. Ein Informationszentrum ist im *Fort Mason*, Buchanan Street Ecke Marina Boulevard. Dazu gehört ebenfalls *Alcatraz Island*, viele Jahre hindurch ein bundesstaatliches Gefängnis für berüchtigte Gangster wie Al Capone. Seit 1973 ist es der Öffentlichkeit zugänglich. Der *Golden Gate Park* zwischen den westlichen Stadtteilen und dem Pazifik hat viele Anziehungspunkte: die *California Academy of Sciences* mit dem Natural History Museum, dem Steinhart Aquarium und dem Morrison Planetarium; gegenüber, durch eine Parkanlage getrennt, befinden sich das *M. H. De Young Memorial Museum*, mit einer guten Sammlung amerikanischer Kunst von der Kolonialzeit bis zur Gegenwart, und daran angeschlossen das *Asian*

In den siebziger Jahren wurde «Silicon Valley» als Hochburg der Computerindustrie weltbekannt. Vor der Jahrtausendwende sucht man nun auch hier in verstärktem Maß nach neuen Wegen.

HIGH-TECH-INDUSTRIE IN KALIFORNIEN

Computerfirma im Silicon Valley.

«Do you know the way to San Jose?» fragte Burt Bacharach in seinem weltberühmten Song. In den späten sechziger Jahren kannte ihn jedes Kind. Damals wurden die Stadt und das umliegende Santa Clara Valley zum Mittelpunkt eines explosionsartigen Wirtschaftswachstums, das an die großen Jahre des Goldrauschs erinnerte und die Menschen wieder einmal hoffnungsvoll nach Westen blicken ließ. Das Santa Clara Valley wurde zum «Silicon Valley». Über Nacht entstanden neue Elektronikfirmen, und schmucklose Betonbauten schossen zwischen Obstgärten und Gemüsefeldern aus dem Boden. Der Mikrochip begann die Welt zu regieren, und große Konzerne lösten in der Folge einen Aufschwung aus, wie ihn die USA seit dem Zweiten Weltkrieg nicht mehr erlebt hatte. Die Bevölkerung im «Silicon Valley» vervierfachte sich. Die Forschung feierte einen Triumph, der zu bestätigen schien, daß in den USA und vornehmlich in Kalifornien alles möglich ist.

«Think pink!» – «Denke positiv!» steht auf kalifornischen T-Shirts, und das tat man damals, ohne zu berücksichtigen, daß jeder Boom einmal zu Ende ist, und die Grenzen des Wachstums auch in Kalifornien erreicht werden können. Die Zuwachsraten wurden kleiner, und als jeder Yuppie seinen PC und seinen Laptop besaß, suchte man verzweifelt nach neuen Märkten. Von der anfänglichen Selbstzufriedenheit vieler amerikanischer Computerhersteller profitierte vor allem die japanische Industrie, der es gelang, hochwertige Produkte zu niedrigen Preisen herzustellen und große Marktanteile zu gewinnen. Nippon «eroberte» Amerika, und als auch Kalifornien von der weltweiten Wirtschaftskrise ergriffen wurde, kehrte wieder Ruhe im Silicon Valley ein. Die USA hatten ihre Führungsrolle verloren. Kalifornien wurde wieder ein Staat wie jeder andere, zumindest wirtschaftlich gesehen, und die Amerikaner stellten erschrocken fest, daß auch im Westen die Bäume nicht in den Himmel wachsen. Steuererhöhungen und ins unermeßliche steigende Grundstückspreise hielten viele Unternehmen nun davon ab, sich im «Golden State» niederzulassen und zu investieren. Sie wanderten nach Nordwesten ab, nach Oregon und Washington, wo die Kosten niedriger waren. Das kalifornische Paradies erlitt einen Knacks, von dem es sich bis heute nicht erholt hat.

Das Silicon Valley, vor dem Siegeszug der Computerindustrie ein eher beschauliches Tal, klagt nach dem Wirtschaftsboom über Smog und andere Umweltschäden. Um den immens angestiegenen Wasserbedarf zu decken, wurde Wasser aus den Flüssen im Norden abgeleitet, was zu regionalen Dürreperioden führte und das ökologische System des Staates aus dem Gleichgewicht brachte. Büropaläste wurden hochgezogen, luxuriöse Hotelanlagen errichtet und Golfplätze angelegt. Erholungsuchende Touristen sollen nun das Geld bringen, das die Industrie nicht mehr eintreiben kann. In Erwartung eines neuen Booms wurden moderne Wohnsiedlungen errichtet und eine neue Infrastruktur aus dem Boden gestampft. Über eine halbe Million Menschen lassen sich jedes Jahr in Kalifornien nieder, und das Silicon Valley gehört zu den bevorzugten Zielen. Drastische Steuererhöhungen sollen den Zustrom kanalisieren und nur noch besserverdienende Bürger nach Kalifornien locken.

Inzwischen hat man auch im «Golden State» die Zeichen der Zeit erkannt. Die konservativen Stimmen werden leiser, die Sicherheitsbestimmungen für Atomkraftwerke strenger, und man setzt heute verstärkt auf umweltfreundliche Technologien. Noch immer gilt der Fortschritt als alleinseligmachende Maxime, aber das Wachstum soll auch durch umweltfreundliche und alternative Energien und Industrien gesichert werden. Ein gutes Beispiel sind die Windräder außerhalb von Palm Springs, die ein ganzes Tal mit Energie versorgen und zu sichtbaren Signalen für eine neue Zukunft wurden.

In den Universitäten des Silicon Valley regiert eine neue Elite, die das japanische Gespenst verjagen und neue Horizonte erschließen soll. Kalifornien als Wiege neuer Technologien – ein verlockender Gedanke.

Thomas Jeier

Diese Solaranlage in der Mojave-Wüste versorgt 270 000 Kalifornier mit Energie.

Art Museum, mit seinen großartigen Sammlungen an Jadekunstwerken, Bronzen, Keramiken und Gemälden aus einer der bedeutendsten asiatischen Kollektionen in den USA. Wenig Schritte entfernt liegt der *Japanese Tea Garden*. Ebenfalls im Golden Gate Park sind das *Conservatory of Flowers* und das *Strybing Arboretum*. Der Lincoln Park mit dem *California Palace of the Legion of Honor* verfügt über eine reiche Sammlung europäischer Kunst.

Durch seine Lage bedingt, hat San Francisco einen kompakten Stadtkern rund um das Civic Center, begrenzt durch Market, Hayes, Franklin Street und Golden Gate Avenue, mit dem pompösen Rathaus, der *City Hall*, der *Davies Symphony Hall*, dem *War Memorial Opera House* und dem *Veterans Memorial Building*. *652, 653, 654/655, 656, 657, 659, 660/661, 662, 663, 664, 665, 732/733*

San Jose ㉔, die drittgrößte Stadt Kaliforniens (791 600 Einwohner), am südlichen Ende der Bucht von San Francisco, ist die älteste Siedlung spanischer Kolonisten. Das *San Jose Historical Museum* (Center Road Ecke Phelan Avenue) zeigt neben anderen Ausstellungen auch solche über indianische, spanische und mexikanische Einflüsse auf das Santa Clara Valley. Heute ist die Stadt eine Hochburg moderner Computertechnologie (siehe Seite 726).

San Luís Rey de Francia ㉕, zwischen Los Angeles und San Diego, westlich von Oceanside an der SR 78 gelegen, wurde 1798 von Padre de Lasuén gegründet und ist die wohl schönste und besterhaltene Mission aus der spanischen Periode.

San Marino ①, nordöstlich von Los Angeles bei Pasadena, besitzt in seiner *Huntington Library and Art Gallery* (1151 Oxford Road) eine der bedeutendsten Sammlungen seltener Bücher und Manuskripte, darunter eine Gutenberg-Bibel und Benjamin Franklins Autobiographie.

San Simeon ㉖, etwa 40 Meilen nordöstlich von San Luis Obispo an der SR 1, ist der Ausgangspunkt zum *Hearst San Simeon State Historical Monument* mit Schloß, Gästehäusern und Besitzungen des Zeitungsmagnaten William Randolph Hearst. Der Mittelpunkt der Anlage, La Cuesta Encantada, der »bezaubernde Hügel«, bietet einen herrlichen Rundblick. Im Hauptgebäude, einem großen Komplex im spanisch-maurischen Stil, sind Hearsts Kunstsammlungen und Antiquitäten ausgestellt. Anmeldung für Führungen: MISTIX, P.O. Box 85705, San Diego, CA 92138-5705. *702/703*

Santa Barbara ㉗, an der US 1 nordwestlich von Los Angeles, ist einer der beliebtesten südkalifornischen Ausflugsorte

Oben: Der Telegraph Hill mit dem Coit Tower, einem Aussichtsturm, in San Francisco.
Mitte: Das Conservatory of Flowers, das herrliche Gewächshaus im Golden Gate Park.
Unten: Das County Courthouse in Santa Barbara wurde im alten Missionsstil erbaut.

Ein «Garten Eden» vor der Küste von Los Angeles: Santa Catalina Island.

am Pazifik mit einer reichen historischen Vergangenheit, einer herrlichen Lage zwischen den Santa Ynez Mountains und der Küste sowie gepflegten Grünanlagen. Das County Court House, 1100 Anacapa Street, wurde 1929 im spanisch-maurischen Stil gebaut. Die *Mission Santa Barbara*, «Queen of the Missions», E. Los Olivos Ecke Laguna Street, wurde 1786 gegründet.

Santa Catalina Island ㉘ ist von Los Angeles durch den San Pedro Channel getrennt und steht fast ganz unter Naturschutz. Außerhalb des Hafens von Avalon, der einzigen Siedlung, muß man sich zu Fuß oder per Fahrrad fortbewegen, der Hauptort selbst ist mit dem Flugzeug (15 Minuten) oder der Fähre (1 Stunde) erreichbar. Die Insel bietet neben landschaftlichen Reizen und Küstenschönheiten viele Sportmöglichkeiten.

Santa Cruz ㉙, an der SR 1 südlich von San Francisco auf dem Weg zur *Monterey Peninsula*, bietet schöne Strände und Vergnügungsstätten. Der *Santa Cruz Beach Boardwalk*, zwischen der SR 1 und dem Strang, bietet eine Vielfalt von Amüsements. Auch die *University of California at Santa Cruz* inmitten einer schönen Hügellandschaft ist sehenswert.

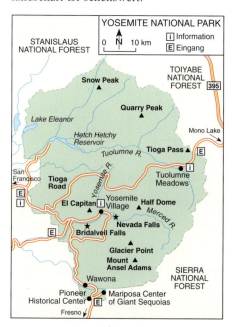

Sequoia and Kings Canyon National Park ㉚, in der Sierra Nevada südlich vom Yosemite National Park, reicht von den Ausläufern der Sierra Nevada im San Joaquin Valley bis zu deren Hochgebirgsspitzen. Der höchste Berg Kaliforniens, der *Mount Whitney* mit 14 495 Fuß (4418 Meter), liegt zur Hälfte im *Sequoia National Park*, der das ausgedehnteste Gebiet des kalifornischen Mammutbaums und auch die größten Exemplare enthält. Einen Überblick über die verschiedenartigen Naturwunder dieser beiden Parks gewinnt man vom Generals Highway aus, einer 46 Meilen langen Panoramastraße, die von der SR 198 in Ash Mountain durch Giant Forest über die SR 180 zum Grant Grove im *Kings Canyon National Park* führt. Der beeindruckende Kings Canyon ist auf beiden Seiten von gewaltigen Granitfelsen eingefaßt und eine der tiefsten Schluchten der Sierra Nevada.

Westwood Ⓚ, südlich von Bel Air und westlich von Beverly Hills, ist der Sitz der *University of California at Los Angeles*, der führenden Universität in Südkalifornien. Der eindrucksvolle, parkartige Campus hat architektonische Sehenswürdigkeiten wie die *Royce Hall* und die Bibliothek, Museen, den *Franklin Murphy Sculpture Garden* mit Plastiken von Henry Moore und anderen Bildhauern sowie den *Mildred Mathias Botanical Garden*. An den Haupteingängen zum Campus erhält man Karten und Informationen. Westwood selbst ist ein attraktives Universitätsstädtchen mit Filmpalästen, Boutiquen, Cafés und Restaurants.

Yosemite National Park ㉛ mit seiner markanten, überwältigenden Schönheit liegt auf den westlichen Hängen der Sierra Nevada. Von den vielen Sehenswürdigkeiten sind neben den atemberaubenden Schönheiten des *Yosemite Valley* vor allem *Glacier Point, Hetch Hetchy Reservoir, Mariposa Grove of Big Trees, Tuolumne Meadows* in den High Sierra und das *Wawona Basin* zu nennen. Yosemite ist der nördliche Endpunkt des John Muir Trail, der den Namen des hervorragendsten Naturschützers der Sierra trägt (siehe Seite 674/675). Von hier führt der Hochgebirgspfad an den Flanken der Gipfel des Hochgebirges zu seinem südlichen Ende, *Mount Whitney*.

Es gibt verschiedene Anfahrtsmöglichkeiten: Von Westen führt die SR 140 von Merced zum Park, über die SR 41 von Fresno über die Mariposa Grove of Big Trees zum Südeingang des Parks, und die SR 120 führt ins Yosemite Valley. Von Osten, US 395, gelangt man auf der SR 120 über den Tioga Paß in den Park. Das Besucherzentrum im Yosemite Valley hat Ausstellungen über den Park, und das Indian Culture Museum dokumentiert die Geschichte der Miwok und Paiute. *648/649, 672, 673, 674, 675*

Blühender Cholla-Kaktus im Joshua Tree National Park. An den einzelnen zylindrischen Trieben läßt sich wie an Jahresringen das Alter ablesen.

In Bodie erinnern Gebäude und Gerätschaften an seine Vergangenheit als Goldgräberstadt.

Farbenfrohe Vision von der Stadt am Goldenen Tor an einer Fassade im Mission District, San Francisco.

REGISTER

NEW YORK
S. 14–103

Adirondack State Park 96
Albany 96
American Museum of the Moving Image 92
American Museum of Natural History 39, 95
Atlantic City 97

Battery Park 83
Battery Park City 38, 83
Broadway 48, *90*, 93, *93*
Bronx 83
Brooklyn 71, 83
Brooklyn Bridge *16/17*, 71, 90

Cast Iron Architektur 39, *49*, 88
Cast Iron District 39, *95*
Catskill Mountains *71*, 97 f.
Central Park *20/21*, 22, 28, 29, 40, *41*, *50/51*, 90, *90/91*
Chinatown *47*, 76, 90
Chrysler Building *36*, 90
Cloisters *86/87*, 95, *95*
Cooper-Hewitt-Museum 95
Credit Lyonnais Building *83*

Dakota Building 95

East Hampton *64*, 71
East Village *48*
Einwanderer 27 f., 52 f., *52*, *53*, 56, 76
Empire State Building 34, *34*, 35, 48, 90

Fifth Avenue *79*, 90
Financial District 95
Finger Lakes 98
Fitzgerald, Ella 58, *58*
Flatiron Building *35*, 91
42nd Street *31*
Freiheitsstatue *29*, 52
Frick Collection 96

Gershwin, George 47, 93
Goldwyn, Samuel 47
Grand Central Station 91, *102/103*

Greenwich Village 37, 39, 45, *45*, 46, 48, 62, 82, 88, 90, 95
Guggenheim Museum 96

Harlem 58, *59*, *60/61*, 63, 64, 91, *92/93*
Helmsley Building *27*
Homosexuelle 40, 46, *55*, 66
Hopper, Edward 40, 84, *84*, 96
Hudson Valley *70*, 98

Jazz 40, 58, *58*
Juden 89, *89*, 92

Lincoln Center 55, 92
Little Italy 30, 76, *81*, 92
Long Island 64, 65, 66, *66*, 67, *68/69*, 70, *72/73*, *74/75*, 96, 97
Lower East Side 27, 92
Lower East Side Tenement Museum 92

Madison Avenue 57
Madison Square Garden 55
Manhattan *16/17*, *18/19*, 92
Metropolitan Museum of Art 96
Museum of Modern Art *38*, 96
Museum of the City of New York 96
Museum of Television and Radio 96
Musical 48, 93, *93*

New York Stock Exchange 95
Niagara Falls *96/97*, 98

Park Avenue *27*, 56, 92
Plaza Hotel 80
Porter, Cole 93
Presse 57 f.
Public Library 92
Pulitzer, Joseph 52, 63

Queen Elizabeth II 98, *98*
Queens 57, 92
Queensboro Bridge *56*

Rathaus 92 f.
Rockefeller Center *27*, 93
Roosevelt Island 56
Russian Tea Room *30*

SoHo 39, 94, *95*
South Hampton 66
South Street Seaport 28
St. John the Divine 94
St. Patrick's Cathedral *26*, 94
St. Paul's Chapel *30*
Staten Island 94

Steinbeck, John 66, 71
Streisand, Barbra 93

Tarrytown 98
Theater 48, 93
Tiffany 91
Times Square *24/25*, *37*, 48, 94, *94/95*, *100/101*
Trinity Church *40*

Upper East Side 55 f., 94
Upper West Side 55 f., 94

Vereinte Nationen 95

Waldorf Astoria Hotel 92
Wall Street 95
Washington Square 40, *44*, 45, *45*, 76, 90, 93
Watkins Glen-Wasserfälle 95
West Point 98
Whitney Museum of American Art *94*, 96
Wolfe, Thomas 71
Wolkenkratzer 34 f., *34*, *35*
Woodstock 98
Woolworth Building 34, 38, 95
World Trade Center *30*, *35*, 38, *54*

DAS NEUE ENGLAND
S. 104–193

Alcott, Amos Bronson 136, 180
Amerikanischer Unabhängigkeitskrieg 115, 172, 173, 180
Amherst 172
Architektur 151, 183

Barre 186
Bath *110/111*
Bennington 186
Berkshires 136, 140, 156, 182
Boston 112, *113*, 114, 116, *118/119*, 123, 124, 130, *134*, 135, *135*, 136, *136*, 137, 140, 145, 151, *151*, 160, *165*, 170, *170*, 171, 172 f., *172*, *176/177*
Boston Tea Party 123, 172, 173
Brandon 187
Brattleboro 186 f.

Bretton Woods 184, *192/193*
Burlington *162/163*, 170, 187

Cambridge 130, *130*, 173
Cape Cod 112, 114, *120/121*, *122*, 129, *166*, 173 f., *173*
Concord (MA) 123, 135, 136, 171, 180
Concord (NH) 184, 185
Concord River *189*
Connecticut 184

Dartmouth 130
Deerfield 180

Echo Lake *190/191*
Emerson, Ralph Waldo 135, 180

«Fall Foliage» *108/109*, 135, *186*, 187
Fall River 180
Franconia Notch *178*, 185

Gloucester *132/133*, 145, *182*
Grandma Moses 140
Graniteville *187*

Hampton Beach 185
Hancock Shaker Village *128*, *140*, 180, *181*
Hanover *141*, 185
Hartford 115, 184, *184*
Harvard University 115, 124, 130, *130*, *131*, 151, 173
Hawthorne, Nathaniel 136, 180, 182

Indianer 112, 115, 123
Isles of Shoals 185

Jackson *170/171*

Kancamagus Highway 185
Kennedy (Familie) 116, *116*, 174
Kennedy, John F. *116*, 124, 156, 173, 188
Kerouac, Jack 136
Küche 174, *174*

Landwirtschaft 124, 129, 169

Lake Winnipesaukee *106/107*, 185
Lee *128*, *129*
Lexington 171, 180, *180*
Lincoln 151, 160, 161, 180
Littleton *140*
Longfellow, Henry Wadsworth 123, 136, 151
Lowell 124, 136, 180

Maple Syrup 129, 169, 171, 179, *179*
Manchester (VT) *160*, *161*, *164/165*, 187
Manchester by the Sea (MA) *114*
Marblehead 180
Marlboro 171, 187
Martha's Vineyard 116, 180 f.
Massachusetts Institute of Technology 124, 130, 173
«Mayflower» 116, *125*
Melville, Herman 136, 145, 181
Montpelier 187
Mount Equinox *164/165*
Mount Monadnock 185 f.
Mount Washington *168*, *169*, 186, *192/193*
Mount Washington Cog Railway *40*, 186
Mystic Seaport 184, *184*

Nantucket *115*, *123*, *124*, 145, *175*, *180/181*, 181
New Bedford *144*, 145, 171, 181
Newburyport 136, 181
New Haven 184
Newport 117, 188, *188*
North Conway *142/143*, *148/149*, 171, 186
Northeast Kingdom 187

Old Sturbridge Village 181

Pilgerväter 112, 114, 145, 151, 173, 181
Pittsfield *180*, 181
Plimoth Plantation 114, *125*, *126/127*, 171, 181
Plymouth (MA) 112, 114, 181
Plymouth (VT) 187
Portsmouth 145, *150*, 186
Provincetown *114*, *115*, *120/21*, *173*, 174

Revere, Paul 123, 136
Rhode Island 115, 188, *188*
Rockport 181 f., *181*
Rockwell, Norman 140, 156, *156*, 157, 182
Rutland 188

Salem 114, 115, 145, 151, 171, 182, *182*
Skifahren 124, 135, 171
Springfield 182
Stark *185*

Stockbridge 156, *156*, *157*, 182
Stowe 188
Stratford *151*

Vanderbilt (Familie) 188

Waits River *186/187*
Walfang 145, *145*
Walpole *147*
Weston *158/159*, 188
West Springfield 171
Whitefield *154/155*, 168
White Mountains *168*, 184, *184/185*, 185, *185*
Williamstown 171, 182, *182*
Windsor 188
Wirtschaft 124, 135, 145, 166 f.
Wolfeboro *106/107*, 153, 188
Woodstock *153*, 188

Yale University 124, 130, 184
Yankees 129, 145

FLORIDA
S. 194–283

Alligatoren 216, *230*, *245*, 248, 270, 276, *276*, 277, 278
Apalachicola 260, 262, *262*
Art déco *204*, *205*, *206*, *207*, 274 f.
Audubon, John James 249, 272

Bahia Honda *250*
Big Cypress National Preserve 249, 262, *262*
Big Cypress Seminole Indian Reservation 262, 278
Big Pine Key 204, 271
Biscayne Bay National Park 262 f.
Boca Raton 250, 263
Brighton Seminole Indian Reservation 272, 278
Bürgerkrieg 243, 262

Cape Canaveral *234*, 250, 257, 263 f., *263*
Captiva Island 219, 264
Castillo de San Marcos 227, 276 f.
Clearwater Beach *221*, *231*, *232*, 275
Cocoa Beach 264
Coral Gables 235, 273, *273*
Creek-Indianer 230 ff.

Dali, Salvador 277

Darling National Wildlife Refuge 276
Daytona Beach *236/237*, 238, 260, 261, 264, *264*
Demenshoff, Petrovich A. 244
Drake, Sir Francis 227
Dunedin *198/199*, 233, 244, 276

East Coast Railroad 244, 250, 273
Edison, Thomas A. 272
Epcot Center *213*, 269, 277
Everglades 213, 216, *244*, *246/247*, 248 f., *248/249*, 251, 259, 278, *278*, *282/283*
Everglades National Park 216, 220, 249, 259, 262, 264, 270

Fernandina Beach 262, *262*
Festivals 261, 274, 276
Fisher, Mel 272
Flagler, Henry 204 f., 244, 250, 273, 275
Florida Keys 202, 205, 213, 259, 260, 261, 263, *265*, 270 f.
Ford, Henry 264
Fort Caroline 221 f., 272
Fort De Soto Park *232*
Fort Lauderdale 202, 244, 260, 261, 271, *271*
Fort Matanzas *280/281*
Fort Myers 271 f.

Gaspar, José 219
Gatorland Zoo *230*
Golden Coast 250, 261, 263
Golf von Mexiko 202, 220, 238, 249
Gorrie, John 262

Hemingway, Ernest 213, *252/253*, 254, *254*, 255, 272
Homestead 235, 260, 262
Hurrikane 205, 206, 235, *235*, 238, 259, 264

Indianer 222, 227, 230 ff., 243, 256, 278, *278*
Intracoastal Waterway 216, 262, 274
Islamorada *196/197*, 242, 256, *266/267*, 271

Jackson, Andrew 232, 272
Jacksonville 260, 272
John Pennekamp Coral Reef State Park 271, 272

Kennedy Space Center *234*, 263, 264
Key Biscayne 250, 273
Key Largo 242, *243*, 271, 272
Key West *200/201*, 202, 204, 205, 213, *252/253*, 254, *254*, 255, 258, 260, 271, *271*, *272*
Kissimmee 260, 269

Kuba 204, 206, 254, 272
Kubaner 244, 250, 273

Lake Okeechobee 216, 249, 257, 259, 272, 278
Landwirtschaft 204, 243, 244, 257, 275, *275*
Lee Island Coast 219, 264, 271, 275, 276

Magic Kingdom *216*, *222*, 238, 269, *269*, 277,
Marathon Key *270/271*, 271
Matanzas Island *260/261*
Menéndez de Avilés, Don Pedro 221 ff., 276
Merritt Island 263, 264
Miami 202, 205, *210/211*, *212*, 250, 259, 260, 261, 262, 271, 272 ff., *272*, 278
Miami Beach *203*, *204*, *205*, 206, *206*, *207*, *243*, 260, 261, 273, *273*, 274, *274/275*
Miccosukee Indian Reservation 278, *278*
Mizner, Addison 250, 263

Naples 243, 262, 275, *275*
Narváez, Pánfilo de 222, 243
North Captiva 264

Orlando *213*, *223*, 230, 259, 260, 261, 269, 275, *275*, 277
Osceola 233, 238, 278
Overseas Highway 205, 271, *279*

Palm Beach 250, 260, 262, 273, *274*, 275
Panama City 202, *231*, 238, 260, 275
Panhandle 238, *239*, 259, 262, 275, 277
Pensacola 238, 243, 275
Pinellas Suncoast 244, 275 f., 277
Piraten 202, 204, 219, *219*, 227, 243
Ponce de León, Juan 202, 220 ff., 243, 263

Ringling, John 276, *277*

Sanibel Island 202, 219, 261, 264, 276, *276/277*
Sarasota 276, *277*
Sea World *228/229*, *230*, 269, 275
Seminolen 230 ff., 238, 248, 278, *278*
Seminolenkriege 232 ff., 238, 243, 278
Soto, Hernando de 222, 238, 243
St. Augustine *202*, 220, 222, 227, 238, *245*, 261, 275, 276 f., *276*
St. Petersburg *220*, 243 f., 260, 261, 275, 277
St. Petersburg Beach *208/209*, *221*, *223*, *226*, *227*

Suncoast Seabird Sanctuary 233

Tallahassee 238, *239*, 256, 261, *276*, 277
Tamiami Trail 216, 249, 270
Tampa 218, *226*, 244, 259, 260, 261, 262, 277
Tampa Bay 222, *232*, 243, 275
Tarpon Springs 244, 276, *277*
Tuttle, Julia 250

Universal Studios *204*, 269, *269*, 275

Walt Disney World *213*, *214/215*, 216, *217*, 238, 257, 260, 269, 275, 277
Weeki Wachee Spring 238, *240/241*
Williams, John C. 243 f.
Williams, Tennessee 213, 254

Ybor City *218*, *226*, 244, 277
Ybor, Vicente Martínez 244

DER TIEFE SÜDEN
S. 284–373

Alabama (Fluß) 325, 354
Alabama (Staat) 292, 295, *300*, *302*, *304*, 307, *308/309*, 310, *310*, 314, 316, *319*, 322, 325, 328, 333, 338, 346, 347, *347*, *348*, 350, 351, *351*, 352, 353, *353*, 354, *367*
Alexandria 295, *350*
Appalachien *316*, 347
Arkansas 292, 294, 295, 321, 346
Atlanta 347, 349

Baton Rouge 299, 307, 321, *342*, 346, *348*, 349, *356/357*, 360, *360*, *361*, 370
Bayou la Batre 351, 352, *353*
Biloxi *292*, *316*, 322, 349, *351*, *353*, 363, 364, 366
Birmingham *303*, *304/305*, *316*, 328, 333, 338, *348*, 349, 352, *352*, *353*, 354
Black Warrior River 325, 354

Cahaba 354
Charleston 314
Chicago 335, 349
Clarksdale 319, *334*, 363, *365*

Columbus 316, 319, 363
Coosa 325
Corinth 319
Cullmann 352, *353*

Danville 333
Dauphin Island 319, 353
De Soto State Park 352, *353*
Demopolis 307
Dupont 295

Florence 333, 350, 352
Florida 338, 349, 351
Fort Morgan *351*, 353

Gadsden 353
Georgia 295, 310, 346, 349
Gettysburg 345
Golf von Mexiko 292, 325, 346
Greenville 319, 363
Greenwood 319, 363
Gulfport 322, 363
Gulf Shores 338, 351, *351*, 353

Harrisonburg 294
Horseshoe Bend National Military Park 353, *353*
Houma 361
Houston 349
Huntsville *302*, 338, 350, 353, *353*

Illinois 314
Iowa 292

Jackson 316, 319, 322, 346, 349, 364, *365*
James Town 294

Kalifornien 299, 338, 351
Kansas 292
Kansas City 335
Kentucky 314

Lafayette 295, 299, *299*, *333*, 334, 349, *359*, *360*, 361, *361*, 368
Lake Charles *340*, 346, 361
Laurel 316, 319 322
Lexington 333
Longwood 307
Louisiana 292, 294, 295, 299, *299*, 301, 314, *319*, *321*, 333, 334, 338, 346, 347, *348*, 349, 350, *350*, 359, 360, *360*, 361

Mathiston 316
Memphis 307, 316, 321, *322*, 334, 335, 338, 347, 349, 364, *365*, 367
Mentone 351
Meridian 322, 365
Minneapolis 352
Minnesota 292
Mississippi (Fluß) 292, 295, 299, 307, 314, 315, 319, 320, *320*, 321, *321*, 322, *322*, 325, 328,
334, 335, 347, *347*, *348*, *349*, 360, *360*, 361, 362, 363, 364, 365, *365*, 366, 367
Mississippi (Staat) 292, *292*, 297, 301, 302, 310, *312*, 314, 316, 319, 322, *322*, 325, 338, 346, *346*, 347, *347*, 349, 350, 351, *353*, 354, 364, *365*, 366, *367*, 368
Missouri 292
Mobile 302, 307, *310*, *319*, 325, 328, 338, 349, 353, *353*
Mobile Bay 328, 338
Monroe 292, 361
Montana 292
Montgomery 295, 299, *300*, 328, 333, 338, 346, 349, 353, *353*, 357
Morgan City 361
Moundville 325, *353*

Napoleonville 295
Nashville 314, 363
Natchez 295, 307, 321, *325*, *326*, 346, 361, *364*, 365, *365*, 366, 367
Nebraska 292
New Albany 368
New Iberia 361
New Mexiko 302
New Orleans 292, *296/297*, 299, 300, 301, 302, 307, 315, 320, 321, *321*, 328, *328*, *330*, 333, 334, *334*, 335, *335*, 336, *340*, 347, *347*, 349, 350, 353, 359, 360, *360*, 361, 362, 364, 366, *366*
New York 310, 319, 320, 335, 351, 365
North Dakota 292
Nottoway Plantation 307, *342*, 356

Ocean Springs 366
Ohio (Fluß) 320, 321, 364, 366
Ohio (Stadt) 314
Oil City 294
Oklahoma 292, 295
Okolona *312*
Old Alabama Town *301*
Oxford 316, 319, *364*, 365, 366, 368, *368*

Pascagoula 322
Pearl River 314
Pennsylvania 315
Philadelphia 366
Pittsburgh 320, 328
Plaisance 350
Plaucheville 295
Pleasure Island 319, 353
Port Gibson 319, *325*, 365, *372/373*

Richmond 315
Rocky Mountains 292

Selma *288/289*, *353*, 354, *354*
Shreveport 294, 349
South Carolina 314, 328
South Dakota 292
St. Francisville *286/287*, 307, 362
St. Louis 321, *347*
St. Martinville *361*, 362
Stewartsville *308/309*

Tallapoosa 325
Tennessee 295, 314, 316, *322*, 346, *365*, 366
Tennessee River 352, 364
Texas 294, 299, 346, 349, 363
Tombigbee River 307, 314, 316, 325
Tupelo *312*, 315, 319, *365*, 367
Tuscaloosa 307, *310*, 325, *353*, 354
Tuscumbia 333
Tuskegee *353*, 354

Vicksburg 315, 321, 322, *364*, 365
Virginia 354

Washington 315, 319, 328, 338, 349, 364, 366
Williamsburg 359
Wyoming 29

CHICAGO
S. 374–463

Adler Planetarium *432/433*, 443
Amoco Building *402/403*, *434/435*, 443, *443*
Anderson, Sherwood 430
Architektur 392 f., *397*, 405
Art Institute of Chicago 452, *452*
Auditorium Building 443

Bellow, Saul 421
Bevölkerung 385, 386, 397 ff., *405*, 427, 436 f., 451
Bloomingdale's Building *401*
Board of Trade (Börse) 405, *441*, 439, 443, *443*
Burnham, Daniel H. 392, 393, 443, 450

Calder, Alexander 400, *400*, 450

Capone, Al 397, 410, *410*, 441
Carbide and Carbon Building *376/377*, 397
Carson Pirie Scott 443
Chagall, Marc 400, *400*
Charlevoix (MI) 454
Chicago Academy of Sciences 452
Chicago River *383*, *390/391*, 449
Cleveland (OH) 430, 454
Continental Bank *398*

Daley, Richard J. 397
Daley, Richard M. 397, 427
Detroit (MI) 430, 454, *454*
Deutsch-Amerikaner 398 f., 428 f.
Dickson Mounds (IL) 454
Door Peninsula (WI) *421*, *428*, 454, *460/61*
Douglas *426*
Downtown Chicago *386*, 393
Dreiser, Theodore 415
Dubuffet, Jean 400, *450*

Farrell, James T. 421
Feste und Feiertage 398, *405*, *415*, 416, *416*, *417*, 429, 442
Field Museum of Natural History 452
Fort Michilimackinac *426*, *427*, 456

Galena *448*
Grand Haven (MI) 454
Grant Park *388/389*, 416, *416*, *417*, *428*, *442/443*, 443, *443*
Green Bay (WI) 430, 454 f.
Große Seen *384*, 429 f., *430*, 454

Harold Washington Library 444
Hefner, Hugh *451*
Hemingway, Ernest 450
Holland (MI) *424*, 455 f.

Illinois *385*, 429
Illinois & Michigan Canal *386*, 429
Indiana Dunes National Lakeshore (IN) 430, 455
Indianer *384* f., *443*, *457*
Industrie *382*, *407*, 429

Jahn, Helmut *384*, *385*, *405*, 450
Jenney, William Le Baron 392, 405
John Hancock Center *434/435*, 444, *450/451*
Journalismus 451

Kriminalität 397, 410, 427, 441
Kulinarisches 416, *416*, 417, *417*, 429, 441
Kunst *386*, 400, *400*, 415, 444
Kupfer-Kultur *384*, 430

La Salle Street *398*, *405*

Lake Point Tower *396*, 444
Lincoln, Abraham 430, 444
Lincoln Park 444, *444*
Literatur 406, 415, 421
Loop *382*, *386*, 393, 400, 405, *411*, 415, *436*, 440, 444 f.

Mackinac Bridge (MI) *380/381*, *426*, 456
Mackinac Island (MI) *378/379*, 420, 423, *446/447*, 456, *459*
Magnificent Mile (Northern Michigan Avenue) 401, 440, 442, 449, *449*
Marina City *449*
Marshall Field's *449*
Mestrovic, Ivan 443
Michigan *429*
Michigan Avenue *393*, *415*, *462/463*
Michigansee 426, *428*, *431*, *432/433*, 455
Mies van der Rohe, Ludwig 392 f., 400, 405, 444, 451
Milwaukee (WI) *422*, 430, 456, *456*
Minderheiten *405*, 451
Miró, Joan *386*, 400
Moore, Henry 400, 451
Museum of Broadcast Communications 452
Museum of Science and Indstry 452, *452*, 453 *453*
Musik *382*, *388/389*, 398, *408/409*, *412/413*, 414, 422, 427, 444
Muskegon Channel *424*

Navy Pier *396*, 449, *449*
New Town *387*, *404*, 415
Niagara Falls (NY) *430*, 456 f.
North Pier *396*
Northwestern Atrium Center *384*, *440*, 450

Oak Park 392, 430, 450 *450*
Oak Street Beach *415*
O'Hare International Airport *394/395*
Old Mission Peninsula (MI) *457*
Old Water Tower 450, *450/451*
Oldenburg, Claes *444*

Paretsky, Sara 406, *406*
Picasso, Pablo 400, *400*
Pictured Rocks National Lakeshore (MI) *456/457*, 457
Pullman Historical District *407*, *441*

Robie House 450, *451*
Rockefeller, John D. 451
Rookery Building *393*, *399*, 450, *450*
Root, John W. 393, 450

Sandburg, Carl 382, 430
Saugatuck *426*
Sears Tower *434/435*, 438, 450
Shedd Aquarium 454
Sinclair, Upton *386*, 421, 427
Sleeping Bear Dunes National Lakeshore (MI) *424/425*, *428*, 455, 457
Sport *404*, 442
Springfield (IL) 430, *456*, 457
St. Ignace (MI) 457, *457*
State of Illinois Center *385*, 441, 450
Sturgeon Bay *421*
Sullivan Louis 392, 405, 443

333 West Wacker Drive *390/391*, *451*
Tribune Tower *392*, *392*, *402/403*, 415, 450 f.
Two Prudential Plaza *397*, *402/403*, *414*, 443

Union Stockyards (Schlachthöfe) *386*, 415, 427, 439, 451
University of Chicago 451

Wirtschaft 429, *429*, 439, 445
Wright, Frank Lloyd 392, *393*, 405, 430, 450, *450*, 451
Wright, Richard 421
Wrigley Building *392*, *402/403*, 415, 451 f.

ROUTE 66
S. 464–553

Acoma (NM) 509, 516, *517*, 546
Albuquerque (NM) *494*, *495*, *496*, *498/499*, *501*, 509, 516, 530, *538*, 542, *542*
Amarillo (TX) *495*, 501, 542
Arcadia (OK) 485, *492*, *495*, *539*, 540, *540*
Arizona *506/507*, 515, *518/519*, 520, *526*, *528*, 544
Avery, Cyrus Steven 490, 496

Barstow (CA) *473*
Boca Negra Canyon (NM) *516*
Branson (MO) *482/483*, *486*

Cadillac Ranch (TX) *494*, 501, 541
Cahokia Mounds (IL) 546
Canyon (TX) 546
Catoosa (OK) *485*, *493*, *516*
Chaco Culture National Historical Park (NM) *503*, 547
Chicago (IL) *468/469*, 474, *475*, *476*, *476/477*, *531*, 532, *532*, *532/533*
Chronik 490 f., *490*, *491*
Claremore (OK) 539
Clinton (OK) *484*, 540, *540*
Cuba (MO) *486*, 534, *534*

Devil's Elbow (MO) *481*
Duden, Gottfried 477

Elliot, T.S. 510
El Morro National Monument (NM) 546 f., *546*

Flagstaff (AZ) 515, 544, *545*
Ford, Henry 490
Ford, John 510
Foyil (OK) *488/489*, 539, *539*

Galena (KS) 534
Gallup (NM) *496*, 515, *530*, 542, 543, *548*
Glenrio (TX) 501
Grand Canyon National Park (AZ) *546/547*, 547
Grants (NM) *502*, 515, 543
Groom (TX) 485
Guthrie, Woody *475*, *496*, 510, *510*

Halltown (MO) 534
Hemingway, Ernest 510, 515
Holbrook (AZ) *485*, 515, 543, *543*
Hydro (OK) *477*

Illinois *476*, *478*
Indianer *475*, *478*, *488/489*, *493*, *503*, 509, 515, *516*, *517*, *539*, 541, 542, 543, 546, 547
Isleta (NM) 509, *516*, 543

James, Jesse 478
Joseph City (AZ) *514*
Joshua Tree National Park (CA) *546*, 547

Kalifornien *490/491*, 520, *520*, *521*, *522/523*, *524/525*
Kansas 493
Kingman (AZ) 544
Kulinarisches *504*, *504*, *514*

Laguna (NM) 509, 515, *516*, 546
Landergin (TX) *536/537*
Las Vegas (NM) *503*, 542, *542*
Lebanon (MO) 534
Lincoln, Abraham 476, 532

Lincoln's New Salem State Historic Site (IL) *478*
Litchfield (IL) *486*, 532
Los Angeles (CA) 520, *520*, *544/545*, *545*, *549*
Lupton (AZ) *530/531*

Malpais (NM) *502*, 515
McLean (IL) 476, 496, 532, *532*
McLean (TX) 540, 542
Meramec Caverns (MO) 478, 485, *492*, *493*, 534
Meteor Crater (AZ) 544
Miami (OK) 534, *534*, 539
Missouri 477 f., *479*, 486, 493
Mojave-Wüste *466/467*, , 526, 527
Monrovia (CA) 544
Mount Taylor (NM) 515

Nat King Cole 510, *510*
New Mexico *500*, 502 f., *502*, *503*, *508*, 509, 515

Oatman (AZ) 505, *512/513*, 520, 544, *544*
Oklahoma 490 f., *491*, 493 ff., 510, 541, *541*
Oklahoma City (OK) 495, *539*, 540, *540*
Oklahoma Land Run 541, *541*

Palo Curo Canyon (TX) 501, 531, 546
Panhandle 496, 501
Pasadena (CA) 544 f.
Peach Springs (AZ) 544
Pecos (NM) 542
Petrified Forest National Park (AZ) *542/543*, 543
Phillip's Petroleum Company («Phillip's 66») 490, 496

Rialto (CA) 485, 544
Rio Grande (NM) *500*, 509, 516
Rogers, Will 496, 509, 539

San Bernardino (CA) *490*
Santa Fe (NM) *500*, *501*, 503, 509, 542, *543*
Santa Monica (CA) 520, *521*, *522/523*, *524/525*, 545, *545*
Santa Rosa (NM) *470/471*, *502/503*, *508*
Santo Domingo (NM) 509, 516, 546
Seligman (AZ) *508*, 515, *515*, *518/519*
Shirley (IL) *530*, 532
Springfield (IL) 476, *480*, 532
St. Louis (MO) *480/481*, 510, *532*, 533 f., *533*, *534*
Stanton (MO) 534
Steinbeck, John 475, 496, 510
Stroud (OK) 539

Texas 496, 501

Troup, Bobby 475, 510
Truxton (AZ) *535*
Tucumcari (NM) *497*, 502, 542
Tulsa (OK) 485, 490, 494 f., 496, *516*, 539
Twain, Mark 475

Verkehrsgeschichte 548, *548*
Villa de Cubero (NM) 510, 515

Williams, Tennessee 510
Will Rogers State Historic Park (CA) 531
Wilmington (IL) 485, 532
Wilson, Woodrow 490, *490*
Winslow (AZ) 510, *514*, 543

GRAND CANYON
S. 554–643

Anasazi-Indianer 630, *632*, 637
Antelope Canyon 581, 634

Bright Angel Point *642/643*
Bright Angel Trail *608*, 623 f., *623*, *624*, 630 f., *639*
Buckskin Gulch 619, 638

Cameron 621, 630
Cape Royal 598, 631, *631*
Cliff Spring Trail *596/597*
Colorado-Plateau 566, 581, 607, 609, 616, 630, 635, 638

Desert View 562, 619, 621, 630, *630/631*, 634
Diamond Creek 633

East Rim Drive 630 f.
«El Tovar Hotel» 620, *620*, 621
Erdgeschichte 608 ff., 630
Erdhörnchen 599 f.
Escalante Canyon 581
Expeditionen 562, 564 f., 601 f., 607, *607*, 635

Flagstaff 616, 619, 621, 630, 632, 633 ff.

Gallup 562, *590*, *591*
Garcés, Francisco Tomás 564, 587
Glen Canyon 566, *577*, 581, 582 ff., 591, 607, 634
Glen Canyon Dam 566, 582 ff., 591, 594, 602, 608, 610
Goosenecks State Reserve Park 637
«Grand Canyon Lodge» 619, 620, 621, *621*, 624, 629, 631
Grand Canyon Village 617, 619, 620, 621, 623 f., 630
Grand Falls of the Little Colorado *565*, 633
Grand Staircase-Escalante National Monument *580*, 582, *583*, *584*, *640/641*
Grandview Point 630
Green River 564, 565, 581, 583, 607

Havasu Canyon *563*, 581, *585*, 587, *587*, *588/589*, 592 f., *592*, 632 f., *632*
Havasupai-Indianer 564, *567*, 586 f., *587*, 592 f.
Havasupai Indian Reservation 616
Hermits Rest 624, 630, 631
Hoover Dam 564, 616
Hoover, Herbert C. 576, 616
Hopi Point 631, *631*
Horseshoe Bend *556/557*, 634
Hualapai Indian Reservation 633

Indianer 562, *562*, 586 f., *586*, 587, *590*, *591*, 607, 635
Ives, Joseph C. 564, 576

Jacob Lake 619, 621, 631

Kaibab Suspension Bridge 594, 609, 620, 623 f.
Kaibab Trail *565*, *599*, *622*, 623 f., *624*, 629, 630
Kanab 621, 631, 637, 638

Lake Mead 564, 566, 576, 582, 608, 616, 620

Lake Powell 566, *576*, *577*, *578/579*, 582 f., 591, 607, 631, 634, *634*, 636
Lava Falls 607, 632
Lee, John Doyle 587, 636
Lee's Ferry 573, 582, 587, 610, 616, 620, 625, 636 f., 638
Lipan Point 630
Little Colorado River *564*, 565, *565*, 586, *594*, 602, 633

Marble Canyon 566, 607, 616, *625*
Maricopa Point 631
Mather Point *567* 606, 620, 630
Maultierritte 565, *616*, *619*, 623 f., *624*, 629, 633, 639
Meteor Crater 633 f.
Mohave Point 631
Monument Valley *636*, 637
Mooney Falls *585*, 587, 593, 633
Moran Point 562, 630

Natural Bridges National Monument *636*, 637
Navajo Indian Reservation 581, 633, 637
Navajo National Monument 637
North Rim *558/559*, *572*, *582*, *583*, 594, *596/597*, 598, 600, *600*, 601, 602, 603, *604/605*, *614/615*, 617, 619, 620, *620*, 622 f., *626/627*, 628, 629, 631 f., *642/643*

Oak Creek Canyon 634, *634*

Page 581, 629, 630, 631, 634 ff.
Paria Canyon 581, *584*, 619, 638
Paria Canyon-Vermilion Cliffs Wilderness *584*, 638
Paria-Plateau *636*, 637 f., *637*
Petrified Forest National Park 634
«Phantom Ranch» 573, 594, 620, *621*, 623 f., 630
Pima Point 631
Point Imperial *558/559*, 631
Point Sublime 631
Powell, John Wesley 564 f., 573, 584, 607, *607*, 636
Powell Point *568/569*, 607, 631

Quartermaster Viewpoint 598

Rafting *560/561*, 573, *574/575*, *594*, 617, *618*, 624, 629, 632, 636
Rainbow Bridge 581, 591, 635 f., *635*
Rim Trail *619*, 624
Round Valley Draw *584*

Sedona 634
Slickrock Canyon *580*, 581, *584*

South Rim 567, 570/71, 594, 600, 606, 609, 612/613, 616, 617, 619, 619, 620, 620, 622 ff., 630 ff.
Staudämme 566, 576, 582 ff.
Sunset Crater Volcano National Monument 634
Supai 563, 567, 587, 592 f., 632

Tafelberge 558/559, 598, 600 ff., 629, 631, 636, 642/643
Tiyo Point 601, 604/605
Toroweap Overlook 572, 582, 620, 631 f., 631
Trailview Overlook 631
Tusayan 621, 629

Vasey's Paradise 618
Vishnu-Schiefer 610, 629, 630
Vista Encantadora 600, 626/627, 631

Wahweap Marina 634
Walnut Canyon 633, 634
Wandern 581, 594, 599, 608 ff., 617, 618, 622 ff., 624, 632 f., 637 f.
Watchtower 630, 630/631
West Rim Drive 630 f.
Widforss Trail 624
Williams 619, 621, 630
Wupatki National Monument 634, 634

Yaki Point 624, 630
Yavapai Point 619, 624, 630, 630

Zion National Park 638, 638

KALIFORNIEN
S. 644–733

Adams, Ansel 674
Alcatraz 656, 725
American River 656, 681, 710
Anaheim 712

Architektur, viktorianische 660/661, 668, 669, 670
Austin, Mary 688

Bautista de Anza, Juan 662
Bel Air 712
Berkeley 712, 712
Beverly Hills 696, 700, 701, 712, 712, 721
Bierstadt, Albert 674, 674
Big Sur 710, 718
Bodie 680, 709, 730/731
Bodie State Historic Park 712
Brentwood 712
Burbank 712

Calico 713
«Californios» 669 f., 682, 684
Carmel 710, 711, 712 f., 712
Central Valley 666, 714
Chinesen 663, 670, 673, 725
Coloma 681, 713
Columbia 713, 713

Death Valley 674, 676, 677, 678/679, 706, 709, 713
Devil's Postpile National Monument 720
Disneyland 712

Einwanderer 668, 669, 684
Eisenbahn 658, 663, 666
Erdbeben 662, 662, 663, 684
Escondido 720
Eureka 666, 709

Ferndale 668, 669, 670
Film 689, 693, 696 f. 696, 697, 712, 721
Fort Bragg 708
Fresno 720 f.

Getty, J. Paul 723
Glen Ellen 721

Gold 656, 663, 669, 681, 681, 683, 710, 712, 713, 724, 725
Grauman, Sid (Chinese Theater) 694/695

Half Dome 648/649, 673, 675
Hearst Castle 702/703, 727
Highway 671, 684, 709, 718
Hollywood 689, 694/695, 696 f., 696, 697, 721
Humboldt County 670, 670
Humboldt Redwoods State Park 667

Indianer 656, 670, 674, 684, 720, 722, 728
Industrie 666, 668, 683, 689, 726

Japaner 670, 673
«John Muir Trail» 675, 728
Joshua Tree National Park 709, 720, 721

Küche 714, 714
Kulturenvielfalt 663, 665, 669, 673, 676

Lake Tahoe 721
Landwirtschaft 666, 668, 683, 689, 692, 721
Las Vegas 709
Lassen Volcanic National Park 674, 682, 683, 709, 720, 721
Lasuén, Fermín Francisco de 684, 712, 727
Lava Beds National Monument 682, 720, 721 f.
London, Jack 721
«Lone Cypress» 646/647, 711
Los Angeles 698/699, 708, 709, 714, 722 f., 722, 723

Malibu 723
Marine World 690/691
Marshall, James W. 681, 712
Mendocino 716/717
Mexiko 662, 668, 669 f., 682, 684, 710
Miller, Henry 718
Minderheiten 668 ff., 673, 676, 692
Missionen 662, 684, 684, 710, 719, 724
Mojave-Wüste 658, 726
Mono Lake 650/651, 683
Monterey 646/647, 704/705, 710, 710, 715, 722, 723, 723
Mount Whitney 706, 728
Muir Woods National Monument 723
Muir, John 674 f., 674, 688

Napa Valley 709, 719
National- und Staatsparks 674 f., 706, 709
Naturschutz 674, 688
Oakland 658, 723 f.
Ordóñez de Montalvo, García 654

Palm Springs 692
Pasadena 724
Pebble Beach Golf Club 710, 710
Pinnacles National Monument 724
Placerville 709
Point Reyes National Seashore 724
Portolá, Gaspar de 684, 723

Redwood National Park 674
Riesenbäume 666, 667, 674, 675, 728
Rodríguez Cabrillo, Juan 652, 724
Roosevelt, Theodore 674, 675

Sacramento 724, 724
Salinas 688
San Carlos Borromeo del Río Carmelo 684, 686/687, 712
San Diego 684, 692, 693, 724, 724
San Francisco 652, 653, 654/655, 656, 657, 658, 659, 660/661, 662, 663, 664, 665, 684, 709, 714, 714, 724 f., 725, 727, 727, 732/733
San Francisco de Asís 662, 725
San Jose 727
San Juan Bautista 684
San Luis Obispo 670
San Luis Rey de Francia 627
San Marino 627
San Simeon 702/703, 711, 727
Santa Barbara 685, 689, 727 f., 727
Santa Catalina Island 728, 728
Santa Cruz 710, 728
Sequoia and Kings Canyon National Park 674, 675, 728
Serra, Junípero 662, 684, 685, 686, 712
Sierra Nevada 658, 674, 678/679, 728
Silicon Valley 726
Sonoma Valley 719
Spanier 654, 662, 669 f., 684, 710, 724
St. Helena 719
Steinbeck, John 667, 711, 715, 723
Sutter, Johann August 681

Vallejo 690/691
Vulkane 682, 721

Wasserversorgung 654, 676, 692, 700
Weinanbau 719
Westwood 728

Yosemite National Park 648/649, 672, 673, 674 f.,

AUTOREN

Christian Heeb (Fotograf)
1962 in St. Gallen geboren, arbeitet als Reisefotograf für Magazine und Buchverlage in Europa und USA. Im Verlag C.J. Bucher Bildautor zahlreicher Bände über die USA und andere Länder. Mitglied der Fotografenagentur LOOK, München. Lebt in Bend (Oregon), USA.

Gunther Barth (Kalifornien)
1925 in Düsseldorf geboren, studierte in Köln und Oregon und promovierte an der Harvard University. Lehrte von 1962 bis zu seiner Emeritierung als Professor für amerikanische Kulturgeschichte an der University of California in Berkeley.

Manfred Braunger (Chicago)
1945 in Konstanz geboren, Studium der Politikwissenschaft. Reisen in Europa, Afrika, Asien und Nordamerika. Seit dem Jahr 1980 als freier Autor und Bildjournalist mit Schwerpunkt USA tätig. Zahlreiche Veröffentlichungen. Lebt in Freiburg im Breisgau.

Marc Fest (New York)
Geboren 1966 in Münster, von 1990 bis 1999 als freier Journalist tätig. Publikationen u.a. in der «taz», der «Zeit», und der «Berliner Zeitung». Gründete 1999 das Internet-Unternehmen Quickbrowse.com. Lebt in Miami.

Helmut Friedrich (Grand Canyon)
Geboren 1933 im Vogtland. Ehemaliger Hauptabteilungsleiter in einem Elektrokonzern in Erlangen. Zahlreiche ausgedehnte Reisen in die USA mit Schwerpunkt auf dem Südwesten. Lebt in Möhrendorf bei Erlangen.

Thomas Jeier (Florida)
Geboren 1947, hat sich in vielen Buch- und Zeitschriftenveröffentlichungen als fundierter Amerika-Kenner erwiesen. Im C.J. Bucher Verlag u.a. Autor des Panoramabildbandes «USA – Die Westküste». Lebt in Puchheim bei München.

Rudolf Walter Leonhardt (Der tiefe Süden)
Publizist und Buchautor, ehemaliger stellvertretender Chefredakteur der «Zeit». U.a. Autor des Panoramabildbandes «Deutschland» sowie der Bände «Berlin» und »England« im Verlag C.J. Bucher. Lebt in Hamburg.

Friederich Mielke (Chicago)
1948 geboren, Journalist. Ehemaliger Pressereferent des Amerika Hauses, Hamburg. 1978 an der Indiana University in Bloomington, USA, in Literaturwissenschaft promoviert. Zahlreiche Veröffentlichungen über Amerika.

Axel Pinck (Der tiefe Süden)
Geboren 1948 in Hamburg. Arbeitet im Medien- und Touristikbereich mit Schwerpunkt Nordamerika. Buchautor und Verfasser von Beiträgen für Zeitschriften, Zeitungen und im Hörfunk.

Horst Schmidt-Brümmer (Route 66)
Publiziert zahlreiche Reiseführer zu Städten und Regionen der USA, im C.J. Bucher Verlag u.a. den Band «Kalifornien» in der Reihe Global. Arbeitet als Verlagslektor und Autor in Köln.

Klaus Viedebantt (Das neue England)
1943 in Krefeld geboren, leitender Redakteur der «Frankfurter Allgemeinen Zeitung». Verfasser zahlreicher Reisebücher, im Verlag C.J. Bucher u.a. Autor der Bildbände «Kanada» und «Australien».

Jörg von Uthmann (New York)
Geboren 1936, von 1985 bis 1995 Korrespondent der «Frankfurter Allgemeinen Zeitung» in New York. Zahlreiche Buchveröffentlichungen, u.a. über die amerikanische Ostküste. Lebt als freier Schriftsteller in Paris.

TEXTNACHWEIS

S. 344/345: Der Text des Themen-Essays «Schwarzes Leid, weiße Pracht» ist mit freundlicher Genehmigung des Autors, folgendem Buch entnommen: Marcus Junkelmann, Morgenröte am Potomac, Schweizer Verlagshaus AG, Zürich, 1987.

S. 406: Der Text des Themen-Essays «Detektiv in Seidenstrümpfen» ist mit freundlicher Genehmigung der Piper Verlag GmbH, München, folgendem Buch entnommen: Sara Paretsky, Schadenersatz, Piper Verlag GmbH, München, 1986.

S. 392/393: Den Themen-Essay «Seit die Häuser zum Himmel wachsen: Chicagos Architekten machen Schule(n)» schrieb Manfred Sack, Redakteur bei der «Zeit», Hamburg.

S. 696/697: Den Themen-Essay «Traumfabrik Hollywood: Ein Dorf macht Karriere» schrieb Heiko R. Blum, Köln.

BILDNACHWEIS

AP Photo/Andrew Innerarity, Frankfurt a.M.: S. 235 u.

Archiv C.J. Bucher Verlag, München: S. 278 l., r. und u., 315 o.r., 662 u.l.

Archive Photos, New York: S. 368 l., 663 o.r. und u.

Archiv für Kunst und Geschichte, Berlin: S. 34 o.r., 52 u., 84 o. und u., 344 (2), 344/345, 345 u., 490 o., 662/663 o.

Art Institute of Chicago: S. 393 l.

Art Resource, New York: S. 675 u.l.

ATLANTIDE/Stefano Amantini, Florenz: S. 14, 20/21, 23, 30 u., 31, 32/33, 36, 38 u., 39 o., 44, 45 (2), 46 (2), 47 u., 48. M., 50/51, 56 u., 59 (2), 60/61, 62, 63 (3), 76, 78 u., 82 (2), 86/87, 88, 90 (2), 90/91, 92 u., 92/93, 93 l., 94 u., 95 u., 99, 102/103., 496 M., 501 o. und u., 504 o., 517, 530 r.M., 545 u., 546 u., 548 u., 573 (3), 618 M. und u., 619 (3), 620 M., 623 o., 624 (2), 625, 629 M. und u., 630, 631 M., 632 M. und u.

Bayerische Staatsbibliothek, München: S. 607 r., l. und M.u. (aus: J. Powell, Exploration of the Colorado River of the West and its Tributaries, 1875).

Udo Bernhart, Langen: S. 262 M. (2), 271, 272 r., 273 u. 275 u., 276 l.o., 277 o., 728 o.

Bildarchiv Peter W. Engelmeier, München: S. 366/367 (8), 406 u. (2), 510 u.l., 541 u., 696 M., 697 o.

Bildarchiv Preußischer Kulturbesitz, Berlin: S. 66 (2. Bild v. r.), 145 M., 320/321, 663 u.l.

Bilderdienst Süddeutscher Verlag, München: S. 66 o.l. (2), 84 M., 116 l. (2), r. (2) und u., 156 o., 315 l., 320 u., 321 u., 334 l., 335 r.M., 368 o.M., 406 o., 410 u., 681 l. und o.

Wolfgang Bittmann, Heidelberg: S. 249 o. und M.

Stewart H. Bloom, San Francisco: S. 662 o.l.

Manfred Braunger, Freiburg i.Brsg.: S. 307 M.l., 348 o., 350 l., 353 r., 360 r., 361 M. und u., 366 l.o. und M., 416 l., 429, 441 l., 454 M.u., 456 r., 456/457, 457 M., 458 o.

California State Library, Sacramento: S. 681 u.

By courtesy of Chicago Historical Society: S. 392 (2), 392/393.

Corbis-Bettmann, New York: S. 34 r., 53 l., 58 l., 66 u., 490 u., 491 (2), 541 o., 586, 587 u., 607 M.o.

SPRINGER/Corbis-Bettmann, New York: S. 510 o.l.

UPI/Corbis-Bettmann, New York: S. 490/491, 504 u., 510 o.r.

Culver Pictures, New York: S. 674 o.l.

Denver Public Library, Collection of Western History: S. 587 o.

Dickson Mounds Museum, Lewistown, Illinois: S. 458 l. und r. (4).

Hauke Dressler, Bremen: S. 709, 711 M.r.

Focus/René Burri, Hamburg: S. 89 o.

Focus/Frank Fournie, Hamburg : S. 89 u., 92 o.

Helmut Friedrich, Möhrendorf: S. 635, 637 u.

The Hulton Getty Picture Collection, London: S. 53 (2), 58 r.

Intel, München: S. 726 o.

Interfoto, München: S. 34 l.u., 35 u., 52 o., 58 o., 66 o.r., 93 r., 116 o.M., 219, 334 r.M. und u., 335 u., 410 M., 451 r. (2), 510 o.r.

Thomas Jeier, Puchheim: S. 260, 269 r.o., 278 M., 350 r.u., 351 l. und r.o., 354 r.o. und r.M., 365 l.u.,

Keystone Pressedienst, Hamburg: S. 254 o.

laenderpress, Düsseldorf: S. 262 l., 275 o.

AN/laenderpress, Düsseldorf: S. 248 u.l.

MKF/laenderpress, Düsseldorf: S. 276 r.

MP/laenderpress, Düsseldorf: S. 206 o.

PRI/laenderpress, Düsseldorf: S. 235 o.

laif/Anna Neumann, Köln: S. 436.

Holger Leue, San Francisco: S. 713 M. und u., 714 o., 719 o., 722 u.l.

LOOK/Hauke Dressler, München: S. 464, 512/513, 549.

LOOK/Florian Werner: S. 554, 560/561, 574/575, 594 (2), 595, 624 u., 639.

The Metropolitan Museum of Art, Gift of Mrs. Frank B. Porter, 1922: S. 314.

Axel M. Mosler, Dortmund: S. 96/97, 668, 675 r., 696/697 o., 706 r. 710 M., 712 M., 719 M., 721 r.u., 725 u.

Gerhard P. Müller, Dortmund: S. 684 M.r.

Museum of Science and Industry, Chicago: S. 452 M., 453 (3).

National Museum of American Art, Washington: S. 674 M.o.

Photo courtesy of The Norman Rockwell Museum at Stockbridge, Massachusetts: S. 156 l.

Courtesy, Peabody Essex Museum, Salem, Massachusetts: S. 183 u.

Privates Archiv für Filmkunde, Heiko R. Blum, Köln: S. 696 o.l. und u.r., 697 u.l. und u.r.

Axel Schenck, Bruckmühl: S. 422 (3), 423 u., 424/425, 426 o., 427, 431, 455, 657 u. und o.

Stockfood/Eising, München: S. 174 (3), 359 l. und r.u., 714 u.

Martin Thomas, NL-At Vaals: S. 130 u.M., 171 l., 179 o.

The Thomas Gilcrease Institute of American History and Art, Tulsa, Oklahoma: S. 586/587.

Ullstein Bilderdienst, Berlin: S. 35 o. (2), 320 o., 393 r., 410 r., 662 u.

Kurt Ulrich, CH-Au: S. 443 l.u. und r., 444 o., 449 o., 451 l.

US Information Service, Botschaft der Vereinigten Staaten, Berlin: S. 263, 726 u.

Vermont Department of Travel and Tourism, Montpelier: S. 179 u. (2)

George Veseley, New York: S. 714 M.l., 719 u.l.

VISUM/Gerd Ludwigs, Hamburg: S. 206 u. und r.

Hans-Peter Weil, München: S. 711 u., 724 u.

Ernst Wrba, Sulzbach/Taunus: S. 130 o.M., l. und r., 151 M. (2) und u., 168 o. (2), 170 r.u., 171 r., 172 l.u. und r., 173 (2), 179 M. (2. Bild v. o.), 181 r., 184 r., 185 l. (2), 186 r., 187 r.o., 258 r.o., 261 M., 262 r., 264 u., 273 o., 274 M., 276 l.u., 276/277, 277 u.

Alle übrigen Abbildungen stammen von Christian Heeb.

Seite   1: Fischer am Silver Lake in der Sierra Nevada.
Seite 15: Am Times Square.
Seite 105: Auf der «Mayflower».
Seite 195: «Theater of the Sea» auf Islamorada.
Seite 285: Flohmarktauslage in New Orleans.
Seite 375: Untouchable Tours, Veranstalter von Sightseeing-Touren zu den Schauplätzen Chicagos krimineller Vergangenheit.
Seite 465: Harley-Davidson-Club in Tucumcari, New Mexico.
Seite 555: Maultierreiter am Bright Angel Trail.
Seite 645: Surfer vor der Küste Kaliforniens.

Die Karten auf den Seiten, 76, 77, 79, 83, 97, 166, 167, 169, 172, 173, 256, 257, 259, 264, 270, 272, 274, 347, 352, 360, 362, 367, 436, 437, 455, 526, 527, 532, 533, 540, 543, 545, 616, 617, 619, 620, 633, 637, 706, 707, 709, 719, 722, 725, 728 und 734/735 zeichnete Astrid Fischer-Leitl, München. Die Karte auf Seite 248 und die Kartenpiktogramme zeichnete Almut Kunert, München. Die Karte auf Seite 623 stammt von Theiss Heidolph, Eching.

Die meteorologischen Daten der Klimatabellen auf den Seiten 78, 168, 258, 348, 438, 528, 618 und 708 lieferte der Deutsche Wetterdienst, Seewetteramt Hamburg.

Wir danken allen Rechteinhabern und Verlagen für die freundliche Erlaubnis zu Nachdruck und Abbildung. Trotz intensiver Bemühungen war es nicht möglich, alle Rechteinhaber zu ermitteln. Wir bitten diese, sich an den Verlag zu wenden.

Impressum

TRAUMZIEL AMERIKA
New York · Das neue England · Florida · Der tiefe Süden
Chicago · Route 66 · Grand Canyon · Kalifornien

Konzeption: Axel Schenck
Lektorat für diese Ausgabe: Marina Burwitz; für die Originalausgaben: Eva Ambros, Lucia Epelsheim, Anja Feise, Heinz Gmelch, Georg Hohenester, Susanne Kronester, Claudia Meßmer, Katrin Ritter
Korrektorat und Register: Ruth Pischl-Hadjadj
Bildgestaltung: Joachim Hellmuth
Bilddokumentation: Susanne Ehrenfried, Maria Guntermann, Ulrich Reißer
Graphische Gestaltung für diese Ausgabe: Werner Poll; für die Originalausgaben: Angela Drees, Harald Leonhard Guha, Barbara Markwitz, Martina Lingler, Werner Poll, Michael Voss
Herstellung: Angelika Kerscher, Gabriele Kutscha

Technische Produktion: Druckerei Oldenbourg, Kirchheim/Heimstetten

Das Werk erscheint im C.J. Bucher Verlag. Der C.J. Bucher Verlag ist ein Unternehmen der Econ Ullstein List Verlag GmbH & Co. KG, München

© 2002 by Econ Ullstein List Verlag GmbH & Co. KG, München
Alle Rechte vorbehalten
Printed and bound in Germany
ISBN 3 7658 1334 6